HALİÇ'TE YAŞAYAN SİMONLAR

Dün Devlet Bugün Cemaat

15. BASKI

HANEFİ AVCI

ANGORA

ANGORA Yayıncılık ve Sanatsal Ürünler Pazarlama Dış Tic. Ltd. Şti.
Yuva Mahallesi 3702. Sokak No: 4 Kat 3 No: 1
Yenimahalle / Ankara
Tel: +90-312 396 01 48 Faks: +90-312 396 01 58
E-posta: info@angoraart.com
Yayıncı Sertifika No: 14660

ISBN: 978-975-287-075-8

ANKARA, 2010
15. Baskı

Sayfa Düzeni : Mehmet Yaman
Kapak Tasarımı : Onur Can Özdemir
Baskı : İnkılap Matbaacılık

İÇİNDEKİLER

HANEFİ AVCI

1956 yılında Kahramanmaraş'ın Pazarcık ilçesinin Karabıyıklı köyünde dünyaya gelen Hanefi Avcı, öğrenim yaşamına doğduğu köydeki Karabıyıklı İlkokulu'nda başladı. Ortaokulu Gaziantep'teki Karşıyaka Ortaokulunda, liseyi ise Ankara'daki Polis Kolejinde bitirdi. Ardından Polis Enstitüsünde eğitimine devam etti ve bilahare Ankara Üniversitesi Hukuk Fakültesi'nden 1980 yılında mezun oldu.

Polis Akademisinden mezun olduğu 1976 yılından 1984 yılına kadar Mersin ili Gülnar ve Mut ilçe Emniyet Komiserliği ve Mersin Terörle Mücadele Şubesinde görev yaptı. 1984 yılında Güneydoğu'da artan terör olayları sonrası Diyarbakır İstihbarat Şubesine atandı. Burada 8 yıla yakın görev yaptıktan sonra 1992 yılında İstanbul İstihbarat Şube Müdürlüğü görevine atandı. 1996 yılındaki terfisi sonrası İstihbarat Daire Başkan Yardımcılığı görevini yürüttü. Susurluk olayları sonrası TBMM Araştırma Komisyonunda Terörle Mücadele adı altında güvenlik kuvvetleri içerisinde çeteler oluşturulduğunu ifade etmesi üzerine hakkında davalar açıldı. Tahkikatlara uğradı. Basına yaptığı açıklamalar üzerine açığa alındı. Devletin gizli bilgilerini temin etmek ve açıklamak suçlarından Ankara Devlet Güvenlik Mahkemesince tutuklandı 10 gün hapis yattı. Ardından berat etti idare mahkemesi kararı ile görevine döndü.

2003 yılına kadar geri hizmetlerde çalıştıktan sonra 2003 yılında Emniyet Genel Müdürlüğü Kaçakçılık ve Organize Suçlarla Mücadele Daire Başkanlığına atandı. Burada yaptığı yolsuzluk operasyonları hoşa gitmeyince 2005 yılında geçici olarak, 2006 yılında ise asaleten Edirne İl Emniyet Müdürlüğüne getirildi. Edirne Kapıkule hudut kapısında polis ve gümrükçüleri rüşvet alırken gizli kameraya kayıt ederek mahkum olmalarını sağladı.

18 Haziran 2009 tarihinde Resmî Gazete'de yayımlanan ortak kararname ile Eskişehir İl Emniyet Müdürlüğü'ne atandı. Hâlen Birinci Sınıf Emniyet Müdürü olarak Eskişehir İl Emniyet Müdürlüğü görevini sürdürmekte olan Hanefi Avcı, 2006 yılında TASAM'ın Stratejik Vizyon Sahibi Bürokrat Ödülü'nü kazanmıştır. Avcı, Emniyette teknik–elektronik istihbaratın kurucusu olarak bilinmektedir.

1. Bölüm

DEVLET

Neden Yazıyorum?

Neden yazıyorum? Yazmak için kimsenin bir sebebi olmamalı. Okumak dünyada elzem olduğu halde, okumayan ülkemde yazmanın sebebi aranıyor, arıyoruz. İnsan kendine de soruyor: Neden yazıyorum? Neden yazmalıyım?

Herkesin, bırakın kolayca, bin bir çabayla dahi gelemeyeceği bir noktadayım. Sayısını bilemediğim kadar çok olay içerisinde yer aldım, çok şey yaptım; ama yaptıklarımın bir kısmını yıktım ve tamamının yıkılması gerektiğine inanıyorum. Bu kitapla bir kısmını daha yıkmaya çalışacağım. Kendimce sağ görüşle, bazı değerlerle, belirli bir vatan, millet, ülke ahlak anlayışını kapsayan inançlarla büyüdüm. Daha yücesine özenerek yaşadım ama geçen zamanda, yaşayarak gördüğüm olaylar sonrasında bu yüce değerlerin bir kısmını sorgulamaya başladım. Bunlardan yalnız biri veya bir kısmı bile yazmam için yeterliydi.

Kaç yaşındayım? Yaştan kasıt ne? Eğer kastedilen doğumdan itibaren geçen zaman ise nüfus kağıdımda yazan tarihe göre 54 yaşındayım; biyolojik olarak sağlığım veya hissettiğimse 35-40; duygu dünyamda yaşadığım ve gördüğüm olaylar, aldığım dersler, çektiğim acılar ise o zaman kendimi 100-150 yaşında hissediyorum.

Hiçbir polis benim kadar değişik olay yaşamamıştır. Ülkenin en güneyinden en doğusuna, oradan en batısına kadar her yerinde görev yaptım. 12 Eylül öncesi sağ-sol çatışmalarının ülkeyi iç savaş aşamasına getirdiği olaylardan, 1984 sonrası PKK'nın yarattığı Güneydoğu katliamlarına; 1990'lı yılların başında yeniden hız kazanan (başta İstanbul olmak üzere) büyük illerimizdeki suikastlara; siyaset ve terör olaylarına kadar tüm ideolojik çatışmaların soruşturulması safhasında yer aldım.

Büyük hayali ihracat şebekelerinden, büyük banka dolandırıcılıklarına; ihalelere fesat karıştırma olaylarından, uluslararası uyuşturucu şebekelerinin soruşturulmasına kadar çok geniş bir kriminal yelpazede çalıştım. Bu görevler esnasında sokakta adam da kovaladım, daire başkanı olarak ülke genelinde ve hatta uluslararası alanda polis teşkilatları ve kuruluşlarıyla işbirliği içinde planlama da yaptım, müşterek operasyon icrasında da bulundum. Suçlu gördüğüm kişilerle fiziken ve ruhen mücadele etmekten, silahlı çatışmaya; en teknik cihaz ve sistemlerle onların karşılarına çıkmaya kadar her sahada ve her türlü polisiye olayda yer aldım.

Sonra bir anda polislikten, devletin güvenlik gücü olmaktan, yani avcılıktan sistemin istemediği, yanlış bulduğu bir hedef, bir av konumuna düştüm.

Bunlar da gerçek manada kendimi 100-150 yaşında hissetmeme neden oldu.

Yaşadıklarımdan dolayı, sanki yüksek bir tepeden kendi sahamda tüm dünyayı seyreder gibiyim. Kendimi, herkesin geçeceği yollardan çoktan geçmiş biri gibi hissediyorum. Şu tepenin arkasında bulunanlar biraz sonra karşıdan gelecek olanlara tuzak kurmuşlar, eyvah yine kan dökecekler, biri bunları uyarsa... Ben, "Ey tuzak kuranlar değmez, yapmayın, düşmanlık büyük hata, bu tuzağa kendiniz düşeceksiniz, yapmayın, etmeyin!" demek istiyorum.

Bulunduğum noktaya nasıl geldim? Bu mucizeden öte bir şeydi. Ne mucizeyle ne de benim çalışma ve gayretimle olacak şey değildi; ne akıllı ne de cesur olmam yeterliydi. Belki mistikçe düşünülünce, akıl üstü bir irade buraya gelmemi istedi.

Bu noktaya gelişim fiziki bir mücadeleyle olsaydı, derin vadilerden geçmiş, aşılması imkânsız dağları aşmış, masallardaki ejderhalarla kavga etmiş, hiç kimsenin bilmediği tehlikelerle boğuşmuş olmak gerekirdi. Fiziki tehlikeleri geçmek, kavga etmek zor şeylerdi ama bunları gerçekleştirmek mümkündü; oysa insanın kendi ruh dünyasındaki kavgası, kendi içindeki tehlikeli yolculuğu çok daha zor, çok daha amansız mücadele gerektiriyordu. Daha önemlisi sadece kavgayla ve akılla da zihinde ve kişilikte bazı şeyleri aşmak mümkün olamıyordu, tüm bunlar yeterli değildi. İçte ve dışta milyonlarca, milyarlarca tesadüfün art arda, sistemli, düzenli bir biçimde etrafımda meydana gelmesi ve tüm ruhumu, benliğimi etkileyerek beni bulunduğum yere itmiş olması gerekirdi.

Mademki herkesin kolayca gelemediği bu yere, mucize üstü bir şekilde savrulmuştum, olan ve olacak birçok olayın perde arkasını çok az da olsa görebiliyordum. O zaman arkadan gelenlere söyleyecek sözüm olmalıydı; yaşadıklarımı, yollardaki tehlikeleri, kendilerine kurulan tuzakları anlatmam ve bunlardan kurtulma yollarını, bildiklerimi söylemem gerekiyordu.

Görev uğruna tüm yaptıklarımın doğru olduğu fikrini zihnimde yıktım. Bir zamanlar yok etmeye bütün gayretimle çalıştığım tüm düşmanlarımın, silaha ve şiddete sarılmayan hallerini şimdi elzem görüyorum. Onları silaha ve şiddete itenin de aslında doğru olduğunu zannettiğim değerler olduğunu anladım. Bu öyle büyük bir şeydir ki; ne dağa, ne tepeye benzer. Ruh dünyasında bu kadar büyük bir değişime dayanmak mümkün mudür? Karanlıktan aydınlığa, soğuktan sıcağa, inançsızlıktan inanmaya gidiş gibi; birbirinin zıddına dönerek öncekinin tam tersine yol almak o kadar zor ki... Sözlerle tarif etmek, yaşamadan anlamak mümkün değil.

Hayatım boyunca, yapmam gereken işin gereği ne ise onu yapmaya çalıştım. Ne para, ne makam, ne de başka bir menfaat, hiçbir zaman eylemlerime etken olmadı. Yaptığım işin yapılmasının gerekliliği önem taşıyordu. Bütün enerjimle, gayretimle, aklımla, yaptığım işe kilitleniyordum. Ne özel hayatım, ne eğlencem ve merakım, ne istirahatim vardı. Sabah uyanınca işe başlar, yorulunca uyur, uyanınca tekrar hedefime yönelirdim. Bir derviş edası, bir ideal tutkusu, bir iş sevdasıydı benimki. Her iş tehlike, her iş riskti aynı zamanda.

Dünyada herkesin hayran olduğu, hakkında şiirler yazılan, aşıklarının her tepesi için ayrı eser verdiği İstanbul'da dört koca yıl çalışmış; her türlü lüks yaşamı sağlayacak imkân ve konuma sahip olmama rağmen bir defa bile ne İstiklal Caddesi'nde ne Bağdat Caddesi'nde gezmedim. Bir defa bir gazinoya gitmedim, resmi mecburi yemeklerin haricinde bir defa bile lüks değil, sıradan bir restorana gidip yemek yemedim, bir arkadaşımı yemeğe götürmedim. İş varken, ülke tehlikedeyken, yemeğe gidilir mi? Hayatım boyunca hiç 20 gün izin kullanmadım, hiç kampa veya tatil anlayışı ile bir yere gitmedim. Gitmeyi de uygun görmez, gidenlere ise görevden kaçıyorlar diye kızardım. Bu konudaki en büyük lüksüm restoranlardan paket servis olarak acılı, baharatlı yemekler getirtip, bu yemekleri şubenin makam odasında çalışma arkadaşlarımla birlikte yemekti. Arkadaşlarım beni, yanıma gelene yemek ısmarlarken olsa olsa: "Tostun neli olsun?" diye soran; şube çaycısının yaptığı tosttan başka bir şeye zaman ayıramayan biri olarak tanımlıyorlardı. Böyle bir anlayış, çalışma ve inanç nasıl olabilirdi? Ama en mütevazı haliyle benim gerçeğim buydu. İçimde kaynayan iş ve çalışma isteği ise bundan öte bir şeydi.

Bu kadar çalışma ve gayret sonucunda elde ettiğim tecrübeyle olağanüstü eserler ortaya çıkmıştı. Daha iyisini, daha üstününü, daha sihirlisini yapmak gerekiyordu; bir öncekinden elde edilen bilgiler daha üstünün yapılmasını sağlıyordu ama ben gerçek manada yaptıklarımızı asla yeterli görmüyordum. Kaçırdığımız fırsatlara, boş geçen zamana ve karşımızdaki güçlerin gerçekleştirdiği en küçük bir olaya bile nasıl geçit verdiğimize hayıflanarak yaptıklarımızı yetersiz buluyordum. Daha çok çalışmalıydık, daha çok gayret etmeliydik...

Herkesin beğendiği, hayran olduğu teknik ve elektronik araçlar ortaya çıkıyordu. Daha iyisi, daha üstünü derken sonunda yaptığımızın ne demek olduğunu, değerini, ancak kendimiz anlayacak hale gelmiştik. Sihirli teknolojiler, sihirli çözümler o kadar olağanüstüydü ki anlatmak ve anlamak için kendimizden başka kimseyi bulamaz olmuştuk. Bu hal aslında korkunç bir teknoloji tapıcılığı haline gelmişti. Suçluları bulup ortaya çıkaran, yeni tasarladığımız sistemler çok değerliydi, uğruna her şey yapılmalıydı. Aslında bunlar bu ülke için gecikmiş araçlardı ve bunlara yönelik çalışmaları sınırlayıcı hiçbir ölçü kabul etmiyorduk.

Sonunda, aslında sonunda değil daha başında, çabalarım meyve vermişti, isteğim olmuş, mucize gerçekleşmişti. Anlattıklarımı anlayacak, ana planını kurduğum kafamdaki sistemin işleyişinde bana gerekli teknolojiyi sağlayacak insanla karşılaşmıştım. Sistem kurulmuş, az sayıda personel ve teçhizatla tüm illegal yapılarla mücadele edilir hale gelinmişti. İnanılmazlar yapılabiliyordu artık, her şey ilim, akıl ve teknolojiyle oluyordu. O güne kadar yapılanlara bakıldığında, mucize ötesi şeylerin gerçekleştiği görülebiliyordu

İllegal örgütler, casusluk şebekelerine taş çıkartacak gizli yöntemler ve yollar kullanıyorlardı. Ama ne yaparlarsa yapsınlar olmuyordu. Onlar, adı sanı hiç bilinmeyen en gizli elemanlarını gönderiyor, biz onları kısa sürede tespit edip etkisiz hale getiriyorduk. Yurtdışında işleri yöneten Dev-Sol lideri Dursun Karataş, aldığı her tedbire rağmen gönderdiği en gizli adamlarının hiçbir eylem yapamadan en kısa sürede yakalandığını gördüğünde, "Alnınıza Dev-Sol yazsak, polis sizi bu sürede bulamaz, siz nasıl yakalanıyorsunuz?" diyordu. Gerçek de böyleydi. Eğer alınlarına kırmızı yazıyla Dev-Sol militanı, terörist yazsalar o kadar kolay bulamazdık onları. Ama en gizli örgüt mensubu ne kadar yeraltında kalsa da kısa sürede yakalanıyordu, artık meydan herkesin kullanabileceği kadar boş değildi.

Tüm illegal yapılarla yıllarca mücadele ettik. Daha eylemelerine başlamadan, en gizli saklı hücrelerinde onları tek tek yakaladık. Asıl önemli olan, eylemcileri sadece teknik sistem ve akıl üstünlüğüyle yenmek değildi. İşin kökenine inmek gerekti. İnsanlar neden bu yola girer, hayatlarını, varlıklarını, geleceklerini neden tehlikeye atardı? Ne yapmak istiyorlardı, bunlar deli miydi, bu kadar önemli olan sebepleri neydi diye sorgulamaya başladım.

Yıllar yılları kovaladı, olaylar olayları... Bir süre sonra, toplumsal yaşam için yıllarca düşman gördüğüm grup, düşünce ve örgütlerin aslında sağlıklı bir demokrasinin olmazsa olmazı olduklarını; modern bir toplum için asıl tehlikenin, bunların aksine her muhalefeti yok etmeye odaklanmış olan benim savunduğum değerler olduğunu anladım. Bunun acısını derinden yaşadım. Bu açıdan eskiden savunduğum tüm düşünceleri düşman görmek tarif edilmez bir duyguydu.

Geçmiş yıllardaki anlayışıma göre, bütün radikal muhalefeti yok etmeli ve bunu yapacak sistemi kurmalıydım. Mesleğe yeni başladığım Mersin'de görev yaptığım yıllarda, benim için sistemin ve rejimin muhalifi olan; devleti, orduyu ve polisi eleştiren herkes kötü niyetli, hain ve ajandı. Tüm solcular Rus ajanı ve vatan haini idi, onlara en ağır ceza verilmeliydi. Ama duygu dünyamdaki büyük değişimlerin olduğu, anlatılamaz şeylerin ruhuma çarptığı o çileli günlerim ve biraz da karşımda olan insanlarla temasım sonucunda, onların inançları uğruna katlandıkları kişisel fedakârlıklarını görerek demokratik muhalefeti hoş görmeyi öğrenmiştim. Bununla birlikte radikal olan, hele eline silah alan ve şiddet kullanan herkes, her örgüt mutlaka durdurulmalı, yok edilmeliydi.

Sonunda tapacak kadar bağlandığım, yaratılması uğruna bu kadar gayret gösterdiğim, her şeyimi verdiğim değerlerin yıkılması için gayret gösterdim, yıkılmasını istedim. Bu kadar büyük bir değişim, bu kadar büyük bir dönüşüm mümkün müydü? Yaşamın gayesi vatan, millet, bayrak, ülke, Allah, din, ahlak, kanunlar değil miydi? Bunlar o kadar önemliydi ki uğrunda binlerce insan ölmüştü, gerekirse daha binlercesi ölmeliydi. Asla bu kutsal değerler ihlal edilmemeli, hiç kimse bu değerleri kirletmemeli, bunlara karşı gelenler bertaraf edilmeliydi. Bugün hâlâ bu düşünceleri savunanlardan o zaman bir tek farkla ayrılıyordum; ben her şeyin meşru, aleni ve herkesin huzurunda olması gerektiğini düşünüyordum; Susurlukçuların yaptığı gibi gizli, kaçak değil. Sağ düşünce ülkenin iyiliği, güzelliği ve tüm yüce değerler için vardı; sol düşünce ise komünizm, inançsızlık, SSCB demekti; mutlaka yok edilmeliydi. Devleti eleştirene mani olunmalı, durdurulmalıydı. Ecevit nasıl sol, ortanın solu diyerek, binlerce şehit verilerek kurulan bu devleti eleştirebilirdi? Nasıl Sovyetler'in rengine benzer sol, sosyalist anlayışı savunabilirdi, buna niye müsaade ediliyordu?

Yıllar, yıllar sonra şu sonuca vardım: İnsanların eylemlerini kafalarındaki fikirleri; fikirlerini ise inanç ve düşünce sistemleri, dolayısıyla dogmatik olarak kutsal kabul ettikleri ve hayatlarının anlamı olan ve uğrunda ölümü göz aldıkları yüce değerler belirliyorsa; bu ülkede bunca olumsuzluk varsa ve yıllardan beri devam ediyorsa, her şey kötü ve yanlış ise, bunun sebebi ufak tefek şeyler ve kişilerin hatası olamazdı. Hata, tüm eylemlerimizi yönlendiren, anlamlandıran fikir ve düşünce sistemimizin kaynağı olan dogmatik inançlarımız ve kutsallarımızdaydı. Yani bizim yücelttiğimiz, uğruna her şeyi feda ettiğimiz, canımızdan çok sevdiğimiz, varlığımızın sebebi, kendimiz olmamızı sağlayan, bizi başkasından farklı kılan, bize ruh veren, başka ırk ve millet olmamızı sağlayan değerlerde sorun vardı. Yoksa bunca hata, bunca anormallik niye olsundu ki?

İşte bu en büyük değerleri eleştirmek, bunca yıl inandığımız, bizi biz yapan şeylere yanlış demek hiç kolay değildi. Ruhsuz insan olmak, motorsuz araç olmak gibi bir şeydi. Türk milliyetçiliğinin, Türk gelenek ve ahlak anlayışının, kanunlarımızın, hatta dinin, bu ülkedeki uygulanış biçimi yanlıştı; en azından zamana ve şartlara uygun değildi. Yoksa ülkemiz bu halde olur muydu, dünya ile yarışta bu kadar geri kalır mıydı? Terör 40 yıldır devam eder miydi? Bu kadar yolsuzluğun ülkede kabul görmesi, kimsenin bunlardan rahatsız olmaması, hatta yapılanları olağan bulması mümkün müydü?

Başta fark edemesem de yaşadığım her olaydan bir emare alarak 32 yılın sonunda; çok samimi olarak inandığım, hiçbir karşılık baklemeksizin uğruna gece gündüz çalıştığım, varlık sebebi gördüğüm değerlerin, ihtiyaca cevap vermediğini, hatta tüm sorunlarımızın kaynağı olduğunu anladım. Bu gerçeği kabullenememenin, kendime bile itiraf edememenin, öldürücü tesirini yaşadım.

Yanlışı ayıklayıp doğruyu bulmak istiyorum. Hiçbir önyargı taşımadan, neyin yanlış neyin doğru olduğunu söylemeden; yanlışla doğruyu bulmanın yöntemini, bunu anlamanın şeklini sunmak istiyorum. Bir ölçü, bir terazi olacak; yanlışla doğruyu anlamaya yarayacak mikyaslar, değerler, fikri teraziler yaratmak istiyorum.

32 yıllık meslek hayatımın her olayı, her konusu bir kitaba, bir filme konu olacakken, tüm yaşadıklarımı ve hayatımı bir kitaba sığdırmam mümkün değil. Bu nedenle iddialarımın ispatı, vardığım neticelerin anlaşılması ve düz fikirlerin hazmedilebilir kaplarda sunulması için sadece beni etkileyen, fikir dünyamı değiştiren, yukarıdaki çerçeve ile sınırlı konularda yaşadıklarımı kısaca anlatıp vardığım neticeleri özetleyeceğim.

Simon

İnançları ve idealleri uğruna çalışan, bu uğurda fedakârlık gösteren, her şeylerini bırakıp illegal örgüt mensubu olan insanlara eskiden beri aşırı saygı duyardım. Bu insanlara karşı mücadele veriyor, ama aynı zamanda onların çok idealist olduklarını, bir inanç uğruna çalışmalarının, fedakârlıklarının çok değerli olduğunu ve bu işlere büyük oranda kendi özgür iradeleri ile girdiklerini düşünerek onlara saygı duyuyordum. Başka insanlara zarar vermeden, doğru bir amaç, fikir ve ideal uğruna bu kadar fedakârlık yapabilme, böyle bir anlayışı benimseyen siyasi veya sosyal yapının içerisinde bulunma, böyle insanlarla dost ve arkadaş olma özlemimi hep taşıdım. İllegal örgüt mensupları kadar değil ama onların onda, hatta yüzde biri kadar idealist arkadaşlar bulduğumu zannettiğim her kadrodan ayrıldıktan sonra, arkadaşlarımın makam ve mevki gibi basit çıkarlar uğruna birbirlerini kırdıklarını, kutuplaştıklarını görünce üzüldüm, galiba normal şartlarda böyle bir ortamı yakalamak mümkün olmuyor.

Benim özendiğim illegal örgüt mensuplarının eylem ve faaliyetleri değil, dünyanın maddi nimetlerini bir kenara iterek bir fikir-ideal uğruna yaptıkları fedakârlıklardı. Hatta özenerek, onların yerinde olmayı bile düşünmüşümdür. Hayatın asıl manasının, varlık sebebimizin, manevi varlığımız olan fikir ve düşüncelerimiz doğrultusunda çalışmak, bu uğurda mücadele etmek olduğunu, insanların inançları uğruna ölürken bile maddi zenginlik için yaşayanlardan daha mutlu olduklarını düşünmüşümdür.

Ne de olsa çevremde gördüğüm devlet memurları üç beş kuruş rüşvet almak için haksız ve hukuksuz davranışlara girişip vicdanlarını satarken; her şeyi para için yapan ama kendilerini vatansever olarak tanıtan mafya mensubu organize suç şebekeleri birkaç kuruş için namuslarını ayaklar altına alarak cana kıyıp insanlara eziyet ederken; ülkenin ve benim düşmanım olduklarını düşünerek karşı olduğum illegal örgüt mensupları kendi idealleri uğruna her fedakârlığı yapıyordu. Banka soyuyor ama beş kuruşunu almak akıllarına gelmiyordu. Bizimkiler aleyhte yalan yanlış hikâyeler uydurarak birbirini ispiyonlarken, onlar yakalanıyor ama arkadaşlarını ele vermemek için her türlü zorluğa katlanıyorlardı. Bu ve benzeri karşılaştırmalar, inanç ve ideallerini hiçbir zaman kabul etmemekle beraber, içimde illegal örgüt mensuplarına karşı hayranlık uyandırıyordu.

Ancak yaşadığım bir olay, o alemin, o dünyanın da göründüğü kadar idealist olmadığını, bu insanların özgür iradeleriyle her türlü yanlışa değil yalnızca onlara hedef gösterilen belli kötülük ve yanlışlıklara karşı olduklarını anlamamı sağladı. Bu insanların kendi inanç ve idealleri yanında kendilerine sürekli empoze edilen propagandaları doğru zannederek, bu uğurda mücadele ettiklerini, asıl gerçeklerin farkında olmadıklarını gördüm. Dolayısıyla bu tip insanları idealize etmemin yanlışlığını görmem, belki de onlara olan saygımın azalmasına sebep oldu.

Diyarbakır'da görev yaptığım dönemde (1984-1992) PKK'nın şehir hücreleri, şehir faaliyetleri yeni yeni artmaya başlamıştı. PKK merkezi, kırsal alana destek çıkılması amacıyla, devletin kırsaldaki askeri baskının hafifletilmesi için, şehir eylemlerinin başlatılması talimatını vermişti.

Böylece PKK'nın şehirdeki faaliyetlerini izlemeye ve kırsal sahada faaliyet gösteren militanları tespit edip yakalamaya yönelik çalışmalarımız başladı. Kısa sürede Halide kod adlı eski bir kadın militanın Diyarbakır bölgesini örgütlemek ve buraları organize etmek üzere görevlendirildiğini tespit etmiştik. Bir müddet sonra, geçmiş dönemde faaliyet göstermiş ve PKK mensuplarını iyi tanıyan insanlar sayesinde, Halide'nin gerçek kimliğinin tüm aile üyeleri PKK taraftarı olan, 1975 yılından beri PKK saflarında faaliyet gösteren, 1980 dönemi öncesi militanlarından Güler Çelik olduğunu tespit ettik. Elazığlı olan Çelik ailesinin hemen hemen tüm fertleri geçmiş yıllardan beri örgüt içinde faaliyet göstermiş, örgüte önemli destekler vermişti. Ailenin 3-4 ferdi, 12 Eylül dönemi öncesinden beri örgütün ileri kadrolarında yer almıştı. İşte Güler de örgütün eski kadrosundandı ve uzun süre cezaevinde yatmış, cezaevinden çıktıktan sonra örgüt kampına, Beka'ya gitmiş, burada uzun süre kaldıktan sonra grupları tekrar örgütlemek üzere Türkiye'ye gönderilmişti. Biz Güler'in faaliyetlerini takip ediyor, onun ilişki ve irtibatlarını biliyor, ancak olayın olgunlaşması, örgütün tüm hücrelerinin ortaya çıkması için bekliyorduk. Bu arada önemli bir gelişme oldu. Umulmadık bir şekilde kırsal alanda bir kuryenin varlığını tespit ettik. Kuryenin mektuplarını ele geçirdiğimizde, bahar atılımı dolayısıyla Lübnan-Beka'daki kamplarda bulunan PKK militanlarının bölgelerine gönderilmek üzere sınırdan geçtiklerini, bu arada Diyarbakır-Elazığ civarında faaliyet göstermek üzere gönderilen bir grup militanın Mardin bölgesinde çatışmaya girmesi üzerine grubun ikiye bölündüğünü, yurtdışından gelmiş olan lider kadrodaki bir grup militanın Mardin'de sıkışıp Diyarbakır-Genç bölgesine geçemediklerini öğrendik. Bölgeye geçebilmek için kuryelerle haber göndererek kendilerini alabilecek bir kılavuz-kurye sisteminin kurulmasını istiyorlardı.

Bu gruplarla buluşmak üzere Diyarbakır merkeze gelen kuryeyi yakaladık. Üzerindeki gizli nottan, Mardin kırsalında kendi gruplarından kopan ve yolu bulamadıkları için dağa gelemeyen ıki militanın Diyarbakır şehir merkezinde olduğunu anladık ve kuryenin yerine geçirdiğimiz eski bir itirafçıyı buluşmaya gönderdik. Gelen kişilerin durumundan önemli kişiler olduğunun anlaşılmasıyla da yakalamayı gerçekleştirdik. Mardin kırsaldan kopmuş iki önemli militanı Diyarbakır merkezde yakaladık.

İlginç bir durum ortaya çıkmıştı. Daha önce yakaladığımız başka militanların ifadelerinden ve onlardan ele geçirdiğimiz dokümanlardan anlaşıldığı üzere, yakaladığımız militanlardan biri Beka kampında kamp komutanlığının yanı sıra, kampta suç işleyen kişilerin yargılandığı, kendi deyimleriyle "devrim mahkemelerinin" başkanlığını da yapan, Simon kod adlı biriydi. Simon'un gerçek adı Yılmaz Çelik'ti. Yani Diyarbakır şehir örgütünün lideri olan Güler Çelik'in erkek kardeşi. Avrupa'da uzun süre kalmış, orada faaliyet göstermiş, bir ara örgüt tarafından Güney Afrika'ya bile gönderilmişti. Avrupa'dan Beka kampına gelmiş, kampta uzun süre bulunmuş, bu dönem içerisinde de devrim mahkemesi başkanlığı yapmıştı.

Aslında PKK kamplarındaki militanların kamp hayatı, yaşam tarzları, yetiştirilme biçimi, orada nelerin suç olduğu gibi konular başlı başına bir kitaba, belki de birden fazla kitaba konu olacak nitelikte ve orijinalliktedir. Eğer bir gün biri, hele de orada yaşayan biri çıkıp o günkü kamp hayatını, o ortamı, kuralları, orada suç ve cezanın ne olduğunu, sistemin nasıl çalıştığını yazarsa, ben veya benim gibi oradaki hayatı biraz bilen birkaç kişi dışında kimsenin okuduklarına inanacağını zannetmiyorum. Bu kamplar tarif edilemez, oranın bu dünyada olduğuna ve orada yaşananların gerçekten yaşanmış olduğuna inanmak mümkün değil.

Zaten PKK gerçeği buradadır, bizim gördüğümüz savaşan, pusu kurup katliam yapan, inanılmaz olayların faili militanlar bu gerçeğin bize yansıyan neticeleridir. Asıl gerçek, asıl anlaşılması gereken ise o kamptaki insan, hava, yaşam, eğitim, değerler sistemi, yani o kampın kendisidir. Orası insan ruhunun ve kişiliğinin değiştirilmesi konusunda *Dr. Moro'nun Adası* adlı kitapta anlatılanların on katı oranında netice elde etmiş gerçek bir psikoloji laboratuvarıdır. Orası dehşet bir yerdir, orayı anlamak öyle kolay değildir.

PKK kamplarında bulunan militanlar inanılmaz bir yönlendirmeye tâbi tutuluyor ve inanılmaz bir inanç keskinliği içinde yetiştiriliyorlardı. Orada örgütün isteği dışındaki en ufak bir faaliyet ciddi suç olarak yargılanıp değerlendiriliyordu. Kampta bulunan bir militan, eğer, "Ben bir yıl önce İstanbul'da şöyle gezmiştim, kız arkadaşımla beraber deniz kenarında dolaşmıştım..." şeklinde konuşursa, en hafifiyle bu kişinin cezası idamdı. Militanların kafasını karıştırarak onları devrimcilikten ve savaştan soğutmak gibi bir suçla yargılanıyorlardı. Bu sözü söyleyen, dünyanın en adi yaratığı gibi oradaki topluluk tarafından dışlanır, horlanır ve tecrit edilirdi. Hatta bu tür suçlar için o zamanlar PKK liderinin tanımladığı bir ad vardı: **objektif ajanlık**; burada Türkiye Cumhuriyeti devletine ajanlık yaparak bilgi vermemekle birlikte kişinin örgüte verdiği zarar aynı düzeydedir. Dolayısıyla bu kişiler ajan olmasalar da gerçek bir ajan rolü oynadığından, onların yaptığına objektif ajanlık deniyordu.

Yüzlerce insanın bu suçlardan kurşuna dizildiği, öldürüldüğü bir realitedir. Eğer bir gün PKK'nın Bekaa Vadisi'ndeki Mahsun Korkmaz Akademisi ismini verdiği gerilla kampının etrafı kazılırsa, örgüt tarafından kurşuna dizilmiş yüzlerce, belki de daha fazla sayıda PKK militanının kemikleri çıkarılacaktır.

Almanların, 1984-1986 yıllarında Almanya'da PKK'ya yönelik yaptığı operasyonda örgütle ilgili çok önemli belgelerin yanında Bekaa'da yargılanan ve suçlu bulunan militanların zılgıt eşliğindeki sevinç gösterilerinin, halaylarla gerçekleştirilen ve seyredenlerin kanını donduran infaz görüntülerinin bulunduğunu biliyorum.

İşte orada bu tür suçlar işleyen, PKK çizgisine uymayan insanlar platform denen ve kamptaki tüm militanların bulunduğu topluluk önüne çıkarılıyor, orada bir mahkeme kuruluyor, mahkeme yargılamaya başladığı zaman, kampta bulunan herkesten bu kişi hakkında suçlamalar isteniyordu. Herkes ayağa kalkarak bu kişinin suçlarını sayıyor, onun hakkında iddialarda bulunuyordu. Tabii bu öyle bir yarıştı ki eğer bir kişi platforma çıkarılıp yargılanmaya başlanmışsa, bu kişiye ne kadar büyük suçlar isnat edebilirse o kadar iyi olacağı düşünülerek herkes yargılanan kişinin suçlarını saymakta birbiriyle yarışa giriyordu. İşte bu mahkemenin bir dönem başkanlığını yapan kişi, Simon kod adıyla bilinen ve bizim kimliğini çözdüğümüz Yılmaz Çelik'ti. Bu kişi, orada bulunduğu dönemde, birçok kişinin yargılanması sırasında mahkeme başkanlığı yapmış, birçok kişi idam edilmiş veya verilen idam kararları bilahare örgüt tarafından yumuşatılarak uygulanmıştı.

Bu yargılamaları, o tarihlerde fiilen kampta bulunmuş, daha sonra gelip teslim olan insanlardan çok dinlemiştim. Ayrıca yakalanan kişilerin üzerinden çıkan dokümanlardan bu mahkemeler hakkında epeyce bilgi sahibi olmuştuk.

Yılmaz Çelik'in kampta komutanlık yaptığı dönemde, kız kardeşi Güler Çelik de kampta bulunmuş ve bir dönem mahkeme tarafından yargılanmıştı. Güler'e isnat edilen suç ise "baygın baygın bakmak suretiyle erkek kadroların kafasını karıştırmak, devrimcilikten soğutmaktı." Bundan dolayı Güler Çelik idama mahkum olmuştu, ama sonra Öcalan tarafından galiba partinin kuruluş yıldönümü nedeniyle affedilip tekrar görevlere gönderilmişti.

İşte biz bu olaydan ayrıntılarıyla haberdardık. Takip ettiğimiz şehir faaliyetlerinde Güler Çelik'in ekibi her gün biraz daha genişliyordu, daha fazla büyümeden bu operasyonu başlatmaya karar verdik.

Planımızı yaptık Güler Çelik ve onunla irtibatlı olan kişileri gözaltına aldık. Tahkikatı yaparken bu iki kardeşi de zaman zaman bir araya getirdik ve orada, kafama takılan önemli bir şeyi Yılmaz'a sormak istedim

Yılmaz Çelik ilk çatışmada örgütten kopmuştu ama aslında (bana göre inancı gereği) örgüt ideolojisi gereği tekrar örgüte katılmak ve savaşmak istiyordu, inançlıydı. Ona dedim ki: "Yakalanmasıydın tekrar kırsala çıkıp savaşa katılacaktın. Eminim ki dağda ölebileceğini tahmin ediyorsun. Kendi inançların doğrultusunda bu bölgedeki insanların haklarını, özgürlüklerini kendince savunmak ve onlara yönelik haksız olarak nitelediğin uygulamalara karşı durmak adına buraya geliyorsun. Burada samimi olarak savaşacaksın, bu konuda samimiyetinden asla şüphem de yok, doğru bildiğin için yapıyorsun. Kampta bulunduğunuz dönemde kamp komutanı olarak sen olayı en iyi bilen insansın. Güler Çelik senin kardeşin. Kardeş olmayı da bir kenara bırakırsan, iyi bir yoldaşlık ilişkisi içerisinde, hem örgüt mensubu olarak hem de kardeşi olarak devrimciliğini çok eskiden beri biliyorsun. Güler gerçekten kampta isnat edilen suçu işlemiş miydi?"

"Kesinlikle Güler Çelik öyle bir suç işlememişti, asla böyle bir tavrı yoktu. Ben bunu kardeşim olduğu için değil yoldaşlığına inandığım için söylüyorum." dedi. İnsanlar kabullenmekte zorlanabilirler ama illegal örgütlerde akrabalık, arkadaşlık, dostluk, hatta anne-babalık gibi insanlar arasındaki yakınlık bağları feodal ilişki olarak tanımlanır. Bu tür ilişkilere değer vermek, iyi karşılanmaz ve aşağılanır. Bunun yerine örgütlerde aynı inanca sahip olmak, yoldaşlık ve devrimcilik yeni bir yakınlık bağı olarak kabul edilir. Zaten örgütler insanların değer yargılarını bu kadar değiştirerek insanlarda yeni bir kişilik ve yeni bir değerler sistemi yarattıkları için onlara istedikleri şekilde hükmedebilir, aksi takdirde kişiler bu değerleri benimseyip kişilik dönüşümüne uğramadan eylemleri gerçekleştiremez.

"Peki o zaman sen kardeşin, daha ilerisinde heval/yoldaş olarak bildiğin Güler Çelik'in bir örgüt mensubu olarak bu suçu işlemediğine inandığın halde neden mahkeme başkanı olarak orada açık bir tavır koyup kardeşini veya hevalini savunmadın. İdama mahkum edildiği halde buna karşı koymadın. Halbuki tanımadığın insanların hakkını korumak için çatışmayı, ölmeyi ve öldürmeyi göze alıyorsun, burada güvenlik kuvvetleriyle, askerle, polisle hiç tereddütsüz çatışıyorsun. Ama başka bir noktada haklı bildiğin bir kişinin hakkını korumak, bir haksızlığa karşı durmak için en ufak bir tavır gösteremiyorsun. Eğer insanlar hak, hukuk, adalet ve eşitlik gibi değerler uğruna, doğru bildikleri inançları ve idealleri uğruna fedakarlık yapıyor, çatışıyor ve ölüyor ise senin de orada haklının yanında tavrını göstermen gerekirdi. Demek ki senin hakkı hukuku savunma noktasındaki tavrın her zaman aynı değil; sana örgütün empoze ettiği konulardaki haksızlıklara karşı savaşıyorsun, ama başka bir noktada, başka bir haksızlığa karşı duramıyorsun," dediğimde verdiği cevap beni tatmin etmemişti.

İşte o zamana kadar devrimcilerin inanç ve idealleri uğruna savaşan insanlar olduğu yönünde kafamda kurduğum imaj ve onlara duyduğum saygı yıkıldı. Demek ki onların gerçek bir doğrusu yoktu; gerçek idealler ve inançlar uğruna savaşmıyorlardı. Onlara empoze edilmiş, belki de binlerce kez tekrar edilerek beyinlerine işlenmiş örgüt gerçekleri uğruna savaşıyorlardı; bu gerçekler uğruna fedakarlık yapıp, ölümü göze alıyorlar bunun dışındaki haksızlıklara ses çıkarmıyorlardı.

Sağcı-solcu, laik-anti laik, demokrat-darbeci, A veya B partisi gibi kamplara ayrıldığımızda hep kendi tarafımız haklı, karşı taraf yanlıştı; karşı durma cesaretimiz, yalnızca grubumuzun karşı olduğu kişi ve fikirlere yönelikti.

Sonra kendimize baktım, biz de öyle değil miydik? Kendi teşkilat mensuplarımızın suçlarını gizlemeye çalışıyorduk ama vatandaşın işlediği suçlara en ufak hoşgörüde bulunmuyorduk. Vatandaşa kötü muamele eden, darp ve işkence eden, görevini kötüye kullanan, rüşvet yiyen meslektaşlarımızı yakalayıp suçlarını ortaya çıkarmak konusunda ne kadar gayretliydik?

Susurluk da bu anlayışın daha büyük çapta bir tezahürü değil miydi? Ölçü, suç işleyen herkesin yargılanması ve ihlal ettiği kural için yasalar çerçevesinde gerekli ceza ile cezalandırılmasıydı. Oysa adam öldürenler, yaralayanlar eğer sıradan insanlarsa veya bir örgüt mensubu ise bu kural işletiliyordu, bunun dışında devlet görevlileri bazı kişileri kaçırır, infaz ederse bu kişiler yakalanmıyordu.

Bu durumu birçok olayda görmek mümkündü; bizler de her suçu değil, yalnızca bize öğretilen ve empoze edilen hususları suç görüyor, bizim tarafımızda olan kişilerin kusurlarını suç olarak nitelendirmiyorduk.

Bu duruma, bu tip davranışlara "Simonlaşmak" adını verdim.

İşte bu durumu düşündükten sonra kendime söz verdim; ben Simon gibi olmayacaktım, ben **Simonlaşmayacaktım**. Yanlışı kim yaparsa yapsın karşı çıkacaktım; suç işleyenler kendi tarafımdan insanlar, kendi arkadaşlarım bile olsa veya ne kadar güçlü olursa olsun, bedeli ne olursa olsun karşı duracaktım...

Aslında Simonlar her yerde, her örgütte var; insana değer vermeyen, özgürlüğü önemsemeyen, itaat kültürünün hâkim olduğu, grup menfaati için itaatin istendiği her yerde Simonlar var.

Haliç'te Yaşayanlar

İstanbul'da görev yaptığım 1992-1996 yılları arasında görev yerim Gayrettepe'deydi, evimiz ise Ataköy'de. Her gün akşam geç saatte özellikle saat 23.00 sularında Gayrettepe'den çıkıp evimize giderken Haliç'ten geçiyorduk. Haliç o zamanlar inanılmaz kötü kokuyordu, tam olarak lağım kokusu duyuluyordu ve ben bu kokuya dayanamıyordum. Arabanın bütün camlarını kapatıyordum. Koku gelmesin diye burnumu parmaklarımla kapatmama rağmen Haliç'ten gelen hafif bir koku bile midemi bulandırmaya yetiyordu. Haliç'ten geçmek benim için bir ölümdü, daha yaklaşmadan Ok Meydanı'nda burnumu kapatmam gerekiyordu, ta ki tüneli geçinceye kadar. Fakat Haliç'in etrafında yaşayan insanlara bakıyordum; onlar parklarda geziyor, yemek yiyor, hatta bir kısmı piknik yapıyordu, bu kötü kokudan sanki hiç rahatsız değillerdi. Bu durum bana çok tuhaf gelmişti. Demek ki, kötü bir ortamda bulunan insanlar bir müddet sonra oraya uyum sağlayıp alışıyorlar ve bu ortamın çirkinliğini göremiyorlardı. Ne kadar kötü ve sağlıksız bir ortamda bulunulursa bulunulsun bir süre sonra kişinin bünyesi bu duruma uyum sağlayarak kötülüğün farkına varamıyordu.

Bir an için düşündüm. İnsanın içinde bulunduğu koşullara gösterdiği uyum, pis kokan bir ortama bile uzun süre kalınca alışması, bunu kabullenmesi sadece fiziki ortamla mı ilgiliydi? Yoksa düşünceler, sosyal davranışlar, etik kurallar gibi toplumsal hayatı etkileyen unsurlar için de geçerli miydi? Aynı şekilde ortama uyum sağlama anlayışını toplumsal hayatın bütün alanlarına yansıtarak, içinde yaşadığımız çok kötü ortamı bile normalleştirmiştik, dolayısıyla hiçbir rahatsızlık duymadan yaşıyorduk.

İnsanlar uzun süre kaldıkları ortamda yanlışlıklara, hatalara ve bütün anormalliklere alışıyor, uyum sağlıyor. Türkiye için de aynı şey söz konusu. Hürriyetlerin kısıtlandığı, baskının hâkim olduğu, yanlış ve mantığa uygun olmayan bir Türk idari sistemi, Türk toplum yapısı ve özellikle kirli, yozlaşmış bir kamu sistemi içerisinde uzun süre kalan ve bu atmosferi teneffüs eden insanlar, bizler hepimiz, bu ortamın kötülüğünü, pisliğini artık algılayamıyoruz. Bu durum bizi rahatsız etmiyor. Haliç'teki pis kokuya rağmen piknik havası içinde yiyip içip oynayanlar gibi, biz de bu pis ortama en ufak tepki koyamıyoruz; halbuki dışarıdan bakıldığında bu durum dayanılacak ve kabul edilecek gibi değil.

Herkes biliyor ki bu ülkedeki ihaleler büyük oranda hileli. Bu ülkede tapu, trafik, gümrük gibi birçok kurum rüşvet batağında. Yolsuzluk ve usulsüzlük usul, esas haline gelmiş; adam kayırma, torpil, her türlü hile yaygınlaşmış. Toplumun çoğunluğu bu ülkede işlerin doğru ve dürüst yürütülmediğine inanıyor, ama en büyük usulsüzlüklere toplum tepki göstermiyor. Hile, fesat ve rüşvete en çok karıştığına inanılan kişi en fazla oyu alabiliyor; en rüşvetçi kişi en itibarlı kişi olarak kabul görüyor. Bu örnekleri alabildiğince çoğaltmak mümkün. Demek ki çoğunluk pis ve kirli, her türlü yanlışlığın bol olduğu bu ortama uyum sağlamış, bu durumu kanıksamış ve normalleştirmiş. Bu durumu görebilmek ve algılayabilmek için ancak bu sistemin dışına çıkmak gerekiyor. Başka bir ülkede bir müddet kalıp oradaki şartları gördükten sonra o pis kokan Haliç'in durumunu fark edip bunun yanlış olduğunu göreceğiz. Yoksa içinde bulunduğumuz şartlarda pislik her yana yayılmasına rağmen maalesef hiçbirimiz Türkiye'deki bu sistemin yanlışlığını algılayamıyor. Belki de uzun süre kötülükler, yanlışlıklar, haksızlıklar ve hukuksuzluklar içerisinde yaşamak, bunun içerisinde var olmak gözümüzü kör etmiş; tüm bu olumsuzluklara uyum sağlayarak bu anormalliği normalleştirmişiz. Aslında en fazla itiraz etmemiz ve karşı koymamız gereken durumlarda çok makul ve kabul edici tepkiler vermişiz. Kurtuluşumuz önündeki en büyük engelin de bu olduğu kanaatindeyim.

Bu bilince eriştikten sonra, içinde yaşadığımız şartları kabul etmemeyi; bu rüşvet, yolsuzluk, riya ve yalanla dolu ortamda yaşamaya mecbur olsam da asla bu durumu normal görmemeyi; en küçüğünden en büyüğüne her türlü yolsuzluğa, hırsızlığa, usulsüzlüğe tepki göstermeyi ve gücümün yettiği kadar karşı koymayı hayatımda düstur edindim. Hiçbir pisliği normal görmemeliydim; etrafım ne kadar kirli de olsa kabullenmem, uyum sağlamam söz konusu olmamalıydı.

Kitabın Dilindeki Sertlik

Bu kitabı yazarken kimseyi kırmak ya da incitmek istemedim. Beni tanıyanlar bilirler ki kimseyi kırmamak, üzmemek için aşırı hassasiyet gösteririm. Aslında bu, bilinçli olarak dikkat ettiğim bir husus değil, bir yaşam biçimidir, hayatımın temel esasıdır.

Eğer biri benimle konuşurken ses tonunu biraz yükseltirse, biraz kızdığını belli edecek şekilde konuşursa bir hafta moralim bozulur. Bundan dolayı ben de hiç kimseyle yüksek sesle konuşmam, hiç kimseyi kırmam. Kabahati olan, suç işleyen kişilerle bile asla onları incitici şekilde konuşmam, gururlarını kırmam. Bağırarak veya karşımdakini kıracak şekilde konuştuğum çok nadirdir, birçok astım/arkadaşım benim için "hiç kızmaz, sinirleri alınmış" der.

Ama bu kitap taslağını okuttuğum tüm arkadaşlarım yazıdaki dilimin yer yer sert, kırıcı, hatta bazı bölümlerin davalara konu olabileceğini söylediler. Ben de bu kadar olmasa da yazı dilimin sert, bazen de itici olduğu kanaatindeyim, ama yazarken kimseyi incitmek gibi bir niyetim yok. İstemememe rağmen bu kitapta anlatılanlardan incinecek, kırılacak herkesten baştan özür diliyorum. Amacım asla kimseyi kırmak ya da üzmek değil; zaten benim sorunum tek tek kişilerle değil, ben sistemi, yöntemi, usulleri sorgulamaya, bunların yanlışlığını ve eksikliğini göstermeye çalışıyorum. Bu amaçla olayların anlaşılması için, istemeden de olsa, sınırlı olarak kişilerden de ismen bahsettim.

Şu da unutulmamalı ki ben yazar değilim. Hissetme ve algılama kabiliyetim oldukça iyi olmasına rağmen ifade kabiliyetim o kadar iyi değil. Ayrıca yazı dili ile konuşma dili aynı olmadığından konuşurkenki mülayimliğime karşın yazı dilinde istemeden de olsa üslubum farklıklaşabiliyor. Ayrıca anlatılan konular basit şahsi meselelerden ziyade ülkenin güvenliği ve toplumda geniş kesimlerin hayatını ve özgürlüğünü ilgilendiren hususlar olduğundan, üslubu yumuşatma adına konuları basite indirgeme ve önemsememe riski de var. İnsanları sarsan anlatım ve ifadelerin daha kalıcı bir iz bıraktığı ve daha iyi algılandığı da bir gerçek. Dolayısıyla kitabın şekline ve diline takılmadan içeriğine değer verilmesini, zarfa değil mazrufa önem verilerek okunmasını arzu ederim.

Bir kitap yazmayı emekli olunca düşünmüştüm, genel kanaat de bürokratların ancak emekli olunca yazmaları gerektiği yönündedir. Ancak her şeyin bayatı tatsız olduğu gibi bilginin bayatı bir işe yaramayacağı, zamanında yapılmayan uyarıların anlamını yitireceği için kitabı bir an önce yazmaya karar verdim. Bundan dolayı dilin, üslubun ve eksikliklerin hoş görülmesini diliyorum.

Köydeki Okul Yıllarım

Hukuken Maraş'a ama diğer açılardan fiilen Gaziantep'e bağlı Karabıyıklı Köyü'nde doğup, büyüdüm. Şehirdeki çocuklar okuldan kaçarken biz tarlada çalışmak, hayvanları otlatmak gibi işlerden kurtulmak için okula sığınırdık; okulların açılması bizim için tüm bu işlerden kurtuluştu. Köy okulları, çocukların tarlada çalışacağı düşünülerek nisan sonu veya mayıs başında kapanır ve ekim veya kasım ayında açılırdı.

Benim çocukluğumda ya nüfusu fazla ya da yolu olan bizimki gibi köylerde ilkokul vardı. Okulda, tek bir bina içinde 5 sınıf, yani 1, 2, 3, 4 ve 5. sınıflar aynı derslikte, aynı odada ders görürdük. Öğretmen 5. sınıflara ders anlatırken, diğer yandan 4. sınıflar 2. sınıflara, 3. sınıflar da 1. sınıflara ders anlatırdı veya buna benzer şekilde öğretmen 3 ve 4. sınıflara ders anlatırken 5. sınıflar 1. sınıfları ders çalıştırırdı. Yani aynı odada beş sınıf ders yapardık. Tam anımsayamıyorum ama üçüncü veya dördüncü sınıfa geldiğim sene köye ikinci bir öğretmen atandı ve eski karayolları binasını bize ek bir derslik yaptılar. 4 ve 5. sınıflar ayrı binada 1, 2 ve 3. sınıflar ise başka bir binada ve ayrı öğretmenlerle ders işlemeye başladı.

İkinci sınıftayken her hatada kara lastik ile bizi döven öğretmen gitmiş yerine Hüseyin Güzel isimli genç bir öğretmen gelmişti. Yeni öğretmen, yeni ders yılı başında Atatürk'ün ölüm yıldönümü dolayısıyla tüm sınıflara ortak ders veriyordu. Hüseyin öğretmen Atatürk'ün doğumundan ölümüne tüm hayatını ve Kurtuluş Savaşı'nı tam bir saat aralıksız anlattı. Okulun en küçüklerinden olduğumdan en önde oturuyordum, ikinci saat öğretmen Atatürk hakkında anlattıklarını tekrar edecek var mı diye sordu. Parmak kaldırdım, herkes benim gibi parmak kaldırdı zannediyordum, meğer tek kaldıran benmişim. Benden üst sınıftakiler parmak kaldırmamış, ama ikinci sınıf öğrencisi olan ben parmak kaldırmıştım.

Öğretmenin anlattıklarından aklımda kalanları tam yarım saat tekrar anlattım, unuttuğum kısımları hoca tamamladı. Benim anlatımımdan sonra tekrar anlatmak isteyen var mı diye sorduğunda birkaç öğrenci daha parmak kaldırarak konuyu anlattılar.

Sonra köy kahvesinde köylülerle sohbet eden Hüseyin öğretmen babamı bulmuş ve çok zeki olduğumu, mutlaka beni okutması gerektiğini söylemiş. Bunun üzerine adım okulun çalışkan öğrencisine çıktı, ne yaptığımın farkında değildim ama herkes çalışkan olduğumu söyleyince mecburen çalışkan rolüne bürünüp bu rolü oynadım. Bu şekilde hiç ders çalışmadan ama derslerde öğretmeni dikkatle dinleyerek okulun en iyi öğrencisi olmuştum, bu durum bana farklı bir misyon yüklüyordu. Her sorulanı bilmeli, öğretmenin her sorusuna cevap vermeliydim, başka köy okullarıyla yapılan bilgi yarışmalarında bizim okulu ben temsil ediyordum. Belki gerçekten zekiydim, belki değildim ama benden beklenen rolü oynamak mecburiyetiyle dersleri iyi izlerdim. Tüm okul hayatım boyunca ilk beş arasına girmek mecburiyetimdeydim ve her zaman da girdim.

İlkokul bitmişti, o yıllarda şehirlere gidip okumak sık rastlanan bir şey değildi. İlkokul bitince babam yakın akrabamız olan Ş. Ali ile birlikte bizi Antep'te yeni açılan bir ortaokula kayıt ettirdi. O zamana kadar hep şalvar giymiş, hiç pantolon giymemişken bir anda takım elbisem, kravatım ve okul şapkam olmuştu.

Babam bize bir oda kiraladı. Bizden iki yıl önce ortaokula kayıt olmuş, ağabey konumunda bir köylümüz de bizimle kalacaktı. Burası, kapısı sokağa açılan, içindeki küçük bölmede lavabo bulunan, bir köşesine konmuş tahta, masa vazifesi gören bir odaydı. Yemeğimizi kendimiz yapıyor, çamaşırları hafta sonu köye gittiğimizde evde yıkatıyorduk.

Tüm hazırlıklar yapılmış, tüm eşyalarımız alınmış, ütülü elbiselerimle okula başlamıştım. Birinci hafta okulda hiç kimseyi tanımadığımdan korkunç bir yalnızlık hissine kapılmış, köydeki arkadaşlarımı, insan yakınlığını kaybedince okumaktan vazgeçmiştim. Hafta sonu köye gittiğimizde çok mutlu olmuştum ama pazar öğleden sonrası gelip çatınca beni tekrar Antep'e göndermek istediklerinde, ben gitmem diye tutturmuş, o zaman trikotaj atölyesinde çalışan ağabeyime özenerek onun gibi çalışacağımı söylemiştim. Babam, sana bu kadar masraf ettik, okumaya mecbursun diye ısrar edince gitmem diyerek ağlamıştım. Fazlaca direndiğimi gören yakınlarım ve yaşlı büyük amcam bu hafta git, okumak istemezsen biz hafta içinde gelip seni okuldan alırız, bir işe koyarız diyerek beni kısmen ikna ettiler ve ben nasıl olsa hafta içinde okuldan ayrılacağım diyerek ikna olup gittim.

İkinci hafta okulda benim gibi yeni olan Recep Cin'le tanıştım. Onunla hâlâ yakın arkadaşlığımız ve dostluğumuz devam eder. Ayrıca bizim gibi okula yeni gelen başka çocukları tanıdıkça okula alıştım. Büyük amcam beni okuldan alıp işe koymak için gelmedi, ben de okumak istemiyorum demedim.

Daha sonraki hayatımda benzeri şekilde insan sıcaklığının yoğun olduğu ortamlardan ayrılıp başka yerlere, okula, özellikle de askere gidip oralara alışmayan ve "yerimi değiştirin yoksa firar edeceğim" diyen herkes için aynı yönteme başvurdum. Bir ay sabret yerini değiştireceğim dedim. Ama hiçbir şey yapmadım, 15. gün o talepte bulunanlar artık yerlerine alışmış, başka yere gitme arzuları kalmamış oluyordu.

Ortaokulumuz Karşıyaka Ortaokuluydu, daha sonra adı İsmet İnönü Ortaokulu oldu. Bir yıl önce kurulmuştu, biz birinci sınıftık, bizden önce başlayan ikinci sınıflar vardı. Okul müdürümüz, zannedersem Abdurrahim Karakoç'un kardeşi veya amcaoğlu olan Ertuğrul Karakoç'tu. *Kan Ağrısı* isimli bir şiir kitabı vardı, bunca yıl sonra bile nedense ortaokul aklıma gelince manasını anlayamadığım bu kitabı hatırlarım.

Okulumuz yeni olduğundan kendi binası yoktu. Körler okulunun fazla olan bir bölümünü kullanıyorduk, kör öğrencilerle birlikte aynı bahçeyi ve koridoru kullanıyorduk, ancak gerçek kör olanlar biz mi yoksa onlar mı anlamak biraz zordu.

Okulun asıl sahipleri koridorları hızla koşarak geçiyor, içinde hareket ettikçe çıngırak sesi çıkaran topla futbol oynuyor, her türlü toplu sporu yapıyor ama asla çarpışıp birbirlerini yaralamıyorlardı. Hemen hemen hepsi bir müzik aleti çalabiliyordu. Gözler çok önemli, ama gözleri olmayan veya az gören insanların diğer duyularını kullanarak, görenlerden daha iyi şeyler yapabildiklerine şahit olmuştum.

İkinci yıl okulumuz Yeşilova Mahallesi'nden, Karşıyaka Mahallesi'nin kuzey doğusundaki bir ilkokulun kullanılmayan kısmına misafir olmuştu, son iki yılımızı burada geçirdik. Bizden sonra bu ilkokulun yanına yeni bir bina daha yapılmış ve adı değişerek İnönü Lisesi olmuştu.

Okulun son yılı ne kadar devlet parasız yatılı okulu varsa onların sınavlarına girdik, çünkü tek okuma şansımız yatılı okul kazanmaktı.

Yatılı lise, yatılı sanat okulları, polis koleji, fen lisesi, tüm sınavları kazanmıştım, sanat okulları önemli değildi, ancak bazı okulların ikinci bir mülakat sınavı vardı, ilk neticeler arasında Polis Koleji de yer alıyordu. En yakın arkadaşım Recep'le beraber aynı okula gitmek istiyorduk ama polis koleji hariç ortak okulda buluşamıyorduk. Hangisine gitmeliydim bilmiyordum. O yıllar Türkiye liseler arası bilgi yarışmasında birinci gelen Gaziantep Lisesinin yatılı kısmını kazanmak en prestijli olaydı.

Polis Koleji ilk açıklanan sınavlardandı, Antep'ten 4 öğrenci sınavı kazanmıştı. Ankara'ya gitmemiz gerekiyordu, ama biz hiç Anakara'yı görmemiştik, daha doğrusu Antep'ten başka yer görmemiştik ve yakınlarımızdan hiç kimse bizle Ankara'ya gelecek halde değildi; durumları müsait değildi. Biz okulun nerede olduğunu, sınavın nasıl olacağını bilmeden 14 yaşında iki öğrenci olarak Ankara'ya geldik. Annelerimiz paraları çaldırmayalım diye iç giysilerimizin içine gizli cepler dikip paraları bu ceplere paylaştırdılar. Zannederim 50 liram vardı; on liram cebimde, diğer 20'si ağzı dikişle kapatılmış iç atletimin bir cebinde, diğer 20 lira yine başka yerde gizli şekilde olmak üzere saklayarak tedbir almıştık.

Ankara'ya gelince bir günde biteceğini zannettiğimiz sınavın aslında beş gün süren ciddi sözlü sınavlar ve sonunda da büyük bir mülakat olduğunu anladık. Biz bir gün için gelmiştik, ama bir hafta Ankara'da kalmaya mecburduk; ne telefon ne de başka bir haberleşme sistemi vardı. Recep'le ikimiz Maltepe'de bir otel bulduk, ikinci gün bizim gibi sınava gelmiş Tokatlı arkadaşlarla başka otele giderek orada bir hafta kaldık. Ne yedek çamaşır ne de başka imkânımız vardı, ama paramız idareli kullanmak şartıyla bize yeter oranda idi. Sınavları takip ediyorduk, bizden önce girenlerden aldığımız bilgilere dayanarak hemen gidip edebiyat ve dil bilgisi kitapları aldık ve unuttuğumuz kısımlara çalışmaya başladık. Arka arkaya sınavlara girerek son gün tüm aday ve ailelerinin bulunduğu bahçede tek tek isimler okunarak kazanan 63 kişi ile içeri alındık.

Bizim gibi birkaç kişi hariç diğer çocuklar aileleri ile gelmişlerdi. 14 yaşında hiç görmediğim Ankara'ya Recep'le tek başımıza gelmiş, bir hafta kalmış, tüm işlemleri tamamlamış ve sonunda sınavı kazanarak eve dönmüştük. Bu olayda hiçbir fevkaladelik görmemiştim, ama yıllar sonra kendi oğlum ve kızım üniversiteyi kazandıklarında onları yalnız başlarına şehir dışına gönderememiştim. Ne yaparlar, nasıl yaparlar, yanlarında ben olmalıyım, onlar daha çocuk diyerek hep yanlarında olmak istedim. Onların her şeyi halledebileceklerine inanamadım, ama ben 14 yaşında taşralı bir çocuk olarak tek başıma bunu başarmıştım. Çamaşırlarımızı yıkamış, paramızı yetirmiş, sınavı kazanmış ve artan paramızla da Antep'e köyümüze dönmüştük.

MERSİN
Gülnar İlçe Emniyet Komiserliğim

1976 yılı temmuz ayında okul bitmiş, 6 yıllık yatılı hayatı (kimimize göre hapishane hayatı) sona ermişti. Kura çekilecek, herkes bahtına neresi çıkarsa oraya gidecekti. Okulu ilk ona girerek bitiren öğrencilere belirli illeri kurasız seçme hakkı vermişlerdi, ben de dereceye giren öğrencilerdendim, yani istediğim ile gidebilecektim.

Mersin (İçel) ilinde bir kişilik kontenjan vardı. Hiç görmediğim, nasıl olduğunu bilmediğim bir ildi ama bir avantajı vardı, memleketime yakındı. Tercih hakkımı kullandım ve Mersin'e tayin oldum.

15 günlük mehil müddeti sonunda Mersin Emniyet Müdürlüğüne gelip göreve başladım. O zamanki adıyla Personel Şubesi kanalıyla beni Emniyet Müdürlüğüne çıkarıp oradan seni Gülnar ilçesine verelim dediler. Okul yıllarında hayalimde hep müstakil amir olmak vardı ve hiç ummadığım bir anda önüme bu fırsat çıkmıştı. Gülnar'ın Emniyet Komiseri, yani o ilçedeki Emniyetin amiri olacaktım. Bu, komiser olmaktan farklı bir şeydi. İlçede Kaymakam tüm birimlerin bağlı olduğu amirse,

her bakanlığın uzantısının da birim amiri vardı; İlçe Milli Eğitim Müdürü, Bayındırlık Müdürü gibi Emniyette de İlçe Emniyet Komiseri vardı. Benim rütbem en alt basamakta Komiser Yardımcısıydı ama makamım İlçe Emniyet Komiseri olacaktı. Adli olaylarda hâkimler kanununa bağlı olan onurlu bir işti. İlçenin müstakil sorumlusu olacaktım.

Öğlen üzeri, Vali Bey seni istiyor dediler. O zamanki adıyla 2. Şube Şefi olan Başkomiser Ali Temel beni alıp İl Valisine götürme görevini üstlenmişti. Emniyet Müdürlüğüne 100-150 metre yakınlıkta olan Valiliğe yaya giderken Ali Bey'e, "Başkomiserim Gülnar nasıl bir yer?" diye sordum. Ali Bey, "Toroslar'ın eteğinde şirin bir kasaba." dedi. Bu 'şirin bir kasaba' sözü çok hoşuma gitmişti. Beş dakika sonra Vali Bey'in makamına vardık ve Vali Necmettin Karaduman (kurucu meclis üyeliği ve meclis başkanlığı da yaptı) beni yalnız başıma makamına aldı. "Sen ilçede ne yapacaksın, ilde kal?" dedi. Ben ilçede görev yapmanın daha iyi olacağını söyledim. Vali, "Sen yenisin, tecrübesizsin, zorlanırsın, ilçe görevi ağırdır," dedi. "Nasıl olsa bir gün zorlanacağım efendim, başta zorlanayım." diye karşılık verdim.

Aslında Vali benim ilçeye gitmemi istemiyordu ama ben bu şirin ilçeye gitmek, okul yıllarından beri idealimdeki görev olan müstakil amirliğe getirilmek istiyorum diyerek ısrar ettim. Bu görüşme sıradan bir görüşme değildi aslında, ama sebebini pek anlayamamıştım.

Hemen hazırlanıp atandığım ilçeme gitmem gerekiyordu, biz Emniyet Müdürlüğüne dönünce Vali arkamızdan Emniyet Müdürü'ne benim için, "Bu çocuk çok genç, 15 gün il merkezinde kalsın, tüm birimleri dolaşsın, her birimde ona bilgiler verilsin, ondan sonra Gülnar'a gönderin," demiş. İlçeye bir an önce gidip amirlik yapma hayalim geçici olarak ertelenmişti. Ertesi gün çalışmaya başladım. 2. Şube, 3. Şube ve karakollarda resmen staj yapıyordum, tecrübeli amirler ve işi bilen polisler bana işlerle ilgili sürekli bir şeyler anlatıyorlardı.

Bu arada gideceğim ilçe hakkında bilgi de almaya başladım. İlçe Mersin'in en küçük ilçesiymiş, zaten polis teşkilatı da ilçeye 1972 yıllarında kurulmuş. Hiç amir gitmezmiş, her giden kaçmaya çalışırmış, en sonunda Emniyet Müdürü bu sorunu çözmek için geçici görevlerle ildeki tüm amirleri birer ay nöbetleşe buraya gönderiyormuş. Yani ilçem hiç kimsenin gitmek istemediği bir yermiş. Bu, daha sonraki meslek hayatımda da gördüğüm bir durumdur, Emniyette hiç kimse küçük ilçelere gidip çalışmak istemez; kimi eşinin işi, kimi çocuğunun okulu gibi sebeplerle il merkezinde kalmak ister. Ama ben o gün ilçeye gitmek istemiştim; başta epey zorlansam, hata yapsam da ilçenin genelde olaysız ve sakin olmasından daha ağır bir şey yaşamadım, ama daha sonraki yıllarda ilçede müstakil sorumlu olmanın özgüven, sorunlarla direkt yüzleşmek, hiç kimseden yardım istemeden işleri yönetmek gibi bana önemli tecrübeler kazandırdığını fark ettim.

Vali Necmettin Karaduman, ilk valiliğini memleketim olan Kahramanmaraş ilinde yapmış, Maraş'ta çok sevilmiş. Kendisi de Maraş'ı ve Maraşlıları çok sevmiş, Sanıyorum Maraş ile kendi memleketi olan Trabzon'u kardeş şehir yapmış. Şimdi Maraş'ın en büyük caddesinin adı Trabzon, Trabzon'un en işlek caddesinin adı Maraş'mış.

Vali Bey Maraş'ı o kadar sevmiş ki her Maraşlıya yardım etmek istermiş, bu yüzden kimsenin gitmediği bu ilçeye gönderilmeme, Emniyetin acemi yeni bir komiseri bu ilçeye göndermeye kalkmasına karşı çıkmış. Asayiş saatinde Emniyet Müdürü'nün Allahsız Sami namlı Sami Alhan'a benim gönüllü olduğumu söylemiş olmasından şüphe duyup en azında kararımdan vazgeçirmek için beni çağırmış, ama ben sanki en iyi yere atanıyor gibi illa ilçeye gideceğim diye ısrar edince kararımdan vazgeçiremeyeceğini anlamış, tecrübesizliğimi görünce de biraz şubelerde staj görmemi istemiş. Ben o zaman bilmiyordum ama Gülnar'ın politik yapısı, şikâyet sever halleri ülkede nam salmış, fıkralara konu olmuş. İlçeye gidip de şikâyet edilmeyen ya da en ufak olayda hakkında onlarca dilekçe yazılmayan memur yokmuş. İlçede herkes aşırı partizan, herkes siyasetle meşgul, hatta halk siyasi partilerine göre kamplaşmış halde yaşarmış, kime yanaşsan diğerinin şikâyet ettiği bir ilçeymiş. Vali böyle bir yerde çalışamayacağımı düşünerek beni caydırmaya çabalamış.

Mersin merkezde Emniyet Müdürlüğünün muhtelif birimlerinde (karakol, asayiş şubesi, vs.) kısa süreli çalışmaya başladım. Stajda daha ilk hafta dolmamıştı ki bir gün Emniyet Müdürü, "Vali yarın Gülnar'a gidiyor, yeni atanan komiser acele ilçeye gitsin," diye haber salmış.

Hemen aceleyle valizimi topladım. Gülnar'a gidecek otobüsleri araştırdım. Benim ilçe köy gibi bir yermiş, ilçeden her sabah iki otobüs gelir, yine her gün iki otobüs ilden ilçeye gidermiş. Bu otobüsü kaçırdın mı Mersin'den direkt başka bir araç yokmuş. Bu defa Silifke'ye gidip oradan taksi ya da dolmuş bulmak gerekiyormuş. Staj yaptığım Çarşı Karakoluna yakın olan garaja polisler beni götürdüler, Gülnar otobüsüne bindim.

Kıvrılan yollardan dolanarak gidilen 3,5-4 saatlik yoldan sonra ilçeye vardım. Emniyet Komiserliği ilçenin merkezinde, altında gazyağı vs. satılan bir işyerinin 2. katında bulunuyordu. Merdivenle çıkıldığında, uzun koridor boyunca sağlı sollu sıralanmış 5 küçük oda vardı.

Vali Necmettin Karaduman köyleri dolaşmaya, köylerdeki yol, su, elektrik gibi devlet yatırımlarını görmeye gelmiş, incelemesi bitip dönerken Belediye Başkanlığında heyet üyeleri ve Belediye Başkanı ile konuşuyordu, beni de çağırtmıştı. Yanlarına gittiğimde beni oradakilere tanıtıp komisere sahip çıkın diyerek nasihatlerde bulundu.

İlk günün akşamı çoğu işledikleri muhtelif suçlar nedeniyle ilçeye sürülen polislerden oluşan 4-5 kişiyle birlikte karakolda otururken, ilk vukuatımız gerçekleşti. Mal Müdürü Vekili'nin de içinde olduğu bir grup memur, aşırı alkollü olan emekli bir öğretmenle küfürlü bir kavgaya tutuşmuşlardı. Kavgaya karışan kişileri polisler karakola getirdiler. Kısaca tarafları dinledim. Sonra aklımda kaldığı kadarıyla alkollü olup olmadıklarını araştırmak gerekiyordu, bunun için de o zamanlar alkolmetre olmadığından, hükümet tabibine veya sağlık ocağına göndermek gerekiyordu. Tarafları kısaca dinledikten sonra hepsini nezarete attırdım. Benim memurlar, taraflardan birinin Mal Müdürü Vekili olduğunu söyledilerse de ben, "Olsun, atın hepsini içeri," dedim. Halbuki o kişiyi nezarete atmaya yetkim olmadığı gibi, Mal Müdürü Vekili ne demek onu da bilmiyordum. Mal müdürü benim için hiçbir şey ifade etmiyordu, hatta mal müdürü gibi bir isim mi olurmuş derdim. Aylar sonra Mal Müdürlüğünün benim Emniyet Komiserliğinden daha önemli bir makam olduğunu öğrendim, ama devletin temel makamları hakkında hiçbir bilgi verilmeden okuldan mezun oluyorduk. Stajlar kaytarmak için bir bahaneydi, öğrenciler okula döndüklerinde öğrendikleri işleri değil, stajlardaki derslerde nasıl kaytardıklarını özenerek anlatıyordu. Kaytarmak idealize edilen bir yöntemdi.

Neyse Mal Müdürü Vekili'ni de nezarette koyduktan sonra alkollü olanları doktora (sağlık ocağı tabibine) sevk ettim. Biraz sonra doktordan geldiler, zil zurna sarhoş olan kişi için doktor alkollü değildir raporu vermişti. Okulda anlatılanlar aklımdaydı, hemen savcıyı aradım, savcıyı manyetolu telefonla evinde buldum ve konuyu aktardım. Komiserin ilçeye atandığını yeni duyan savcı, hoş geldin safhasından sonra ben geliyorum dedi ve biraz sonra geldi. Olayı dinledi, sonra telefonla doktoru evinde buldu ve karakola çağırdı. Çok kibar, aşırı dindar ve efendi olduğu her halinden anlaşılan doktor Mehmet Bey sarhoş emekli öğretmenin eski öğretmeni olduğu için saygısından ona böyle bir rapor verdiğini söyledi. Karakolda bizim yanımızda alkollüdür şeklinde yeni bir rapor hazırladı. Böylece hem kendini savunmuş hem de bizim dediğimiz olmuş ve yumuşakça olayı çözmüştük.

Daha sonra bu olayda Mal Müdürü Vekili'nin nezarete atılmasına kinlenen Mal Müdürlüğü personelinin polislere yönelik bir iftira olayında rol aldıklarını öğrendim. Mal Müdürlüğü daktilosu ile yazılmış ihbar ve iftira mektuplarını bulup, bu görevliler hakkında kanuni işlem başlatılmasını istedim. O gün bu olayın zorlarına gittiğini, kaymakamın bu olaya çok bozulduğunu ama bir şey diyemediğini duydum. Aslında benim hatalı olduğumu, Mal Müdürlüğü çalışanlarının görev gereği bir makam sahibi olmaları nedeniyle görevleri esnasında herhangi bir suça karışmaları halinde bile direkt nezarete atılamayacağını öğrendim.

Ben polis komiseri idim, yüksek meslek okulunda 3 yıl okumuştum, derece ile okulu bitirmiştim, ama devlet yapısı bana anlatılmamıştı. En temel konular olan devlet memurları kanununu ve ruhunu bilmiyordum.

Bir ilçenin Emniyet Komiseri o ilin huzuru ve güvenliği için en önemli kamu görevlisi olmasına rağmen, atanması ile ilgili bir ölçüsü yoktu. Emniyet teşkilatı, okulu yeni bitirmiş, hiçbir tecrübesi olmayan 19 yaşındaki beni Emniyet Komiseri yapıyordu; bu konuda hiçbir ölçüsü, sistemi yoktu.

İlçede 7 memurum vardı, mesleğe yeni atanmış iki tanesi hariç hepsi çeşitli suçlar işleyerek buraya sürülmüşlerdi, kendilerine haksızlık yapıldığına inanıyorlardı.

Emniyet Komiserliğinde bir makam odası, bir tane memurların odası ve bir tane de yazı işlerinin yapıldığı kalem odası vardı. Ayrıca bir başka oda da demir kapı ile nezarethane haline getirilmişti. Başka bir odayı kendime yatak odası yapmıştım. Bir oda mutfağımızdı, bir diğer odayı da bekar olan polis memuru Erdal kendine yatak odası yapmıştı.

Benden önceki Emniyet Komiseri, Başkomiser rütbesinde mesleğin kurdu denilen vasıfta imiş. Farklı bir yönetim anlayışı ile her şeye hükmederek idare etmiş, ağır bir amirlik duygusunu herkese her vesile ile hissettirmiş. Bütün yazı dolaplarını kapattırır, hiçbir memurun yazışmaları görmesine izin vermez, her şeyi tek bir yazıcı memurla yaparmış.

Ben gelince amirlikte ve meslekte yeni oluşum, herkese eşit mesafede duruşum, gerekmedikçe amir olduğumu hissettirmeyen tutumum, amirden çok bir arkadaş halim yeni memurlar üzerinde olumlu etki yapmıştı; bana yaklaşmışlar, sürekli yanımda gezer olmuşlardı.

Bu durumdan en çok yazıcılık görevini yürüten memur rahatsız olmuştu, her fırsatta kendisinin ne kadar önemli olduğunu anlatmaya çalışıyordu. Bir gün bir kavga olayına karışan kişilerin ifadesini alıp savcılığa üst yazısını yazmasını istediğimde, daktiloyu kucaklayıp makamıma getirdi, siz söyleyin yazayım dedi. Aslında bir kişinin ifadesinin alınması veya savcılığa fezleke yazmak onun için sorun değildi, ama o benim o işi yapamayacağımı, kendisine muhtaç olduğumu hissettirmek için bunu yapıyordu.

Kavgaya karışan şahısları dinleyerek ifadeyi yazdırdım. Polis tarafından alınan her ifade tutanağının sonuna klasik kalıp halinde " .... sayfadan ibaret işbu ifade tutanağı kendisine okunduktan sonra başka bir diyeceğim yoktur demesi üzerine birlikte imza altına alınmıştır" ifadesi eklenirdi. Ben de ifadesini aldığım kişinin anlatımları bitince sonunu şöyle şöyle klasik şekilde bağlarsın dedim. Yukarıdaki gibi klasik kalıpla ifadeyi sonlandıracağını düşündüm. İfadeyi daktilodan çıkardı, genellikle kendim tek tek dikte ederek yazdırdığım için okumaya gerek görmezdim ama o gün tesadüfen yazdırdığım ifadenin tamamını okuduğumda bir de ne göreyim. Son cümlede " şöyle şöyle klasik şekilde bağlarsın" yazıyor. Altında da yazanın, yazdıranın ve ifade sahibinin isimleri yer alıyor. Bu şekli ile ifade tutanağı adliyeye gitse rezil olacaktık.

Ondan işlerle ilgili herhangi bir şeyi yazmasını istediğimde, her defasında siz söyleyin ben yazayım diyor veya verilen konunun çok zor olduğunu istenen sürede yapamayacağını söyleyerek önemli olduğunu hissettirmeye çalışıyor, aksi halde işleri zora koşacağını ima ediyordu. Baktım böyle olmayacak, Gülnar'da Emniyet Komiserliğinin kurulduğu 1972 yılından atandığım 1976 yılına kadar yapılan tüm yazışmaları ve tüm dosyaları günlerce okudum, bu süre sonunda tüm yazışmaları, yöntemi ve sistemi artık öğrenmiştim.

Bu yaşadığım tam bir şoktu. Polis Koleji ve Polis Akademisini (enstitüsünü) dereceyle bitirmiştim ama en basit polisiye konuyu bilmiyordum. Yazıcı bir memur bana "ben senden iyi bilirim, bana muhtaçsınız" demeye gelen tavırlarda bulunabiliyordu. 6 yıl okutulan meslek okulu meslekle ilgili pek çok şeyi vermemişti. En başarılı öğrenci bile eski anlayışa sahip bir memura muhtaç bırakılıyordu. Bunca süre okutulmuştum ama bir şahsın ifadesinin alınması tatbiki olarak yaptırılmamıştı, mesleki hiç bir yazışma ve usul öğretilmemişti. Bu anlayışla yenilik yapmak, yeni bir anlayış geliştirmek nasıl olacaktı. Eğitim meslek sahiplerine bir şey vermiyor, yine eğitimi olmayan eski çalışanların anlayışına *mahkum* ediyordu.

Gençlik Parkı'ndaki Garsonlar İdeolojik Konularda Benden Bilgiliydi

1976 yılı yazında Polis Akademisinden mezun olmuş, görevime başlamıştım. Polis Akademisini derece ile bitirmiştim ama sokakta karşılaşacağım temel konular hakkında yeterli oranda bilgili değildim. Her karşılaştığım olayda ve görevde bunu görüyordum. Bu arada Polis Kolejini bitirirken bizde diplomaları vermezler sadece merasim esnasında imzasız diplomalar verilir ve sonra geri toplanırdı. Sınavlara girip kazansak bile üniversitelere gitmemize müsaade edilmezdi. Bu yüzden ben de lise emsali sayılan Polis Kolejini bitirdikten sonra üniversite sınavlarına giremedim. Fakat yüksekokul sayılan Polis Enstitüsünü bitirince, okulu bitirdiğim yıl müracaat ederek üniversite sınavlarına girdim. O tarihlerde üniversite sınavlarına girerken nereye girmek istediğinizi, müracaatınızla birlikte yazıyordunuz. Sınav sonucunda aldığınız puana göre kaydolabileceğiniz okul belli oluyordu, şimdiki gibi önce sınava girip sonra tercihte bulunma yoktu. Ben sınava girerken 20 tercih hakkımız olmasına rağmen yalnızca iki tercihte bulundum: birinci tercihim Ankara Hukuk, ikincisi de İstanbul Hukuk'tu. Okulu bitirdiğimiz sene sınavlara girdim. 1. tercihim olan Ankara Hukuk Fakültesi'ni kazandım. Bir yandan komiserlik görevine başlayıp Gülnar'da Emniyet Komiserliği görevini yürütürken, diğer yandan da hukuk fakültesine kaydımı yaptırdım. İlk sınavlar olacaktı, sınavlar dolayısıyla iznimi alıp Ankara'ya gidiyordum. Ankara'da bin bir güçlükler içerisinde, sınav aralarında ders çalışarak sınava girmeye çalışıyordum. O zamanlar Polisevleri gibi kalınacak sosyal tesisler pek fazla yoktu, otellerde veya bulabileceğim misafirhanelerde zorlukla kalabiliyordum. Ders çalışmak için çok uygun yer olmayınca sabah erken saatte Gençlik Parkı'na gidip oradaki çay bahçesi ve kafelerde simit ve çayla kahvaltı yaparken bir yandan da ders çalışıyordum.

İşte bir gün yine sabah erken saatte Gençlik Parkı'na gittim. Çay içerek ders çalışmaya başladım. Bu arada garsonlar kendi aralarında konuşuyorlardı. Sanırım 1977 yılının mayıs-haziran ayıydı, belki de 78 yılıydı, açıkçası çok net hatırlayamıyorum. Ama 1. veya 2. sınıftaydım. Garsonlar aralarında konuşurken, bir garson diğerine, "Oğlum bu senin Dev-Yol hareketin nasıl bir hareket, bana bir broşür ya da dergi varsa ver, ben de senin hareketine geçeyim." dedi. Diğer garson da, "Benim hareket öyle büyük bir hareket ki, öyle bir broşürle falan olmaz, bu çok mühim bir harekettir." diye karşılık verdi. Ben devletin komiseriydim, akademide, yüksekokulda okumuş, güya yetiştirilmiştim ama bu garsonların konuştukları konuları anlayamıyordum. Sadece Dev-Yol diye o zamanlar için illegal bir terör örgütünün olduğunu biliyordum, ama hareketin arka planı nedir, broşürlerde neler anlatılıyor, nasıl bir şey, bunu kavramaktan, anlamaktan ve algılamaktan acizdim. Ne var ki benden yaşça küçük çay satan bu sıradan garsonlar ise bir Dev-Yol hareketinden, bu hareketten başka bir harekete geçmekten ve bu siyasi faaliyetten bahsediyorlardı. Polis Akademisinde 3 yıl okumama rağmen gerçek hayatta karşılaşacağım bu örgütlerle ilgili bilgi verilmemişti; Dev-Yol nedir, Dev-Sol nedir, bunların ideolojileri nedir, aralarındaki farklar nelerdir gibi konular okulda bizlere anlatılmamıştı. Bunların adını bile duymamıştım, ama sokaktaki garsonlar biliyorlardı.

Böyle bir eğitimden geçerek, adının ne olduğunu dahi bilmeden sokağa çıkan bizlerden bu örgütlerle mücadele etmemiz bekleniyordu; bunun nasıl olacağı sorusunun cevabını bulamıyordum. Bu durum, benim göreve başladığım gün böyleydi, bugün de böyle. İşte bugün gündemimizin önemli bir problemi olan demokratik açılım meselesi ve Güneydoğu sorununun çözümü tartışılıyor, konuşuluyor ama bu işi uygulayacak, yapacak olan güvenlik sistemi içindeki insanlara bu konuyla ilgili bugüne kadar herhangi bir aydınlatıcı bilgi ya da yazılı doküman verilmiş değil. Demek ki bu sistem maalesef hep böyle çalışıyor.

Mut İlçe Emniyet Komiserliğim

1980 yılı 12 Eylül darbesinden önceydi. Gülnar'da görev yaparken 7-8 polisim, 16 kadar bekçimle birlikte kendimizce güzel bir düzen kurmuştuk, kendi halimizde Mersin'in bu en küçük yayla ilçesinde mutlu bir şekilde yaşayıp gidiyorduk. Komşu ilçemiz olan Mut'ta ise olaylar galiba hiç iyi gitmiyordu. Küçücük bir ilçe olmasına rağmen 2 tane pavyonu vardı, o pavyonlar dolayısıyla ilçenin huzuru da bozuluyordu. Etrafta yaz boyunca kimi tarım, kimi hayvancılık yaparak 3-5 kuruş kazanan köylüler çeşitli bahanelerle ilçe merkezine geldiklerinde o pavyonlara gidiyordu. Bilmedikleri ve tanımadıkları bir dünyada açık saçık giyinmiş kadınlar karşısında ağızları bir karış açık kalıyor, 2 kadeh rakı içtikten sonra da kendini bilmez halde en pahalı içkileri veya öyle olduğunu zannettikleri renkli suları, konsomatris kadınlara ikram ederek tüm paralarını harcıyor, paraları yetmeyince senet imzalayarak bir ton borç içine giriyorlardı. Pavyon sahipleri hesabı ödeyemeyenlere imzalatılan senetleri evlerini, ürünlerini icra ile sattırarak tahsil ediyorlardı.

Bu pavyonlar bütün o köylülerin yuvalarının yıkılmasına, o insanların bütün emeklerinin ellerinden alınmasına sebep oluyordu. Tabii ki bununla birlikte polis teşkilatı da pavyonlara bulaşıyor, bazı polisler pavyondaki kadınlarla ilişkiye giriyorlardı. Diğer kamu görevlilerinin, kaymakam vekiline kadar hepsinin, buradaki kadınlarla bir şekilde ilişkisi oluyordu, çünkü küçük bir Anadolu kasabasında yaşayan erkekler o günkü şartlarda pavyonda çalışan kadınları gördüğünde, hepsinin dünyası değişiyor, bu kadınlar hepsini etkiliyordu. Bundan dolayı o ilçede sürekli olaylar olmaktaydı. Böyle devam ederken, oradaki polislerin bu pavyonlarda çalışan kadınları alıp dışarılarda alem yaptıkları yönündeki iddialar ve onlarla olan ilişkileri tahkikata konu edilmişti. Birçoğu yanlış şeyler yapmışlardı. Suç işleyen bu polisler hakkında o zamanki 3. Şube Şefi Başkomiser, müfettiş olarak tayin edilmişti.

Başkomiser tahkikata gelmiş, bu defa haklarında tahkikat yapılan polisler uyanıklık yapıp Başkomiser'i içmek için pavyona götürmüşlerdi. Başkomiser'e birtakım kadınları yakınlaştırarak uygun olmayan görüntülerini çekmişlerdi. Başkomiser bu görüntülerin çekildiğini anlamış, fotoğrafçının filmine el koymuş, daha sonra da bunu tutanağa geçirmişti. Bu defa bu olayı da tahkik etmeye, başka bir muhakkike gerek vardı ve polislerin bir kısmı açığa alınmıştı.

İşte bu kargaşa içerisinde ilçenin Emniyet Komiseri de açığa alınmıştı. Bunun üzerine bu ilçeye komiser aranırken il merkezinden gönderme imkânı olmayınca beni düşünmüşler. Benim tavrım itibari ile alkolden, kumardan, bu tür kadınlardan çok uzak olduğum bilindiğinden ve o zamanın tabiriyle hocavari gözüktüğüm, beş vakit namaz kıldığım için bu ilçeye göreve gitmeme karar verilmişti. Bir gece bir mesaj aldım, 24 saat içerisinde Gülnar'dan ilişik kesip Mut'ta göreve başlamam gerektiği yazıyordu. Mut'a geçici görevli olarak tayin olmuştum. Mersin'in en küçük, en mahrum ilçesi kabul edilen Gülnar'da görev yapıyordum, ama buraya, yarattığımız aile ortamını aratmayan iş ortamına, arkadaşlarıma, Emniyet Komiserliği içerisindeki dünyaya ve Gülnar'a çok alışmıştım. Ayrılmak çok ağrıma gitmişti fakat madem görev verilmişti yapacak başkaca bir şey yoktu.

Emniyet teşkilatında titiz, yolsuzluklarla mücadele eden ve Güneşin Oğlu diye bilinen zamanın efsanevi Mersin Emniyet Müdürü Ahmet Karakurt'a telefon açtım, gitmek istemediğimi söyledim. Emniyet Müdürü oraya gitmem gerektiğini, Vali Bey'le görüştüklerini, beni her konuda destekleyeceklerini, orada bana ihtiyaç olduğunu ve orayı düzeltmem gerektiğini söyledi. Mecburen tayinimin çıkmasından beş-altı saat sonra gece kalktım, Mut'a gittim ve göreve başladım.

Bir müddet bu ilçede görev yaptıktan sonra pavyonlarla ilgili topladığım bilgilere göre durum çok kötüydü. Sahipleri sabıkalı, işletme yöntemi kötü ve ilçe için çok olumsuzdu. Pavyonlarda çalışmak için getirtilen kadınların tüm idari işlemlerini Emniyet olarak biz yapıyorduk, daha önce işlemler elden ve aracılar vasıtasıyla ilgili illere telgraflar çekilerek çok hızlı yapılıyormuş. Ben her şeyi kanuna uygun ve aracısız yapmaya başladım, yeni başlayan kadınların tahkikatlarını resmi yazıyla yapınca süre uzuyor, izin alamadıkları için de kadınlar çalışamıyorlar ve sıkıntıya düşüyorlardı. Uzayan zaman ve diğer işlemler pavyoncular için sorun olmaya başlamıştı. Ayrıca meydana gelen her olayda, olayla ilgili pavyonların geçici olarak kapatılması için Kaymakamlığa teklif yazıyordum, ama Kaymakam Vekili onlarla irtibatlı olduğundan kapatmalar kısa süreli oluyordu. Bir müddet sonra iki pavyonu da ömür boyu kapatacak olan, ruhsatların iptali ile ilgili işlemlere başladım. Sonunda İlçe Kaymakamlığına, yeni Kaymakam Vekili olarak Mahiyet Memuru Mustafa Bey'in gelmesi üzerine pavyonlardan biri için dışarıya fuhuş maksatlı kadın göndermesi iddiasıyla, diğeri içinse sahibinin sabıkasını bahane edip her ikisinin de ruhsatlarının iptali onayını aldım.

Pavyoncular ilk başta işyerlerini kapatmamı, yine eskiden olduğu gibi bir süre kapalı kalır, sonra açılır diye düşünerek önemsemediler. Beni geçip irtibatta oldukları siyasi parti teşkilatlarına, Mersin'deki irtibatlarına güvendiler olmadı, sonra milletvekillerine güvenip onların etrafında dolaşarak pavyonları açtırmaya ve beni tayin ettirmeye çalıştılar, ama o da olmadı. Daha sonra işyerini haksız yere kapatmaktan dolayı, ticarethane sayılacak pavyonun kayıp olan ticari kazancı nedeniyle ağır tazminata mahkum olacağı yönünde Kaymakam Vekili'ni korkutup pavyonu açtırmak istediler. Bunun üzerine ilçede Emniyet ve Kaymakamlıkça yapılan işlemlerin hukuki durumu hakkında vilayet merkezine danışıp Emniyet Müdürü'nün desteğiyle, ilde yaptığımız işlemin hukuka uygun olduğu yolunda görüş alarak Kaymakam'ı rahatlattım. Emniyet Müdürü ve Valilik bizi destekliyordu.

Bu arada zaman geçiyordu, pavyoncular nüfuzlu dostlarından, parti başkanlarından, milletvekillerinden umudu kesince dava açmaya karar verdiler. O zamanlar idari davalar yalnızca Danıştay'a açılabiliyordu, illerde idare mahkemeleri yoktu. Davayı açtılar ama dava açımı için 90 günlük süreyi geçirmişlerdi. Bu arada 1976'da girdiğim Ankara Hukuk Fakültesinde son sınıfa gelmiştim, okuduklarımın faydasını görüyordum. Öğrendiğim kadarıyla süresi içerisinde açılmayan davalarda, iddialara cevap verilirse Danıştay davaya bakıyordu, ama sadece zaman aşımı iddiaları dile getirilirse, dava gereken süre içerisinde açılmadığından reddediyordu. Ben de davaya cevap olarak idare adına savunma yaparken, sadece dava açma süresinin geçirildiği iddialarında bulunup diğer hususlara hiç cevap vermedim.

Ve sonunda Danıştay davayı süresi içinde açılmadığından reddetti.

Yıllarca Mut halkının başına bela olan pavyonları bir daha açılmamak üzere kapatmıştım. Mut halkı ismimi öğrenene kadar "pavyonları kapatan komiser" olarak anıldım. Özellikle ilçenin köylü kadınlarının bu durumdan memnun olduklarını zannederim.

Pavyoncuların Şikâyetleri

Bir müddet sonra hükümetlerin değişmesiyle birlikte hakkımda şikâyetler başlamıştı, çeşitli bahanelerle, sudan sebeplerle vilayete ve Bakanlığa şikâyet ediliyordum. Önce merkez, şikâyetler hakkında bizden bilgi istiyordu, sonra iddiaları araştırmak üzere il merkezinden bir araştırmacı gönderiliyordu. Bir iki araştırmacı gelip gittikten sonra bu defa merkezden zamanın 2. Şube Şefi olan Başkomiser Ali Temel bu işle görevlendirilmişti. Polislik yetenekleri gelişmiş olan Ali Bey ilçeye gelmiş ama bize, Emniyete uğramamıştı. Beni telefonla aradı, bu ilçede seni kim, ne için şikâyet eder, kimler senin görevinden rahatsız olur diye sordu. Ben de ilçedeki genel duruma bakarak pavyoncuların işlerini takip eden, pavyonlardan dolaylı faydalanan, menfaati olan bazı kişileri ve özellikle parti içerisinde ve yönetimde olup ilçe merkezinde bir restoran işleten şahsın ve yakınlarının olabileceğini söyledim. Pavyonda konsomatrislik yapan kadınlar burada yemek yiyor ve bu sayede de restoran yoğunluk yaşıyordu. Ali Bey ilçede kendisini farklı kimliklerde tanıtarak dolaşmış, sonunda da tarif ettiğim restorana gitmiş ve kendisini, pavyonlara konsomatris kadın gönderen Ankara'daki bir acentenin avukatı olarak tanıtmış ve restoranın sahibi ile görüşmek istemiş. Yerinde olmaması üzerine o an orada bulunan oğlu ile görüşmüş ve oradakilerle bir iki kadeh içip sohbet etmiş.

Aralarında geçen diyaloğa göre:

- Gönderdiğimiz her kadın çalışamıyor, günlerce bekliyor, sık sık pavyonlar kapanıyor, zarar ediyoruz. Ne oluyor burada?

- Hiç sormayın buraya bir komiser geldi. Her işte zorluk çıkarıyor, işleri engelliyor.

- Bunun kolayı var. Her yerde olur, üç beş kuruş verirsiniz işler yoluna girer.

- Yok, bu adam bildiğiniz gibi değil, rüşvet almaz.

- Öğrendiğim kadarıyla bekar genç biriymiş, kadın gönderin.

- (hafif hakaretamiz bir sıfat kullanarak) Bu adam hoca, kadını da kabul etmez.

- O zaman bir komplo kurun, tuzağa düşürün.

- Onu da düşünüyoruz, fırsat kolluyoruz, planlıyoruz ama adam hiçbir yere gitmez, bir yere çıkmaz. Karakolda yatar kalkar, göreve gider, gelir, fırsat bulamıyoruz

Bu sohbet ve benzeri sohbetlerde bilgi topladıktan sonra, Ali Bey Emniyet Komiserliğine geldi ve bu sohbeti bana da anlattı.

Bu şekilde elde ettiği bilgileri de belirterek raporunu Mersin merkeze vermesi üzerine bir süre şikâyetler dolayısıyla rahatsız edilmedik ama bir müddet sonra yine şikâyetler arttı. Bir gün Emniyet Müdür Yardımcısı Rıza Işıkoğlu geldi ve bazı kişilerin ifadelerini almaya başladı. O zaman bu kişilerin bizi şikâyet eden kişiler olduğunu anladım, içlerinden biri enteresan ifade veriyordu, emekli öğretmen olduğunu zannettiğim parti ilçe yönetim kurulu üyesi olan şahıs, "Genel başkanım başbakan, bizim parti iktidar ise benim de ilçede sözümün geçerli olması gerek. Halbuki bizim hiç etkimiz olmuyor." diyerek bana tesir edememesini eleştiriyordu.

Emniyet Müdür Yardımcısı tahkikatı yapıp gitti. Aradan bir süre geçmişti ki bir gün ilçeye İl Valisi, Emniyet Müdürü, Jandarma Alay Komutanı'nın geldiğini, Kaymakamlıkta olduklarını ve beni de çağırdıklarını duydum. Kaymakamlığa gittiğimde Vali Bey makama oturmuş, iki yanında Emniyet Müdürü ve Alay

Komutanı vardı. Ayrıca odada ilçe Belediye Başkanı ve Kaymakam Aslan Yıldırım ile birlikte iki kişi daha bulunuyordu.

Vali Bey, Belediye Başkanı'na, "Bir komiserin tahkikatına başkomiser gelir, bilemedin emniyet amiri, belki en fazla emniyet müdür yardımcısı gelir ama asla bir vali gelmez ama siz şikâyet ettiniz, tahkikat için başkomiser gönderdik, olmadı emniyet müdür yardımcısı gönderdik, o da olmadı bakın bu defa ben geldim, yanımda da emniyet müdürü ile alay komutanını getirdim. Ne deliliniz varsa getirin, bugün bu işi burada halledeceğiz. Ne kadar şahidinizi varsa getirin, ben dinleyeceğim," dedi. Ayrıca şikâyet dilekçesinde imzası olduğunu konuşmalardan anladığım bir parti ilçe başkanını da sordu. "Nerede o? Gelsin, o da şahitlerini getirsin," dedi. Bunun üzerine Belediye Başkanı kapıda bekleyen adamlarını çağırıp bazı isimler verdi, o insanların getirilmesini istedi. Adamlar hızla çıktılar, bir süre sonra tanıdığım ve yakın zamanda hakkında tahkikat yaptığım bir kişi geldi. Vali Bey'in soruları üzerine taksi şoförü olduğunu, kendisini bir kız kaçırma dolayısıyla karakola aldığımı, kaçırılan kızın yerini göstermesi için dövdüğümü söyledi. Vali Bey, "Seni döverken hangi partiden olduğunu sordu mu? Senin hangi partiden olduğunu biliyor muydu?" gibi sorular sorunca şoför beni kast ederek, "Hayır, komiser benim hangi partiden olduğumu sormadı, hiç siyasi parti sözü geçmedi, kaçan kızın yerini göster diye dövdü, ben yerlerini bilmiyordum." dedi. Vali Bey Belediye Başkanı'na dönerek, "Hani reis, bak sen dilekçende siyasi partisinin sorulup partili olunca dövüldüğünü belirtmiştin, ama böyle bir olay yok?" dedi. O zaman ben söze girip, "Sayın valim bu adam kızın yerini bilmiyorum, kaçtığını da bilmiyorum diyor ama kaçıran kişi evli, bu kızı ikinci evlilik için kaçırıyor, bunun amcaoğlu, kaçırılan kız yakın akrabası, gece köye kendi taksisi ile götürüyor, sonra da yerini söylemiyor, bu nedenle onu dövdüm." dedim.

Vali Bey Belediye Başkanı'na başka tanıklarınızı da getirin dedi. Bu arada yine yakın zamanda hakkında işlem yaptığım bir başka kişiyi huzura getirdiler ve bu kişi de Vali'nin sorusu üzerine, pavyonda meydana gelen ve pek çok kişinin karıştığı kavgada yaralama olayı dolayısıyla firar eden kişilerin saklandığı yerleri söylemesi için kendisini dövdüğümü anlattı. Vali Bey'in sorusu üzerine dövülmesi sırasında hangi partiden olduğunu ve siyasi görüşünü sormadığımı söyledi. Bu defa ben yine konuşmaya girerek bu kişinin pavyonda hesap ödeme meselesinde diğer garson arkadaşlarıyla müşterileri darp ettiklerini, bir müşteriyi yaralayan garson arkadaşının ismini ve yerini söylemediğini, bu yüzden onu dövdüğümü söyledim.

Vali'nin huzurundaki konuşmalarda artık Emniyetteki dayak olaylarını rahat konuşuyorduk, bu hiç anormal değildi. Soruşturulan dayak olayı değil, aranan kişileri döverken siyasi görüşlerini sorup sormadığım, X partili olunca dövüp dövmediğimdi. Suç, dövmek değil, siyasi görüş farkını anlayınca dövmekti.

Vali Cömertoğlu Belediye Reisi'nden başka tanık varsa getirilmesini söyledi. Başka tanıklar da getirmek istediler ama olmadı, getiremediler. Anladığım kadarıyla hakkımda vilayete gönderilen şikâyet dilekçesinde birçok imza varmış, ama en önemlisi Belediye Başkanı ile X partisi ilçe başkanı Y.İ. idi, o da ilçede yoktu veya çağrılmasına rağmen kendisine yok dedirterek oraya gelmedi. Dilekçedeki iddialar çok ciddiydi. Bu iddialar arasında, benim karakola gelen herkese hangi partidensin diye sorduğum, AP'liler bu tarafa, DP'liler bu tarafa, MHP'liler bu tarafa diyerek, X partili olanları başka tarafa çekip dövdüğüm, darp ettiğim, hatta bazı kişileri dövüp kanları ile alınlarına üç hilal işareti yaptığım yönünde inanılması mümkün olmayan iddialar vardı. Vali Bey okurken duyduklarım arasında daha ağır ithamlarda da bulunulduğunu gördüm.

Vali Naim Cömertoğlu'nun başkanlığındaki mahkeme(!), en önemli tanıkları dinledikten sonra hakkımdaki iddiaların yalan olduğu, hiçbir siyasi görüş ve düşünce yanında yer almadığım veya başka bir siyasi düşünceye karşı tavır almadığım anlaşıldı. Bunun üzerine Vali Belediye Başkanı'na dönüp, "Bak Reis, sen emekli öğretmen, aklı başında bir insansın, sana değer veririm ama bak neler iddia ediyorsun." Beni kast ederek, "Komiserin karakola gelen kişilere siyasi görüş ve partilerini sorup X partili olanları dövdüğünü, onlara kötü muamele ettiğini, hatta alınlarına üç hilal yazdığını söylüyorsun. Komutanın, müdürün, kaymakamın herkesin yanında senin getirdiğin tanıklara ısrarla sorduk, komiser birine bile siyasi görüşünü sormamış, bu kadar büyük iddialarda bulunuyorsunuz, ama azıcık vicdanlı olmak lazım. Bir kişi bile en ufak bir iddiayı doğrulamadı," dedi. Yaşlıca olan Belediye Başkanı öğretmenliğin verdiği o ruhi olgunluğun etkisiyle üzüldü, utandı ve sıkılarak, "Özür dilerim Vali Bey, ben aslında o dilekçeyi okumadan imzaladım. Arkadaşlar hazırlamışlardı, bana da imzala dediler. Ben de onlar hazırlamış ise mutlaka doğrudur diyerek imzaladım, siz telefonda sorunca da içeriği doğrudur dilekçeyi biz hazırladık demek mecburiyetinde kaldım." dedi.

Anladığım kadarı ile Vali Bey hakkımda şikâyet alınca daha önce Başkomiser Ali Temel Bey ve Emniyet Müdürü Yardımcısı Rıza Bey'in benzeri iddialarla ilgili olarak yaptığı tahkikat sonuç raporunu bildiğinden bu iddiaların boş çıkabileceğini düşünmüş. Pavyonları kapattırdığım ve biraz da geçmişteki Emniyet amirlerine kıyasla tavizsiz ve sert mizaçta olduğum için pavyoncuların tahriki ile hakkımda ortaya atılan şikâyetlerin doğru olduğuna inanmamış. Fakat İlçe Başkanı ve Belediye Başkanı'nın imzası olunca ikisini de telefonla arayarak bu iddiaları tahkik için daha önce başkomiser ve müdür görevlendirdiğini, inceleme sonucunda iddiaların doğru olmadığının anlaşıldığını söylemiş. Ancak şimdi gelen evraklarda kendi imzaları olduğu için bu iddialardan emin olup olmaklarını sormuş. "Eminiz" karşılığını alınca Vali Bey gelip bizzat tahkikat yapmaya karar vermiş.

Vali Bey Belediye Başkanı'nın beyanlarını aldı. Daha sonra diğer önemli şikâyet mektubunda imzası olan X partisi ilçe başkanı Y.İ. geldiğinde yerine getirilmek üzere, Kaymakam Bey'e, "Bu konuda ifadesini alın, varsa tanıklarını dinleyin ve bana gönderin" diyerek görev verdi. Ardından Belediye Başkanı'na dönerek, "Siz olgun ve aklı başında bir insansınız, yıllarca kamu görevi yapmış birisisiniz, bu tür şikâyetler iyi değildir, sizin daha olgun davranmanız lazım," şeklinde hem eleştiren, hem de dolaylı olarak öven bir tarzda konuştuktan sonra ayrıldı.

Vali Bey ayrılınca Belediye Başkanı bizi makamında çaya davet etti, beraber Belediye'ye gittik. Hakkımda bunca iftira dilekçesi hazırlamalarına, yalan yanlış iddialarda bulunmalarına rağmen tuhaftır onlara karşı kin, öfke ve kızgınlık duymuyordum. Tanıklardan biri ifadesinde, "Evet bizi siyasi görüşümüzden dolayı dövdü." demiş olsaydı mesleki hayatım bitme noktasına gelebilirdi. Tüm bunlara kızgın olmam, hatta daveti kabul etmeyerek direkt karakola gitmem gerekirken, Belediye'ye gittim. Hatta orada bir iki saat kadar kaldım, içimde hiç kızgınlık duymadım, hatta Başkan'a biraz da acımıştım. Parti arkadaşları imzala dedikleri için belgeyi imzalamış ama şimdi yalancı durumuna düşmüş, zorda kalmıştı. Belki de o yaşlı haliyle Vali Bey'den samimi olarak özür dileyerek okumadan imzaladığını kabul etmesi beni yumuşatmıştı

Aslında o ana kadar ilçede herhangi bir partiyi kızdıracak ya da küstürecek bir şey yapmamış, bir icraatta bulunmamıştım. Fakat pavyonları kapattırmam ve tavizsiz tavrım, dolaylı olarak bazı kişileri rahatsız etmişti. Onlar da dolaylı olarak siyasi açıdan beni istemiyorlardı; tabii bunda geldiğim Gülnar'daki aynı partinin ilçe yönetiminin yeni ilçem Mut yönetimine daha ben gelmeden, "Gelen komiser, MHP'li ülkücü." gibi abartılı anlatımların yarattığı önyargıyı da unutmamak gerekir.

İlçede İki Hükümet Tabibi ile Çalışma

Mut'ta çalışırken ilçede ufak tefek siyasi olaylar meydana geliyordu, sağcılar ve solcular kendi aralarında sürekli sürtüşme yaşıyorlardı. Hükümetin değişmesi ile birlikte memurlar da değişiyordu. O dönem Demirel'in Milliyetçi Cephe (MC) koalisyon hükümetleri, sonrasında Ecevit'in Güneş Motel transferleri sonucu CHP hükümetini kurması gibi hükümet sık sık değişiyordu.

Benim ilçeye atanmamdan önceki dönemde görev yapan hükümet tabibi Dr. Nihat sol görüşlüydü, CHP hükümeti döneminde göreve getirilmişti ve ilçe halkındandı. Hükümet değişip o zamanki adıyla MC hükümeti kurulunca, yerel parti teşkilatlarının baskısıyla Dr. Nihat görevinden alınmış, yerine başka bir hükümet tabibi atanmıştı.

Bunun üzerine Dr. Nihat, görevden alınma kararına karşı dava açmış ve Danıştay Dr. Nihat'ın tekrar görevine dönmesine karar vermişti. O zamanlar idarelerin İdare Mahkeme kararlarına ve hukuka uygun hareket ettikleri tartışmalıydı, daha doğrusu hukuka nasıl uyacakları çok belli değildi. Danıştay'ın kararlarına çok uymuyorlardı, yeni hükümet tabibi görevdeydi, eski hükümet tabibi de mahkeme kararıyla tayin olmuş ve o da gelip göreve başlamıştı.

İlçede hiç görülmemiş bir durum oluşmuştu, iki tane hükümet tabibi vardı. Biri yeni gelen, diğeri ise Danıştay kararı ile tekrar görevine başlayan doktordu. İkisi de aynı anda görevliydi, ama bunun zararını en çok biz çekiyorduk. İlçede sağcı ve solcu gençler arasında sürekli kavgalar oluyor, kavgada yaralanan kişilerin yaralanma şekilleri ve yaralanmanın niteliğinin tıp diliyle ifadesi (hayati tehlike var, 1 günlük işgücüne mani olur, 20 günlük işgücüne mani olur vb.) davanın seyrini değiştiriyordu. Eğer kavgada yaralanan kişinin yarası doktor raporuyla "on günden az süre ile işgücüne mani olur" şeklinde ise dava basitti, takibi şikâyete bağlı idi; sanıklar gözaltına alınmıyor, tutuklanmıyor, dava basit darp sayılıyordu. Fakat doktor raporda "yaralamanın neticesi 10 günden fazla işgücüne mani" derse dava kamu davası şeklini alarak ağırlaşıyordu. Eğer "20 gün, 30 gün işgücüne mani olur" veya "hayati tehlikesi var" şeklinde bir rapor verirse, dava daha da ağırlaştığı gibi sanıklar kesin tutuklanıyor ve suç, ağır cezalar verilmesini gerektirir hale geliyordu, ama bu durumu halk bilmiyordu; gözaltına alınmalara ve hatta tutuklamalara polisin karar verdiği zannediliyordu.

İlçede son zamanda özellikle öğrenci olayları çok fazla oluyordu, şikâyet dilekçesi üzerine Savcı durumu hükümet tabibine sevk ettiğinde, sağcılar sağcı hükümet tabibinden, solcular ise solcu hükümet tabibinden rapor alıyorlardı. Tabibe doğrudan biz sevk ettiğimizde ise solcu doktor sağcılar hakkında kafaları dahi kırılsa hiçbir şeyi yok diyor, solcuların yüzünde kızarıklık olsa bir ay rapor veriyordu; aynı şekilde sağcı doktor sağcılara 20-30 gün rapor veriyor, ama solculara hiçbir şeyleri yok diyordu. Genellikle de mağdur olduğu için kızgın gözüken solcu Dr. Nihat daha abartılı ve yanlı raporlar veriyordu.

Kavgaya karışmış insanların benzer durumlarına farklı farklı raporların verilmesi, tüm dava sürecini, mahkemelerin tutuklama sebeplerini ve cezaları etkiliyordu, ama kimse bu doktor raporundan kaynaklanan farklı işlemi görmek istemiyordu. Herkes polisin farklı işlem yaptığını söylüyordu ve biz bu damgadan bir türlü kurtulamıyorduk. Bu iş böyle devam ederken, tabii görevliler arasında da benzer bir ayrım oluyordu; örneğin o zamanki Savcımız okul yıllarında sol görüşlü olarak bilinen, kendini öyle lanse etmiş biriydi, onun da benzer tavırları vardı.

O zamana kadar hükümet tabipliği mührü idari memurlarda bulunur, her iki doktorun raporlarının kayıt ve mühür işlemlerini memurlar yapardı. Bir gün hükümet tabiplerinden solcu olan Dr. Nihat, hükümet tabipliği mührünü alıp cebine koyarak, diğer doktorun raporlarını mühürlemesine engel olmuştu. Savcı, mühürlü olan doktor raporlarını kabul edeceğini söylemişti. Kaymakamlık mührü alamadı ve böylece normal muayenelerde iki ama adli konularda tek doktor yetkili hale gelmiş oldu.

Bu defa adli olaylarda herkesi solcu doktora göndermek mecburiyetinde kaldık. Solcu doktor ise raporları solcular lehine veriyor, sağcılar hiç rapor alamıyordu. Bu durum da mahkemede haklı olan tarafın hep solcular olduğu, sağcıların hep haksız olduğu gibi bir görüntü yaratıyordu. Fakat yine de insanlar bu durumun doktordan değil de Emniyetten kaynaklandığını düşünüyordu, çünkü Adliye ve Savcılıktan hiç kimse mahkeme dışına çıkmıyordu; sanıkları yakalayan, mahkemeye getirip götüren, karakolda tutan bizlerdik ve her zaman bu olayların muhatabı haline dönüşmüştük. İşte burada, bir ilçede iki hükümet tabibinin olduğu, iki görevlinin aynı olayda farklı farklı raporlar verdiği ama bu durumun bütün bedelini polislerin ödediği uzun bir polislik hayatı yaşadım.

İki Öğrencinin Vurulması

Gülnar'da görev yaptığımız zamanlar çok enteresandı. İlçenin dünya ile irtibatı kışın neredeyse kesiliyordu. Üç bin nüfuslu küçücük bir ilçeydi ama yazları yaylaya çıkanlarla nüfusu 6 bini buluyordu. Telefonumuz, eski manyetolu telefonlardandı, yandaki kolu çevirerek önce postaneye ulaşıp görüşmek istediğimiz yeri söylüyorduk, santral memuru jakı takıp karşı tarafı buluyor sonra bize konuşun diyordu; başka il veya şehirle görüşmek hiç de kolay değildi. Telsizimiz de yoktu, yani telefon bağlantısı koptuğu zaman tüm dünya ile bağlantımız kesiliyordu.

Daha sonra Gülnar'dan Mut'a atandım. Mut'ta çalışırken, ülke genelinde olduğu gibi burada da küçük çapta bile olsa legal, illegal örgütlerin taraftarları bazı geceler duvarlara siyasi sloganlar yazıyor, zaman zaman da özellikle lisedeki öğrenciler arasında kavgalar çıkıyordu. Ben tüm yazılan duvar yazılarını gördüğüm an sildiriyor, hatta silinmesi için başında duruyordum. Kimi zaman gece yazanlara özel pusular kurarak yakalıyor, daha yazılar tamamlanmadan yazılanları sildiriyordum. Genellikle duvar yazılarını sol gruplar yazdığından, siyasi görüş farkından dolayı yazıları sildirdiğim zannedilmiş ve sol gruplarca hakkımda bir olumsuz hava oluşturulmuştu.

Bir gün sağ-sol gruplar arasında daha önce meydana gelmiş bir yaralama olayının mahkemesinden çıkan ve motosikletle ilçedeki lisenin yanından köye giden ülkü ocakları başkanı ile bir arkadaşını, lisede bulunan öğrencilerin taşladığı, bunun üzerine ülkü ocağı başkanının silahla ateş edip iki öğrenciyi ayağından yaraladığı haberi geldi. Süratle olay yerine gittim, ateş ettikten sonra köye doğru motosiklet ile kaçmışlardı. Yanıma aldığım iki polisle, bir iki gün önce egzozu patlamış ve henüz yaptıramadığım resmi oto ile köylere doğru takibe başladım. Jandarma ve az sayıdaki polisle yakın çevreyi arayıp bulamayınca, şahısların gidebileceği ihtimali olan yakın ilçenin köyleri dahil o istikametteki köylerde arama yapmaya başladım. Gece yarısına kadar dağ taş arayıp artık ilk acil yakalamayı yapamayacağımı anlayınca gece yarısı ilçeye döndüm.

O zamanlar telsiz veya cep telefonumuz olmadığından ilçede bu arada olup bitenden haberdar olmamıştım. X partililer olayı çok abartıp ilçede benimle irtibatlı, hatta benim talimatımla hareket eden ülkücülerin, sol grup öğrencilere ateş açtığı, halkın ayaklanıp karakola yürüdüğü, hemen görevden alınmazsam vahim olayların olacağı, karakolun basılacağı gibi şikâyetlerini il merkezine aktarmışlar, bunun üzerine aceleyle tayinim Mersin merkeze çıkmıştı. O zamanlar az sayıda olduğu için hiçbir yere personeli taşımaya resmi araç gönderilmezken, yerime atanan Başkomiser Emniyete ait bir araç ile ilçeye gönderilmişti ve aynı araç beni alıp götürmek üzere bekliyordu. Yeni atanan Başkomisere durum öyle bir anlatılmış ki sanki ben ilçede durursam kızgın halk karakolu basacak. Bu yüzden hemen alıp götürülmem gerekiyormuş. Aslında anlatıldığı gibi bir durum söz konusu değildi ama iktidar değişikliğini kullananlar ilde öyle bir hava yaratmışlardı.

Bu olaydan üç beş gün önce Emniyete ait olan ve hurdaya çıkmaması için gayret ettiğim, hem tamirciliğini hem şoförlüğünü yaptığım araçla devriye gezerken, şehrin ana caddesinde hiç sevmediğim, pek çok olaya da karışan ülkü ocakları başkanını görmüştüm. O günlerde bir sorunu da vardı, araçtan inmeden onu yanıma çağırdım ve ona kızarak rahat durmadığını, böyle giderse canını yakacağımı söyledim. Tabii ben hesaplayamamıştım, daha doğrusu hiç aklıma gelmemişti, gerçi uzaktan da olsa bakılınca ona kızdığım belli oluyordu ama sonradan bu olay aleyhime kullanılmıştı. Güya ben ilçe merkezinde gördüğüm ocak başkanına olay çıkarmasını söylemişim. Egzozu da imkânsızlıktan değil, kovalama sırasında hızımı kesip aracın sesini duyup kaçmalarına izin verebileyim diye yaptırmamışım.

İlçeden böyle ayrılmak ağırıma gidiyordu; üstelik korktu kaçtı gibi algılanacak bu durum hoşuma gitmiyordu. Adı gibi aslan olan Kaymakam Aslan Yıldırım'a durumu anlattım. Aslında tayinimin çıkıp il merkezine gitmemin benim için iyi olacağını düşünüyordu ama bu şekilde gitmek konusundaki itirazımı da haklı gördü, beni kırmayarak o gün itibarıyla izinli gösterip sonra da rapor alarak ilçe merkezinde kalmama yardımcı oldu.

Kızmıştım; sözüm ona şikâyet edenler bana kızgınlarmış, olay yaratacaklarmış, karakolu basacaklarmış, ben hemen alınırsam ancak sakinleşirlermiş... Ben de aksine ilçeyi terk etmedim, beni bekleyen araca binmediğim gibi rapor alarak üç ay ilçede kaldım, hem de daha rahat ve daha pervasızca. Şikâyet edenlere meydan okurcasına tek başıma ilçe merkezinde gece gündüz her yerde dolaşıyordum, hani bir şey yapacak olan varsa gelsin dercesine...

Beni merkeze alan yönetim, şikâyet edenlerin isteğine uygun olarak merkeze solcu, CHP'li olarak bilinen Başkomiseri atamıştı, ama yeni atanan Başkomiser buna o kadar kızıyordu ki, yanına ziyarete gelen ve kendini solcu ve CHP'li tanıtan herkese küfür etmek hariç her şeyi söylüyordu. "Bunca yıl solcu olduğum için ücra köşelere, pasif işlere sürüldüm. İlk defa sol hükümet kuruldu, ben de iyi bir şubeye tayin olacağım diye bekliyordum. Ama sizin sayenizde bu defa da buraya sürüldüm, size de ilçenize de..." şeklinde duruma isyan ediyordu. Fakat sol görüşte olduğu için bu sözlerine ve küfürlerine bir karşılık gelmiyordu, Başkomiserin umduğu ile bulduğu farklı idi.

Mut ilçesine yeni tayin olduğumda benden önceki komiser, kiralık belediye dükkanlarının ikinci katında bulunan üç odadan müteşekkil Emniyet Komiserliğinde makam odasının ortasına bir perde germiş, ön cepheye bakan yüzü makam, arka yüze bakan kısmı ise yatak odası haline getirmişti. Ben de bu şekilde odanın yarısını evim, diğer yarısını makam odam olarak kullanıyordum. Tayinim merkeze çıkınca artık burada kalmam uygun olmayacağı için ben de bekar polislerin kaldığı otele çıktım. Üç aydan fazla bir süre burada kalıp artık arkamdan kimsenin bir şey diyemeyeceği kadar bir zaman geçtikten sonra 1980 yılı başında ilişiğimi kestim ve Mersin merkeze gelerek göreve başladım.

Mersin Merkezdeki Görevlerim

Mersin'de o zamanki adıyla 1. Şube, şimdiki adıyla Terörle Mücadele Şubesinde göreve başladım. O zamana kadar bu şubeler, gelen yabancıları takip eder, özellikle Mersin limanına gelen Rus gemilerindeki Rus yolcuları, eskiden siyasi bir olaya, gösteriye katıldığı için fişlenen kişileri izlerdi. Ama yeni dönemde birçok ideolojik örgüt ortaya çıkmış, büyük illerde eylemler başlamıştı. Mersin gibi illerde ise daha çok duvarlara yazı yazma, afiş asma, Molotof atma olayları ve gösteriler gerçekleşiyordu. Ama bunları gerçekleştirenler kimdi, adı duyulan çeşitli dernek ve dergiler etrafında örgütlenen bu gruplar neyin nesiydi doğru dürüst bilgimiz yoktu.

Şubede görevli ve benden daha eski olan başkomiserlerle *Aydınlık* dergisinin belli sayılarındaki bilinmeyen sol yayınlarından faydalanarak, hangi örgütün nerede çıktığı, hangi fraksiyonlara ayrıldığı gibi bilgileri öğrenmeye çalışıyorduk.

Örgütleri, siyasi hareketleri, fraksiyonları öğrenmek için Emniyetin bu konuda hazırladığı herhangi bir belge, kaynak yoktu.

İdeolojik yapıları öğrenmek için *Aydınlık* haricinde ikincil kaynağımız yakaladığımız örgüt mensupları veya sempatizanlarıydı. Onları sorgularken anlattıkları ile mensubu oldukları grup hakkında bilgi alıyorduk.

Ülkede siyasi olaylar güvenliği sarsacak boyuttaydı, biz terörle mücadelenin ekip amiriydik ama mücadele edeceğimiz grupları tanımıyorduk, haklarında hiçbir şey bilmiyorduk. Devlet bizi 6 yıl meslek okulunda okutmuş, bunca masraf etmiş, bunca zaman harcamıştı ama asıl gerekli olan bilgileri bize vermemişti.

Devletleri etkin ve güçlü kılan unsur, ellerindeki imkânları kullanmasını bilmeleridir. Etkisiz yapan ise ellerindeki imkân ve kabiliyetleri bilmemeleri, kaynaklarını kullanamamalarıdır.

Ülkeler için asıl önemli olan, yeni kaynaklar yaratmak, yeni malzemeler, silahlar ve teknolojiler almak değil, önce elindeki insanı iyi yetiştirmek, en büyük silahın bilgi olduğunu anlayıp insanını bilgilendirmek, sonra güçlü bir sistem kurmak ve kurumsal bir yapı içinde tüm birimlerini koordineli olarak yönetmekti. Bunu anlamayan bizim gibi ülkeler, sebebi hep başka yerlerde aramışlardı.

Mafyanın Gücü

1980 yılında Mersin'de görev yaptığım dönemde yaşadığım bir olay, bu ülkedeki mafyanın gücü ve yargı sisteminin nasıl çalıştığı konusunda zihnimde çok derin izler bıraktı.

O yıllardaki adıyla 1. Şube veya Siyasi Şube denen Terörle Mücadele biriminde çalışıyorken Türkiye'nin her yerinde olduğu gibi Mersin'de de o zamanlar siyasi olaylar çoktu. İdeolojik eylem ve olaylarda yer alan yüzlerce sağcı, solcu, dernek ve illegal örgüt vardı. Bunların gerçekleştirdiği afiş ve pankart asma, bombalama, ateş etme, yaralama, korsan gösteri gibi yüzlerce olay patlak veriyordu. Bu olaylara koşturmaktan diğer adli olay dediğimiz, hırsızlık, gasp, yaralama vakalarına bakmaya da pek zamanımız olmuyordu. Ama aynı telsiz kanalını kullandığımızdan Asayiş Şubelerinin baktığı bu tür olaylar hakkında da genelde bilgi sahibi oluyorduk.

O yıllarda hatırlıyorum, çevresinde kendini kabadayı veya mafya gösteren, bazı insanları korkutan, tehdit eden ve yaralayan bir kişi, yine o zaman ilin ileri gelenlerinden birinin evine veya işyerine korkutmak için ateş etmiş. Bunun üzerine Emniyet Müdürü İbrahim Ulus asayiş görevlilerine telsizde kızgın kızgın anons geçiyor, bu kişinin yakalanmasını istiyordu. "Bu şahıs geçen gün de birine ateş etti, zaten aranıyor, bakın yine ateş etmiş, bulun onu yoksa sizin hakkınızda işlem yaparım," diyordu.

Bu telsiz konuşmalarından sanırım bir ay kadar sonra, haziran ya da temmuz ayıydı. Bir akşam göreve çıkmak üzereydik. Güneşin batmasına az bir zaman vardı. Ekibimle birlikte üst katları lojman olan, giriş katında Cumhuriyet Karakolunun bulunduğu binanın önünde konuşuyorduk. Karakol amiri Başkomiser Hüseyin Bey, benim ve şoförümüz Hasan'ın samimi olduğu bir hemşerimizdi. Benden üst rütbedeydi. Onun yanına uğramış, beş dakika karakolun girişinde konuşuyorduk, daha sonra göreve çıkacaktık.

İşte tam o esnada 16-17 yaşlarında bir çocuk koşarak karakola geldi, korku ve panikle "Arkadaşlarımı vurdular, yetişin, biri arkadaşlarımı öldürdü." diye bağırıyordu. Bunun üzerine çocuğun gösterdiği yere doğru koştuk. Yolu geçtik, karakolun karşısında yüz metrelik mesafede incir ağaçlarının arasında saklanmış, elinde kocaman 16'lı Beretta dediğimiz bir tabanca olan, zebellah gibi esmer bir adam gördüm. Silahlarımızı çektik, şahsı teslim aldık. Adam zaten korkmuş, ürkmüş, gözleri fal taşı gibi açılmıştı ve panik içerisindeydi. Karakola getirdiğimizde, şahsın üst aramasını yaptık. Boynunda kolyeleri, kolunda altın künyesi ve yanında tabancası vardı. Eskiden asayiş şubede çalışan şoförümüz Hasan ve Karakol Amiri şahsı tanıdılar; bu kişinin bir ay kadar önce etrafa ateş ederek insanları korkutan ve kendini mafya gibi gösteren kişi olduğunu öğrendim.

Orada duyduğum kadarıyla olay şu şekilde gelişmişti: Bu adamın o mahallede dul bir kadınla ilişkisi varmış. Ara sıra kadının evine geliyor, mahalleye girip çıkıyormuş. Bu üç lise öğrencisi, bu kişinin kadının evine girmesini ve uzun süre evde kalmasını kendi onurlarına yediremiyorlarmış. O gün adam yine kadının evine geldiğinde, mahallemizdeki kadın bizim namusumuzdur diyerek adamın yolunu kesmişler. Bu lise öğrencileri ile adam kavgaya başlamış. Çocuklar adamı dövmeye girişince, kabadayı silahını çıkarıp öğrencilere ateş etmeye başlamış. İki öğrenciyi ayaklarından vurmuş, üçüncüsü de oradan kurtularak gelip bize haber vermiş.

Şahsın ve öğrencilerin verdikleri ifadelerden olayın genel hatlarının bu yönde olduğunu öğrenmiş oldum. Tutanağımızı tuttuktan sonra, göreve çıkma zamanımız da gelmişti, karakoldan ayrıldık.

Genellikle her olayda, tuttuğumuz her tutanaktan ve yaptığımız her işlemden dolayı mahkemeler daha sonra bizi çağırıp, o zamanki adıyla Zabıt Mümzisi, yani evrak tanzim eden kişi olarak tanık sıfatıyla ifademizi alırdı ve bu formalitelerden bıkmıştık. Her olaydan sonra mahkemeye çağrılıp, ifade vermekten kendi işimizden geri kalıyorduk. Bu olayla ilgili olarak da ben yine çağrılırım diye bekliyordum. Ama çağrılmadım. Aklımın bir tarafında bu olaydan dolayı çağrılacağım düşüncesi vardı.

Yanılmıyorsam bu olayın üzerinden yedi-sekiz, belki de on ay geçmişti. Bir gün başka bir konuda talimatla ifademin alınması icap ediyordu. İfade vermek üzere mahkemenin başkatibine gittim. Bir odada başkatip ile bir iki katip birlikte oturuyorlardı. Köşede oturan bir kişi vardı. Ben içeri girerken hazır ola geçerek bana saygı, hürmet işaretleri gösterdi. Oturdum, katiple konuşmaya başladık.

O bana ifademin ne olduğunu sordu, biraz sonra yazacaktı. Köşede oturan kişi, tedirgin hareketlerle bana bakıyor, göz göze geldiğimizde saygı ve hürmet ifadeleriyle başını öne eğiyordu, bir yandan da yüzünde sanki beni niye tanımadınız der gibi bir ifade vardı. Biraz sonra dayanamadı, "Abi, sen beni galiba tanıyamadın?" dedi. Ben de evet tanıyamadım dedim. Bana o akşam silahla yakaladığımız kişi olduğunu söyledi. Bunun üzerine, "Nasıl olur, çok değişmişsin," dedim. Gerçekten çok değişmiş, kilo vermişti. "Ayrıca nasıl böyle çabuk çıktın," dedim. "Abi yeni çıktım," dedi. Ben yakaladığımız olayı anlatmaya kalkınca, "O olay değil, o olaydan daha önce çıkmıştım. Sonra başka bir olaydan daha yakalanıp çıktım," dedi. Adam iki vukuattan da önce tutuklanıp sonra çıkmıştı.

"Nasıl oldu, nasıl çıktın bu kadar kısa zamanda?" diye sordum. "Abi, beni iki şey kurtardı; biri sizin tuttuğunuz, boynumda altın kolye ve bileğimde altın künye olduğunu belirten tutanak ve ikincisi de yaralı öğrencilerden namuslu bir tanesinin verdiği düzgün ifade. O beni kurtardı." dedi. "Nasıl düzgün ifade verdi, nasıl namuslu hareket etti?" diye sordum. İki kişiyi silahla yaralamaktan veya belki öldürmeye teşebbüsten, yani ağır bir suçtan yargılandığı dava devam ederken, yaralılardan bir tanesi vicdan azabı çektiğini, dayanamadığını ve gerçeği anlatmak istediğini söylemiş. Gerçeğin ne olduğu sorulduğunda şöyle anlatmış: "Bu kişinin boynundaki kolyesi ve bileğindeki altın künyesini görünce biz üç arkadaş gittik birlikte silah bulduk. Geldik, bu şahsı soymak için yolda tabancamızı çektik. Ama bu şahıs daha yiğit davrandı. Silahı elimizden aldı ve boğuşurken silah patladı ve biz yaralandık. Ben doğruyu itiraf ediyorum." Bu ifade üzerine şahıs beraat etmiş. İki öğrenci ise mahkum olmuşlar. Olayı itiraf eden öğrenci ise biraz daha hafif bir cezaya mahkum olmuş.

Bunu duyunca kanım dondu. Suçlu olduğu çok aşikardı. Öğrencileri silahla vurmuştu, olay her şeyiyle belliydi. Ama mafyaydı, babaydı. Daha önce başka olayları vardı. Tüm bunlar unutulmuş, gerçek olma ihtimali bulunmayan bir beyan üzerine adam serbest bırakılmıştı. Öğrencilerin o tabancayı bulmasına imkân yok. O tarihte, 1980 yılında 16'lı Barettayı, o mafya babasından başka kimse bulamazdı. Bu silah çok az sayıda insanda vardı, öğrenciler nereden bulacak? Dahası akşama birkaç saat varken, gündüz vakti mahallenin orta yerinde bu adamı soymaya kalkacaklar... Bunu yapacak öğrencilerin daha önceden en az beş-on tane soygunlarının olması gerekirdi. Ama tüm bunlara ve diğer iki öğrencinin aksi ifadelerine rağmen bu öğrencinin ifadesi üzerine bu şahıs beraat etmişti.

Bu olayın gerçeğini bu kararı veren hâkimlerin hepsi de biliyordu. Ağır cezada onu savunan avukat da biliyordu. Davada rol alan, ilgilenen herkes biliyordu. Bu korkunç bir olaydı. Burada önemli olan sadece bu kişinin beraat etmesi, mafyavari yöntemlerle işini ayarlaması değil; bu iki öğrencinin haksız yere zulüm görerek mahkum olması, hayatlarının karartılması da değil, asıl önemli olan organize bir biçimde avukatıyla, sanığıyla, mahkemesiyle, hâkimiyle hepsinin birlikte bu suçu işlemesiydi. Hepsi, vicdanlarda derin yaralar açması gereken bu işi kabul etmiş ve bu olayı kabullenmişti. Halbuki hukukta bir tabir vardı; en aykırı şeyi de savunsa, mahkemenin 'anlatılanlar hayatın olağan akışına aykırıdır, bu olamaz' diyerek bu kararı vermemesi gerekirdi. Ama mahkeme bu kararı vermişti, inanamadım.

Mafyacı yüzde yüz suçlu olduğu halde hem beraat etmiş, hem de iki çocuktan dayak yediği için silaha davranan bir korkaktan, kendini soymaya kalkan silahlı kişileri bertaraf eden yiğit bir adama dönüşmüştü. Bu kadar oyunu, bir taşla üç masumu vuran oyunu şeytan planlayamazdı.

Demek ki insanlar her şeyin alenen belli olduğu, her delilin bulunduğu suçüstü halinde bile şeytani fikirleriyle bütün gerçeği ters yüz edebiliyorlardı ve bunu yapanlar arasında adalet sisteminde en yüce konumda bulunan ağır ceza mahkemesi ve hakkın savunucusu avukatlar yer alıyordu. Onların böyle bir olaya katılmamaları gerekirdi. Bu olay üstünden sanırım 28 yıl geçti, belki de daha fazla, ama hâlâ üzülerek hatırlarım.

İnsanların nasıl böyle kötüleştiğini, nasıl böyle şeytanlaştığını, her şeyi ters yüz edebildiklerini gösteren örnek acı bir olaydı. Düşünün ki duruşma devam ederken, mafya babasına mutlaka ceza verilmesi gerektiği ortaya çıkıyor, başka hiç kurtuluşu yok. Sonra avukatlar tarafından nasıl kurtuluruz diye formül aranıyor, böyle bir şeytani akıl bulunuyor. Öğrencilerden bir tanesinin fakir ailesine para veriliyor. Bu fakir ailenin çocuğu bu ifadeyi veriyor. İşte Türkiye'deki adalet sisteminin çalışma biçimi. Türkiye'deki hukuk savunucularının durumu. Bu, Türkiye'deki mafyanın gücü ve kabiliyetinin nerelere vardığının en güzel örneklerinden bir tanesiydi ve mutlaka bunun daha binlerce örneği vardı.

Bence daha önemlisi de bu olayda böyle davranan insan, böyle karar veren vicdan başka olaylarda da aynen bunun gibi hastalıklı karar verecekti, hatta bu olayda bilerek rol alan insanlar başka meselelerde benzer davranacaklar, yanlış şeyler yapacaklardı. Dış dünyada ise her zaman kendilerini yüce değerleri savunan, saygın kişiler olarak göstermeye çalışacaklardı. Gerçeğinde ise vicdansız, haksızlık yapan, para için insan satan ama bunu kimseye söyletmeyen kişiler olacaklardı. Bu insan tipinin ülkede çoğaldığını zaman içerisinde gördük, aynı tipin hukukçusu, polisi, askeri, mühendisi, hepsi kendi sahasında benzer davranışlar sergiliyordu. Aslında sorun, bu tipte, bu kişilikte idi; bu kişiliklerden nasıl kurtulacaktık. Bu insanların adalet sistemi içerisindeki gücü hiç yabana atılır gibi değildi.

Namık Astsubayın Mafyayla Kurtarılması

Mersin'de görev yaparken çalıştığım 1. Şubenin görevi gereği, işimiz terör ve ideolojik olaylardı. Terör olayları biraz azalınca boş kalan zamanda yaptığımız tahkikatlarla, o zamana kadar göremediğimiz, yeraltında kalan çok önemli yolsuzluk olaylarının olduğunu da fark ettik.

Sıkıyönetimin ikinci yılı dolmuştu. Bir sabah şubeye geldiğimde öğrendim ki Mersin'den başka bir ile ataması çıkan Alay Komutanı'nın evi sıkıyönetim görevlilerince aranıyordu. Bayan polis memurları, bir grup asker evi aramıştı. Alay Komutanı ve yardımcısı daha önceki büyük rüşvet ve kaçakçılık olayından dolayı sıkıyönetim kuvvetleri tarafından gözaltına alınmıştı. Bu olaylar üzerine yeni gelen bir Alay Komutanı göreve başlamıştı. Onunla iyi bir diyaloğumuz vardı. Bir gün Emniyet Müdürü'nün tertiplediği bir yemekte tesadüfen Alay Komutanı ile karşı karşıya oturuyorduk. Laf açıldı ve Sivas'a tayini çıkan arkadaşım Namık Astsubay hakkında şöyle dedi: "Yeni tahkikatla onun da defterini dürdüm, evrakını gönderdim, bugün tutuklaması çıktı."

Bir anda, "Ama nasıl yapabilirsiniz?" dedim. Namık Astsubay sıkıyönetim öncesi bütün olaylarda yanımda olan, bana destek veren en yiğit Jandarma Astsubayı idi. Terörün ve olayların artmasıyla birlikte herkesin kaçtığı dönemlerde, cenaze merasimlerinde büyük olayların çıkma ihtimaline karşı, herkesin kaybolduğu, kenara çekildiği, yalnız kaldığım zamanlarda tek desteğim Namık Astsubay'dı. On-on beş askeriyle gelirdi. En ciddi desteği bana o verirdi. Onun böyle bir olaya muhatap olması çok ağrıma gitmişti. Bunun yanlış olduğunu, buna karşı çıktığımı söyledim. Benim oradaki görevlerim nedeniyle durumu bilen Albay Cengiz Katun -ki o da vatan millet duyguları gelişkin biriydi- itirazım üzerine, "Ben böyle bir olduğunu bilmiyordum, böyle ise hemen arkadaşınızın haberi olsun, koruyun." dedi. Hemen yemekten çıktım ve Sivas'ta görev yapan Namık Astsubay'ı aradım. "İvedi gelmen lazım," diyerek durumu anlattım.

Neyse ikinci gün sabah erkenden Namık geldi, tabii hakkında gıyabi tutuklama kararı çıkarılmış; haber vermesem Sivas'ta tutuklanacak, oradan tutuklu olarak Mersin'e getirilecek, çok zor durumda kalacaktı. Oturduk, Namık Astsubay cezaevine girmeden bir çare bulmamız gerekiyordu. Namık'ın durumunu bilen Şube Müdürümüz ve diğer arkadaşlarımızla birlikte

Namık'a bir çözüm aramaya başladık ve tanıdık avukatlar bulduk. Avukatlar gıyabi tutuklama kararı çıktığı için mahkemeye çıkması gerektiğini, mahkemede ya tutuklanacağını ya da serbest bırakılacağını söylediler. Onca görev yapmış birinin içeri alınması hoş olmazdı. Bir başka ihtimal de hiç mahkemeye çıkmadan karara itiraz etmekti. Bu şekilde kararın kaldırılması mümkündü ama kaldırılmama ihtimali de vardı. Bundan emin olmak için avukatlar ve Emniyetteki tanıdıklar vasıtasıyla davaya bakacak olan hâkimle görüşmeye başladık.

Ama tüm ısrarımıza, tüm görüşmelere rağmen hâkim isteğimizi kabul etmiyordu. "Ben mahkemeye gelmeden tutukluluğu kaldırmam, hatta bu adamı içeri alacağım," diyordu. Hâkim, eğlenceye, alkole merakı olan, dünya görüşü olarak solcu bilinen biriydi. Namık ise biraz ters açıdan, milliyetçi olarak tanınıyordu. İki-üç gün uğraştık, bütün ısrarlarımıza rağmen hâkim ikna olmuyordu. Çare aramaya başladık, ne olur ne olmaz, bu hâkim üzerinde kimin etkisi olur, kimin sözü geçer, kim ne yapabilir diye düşündük. O zaman dediler ki bu hâkim üzerinde sözü geçebilecek bir kişi var. Bu kişi, kendi çapında kabadayı, mafya olarak bilinen bir adam. Mersin'in batı kısmında daha çok otel ve restoranların olduğu semtte etkin biri. O semtte bir otel var. Yemek yemek ve eğlence için birtakım sanatçıların gelip gittiği lüks bir yer. Bizim hâkim de sürekli buraya gidiyor, otelciye karşı çok mahcup ve bağımlı. Otelci üzerinde en büyük etkiye sahip olan da bu kabadayı. Kabadayıyı bulursanız bu iş hallolur dediler.

Biz 1. Şube polisi olarak hep terör işlerine baktığımız, o zaman kadar asayiş olaylarına hiç bakmadığımızdan kim mafya, kim baba, mafya ne yapar, gücü nedir, bilmiyoruz. Onlar da bizim gücümüzü, sıkıyönetimde olan etkimizi, hiçbir şeyin bizi etkilemeyeceğini, operasyon ekiplerimizin kabiliyetini bildiklerinden hiç karşımıza çıkmıyorlar, hatta bütün mafya babası bilinen tipler genellikle biraz sağcı milliyetçi bilindiklerinden terör polisine aşırı saygı duyuyorlardı.

Bu adamı mutlaka bulmamız gerekiyordu. Geçmişte Asayiş Şubenin en aktif birimi olarak bilinen ve şimdiki cinayet, gasp, hırsızlık gibi tüm suçlara bakan araştırma biriminde uzun süre çalışmış ve son zamanda bizim şubeye atanmış, şoförlüğümüzü yapan polis Hasan bu kişileri tanıyordu. Mersin çapında etkili olan bu mafya babasının telefonunu buldu. Şube Müdürümüz Ömer Ağabey şahsı arayıp kendisiyle görüşmek istediğimizi söyledi. Adam kabul etti. Polis Hasan, Şube Müdürümüzün aracı ile şahsı alıp getirdi. Ama adam içeri girince, büyük bir mahcubiyet içinde, "Aman nasıl olur ağabeylerim, siz bana araba göndermişsiniz, size zahmet oldu, siz emretseydiniz ben hemen gelirdim." diyerek aşırı bir saygı gösterisinde bulundu. Biz adamdan medet umarken, adamın bu mahcup, çekingen ve abartılı saygılı hali, bu adam ne yapabilir, bizi bir kenara bırak, bekçimizden, polisimizden bile çekinip ayağa kalkıyor, böyle biri bu işi nasıl başaracak şeklinde düşünmemize neden oldu.

Sonra adama durumu anlattık, bu işi halledebilir mi diye sorduk. Adam, "Eğer iş buysa, çok kolay ağabeyler, hemen hallederim. Bu işi siz merak etmeyin, lafını bile etmeyin." dedi. Bir yandan merak etmememiz için bize çok güvence veriyordu, ama diğer yandan da adamın mahcup haline baktığımızda bu işin altından kalkacak gibi durmuyordu. Fakat ertesi gün adam iş halloldu dedi, sonra avukatlar müracaat etti ve Namık Astsubay'ın tutuklaması kalktı.

Yani devletin görevlilerinin, avukatlarının, şube müdürlerinin ısrarını dinlemeyen hâkim maalesef o kabadayının ısrarını, otelcinin isteğini kabul etmiş, otelde temini basit şeyler uğruna tutuklamayı kaldırmıştı. Belki bunun çok fazla örnekleri ve başka çok fazla teferruatları da vardır, bu kadar basit değildir ama benim açımdan bu, genelde bu sistem ve bu sistem içerisindeki insanların düşünce yapısı ve davranışlarının görülmesi açısından ibretlik bir olay olduğu için çok önemliydi.

Mafyanın ve yandaşlarının etkisi küçük bir Anadolu ilinde böyle ise İstanbul, Ankara ve İzmir gibi büyük illerdeki durumu tahmin etmek güç değil.

PKK'lıların Banka Soygunu

1980 yılı yazında, muhtemelen Temmuz ayı başında sabah saat 10 civarıydı. Mersin Terörle Mücadelede, o zamanki adıyla 1. Şubede, sorgu operasyon bürosu amiri olarak çalışıyordum. Polis Akademisini o yıl yeni bitirip Mersin'e benim şubeye atanan komiser yardımcısı Adem'i de yanımıza almış araçla şehri geziyorduk, amacımız ona biraz şehri tanıtmak ve bilgi vermekti.

Daha şubeden yeni ayrılmıştık ki telsizden Karaduvar Mahallesi'nde bir bankanın soyulduğu haberi geldi. Orada bulunan polisler karakoldaki külüstür bir araçla kaçan soyguncuları takibe başlamıştı. Anons üzerine bütün Mersin'de bulunan ekipler o istikamete doğru yöneldiler. Soyguncuların kullandığı araç önce Tarsus İlçesi yoluna çıktı, sonra yolun ilerde polis tarafından kesileceğini tahmin edip Toros Dağları istikametindeki köy yollarına saptı. Bir süre ilerledikten sonra aracın gidemeyeceği yollara gelince soyguncular aracı terk ederek dağlara doğru yaya kaçmaya başladılar, biz de hiç hazırlık yapmadan hemen takibe katılmak üzere hızla hareket ettik.

Soyguncular orta boy ağaçlar ve kayalıklardan oluşan makilik, ormanlık alana doğru kaçmaya başladılar. Arkadan gelen, planı programı olmayan ve sadece telsiz anonslarını duyan polis ekiplerinin hepsi de peşlerinden aynı istikamette köy yoluna girdiler. Jandarma da haberdar edilmiş, onlar da yardıma çağrılmıştı. Soyguncular önde, polisler arkada gelişigüzel bir arama ve kovalamaca başladı. Birkaç saat süren bu harekâtın sonunda soyguncular arazide kayboldular. O zaman Adana'da bulunan Sıkıyönetim Komutanlığından helikopter istenmişti, bir-iki saat sonra helikopter geldi. Helikopterle aynı arazide tarama ve uzaktan gözetleme faaliyetleri yapıldı ama şahısları bulmak çok zordu. Bu arada kaçamayıp arkada kalan banka soyguncularından bir tanesi silahı ile birlikte yakalandı, diğerleri uzun aramalara rağmen bulunamadı. Soyguncuların araçta 4 kişi olduğu tahmin ediliyordu, yakalanan kişiyi sorgulamak üzere Mersin Emniyet Müdürlüğüne getirdik. O zamanki Mağazalar Karakolunun üstündeki Terör Şubesi koridoruna getirdik. Şahsı bir sandalyeye oturttum, karşısına da ben oturdum. Adamı sorgulayacağım, ama bu arada olayla ilgilenmiş, aramaya katılmış, dağlara tırmanmış, koşturmuş ne kadar polis varsa hepsi bu emeklerinin karşılığı olarak evlerine gitmemiş, olağanın aksine hepsi birden şubeye çıkmışlardı. Başta Emniyet Müdürü ve diğer Şube Müdürleri, amirleri olmak üzere, hatta kovalamaya katılan trafikçilerin tamamına yakını etrafımızı kalabalık bir halka şeklinde sarmışlardı.

Ben şahsa sorular sormaya başladım. İlk soru, "Hangi siyasi hareketin mensubusun, hangi örgütün adına soygun yaptınız?" oldu. Adam önce konuşmak istemez gibi hareket etti, ama bunu bir örgüt adına yaptığını söyleyip hangi örgüt/hareket olduğunu sorunca, PKK dedi. Daha doğrusu kendi tabiri ile PEKEKE. Tabii bu örgüt ismini o güne kadar hiç duymamış olan orada bulunan herkes, adamın yalan söylediğini düşünerek doğruyu söyletmek için ona saldırmaya başladılar. Onlar için PEKEKE hiçbir anlam ifade etmiyordu. "Durun," dedim. Bu olaydan kısa bir süre önce Ankara'ya sorgulama kursu için çağrılmıştık. Bu kursta yeni örgütler, bölünen ve birleşen siyasi gruplar vs. hakkında son bilgileri almıştım. Orada anlatılanlardan bu örgütün yeni kurulduğunu, o zamana kadar Apocular veya Ulusal Kurtuluş Ordusu (UKO) diye bilinen örgütün ad değiştirerek PKK, yani Kürdistan İşçi Partisi adını aldığını öğrenmiştim. Bu o zaman kadar Mersin'de çok duyulan bir örgüt değildi, ama örgüt 1977'de kurulmuş ve 1980 yılında soygun olmuştu. Arada 3 yıllık bir zaman vardı, şahıs anlatmaya başladı. Daha sonra uzun sorgulamalar sonunda şahsın ifadelerinden diğer sanıklara ulaşmak, en azından onlara karşı operasyon yapma imkânlarımız oldu. Gerçi soyguna katılan şahısların büyük bir kısmı Adana'nın meşhur Dağaloğlu Mahallesi'nden gelmişti. Orası o dönemler bir ekibin kolayca gireceği bir yer değildi. Girilmesi zor olan ve o zamanki tabirle kurtarılmış bölgelerdi, daha sonra operasyona gittiysek de diğer kişileri yakalamak kolay olmadı.

Yakaladığımız kişiden bazı bilgiler alsak da dikkatimi çeken şuydu: Hepimiz devletin güvenlik kuvvetleriydik; büyük bir kısmımız yüksekokul veya lise mezunuyduk, çoğumuz devletle ilgili her konuda bilgi sahibi olduğumuzu zannediyorduk. Ama böyle bir örgütün adını bilmiyorduk. Bunların niçin banka soyduğunu anlayamıyorduk. Örgütün adı ilk defa duyduğumuz bir kelime gibiydi, fakat okuryazarlığı zayıf, ilkokulu bile bitirmemiş olan karşımızdaki kişi bu örgütün ne olduğunu biliyor, örgütün amaç ve ideallerini kavrayarak bu amaç ve idealler doğrultusunda banka soyabiliyordu. Arada büyük bir orantısızlık ve büyük bir farklılık vardı.

Biz, bilmemiz gereken birçok şeyi bilmiyorduk ama o kişi çok az okuryazar olmasına rağmen ideolojik bir örgütün amacını biliyordu ve örgüte para bulma uğruna bir banka soyacak kadar bu ideolojiye inanmış, bu ideolojinin içinde ve bilincindeydi. Aslında belki de en büyük çelişki veya güvenlik kuvvetlerinin bütün bu olaylarda başarılı olamamasının en büyük sebeplerinden biri de bence buydu. Karşı tarafı tanımıyorduk, öğrenmiyorduk ve öğrenme isteğimiz de yoktu. Bu duruma yıllarca hep şahit oldum, bu konuda çok da büyük ilerleme kaydedilmedi, bence hâlâ da böyledir.

Acilciler Operasyonu

1980 yılı, muhtemelen de kış aylarıydı, Mersin merkezde Asayiş Şubesinin hırsızlık masasına atanmıştım. Bu şubenin iki kısmı vardı, biri cinayet ve gasp gibi ağır suçlara bakan birinci kısım, diğeri ise hırsızlık ve dolandırıcılığa bakan ikinci kısımdı. Beni ikinci kısma almışlardı, önce bu kısımda göreve başlamıştım ama o zamanki kadrodaki görevli sayısının azlığı nedeniyle ciddi olan bütün olaylara bakıp koşturulabiliyordum. Bu yıllarda Mersin merkezde siyasi olaylar meydana geliyordu.

Bir gün karakola gelirken ağır ceza reisinin saldırıya uğrayıp vurulduğu söylendi. Ben olay yerine gitmemiştim ama giden ekiplerin verdiği bilgilere göre olay yerinde bir şarjör düşürülmüş, ayrıca örgüt bayrağı bırakılmıştı.

Olay şöyle gelişmiş: Kapı çalınmış, biri kız olmak üzere üç kişi gelmişler, eşi kapıyı açınca hâkimi sormuşlar, hâkim kapıya gelince de makineli tüfekle ateş etmişlerdi, hâkim olay yerinde ölmüş, eşi yaşlı kadıncağız ise ağır yaralanmıştı.

O zaman bu olayla ilgili çizilen eşkale benzeyen kişiler yakalanıp teşhis için hâkimin yaralı olan eşine getiriliyordu. Bu getirme götürme işlerine ben de birkaç defa katıldım. Kimi zaman eski olaylara karışmış bazı insanların da teşhisi gerekiyordu. Bir gün ilginç bir olay oldu. 70'li yılların örgüt mensuplarından biri olan Pınar Erdemil isimli genç ve güzel bir kızı teşhis için götürmüştük. Hâkimin yaralı eşi kızcağızı uzaktan görünce, "Evet kesinlikle bu, tanıdım onu" dedi. Kız panikledi, "Ne olursunuz teyzeciğim, bir daha bakın lütfen, dikkat edin, bakın ben değilim," diyerek iyice yaklaştı. Yaralı kadın yakından daha dikkatli baktığında, "Evet sen değilsin, ama o kadar çok benziyorsun ki sen zannettim," dedi. Fakat bu olay, fail hakkında bana bir fikir vermişti. Bununla birlikte Türkiye'de yaşayan bir insanın, bir ağır ceza reisini, ortada hiçbir sebep yokken öldürebilmesini aklım almıyordu. Neden öldürmüşlerdi? Kendimce olayı tam manasıyla kavramış değildim, bu olaya anlam veremiyordum.

Örgütlere girmiş genç insanlar ideolojik amaçları için siyasi eylem yapıyordu, ama ben devletin görevlisi olarak bu eylemlerin niye yapıldığını anlayacak zaviyede bile değildim. Benim gibi tüm meslektaşlarım da aynı seviyedeydi; bunlar anarşist, terörist, vatan haini, satılmış ve kandırılmışlar gibi beylik sözlerden ilerisini bilmiyor, kavrayamıyorduk.

Bu olay meydana geldikten bir müddet sonra ataklığım dolayısıyla beni 1. Şubeye almışlardı. İşte o zamanki adı ile birinci, şimdiki adıyla Terörle Mücadele Şubesinde göreve başlamış oldum. Bu görev, 1997 yılında İstihbarat Daire Başkanlığındaki görevimden alınmamı talep eden dilekçeyi verip görevden alınıncaya kadar geçen tam 17 yıl boyunca sürdü.

Bu hizmette çok çalışanlar günde 8 saat, bazıları ise 12 saat çalışıyordu ama ben sabah uyanır uyanmaz göreve başlıyor, uykum gelince yatıyor, tekrar uyanınca çalışmaya devam ediyordum. Mesaim herkese göre iki kat fazla idi. Ayrıca birçok kişi mesainin büyük bölümünde basit devriye, koruma, bekleme tedbirleri vs. ile uğraşırken, ben en yoğun sorgular, operasyonlar, çatışma ve kovalamacalar ile örgüt dokümanlarını inceleyerek mesaimi geçiriyordum, yani sıradan görevlilere göre 3-4 kat daha yoğun çalışıyordum.

Bir gün günlük çalışmalara devam ederken Silifke'de bir banka soygunu haberi geldi ve bütün polis ekipleri araçlarına binerek ellerindeki tüm imkânlarla olay yerine, Silifke'ye doğru gitmeye başladılar. Biz biraz daha donanımlıydık; çelik yelek, dürbünlü silah gibi malzemeleri toplayarak bir jiple yola çıkmıştık. O zamanki cinayet masasının amiri rahmetli Natık Karadeniz ve ekibi bizden önce olay yerine varmıştı.

Bankayı soyan dört kişilik THKP-C Acilciler grubu üyeleri, soygundan sonra iki mensubundan silahlarını bırakıp sıradan yolcular gibi gitmelerini istemiş. Biri ilçe halkından olan diğer iki kişi Göksu Irmağı'na yakın bir bağ evinde kalmaya başlamışlar. İlçe dışına gitmeleri istenen iki üye şüphe üzerine ilçe polisi tarafından yakalanmış ve soyulan banka görevlileri tarafında teşhis edilmişti. Hemen akabinde bu kişiler ilçeye gelen cinayet masası görevlileri tarafında sorgulandıklarında diğer iki arkadaşlarının kaldıkları evi gösterebileceklerini söylemişlerdi.

Bunun üzerine kaç kişi olduklarını, silahlarının ne olduğunu, daha doğrusu ideolojik örgütleri hiç bilmeyen cinayet masası aceleyle söz konusu eve doğru soygunculardan biriyle birlikte yola çıkmıştı. Eve varılıp çatışma başladığında yakalanan soyguncu ile cinayet masası amiri başkomiser Natık Karadeniz vurulmuş, bunun üzerine ekip panikleyince diğer sanıklar kaçmaya başlamışlardı. Bu olayın il merkezinde duyulması üzerine bizler her şeyi alarak yola çıkmıştık.

Çatışma ile birlikte kaçan kişiler ırmağa doğru gitmişler ve Göksu Irmağı'nı geçerek arazide kaybolmaya çalışmışlardı. Olay yerine varınca hepimiz birden bütün araziyi aramaya başladık, her tarafa bakıyorduk. Göksu bahar aylarında sert akardı, suyu geçmeye kalkarken faillerden hücrenin lideri olan Recep boğulmuştu, cesedi bulundu. Böylece iki fail sağ yakalanmış, biri çatışma anında polislerin veya arkadaşlarının ateşi ile vurulmuş, birinin cesedi bulunmuş ve diğeri kaçmıştı. Sağ yakalanan kişi getirilip sorgulanmaya başlandı. Şahsın verdiği bilgiler üzerine Hatay'dan bazı isimler getirildi, bu olayın o zamanki adıyla Türkiye Halk Kurtuluş Partisi Cephesi Acilciler örgütü tarafından yapıldığı anlaşıldı.

Şahısları sorguladık. Örgüt mensuplarının isim ve kimlikleri belirlenmeye başlandı. İlk yakalanan failler mahkemeye gönderildikten sonra devam eden araştırmalar sonucunda örgütle ilgili önemli bilgiler elde edilmeye başlandı. Bu arada hâkimi öldüren en önemli sanıklardan ikisinin, bir süre önce evlenen, Mersin'in yerlisi olan kadın militanla Hataylı bir erkek militan olduğunu öğrendik. Bu şahsın tespit edilmesiyle birlikte hızla araştırmaya başladık ve o gün bu kişilerin bir düğüne gitmek üzere Ankara'ya gittikleri bilgisini aldık.

Yanılmıyorsam bir askerin, hem de general rütbesindeki bir kişinin düğünü için bu iki terörist kız ve oğlanın Ankara'ya gittiğini öğrendik. Hâkimin öldürülmesinin, banka soygununun, daha önce soyulup da faili belli olmayan diğer banka soygunlarının da bu örgüt mensuplarınca gerçekleştirildiğinin belirlenmesi üzerine, Ankara'ya gidişin sıradan bir düğün olmayacağı veya normal düğünse bile örgütün eylemine dönüşebileceği ihtimalini dikkate almamız gerektiğine karar verdik. O akşam için hemen Ankara Emniyetine o zamanki kısıtlı imkânlarla telefonla bilgi verildi, mesaj çekildi. Biz düğün ve düğün evi hakkında bilgileri aldıktan sonra, oluşturulan dört kişilik bir ekiple hemen Ankara'ya hareket ettik. Ekipte, cinayet masasının iki polis memuruyla birlikte o zamanlar başkomiser, şu anda ise polis başmüfettişliğinden emekli olan, felsefe profesörlerine taş çıkartacak entelektüel birikime sahip, hâlâ en yakın dostum ve ağabeyim Nerrin Sarı vardı.

Biz gece yarısı süratle yola çıktık ve sabah erkenden Ankara'ya vardık. Nerrin Ağabey'in Genelkurmayda, dayım dediği Sadi Sevük Paşa isimli yakın bir akrabası vardı. Örgüt mensuplarının düğününe katılacağı general rütbesindeki düğün sahibinin evi ve düğün yeri hakkında bilgi almak istedik. Bu kişiler teröristti ve düğünde de eylem yapabilirlerdi. Doğrudan olay yerine gidecektik, çünkü onlar düğüne katılacaklardı. Nerrin Ağabey'in Genelkurmayda yaptığı araştırmada edindiği bilgiler tam teyit edilemedi, böyle bir general ve böyle bir üst rütbeli subay yoktu, bir gariplik vardı. Bunun üzerine sıkıyönetim görevlileri ile görüşmek ve daha temel bilgiler almak için Ankara Emniyet Müdürlüğünde buluşmaya karar verildi.

Ankara Emniyet Müdürlüğüne vardığımızda, operasyon hazırlığı yaparken ve yer tespitiyle uğraşırken oradaki görevliler, dün bizim yaptığımız bildirim üzerine iki kişi yakaladıklarını söyleyerek, giderken onları da yanımıza almamızı istediler. Meğer onlar bizim yakalamak için plan yaptığımız kişilermiş. Daha biz yola çıkmadan, Ankara Emniyeti telefonumuz üzerine garaja gitmiş, bu kişileri sabah erken saatte daha otobüste iken yakalamış.

Mersin'e bilgi vermişler ama o zamanlar telsiz, telefon benzeri cihaz bulunmadığından ve biz yola çıktığımız için merkezimizle irtibatımız olmadığından dolayı bu bilgiden haberimiz yoktu. Sonra Ankara Emniyetine geldiğimizde yakalayacağımız kişilerin zaten yakalanmış olduğunu görünce operasyondan vazgeçtik ve sanıkları hemen alıp yola çıkmaya karar verdik. Hiç beklemememiz, hemen hareket etmemiz gerekiyordu. Ekip üyelerine, "Yolda durmak yok, herkes hazırlıkları yapsın, her ihtiyacını gidersin, hemen hareket edeceğiz" dedik. İki sanık, dört de biz, toplam altı kişi, sıkış tıkış eski model bir Mercedes arabaya, bir polis memuru ile ben, ortamıza iki sanığı alarak arkada, başkomiserimiz ön tarafta oturmak üzere binip hareket ettik.

Hiç durmadan Mersin'e gitmemiz gerekiyordu, takip ettiğimiz operasyon devam ediyordu. Ayrıca bu kişiler çok tehlikeli insanlardı, yolda durduğumuzda yandaşları sorun çıkarabilirdi. O zamanlar çok güçlü silahlarımız da yoktu, elimizde bir tane makineli tüfeğimiz vardı, MP5 iki şarjörü doldurup bantla ters yüz bağlamıştık, aynı anda 64 mermi atabilecek imkâna sahiptik. Bunun yanında kişisel silahlarımız da mevcuttu.

Yola koyulduk. Epey yol alınca aracın arka koltukları dar olduğundan ve operasyon dolayısıyla son üç-dört gündür doğru dürüst uyuyamadığımdan çok rahatsız olmuştum. Bunun üzerine arkaya Nerrin Başkomiser, öne de ben geçtim. Makineli tüfeği de ben aldım. Yorgunluktan sabaha karşı uyumuşum, Pozantı'ya gelmiştik. Pozantı'ya yaklaşınca hiç durmayalım diye anlaşmamıza rağmen şoför, Başkomiserimiz ve bir arkadaş, mola verelim, bir çorba içip biraz dinlenelim, uykumuz kaçsın diyerek Pozantı'daki bir restorana girmişlerdi, onlar giderken uyandım, sanıkları da yanlarında götürüyorlardı.

Aracın içinde biraz durduktan sonra, çıktım. Araçtan inerken elimdeki silahı arabada bıraktım. Dışarıda onunla dolaşmak istemiyordum, çünkü etrafta mola vermiş yolcu otobüsleri ve yolculardan oluşan küçük bir kalabalık vardı. Çift şarjörü bantla sarılmış MP5 makineli tüfeği arabanın içerisine koydum ve bizim arkadaşlara, silah arabada takip edin diye işaret ettim, onlar da tamam anlamında başlarıyla işaret verdiler. Ben lavaboya gidip yüzümü yıkayarak uykumu açmaya çalıştım. Döndüğümde iki sanığın arabanın arkasında oturduğunu gördüm. Yanlarında da hiç kimse yoktu. Önce polislerin benim makineli tüfeği arabanın önünden aldıklarını zannettim. Şahıslara baktım, bizim arkadaşlara baktım, hepsi gayet sakinler. Bunların yanına vardım, “Sanıkları oraya gönderdiniz, silahı aldınız mı?” diye sordum. Almadıklarını söylediler. Ağır ceza reisini öldürmüş, banka soymuş ve daha birçok olayın faili, o zamana kadar en çok silahlı eylem yapan Acilciler örgütünün iki önemli sanığı, üzerinde çift şarjörleri dolu makineli tüfeğin yanındaydılar. Biz de ise 5-7 mermisi olan basit silahlar vardı. Çevrede olaylardan bihaber yüzlerce yolcu bulunuyordu. Ve sanıklar kelepçesizdi.

Sanıkları daha Ankara'da araca bindirirken onlara kelepçe takalım demiştim, ama yanımızdaki cinayet masasının polisleri, onları tanıdıklarını ve kelepçeye gerek olmadığını söylemişlerdi. Cinayet masası polisleri ile tanışıklıkları da şuradan kaynaklanıyordu: Bu karı koca görünümündeki sanıklar hakkında, hâkimin vurulması sonrasında ihbar olmuş, cinayet masası da bunları o zaman Hatay'da yakalayıp (hâkimi vurunca Hatay'a, oğlanın ailesinin yanına gitmiş gözüküyorlardı) teşhis için getirmişlerdi, fakat hâkimin yaralı eşi Ankara'ya sevk edildiği için sanıklar da teşhis için Ankara'ya sevk edilecekken, yaralı kadının öldüğü haberi alınmış. Dolayısıyla sanıklar teşhis edilememiş. Militanlar birkaç gün cinayet masasında sanık veya misafir gibi kalmışlar, o arada da polislerle samimi olmuşlardı, teşhis olmayınca şubede bir hafta tutulduktan sonra serbest bırakılmışlardı.

Ankara'da kızı gördüğümde katilin büyük ihtimalle o olduğunu düşündüm, çünkü hâkimin eşi katili Pınar Erdemil isimli bir kişiye çok benzetmişti. Bu kız da Pınar Erdemil'e benziyordu. Arada gerçekten sadece yaş farkı vardı; yüz hatları ona çok benziyordu. Bunun üzerine bu olayın doğru olduğuna kanaat getirdim, bundan dolayı da önemsiyordum. Fakat arkadaşların, kelepçe vurmayalım, biz bunları misafir ettik, bir hafta bizim şubede kaldılar, kelepçe vurmak ayıp olur demeleri üzerine Nerrin Ağabey onlara kelepçe takmamış, biz takarsak korkuyor derler, demişti. Korktuğumu düşündürecek şeyler her zaman beni rahatsız etmiştir, bu yüzden her türlü riski göz alarak içlerinde bu kişilerin katil olabileceklerine en çok inanan ben olmama rağmen zanlılara kelepçe takmamıştık.

Aslına bakarsak bu insanlar hâkimin katili, Acilcilerin iki önemli militanıydı. Ama diğer yandan polisimiz bu kişiler bizde bir hafta misafir kaldı, onlara çok alıştık, onlara kelepçe takarsak çok ayıp olur gibi düşünceler içindelerdi. İdeolojik örgüt, siyasi örgüt ne demek, nasıl düşünür vs. bilinmiyordu. Şimdi ellerinde kelepçe olmayan ve çok iyi silah kullanabilen iki kişi arabanın içerisinde ve önlerinde çift şarjörü takılmış bir makineli tüfek vardı. Biz ise karşılarında dört kişi ve hiçbir şekilde onlara karşı koyma şansına sahip değildik. Ayrıca etrafta birçok insan vardı, bu silahı kullansalar çok zorda kalabilirdik.

Ben polislerin yanlarına vardım. Hiç hissettirmeyin, paniğe kapılmayın, yavaş yavaş arabaya yaklaşalım ve binip sessizce gidelim dedim. Hiçbir şey olmamış gibi panik yapmaksızın uygun şekilde arabaya bindik ve hep beraber Mersin'e döndük.

Daha sonra şahısları sorgularken bu olayı da onlara sordum. "Neden önünüzde makineli tüfek dururken alıp kaçmadınız. En azından bir ikimizi öldürüp kaçabilirlerdiniz. Bu işlere bulaşmış insanlarsınız, niye yapmadınız?" dedim. Erkek olan bana şöyle dedi: "Ben enayi miyim? Sen o silahı oraya bilerek bıraktın. Arabadan en son sen inmiştin, inerken silahı boşalttın. Biz silahı elimize alsaydık, kendinizi koruma bahanesiyle bizi vurup öldürecektiniz. Bizi öldürmek için bir senaryo kurdunuz. Numaranızı yutmadık, o yüzden silahı almadık." Yani bizim arkadaşların saflığı, onlar tarafından çok büyük şeytani bir plan zannedilmişti. Halbuki gerçekten safça ve tedbirsizlikle silahı oraya bırakmıştık ve alıp kullansalardı bugün bu kitap yazılamayabilir, telafisi mümkün olmayan olaylar çıkabilirdi. İşte bizim bu kadar saf ve tedbirsiz oluşumuz, karşı tarafça olağanüstü bir tedbir ve olağanüstü bir tuzak olarak algılanmış ve öyle görülmüştü. Buna benzer olayları polis teşkilatı ve benzeri güçler çok yaptılar, çok yaptık daha doğrusu. Çünkü biz karşımızdaki insanları ve onların zihinsel yapılarını, güçlerini ve niteliklerini anlamak ve idrak etmekten çok uzaktık.

Bu farklılığı soruşturma boyunca her zaman görmek mümkün oluyordu. Gece geç saatlere kadar Cumhuriyet Savcısı Yusuf Bey, Şube Müdürümüz ve tüm amirler sanıkları sorguluyor, hangi olaya kimin katıldığını, kimin ne rol oynadığını öğrenmeye çalışıyorduk. Militanlar olayları saklamıyorlardı, sadece birlikte oldukları diğer militan arkadaşlarının adını vermek istemiyorlardı.

Bir ara bir militan, örgütün isteği üzerine Hatay'dan Mersin'e geldiğini, banka soygunundan bir gün sonra tekrar Hatay'a gittiğini anlatınca, Şube Müdürümüz ona banka soygununda ne kadar para aldığını sordu. Militan para almadığını söyleyince, "Mutlaka almışsındır, ne kadar aldın, söyle" diye ısrar ettik. O da almadığı yönünde ısrar ediyordu. Bu arada dünyanın belki de en temiz, en saf polis amiri olan Ömer Ağabey, "O zaman bankayı babanın hayrı için mi soydun?" deyince günlerce yorulmuş, sinirleri bozulmuş ekip üyesi herkes epey gülmüştük. Ama asıl tuhafı şuydu: Bize göre bankayı soyan kişilerin parayı bölüşmeleri gerekiyordu, bu şahıs tüm risklere katlanarak banka soygununa katılmış ama paradan beş kuruş almamıştı, o zaman banka soygununa niye katılmıştı; biz ideolojik örgüt içinde militanların inanç ve idealleri için fedakarlık yaptıklarını, banka soygununda para alma diye bir amaç ve mantıklarının olamayacağını bilmiyorduk.

Militanların iç dünyasını ve inançlarını öğrenmem epey zaman almıştı, ama sonunda artık onlar gibi düşünüp onlar gibi hissetmeyi başardım. En garip eylem ve olayları diğer meslektaşlarım garip karşılarken, ben hangi örgütün bunu yapmış olabileceğini tahmin edebiliyor, eylemleri hiç de garip karşılamıyor, bizim gibi insanlar için manalı olmayan eylemlerin örgüt mensupları için makul, hatta bazıları için geç kalınmış eylemler olduğunu tahmin edebiliyordum. Pek çok olayın hangi örgüt tarafından yapılmış olduğu konusundaki tahminlerimde çok az yanılır olmuştum.

İhvancılar Operasyonu ve Halit Musto

1982 yılında Mersin'de görev yaparken bir gece Şube Müdürümüz arayıp acele toplanmamız gerektiğini söyledi. O zamanlar makam aracı vs. yoktu. Hibe alınan eski model bir Mercedes'le Şube Müdürümüz Ömer Bey ve ben onun tarif ettiği Mersin Yeni Mahalleye gittik. O araçtan indi, bazı görüşmelerde bulunmak üzere bir eve girdi, şoförle ben beklemeye başladık. Eve birtakım insanlar girip çıkıyordu ama Müdürümüz bir türlü çıkmıyordu. Artık sabırsızlanmaya başlamıştık, saat 24'e doğru müdürümüz geldi. Olayı nasıl ve neresinden başlayarak anlatacağını bilemediğini söyledi. Kısa süre sonra şubeye geldik, bana kısaca olayı özetledi. O zamanlar Mersin'den Kıbrıs'a ve oradan da Suriye'nin Lazkiye İli'ne düzenli gemi seferleri vardı. Her gün feribot Kıbrıs'a gidip geliyor, ancak haftada bir veya iki defa da Mersin-Kıbrıs-Lazkiye ve Lazkiye-Kıbrıs-Mersin şeklinde seferler oluyordu.

Gemi ile Suriye Lazkiye'den yola çıkıp Kıbrıs üzerinden Mersin'e gelecek olan Suriye asıllı bir kişi, Mersin'deki kardeşinin Türk eşini telefonla arayarak, kendisinin Kıbrıs'ta gemiyi kaçırdığını, gemide kendilerine hediye olarak aldığı bir kutu marmelat olduğunu, bu kutuyu mutlaka gemiden alması gerektiğini, marmeladın kaybolmamasını özellikle ısrarla tembih ediyordu. Bu kadar ısrar etmesi üzerine kardeşinin eşi de, gümrükte çalışan insanlarla yakın diyaloğu olan görevliler aracılığıyla gidip gemideki o marmelat kutusunu alıp, eve getiriyor. Daha sonra şahıs tekrar telefonla arıyor ve kutunun alındığını öğrenince hem çok seviniyor hem de kutuyu açmamalarını, güvenli bir yerde saklamalarını ve kimseye vermemelerini sıkı sıkı tembih ediyor. Bunun üzerine bu kişiler işkilleniyor, bunlarla beraber hareket eden bir grup insan evde toplanıp marmelat kutusunu açıyorlar.

Beş kiloluk marmelat kutusunu açınca, içerisinde orijinal susturucusu olan ve Fransız onlusu denen namlusunda susturucu takmak için vida açılmış bir tabanca, bir susturucu ve bir kutu 7.65 mm'lik mermi olduğunu görüyorlar. O anda evde, Suriye'den kaçmış ve birbirleriyle irtibatlı olan 5-6 kişi, gelen kişinin kendilerine eylem yapmak üzere geldiğini anlayarak, onun öldürülmesi için plan yapmaya başlıyorlar.

Ancak öldürme işi konuşulmaya başlanınca, marmelat kutusunu alan ev sahibesi korkuyor, bir sıkıntı çıkar başım belaya girer düşüncesiyle gümrük müdürüne olayı anlatıp silahı söylüyor. O gümrük müdürü de bizim müdürümüzün yakını olduğu için, müdürümüzü arayıp bilgi veriyor ve biz durumdan haberdar oluyoruz.

Biz olayı biraz daha deşince pek çok bilgiye ulaştık. İhvan-ı Müslimin (Müslüman Kardeşler) isimli Suriye'deki rejim muhalifi bir grubun birçok eyleme karışan üst düzey militanları, Suriye'den kaçarak Irak tarafından verilen farklı belgelerle Mersin'de kalıyorlardı. Hatta bazıları Arapça bilen Türk kızlarla evlenerek Türkiye'de kolayca ikamet ediyordu ve ev sahibi kadın da böyle biriydi. Evde bulunan diğer kişiler de Suriye'deki örgütün mensubuydu. Marmelat kutusunu gönderen ev sahibinin kardeşi ise Suriye Muhaberatının gizli ajanı olan Halit Musto'ydu ve Mersin'de ağabeyi ile irtibatlı diğer İhvancıları öldürmek üzere geliyordu. Bu amaçla silah ve susturucu getiriyordu ancak Kıbrıs'ta gemiyi kaçırınca planı bozulmuştu. Evdeki örgüt mensubu kişiler zaten eskiden beri Halit Musto'nun devletin ajanı olduğundan şüphelendiklerinden, silah ortaya çıkınca her şeyi anlamışlardı.

Tüm bu kişiler, Suriye'deki rejim muhalifi Müslüman Kardeşler teşkilatının önemli üyeleriydi. Bu insanlar Suriye'de birtakım olaylara ve faaliyetlere karıştıkları için ülkeden kaçmış ve Türkiye'ye sığınmışlardı. Bir kısmı da başka ülkelerde bulunuyormuş. Biz bu olayın teferruatını o zaman çok öğrenememiştik ama gelecek olan kişinin hakkında bilgi sahibi olduk. O zamanki Emniyet Müdürümüz, eski adıyla Önemli İşler Daire Başkanlığı, şimdiki adıyla Emniyet İstihbarat Dairesi Başkanlığı görevini yürütmüş, Ortadoğu kökenli örgütler konusunda uzman sayılacak bir isim olan Mustafa Yiğit'ti. Olay Emniyet Müdürü'ne genel hatlarıyla müdürümüz Ömer Bey tarafından anlatıldıktan sonra, o zamanki Sıkıyönetim Komutanı ile MİT Mersin Şubesine de bilgi verildi. Sabah gemi limana gelirken, olağanüstü tedbirler aldık. Tabii ilk defa böyle bir olayla karşılaştığımız için iki kişinin yapabileceği bir olayı, biz yüzlerce insanla tedbir alarak yapmıştık. Şahsı takibe aldık ve eve gittiğinde fazla zaman geçirmeden şahsı alıp Emniyet Müdürlüğüne getirdik.

Adamı sorgulamaya başladık. Onun anlatımlarından olayın ne olduğunu, teferruatını öğrenmeye çalıştık. Bu arada onu dinlerken diğer kişiler hakkında da bilgi sahibi olmaya başladık. Gördük ki Suriye'de rejim muhalifi olan Müslüman Kardeşler teşkilatı çok ciddi örgütlenmiş; çatışmalar, askeri birliklere saldırılar, bombalama olayları gibi yüzlerce eylem gerçekleştirmiş. Örgüt üyelerinin bir kısmı yaralanmış, bir kısmı muhtelif olaylara karışmış, daha sonra deşifre olan ve ağır suçlardan arananlar Suriye devletinin yakalanan kişilere uyguladığı ağır tedbirlerden dolayı ülkeden kaçmışlar. Hepsinin üzerinde Irak pasaportu ve vatandaşlık belgesi vardı, o zaman Irak rejimi Suriye ile düşman olduğundan bu insanları her açıdan destekliyordu. Saddam rejimi bu örgüt mensuplarına maaş veriyor, pasaportlarını, belgelerini, vs. tanzim ediyordu. Yani bu örgüt, tamamen Irak tarafından desteklenen ve Suriye rejimine muhalif bir gruptu. Türk İstihbaratı da belli oranda bilgi sahibiydi, bunları uzaktan izliyordu. Bu kişilerin çoğunun evlilikler yaparak belli oranda Mersin'de kümelendiklerini ve akrabalarının yanında kaldıklarını tespit ettik.

İşin özetini anladıktan sonra Halit Musto'yu ve Müslüman Kardeşler teşkilatına üye olan Türkiye'deki diğer kişileri de çeşitli baskınlarla yakaladık. Üzerlerinden çıkan Irak'tan verilmiş pasaportları, sahte belgeleri ve diğer evrakları aldık. Böylece örgüt hakkında epey bir bilgi sahibi olduk. Bunların ifadelerini aldık. Tabii böyle bir olayın adli işleme nasıl konu edileceği, o zamanki askeri yönetimin süreçten haberdar edildikten sonra vereceği talimata bağlıydı. Dolayısıyla bu süreç çok uzun bir süreyi kapsadı.

Müslüman Kardeşler örgütü mensupları Irak vatandaşı gözüküyorlardı, bu yüzden işleri kolaydı, ama Halit Musto konum itibarıyla biraz daha farklı bir kişiydi. Başka bir ülkeden Türkiye'ye eyleme gönderilmişti. Bu sıfatı itibariyle de özel işlem yapılması gerekiyordu. Şahsı normal karakol yerine İstihbarat şubesinde bir kısmı bizim şubemizden, bir kısmı İstihbaratta olan görevlilerle, Emniyet İstihbarat Şubesine ait lojman görünümlü olan binada bekletmeye aldık. Bir gün istihbarat, bir gün bizim 1. Şube personeli başında duruyordu.

Zaman geçtikçe, görevlilerle bu kişi arasındaki samimiyet ve güvenin artması ve nasıl olsa bir yer bilmiyor, bir yere kaçamaz düşüncesi ile tedbirlerin yavaş yavaş gevşediğini, bir gece görevlilerin uyumasını fırsat bilen Halit Musto'nun da kelepçelerini gevşeterek binanın ikinci katından atlayıp kaçtığını öğrendik.

Tabii bu şahsın içeriden veya dışarıdan hiçbir yardım almadan kaçmasına inanmamıştık. Emniyet Müdürümüz geçmişte İstihbarat Daire Başkanlığı yapmış, bu konularda birikimli ve oldukça yetenekli, dünyayı ve olayları tanıyan biriydi. Bu kaçışın sıradan olamayacağını, Suriye ile irtibatlı birilerinin yardımıyla gerçekleştiği gibi inanılmaz teoriler üretmeye başladı.

O gece nöbette olan İstihbarat şubesindeki arkadaşlarımız da çok zorda kalmışlardı. Ne yapıp ne edip adamın bulunması gerekiyordu. Bunun üzerine ben ve arkadaşlarım adamın gidebileceği her yeri aramaya başladık. Onu tanıyan ve gidebileceği herkesi dolaşıyor; gelirse mutlaka bilgi vermeleri gerektiğini, ona yardım ederlerse çok ciddi bir suç işlemiş olacaklarını söyleyerek bir yandan onları korkutuyor bir yandan da itimatlarını kazanacak konuşmalar yapıyorduk. İkinci günün sonunda inanılmaz, mucizevi bir çalışmayla şahsın yerini belirledik. Bulunduğu evdeki ev sahiplerini de ikna ederek onu banyo yaparken yakaladık.

Kimse yakalanacağına inanmıyordu, ama biz ikinci gün şahsı yakalamıştık. Bu tabii bizim oradaki itibarımızı çok artırmıştı. Herkes Mersin Emniyetinin ve İstihbaratın itibarını kurtardığımızı söylüyordu. Zaten Mersin'in en iyi ekibiydik, tüm siyasi olay, operasyon ve sorguları yapan, hiçbir şeyden yılmayan, her olayı çözen bir ekiptik. Fakat kaçan, yakalama umudu olmayan bir casusu iki günde yakalamak ayrı bir başarıydı.

Şahsın sorgusu uzunca bir zaman sürdü, sonra yapılacak işlemler konusunda Ankara'nın bilgi vermesi aylar süren uzun bir süreci kapsadı. Bu kişileri sanırım altı aya yakın bir süre tutmak mecburiyetinde kaldık. Sonunda Halit Musto tabanca ve silahtan adli işlem gördü ve diğer işlemlerin büyük bir kısmı o zamanki genel güvenlik politikası gereği fazlaca resmi evraklara yansımadı ve şahıs o haliyle mahkemeye gönderildi. Zaten hiçbir eylem de yapmamıştı. Daha sonra hapisten çıkınca Suriye'ye iade edildiğini tahmin ediyorum. Suriye ile aramızdaki anlaşmalara bağlı olarak hareket edilmiş olabilir. Ama bu olayda Suriye'deki rejim muhaliflerinin Irak tarafından nasıl desteklendiğini, bir ülkenin başka bir ülkenin iç işiyle ilgili olarak nasıl bu kadar güç sarf ettiğini, ikisi arasındaki bu çekişmeyi çok net görmüştük.

Diğer İhvan-ı Müslimin üyeleri ise Irak vatandaşlık belgeleri olması ve Irak'a gitmek istemeleri üzerine Irak'a hudut dışı edildiler. Türkiye yıllarca İhvancıları desteklediği iddiası ile Suriye tarafından suçlandı, hatta bundan dolayı Suriye'nin de PKK'yı desteklediği söylendi. Fakat Türkiye (hem de askeri yönetim zamanında) İhvancıları desteklemedi, Türk kanunlarına göre hiçbir suç işlememelerine rağmen bu kişilerin hepsini hudut dışı etti. Ancak Türk vatandaşları ile evli olan ve bundan dolayı kanunen hudut dışı edilemeyen kişilerin ülkede kalmasına müsaade edildi.

Aradan yıllar geçti. Daha sonra görev dolayısıyla Hatay'a gittiğimde İhvan-ı Müslimin örgütünün oradaki varlığını da gördüm. Buradaki Arap asıllı vatandaşlarımızın çokluğu ve Suriye ile ilişkilerin kolaylığı gibi nedenlerle Suriye'den kaçanların Hatay'da yaşamaya başladıklarını gözlemledim. Tesadüfen orada, bir Türk ile evlenerek kanunen ikamet hakkı elde eden bu örgütün ileri gelenlerinden bir tanesiyle tanışma imkânım oldu ve onunla biraz konuştuk.

Tabii bu karşılaşma, Halit Musto olayından on sene sonraydı, 90 veya 91 yıllarındaydı. Aradan geçen zaman içerisinde Suriye'nin çok değiştiğini, rejimin yumuşadığını, bütün Müslüman Kardeşler örgütü üyelerinin affedildiğini, bunlarla ilgili özel af çıktığını, yurtdışına kaçan kişilerin aileleriyle irtibata geçerek onların da affedildiğini, ülkeye dönmeleri yönünde çağrıda bulunulduğunu öğrendim. Suriye gibi bir ülke bütün rejim muhaliflerini ülkesine davet etmişti. Bunun üzerine İhvancıların büyük bir çoğunluğu ülkelerine dönmüşler, bu kişilerin büyük bir kısmı da affedilmişti. Çok az kişi yurtdışında kalmıştı.

Suriye, İhvan-ı Müslimin örgütü sorununu baskı ve şiddetle çözememişti, ama sistemi yumuşatarak, af çıkararak, baskıcı tutumlardan vazgeçip demokratik adımlar atarak sorununu kısmen çözmüştü. Kapsamlı bir af çıkarmış, rejim muhaliflerinin ailelerine, akrabalarına ve yakınlarına eskiden gösterdiği sert tutumu göstermemeye başlamıştı. Konuştuğum kişi, "Devlet, akrabalarıma harcırah vererek yanıma gönderdi, bana pasaport getirdiler. Af yasasından yararlanarak Suriye'ye dönebileceğimi, bir daha herhangi bir olaya karışmamak şartıyla serbest kalacağımı bildirdiler." dedi. Daha sonraki yıllarda Suriye'ye gittiğimde, Hama'da uçaklarla bombalanan bazı binaların yıkıntılarının hâlâ durduğunu gördüm.

1980'li yıllarda, Suriye'deki İhvan-ı Müslimin teşkilatı, bomba yüklü araçlarla askeri karargahları patlatma, şehirlerde isyan çıkarma gibi büyük eylemleri gerçekleştirebilecek güce ulaşmıştı. Devlet bu örgütü bastırabilmek için Hama ve Humus şehirlerini uçaklarla bombalamayı göze almıştı.

Ama zaman içerisinde devlet, örgüte ve taraftarlarına yönelik bu kadar baskıya rağmen sorunun halledilemeyeceğini görmüş ve sonunda özel yasalarla rejimi yumuşatarak olayların önüne geçebilmişti. Bugün İhvan-ı Müslimin örgütü Suriye'de varlığını hâlâ devam ettiriyor mu bilmiyorum, ama hemen hemen hiçbir olayını duymuyoruz. Daha doğrusu 90'lı yıllardan sonra hiç duymadık. Bu kadar çok olay ve eylem yapan bir teşkilatın yavaş yavaş söndüğünü görüyoruz. Bu demektir ki bu tür olayların, eylemlerin, örgütlerin susturulması için şiddet değil, rejimin baskıcı tutumundan vazgeçip yumuşaması, topluma demokratik haklar tanıması gerekir. Suriye gibi bir ülkenin bile bu sorunu bu yolla halletmesi, ibret almaya değer örnek bir olaydı.

Suriye'deki İhvancıları Irak destekliyor, hepsine maaş veriyor, tüm ihtiyaçlarını karşılıyordu. Ama bu, örgütün yaşaması için yeterli değildi. Örgüt ülke içindeki koşullar nedeniyle kurulmuş ve yine ülke içindeki koşulların iyileştirilmesiyle Irak'ın her türlü desteğine rağmen varlığını devam ettirememişti.

Sonraki yıllarda, PKK'ya yönelik çalışmalar sırasında, Suriye'nin Türkiye'de -özellikle Mardin bölgesinde- İhvancı bilinen bazı kişileri dolaylı yöntemlerle PKK'ya öldürttüğünü teslim olan samimi PKK'lı itirafçılardan duymuştum.

Benzeri durumlar birçok ülke için de söylenebilir. Geçmişte ülkemize zarar verdiğini, ülkemize yönelik terör faaliyetlerinin merkezinde yer aldığını veya PKK'yı desteklediğini açıkça bildiğimiz Suriye'ye, Yunanistan'a ve benzeri ülkelere karşı biz de Türkiye olarak her halde birçok şey yapmak, bunun karşılığını vermek istedik, ama bu ülkelerde bir grup yaratamadık veya bir eylemsel faaliyete dönüştüremedik.

Bu açık olarak göstermektedir ki, bir ülke içerisinde meydana gelen kargaşanın, terörün ve büyük olayların asıl sebebi, o ülkenin kendi içerisindeki çelişkiler, huzursuzluklar, yönetim ve idari yapısındaki bozukluklar, halkın taleplerinin karşılanmaması, zamana ve çağa uygun olmayan bir yönetim anlayışının hüküm sürmesidir. Dış güçler sadece bunu kullanmak, bunu tahrik etmek derecesinde faydalanabilir, yoksa bu olayları yoktan yaratma imkânları bulunmamaktadır. O açıdan Türkiye'de üretilen komplo teorilerinin de temeli ve mantığı doğru değildir.

Telsiz Telefon Kullanan Fabrikatör Tutuklandı

Mersin ili Tarsus ilçesinde fabrika sahibi bir kişi, işi gereği gittiği Uzakdoğu'dan, bir tanesi evi ve bahçesinde yaklaşık 50 metre çapında bir alanda, diğeri ise fabrikasında ve gerektiğinde şehir içerisinde yaklaşık 2-3 km'lik bir alan içinde kullanılabilen iki tane telsiz telefon almış. Birini evinde, diğerini fabrikasında ve gerektiğinde arabasında kullanmaya başlamış.

O zamanlar her isteyenin PTT'den hemen telefon almasının mümkün olmadığı, sıraya yazılıp yıllarca bekledikten sonra bir telefonun çıktığı, acil telefon bağlatmak için Ulaştırma Bakanlığından torpil, onay beklendiği yıllardı.

İhbar üzerine evine ve işyerine kablosuz telefon alan fabrikatörü, telsiz kanununa muhalefetten tutuklamışlardı, telefonlarına da el konulmuştu. İnceleme bahanesi ile mahkeme bitene kadar telefonları ben alıp iş yerinde ve arabamızda kullanmıştım.

Evet, 1980 yılında bugün herkesin evinde bulunan kablosuz telefon kullanmaktan bir fabrikatör tutuklanmıştı. Şimdi ilkokula giden çocuklar, dağdaki çoban bile cep telefonu kullanıyor.

Yine 1980 yılı ve öncesinde Mersin'de mali polisin en önemli işlerinden biri, yabancı menşeli sigara satan çocukları yakalamak ve yabancı sigara satışına mani olmak ve ayrıca Kuzey Kıbrıs'a giden ve yanlarında yabancı para bulunduran kişileri yakalamaktı. Araçların hava filtreleri içerisinde, motorların muhtelif yerlerinde hep dolar yakalanırdı. O yıllarda dolar veya başka bir yabancı para taşımak suçtu; kimde yakalanırsa gözaltına alınır, hatta hapse atılabilir, dövize de el konulurdu.

Çok eski değil, 1980 yılında, hatta 1983'e kadar Türkiye'de döviz taşımak, kablosuz telefon bulundurmak, yabancı sigara taşımak ve satmak suçtu, hem de ciddi suçlardandı.

O günlerde o kanunlar çok doğru gözüküyordu, bu kanunları uygulamak için polisler ciddi çalışıyor, savcılar ve mahkemeler mesai sarf ediyordu. Ama bugün bu kanunların ve suç kabul edilen eylemlerin yalnızca bugünün kurallarına göre değil, o günün kurallarına göre de ne kadar saçma suçlar olduğu anlaşılıyor. Evde rahat ve konforlu bir şekilde telefonla konuşmak niye suç olurdu, dolar taşımanın kime zararı vardı, sigaranın yerlisi ile yabancısı arasında fark neydi?

Bu türden eski saçma yasaklara daha birçok örnek verilebilir. Fakat asıl önemli olan, bugün de bize çok doğru gözüken ama aslında anlamsız ve saçma yasaklarımızın hâlâ olmasıdır. Hem de çok miktarda...

Daha da önemlisi suçlar çok düşünülüp ciddi incelemeler sonunda konan kurallardır. Üzerinde bu kadar çok inceleme yapılarak, hassasiyet gösterilerek oluşturulan bu kurallarda bu kadar hata ve çağ dışılık oluyorsa, diğer günlük hayatı düzenleyen kuralları durup bir düşünmemiz gerekir. Kurallarımızı çağdaş dünya değerleri ile kıyaslamadan sadece alışkanlık olduğu ya da gelenek haline getirdiğimiz için doğru kabul etmek yanlıştır.

Ehliyet Yolsuzluğu

12 Eylül İhtilali olduktan sonra olaylara karışan tüm örgüt mensuplarını veya terör olaylarına karışan bütün tarafları büyük oranda yakalamış, gözaltına almış ve mahkemeye sevk etmiştik. Bunların büyük kısmı tutuklanarak Sıkıyönetim Mahkemelerinde yargılanıyorlardı. Şehirde genel bir düzen hâkim olmuştu, sıkıyönetimin verdiği havayla da hemen hemen hiç olay olmaz hale gelmişti.

Galiba 1983 yılı idi, terör olayları veya illegal örgüt olayları azalınca başka olaylara bakmaya zamanımız olmuştu. O zamanki İstihbarat birimi Emniyet Müdürü'ne ehliyetlerde büyük yolsuzluk olduğunu, ehliyet sınavlarına giren trafik polislerinin, karayolcuların ve şoförler cemiyetinin para alarak insanlara ehliyet verdiklerini söylemişler ve yaptıkları çalışmalarda da para alarak ehliyet veren görevlilerle irtibatı olan kişiler bulmuşlardı. Bu kişiye bir elemanlarını yaklaştırıp belli miktar para vererek, ehliyet sınavını kazandırma sözü almışlardı.

Emniyet Müdürü üzerinden bana geldiler. O zaman böyle bir operasyonu ancak terör şubesi ve biz yapacak kapasitedeydik. Ben olayı inceledim. Bizim bildiğimiz kişinin dışında başkaları da vardır, mademki böyle bir operasyon yapacağız, onları da ortaya çıkarmalıyız diye düşündüm. Öğrendiğimiz kadarıyla para veren kişilere komisyon üyeleri sınavda soruların cevaplarını gizlice veriyorlardı.

Terör örgütleri üzerine yaptığımız operasyon ve tahkikatlar nedeniyle epey deneyim kazanmıştık. Bir plan yaptım, ehliyet sınavına girip kazanan kişileri tekrar yeni bir sınava almaya karar verdim. Olay günü ehliyet sınavına giren yaklaşık 40 kişi dağılmayıp, birazdan asılacak olan sınav sonuçlarının listesini bekliyorlardı. İnsanların etrafını tutarak kimsenin dışarı çıkmamasını sağladık. Bu insanların hepsine aynı sorularla, aynı zaman aralığında, aynı salonda, aynı şekilde tekrar sınav yaptık.

Beş on dakika önce sınavı geçmiş olan 6 kişiden yanlış hatırlamıyorsam 5 tanesi sorulara hiç cevap verememiş, çok düşük puanlar almışlardı. Bunun üzerine bu kişileri çağırıp, "İlk sınavda 80-90 puan almanıza rağmen şimdi aynı sorularda 10 puan bile alamıyorsunuz. Anlatın bakalım, bunun sebebi nedir?" diye sorduk. İçlerinden biri İstihbaratın ayarladığı kişiydi, o zaten belliydi. Bir kişi polis memuruydu, ona görev nedeniyle galiba bir kolaylık sağlamışlardı. Diğer iki kişi rüşvet veren kişilerdi, rüşvet verdiklerini itiraf ettiler.

Daha sonra bu tahkikatı büyüttük. O tarihlerden bir-iki yıl öncesine kadar, biri sınıf arkadaşım, dürüstlük abidesi komiser Şükran Tamer olmak üzere iki dürüst komiserin haricinde Şoförler Cemiyetinin, Emniyet Müdürlüğü Trafik Şubesinin ve Karayollarının ehliyet sınavlarında görevli tüm memurlarını rüşvet suçundan dolayı gözaltına aldık. Mahkeme bir kısmını tutukladı, büyük bir kısmı da daha sonra ceza aldı.

Ama burada önemli olan şuydu. Yıllardan beri ehliyet komisyonlarının rüşvet alarak ehliyet verdiği söyleniyordu, bu söylenti Türkiye'de o kadar yaygındı ki, durumun varlığına inanılmayan il yoktu, her sohbette konuşulan bir olaydı, ama bunu önlemeye yönelik o güne kadar ciddi hiçbir faaliyette bulunulmamıştı. Belki İstihbaratın yaptığı faaliyet önemli bir şeydi ama en azından bizim yaptığımız gibi en basit haliyle sınavdan çıkan kişileri tekrar sınava tabi tutmak suretiyle kimin kopya çekerek veya rüşvet karşılığı sınavı geçtiği ortaya çıkarılabilir ve bu durum önlenebilirdi. Bizim yaptığımız uygulama bile caydırıcı olmuştu. Bu şekilde trafiğin yazılı sınavlarında rüşvet olaylarının ciddi oranda önüne geçildi. Belki direksiyon sınavlarında yine rüşvet alındı ama en azından yazılı sınavlarda para almasının engellendiğini, bunun da önemli olduğunu zannediyorum. Bu bir bakış açısıydı ve olayları önlemede istenirse birçok şeyin yapılabileceğini göstermesi bakımından önemliydi, yeter ki önemsensin veya o niyetle bir faaliyet gösterilsin. Bu olay örnek olması açısından anlamlıydı. Neden çok basit olan bu yöntem bunca yıl yapılmaz, herkesin bildiği şekilde ehliyetler rüşvetle satılırdı?

Altın Kaçakçılığı Davası

Türkiye'de bir zamanlar çok ciddi ses getirmiş, önce Sıkıyönetim Mahkemelerinde daha sonra Ankara 4 numaralı Devlet Güvenlik Mahkemesinde yargılamasına devam edilmiş ve bugünün önemli simalarının adının karıştığı altın kaçakçılığı olayının takibatını ilk defa Mersin'de biz yapmıştık.

Yaptığımız tahkikata göre birtakım insanlar yurtdışına önemli miktarda mal ihraç ediyor, sanki bu malın parasıymış gibi Türkiye'ye kendi adlarına döviz cinsinden para getiriyorlardı. İhracat bedeli olarak gelen bu paralar banka hesaplarından çekilmeden çekilmiş gibi gösterilerek döviz alım bordosu imzalanıyor ve yeniden İstanbul'da başka adreslere havale ediliyordu.

Bu kişiler, sanki bedelini peşin aldıkları mallarını (özellikle de canlı hayvan) Beyrut'a ihraç ediyorlar, ihraç ettikleri hayvanların parası ise sonradan geliyordu. Bu suretle hem ihracatlarını kolaylaştırıyorlar, hem de devletten vergi iadesi, kur farkı adı altında birtakım fazladan paralar alıyorlardı.

Tabii İstanbul'da bu paraları getiren ve götüren insanlar da ayrı şeyler yapıyorlardı. İşte böyle bir faaliyet esnasında Mersin'de canlı hayvan ihracatı yapan bir kişi yurtdışından bu şekilde büyük miktarda para getirmiş. Hayvanlarının karşılığı diye imza atarak döviz alım bordosu almış, ama paraya hiç dokunmaksızın İstanbul'da belli kişilerin adına havale etmiş. Şahıs daha sonra hayvanlarını Beyrut'a göndermiş, ama hayvanlarının karşılığı para gelmemiş. Bu ticarete aracılık yapan bir Türk ve etrafındaki insanlar şahsı dolandırmış gözüküyordu.

Şahıs uluslararası ticaret hukuku kurallarına göre parasını isteyemiyordu, çünkü parası daha önce peşin gelmiş gözüküyordu. Bununla birlikte parasını gerçekten almamıştı. Mallarının karşılığı olarak gelen para banka havalesiyle İstanbul'a gönderilmişti. Şahsın ihracatı karşılığı alacağı para Lübnan'dan gelmiyordu ve alacağını peşin almış göründüğünden evrak üzerinde hakkını iddia edemiyordu. Dava açamazdı veya açsa da elinde herhangi bir delil yoktu. Lübnan'daki alıcılar da onun Mersin'deki arkadaşlarının yakınları idi.

Bu olayın tahkikatının yapılması için bize getirdiler. Biz bu kişiyi alıp dinledik, kişinin anlattıklarını uzunca bir süre anlamakta ve algılamakta zorluk çektik. Bu apayrı bir sahaydı ve olayı kavramakta zorlanıyorduk., İhracatla ilgili bir olaydı; kendine ait terminolojisi, özel tabirleri, özel kuralları vardı. Fakat işin içinde bir garipliğin olduğu görülüyordu. Şahsın verdiği bilgiler üzerine kamuoyunda daha sonra adı sıkça duyulan meşhur Nasrullah Ayan'ın kardeşi Abdullah Ayan ve babasını, o zamanlar Güneydoğu İhracatçılar Birliği Başkanı Hadi Doğan'ı ve başka birçok ihracatçı grubunun başkanını gözaltına aldık.

Burada şöyle bir manzara gözüküyordu: o dönemde yurtdışında yaşayan Nasrullah Ayan, Lübnanlı Muhammet Şekerci ve benzeri insanlar birlikte Türkiye'den İsviçre'ye gizli altın ticareti/kaçakçılığı yapıyor. Aynı dönemde Türkiye'de altın fiyatları düşük, yurtdışında yüksekti. Türkiye'den kaçırdıkları altınları İsviçre'de yüksek fiyattan satıyor, paraları Türkiye'ye getirip tekrar düşük fiyattan altın alarak yeniden yurtdışına çıkarıyorlardı. Ama bu paraları Türkiye'ye getirirken de yeniden kullanmak, kâr elde etmek istiyorlardı. Bu paraları Türkiye'ye sokmak için sanki Türkiye'den ihracat yapan kişilerin ihraç ettikleri malların bedeliymiş gibi, ticari tabirle prefinansman döviz havalesi şeklinde Türkiye'ye ihracatçı kişiler adına gönderiyorlardı.

Kim ihracat yapacak, hangi firmanın veya şahsın ihtiyacı varsa o kişiler adına havale gönderiyorlardı. İsviçre'den Türkiye'ye istedikleri firma adına istenen iş karşılığı gönderilmiş gibi göstererek, havale yapabiliyorlardı. Bu şekilde gelen para gerçek sahiplerine, İstanbul'daki gizli altın ihracatçıları adına hareket ettiği söylenen kişilere (o zamanlar özellikle Berber Yaşar'ın adı çok meşhurdu, onun adamlarına) tekrar havale ediliyordu.

Bizim gördüğümüz kadarıyla Mersin'e gelmiş gözüken para için bankaya gidiliyor, bankada para çekilmiş gibi imza atılıyor ama para asla çekilmeden tekrar İstanbul'daki belirli adreslere havale ediliyordu. Bu işi yapan dört bankanın genel müdürlerinin bu durum hakkında bilgisi vardı. Sanıkların anlatımlarına ve olayın oluş biçimine göre başka türlü olmasına da zaten imkân yoktu. Bir iddiaya göre, dört bankanın Genel Müdürü o zamanki Ekonomi ve Ticaretten Sorumlu Devlet Bakanı Turgut Özal'ın zımni müsaadesiyle bu işi yapıyorlardı.

Tüm bu işlemlerle ilgili belgeleri bankalardan istedik, şahıslar bu durumu ifadelerinde anlattılar. Araştırmaya başladık. Başta inanamadığımız bu olaylar, bankalarla görüştükçe doğru çıkmaya başladı; bankalarda paralar çekilmiş gözüküyordu, ama çekilen miktardaki para aynı kişi tarafından tekrar İstanbul'daki belli adreslere havale ediliyordu, aslında çekilme ve yatırılma yoktu, kâğıt üzerinde öyle gösteriliyordu. Bu işlemler çok büyük rakamlardan oluşuyordu, en küçüğü birkaç yüz bin dolardı. Milyon dolar civarındaki bir paranın sürekli olarak döndüğünü görüyorduk. Tabii bu olayları belli bir şekilde toparlayıp, olayın gerçek boyutunun ne olduğunu anladıktan sonra durum hakkında sıkıyönetim yetkililerine verilmek üzere bir rapor hazırladık.

12 Eylül'den sonra uluslararası ilişkilerde önemli sıkıntılar yaşanıyordu. Demokratik ülkeler askeri yönetimi tanımıyor, ekonomik ve siyasi ilişki geliştirmiyor, yardım yapmıyorlardı. Diğer taraftan ithalat yapabilmek için acil dövize ihtiyaç duyulmaktaydı. Turgut Özal, Türkiye'ye döviz gelsin diye bu koşullar altında altın kaçakçılığına dolaylı olarak göz yummuş-

tu. Altın kaçakçıları, yurtiçinde altını ucuza alıp kaçak yollarla yurtdışına çıkarıyor, orada satıyorlar ve karşılığını döviz olarak Türkiye'ye havale ediyorlardı. Türkiye'den çıkan altının parasını, sanki Türkiye'den ihraç edilecek bir malın bedeli, prefinansman döviz havalesi olarak çeşitli ihracatçılar adına getirtiyorlar, evrak üzerinde böyle gösteriyorlardı. Bu suretle gösterilen paralar üzerinden yüzde on oranında komisyon alıyorlardı. Yani altıncılar paranın dönüşünü de değerlendirmiş oluyorlardı. İhracatçılar da kazançlıydı, çünkü onlar da bu paralar geldikten sonra sanki malları peşin satmış gibi o dönemde geçerli olan bütün kambiyo işlemlerini kolaylıkla atlatıyor, paralarını peşin almış gözüktüklerinden mallarını çok rahat ihraç edebiliyorlardı. Ayrıca ihracatın yapıldığı tarih ile paranın geldiği tarih arasındaki kur farkı ne kadar yükselmişse (o zamanlar hatırlanırsa enflasyon döneminde kurlar sürekli artış halindeydi) bu fark da tahsil ediliyordu. Üstelik bir taraftan altın kaçakçılığından gelen para, diğer taraftan malların gerçek karşılığı olarak yurtdışından gelen para kadar ihracat yapmış oluyorlardı. Bu işlem karşılığında devletten vergi iadesi adı altında para alıyorlardı; çoğu zaman bu rakamlar malın % 15-20'sini buluyordu. Ayrıca fatura üzerinde malın fiyatlarını istedikleri gibi yüksek tutuyorlardı. Böylece yüz bin TL değerindeki malı iki yüz bin TL değerinde göstererek, on beş-yirmi bin TL vergi iadesi alacakken 30-40 bin TL vergi iadesi alıyorlardı. Bu işlemlerden herkes kâr ediyor, sadece devlet zarara uğruyordu.

Canlı hayvan ihracatçılarıyla ilgili olayı soruştururken aslında başka tür mal ihraç eden, özellikle sanayi ürünleri ihraç eden firmaların/holdinglerin de benzeri işlemleri yaptıklarını tespit ettik. Yurtdışında farklı kaynaklardan (işçi dövizi gibi) buldukları dövizleri kendi ihraç ettikleri malın bedeli olarak göstermekteydiler. O Dönemde geçerli olan ihracatta vergi iadesi teşviklerinden yaralanmak için ihraç ettikleri malların ticari fiyatını birkaç kat fazla gösteriyorlardı. Hatta o kadar ileri gitmişlerdi ki, anlattıklarına göre sanayi mallarında yüksek vergi iadesi ve yüksek ihracat rakamlarında kademeli vergi iadesi uygulamasından yararlanmak için plastik terlik gibi bazı çok ucuz malların fiyatlarını bile çok yüksek (örneğin 1 liralık malı 5 lira) fiyatlardan gösteriyorlardı. İhtiyaç fazlası terlikleri ucuz fiyattan alıp,ihracat işlemlerini gerçekleştirdikten sonra kamyonlara yükleyerek Irak'a götürüp, orada boş bir araziye döküyorlardı. Bunun karşılığında devletten yüksek gösterdikleri ihracat bedelleri için çok ciddi miktarda vergi iadesi alıyorlardı. Yani ihraç bedeli olarak 5 lira gösterdikleri 50 kuruşluk terlik için en az 1 lira vergi iadesi alıyorlardı. Böylece bedavadan para kazanıyorlar ama ülkenin milli serveti sokağa atılıyordu. Bu teşvik uygulaması öyle ölçüsüz bir hale gelmişti ki sanayi mamulü ihracatçıları vergi iadesinden aldıkları paraların karşılığı olarak ihracat mallarının değerini iki-üç kat fazla gösterip devletten daha büyük oranda vergi iadesi almaya başlamışlardı.

Bu konuda tahkikat yaparken ihracatın teşvik edilmesi adına iyi düşünülmeden, planlanmadan alınmış olan bazı kararların yeni yolsuzluk türlerine davetiye çıkarttığını gördük.

Devlet ihracatı teşvik etmek ve büyük ihracat şirketlerini desteklemek için kademeli vergi iadesi sistemini uygulamaya koymuştu; bu sistemde söz gelimi 1 milyon dolara kadar ihracat yapan şirketlere ihracat miktarlarının % 10 oranında, 1-30 milyon dolar ihracat yapana %15 oranında, 30 milyon dolardan fazla ihracat yapana % 20 oranında, 300 milyon dolardan fazla ihracat yapana %25 oranında teşvik primi veriliyordu. Namuslu insanlar 1 milyon dolar mal ihraç edip %10 vergi iadesi ile 100 bin dolar vergi iadesi alıyorken, aynı miktar ihracat gerçekleştirip bunu büyük bir holding üzerinden yapmış gösteren orta çaplı başka bir ihracatçı, 250 bin dolar teşvik alıyordu. Bunun 50 bin dolarını hiçbir iş yapmayan sadece üzerinden ihracat yapılmış gözüken büyük holding alıyor, geri kalan 200 bin dolar vergi iadesi de ihracat yapan şirkete kalıyordu. Bu şekilde içte ve dışta dürüst hareket edene karşı haksız rekabet ortamı doğuyordu. Bu durumu gören, usulüne uygun davranan tüccar da usulsüzlük yapmaya mecbur oluyordu, aksi takdirde fiyat rekabetinde rakibine yeniliyordu. Böylece küçük ihracatçılar tüm ihracatlarını büyük firmalar üzerinden gösterip devletten almaya hak ettiklerinden daha fazlasını kazanıyor, büyük ihracat firmaları ise hiçbir iş yapmaksızın, mal dahi satmaksızın otomatik olarak devletten para alıyorlardı.

Devletin dövize ihtiyacı vardı; askeri yönetim olduğu için dünyadan destek alamıyordu. Turgut Özal devletin döviz sıkıntısına çözüm olarak farklı politikalar uygulamaya koymuş ama bu politikalar da kısa sürede yolsuzluklara davetiye çıkarmaya başlamıştı.

Tüm bu süreçlerde öğrendiğim birçok şey beni derinden yaralıyordu. İhracatta teşvik amacıyla iyi hesaplanmadan alınan kararlar yüzünden, her şeyi birkaç kuruşluk menfaatleri ölçeğinde gören bazı ihracatçılar tarafından ülke mallarının dünya piyasasında değer ve pazar yitirmesine sebep olunuyordu. Ölçüsüz ve hesapsız verilen bu teşvikler ülkenin zararına dönüşüyordu.

Gözaltına aldığımız ihracatçıları zamanın hukukuna göre üç ay gözaltında tutabiliyorduk. Bu üç ay içinde onlarla samimiyeti ilerletip, bu konudaki sorunları bize anlatırlarsa yukarıya rapor edeceğimizi söyleyince yapılan usulsüzlükleri anlatmaya başlıyorlardı. Onların anlatımına göre devlet ihracatı teşvik için bankalar aracılığı ile düşük faizli ihracat kredisi veriyordu. Bu düşük faizli krediler ihracatçının durumunu avantajlı hale getirirken, kredi almasına rağmen ihracat yapamayanların kredileri üzerinde cezalı olarak normal faiz işletiliyor, ayrıca kambiyo hukukuna göre de başka cezalar alıyorlardı.

İhracatı teşvik için verilen ölçüsüz krediler iyi hesaplanamadığı için amaçlananın aksi sonuçlar doğuruyordu. Örneğin, Türkiye'nin tüm üretimi on birim olan narenciye için yirmi birimlik ihracat kredisi verilebiliyordu. Bu ise iç ve dış piyasalarda rekabeti şiddetlendiriyordu. Cezalı hadde düşmemek için on birimlik ülke içi üretimi erken almak isteyen tüccarlar önce iç piyasada fiyatları yükseltiyorlar, sonra dış piyasada da malı satmak için fiyatları düşürüyorlardı. Anlatılanlara göre ülkemizdeki tüccarların bu durumunu bilen alıcı ülkeler (özellikle Rusya), her gün bir tüccarla pazarlık yapıyor ve her defasında fiyatları daha da düşürüyorlardı. Rekabet o kadar şiddetlenmişti ki bir önceki yıla göre dış satım fiyatları yarı yarıya inerken, yurtiçi fiyatlar iki katına çıkabiliyordu.

Böylece Türk halkı bir yandan vergileriyle toplanan parasını kaybediyor, diğer yandan da kendisi içeride daha yüksek fiyatla ürün almak zorunda kalıyordu. Rus halkı ise daha düşük fiyata narenciye yiyordu. Bu olay, biraz abartılı anlatılsa da gerçeklik payı çoktu. İyi niyetle alınan kararlar, incelik ve hassasiyet gösterilmeyince zıddına dönüşüyordu.

İşte biz farklı firmaların yaptığı çok sayıda ihracat yolsuzluğunu ve devletten haksız yere para alma olaylarını tespit ettik. Geniş bir yelpaze hakkında bilgi toplamaya başladık. Bu konularda topladığımız bilgiler üzerine raporlarımızı hazırladık. Bu raporlarda, kullanılan hileli yöntemleri ve yapılan yolsuzlukları en ince ayrıntısına kadar yazdık. İlgili makamlara gönderdik. Bu iddiaların algılanması ve mahkemelerce kıymetlendirilebilmesi sanıyorum altı aya yakın sürdü. Daha sonra, sıkıyönetim döneminde bunların hepsi altın kaçakçılığı davası olarak Ankara 4 numaralı Devlet Güvenlik Mahkemesinde birleştirildi. dört bankanın Genel Müdürü ve Berber Yaşar'ın ve hatta dolaylı olarak Turgut Özal'ın adının geçtiği dava uzunca bir süre devam etti, daha sonra zannediyorum çıkan af yasaları ile kapandı.

Ama böyle büyük bir yolsuzluk olayının nasıl yapıldığını ilk defa bu olayda gördüm. Yıllarca sadece terör faaliyetleriyle uğraşıyorum. Oysa bu olayla ilgilenmeye başladıktan sonra iyi niyetle çıkarılmış kararnamelerin arkasına saklanarak birilerinin büyük vurgunları nasıl gerçekleştirdiğini, ülkeyi nasıl dolandırdığını, devlet imkânlarını nasıl kötü kullandığını gördüm. İlk defa bu olayların çok daha önemli olduğunu, yapılan büyük yolsuzlukların ülkenin sosyal durumu açısından çok daha hayati olduğunu o zaman fark etmiştim ve bu şekilde hatalı bir biçimde çıkarılan teşvik kararnamelerinin sistemin içerisindeki insanları kolaylıkla kötü olmaya, yanlış yapmaya, yolsuzluğa ittiğine şahit olmuştum. Açıkçası, alınacak en basit kararın bile inanılmaz derecede iyi hesaplanması, bir tek kelimeden bile bütün piyasanın etkilenebileceğine dikkat edilmesi gerektiğini fark etmiştim.

Devlet makul karar alamaz mıydı? Ekonominin kuralları gereği eğer alınan kararlar makul ise bu kararları birilerinin kötü kullanmaması için diğer devlet kurumları (polis, savcılar, maliye, hazine, denetim elemanları) tedbir almaları için uyarılamaz mıydı? Bin lira için bazı insanların hayatlarının karartıldığı bir yerde, birilerinin milyonları çalmasına neden müsaade edilirdi? Beş TL değerindeki bir malın çalınmaması veya çalanı yakalaması için polis görevlendirilir ama milyonları çalanlar için hiçbir işlem yapılmaz.

Kaçakçılık Kültürü Atadan Gelir

Mersin'deki siyasi sorgu ve operasyon biriminin amiri olduğum dönemde bana bağlı olarak çalışacak şekilde başında bir komiser yardımcısı ve dört memurdan oluşan dört ayrı sorgu ve operasyon timi kurmuştum. Her tim belli örgütleri sorgulayacaktı.

Tam benim istediğim, en iyi yapacağım işti. Daha önce de sorgu operasyonuna bakıyordum ama sorgulama ve nezaret için doğru dürüst bir yer yoktu, gözaltı süresi kısaydı, örgütler sokakta aktifti. Onlarla fiili mücadele sürdürmek, devriye gezmek ve olayları önlemeye çalışmaktan sorgu ve operasyona yeterli zamanım olmuyordu. İhtilal olunca sıkıyönetim ilan edildi. Başka uygun yer olmayınca, sorgulamalar için kapalı spor salonunu vermişlerdi.

Kaçakçılık olayları ihtilal öncesinde yoğundu. Mersin'in uzun bir deniz kıyısının olması, çok yakın mesafede Kıbrıs'ın bulunması, Kıbrıs'a günlük ve Suriye'ye ara sıra gemi seferlerinin bulunması gibi nedenlerle Mersin bölgesinde kaçakçılık faaliyetleri yoğundu.

İdeolojik örgütlerin eylemlerini takip eden askeri birimler, Tarsus'ta sahil istikametinden gelen orman içi yoldan ülkeye kaçak olarak sokulmuş 2 tır dolusu oyun kâğıdı yakalamışlardı. O günlerde oyun kâğıdı çok rağbet edilen bir kaçakçılık malzemesiydi. Tahkikatı derinleştirmek maksadıyla Adana, Mersin, Kahramanmaraş, Gaziantep ve Adıyaman illeri sıkıyönetim komutanlığı bölgesinde kaçakçılık yapan kişileri sorgulamak üzere asker ve polislerden oluşan bir tim kurulmuştu. Bu time benden de adam istediklerinde, en iyi elemanım sayılan komiser Adem'i gönderdim. Bu tim Mersin bölgesinde yakalanan kaçak mallarla da irtibatı olan Mehmet Taner isminde Gaziantepli birini yakalamış ama şahsı konuşturamamaktaydı. Tim elemanları başlarında yüzbaşı olduğu halde gelip bu şahsın sorgulanması konusunda benden yardım istediler.

Bir gün bu timin sorgu yaptığı askeri birliğin içindeki yerlerine gittim. Mehmet Taner'i sorgulamaya başladık, bir ara tamam her şeyi anlatacağım dedi. Biz de en başından, ilk kaçakçılık faaliyetinden başla deyince, Mehmet Taner bu işin başlangıcı yok, benim atalarım kervancıymış, Yemen'den, Şam'dan Arabistan'dan kervan yükleyip İstanbul'a götürür, oradan da ters istikamette ne para ederse onu taşırlarmış. Zamanla sınırlar değişmiş, deve kervanlarının yerini tırlar almış ama onlar yine aynı işi yapmışlar. İçerde aranan ve pahalı olan, dışarıda ucuz ne varsa onu getirip satıyorlarmış,

Anladım ki bir anda kaçakçı olunmuyordu. Aslında bu, sürekliliği olan her suç için geçerliydi ama kaçakçılık için daha da geçerliydi. Kanunsuz ticarette karşılıklı olarak taraflar bizzat birbirlerini tanıması zorunludur. Hileli alınan bir malı veya bedeli ödenmiş ama teslim edilmemiş bir kaçak eşyayı mahkemede icra yoluyla istenemeyeceğine göre bu işin bu piyasada uzun süredir bulunan, birbirini tanıyan insanlar arasında olması gerekiyordu. İşin doğası bunu gerektiriyordu. Hele uluslararası kaçakçılık çok daha fazla karşılıklı itimat istiyordu.

Antepli olduğum için büyük kaçakçıları ismen tanırdım ama Mehmet Taner bana hiç tanıdık gelmiyordu. Bir ara "Senin adın şanın nedir, sana ne derler," diye sordum. Şahıs "Tabii efendim, yiğit lakabı ile anılır, bana Cello Mehmet derler, ben soyadımı değiştirdim," dedi. Sorgulanan Mehmet Taner'e büyük kaçakçı deniyordu, sıkıyönetim öncesi bir defasında Gaziantep'te kendisine ait iki tır dolusu silah yakalanmıştı. Son olayda ise bir tır dolusu oyun kâğıdı yakalanmıştı, yani uluslararası kaçakçılık yapıyordu.

Şahıs bu ismi söyleyince, sorguyu durdurdum, o anda sorguda bulunanlara işaret ettim, şahsın gözü bağlı olduğundan bizi görmüyordu, hemen dışarı çıktık ve yan odada toplandık. Onlara, "Siz kiminle konuştuğunuzu bilmiyorsunuz. Bu adam sizin, benim sorgulayacağım biri değil. Bu adam Antep bölgesinin en ünlü kaçakçısı, çok geniş bir ailenin üyesi, ailede herkes yılların büyük kaçakçıları, bu adamın ve ailesinin kaçakçılık faaliyetlerini bilen birilerini bulmalısınız. Bu adam bizim için birkaç numara büyük, siz daha kiminle konuştuğunuzu bile bilmiyorsunuz, bu sıradan biri kişi değil," dedim. Ama daha sonra baktım ki Mehmet Taner'in yaptığı ve birçoğu geçmiş zamanlarda gerçekleştirilmiş kaçakçılık eylemleri ile ilgili ifadesi alınmıştı. Bu ifadelere dayanılarak çeşitli araştırmalar yapıldıysa da ciddi bir sonuç elde edilemedi.

Mehmet Taner ile biraz konuştuktan sonra ayrıldım. Bu olaydan birkaç gün sonra bir sabah erkenden babam eve geldi, hiç beklediğim bir durum değildi. Köydeki işleri dolayısıyla ancak yılda bir-iki defa evime gelebilen babamın ne zaman geleceğini çok önceden bilirdim. Bu ani gelişin sebebi bir iki dakika içinde belli oldu. Mehmet Taner'in yakınları babamı bulmuşlar ve araya hatırlı kişileri koyarak ısrar etmişler, adamcağız bakmış rahat yok mecburen onlarla birlikte Mersin'e yanıma gelmiş. İlla git oğlunla konuş, bizim adamın soruşturmasını o yapıyormuş veya o soruşturma üzerinde etkin imiş, bize yardım etsin, kendisine ne istiyorsa veririz demişler, benim soruşturma ile alakam konusunda epey şeyler anlatmışlar, benim istersem onu kurtarabileceğimi söylemişler. Aslında babam benim böyle bir şey yapmayacağımı bilmesine ve bunu onlara söylemesine rağmen fazla ısrar üzerine geldiğini söyledi. Bu işle ilgimin olmadığını söyleyerek onu gönderdim.

Onca örgüt mensubu, ağır suçlular hakkında tahkikat yapmıştım, hiç birinde kimse benim kim olduğumu, ailemi tespit edememişti. Ama büyük kaçakçılarda durum farklıymış, sıkıyönetim karargahında özel bir bölmede tutulan ve hiç kimseyle görüştürülmeyen, benim kim olduğumu bilmeyen bu kişi için bir defa sorguya katıldığımı çok az insan bilmesine rağmen kimliğim tespit edilmiş, ailem bulunmuş ve torpil olsun diye babam Mersin'e kadar getirilmişti. Parası olan, sistemi bilen, devletin içinde adamı bulunan kişiler her yere ulaşabiliyordu, devlet içinde kaçakçıların neler yapabileceğini görmüştüm.

DİYARBAKIR

Güneydoğu'daki Güvenlik Kuvvetleri PKK'yı Bilmiyor

Diyarbakır'da görev yaptığımız dönemlerde bölgeye ilk defa göreve gönderilen güvenlik kuvvetlerinin bölgede yaşayan halkla ilgili olarak, burada yaşanan olaylar ve PKK örgütü hakkında bilgi sahibi olmadığı görülmekteydi. Bu nedenle güvenlik kuvvetlerinin bölgeye gelmeden önce bölge halkının gelenekleri ve değer yargıları, bölgedeki illegal örgütlerin faaliyetleri, eylemleri ve aranan militanları ve bölgenin aşiret yapısı hakkında bilgilendirilmeleri ve eğitilmeleri zorunluydu. Bu amaçla

Diyarbakır'da bir hafta süreli eğitim programı planlanmıştı. Biz de eğitim programına Ankara'dan gelen görevlilerle birlikte ders vermek için katılıyorduk. Bu eğitim programının kursiyerleri, Güneydoğu Anadolu Bölgesinde PKK'nın aktif olarak faaliyet gösterdiği illerde terörle mücadele biriminde görev yapan polislerdi. Bir haftalık kursun sonunda kursu tamamlamak için sınav yapılması gerekiyordu. Hatırladığım kadarıyla sınavda herkesin tereddütsüz bileceği türden sorduğumuz, her polisin hemen cevap verebileceğine, daha doğrusu cevap vermesi gerektiğine inandığımız sorulardan bazıları şunlardı:

1- Bölgenizde/ilinizde aranan 3 PKK militanının adını sayınız. 2- Abdullah Öcalan haricinde PKK'nın yöneticilerinden beş kişinin adını yazınız. Çıkan netice, kursiyerlerin yüzde doksanının bu soruların hiçbirini bilmediğiydi. Yani kendi bölgelerinde aranan 3 PKK'lının ismini sayamıyorlardı. PKK'nın içerisinde Abdullah Öcalan haricinde örgütü yöneten adamlardan 5 tanesinin ismini veremiyorlardı. Belki bunlar çok önemli bilgiler değildi, ama bir açıdan da çok hayatiydi; çünkü çalıştığı ve bu kadar ağır olayların yaşandığı bu bölgede mücadele ettiği gücün militanlarının isimlerini bile bilemezken örgütün arka planındaki teorisini, ideolojisini, dağa çıkmasının altında yatan sebepleri nasıl anlayacak, kavrayacak ve buna karşı faaliyet yürütebilecekti. Maalesef o bölgelerde çalışan görevliler, hatta bu işlerin fiilen bizzat içinde olanlar hiçbir zaman bu örgütleri tanıyamadılar, anlayamadılar, anlamak istemediler. Bugün bile bu örgütlerin ne için mücadele ettiklerini, amaçlarını, hedeflerini, niçin illegal eylemlere yöneldiklerini anlamak ve sorgulamak istemiyoruz. Bunun yerine onları terörist, anarşist, vatan haini olarak beylik tanımlamalarla geçiştiriyoruz.

Küçük Ağa

Yine bir anım var ki bu da çok keskin ve çok kanaat uyandıran bir örnek olaydı. Diyarbakır İstihbarat Şube Müdürü olarak görev yapıyordum. O zamanlar küçük yaşta kandırılarak PKK'ya katılmış 13-14 yaşlarında kendiliğinden teslim olarak itirafçı olmuş çocuklar vardı, çoğu 15'ine gelmemişti. Bu çocuklar kısa bir yargılamanın sonunda yaşları küçük olduğu için mahkemece serbest bırakılıyordu ama kendi köylerine de dönemiyorlardı. Örgütün yoğun olarak bulunduğu Herekol Dağları'nın eteklerindeki Botan Bölgesi'nde bulunan Besta Vadisi'ndeki köylerine gitmeleri çok zordu. Aileleri çocuklarını sevse bile yanlarına alamazlardı, örgüt öldürebilirdi. Bu çocukların gidecek yerleri yoktu. O dönem yayınlanmakta olan TV dizisi Küçük Ağa'dan etkilenerek Küçük Ağa dediğimiz içlerinden 14 yaşında olan bir tanesi bizim himayemizde kalmıştı. Geceleri polis evinin bir odasında kendisi gibi bir iki kişiyle birlikte kalıyor, etrafı temizleyerek bizim imkânlarımızla geçinmeye çalışıyordu. Sempatik bir çocuktu.

Bir gün odamda oturmuş gazetelere bakıyordu. Hiç okula gitmemiş olmasına rağmen kırsalda, PKK kampında kaldığı dönemde militanların öğrettiği kadar biraz okuyabiliyor, biraz da fotoğraflara bakarak anlam çıkarıyordu Örgüt kendisine bir anlamda okuryazarlık öğretmişti. Örgütte kaldığı süre tahminen 6 ayı geçmemişti. Başlangıçta daha iyi bir hayat vaadiyle örgüte katılmış, bir müddet örgütle dağda gezmiş ve daha sonra kaçıp teslim olmuştu.

Küçük Ağa odamda gazeteleri okurken "ben bunların yüzünden bu hallere geldim, bunların yüzünden başıma bu kadar bela geldi" diye kendi kendine söylenmeye başladı. "Küçük Ağa ne var, neye kızıyorsun bakayım?" dedim. Gazeteyi bana gösterdi. Muhtemelen 1 Mayıs olaylarıyla ilgili gazete haberinin arka fonunda Marx, Engels ve Lenin'in olduğu kızıl bayrağın fotoğrafını işaret ederek, onlara kızdığını söyledi. "Kim onlar?" diye sorunca "Marx, Engels ve Lenin" diye cevapladı. "Benim başıma en çok belayı bunlar açtı" dedi. Örgütün Marksist olmasından bahsediyordu. Bunun üzerine dedim ki "Küçük Ağa, şimdi çık, şu şubedeki herkese bu fotoğrafları göster ve bunların kim olduğunu sor. Sonra gel bana neticeyi anlat."

Küçük Ağa şubedeki tüm personele göstermek üzere gazeteyi alıp, çıktı. O zamanlar 20-25 kişilik personeli olan 3 odadan ibaret İstihbarat Şubesinin tüm odalarını dolaşıp geldi. O anda şubede 7-8 görevli vardı. "Söyle bakalım," dedim, "Kimler bildi?" Küçük Ağa cevaben "Yalnızca bir kişi bildi," dedi. Bir başkası niye sorduğunu merak etmesi üzerine Küçük Ağa benim sordurduğumu söyleyince "Amir soruyorsa mutlaka bunlar solcu büyük adamlardır, teröristlerin büyükbabalarıdır, hatta liderleridir," dediğini, diğerlerinin resimdekileri tanımadığını söyledi.

Burası istihbarat şubesiydi, yani terör örgütleri konusunda en iyi bilgiye sahip olması gereken, istihbarat toplayan, bunlarla mücadelenin asıl büyük boyutunu bilmesi ve görmesi gereken kişilerin çalıştığı birimdi. Bu insanlar uzun süredir bu görevde bulunuyorlardı, bu konuda kurs görmüşlerdi. Terör gruplarının her şeyini en iyi bilmesi gereken İstihbarat Şubesindeki polisler ve görevliler Marx'ı, Lenin'i ve Engels'i tanımıyordu. Bu insanlar, Marx ve Lenin'in düşüncelerinden etkilenerek dağa çıkmış, dağda gerilla savaşı sürdüren kişilerle mücadele edeceklerdi, ama karşılarındaki grubun ideolojik alt yapısını şekillendiren düşünür ve liderleri tanımıyorlardı. Buna karşın okuryazarlığı olmayan küçücük bir köylü çocuğu, hem de Herekol Dağı'nın eteklerinde kalmış, dünya ve medeniyetle irtibatı olmamış bir bölgede yetişmiş bir çoban, örgüt tarafından verilen 4-5 aylık eğitimin ardından pek çok şeyle birlikte bu insanları da biliyordu. İşte mücadele ederken aramızdaki en önemli farklardan bir tanesi buydu; bu, unutulmaması gereken ve aradaki kalite farkını gösteren çok önemli bir olaydı.

Buna benzer olayları hep yaşadım; bu olaylar aslında mücadele ettiğimiz grup ile kamu görevlilerinin durumunu görmemiz açısından çok önemliydi ve asıl dikkat edilmesi gereken konu buydu.

PKK'nın Yakın Geleceği Neşet Çiçek

Zannederim 85 yılı sonu veya 86 yılı başlarıydı. O dönem sıkıyönetim vardı ve her şey sıkıyönetim komutanlığı emir ve koordinesinde yürüyordu. Biz de Diyarbakır Emniyet İstihbarat Şube Müdürlüğü olarak 7. Kolordu ve Sıkıyönetim Komutanlığı İstihbarat birimleri ile beraber çalışıyorduk ve dayanışma içerisindeydik. Birçok durumda beraber hareket ediyorduk. Yine böyle bir zamanda Kolordu İstihbarat birimiyle beraber çalışma yaparken, önümüzdeki günlerde Genelkurmay'dan bir askeri yetkilinin, muhtemelen Genelkurmay İstihbarat Başkanı'nın geleceğini ve denetleme yapılacağını öğrendik. Bu yetkiliye verilmek üzere brifing hazırlamak gerekiyordu. Bizim de bu brifingin bir bölümünde bu bölgedeki bölücü faaliyetlerin, PKK'nın yakın geleceğinin nasıl olabileceği ihtimalleri üzerine istihbari bir yorumu kapsayan bir analiz hazırlamamız gerekiyordu.

Kolordu İstihbarat Şubesinde, birimin komutanı bir yarbay, bir yüzbaşı, ben ve yardımcım Emniyet Amiri Abdurrahman bu konuyla ilgili bir çalışma içerisindeydik. Beraber taslak bir metin hazırladık ve metni makul bir şekle getirdikten sonra Kolordu Kurmay Başkanı'na çıkardık. Kurmay Başkanı metni okudu, bazı yerlerin değiştirilmesi, bazı ekleme ve çıkarmaların yapılması için bize geri verdi ve tekrar aşağı indik, alt katta metni düzeltmeye başladık.

Bu arada aklıma örgütten kaçarak, o gün bize teslim olmuş Neşet Çiçek geldi. Çiçek öğretmenken 1970'li yılların sonunda örgüte katılmış, tahminimce örgütün içerisinde iyi sayılabilecek bir konumda bulunmuş, ama dağ hayatından ve örgüt içerisinde olup bitenlerden, katliamlardan rahatsız olunca teslim olmuş. Şahıs soruşturma yapılmak üzere Emniyet 1. Şubeye getirilmişti ve o zamanki Emniyet Sorgu Bürosunda bulunuyordu. "Arkadaşlar biz bu kişiye soralım, örgütten yeni geldi, konuyu en iyi bilecek olan budur, bundan aldığımız cevabı kullanalım," dedim. Hemen bir kâğıdın üzerine şu soruyu yazdım

"PKK'nın yakın zamanda geleceği ne olabilir?" Şoförümüzü çağırdım, dedim ki "bunu götür sorgudaki büro amirine ver, yeni teslim olan Neşet Çiçek'e bir odada masa ve sandalye versinler, bu soruya cevabını yazsın, bittiği zaman da bize haber etsinler biz aldırırız." Yazdığım soru kâğıdını şoförle gönderdim.

Ben birkaç saat sonra cevabın geleceğini tahmin ediyordum. Şoför gitti, çok kısa bir süre içerisinde, 25-30 dakikayı geçmemişti ki geldi. Elinde soruyu yazdığım kâğıdı tutuyordu. Çiçek nezarethanenin deliğinden gelen ışıkla duvara koyduğu kâğıdın arkasına bizim sorumuza cevaben kısa ve hızlı bir şekilde bir sayfayı bulmayan bir metin yazarak vermişti.

Neşet Çiçek'in yazdığını okuduğumuz zaman metnin mükemmel olduğunu gördük. PKK'nın yakın geleceğinin devletin yapacaklarına, dış ve iç dünyadaki gelişmelere bağlı olduğunu ve buna paralel olarak örgütün yapabileceklerini anlatan güzel bir metindi. Bana göre hangi hal ve şartlar olursa PKK'nın yapabileceklerini çok güzel özetleyen mükemmel bir nottu. Bu notu alıp, temize çektik ve yukarıya çıktık. Kurmay Başkanı'nın önüne koyduk. Dedik ki "Efendim bizden istediğiniz brifing notumuz."

Kurmay Başkan metni okur okumaz ayağa kalktı. "Bu metni, siz yazamazsınız, ben de yazamam," sonra parmağı ile yukarıyı göstererek üst kattaki o zamanın sıkıyönetim ve 6. Kolordu Komutanı rahmetli Kaya Yazgan Paşa'yı kast ederek "O da yazamaz. Bunu kimden aldınız? Hangi profesöre, öğretim görevlisine yazdırdınız? Bana doğru söyleyin." dedi. Önce biz yazdık diye ısrar ettik, ikna olmayacağını anlayınca "Efendim maalesef üniversite hocasına değil, yeni teslim olmuş bir PKK mensubuna sorduk, 15 dakika içerisinde verdiği cevap bu," dedik.

Bunun üzerine Kurmay Başkan "Arkadaşlar sorun bu, bakın şu ifadelere, bu tahlili bu adam yapıyor, ama biz yapamıyoruz. İşte aradaki kalite farkı, sorun da budur. Biz kendimizi ve kendi insanımızı bu hale getirmediğimiz müddetçe, bu iş zor."

dedi. Evet, gerçek buydu; bu insanlar çok okuyan, çok yazan, olayları doğru değerlendiren kişilerdi. Bizler ise bu işin çok uzağındaydık ve uğraştığımız olayları tam manasıyla bilip kavrayamıyorduk. Sorun buydu.

Almanya Ziyareti

1986 yılında ben Diyarbakır İstihbarat Şube Amiri, Kazım Abanoz ise İstihbarat Daire Başkan Yardımcısıydı. Onunla birlikte Federal Almanya'ya gitmiştik. Alman İstihbarat birimleri BND (dış istihbarat), Anayasayı Koruma Teşkilatı (iç istihbarat) ve Alman güvenlik birimleri BKA (Alman federal kriminal polisi) ile PKK konusunda 3 gün süren ayrı ayrı görüşmeler yaptık.

Almanya'ya gitmeden önce Diyarbakır'da önemli bir bilgi kaynağım Almanya'dan örgüte katılıp oradan Bekaa kamplarına gelen, kamp eğitimi sonrası örgüt tarafından ülke içerisinde yeni gerilla açılım bölgesi olarak seçtiği Siverek-Çermik-Adıyaman bölgesine gönderilen militanlardan, Öcalan'ın kendi köylüsü de olan Şahin kod adlı Nusret Aslan örgütü terk etmiş olduğunu, kendi imkânları ile Almanya'ya geçip Alman polisine teslim olduğunu ve örgüt hakkında bildiği her şeyi Alman polisine aktarmış olduğu bilgisini vermişti. Almanya'da, örgüt hakkında devam etmekte olan tahkikat bu kişinin anlatımları ile daha da genişlemiş, operasyonlar büyümüş ve birçok kişi yakalanmış ve çok miktarda örgütsel doküman ele geçirilmişti. Bu dokümanlar arasında kampta hain ya da ajan olduğu suçlamasıyla yargılanıp kurşuna dizilen kişilerin infazı sırasında halay çeken militanların görüntülerinin olduğu kasetler, örgütün kullandığı sahte belge ve pasaportlar, örgütsel raporlar vardı. Bu tür kurşuna dizme görüntülerinin sadece filmlerde kaldığını düşünen Almanlara bu dokümanların çok ciddi şok etkisi yarattığını zannediyorum.

PKK içerisinde SS benzeri bir örgütlenme olan HPP isimli parti güvenliği ve parti içi istihbaratı görevi gören gizli bir birimin varlığını ilk defa Almanlar tespit etmiş ve örgüt içerisindeki infazları bu grubun yaptığını belirlemişlerdi. Almanlar bütün olarak PKK'yı değil, HPP adlı bu alt birimi yasadışı kabul ediyorlardı. Bu bilgileri biz ancak yıllar sonra 1993'te teyit ettik. Örgütten ayrılan ya da bizim yakaladığımız eski HPP sorumlularından, Bekaa'daki kampta bu grubun örgüt içerisinde sorgulamalar, işkenceler ve infazlar yaptığını öğrendik.

Avrupa'da örgüte katılmış, sonra örgütten kopmuş bir kişiden aldığım bilgilere dayanarak örgütün Avrupa'daki ve özellikle Almanya'daki yapısı hakkında epey donanımlıydım. Almanlarla bu faaliyetleri konuştukça, yaptıkları işleri ve aldıkları istihbaratları da kısmen anlattılar. Bir ara bana Cemil Bayık'ın Avrupa sorumlusu olarak atandığını ve Fransa'da olduğunu duyduklarını, bu konuda bilgim olup olmadığını sordular. Ben de hiç duymadığımı söyledim. Fakat Türkiye'ye döndükten sonra bu bilginin doğru olduğunu, aslında dinleme takibine aldığım bir militanın dinlediğim bazı konuşmalarını Fransa'daki Cemil Bayık'la yaptığını ama konuştuğu militanın Cemil Bayık olduğunu fark etmediğimizi anladım. Devletin arşivinde Cemil Bayık'ın ses örneği yoktu, bu yüzden kim olduğunu tespit edememiştik. Daha sonra dinlettiğim eski bir PKK'lı itirafçı sesin Cemil Bayık'a ait olduğunu doğrulamıştı. Çok önemli bir fırsat kaçırmıştık, Fransa'da o tarihte örgütün ikinci adamı olan Bayık'ı yakalatmak mümkündü, çünkü kaldığı irtibat noktalarından bazılarını biliyorduk. O tarihte Almanlar buldukları belgelere dayanarak, Almanya'daki operasyonlar nedeniyle Fransa'ya kayan örgüt merkezindeki elemanları takip etmek için Fransız iç istihbaratı içerisinde bir grubun PKK'yı takip etmesini sağlamışlardı. Tecrübesizliğim neticesi çok önemli bir fırsat kaçırmıştım. Cemil Bayık uzun süre Avrupa sorumluluğu yapıp tekrar Ortadoğu'ya dönmüştü.

1986 yılında Ali Haydar Kaytan başta olmak üzere PKK'nın Almanya ve Avrupa sorumluları ve birçok yöneticisi yakalanmış, örgütün Almanya ve Avrupa'da gerçekleştirdiği ona yakın olay aydınlatılmış, örgütün çalışma biçimi ve yapısı çözülmüştü. Alman Federal Kriminal Polisi PKK hakkında çok önemli bilgiler ele geçirmişti. Almaların verdiği bilgiye göre bu tahkikatlar kapsamında yalnızca tercüme için 5 milyon mark harcamış, 20 milyon marka PKK'lıları yargılamak için özel mahkeme binası yapmışlardı.

Görüşmelerde biz ülkemizde terör ve güvenlik zafiyeti varmış gibi göstermemek için PKK'yı etkin, yaygın eylem yapan bir örgüt olarak görmediğimizi, üç beş eşkıya grubu olarak nitelendirdiğimizi söylerken, orada Almanların PKK'yı bizden daha iyi tanıdıklarını gördüm. Bilgi vermek için söz alan BKA görevlisi "Bugün için gerçek durumu tam gözükmese de PKK, bu militan yapısı ve imkânları ile Türkiye'de bir gerilla savaşı yürütebilir, Almanya'da ciddi sorunlar yaratabilir, gelecekte çok ciddiye alınması gereken bir gruptur," diyerek durumu özetlediği konuşmasında aslında PKK'daki militan yapısını, geleceğe yönelik planlarını ve örgütün bugünkü durumunu o gün bize anlatmıştı. Dolaylı olarak aslında bize, siz de Alman güvenlik makamları da PKK'yı ciddiye almıyorsunuz ama yanıldığınızı anlayacaksınız imasında bulunmuştu.

Almanlar bize çok önemli açıklamalarda bulundular, çok ustaca bize yol gösterip yapmamız gerekenleri anlattılar. Maalesef her zamanki körlüğümüz ve şuursuzluğumuz asıl rolümüzü oynamamızı engelledi. Almanların anlattıklarına göre, örgütün çok önemli kadrolarını yakalamışlar ve ciddi suçlarla yargılıyorlardı. Ondan fazla cinayet vardı ama tanık bulmada çok ciddi sıkıntı çekiyorlardı. Bazı kişiler poliste ifade vermiş ama daha sonra örgütün baskısı ile mahkemede ifade veremeyecekleri anlaşılmıştı. Alman yasalarına göre tanık bu tür durumlarda ifade vermezse, onu sorgulayan polis tanık gibi ifade veriyordu ama esasen tanığın mahkemede ifade vermesi, soruları cevaplaması gerekiyordu. Ellerinde onların tabiriyle bir buçuk tanık vardı.

Biri örgütün yönetici kadrosundan önemli biriydi, sağlam ifade veriyordu, bu kişiyi koruyorlardı. Diğeri ise örgütün Almanya'da ve kamptaki faaliyet ve eylemlerini bilen, başta ifade veren ama istikrarlı olmayan, bazı zikzaklar çizen, tam güven vermeyen biriydi. Bu kişi Türkiye'deki akrabalarının örgüt baskısı altında olduğunu, onların güvenliği tehlikede olduğu için ifade vermeye korktuğunu söyleyerek özellikle Urfa'daki kardeşi ve ailesinin Almanya'ya getirilirse konuşacağını ima ediyormuş. Ancak bunun yapılması halinde mahkemede Alman devletinin tanıklar ve yakınlarına menfaat vaat ettiği anlaşılırsa bu durumda Alman hukukuna göre tanığın tanıklığı kabul edilmiyordu. Alman polisi için böyle bir durumun ciddi sorunlar yaratacağı söyleniyordu. Bu kişinin Türkiye'deki yakınları güvenlik altına alınırsa ve aile Almanya'daki tanığa güvende olduklarını söylerse, tanık rahat ifade verebilecekti. Bahsedilen kişi hakkında bilgi sahibiydim, anlatılanlar doğruydu.

Dönünce hemen rapor yazdık ve Almanya'daki davada PKK'nın mahkûm olmasının çok önemli olduğunu, orada mahkûm olmasının tüm dünyada terörist sayılması anlamına geleceğini, bu kişinin rahat ifade verebilmesi için Urfa'daki ailesi ve kardeşinin uygun bir batı iline gizlice nakledilerek güven altına alınması ve kardeşinin işe yerleştirilmesinin sağlanması gerektiğini, aile güvenlik altına alınır ve bazı imkânlar sağlanınca Almanya'daki kişinin tanıklık yapacağını belirttik. Devletin bu yönde talimat vermesini bekledik. 40-50 bin TL masrafla bu iş halledilebilirdi. Aslında böyle bir iş için 40-50 milyon dolar harcamaya bile değerdi. Aylar yıllar geçti, aileyi arayıp soran ya da ilgilenen olmadı. Konuşmaya gelince tüm Avrupa özellikle Almanlar PKK'yı destekliyor denir, aslında PKK'yı Almanlar mı, yoksa bizimkiler mi dolaylı olarak destekliyor bilemiyorum.

O zaman ülkemizde PKK eylemleri daha yeni başlamıştı. Biz PKK'nın büyüyüp güçlenmesinde Almanya'daki durumunun çok önemli olduğunu, Avrupa'da PKK'nın ciddi destek ve güç bulduğunu söyleyerek Almanlardan daha fazla yardımcı olmalarını, daha fazla bilgi vermelerini istiyorduk. Alman makamları ise PKK hakkında bize teorik sahada tafsilatlı bilgi veriyorlardı ama pratik operasyonlara yönelik, kişilere yönelik bilgi veremiyorlardı. Tahminime göre Türkiye'deki insan hakları ihlalleri, sıkıyönetim halinin devamı nedeniyle bilgi vermekten kaçınıyorlardı.

Bu arada konu ile ilgili çok ısrarcı konuşunca, bir Alman görevli bize şunu anlattı: "Bakın, dünyada komünizme karşı en ciddi mücadeleyi Almanlar vermektedir. Çünkü Almanya, Doğu ve Batı Almanya olarak ikiye bölünmüş durumda. Halkımızın yarısı Doğu Blokunda kalmış ve aramızda utanç duvarı denen o meşhur duvar var. Her yıl, bu duvar ve tel örgüleri geçmeye çalışan yaklaşık 150 insan ölmektedir. Biz bu insanlarımızın bize gelirken öldüklerini görüyoruz, bundan dolayı da tüm dünya ile komünizme karşı mücadele ve işbirliği yapıyoruz. Bütün dünya ülkeleri, Amerikalılar, sizler, her ülke; kim komünizme karşı mücadele yürütüyorsa, kendi topraklarımızı, kendi üslerimizi açıyoruz ve her konuda destek oluyoruz. Ama tüm bunlara rağmen, Almanya'da komünist partisi serbest ve komünist partisi üye sayısına veya çıkarttıkları yayın organlarına göre, diğer demokratik kitle örgütleri ve partiler gibi devletten yardım ve destek alırlar ve faaliyetleri Almanya'da serbesttir."

O zaman bunu pek anlamamıştım, ama daha sonra düşündüğümde, onların rejimlerinin ve sistemlerinin ayakta kalmasını bu anlayışa borçlu olduğunu kavramıştım. Doğu Almanya'dan kaçan insanların ölümü göze alarak Batı Almanya'ya gelmelerinin sebebi, Batı Almanya'daki bu özgürlük düzeniydi. Bu kadar şiddetle muhalif olduğu komünist sistemin kendi içinde savunulması için özgür bir ortam sağlıyordu. Almanya'yı bu kadar değerli hale getiren de bu özgür ortamdı. O nedenle bu anlayışın çok önemli olduğunu düşünüyorum.

Ayrıca hatırlıyorum, o zaman Alman istihbaratı ile görüşmeye giderken Almanlar, görüşmeye gelecek olanlarda bulunması gereken özellikleri gösteren bir liste vermişti. Bu listede herhangi bir Doğu Bloku ülkesine gitmemiş olma şartı vardı. Yani Doğu Bloku ülkesine giden istihbarat birimleri ile görüşmüyorlardı. Komünizmle mücadelede resmi olarak tüm ülkelerle işbirliğine hazır olan, bu kadar azami derecede hassas olan Almanya ülke içindeki komünist teşkilatları özgür bırakıyordu. Diğer bütün siyasi hareketler ve düşünceler gibi komünizmi de özgür bırakmışlardı. İşte bu düşünce Almanya'yı özgür kılmıştı ve bu özgür ortam Doğu Blokundaki insanların ölümü göze alarak batıya gelmelerini sağlıyordu. Demokrasi anlayışı açısından bence çok önemli bir ölçüt siyasi olaylara ve rejim muhaliflerine olan bu yaklaşımdı. Üstelik Almanya genel olarak dünya veya Avrupa ölçüsünde özgürlüklerin tam anlamıyla sağlandığı örnek ülkelerden de değildi.

Güneydoğu olaylarını ve burada yaşayan halkın durumunu anlayabilmek için, buradaki sorunlara yönelik çözüm önerileri getirirken bir an için Diyarbakır'da, Mardin'de, Van'da, Siirt'te doğmuş olduğumuzu düşünelim. Acaba oralarda doğmuş ve o bölgedeki olayları yaşamış olsaydık nasıl etkilenirdik, ne düşünürdük, dağdaki insanlara nasıl bakardık, o bölgedeki polisi, jandarmayı nasıl görürdük? Bu sorulara vicdani bir cevap verdiğimiz gün, güneydoğu sorununa makul çözümler üretebiliriz.

Balkanlar'da ve Kafkaslar'da yaşayan Türkler/soydaşlarımız için istediklerimizi, oralardaki mücadeleleri nasıl desteklediğimizi hatırlayıp empati kurarak bölge halkının taleplerini ona göre yorumlamalıyız.

İki TİKKO'lunun Yakalanması

Diyarbakır'daki görevime yeni başlamıştım (25 Aralık 1984). Ben gelmeden önce şubenin tüm amir kadrosunun değişmiş olmasından dolayı iş hacmi gerilemişti. Gelir gelmez, şubede biraz hareket sağlamak ve bir an önce bir şeyler yapmak adına işe koyulduk. Kısıtlı imkânlarımızla neler yapabiliriz diye düşünmeye başladık. PKK'nın güneydoğu eylemleri Siirt bölgesinde yeni başlamıştı. Diyarbakır bölgesinde de fazlaca bir eylemi yoktu. Fakat her gün mutlaka bir yerde bir grubun olduğuna dair istihbari bilgiler geliyordu. Bunlar tutarlı ve değerlendirilmiş bilgiler değil, daha çok duyumlara dayanan, köylünün kendi arasında konuştuğu, etraftan duyduğu ve içlerinde bizimle irtibatlı kişiler vasıtasıyla dolaylı şekilde bize yansıyan bilgilerdi.

Bu arada, bir başka önemli husus da adi suçlardan aranan bazı kişilerin dağda kaçak olarak bulunmasıydı. Bu kişiler örgüt vs. geldiği zaman rahatlıkla kılavuzluk yapabilecek kabiliyette olan insanlardı. Üstelik kaçak olmaları bu insanların PKK ile buluşmasını kolaylaştırıyordu. Bu kişilerin bir an önce yakalanması gerekiyordu. Diyarbakır bölgesi kırsalında birçok suçtan aranan, biraz da çıkardığı birtakım ufak tefek olaylar nedeniyle etrafında korku salmış, silahlı olaylara karışmış, çok çabuk hareket edebilen Musa Mızrak isimli yarı eşkıya bir kişiden bahsediliyordu. Bir gün, elemanlarımız bu kişinin şehir merkezindeki yeri hakkında bilgi almışlardı. Etrafına korku salmış bu kişiyi yakalamak için müdahale biçimine daha fazla dikkat edilmesi gerekiyordu. Bize bilgi veren kaynakla birlikte evinin civarına gittik. Aslında benim Şube Müdürü olarak sıcak olayların içerisinde pek fazla yer almamam gerekiyordu. Görevim istihbari bilgiyi alıp, operasyonel birimlere aktarmaktı. Kitap üstünde böyle yazmasına rağmen pratik hayatta geçerli bir kural değildi. Bir şeyler yapmak adına içeri girmeniz, bilgi veren kişiyle görüşmeniz, olay yerini görmeniz, operasyona katılan ekipleri bilgilendirmeniz, hatta son noktaya kadar göstermeniz gerekiyordu. Aksi halde küçücük, basit hatalar sonucunda netice alınamıyordu. Bizim işlerin azlığı ve benim o tarihe kadar hep siyasi şubelerdeki sorgu operasyon bürolarında çalışmış olmam nedeniyle bu tür operasyonlara katılma ihtiyacı duyuyordum. Ayrıca personele de cesaret ve güven vermek gerekiyordu; onlara bazı konularda liderlik etmek, yeri geldiği zaman şunu yapın bunu yapın derken, sizin de onları yaptığınızı bilmeleri gerekiyordu.

Musa Mızrak adındaki kişinin şehir merkezinde olduğu haberini aldık. Kısa süre içinde belirtilen adresten ayrılabileceği, yanında büyük çaplı silah, bomba vs. olabileceği gibi hafif korkutucu bilgilerde edindik. Evin yerini tespit ettik. Operasyon ekibi gelinceye kadar bu kişi adresten ayrılıp başka yere gidebilirdi. Ayrıca bize bilgi veren kaynağı da korumamız gerekiyordu. O gece istihbarat bilgisi getiren personelimizle birlikte üç kişi bulunuyorduk. Kaynağımız adresi gösterdiğinde ben bizzat öne geçmek suretiyle silahlarımızı çektik, eve girdik ve hiç beklemedikleri bir şekilde evdekileri silahları ile birlikte teslim aldık. Musa Mızrak'ın üstünde silah ve patlayıcı maddeler vardı, şahsı bu şekilde yakalayıp teslim ettik.

Bize bilgiyi veren bilgi kaynağı kırsal alanda iyi bilgi sahibi olan biriydi. Verdiği bilgiyi anında değerlendiren, risk alarak operasyona girişen böyle bir ekip bilgi kaynağının hoşuna gitmiş, ona güven telkin etmişti. Bu şahıs bu şekilde kararlı davranılır, kimliği gizlenir ve cüzi miktarda bir ödül verilirse daha önemli konularda yardımcı olacağını söylemişti. Daha sonra da gerçekten öyle oldu, çok önemli bilgilerin temininde ve operasyonlarda bize yardımcı oldu.

O tarihlerde Diyarbakır'ın Dicle ilçesinde aranan iki önemli TİKKO militanı vardı ve uzun süreden beri kırsalda bulunmaktaydılar. Ayrıca Diyarbakır-Tunceli arasında sürekli gidip geldiklerinden dolayı TİKKO örgütünün o zamanki kırsaldaki militanlarını da bölgemize çekme, ilimize getirme kapasiteleri, yetenekleri vardı. Bu kişileri yakalamamız gerekiyordu. Ancak yakalamak çok da kolay bir iş değildi. Oranın insanı olduklarından bölgeyi, coğrafyayı biliyor, herkesi tanıyor, nereden kimin geleceğini tahmin edebiliyor, devlete ait tüm resmi araçları ve oradaki Jandarmanın kabiliyetlerini iyi biliyorlardı. Hiç ummadıkları şekilde yaklaşmak gerekiyordu. Bu iki kişiyi yakalamak için Jandarma yüzlerce operasyon yapmış, ihbar alınmış ama yakalamak mümkün olmamıştı. 12 Eylül'den beri aranıyorlardı.

Musa Mızrak'ın yakalanması olayında bize yardımcı olan elemanımız bu iki militanı kolaylıkla yakalamak için oldukça riskli bir plan önerdi. Plana göre; o köyde güvendiği bir arkadaşının evine gizlice iki tane polisle girip bekleyecek, gece görüş dürbünüyle gözetleme yapılacak, bu kişiler eve girdiğinde ise telsiz veya benzeri cihaz ile alarm verilecek ve merkezdeki timlerin müdahale etmesiyle operasyon başarıya ulaşacak. Tabii PKK'nın gerilla faaliyetlerinin olduğu kırsal bir alanda, bir köy evinde üç tane polis memurunu saklamanın çok büyük bir riski vardı. Çünkü orada oldukları öğrenilirse, canları tehlikeye girebilirdi. Yine de bu olayda riske girmek gerekiyordu. Elemanın önerisini kabul ettim.

Biri bizim şubemizden, bu elemanla irtibatımızı sağlayan ve mahalli lisanları bilen Nihat isimli yiğit polis memurumuz, diğerleri özel harekât kursu görmüş iki polisle birlikte toplam üç polisi ve elemanı, gece görüş dürbünleri ve özel olarak yaptığımız alarmlı telsizle birlikte donatarak gece sabaha karşı köye yerleştirdik. İlçe merkezinde zaman zaman özel harekât timlerimiz bulunuyordu. Bu timi de ilçede başka bir bahane ile gerektiğinde müdahale etmek üzere hazır tutulmasını sağladık.

Onlara, bizimle muhabere yapacak, dışarıya ses çıkarmayacak özel bir telsiz kanalı, bir röle sistemi de kurmuştum. İkinci gün bize mesaj geldi. Aranan kişiler eve gelmişti. Bunun üzerine hemen yeni oluşturulmaya başlanan, daha silahları bile yeterli olmayan özel harekât timini, kendimizde başlarına geçmek suretiyle harekete geçirdik. O tarihte Ergani ilçesinde bulunan Komando Taburunun iki yüzbaşısını da yanımıza alarak süratle şehir merkezinden Dicle'ye gittik. Dicle'de geç saatte belli bir düzen aldıktan sonra hiç araç kullanmaksızın yaya hareket ettik. Çünkü araç çıktığı anda köyden görünüyor ve köylü tedbir alabiliyordu.

Ben kravatlı, takım elbiseli halimle kırsaldaki operasyona katılıyordum. Yaya olarak yağmurlu ve soğuk bir günde on kilometreye yakın bir mesafeyi yürüyerek köye yaklaştık. Köye yaklaşırken, oradaki üç polis memurumuz bizi yönlendirerek, hangi eve yaklaşacağımızı, nasıl hareket edeceğimizi tek tek tarif etti. Ayrıca köyün yakınlarındaki evinden faydalandığımız köylü de bize kılavuzluk etti. Militanların kaldığı iki evi de sardık. Bu kişiler bizim köyü sardığımızı, timin geldiğini hissettikleri anda evin içinde özel olarak tasarladıkları bölme ve sığınaklara saklanmışlardı. 1-2 saatlik bir aramadan sonra onları saklandıkları yerlerde yakaladık. Silahlarını, bombalarını ve diğer malzemelerini de bulduk. O tarihe kadar yüzlerce defa bu kişileri yakalamak için birçok operasyon yapılmış; Jandarma ve Komando gitmiş, o dağlarda arama yapmış ve her zaman elleri boş dönmüşlerdi. Bu kadar çok operasyonun yapılmasına rağmen bu şahısların yakalanamaması, bir taraftan şahısları birer efsane ve kahraman haline getirirken, diğer taraftan da köylülerin ve diğer insanların devlete olan güvenini zedeliyordu. Ayrıca bölge halkı bu kişilerden ciddi derecede korkuyordu. Fakat bu olayla görüldü ki, biraz riski göze alan bir anlayışla yaklaşıldığında bu insanlar kolaylıkla yakalanabiliyordu. Bu olay, bölgeye TİKKO hareketinin ve gerillalarının gelmesine uzun süre mani olmuştur. Yakalanan kişilerin daha sonraki ifadelerinde onların Tunceli bölgesine giderek oradaki kırsal alandaki TİKKO militanları ile görüştükleri, buradan bir grubun Diyarbakır-Elazığ bölgesini örgütlemek için geleceği, onlarla ilgili kendilerinin keşif hareketlerini tamamladıkları gibi kapsamlı bilgiler vermişlerdi.

Esasen bu iki kişinin yakalanması çok da önemli bir olay değildi ama önemli olan risk alarak personel akıllı bir biçimde örgütlendiğinde olayları büyümeden önlemenin mümkün olduğunun görülmesidir. Risk alınmadığında yüzlerce kez yapılan operasyonlar boşa çıkıyor, örgüt ve mensupları söz konusu bölgelere yerleşerek bünyelerine daha fazla sayıda insanın katılmasını sağlıyor, örgüt gittikçe büyüyor, bir müddet sonra da müdahale daha da zor bir hale geliyordu. Bu tür operasyonlarda belki birkaç kişinin hayatı riske girebilirdi ama gelecekte otuz kişinin hayatını riske atılmaması, belki de otuz şehit verilmemesi sağlanabilirdi. Aslında planlı ve akıllı hareket edilmesi halinde alınan riskin boyutu da azalıyordu. Güneydoğu'daki olayların bu kadar uzun süre devam etmesinin altında yatan sebebin de bu riski göze alamayan, aşırı sağlamcı anlayışın olduğunu düşünüyorum.

Burhan Nart Olayı

Diyarbakır'da görev yaparken yaşadığım en enteresan olaylardan bir tanesi de Burhan Nart olayıdır. Bu olay, devletin güvenlik sisteminin nasıl çalıştığı konusunda fikir veren trajikomik bir olaydı. Kapsamlı bir operasyonla iki TİKKO militanını yakaladıktan sonra şahısları alıp Dicle'ye getirdik ve oradaki işlemlerin tamamlanmasının ardından Ergani Komando Taburu'na geldik.

Bu operasyon sırasında, biz Dicle'deyken, Diyarbakır merkezde bulunan yardımcım Durmuş acil koduyla telsizle benimle görüşmek istedi. Onunla üstü kapalı bir şekilde, görüşebildiğim kadarıyla, İstanbul'dan önemli bir mesaj geldiğini, bazı örgüt mensuplarının Diyarbakır merkezde yarın sabah buluşacaklarını, içlerinde bir polis ajanının olacağını, bunun gizlice takibinin istendiğini ve kendilerinin de gerekli tedbiri aldıklarını belirtti. Ben de gereğinin yapılmasını, oraya gidince daha ayrıntılı görüşeceğimizi söyledim.

Ve biz sabaha karşı Diyarbakır'a geldik. Temel ihtiyaçlarımı giderdikten sonra saat dokuz gibi daireye gittim. Durmuş bana mesajları gösterdi. O dönemde Emniyet Genel Müdürlüğü İstihbarat Daire Başkanlığı Danimarkalılardan telefon hatlarına takılan portatif, kriptolu muhabere yapan cihazlar almıştı.

Bu cihazlar küçük bir bilgisayara benziyordu, tuş takımı küçük olduğu için yazmak zor oluyordu. Alet yazılanı belleğine kayıt ediyor, biz de belleğe yapılan kayıtları telefon hatları üzerinden kripto ile ilgili illerin İstihbarat Şubelerine gönderiyorduk. Onlar da aynı makineyle bu sesi alıp çözüyorlardı. Küçük hesap makinesi yazıcılarına benzer bir yazıcıyla yazılanları ayrıca kâğıda döküyorduk. Böyle gizli, ama çalıştırılması zor bir muhabere yöntemi vardı ve saatlerce uğraştırıyordu. İşte bu cihazlarla bize sürekli mesaj gelmişti. Bu mesaja göre, gelen kişi birtakım örgüt mensupları ile Diyarbakır Fis Kayası mevkiinde bir örgüt sempatizanının evinde buluşacak, bu buluşmadan sonra bu kişiler muhtemelen Suriye'ye geçecekler, Suriye'de belli bir buluşma, görüşme ve eylem tatbikatının ardından alacakları silahlarla tekrar Türkiye'ye dönüp Jandarma Genel Komutanı'na ve bazı yetkili kişilere suikast yapacaklardı. Böyle önemli bir olay üstündeydik. Ben tam bunları okuyup Durmuş'tan bilgi alırken, bu olayda ajan olarak rol olan kişinin sabah geldiğini ve bizim arkadaşlarla görüştüğünü söylediler. Adam kendisinin Kürt Demokrat Partisi (KDP) mensubu olduğunu, bütün bölücü örgütlerin KDP çatısı altında birleştiklerini, böyle bir eylem kararı aldıklarını anlatmış. Bu, bana çok makul gelmemişti. Örgütlerin illegal yayın organlarını izliyorduk ama böyle tüm bölücü örgütlerin birleştiğine dair bir yayına, bir dokümana rastlamamıştık.

PKK kırsalda faaliyete devam ediyordu ama bu elamana göre, PKK dahil tüm örgütler bir çatı altında birleşmişlerdi. Söyledikleri çok makul gelmese de takip etmeye karar verdik. Fakat arkadaşlar sabah buluşmanın gerçekleşeceği semtte tertibat almışlar, söz konusu buluşmayı takipte de görmemişlerdi. Bizim görevliler buluşmanın olacağı Fis Kayası mevkiinde beklerken, Emniyet Müdürlüğü İstihbarat Şubesine gelen polis ajanı bilgi kaynağı sabah erken saatte buluşmanın gerçekleştiğini belirtmiş. Hâlbuki bize gelen mesaja göre buluşma saat dokuzdan sonra olacaktı, ama bu kişi Emniyet'e saat 09.30 gibi gelerek buluşmanın saat altıda olup bittiğini söylemişti. Bu kişinin verdiği bilgileri arkadaşlar mesaj haline getirip hem İstanbul hem de bu işleri koordine eden Emniyet Genel Müdürlüğü İstihbarat Daire Başkanlığına haber vermişlerdi. Ben şubeye geldiğimde bu kişinin tekrar geldiğini söylediklerinde onunla görüşmek istedim.

Bu kişi bana da Diyarbakırlı ve örgüt mensubu olduğunu, bütün örgütlerin KDP çatısı altında birleştiklerini, KUK'un, KAWA'nın, TKSP'nin, PKK'nın kalmadığını ve eylemlerin KDP adına organize edileceğini söyledi. Bunu nereden duyduğunu sorduğumda, "Nasıl inanmazsın, biz yaptık, bunların dokümanı var, bu dokümanları getiririm," dedi. Bu işleri çok iyi bilen birisi gibi kendinden emin konuşuyordu. Böyle bir şeyin pek makul görünmediğini, ayrıca böyle bir durum gerçekleşmiş olsaydı bu bilgiyi örgütün çeşitli yayın organlarından ve bağlantılarımızdan edinmiş olacağımızı söyledim, ama o söylediklerinde ısrarcıydı.

Aslında bu şahsın anlatımlarından rahatsız olmuştum fakat o, İstanbul İstihbarat Şube Müdürlüğünün elemanıydı. İstanbul şubesi onu kullanmış, ondan aldığı bilgileri merkeze yazmışlardı. Belli ki onun anlattığı bilgilere dayanarak operasyon hazırlıkları vardı. Bu adam yalan söylüyor demek tuhaf karşılanacağı için o an bir şey söylememeye karar verdim. Diğer yandan bu kişinin bize uğramaması, bizim onu tanımamamız gerekiyordu. Bize gelen mesajda içerisinde bilgi kaynağının da olduğu örgüt mensuplarının buluşacağından bahsediliyordu. Biz bilgi kaynağını uzaktan izleyerek takip yapacaktık. Bilgi kaynağının zor durumlar haricinde bizimle temas kurmaması gerekirken o bizimle görüşmeye gelmişti. Böyle şeyler olabilir, birtakım aksilikler, gariplikler yaşanabilir diye düşünerek bu durumu çok önemsemedik ama yine de kendisi hakkında şüphe duymamıza yol açmıştı. Zaten anlattıkları da pek doğru ve akla uygun gelmiyordu.

Bir müddet sonra şahıs ailesine uğramak istediğini, kendisine bir araba verip veremeyeceğimizi, ayrıca ailesine onun devlet için önemli görevler yaptığını söyleyip söyleyemeyeceğimizi sordu. Bunun mümkün olmadığını, her ne kadar sivil plakalı da olsa bir polis aracını kendisine veremeyeceğimizi uygun bir dille anlattık. Fakat bizim de zaman zaman kullandığımız bazı taksilerin olduğunu, onu istediği yere götürebileceklerini söyledik. Neyse daha sonrasında şahıs bizden araba istedi, o zaman yeni temin ettiğimiz üzerinde TAKSİ levhası olan bir aracımız vardı. Ayrıca rol yapma kabiliyeti çok gelişmiş olan, her türlü saf insan görünümüne bürünebilen, yetenekli bir polis memurumuz da şoför olacaktı. Adama bu taksiyi göstererek gidip ona binmesini, taksinin onu istediği yere götüreceğini söyledik.

Şoför rolündeki polis memurumuz bu konularda harikalar yaratabilecek inanılmaz kabiliyetteki polis memuru Fahri'ydi. Şahıs arabaya biner binmez bizim memura "Polis abi ne yapıyorsun? Nereye gidiyoruz?" demiş, Şoför rolündeki polis memuru arkadaşımız ise hiç bozuntuya vermeden "Allah Allah bana bir polisi gezdireceksin demişlerdi. Şimdi sen bana polis diyorsun, bu ne biçim iş," diyerek hitabını garip karşıladığını söyleyince, adam şoförün polis olmadığına ikna olup rahatlamış. Saf numaralarına devam eden arkadaşımız, adamı konuşturmak için samimi bir sohbet ortamı yaratmak amacıyla başlamış şahsa İstanbul'u sormaya. Denizin ne kadar büyük olduğunu, hiç deniz görmediğini, hatta onun ne kadar şanslı olduğundan bahsetmiş. Bir süre böyle koyu bir sohbete dalmışlar. Sonra bizim arkadaş memur olan bir yakını için vergi iadesinde kullanmak üzere fatura topladığını, otobüs bileti ya da aldığı malzemelerle ilgili faturaları verirse çok memnun olacağını söylemiş. Bunun üzerine adam cebindeki biletini ve birtakım harcama faturalarını bizim arkadaşa vermiş.

Polis memuru Fahri şahsı uygun bir yere bıraktıktan sonra şubeye döndü. Aralarında geçen konuşmaları anlattı ve şahsın

İstanbul'dan, Ankara'ya, oradan Elazığ'a yaptığı yolculuklarda kullandığı biletlerini ve harcama fişlerini verdi.

Adam bize saat 06.00'da Diyarbakır'a geldiğini söylemişti. Oysa bilette Ankara'dan otobüse biniş saati yazıyordu. Dolayısıyla 7'den önce Elazığ'a gelmiş olamazdı. Verdiği bilgi yanlıştı. Ama yine de işi sağlama almak açısından aldığı bilete dayanarak hemen Elazığ'ı aradım. O zamanlar Elazığ İstihbarat Şube Müdürü Emin Aslan'a "Müdürüm, memurlara da güvenmeyin, lütfen siz bizzat gidip garajdaki şu firmayla konuşun. Ankara'dan bilette yazan saatte kalkan otobüsün hangi saatte Elazığ'a geldiğini sorun. Bu benim için çok önemli, kesin bilgi vermeniz lazım, hata olmamalı." dedim. Bizim hesaplamamıza göre şahsın 09.00'dan önce gelmemesi lazımdı. Hakikaten biraz sonra Emin Müdür beni aradı, otobüsün 07.00 civarında Elazığ'a geldiğini söyledi. 07.00'de Elazığ'a gelen birinin yeniden araç bulup Diyarbakır'a gelebilmesi için en az iki saate yakın bir zamana ihtiyaç vardı. Yani şahsın saat 09.00'dan önce Diyarbakır'da olması filen imkânsızdı; elimdeki bilet ve belgeler bunu ortaya koyuyordu. Oysa şahıs 06.00'da Diyarbakır'a geldiğini, Fis Kayası'ndaki toplantıya katıldığını, toplantıdan sonra herkesin görev alıp ayrıldığını söylemişti. Yalan söylüyordu. Ayrıca yeni ifadesine göre bizden sonra Mardin'e gidecek, orada Sultan Şehmuz denen yatır ve ziyaret yerinin olduğu bölgede diğer arkadaşlarla buluşacaklar, oradan Nusaybin üzerinden Suriye'ye geçecekler, Suriye'den alınacak silahlarla tatbikat yapıp döneceklerdi.

Tabii bu gelişmeleri bir yandan hemen Ankara'ya, İstanbul'a, Genel Müdürlüğe, diğer ilgili illere mesaj olarak çekiyorduk. Yazışmaların hızlandığı bir sırada o zamanın Daire Başkanı Beyhan Bey beni aradı. Ona şahsın verdiği bilgilerin ihtiyatla karşılanması gerektiğini, bazı bilgilerin gerçekle uyuşmadığını, verdiği bilgilere kaydıihtiyatla yaklaşılması gerektiğini, bizim bazı tereddütlerimizin olduğunu söyledim. Bilgi kaynağının verdiği bilgiler çok ciddiydi, bütün herkes alarmdaydı. Bu yüzden sözlerim Ankara'yı biraz rahatlatmıştı. O tarihte ülkede sıkıyönetim vardı ve alınan her türlü istihbari bilginin askeri karargahlara aktarılması gerekiyordu. Askerler ise getirilen bu tür bilgileri inanılmaz bir heyecanla karşılayıp hemen büyük tedbirler alınmasını istiyorlardı. Hiçbir süzgeçten geçirmeksizin gelen tüm bilgiler doğru kabul ediliyordu. Bu daha da ciddi bir sıkıntı kaynağıydı.

Ben bilgileri aldıktan sonra Mardin'e gideceğini bildiğimden oraya gidecek dolmuşlara sivil giyimli rol yeteneği olan personeli yerleştirerek bu şahsın takibini istedim. Bizim şoförümüz onu Diyarbakır'dan, Mardin'e kalkan araçların bulunduğu Balıkçılarbaşı denilen yere bıraktıktan sonra şahıs gidip minibüse binmişti. Bizim arkadaşlarımız da aynı minibüse binip biraz da hafif sarhoş numarası yapmışlardı. Şahıs Mardin'e kadar gitmişti. Halbuki Mardin'e gelmeden Sultan Şehmuz denen mıntıkada inip arkadaşlarıyla buluşması gerekiyordu. Şehir merkezinde inip doğruca Emniyete gitmiş ve Emniyet Nöbetçi Amirliğinde İstihbarat Şube Müdürü'nü aramıştı.

Beni biraz sonra İstihbarat Şube Müdürü Mehmet aradı ve kızgın bir şekilde, "Ağabey, bu adam direkt buraya geldi. Bana beni öldürtmek mi istiyorsun, beni niye takip ettiriyorsun, sana bunun hesabını sorarım, sen nasıl beni takip ettirirsin, bana karışmaman lazımdı diyerek bağırdı." dedi. Hâlbuki şahıs takibi hiçbir şekilde fark etmemişti, bunu fark etmesine neden olacak hiçbir şey yapmamıştık. Aslında adam Emniyetin çalışma biçimini önceden anlamıştı, verdiği bilgilere dayanarak Emniyet tarafından izlenebileceğini tahmin ederek otomatikman böyle bir tepki veriyordu. Adam daha da ileri giderek Mardin İstihbarat Şube Müdürü Mehmet'ten kendisine bir araba verilmesini istemişti. "Ben arabayla gideceğim, yoksa senin tüm işleri berbat edip bozduğunu Ankara'ya ve İstanbul'a söylerim," demişti. Mehmet bu adamın şerrinden korktuğu için ona istediği gibi bir araba vermek istiyordu, ben ısrarla asla bunu yapmaması gerektiğini, böyle bir hareketin daha sonra başına belaya sokabileceğini söyledim. Ama Mehmet en sonunda bir şoför vermek suretiyle adamı Nusaybin'e kadar göndermişti.

Bizimle Diyarbakır'da konuşurken, PKK geçişlerinden dolayı Nusaybin'de nöbetçiler ve mayınlarla sıkı bir şekilde korunan Suriye hududunu geçerken bir terslik olursa kimden nasıl yardım görebileceğini sormuştu. Ben de o zamanlar Nusaybin'de görev yapan Jandarma Bölük Komutanı arkadaşın ismini vermiştim, "Darda kalırsan bu yüzbaşıya gidip benim selamımı söyleyebilirsin," demiştim. Sınırdan geçerken yakalanırsa ya da başka olağandışı bir olay olursa bu yola ancak o zaman başvuracaktı. Fakat bizim adam Burhan Nart, Nusaybin'e iner inmez doğrudan Bölük Komutanı'na gitmiş. Komutan beni gece saatlerinde aradı; yanına bir kişinin geldiğini, benim selamımı söyleyerek kendisini sınırdan geçirmesini istediğini söyledi. "Asla böyle bir şey yapmayın, ben çok darda kalırsa size gelmesini söylemiştim," dedim. Komutan da uygun bir şekilde adamı göndermişti. Bu kişi bir gün sonra tekrar Diyarbakır'a geldi, yine bizimle temas kurdu. Bu defa "Ben Suriye'ye gidecektim, daha doğrusu irtibat kurmuştum ama gitmeye gerek kalmadı. Silah ve malzemeler bizimle geliyor, bilet aldım otobüsle Ankara'ya gideceğim. Silah ve malzemeler de bu arabada olacak, daha önce örgüt mensuplarınca yerleştirilmiş olacak." dedi. Akşama doğru tekrar görüşmek üzere bizden ayrıldı. Hemen verdiği bilgileri kontrol ettirdik, aldığımız bilgiye göre o saatte söylediği firmanın Ankara'ya kalkan otobüsü yoktu, galiba verdiği saatte Ankara'ya hiçbir otobüs yoktu. Şahsın anlattığı bütün bilgiler tek tek yalan çıkıyordu. Ben tüm bunları mesajlarla Ankara'ya ve İstanbul'a aktarıyordum. Ankara'ya bu şahsa bir an önce müdahale etmemiz gerektiğini, yoksa olayların çok vahim boyutlara doğru gittiğini söyledim. Şahıs her ifadesinde yeni bir eylem hedef gösteriyor, yeni şeyler söylüyordu. Anlattıkları herkesi heyecanlandırıyordu. Ben artık kesin olarak tüm anlattıklarının yalan olduğuna kani olmuştum ama kimse yalan olduğunu kabul etmiyor ya doğruysa diyordu.

Bu gelişmelerin yaşandığı esnada daha önce teslim olmuş PKK'nın eski önemli kadrolarından itirafçı Hidayet Bozyiğit bizim yanımızdaydı. Adamın anlattıklarını değerlendirdiğinde tamamının hiç tereddütsüz yalan olduğunu, böyle bir şeyin olamayacağını söyleyip, bizi destekliyordu. Akşam bizimle görüşmeye geldiğinde Burhan Nart'a müdahale etmeye ve sorgulamaya karar verdik.

Şahıs şubeye geldiğinde, kenara çektik. "Yalan söylüyorsun, doğruyu anlatmıyorsun," diyerek yalanlarını tek tek sıraladık. Adam söylediklerimize itiraz edip direniyordu. İleri sürdüğü bahaneleri tek tek geçersiz kılınca, iş kaba ve öfkeli konuşmalara dönüştü. Artık bizi kandıramayacağını, doğruyu anlatmazsa bunun bedelini çok ağır ödeyeceğini, başına çok ağır şeylerin geleceğini söyleyince, bir müddet sonra çaresi kalmadı ve söylediği her şeyin yalan olduğunu itiraf etti.

"Neden böyle bir şey yaptın, böyle bir yalan nasıl söylenebilir? 10-15 günden beri tüm teşkilatı alarma geçirdin, neden?" diye sorunca adam hayat hikâyesini anlatmaya başladı: "Diyarbakır'da bu tür olaylara adı çokça karışmış, illegal bölücü faaliyetlerde yer almış, geçmişten beri Kürtçülük faaliyetleri ile bilinen bir ailenin üyesiyim. Onların damadıyım ama hiçbir siyasi faaliyetim yok. Bu tür faaliyetlerde yer aldığı, örgütlere katıldığı için herkesin bir itibarı var. Benimse hiçbir şeyim yok; adım sanım bile bilinmez. Bu yüzden ben de bir oyuncak tabanca aldım, bununla İzmir'de Kemeraltı'nda bir kuyumcuyu soyup elde edeceğim parayla İzmir'den Yunanistan'a kaçmayı düşündüm. Ama daha soyguna başlamadan kuyumcunun orada yakalandım. Yakalandığımda böyle önemli bir ailenin üyesi ve örgütlere yakın olduğumu söyledim. Soygunu henüz gerçekleştirmediğimden, hazırlık safhasında yakalandığımdan polis bana ajanlık teklif etti. Ben de kabul ettim. Bir müddet sonra benimle ilişkide olan polis 'mademki senin yakınların örgüt içinde önemli konumlarda bulunuyorlar, hadi bize örgütten bilgi getir bakalım' dedi. Ben de yakınlarımın çoğunluğunun İstanbul'da olduğunu, oraya gidersem her türlü bilgiyi alabileceğimi söyleyince oradaki teşkilatla beni ilişkiye geçireceklerini belirttiler. İstanbul'a gittim ve oradaki ilgili birimle beni irtibata geçirdiler. Böylece İstanbul teşkilatına devredilmiş oldum. Bir Başkomiser ile irtibata geçmiştim. Bu kişi bana 'hadi bakalım bize bilgi getir' dedi. Ben de KDP'lilerin bazılarını tanıdığımı, örgütün eylem hazırlığı içinde olduğunu söyledim. Biraz daha bilgi getirmem istendiğinde bir şeyler uydurmaya başladım. Bu arada hatırlıyorum, zamanında Jandarma Genel Komutanı olan Kemalettin Eken'e bir suikast olmuştu, ben de buna benzer bir olay olacağını söyledim. Bana bu olayın içine gir, biraz daha bilgi getir dediler. Mutlaka bilgi getirmem istendiğinden bu defa ben de senaryo uydurmaya başladım ve uydurdukça işin içinden çıkılmaz hale gelecek şekilde olayı büyüttüm, işe tanıyıp bildiğim birtakım insanları kattım. Diyarbakır'da herkesin çeşitli suçlardan arandığını bildiği Heybet Açıkgöz gibi insanların isimlerini verdim. Sonunda böyle bir senaryo kurguladım. Diyarbakır'da buluşma olacağını, oradan Suriye'ye gideceğimi söyledim. Tabii Diyarbakır'da beni takip edeceğinizi bildiğim ve böyle bir buluşma olayı gerçekleşmeyeceği için size buluşma saati konusunda yalan söyledim. Ama siz biletle benim açığımı tespit ettiniz. Mardin'e gittiğimde, Mardin İstihbaratı'nın beni takip edeceğini bildiğim için ben önce davranıp onların yanına gittim. Sonra Suriye'ye geçmeyi denedim ama başaramadım. Daha doğrusu gidip gelecektim, zorlayacaktım fakat geçemeyeceğimi gördüm."

"Peki, nereye kadar devam edecektin?" diye sorduk. "Nereye kadar gideceğimi bilmiyorum, ama en sonunda söylediğim eylemeleri tek başıma denemeye kalkardım herhalde," diye karşılık verdi. Hayat hikâyesinin geri kalanında anlattığına göre, Ağrı tarafındaki bir birlikte askerliğini yaparken firar etmiş, daha önce de birkaç defa firar olayı gerçekleştirmişti. Askerliğe devam edemiyordu, sahte kimlik kullanıyordu.

Tabii şahsın anlattığı her şeyin, tüm senaryonun yalan olduğunun anlaşılması, ajanı sevk ve idare eden Başkomiser'i (K/O ajanı yöneten görevliyi) çok zora sokmuştu. İstanbul, Emniyet Genel Müdürlüğü, Ankara, Diyarbakır, Mardin gibi bütün iller alarma geçmişti. Çeşitli yerlerde eylemler yapılacağı, silahların geleceği, suikastların gerçekleştirileceği yönünde bilgilerle birlikte beraber hareket ettiği önemli militanların, aranan kişilerin isimlerini veriyordu. Ve sonunda tüm bunların yalan olduğu anlaşılınca, tabii bu kişi ile irtibatlı olan insanlar zor durumda kalmıştı.

Aslında bu durum şu gerçeği de ortaya koyuyordu; böyle bir insanın söyledikleri, yalanları bile sistemin tümünde ciddiye alınabiliyordu. Hâlbuki olayları, örgütleri ve gelişmeleri çok iyi tanıyan, bu konular hakkındaki bilgileri takip eden, olayların doğru analizini yapabilen ve kapsamlı bilgilere sahip bir kadro, böyle bir yapı var olsaydı, şahsın anlattıklarına daha birinci gün şüpheyle yaklaşılır, itibar edilmez, hatta bunlar tamamen göz ardı edilirdi. Daha doğrusu, baştan sona kadar tüm anlatılanlarda hiçbir doğruluk payının olamayacağı ilk bakışta anlaşılır nitelikte olmasına rağmen tüm sistem bunların doğru olduğunu kabul ediyor, en küçük bir şüphe duymadan günlerce bir adamın söylediklerinin peşinde koşabiliyordu.

Sonunda adamla konuştuk, askere gidip yarım kalan askerliğini tamamlamasında fayda olduğu yönünde kendisini ikna edip, askerlik görevi için gönderdik. Bizim açımızdan bu dosyada böylece kapanmış oldu.

Bir müddet sonra, Tunceli'deki bir askeri birlikte görev yapan askeri mahkemeden bir yazı geldi. Bu defa da yazıda adı geçen kişinin askerde firarda kaldığı dönem içerisinde devlet adına önemli görevler yaptığını, istihbarat birimi ile beraber çalıştığını söylediği bildiriliyor ve bu konuların doğruluğu tarafımıza soruluyordu. Biz bu adamla ayrılırken bundan sonra artık doğru ve dürüst olacağı yönünde mutabık kalmıştık ama yine yalanlara başvurmuştu. Bunun üzerine askeri birliğe böyle bir görevde bulunmadığını belirterek, tüm olanları onu da zor durumda bırakmayacak şekilde anlattık.

Aradan epey bir zaman geçmişti; belki bir yıl, belki de iki yıl. Bir gün beni İstanbul İstihbarat Şube Müdürü Emin Aslan ve yardımcısı Salih Güngör aradı. Salih Diyarbakır'da kısa bir süre benim yardımcılığımı yapmış, daha sonra İstanbul İstihbarat Şube Müdür Yardımcısı olarak atanmıştı. Emin Bey'in yanında çalışıyordu. Aradıklarında PKK'nın çok önemli kadrolarından biri olduğunu söyleyen bir kişiden bahsettiler. Bu kişi masraflar için kendisine belli bir miktar para verilirse, yurtdışına gidip o zamanki Dev-Sol liderini yakalayıp getirebileceğini iddia etmiş. Bu kişiyle bu yönde bir anlaşma yapılmak üzereymiş. Şahsın kimliğini öğrenince, "Aman sakın. Bu insan sahtekârdır, dolandırıcıdır, sakın böyle bir şey yapmayın," diye bilgi verdik.

Sonradan öğrendiğim kadarıyla, Burhan Nart adlı bu kişi, yine askerden kaçmış ve İstanbul'a gelmiş. Bu defa da PKK'nın çok önemli ve iyi bir militanı olduğunu, PKK adına İstanbul'a gönderildiğini söyleyerek İstanbul'da adı duyulan bütün mafya babalarından haraç almış. Türkücü İbrahim Tatlıses'i bile tehdit etmiş, birkaç defa para bile almış. İbrahim Tatlıses en sonunda dayanamayarak durumu polise şikâyet etmiş. Para aldığı kişiler içerisinde bir tek o şikâyette bulunmuştu. Şahıs yakalandığında, o zaman adı duyulan İstanbul'daki tüm mafya liderlerinden PKK adına tek tek haraç aldığını itiraf etmişti. Fakat bu olay ortaya çıkınca mafya liderleri şahsın hemşerileri olduğu için yardım etmek ve destek olmak amacıyla para verdiklerini söylediler. Halbuki adam giyim-kuşamı itibarıyla oldukça gösterişli, hali vakti yerinde görünüyordu. Aslında hepsi korktukları için adama para vermişlerdi ama bunu itiraf edemediklerinden yalan söylüyorlardı.

Burhan Nart bu olay dolayısıyla yakalandığında, bu defa kendisinin PKK'nın üst düzey kadrolarından olduğu yalanını devam ettirmişti. Dursun Karataş'ın yerini bildiğini, Fransa'da olduğunu söyleyerek onu yakalatabileceğini ya da öldürebileceğini iddia etmişti. Hatta bir iki milyon dolarlık pazarlık yapılırsa her şeyi yaptırabileceğini söylüyordu. Tabii Dev-Sol'un İstanbul'da yaptığı eylemler dolayısıyla Dursun Karataş'ın yakalanması, İstanbul polisi için çok önemliydi. Bu yüzden o zamanki İstanbul Emniyet Müdürü Hamdi Ardalı ve oradaki görevliler böyle bir fırsata balıklama dalmak üzerelermiş. Salih Güngör daha önce Diyarbakır'da İstihbarat Şubesinde çalıştığı sıralarda bu kişinin adını duymuştu. Bu yüzden onu tanıyıp tanımadığımızı sormak için bizi aramıştı. Biz adamın yaptıklarını anlatınca onunla işbirliği yapma düşüncesinden vazgeçilmişti.

İşte böylesi bir adam tüm sistemi, küçük bir üçkâğıtçılıkla kandırıp aldatabiliyordu. Bu çok basit, küçük, belki komik, belki tamamını anlatırsak kahkahalarla gülünecek saflıkta bir olaydı. Ama asıl önemli nokta, bu sistemin en önemli merkezlerinin ve buralarda çalışan görevlilerin bu kadar kolay kandırılabilmesidir. Hiç kimse adamın anlattıklarının yalan olabileceğini düşünmüyor, ihtiyatlı davranarak söylenenlere şüpheyle yaklaşmıyor, aksine hemen doğru olduğu kabulüyle arkasından gidiyor. Bu gerçeği ortaya koyması bakımından Burhan Nart olayı oldukça öğretici bir olaydır. Basit bir üçkâğıtçının sözlerini gözleri kapalı takip eden bu sistem daha ciddi, profesyonel kişiler tarafından ortaya konacak kapsamlı bir kurgu karşısında kim bilir ne boyutlarda zarar görebilir.

Bu işte profesyonel olarak çalışan, bu konuda kapsamlı bilgiye sahip görevlilerin bu aldatmacaya asla kanmamaları gerekirdi. Her zaman eğitimlerde ve sohbetlerde anlattığım gibi; yerde bulunan bir vida, herkes için sıradan bir vida iken bir oto tamircisi için bu 1995 model Almanya'da üretilmiş E 200 serisi bir Mercedes'e ait bir vidadır. Buradan kazaya karışan aracın markası, modeli vs. özellikleri tespit edilir, böylece küçücük bir vidadan olayın tamamı çözülebilir. Veya bir olay yerinde bulunmuş bir elektronik devre elemanı, herkes için sıradan bir parçayken bir radyo tamircisi için bu 170 Mghz'de çalışan bir telsizin parçasıdır. Bu kanıttan yola çıkılarak uzaktan kumandalı bir telsizin kullanılmış olduğu sonucuna varılabilir. İşte işini, mesleğini, sanatını her açıdan iyi bilen insanlar bir tek parçadan ya da bir tek olaydan yola çıkarak işin tamamını görürler; istihbarat da bence budur. İstihbarat personelinin de bir tek anlatımdan, cümleden, sözden, bir slogandan olayın bütününü çözmeleri gerekiyordu. Ama bizim sistemimiz bırakın bir kelimeyi, başından sonuna kadar yalan söyleyen birinin yalan söylediğini tespit edemiyordu. Aslında bu durumun nedeni, güvenlik sisteminde çalışanların bilgi eksikliğiydi; tamamı işi bilmiyordu, ideolojik olayların nerelere, hangi safhalara gidebileceği konusunda net bilgilere sahip değillerdi. Örgütlerin ideolojik altyapılarını, eylem tarzlarını, örgütsel yapılarını tam anlamıyla bilmediklerinden bu örgütler hakkında söylenenleri doğru şekilde değerlendiremiyor, bunlardan neyin mümkün neyin mümkün olmadığı konusunda yeterli bilgi birikimine sahip olmadıklarından doğru kararlar veremiyorlardı. Bence en önemli eksiklik buydu. Bizim teşkilatımızda olayları kavrayabilme becerisi ne yazık ki yetersiz kalmaktadır. Bir kişinin söylediği büyük yalanlar ancak bunları ispat eden maddi deliler bulunduğunda ortaya çıkıyordu. Halbuki İstihbarat ve Terörle Mücadele Şubesi personelinin, kişinin anlattığı tek bir olaydan, ortaya koyduğu tek bir iddiadan, attığı slogandan neyi bilip, neyi bilmediğini, neyin yalan, neyin doğru olduğunu kesin ve net olarak anlaması zorunludur. Kişinin örgütsel faaliyeti, illegal yaşamı göz önüne alınıp örgüt içinde hangi konumda olanlar neyi bilir, neyi bilemez noktasında belli bir anlayışa sahip olarak ona göre hareket edebilmelidir. Bu kişinin İstanbul'da tanıştığı, irtibat halinde bulunduğu Başkomiserin, kendisine anlatılanlardan adamın açıkça yalan söylediğini tespit edebilmesi gerekirdi. Adam bütün örgütlerin KDP çatısı altında birleştiğini söylediğinde, Başkomiserin KDP'nin ne olduğunu, Türkiye'deki yapısının nasıl şekillendiğini, ideolojisinin ve hedefinin ne olduğunu, nasıl kurulduğunu ve neleri yapıp, neleri yapamayacağını bilerek söylenenlerin doğru olamayacağına hemen karar vermesi gerekirdi. Sonuç olarak, Emniyet, MİT, Genelkurmay ve Jandarma teşkilatlarında görevli istihbarat personelimiz maalesef örgüt mensuplarıyla konuşacak, onlarla tartışacak, onları anlayacak ve algılayacak seviyede bu işi bilmiyor.

Bizlerin de daha terörle mücadele veya terör istihbaratı görevine başlamadan, bu grupların ve militanların duygu ve düşünce dünyalarını tanıyıp anlamamız açısından, örgüt mensuplarının yetiştirildiği gibi önce *Kapital, Diyalektik ve Tarihi Materyalizm, Felsefenin Temel İlkeleri* gibi Marksist-Leninist düşüncenin temel felsefesini oluşturan eserleri okumamız, daha sonra tüm illegal örgütlerin dergi, broşür ve eğitim materyalleri üzerinde kapsamlı bir eğitime tâbi tutulmamız gerekirdi. Fakat bu görevlerde olup da bu temel eserleri bütünüyle okuyanı, kendim de dahil olmak üzere, görmedim.

İstihbarat (Intelligence) İngilizcede akıl, zekâ manasına gelir. Biz de, olması gereken yeterlilikte bir bilgi birikimi maalesef yoktur. Hâlbuki bütün ideolojik grupları, bunların geçmişten bugüne uzanan seyrini, ideolojilerini ve amaçlarını çok iyi bilmemiz gerekiyor. Bir tek kelimeyi atlamayacak kadar bu konuya hâkim olmalı, söylenen en ufak yalanı ya da anlatılanlardaki en küçük bir tutarsızlık ve yanlışı tespit edebilmeliyiz. Oysa bizler önümüzdeki apaçık yanlışları bile fark etmekten acizdik. Aslında sadece bu olayda değil, görev sahamıza giren tüm konularda yeterli oranda bilgiye sahip değildik. Hem ülke içerisinde hem de ülke dışında bu türden ideolojik örgütlerle olan mücadelede aynı durum geçerliydi.

Biz sol grupların, bölücü ve dinci örgüt mensuplarının ne demek istediğini, ne yapmak istediklerini, faaliyetlerini, amaçlarının ne olduğunu, fraksiyonlar arasındaki farkın nereden kaynaklandığını hiçbir zaman tamamıyla algılayıp, anlayamadık.

Hâlbuki bu algılayış ve kavrayışa sahip olabilseydik, daha işin başında bir olayı hangi örgütün yapıp hangisinin yapamayacağını, herhangi bir olay ya da durum karşısında hangi örgütlerin hangi stratejileri izleyip hangi tavırları alacaklarını, bir örgüt içinde hangi şekilde sapmaların yaşanabileceğini, hangi eylem tarzlarının hangi örgütler tarafından gerçekleştirilebileceğini çok net olarak tespit edebilirdik. Çünkü tüm bu unsurlar, çerçevesi çok kesin hatlarla çizilmiş olarak tüm örgütlerin ideolojilerinde yazılıdır; bu ideoloji çerçevesinde örgüt mensupları belli bir bakış açısına sahiptir. Sol grupların Türkiye ile ilgili ayrı ayrı kendilerince bir değerlendirmeleri vardır. Bütün Marksist örgütler önce mevcut durumu değerlendirir, sonra sınıfları mevzilendirir ve mevcut duruma göre kendilerine örgütsel, eylemsel bir strateji çizerler. Onlara göre bugünkü durumdan, gelecekteki sosyalist, komünist bir topluma nasıl geçileceğinin tek tek yolu ve safhası vardır. İşte bunu çok iyi bilmediğimiz için bütün örgütleri birbirine karıştırıyorduk.

Bütün sol grupları sol, bütün sağ grupları ise sağ olarak görüyorduk, kendi içlerindeki farkları algılayamıyorduk. Aralarındaki farkların neler olduğu, nasıl bir eylem tarzı izleyecekleri, hangilerinin eylem yapıp, hangilerinin pasif kalacağı, hangi olayda hangisinin ne tavır takınacağı meseleleri bizim için hep bir muammaydı. Oysaki bu grupları tanıyanlar için bu meseleler hiç de muamma değildi, hepsi tüm yönleriyle bilinebilirdi. Bu grupların içerisindeki insanlar, hatta basit sempatizanlar bile bu konular hakkında fikir sahibiyken bizim en üst düzey yöneticilerimiz bile bu insanların ve örgütlerin arka planlarını, niyetlerini algılayamıyordu. Çoğu zaman "Bu insanlar neden işlerini güçlerini bırakıp dağa çıkarlar, bunlar deli mi?" şeklindeki basit sorularla oyalanıyorlardı.

Sonuç itibarıyla Burhan Nart olayı, tüm güvenlik sistemimizin ne kadar boş, ne kadar kof olduğunu gösteriyor. Fakat bizler hâlâ övünerek sistemlerimizin çok güvenli olduğunu savunarak halkı ve kendimizi aldatmaya devam ediyoruz.

Aranan Üç Kişinin Yakalanması

Yine Diyarbakır'da çalıştığımız yıllarda Diyarbakır'ın Dicle ve Hani ilçeleri arasında Dicle'ye bağlı bir köyde aranan kişiler vardı. Bu kişiler aynı zamanda PKK'lılara bu bölgede yataklık yapıp, destek veriyorlardı. Ancak bu köye ne kadar operasyon ve arama yapılsa yapılsın, bu şahısları (özellikle iki tanesini) köyde yakalamak mümkün olmuyor, mutlaka kaçıyorlardı. Bilgi aktarması için köyden eleman temin etmiştik ama bu elemanın verdiği bilgi doğrultusunda askeri birlikler veya operasyon güçleri köye gidinceye kadar bu kişiler kaçıp, başka yerlere saklanıyorlardı. Özellikle de köyün yakınında bulunan derin Maden Çayı Vadisi'nde bu kişileri bulmak ve yakalamak mümkün değildi; köy, bu kayalık bölgenin birkaç yüz metre yakınındaydı. Bu operasyonların sürekli neticesiz kalması, köydeki diğer örgüt sempatizanlarına da cesaret veriyor, devlet güçlerine olan itimadı azaltıyordu.

Bu örgüt mensuplarının yakalanmasıyla ilgili olarak yapılan bir çalışma esnasında köyde bize bilgi aktaran insanlarla aranan bu militanların nasıl yakalanabileceğini konuştuk. Bize şöyle bir yöntem önerdiler: "Bir defa araçları çok uzakta bırakarak, köye yaya gelinmesi lazım. İkinci olarak, ilk gelecek olan operasyon timleri köyde görülmeden vadi arasındaki sırtları tutmalı, ardından diğer timler köye göstere göstere gelmeli. Timlerin geldiğini gören militanlar saklanmak için süratle vadiye doğru kaçarken hepsi orada pusuya yatan timlerin kucağına düşecektir." Bu, gerçekleştirilmesi zor, biraz zahmetli, fakat ustalıkla yapılırsa tutabilecek bir plandı. Genellikle de böyle ustalık isteyen planlarda bu işin başındaki insanların yapacakları katkılar, düşünecekleri ince ayrıntılar ve hareket tarzları işi belirliyordu. Daha önce çok defa böyle planlar yapılıp başarısız olması nedeniyle bu defa bizzat kendim timlerin başında gitmeye karar verdim. Daha önce olduğu gibi iki özel harekât timi, bize bilgi veren köylüler ve benim sivil istihbarat unsurlarımla beraber bir kış günü (ocak ayıydı zannediyorum) yola çıktık. Sabaha birkaç saat kala köye uzak mesafede anayolda araçtan indik ve yürümeye başladık, bir saate yakın çamurlar içinde yağmur altında yürüdükten sonra bir timi köyün uzağında tam vadinin kenarında bulunan kayalıklara gönderdik. Tim gidip yarların etrafında pusuya yatarak yerini aldı. Güneş doğmaya başlarken sanki köye operasyon gücü geliyormuş gibi geniş bir hilal şekilde yirmiye yakın tim mensubu köye girdi.

Biz köye yaklaşırken bizim pusudaki timler köyden üç kişinin koşarak çıktığını ve kendilerine doğru geldiğini anons ettiler. Hiç kimse ateş etmedi, bu şahıslar da bizim timlerin pusuya yattığı o kayalıklara gelip timlerimizin yanında durdular ve timler hiçbir çatışmaya girmeden bu kişileri teslim aldılar. Köyde hiç kimse bu olayı görmedi. Biz açıkta gelen timler olarak köye girip "Buradan geçiyorduk, konuşmak için geldik. Güvenliğiniz de bir sorun var mı, devriye geziyoruz, nasılsınız," diye köylülerle sohbet ettik. Bize çay ikram ettiler, çaylarımızı içtik, arama dahi yapmadık. Biz bu şekilde köylüleri oyalarken köyün dışında pusudaki timlerimiz militanları yakaladılar ve köylülere belli etmeden vadinin kenarından kayalıkların arasından köyün dışına çıkarttılar. Bize emniyetli şekilde oradan çıktıklarını haber verdiler. Bunun üzerine biz de köyden ayrılarak aynı noktada onlarla buluştuk. Böylece aranan üç önemli militanı, yakalanamaz denen kişileri yakalamıştık. Bu hep aynı kaynaktan bize verilen bilgilerdi; bize itimat ettiği zaman, güvendiği zaman insanların katlandığı risk ve yaptıkları şeylerin ölçüsü esasen çok önemliydi. Aslında tüm Güneydoğu'daki operasyonlarımız teorik planlama açısından hiçbir hata içermiyordu belki ama uygulamada, incelikleri ve ayrıntıları planlamada karşılaşılan sorunlar nedeniyle operasyonlarda genellikle çok başarılı olunamıyordu.

Seren Operasyonu

Diyarbakır'da görev yapıyorduk. Kardeş kuruluştan alınan bir habere göre Şirnak'tan Tunceli bölgesine takviye olarak gönderilen bir grup PKK gerillası Tunceli'den gelecek kuryeyi Diyarbakır'ın Lice-Hani bölgesinde bekliyordu. Seren köyü yakınlarında bekleyen militanlara bir an önce operasyon yapılması gerekiyordu. Hemen keşif ve araştırmaya başladık. Köyün yakınlarında kimseye gözükmeden militanların kalabileceği bir iki yer vardı, normal keşifte militanlar da bizi görerek tedbir alabilirlerdi. Taksi plakalı araçlarımızla özel tim amirlerini alıp, araziyi görerek keşif yaptık.

Umulmadık bir yerden yanaşarak operasyon yapmalıydık. Militanların Lice-Hani karayoluna paralel çok yüksek olmayan küçük bir dağın yola bakan cephesindeki ağaçların arasında kaldıkları kanaatine vardık. Tüm tim amirleri ile planımızı yaptık. Dikkat çekmemesi için operasyona kiralık kamyonlarla gelecektik. Militanların hiç bir şekilde göremeyeceği Dicle ilçesi istikametinden Hani'ye gelip, oradan köylere gidiyormuş gibi kamyonlarla yol alacaktık. Kamyonun kasası içinde operasyon timine mensup 6-7 tim (her timde 20 kişi vardı) saklanıyordu. Hani'nin kuzeyine militanların saklandığı dağın arkasına gelince kamyondan inip dağın iki yanını kuşatacaklardı. Dağ kuzeyden tamamen sarılınca, güneyden otobüslerle gelen 4-5 özel timi sabah saat 07.00 sularında Hani-Lice yolunda, arazi taraması şeklinde geniş bir kol halinde dağa doğru yönlendirecektik, böylece yalnızca güneyden geldiğimizi zanneden militanlar tuzağa düşecekti.

Plana uygun olarak araçları hazırladık ve gece saat 03.00'da timin bir kısmını kamyonlarla, bir kısmını otobüslerle yola çıkardık. Planlandığı gibi kuzeydeki timler dağı sardı, güneyden otobüslerle gelen tim ise militanları dağda aramaya başladılar. Timler amiri ile ben de dağdaki hareketliliği anayoldan takip ediyorduk. Aşağıdan dağa doğru yönelen timler daha 500 metre ilerlememişlerdi ki zirvedeki tim mensupları dağın ortasındaki ağaçlıklardan bazı militanların fırlayıp zirveye doğru çıktıklarını anons ettiler.

Kırsal alandaki çatışmalarda dağın zirvesini alan, üstünlük sağlıyordu. Militanlar da bizim yalnızca aşağıdan yukarıya doğru araziyi aradığımızı zannederek bir kısmını zirveyi almak üzere göndermişlerdi. Fakat biz gizlice dağın zirvesini ve iki yanını daha önce almıştık, zirveye çıkmak isteyen militanlar menzile girdiklerinde çatışma başladı. Dağ tam karşımızda idi, 11 militan ve etrafındaki dağı sarmış 200'den fazla özel tim mensubu bulunuyordu. Aramızda 2 km'den fazla bir mesafe olmasına rağmen zaman zaman mermiler yakınımıza düşüyordu, o kadar dikkatli bakmama rağmen bir tek kişiyi bile göremiyordum. Herkes gizlendiği kayanın arkasında sadece ateş ettiği yeri göreceği kadar kısmını çıkararak ateş ediyordu, filmlerdeki gibi hiç kimse kalkarak veya kafasını çıkararak ateş etmiyordu. İlk ateş ile birlikte bazı militanlar düşmüştü, sabah 07.30 gibi başlayan çatışma saat 09.00'u bulduğunda bir polisin kafasından yaralandığı ve durumunun ağır olduğu anons edildi.

Çatışma haberinin merkeze intikaliyle birlikte Asayiş Kolordu Komutanı rahmetli Hulusi Sayın Paşa, bilahare OHAL valisi Hayri Kozakçıoğlu ve Emniyet Müdürü Necdet Menzir helikopter ile olay yerine geldiler. Helikopterle yaralı polisin alınması gerekiyordu. Timlerin yerini ben ve tim amiri arkadaş biliyordu; tim amiri çatışmayı yöneteceğine göre yaralı polisi almak görevi bana düşüyordu. Pilota yönü tarif ederek helikopterle dağın arkasında yaralının getirildiği yere gittik ama bölge çok eğimli olduğundan helikopter yere inemiyor, çok alçaldığında kanatları dağa değecek hale geliyordu. Yaralı polis hareketsizdi, çok zorlu manevralarla helikopterin kanatları yerdeki otlara değecek kadar alçalınca diğer arkadaşlarının elleri üzerinde yaralıyı zorlukla aldım, helikopterde pilottan başka yalnızca ben vardım.

Hani-Diyarbakır merkez arası helikopterle on beş dakika kadardı ama o gün benim için bu on beş dakika saatlerce sürdü. Yaralı polis hemen önümde yatıyordu; gözünün üzerinden yara almıştı, yarası sürekli kanıyordu. Genç, fidan boylu, esmer yağız delikanlı...

Polisin yarasından akan kanla benim gözümden akan yaşlar birbirine karışıyordu; hangisinin daha fazla aktığını bilmiyorum. O an bir yandan inşallah kurşun sıyırmıştır, beyinde tahribat yoktur diye bu genç için dua ediyor, bir yandan da dağda çatışan bu insanları düşünüyordum, gencecik insanlardı. O zamana kadar hep militanların yerini tespit edip kısa sürede imha ederek bu bölgedeki olayların ve çatışmaların bitirilmesi gerektiğine inanıyor ve bunun için uğraşıyorken, ilk defa kim olursa olsun hiç kimse ölmeden bu işi halledebilmeyi diledim. Bunun başka bir çaresi yok mu, neden gencecik insanlar ölüyor, yazık değil mi, neden onlar ölmeye mahkumlar, ölmeleri şart mı, niçin ölüyorlar gibi sorular zihnimde dolaşıp durdu. Bu soruları kendime soruyordum ama on beş dakikalık mesafe hâlâ bitmemişti, helikopter daha Diyarbakır'a gelmemişti. Bugün bu soruları sorup cevaplarını almaya kalksam günler alır ama o gün bütün bunlar beş dakika içinde cevaplanmıştı, yanınızda biri ölüyor ama siz hiçbir şey yapamıyorsunuz, bir an önce hastaneye varmayı düşünüyorsunuz. Dakikalar bile aylardan daha uzun geliyordu.

Sonunda Diyarbakır'a vardık ve yaralı polisi piste indirdim. Ambulans bekliyordu. Yeni yaralılar olabileceğinden hemen bölgeye dönmem gerekiyordu. Döndüğümde çatışma devam ediyordu.Bir ara bir polisin militanların siperlerine kadar gittiği anons edildi. Olacak şey değildi.Timler militanların bulunduğu yere en fazla 100 metre mesafede iken bir polis tek başına ta içlerine kadar gitmişti. Ateş kesilerek, anonslarla bu kahraman polis zorla geri çekildi. Bu polis, daha sonraki bir operasyonda yine böyle gözü karalığı ve cesareti nedeniyle şehit olan Mehmet Elçin'di. Bir iki saat daha süren çatışma, tüm militanların ölü ele geçmesi ile neticelenmişti.

Daha sonra çatışma yerlerini gezerken gördüm ki militanlar çatışma anında çalıların içine girip yeri kasatura vs. ile kazarak kendilerine siper yapmışlar, etraflarını küçük taşlarla örerek, görülmeden çevreyi görebilecekleri mevziler oluşturmuşlar. Çok yakınında farklı cephelerden ateş edilmediği sürece mevzilere kurşunla tesir etmeyeceğini, çatışan kişileri değil uzaktan, yüz metreden bile kimsenin göremeyeceğini, sadece tüfeklerden çıkan alev ve sese dayanarak yerlerinin tespit edildiğini fark ettim.

Vurulan polisin arkadaşlarını dinlerken, iki defa ateş etmek için kafasını kendine siper aldığı taşın üzerine çıkarıp ateş ettiğini, yanındaki arkadaşı "Kayanın üzerine kafanı çıkarma, tehlikeli, vurulursun, kayanın yan tarafından sadece çevreyi görebilmek için bir gözünü çıkaracak kadar çıkıp ateş etmen lazım," demesine rağmen aynı hatayı bir kez daha yapması nedeniyle yaralandığını öğrendim. Maalesef daha sonra polisin şehit olduğu haberini aldık.

Cezaevinde Tünel Bulunması ve Eğitimin Önemi

Meslek hayatım boyunca, en önemli şeyin bilgi ve bilgi elde etmenin yolunun da eğitim ve okumak olduğu kanaatini edindim. Okumak, ama özünde kendi mesleğiniz ve faaliyet alanınıza giren konuları iyi okumak, bu konular hakkında kapsamlı ve donanımlı bilgiye sahip olmak çok önemlidir. Dışarıdan bakıldığında bu durum pek fark edilmese de işin içine girildiği zaman asıl marifetin bu olduğu görülür. Terör örgütlerinin mensupları benim en çok uğraştığım insanlardı ve onların yaşamları, faaliyet tarzları, davalarına olan samimi inançları, olayları anlatmada gösterdikleri olağanüstü ifade yetenekleri dolayısıyla onlara hayranlık duyuyordum.

Eğitim konusu işin özünü oluşturacak kadar önemlidir. Biz hep karşımızda savaşan insanları görüyorduk ve onların yaptıkları bu olağanüstü savaşma çabalarını gözümüzde büyütüyorduk. Sınırlı bir kuvvetle bizim üstün silah, araç ve gereçlerimize karşı olağanüstü bir direnç gösterebiliyorlar, gerek İstanbul'da gerek Güneydoğu'da kırsal alanlardaki operasyonlarda saatlerce süren çatışmalar sonunda güvenlik kuvvetlerine ciddi zayiat verdirebiliyorlar ve hatta çoğu zaman çemberi yarıp kaçmayı başarabiliyorlardı. Fakat bence önemli olan onların yürüttüğü savaş değil. Asıl önemli olan, kısıtlı kuvvetleriyle bizim karşımızda güçlü ve dirençli olmalarını sağlayan, onları büyüten, o büyük ruhu, o büyük düşünceyi getiren şeydi. O insanların okumaları, yazmaları ve kendi davaları ile ilgili öğrendikleri şeydi. Bunu çok önemsiyordum. Bir PKK mensubu kolaylıkla rapor yazabilir, dünyayı ve dünyada yaşanan gelişmeleri tahlil edebilir, saptadığı siyasi ve sosyal gelişmelerin ülkemize nasıl yansıyacağını, ülkemize yansıyan bu gelişmelerin nasıl bir ortam yaratacağını, bunun sonucunda kendi örgütlerinin nasıl hareket etmesi gerektiğini ve en nihayetinde kendisine düşen görevin ne olduğunu, bu görevi nasıl yerine getireceğini tüm ayrıntılarıyla anlatabilir. Güvenlik kuvvetleri olarak biz, bu kadar güçlü bir tahlil yeteneğine ve dünyadaki bütün meselelere bu gözle bakan bir anlayışa sahip değiliz. Bu bakış açısını ve değerlendirme becerisini devletin memurlarında görmek mümkün değildir Fakat her örgüt mensubunun raporunun ilk başlangıcı bu türden çözümlemelerle başlar. Yine aynı şekilde örgütün üst düzey kadrolarından aşağı kadrolara gönderilen talimatlar da birçok açıdan şaşırtıcı gelebilir. Bu talimatlardaki ifade becerisi, kesin ve net ifadelerle meselelerin anlatılması örgüt mensuplarının bilgi düzeyini ortaya koymaktadır. Genel bakış, yönlendirme, hedefler, bu hedefe uygun çalışma, eylem o kişinin veya grubun yaratıcılığına bırakılmaktadır; bu özelliklerin ancak çalışarak, okuyarak kazanılabileceği inancındayım.

Bir defa olağanüstü bir ifade kabiliyetine sahipler. Olayları çok açık ve net olarak anlatabiliyorlar; gözleriniz kapalıyken bir masanın üzerindeki bütün eşyaları görüyormuşçasına en ufak bir eksik ve fazlalık yaratmaksızın net olarak tasvir edebiliyorlar. Bu, örgüt mensuplarının nasıl yetiştikleriyle ilgili bir ipucu vermesi bakımından önemli bir konudur.

Bu kişilerle konuşurken çoğu zaman eğitimleri ile ilgili çok önemli ipuçları alıyordum. Özellikle teslim olmuş insanlarla sohbet ederken zaman zaman iki ya da üç ay boyunca bir eve kapanıp aynı kitabı tekrar tekrar okumak, okuduklarını karşılıklı anlatıp tartışarak daha geniş bir yorumlama becerisi edinme çalışmasını onlar eğitimden bile saymadıklarını gördüm.

Diyarbakır cezaevinde tanık olduğum ve aslında örgüt mensuplarının eğitime verdikleri önemi başlı başına anlatan harika bir olayı hiç unutmadım. Diyarbakır'ın merkezinde tesadüfen ateşlenmiş bir kalaşnikof tüfek bulunmuştu. Bu olayı takip ederken silah ve silahı tutan kütüklükler, şarjörler ve bulunuş biçimi örgüt mensuplarının taşıdığı silahları ve taşıma biçimini çağrıştırıyordu. Örgüt mensuplarının silah taşıma şekli, şarjörlerini saklama biçimi, köylününkinden kesinlikle farkı olduğunu ve net ve kesin hatlarla ayrıldığını bölgede görev yapan herkes bilir. İşte bu silahın kütüklük/rakt denen şarjörlerinin takılı olduğu palaska benzeri kemerin omuzdan geçirilerek uzun süre kullanılmış olduğunu gösteren kullanım izleri vardı. Silahlarını bu şekilde sadece asker ve gerilla gibi sürekli silah ve şarjörlerini kuşanan insanlar taşırdı. Yerli halk ise silahlarını sadece kemere şarjörleri takarak kullanırdı. Dolayısıyla bizim bulduklarımızın örgüt mensuplarına ait olduğunu tahmin ediyorduk.

Bu olayı soruştururken bir grup örgüt mensubunu yakaladık. Kendilerinin ve TİKKO örgütünün birer kamyon gasp ederek cezaevinin yanına gitmek ve cezaevindeki bir tünelden kaçmak isteyen kişileri alıp, belli bölgelere götürmekle görevlendirildiklerini söylediler. Fakat cezaevinden nasıl bir kaçış olacağını bilmiyorlardı.

Bu olayı tahkik ederken bir süre önce Bingöl kırsalında bir çatışmada ölen militanların eşyaları arasında bulunan şifreler çözüldüğünde, Diyarbakır cezaevinden kaçış planıyla ilgili bilgiler edildi. Milli İstihbarat Teşkilatı olayı takip ediyordu, cezaevi sürekli didik didik aranıyor ama tünel bulunamıyordu. Varlığı kesin olmasına rağmen yeri bir türlü tespit edilemiyordu.

Daha sonra yapılan araştırmalar sonucunda tünelin o zamanki adıyla yanılmıyorsam otuz dokuzuncu veya otuz sekizinci koğuşta, örgütün ve hatta TİKKO gibi başka bazı örgütlerin yöneticilerinin de kaldığı koğuşta olduğu tespit edildi. Bu koğuşa sadece PKK mensupları değil, zaman zaman bazı örgütlerin lider kadroları da konuluyordu. Koğuş kendi içinde dört katlıydı. Her katta sekiz tane tek veya iki kişilik hücreler bulunuyordu. Bunlar yöneticilerin kaldığı özel bölümlerdi.

Cezaevi yönetimine durum bildirildi. Bu koğuşa gittiler, her yeri aradılar ama tüneli bulamadılar. Tünelin yüzde yüz varlığı biliniyor ama koğuş içindeki giriş noktası, mahalledeki çıkış noktası ev ev aranmasına rağmen bulunamıyordu. Bunun üzerine tünelin çıkış noktası olduğu düşünülen cezaevinin mahalleye bakan bahçesine iş makineleriyle altı metre derinliğinde kanallar açıldı. Fakat yine tüneli bulmak mümkün olmadı. Tedbir amacıyla buraya beton bloklar yerleştirildi.

Aradan yanılmıyorsam bir yıl geçti. Yapılan bir operasyonda uzun süre cezaevinde yatan ve daha sonra tahliye olan örgütün en dirençli yöneticilerinden S.C.'yi yakaladık. S.C. o koğuşta kalan örgütün çok inançlı ve önemli kadrolardan biriydi. Tünel kazıldığı yönünde iddiaların ortaya atıldığı dönemde de cezaevindeydi. Tahliye olduktan sonra memleketine gitmemiş, örgütsel faaliyetler için Diyarbakır'da kalmıştı.

Uzun süre cezaevinde kalmış, efsanevi direnişlerin sahibi bu adamı izleyerek, kurduğu haberleşme ağına girerek, mektuplarını ele geçirip şifrelerini çözerek ve bir süre faaliyetlerine devam etmesine müsaade ederek sonunda tünelin yerini ve neden tüneli bir türlü bulamadığımızı uzun bir uğraşıdan sonra öğrendik.

Mucize tünelin girişi inanılması imkânsız biçimde dördüncü katta başlıyordu. Evet bu bir şaheserdi, bir mucize idi. Herkesin zeminde olduğunu düşünerek giriş noktasını burada aradığı tünel dört katlı koğuşun en üstünde, dördüncü katında tavandaki yan duvarda başlıyordu. Bu kadar aramaya karşı bulunamaması normaldi, hatta gösterilmese idi yıllar boyu da bulanamayabilirdi.

Bu tünelin yapılış hikâyesi şöyleydi: Tüm cezaevlerinde olduğu gibi Diyarbakır cezaevindeki örgüt mensupları da sürekli dışarıyla haberleşiyorlardı. Örgütsel faaliyetlerin en ciddi ve örgütsel kuraların en uygun şekilde uygulandığı yerler cezaevleridir. Dışarıdan, örgüt üst düzeyinden sürekli yazılı talimat gelir. Cezaevine düşen her militan içerdeki örgüt yöneticilerince ifadesi alınır, operasyonun nasıl başladığı, içlerinde ajan olup olmadığı, çözülüp gizlice polise konuşan olup olmadığı gibi kılı kırk yaran bir sorgulama yapılır. Sorgulamanın sonunda, sorgulama tutanakları ile birlikte hata eden, çözülen, sorguda zayıf kalan militanların özeleştiri raporları, cezaevindeki eğitim faaliyetleri, her militan hakkında cezaevi örgüt komitesinin tanzim ettiği değerlendirme raporları, cezaevi yönetimi ve diğer örgütlerle ilişkiler ve görüşme tutanakları ile ilgili belgelerden oluşan örgütün cezaevi arşivi oluşturulur. Her koğuşta, hücrede ve gruptaki örgüt mensuplarının, kendilerine ait rapor, talimat ve dokümanlarını gizlediği bilinen bir durumdu.

Ancak zaman zaman cezaevinde toplu aramalar olduğundan, bu belgelerin yakalanmaması için koğuş duvarlarının kazılıp oluşturulan çukurlara gömülüp üzeri hafif bir alçı veya kireçle kapatılarak gizlenir. Bir defasında yine genel ve teferruatlı arama olacağı haberi alınması üzerine, çok miktarda örgütsel belgeye sahip tutukluların tüm belgeleri aynı yere gömmek için hücre duvarını fazla kazmasıyla tuvaletin arka kısmında bir boşluk, bir baca olduğu fark ediliyor. Bu durumun koğuş sorumlusuna anlatılması üzerine bir inceleme yapılıyor. Yapılan incelemede cezaevi inşa edilirken tüm tuvaletlerin arka kısmında tuvalet kokularını dışarı atmak için 4 katlı koğuşun tabanından çatı katına kadar devam eden bacaların olduğunu, hatta bu bacaların tahminen 6-7 sıra halinde koğuşun içindeki tüm hücrelerde bulunduğunu, bu bacaların koğuş tuvaletlerini havalandıran pencerelerinin tuğla, sıva vs. ile kapatıldığını öğreniyorlar ve bunun gelecekte farklı amaçlar için kullanılabileceğini düşünüyorlar.

Zaman içerisinde bu bacaların kaçış için ideal imkânlar sağlayacağını düşünerek kaçış planları yapmaya başlıyorlar. Yukarıdan aşağı doğru her iki hücre için bir tane olacak şekilde ve duvarları kolayca kırılabilen beş altı bacanın olduğunu görmüşler. Bunu firar için bir fırsat bilmişler. Hemen dördüncü kattan başlayıp iplerle aşağı inmişler. Binanın zemin katının kalın beton olduğunu görünce, temizlik amacıyla kullanılan tuz ruhunu beton zemine döküp betonu yumuşatmışlar. Ardından bir eğlence tertipleyerek koğuşlardaki herkesin halay çekmesini istemişler, böylece yumuşayan zemine halay çekerken sert vurmak suretiyle betonun kırma seslerinin duyulmamasını sağlamışlar ve tünel kazmaya bu şekilde başlamışlar.

Bu, eşine çok az rastlanır enteresan bir tüneldi, çünkü girişi dördüncü kattaydı. Aşağıya inip aşağıdan kazılıyordu. Çıkan topraklar iplerle yukarı çekiliyordu. Cezaevi yönetimi, mahkumların tünel kazıp çıkan toprağı tuvaletlere, lavabolara vs. dökme ihtimaline karşı atık suları sürekli kontrol ediyordu, bunun için mahkumlar da çıkan toprağı kazı yapmak için kullandıkları bacanın haricindeki diğer baca boşluklarına dolduruyorlardı. Daha garibi en üst katta bulunan dokuz kişi bu kazı işini yürütüyor, ama üç kat aşağıda bulunan otuz militanın hiçbirinin bu olaydan haberi olmuyordu.

O zamanki cezaevi yönetimi tüm aramalara rağmen tüneli bulamayınca her ihtimale karşı koğuşun giriş katına kimsenin girmesine izin vermiyor, böylece tünelle kaçışa tedbir aldıklarını düşünüyorlardı. Ama bizim tünel dördüncü kattan başladığı için bu tedbir hiçbir işe yaramayacaktı.

Tabii tünelde çalışmak çok zor bir işti. İplerle 4 kat aşağı, sonra 6-7 metre toprağın altına iniliyor, aşağıda havasız, nemli bir ortamda (her ne kadar körük kurmak suretiyle hava verilse de) çok zor şartlarda çalışılıyordu. Çok ağır şartlarda yapılan bir iş olduğundan herkes bu güç işin altından kalkamıyor, hatta bazıları büyük oranda hastalanıyordu. Bu tünelde çalışıp da kalıcı akciğer hastalığına yakalanmayan çok az insan vardı. Tünele çok özel elektrik tertibatı kurulmuş, özel körüklerle hava veriliyor olsa da şartlar çok zorlayıcı olduğundan insanlar dayanamıyordu.

İşte bu tünel kazılırken, tünelde çalışan örgüt militanlarından tutuklu Hasan Atmaca günlük tutuyormuş. Tünelde bulunan bu günlüklerin tamamını okudum. Beni çok etkileyen, çok önemli şeyler anlatan yazılardı bunlar. Bu günlüklerde tünelin yapılış sürecini ve eğitimin önemini ortaya koyan inanılmaz, sarsıcı anlatımlar vardı.

Günlüklerden anladığım kadarıyla tünelde kazma faaliyetleri her akşam saat onda başlayıp sabah beşte bırakılıyordu. Tünel girişi dördüncü katın orta hücresinde tuvaletin arka duvarı delinip yaklaşık 40-50 metre ebadında alçıdan bir kapak yapılıp, havlu vs. asmak için askılık vazifesi görsün diye kapak ortasına büyükçe bir çivi çakılmış. Her gece bu çividen çekilerek kapak açılıp tünele giriliyor, sabaha karşı iş bitince kapak yerine takılarak çevresi ince alçı ve kireçle kapatılıp hiç kimsenin şüphelenmeyeceği normal bir duvar haline getiriliyordu.

Tünel kazma faaliyetleri öncesinde militanlar bir bahaneyle sürekli isyan çıkarıp cezaevi yönetimine problem yaratıyorlardı. Kazmaya başlamadan önce o zamanki cezaevi yönetimine bir anlaşma yapalım, kurallara siz de uyun, biz de uyalım demişler. Cezaevi yönetimi, geçmişteki direniş olaylarından çok fazla çekmiş olduklarından bu öneriyi ziyadesiyle memnun olarak kabul edip, örgüt yöneticileri ile anlaşmışlar. Bu anlaşmaya göre birçok konuda mutabakatlar yapılmış, özellikle tünel kazmayı kolaylaştırmak için o zaman kadar sayım vermeyen, istenilen saate istenildiği gibi davranmayan örgüt mensupları gece saat onda yatmayı, sabah erken kalkmayı kabul etmişler. Ancak tutukluların rahatsız edilmemesi için gece araması ya da tedbir vs. amacıyla koğuşlara gardiyanların gelmemesi, koridorda bile gezilmemesi şartlarını ileri sürmüşlerdi. Zaten içeride böyle bir düzeni tesis etmeyi isteyen idare de bu şartları kabul etmişti. Böylece cezaevinde her şey normal seyrindeymiş gibi gösterilmişti.

Örgüt bu şartları kendi kadrolarına da kabul ettirmiş, böylece tüneli rahat kazma imkânına kavuşmuştu. Her gün saat 22'de kazma işine başlamak için saat 21'de sayım veriliyor, ondan sonra da herkes normal meşguliyetinde görünüyor. Hiçbir olay ya da direniş olmadığı için de gardiyanlar, askerler normal mutad aramanın haricinde koğuşlara girmiyorlardı.

Biz kırsaldan gelmiş olan militanları yakalayıp tünelin varlığını öğrendiğimiz an önce cezaevi dışında özel harekât timleriyle tedbir almıştık. Daha sonra o zamanki Diyarbakır Sıkıyönetim Tali Bölge Komutanı General, cezaevi komutanı albayı gece geç saatte çağırmış ve tünel kazıldığı yolundaki bilgilerimiz üzerine cezaevinde arama ve sayım yapmasını istemişti, albay "Komutanım bu saatte arama ve sayım yapamam, onlarla mutabakatımız var. Kasıtlı kendilerini rahatsız ettiğimizi ileri sürerek direnirler," demişti. Ve cezaevi kolorduya bağlı olduğu için General, Kolordu Komutanına durumu bildirmiş ve sabah saatlerine kadar arama veya sayım yapılamamıştı. Sayım yapıldığında eksik yoktu ama günlerce süren aramda tünel de bulunamadı.

Tünele kazı için inen, bünyesi sağlam olanlar her gün zor şartlarda çalışıyor, saat 22'de tünele girip sabah 5'te çıktıktan sonra o zamanki su ısıtıcılarıyla hemen su ısıtıyorlar, duşlarını alıp biraz uyuduktan sonra tekrar normal günlük hayatlarına devam ediyorlardı. Kazma faaliyeti bu şekilde 6 aya yakın sürüyor, sonunda tünel bitiyor. Bir ara Hasan Atmaca kafasını dışarı bile çıkarmış, etrafa bakıp tekrar geri inmiş Çünkü henüz kendilerini götürecek örgüt mensupları ile mutabakata varmamışlardı.

Tünel kazarak cezaevinden çıkacak kişilerin kaçırılması ve yurtdışına çıkarılması sürecini dağdaki bir grup doğrudan Öcalan'ın yönetiminde organize ediyordu. Örgüt bu olaya hayati önem veriyordu. Böyle bir olayın örgüte büyük moral vereceği, devlette ise panik yaratacağı varsayılarak olağanüstü bir dikkat ve gizlilikle takip ediliyordu. Örgüt açısında iyi giden bu olayda ilk terslik bir silah atma olayının terörle mücadele şubesine aktarılarak soruşturulmasıydı. Diyarbakır'ın içinde olduğu olağanüstü hal bölgesine özgü çıkarılan bir kanunla herkes bir ay içinde elinde bulunan silahlarını getirirse silahların ruhsata bağlanacağı duyurulmuştu. Bunun üzerine ruhsatlı silaha sahip olmak isteyen herkes silah almaya başlamıştı. Silah alımları sırasında insanlar deneme yaparken kazara silahlar ateş alıyordu. O tarihlerde Diyarbakır merkezde bir silah atılması olayı karakola intikal etmişti. Normal olarak bu olay, yeni çıkan kanun dolayısıyla silah almak isteyen birinin bakıp incelerken silahı yanlışlıkla ateşlediği yönünde yorumlanıp basitçe geçiştirilmesi gerekirken, silahın yedek şarjörlerinin taşınma şekli itibarıyla (mahalli olarak rakt denen beş altı yedek şarjörün takılı olduğu taşıma kemeri ve sistemi) normal vatandaşın taşıdığı şekilden çok örgütün taşıdığı tipe benzemesi üzerine bu olayın soruşturması Terörle Mücadele Şubesine aktarıldı. Tahkikatı derinleştirmemiz sonucunda bu silahların cezaevinde tünel kazıp kaçmaya kalkan militanlara dışarıdan yardım etmek için gönderilen PKK'lıların silahları olduğu, bu kişilerin araç gasp ederek tünelden çıkacak militanları kaçıracak tim olduğu anlaşıldı. Sonra bu timin yakalanması, onlardan edinilen bilgiler ışığında cezaevinde tünel arama faaliyetlerimiz, en son cezaevi bahçesine kanallar kazıp beton bloklar yerleştirmemiz sonucunda kaçış planı bir süre sekteye uğramış. Militanlar olayı tam anlamak, operasyon hakkında kesin bilgiler almak, tuzak ihtimaline binaen bir süre beklemiş. Daha sonra durum güvenli olduğundan emin olunca tekrar planı işletmeye çalışmışlar ama bu sefer de bizim bahçeye kazdığımız kanal ve beton engeller değil ama gelen kış mevsimi onları engellemiş, yağan yağmurlar sonucu tünelin suyla dolması üzerine suların çekilmesi için yaz başını beklemeleri gerekmişti.

İkinci aksilik ise operasyon sonrası yeniden işe başlayan örgüt, tünel kazanlar arasında en güvenilir kişilerden birinin tahliye olmasıyla birlikte onun dışarıdaki işleri organize edeceğine sevinirken bu kişinin bizim kurduğumuz basit istihbarat ağına takılmasıydı. Bu kişiden elde edilen dokümanları ve şifreleri çözerek tüneli ortaya çıkardık. Büyük umutlar bağlanan, fedakarlıklarla yapılan mucizevi tünel olayı böylece sona ermişti.

Tünel kazma olayı ile ilgili olarak normalde günlük tutmak yasak olmasına rağmen tünelde yazmak ve bulundurmak serbestti, çünkü zaten tünelin ortaya çıkması her şeyi ortaya dökeceği için günlüğün anlamı olmuyordu. Bu günlükte Hasan Atmaca şunu yazıyordu: “Arkadaşlarımın çoğu tünel kazarken oksijensiz, havasız ortamda kalmaktan ve cezaevinin zor şartlarından dolayı hastalanmış, bir kısmı tüberküloz olmuştu. Aşağı inmekte zorlanıyorlardı. Bünyesi sağlam olan iki kişiden biri bendim. Ben de her gün veya günaşırı aşağı iniyordum. Çoğunlukla da her gün iniyordum. Akşam saat 22'de tünele iniyor, saat sabah 5'e kadar pis ve karanlık bir yerde, çamurun içinde kazı yapıyorduk. Sabahleyin saat 5'te tünelden çıkıyor ama bitkin bir vaziyette duşumu alıyor ve hemen yatmam gerekiyordu. Erken kalk, yemek ye, saat 9'da sayım. Saat 10'da ise örgütün çizdiği eğitim programı başlayacak.”

İşte bu kadar yoğun çalıştığı için Atmaca bu eğitim programlarının bir kısmına katılamıyor. Katılmakta zorlanıyor daha doğrusu. Geç kalınca örgüt yöneticileri toplanıyor. Eğitime katılmadığından ceza alıyor. Eğitimin konusu anımsadığım kadarıyla ya kapitalizmin ya Marksizm'in ekonomi politiği. Hasan Atmaca PKK'nın eski, 12 Eylül öncesi kadrolarındandı. Bu konuları en az yüzlerce defa okumuş, hatta seminerlerde bu konularla ilgili alt kadrolara eğitim bile vermişti. Ama örgütün bir eğitim programı vardı. Buna katılması şarttı. Katılmadığında da hemen örgüt yöneticileri tarafından kendisine ceza verilirdi. Örgüt kuralları böyleydi, hiçbir şekilde kurallar dışına çıkmak tasvip edilmiyordu. Verilen ceza çok büyük değildi ama hiçbir şeyin eğitimin ihmal edilmesine gerekçe olamayacağı açısında önemliydi. Verilen ceza üç gün sigara içmeme veya iki gün hiç kimseyle konuşmamaydı. Bu cezayı verenler aslında Hasan'ın yaptığı işi, onun bünyesini bu güçlüğü zor kaldırdığını da biliyorlardı. Ama şunu da biliyorlardı ki bu eğitim olmazsa ne bu örgüt, ne de o tünelde bu çalışmayı yapacak kişiler olurdu. Gece saat yirmi ikiden sabah beşe kadar çalışıp sabah erkenden eğitime katılacak kişi de bulunamazdı.

İşte bu eğitim, böyle bir insan tipi yaratıyor ve o insanı ortaya koyuyor. Her şeyin ateşleyici gücü, sanki bütün ağaçları yeşerten toprak misali düşünceleri şekillendiren ve var eden bu. Biz bu eğitimin sonucunda şekillenen insanın faaliyet ve eylemlerini gördüğümüz için asıl olanın bu kişiler olduğunu düşünüyoruz. Oysa asıl olan onu yaratan, var eden, düşünce yapısını oluşturan bu eğitim. Bu olay da eğitimin ne kadar önemli olduğunu gösteren unutmadığım olaylardan bir tanesi.

Diyarbakır'da İlk Teknikle Tanışmam

Teknik istihbaratla ve teknik aletlerle ilk kez başkomiser rütbesiyle Diyarbakır İstihbarat Şube Müdür Vekili olarak atandığımda tanıştım. Diyarbakır'da göreve başladıktan bir müddet sonra odamda bulunan çelik bir dolaptaki cihazları tek tek çıkararak kontrol etmeye başladım. Bu cihazların büyük bir kısmı orijinal kutularında daha açılmamıştı. Bir kısmı ise ne oldukları merak edildiğinden yalnızca bakmak amacıyla açılmıştı. Tamamına yakını hemen hemen hiç kullanılmamıştı. Daha sonra şubedeki evraklara, yapılan işlemlere baktığımda bu elektronik cihazların hiçbirinin görevde kullanılmadığını gördüm. Çok miktarda (belki 40-50 tane) elektronik cihaz vardı. Büyük bir kısmının 5-6 yıl önce alındığı belli oluyordu. Tabii yalnızca bizim şubede değil pek çok başka şubede de durum aynıydı. Teknik cihazlar bu günkü gibi ülkemizde imal edilmiyordu ve çok pahalıydılar. Tam olarak fiyatlarını bilemiyorum ama çok yüksek bedellerle alınmış olduğunu tahmin ediyorum. Bu kadar büyük rakamlara alınmasına rağmen hiçbiri kullanılmamıştı. O zamanlar bu cihazlara TRM serisi diyorduk. Uzunca bir süre bu aletler şubede kaldılar.

Tekniğe, teknik çalışmaya merakım nedeniyle biraz zorlayarak, biraz şartları en iyi şekilde değerlendirerek operasyonel çalışmalarda bu aletlerin bir kısmını kullanmaya çalıştım ve çok iyi neticeler aldım. Ama genel yapı itibarıyla kullanılması çok zor olan aletlerdi. Ya bizim ihtiyaçlarımıza uygun değillerdi ya da Türkiye şartlarına göre üretilmemişlerdi. Üstelik kaliteli ve amaca uygun da değillerdi.

Bir müddet sonra MO serisi diye bilinen bir seri cihaz daha merkez tarafından gönderildi. Bunlar şekil, çalışma biçimi olarak birincisine çok benzeyen ancak zamanın gereksinimlerine bir ölçüde uyarlanmış, biraz geliştirilmiş cihazlardı. Bu cihazlar da uzun süre şubelerde tutuldu. Çok az bir miktarda bir iki operasyonda zorlayarak kullandık. Diğer illerin tamamında kullanıldığını hiç zannetmiyorum. Ne kadara alındı bilmem ama zannederim milyon dolarların çok üstündeydi. Milyon dolarlık bu cihazların büyük bir kısmı sonradan toplanarak imha edildi. Galiba bunlar özel amaçla, istihbarat amaçlı üretildiği için başka yerlerde kullanmak mümkün değildi. Belki bir iki dost ülkeye verilmeye çalışılmış olabilir ama büyük bir oranda toplanıp imha edildiklerini biliyorum.

Her yeni gelen Genel Müdür döneminde daha iyi istihbarat almak adına hiç alt kademede çalışanlara sormaksızın, onların ihtiyaçlarını belirlemeksizin yeni cihazlar alınıyordu. İhtiyacı belirleyenler, fiili olarak bu işlerde çalışmamış yöneticiler veya taşrayı hiç görmemiş (merkezin imkânlarından faydalanmak için taşraya gitmek istemeyen) ama bulundukları yere kendileri gibi insanlardan başka kimseyi almadıklarından bu konuda kendilerini otorite gören merkezdeki kişilerdi.

Sonrasında daha kullanılabilir ama yine yüksek meblağlarda özel dizayn edilmiş sofistike bazı cihazlar alındı. Bunlar kısmen işe yarıyordu ama Türkiye şartlarına ve bizim uğraştığımız sahaya uygun değillerdi, bazı görevlerde kullandıysak da çok ciddi yararlar elde ettiğimiz söylenemezdi. Maliyetiyle kıyaslandığında pek fazla verim alındığından da bahsedilemezdi. Hatta Türkiye'nin birçok ilinde bu aletler kullanılmıyor, daha doğrusu kullanılamıyordu.

Bu sahada bir süre çalışıp, karşılaştığımız olaylarla ilgili deneyim ve algılamalarımız geliştikçe kendi hedef ve kendi ihtiyaçlarımıza uygun cihazları nasıl yapabiliriz diye düşünmeye başladık. Bu amaçla kurduğumuz basit atölyelerde küçük meblağlarla, genel amaçlar için üretilmiş küçük video kamera, fotoğraf makinesi gibi cihazları kullanarak çok daha etkili ve kullanışlı aletler ürettik. Bu aletler hemen hemen her olayda, her ekip ve şubede kullanılmaya başlandı ve iyi neticeler, hatta mucizeler elde edildi. Milyon dolarlar verilerek alınan cihazlar ise geldikleri gibi çöpe atıldılar çünkü faaliyet sahamız içinde hiçbir yerde kullanılamıyorlardı.

Devletin diğer kurumlarında da hemen hemen benzer olaylar yaşanıyordu. Milyonlar ödeniyor ama satın alınan araçlardan hiçbir verim elde edilemiyordu. Benim ilk göreve başladığım yıllarda (zannediyorum 1984 yıllarıydı) hemen hemen Türkiye'nin hiçbir ilinde terör ve istihbarat amaçlı dinleme ve izleme faaliyetinin olmadığını biliyorum. Belki o gün bu bilgilerin tamamına sahip değildim ama daha sonraki çalışmalarımda ve görevlerimde gördüğüm kadarıyla tüm ülke genelinde o zamanlar hiçbir yerde telefon dinleme, teknik takip gibi herhangi bir teknik faaliyet gerçekleştirilmiyordu. Zaman içerisinde bu konularda, özellikle İstihbarat birimine bilgi sağlama ihtiyacı doğdukça bu bilgilerin nasıl elde edileceği konusu sürekli gündemimize geliyordu.

Diyarbakır'da yedi yıldır devam eden sıkıyönetimin Güneydoğu'daki terör olaylarını durduramaması, hatta iyice tırmandırması ve sanırım batı ülkelerinde gelen tepkiler üzerine 1987 yılında sıkıyönetim kalkmış onun yerine olağanüstü hal yönetimi kurulmuştu. Bir gün Diyarbakır Emniyet Müdürlüğünde terörle mücadele amacıyla il genelinde neler yapılıyor, neler eksik vs konusuyla ilgili yapılan toplantıda bulunan o zamanki bölge valisi Hayri Kozakçıoğlu neden teknik çalışma yapılamadığı, neden teknik bilgi elde edilemediği konusunda bana çok fazla soru sordu. Ben de kendisine (belki biraz da soğuk bir tutum içinde) teknik cihazlar olmadığını, eldeki bu cihazlarla hiçbir şeyin yapılamayacağını, bunların çok fazla bir şey ifade etmediğini söyledim. Soğukça geçen bu toplantıdan bir müddet sonra bir gün dairede otururken Ankara Emniyet Genel Müdürlüğü Kaçakçılık Daire Başkanlığından birtakım cihazların, daha doğrusu dinleme teyplerinin getirildiğini duydum.

Görevliler kendilerine söylendiği gibi getirip cihazları teslim etti ve bunların Ankara'dan getirildiğini söylediler. Ancak bu cihazların geleceğinden haberdar değildik. Kutuları açtığımızda yanılmıyorsam içinde on dört tane teyp vardı. Yedi tanesi Revox dediğimiz büyük makaralı teypler. Sinema filmlerinde gördüğümüz sinema filmi oynatır gibi büyük makaralı teypler. Yedi tanesi Uher denilen teyplerdi; bunlar tek bir telefon konuşmasını otomatik olarak kayıt ederken, Revox teyplerle ise iki telefon hattı otomatik olarak dinlenebiliyordu. Bunlar oldukça büyük, hantal, ama o zamana göre iyi yapılmış uzun vadeli dinleme cihazlarıydı. Hepsi yurtdışı kaynaklı, Alman ve Amerikan malıydı. On dört tane teybin, on dört hattı dinleyecek bir aletin ihtiyacımızdan fazla olduğunu, bir kısmını Narkotik şubesinin, bir kısmını da bizim kullanabileceğimizi düşünüyordum.

Bir gün Olağanüstü Hal Bölge Valisi'ne gittiğimizde teypleri sordu. Ona teyplerin geldiğini, bunların yarısını bizim, yarısını narkotiğin kullanabileceğini söyledim. Bana "Hayır, tamamını siz kullanın. Onlara ayrıca gönderilecektir," dedi. On dört hattı dinleyebilen (belki bir iki tanesi çözüm için kullanılsa bile on hattı dinleyebilen) on dört tane teyp bana çok fazla gözüküyordu. On hattı nasıl dinleyecektik, böyle bir şeyi yapmak çok büyük ve kapsamlı bir düzenleme gibi gelmişti bana. Bunun üzerine süratle bunu nasıl yapılabileceğini araştırmaya başladık. O zamanki imkânlarla PTT (bugünkü Telekom) ile Emniyet arasında kablo çekmeye ve ilk teşkilatı kurmaya başladık. Tesadüf bu ya, o günlerde PKK ilk şehir hücrelerini oluşturuyordu. PKK ağırlıklı olarak kırsal alanda faaliyet göstermesine rağmen şehirlerde de örgütlenme kararı almıştı, şehirlere eleman gönderiyordu. İlk gönderdikleri elemanların bir kısmı Siirt'te, bir kısmı ise Silvan ve Diyarbakır'da yakalanmıştı. Bu kişilerin verdikleri beyanlara göre, şehir merkezlerine örgütlenmek için gelip burada örgüt kuracaklar ve güçlenince kısa süre sonra kırdaki savaşı destekleyecek silahlı eylemler yapacaklardı.

Bu arada bir sanık, sorgusu sırasında şehir merkezinde önemli bir ismin bu tür faaliyetlerde kullanılabileceğini, bu kişinin örgütle irtibatının olabileceğini söyleyerek bu kişinin telefon numarasını vermişti. İşte biz bu kişi kimdir diye araştırdığımız sırada şubeye teypler getirilmişti.

PTT'de ilk sistemi kurduktan sonra ilk telefon dinleme faaliyetine bu şahsın telefonunu dinleyerek başladık. Belki biraz şans ya da kader bilemiyorum ama o zamanın şartlarıyla bu kişinin telefonunu ilk kez dinlemeye başladığımızda inanılmaz bilgiler edindik. Şahsı Almanya'dan arayan kişiler buraya geleceklerini söylüyorlar, adresleri yurtdışından aldıklarını belirtiyorlardı, örgütlenmek amacıyla şehir faaliyetlerine geldikleri anlaşılıyordu. Şahıs daha yola çıkmadan, böyle bir kişinin geleceğini öğrenmiş olduk. Bir müddet sonra gelecek olan kişi telefonla arayarak geldiğini söyledi. Bunun üzerine biz bu şahsı takibe başladık. İlk dinleme olayımız, şehir örgütlenmesi için gelen PKK mensubunun tespitiydi. Bu şahıs Almanya'da yetiştirilmiş, Türkiye'ye faaliyet için gönderiliyordu. Bu bilgiyi edinmiş olmak bizim için yararlıydı; hatta tarihi bir bilgiydi. PKK şehirlerde evresini tamamlayarak şehirden kıra çıkmış, kırsalda eyleme başlarken yeniden şehirlerde örgütlenmek ve eylem yapmak için gelmeye karar vermişti. Kırsaldaki militanları desteklemek ve onlar üstündeki devlet baskısını azaltmak amacıyla şehirlerde de eylemler yapmayı planlıyorlar, böylece güvenlik kuvvetlerinin şehirlerde tedbir almasına sebep olarak devleti zorlamayı hedefliyorlardı. İlk kadrolarını Diyarbakır, İstanbul, Adana ve İskenderun'a göndermeye karar vermişti ve ilk çekirdek birim, harekete geçti. Biz bunlardan Diyarbakır'a gelecek kişinin geleceği evin telefonunun dinlemeye aldık ve üçüncü gün bu kişinin bir görüşme yapacağını tespit ettik.

Şahıs gelince izlemeye başladık. İlişkilerinin ve irtibatlarının nasıl geliştiğini görüyorduk. Bir müddet sonra bu kişinin Hatay bölgesini örgütlemeye gelen başka bir kişiyle irtibatlı olduğunu tespit ettik. Onu izlemesi için durumu Hatay İstihbarat Şubesine bildirdik, Hatay Emniyeti de bu kişiyi dinlemeye ve izlemeye başladı. Kısa bir süre sonra Adana şehir merkezini örgütlemeye giden kişilerin de olduğunu belirledik. Adana Emniyeti de bu kişileri dinlemeye ve izlemeye başladı. Tabii bu işler kolay olmuyordu. Biz Diyarbakır'da dinlemeye başlamıştık ama Hatay Emniyetinin dinleme imkânı yoktu. O tarihe kadar hiçbir dinleme faaliyetinde bulunmamışlardı, daha doğrusu 1987 yılının sonuna doğru geldiğimizde Türkiye'nin hiçbir ilinde bir tek telefon dahi istihbarat birimlerince dinlenemiyordu. Sınırlı oranda İstanbul ve Ankara'daki uyuşturucu operasyonları dolayısıyla bir dinleme faaliyeti vardı ama istihbarat ve terör amaçlı bir dinleme mevcut değildi. İşte bu yüzden sistemi biz kurduk, sonra da her yeni olayda ilgili illeri de bu sisteme zorladık ve onlar da dinleme sistemi kurmaya mecbur kaldılar. Dinlemeyi gerektirecek ilişkiler çıktıkça, Merkez İstihbarat Daire Başkanlığının zorlama ve desteğiyle zorunlu olarak diğer iller de benzer sistemleri kurdu, böylece sistem genişleyerek diğer illere de yayıldı. O gün için bizden sonra önce İskenderun, ardından da Adana Emniyeti dinleme sistemi kurdu. Daha sonra bizim ve Adana'daki militanların irtibatları sonucu İstanbul bağlantısının tespit edilmesi üzerine İstanbul Emniyeti zorlanarak İstihbarat Şubesinin dinlemeye başlaması zorlukla sağlandı. Bu çalışmanın adını Sakin Operasyonu koymuştuk, Diyarbakır da başlayıp, kısa sürede aynı anda 5 ilde birden yürütülen bir operasyona dönüşmüştü, PKK'nın şehir içi faaliyet grubunu tespit etmiştik. Ama İstanbul'un şartları zordu, onlarca santral vardı, hepsinde birden sistemi kuramıyorlardı. Bu yüzden geç kaldılar; tüm iller ilk PKK eylemlerini önlerken, İstanbul'da yeterli dinleme için gerekli sistem kurulamadığından PKK'nın İstanbul'da gerçekleştirdiği en büyük şehir eylemi önlenemedi.

Binbaşı Oktay Yıldıran İstanbul'da bir otobüste silahla öldürülmüştü. Oktay Yıldıran yüzbaşı rütbesiyle yıllarca Diyarbakır cezaevini yönetmiş, burada baskı ve işkence yaptığı iddialarıyla adını duyurmuştu. Bu cezaevinde yatıp da onun hakkında işkence hikâyesi anlatmayan yok gibiydi. Anlatılanların onda biri bile doğru ise hiçbir insanın başkasına yapamayacağı insanlığa sığmayan cinsten dehşet şeylerdi, yaşananlar hakkında pek çok kitap yazılmıştı. Diyarbakır'a gittiğimde, cezaevinden çıkan herkesten Oktay Yıldıran hakkında hikâyeler dinledim. Anlatılanlara göre cezaevinin komutanı aslında başka kimselermiş,

Yıldıran zannederim iç güvenlik amiri imiş, kendine fikren yakın asker ve astsubaylardan oluşan bir ekip kurmuş ve inanılmaz bir baskı ve işkence sistemi inşa ederek herkesi yıldırmış. Teslim olmak, itiraf etmek yetmemiş, o en ağır baskılarla mahkumlara işkence etmiş. Kimilerine göre eğer baskılar sonunda teslim olan, itiraf edenlere iyi muamele yapılsaydı, cezaevindeki bazı militanlar haricinde tamamına yakını itirafçı olabilirmiş. Ama o bu noktada durmamış, baskıya devam etmiş, işte bu noktadan sonra cezaevi patlamış. Mazlum Doğan, Kemal Pir ve dört mahkum kendilerini yakarak isyanı başlatmışlar ve devamında isyan tüm cezaevine yayılmış. Bu isyan sonrası cezaevinde şartların ağırlığı üst makamlarca da görülerek yönetim ve cezaevinin şartları değiştirilmiş. Bu defa da hakların teslim olarak değil, direnerek alınabileceği herkesin zihnine yerleşmiş ve tüm cezaevi tümden PKK'nın eline geçmiş ve ciddi bir direniş sergilenmiş. Pek çok kişi Yıldıran'ın örgütü baskıyla susturup, sonra da baskıyla yeniden dirilterek direnişlerle güçlendirdiğini söylemektedir. Yıldıran ve onun cezaevindeki uygulamaları ve bunların neticeleri başlı, başına bir ilmi araştırmanın, hatta birden fazla araştırmanın konusu olabilecek kapasitede bir konu olduğu kanaatindeyim.

İşte bu yüzden PKK'nın Oktay Yıldıran'ı öldürmesi anlamlıydı. Olay, bizim dinlediğimiz hatlarda geçiyordu, olayı PKK'nın gerçekleştirdiği ve şehir hücrelerinin yönlendirdiği belliydi. Bunun üzerine operasyonu başlattık. Biz Diyarbakır merkezde, Hatay, Dörtyol ve İskenderun'daki, Adana Emniyeti Adana merkezdeki tüm örgüt hücrelerine baskın yaptık, militanları tutukladık. Böylece şehirleri örgütleyip eylemlere başlayacak olan bir grubun, eylemlerine başlayamadan olayın daha başlangıcında yakalanması sağlandı.

Bu olay aslında bana bu görevlerin nasıl yürütülmesi ve mücadelenin nasıl olması gerektiğini, teknolojiye başvurmadan bu tür operasyonların başarılı olmayacağını açıkça gösterdi.

Örgütün yönetim kadrosu Avrupa'daydı, örgüt lideri de Şam'da Öcalan'dı. Bunlar doğrudan telefonla irtibat kuruyorlardı. Bu telefonlar dinlenerek doğrudan bu yöneticilerin tespit edilmesi gerekiyordu, aksi halde onların örgütlediği insanlara ulaşıp onları yakalayarak örgütün yöneticilerine ulaşmak çok zordu, çünkü çok büyük bir gizlilik vardı. Kimse kimsenin kaldığı yeri bilmiyor, irtibatları bilinemiyordu. Mutlaka böyle bir teknolojik desteğe ihtiyacımız vardı.

Neden ve nasıl geldiğini o zaman tam anlayamadığım bu telefon dinleme cihazlarının ülke gündemini çok meşgul eden ve binlerce haber, yazı ve olaya konu olan meşhur Birinci MİT Raporu ve ardından ortaya çıkan olaylar ve gelişmelerin neticesi olarak bize geldiğini sonradan öğrendim. Rapordaki iddiaya göre Ankara'da bulunan Kaçakçılık Dairesi Başkanı Atilla Aytek ve grubu, İstanbul'da bulunan MİT görevlisi Mehmet Eymür ile dayanışma içindeydi. Ve bu olaylar esnasında İstanbul'da bulunan başta Mehmet Ağar olmak üzere emniyet mensupları ayrı bir grup halinde faaliyet gösteriyorlardı. İstanbul'daki emniyetçiler o zaman Emniyet Genel Müdürü Saffet Arıkan Bedük'e Ankara Kaçıkçılık Daire Başkanlığının kendisini dinlediğini söylemişlerdi. Bunun üzerine Saffet Arıkan Bedük bir gün Kaçakçılık Daire Başkanlığına baskın yaptı. Genel Müdür gerçekten Kaçakçılık Daire Başkanlığı binasının alt katında teyplerin, dinleme aletlerinin olduğunu tespit etmişti. Kendisi dinlenmiyordu ama böyle bir dinlemeden haberinin olmaması, bu işin gizli bir şekilde yapılmasından çok rahatsız olmuş, aletlerin hepsini söktürüp devre dışı bıraktırmıştı.

İşte bu arada Bölge Valisi Hayri Kozakçıoğlu'yla yaptığımız toplantıda bizden istediği görevler için teknik cihazlara sahip olmadığımızı söyleyince, o da Emniyet Genel Müdürüyle Ankara'daki bir toplantıda bu tür cihazları talep etmişti. Bunun üzerine Ankara'dan sökülen teyplerin hepsi getirilip Diyarbakır'da kullanmamız için bana verilmişti. İşte böyle bir olay ilk dinlemelerin, ilk teknik faaliyetlerin, çekirdeğini oluşturdu. Bu olayın ardından bu şekilde gerçekleştirilen operasyonlar tüm ülke geneline ve tüm faaliyetlere yansımaya başladı. Bana göre birinci MİT raporu, başka bir bölgede çok hayırlı gelişmelere nüve teşkil etmiş, bu günkü polis, MİT gibi devlet güvenlik ve istihbarat birimlerinin kullandığı bilgisayar analiz ve telefon detay çalışmalarının çekirdeğini bu olaylar oluşturmuştur.

Biz bu operasyonları yürütürken epeyce zorlukla karşılaşıyorduk. Takip ettiğimiz hedef bir yeri telefonla aradığında nereyi aradığını anlayamıyorduk, çünkü telefon numaralarını çevirdikleri zaman çıkarttıkları seslerden numarayı çözmek mümkün değildi. Eğer telefonları tuşluysa durum daha da zorlaşıyordu, numarayı hiç çözemiyorduk. Yuvarlak kadranlı telefonlarda hat, çevrilen rakam kadar kesilip açılıyordu ve bu kesip açılmalar rakam kadar ses çıkarıyordu. Eğer biri çevirmişseniz bir defa, beşi çevirmişseniz beş defa, sıfırı çevirmişseniz on defa telefon hattının açıp kapanması söz konusuydu. İşte bu sesleri önceleri yavaşlatıp dinleyerek saymaya çalıştık. Bu yöntemin başarılı olmadığı zamanlarda vumetre denilen ve ses yüksekliğini gösteren bir alet kullanılıyordu. Burada da yine cihazın ibresinin yükselmesi veya ışığın yanmasını sayarak tek tek numara tespit etmeye çalışırdık.

Bazen bir militanın aradığı bir telefon numarasını tespit edebilmek iki-üç saat, bazen de dört saatten fazla zamanımızı alıyordu. Buna rağmen numarayı yüzde yüz doğrulukla tespit edemiyorduk; ya bir numara eksik ya bir numara fazla ya da bir numara yanlış çıkıyordu. Bu defa eksik ya da hatalı numarayı öğrenmek için yeniden uğraşmak gerekiyordu. Bir tek numarayı tespit etmek için günlerce uğraştığımız oluyordu.

İşte böyle çalışmalarla uğraşırken bu arada Hatay'daki arkadaşlarımız, hedef kişinin konuştuğu telefonun yeni modern dijital bir santralden bağlandığını, santralin otomatik olarak numarayı verdiğini öğrendiler. PTT'de çalışan teknisyenler her çevrilen numarayı küçük bir yazıcıya yazma özelliğine sahip olduğunu söylüyorlardı. Oradaki arkadaşlar postaneyle görüşerek, şahsın telefonunun bu özelliği tanıyan her numarayı çevirmesinde çevirdiği numaraları tespit edebiliyorlardı. Numarayı bize bildirdiklerinde hemen Diyarbakır'daki postaneye gittik, bir kişinin aradığı bu tür numaraların öğrenilip öğrenilemeyeceğini sorduğumuzda, öğrenilebileceği yanıtını aldık. Onlar vasıtasıyla biz de bu kişinin aradığı numaraları deşifre etmeye başladık.

Biz çevrilen tek bir numarayı öğrenmek için beş altı saat harcarken, santral bunu çok kolay tespit ediyordu. Dijital santral dediğimiz bu santrallerin her ay sonunda fatura keserken aranan numaraların tek tek dökümünü liste halinde çıkarttığını gördük. Belli bir bilgisayar işlem merkezinde işlem yapılarak burada bir telefonun aradığı tüm telefon numaralarının öğrenilebileceğini, numaraların bir aylık dökümünün alınabileceğini gördük. Bu o günkü koşullarda inanılmaz bir gelişmeydi. Bundan sonra sayıları az olsa da takip ettiğimiz bazı hedeflerin aradıkları numaraların bir aylık dökümünü alıyorduk. Aylık döküm içerisinde bir ay önce dinlediğimiz kişinin kimleri, hangi saatte aradığına bakıp fikir yürüterek onun irtibatlarını, ilişkili olduğu örgüt mensuplarını öğrenmeye çalışıyorduk. Bugün anında edindiğimiz bilgileri o günlerde bir ay geriden takip edebiliyorduk.

Bu arada bilgisayara merak sarmıştım. Maaşımdan ücretini ödeyerek Basic ve COBOL dilinde basit bilgisayar programlama dersleri alıyordum. Küçük programlar yapacak kadar konuyu öğrenmiştim ama asıl önemlisi, bilgisayarla neler yapılabileceğini kavramaya başlamıştım. O zaman çıkan aylık bilgisayar dergisine abone olmuştum ve her sayıyı okuyordum. Bilgisayar ve teknolojinin önemini hissetmeye başlamıştım.

İşte bunları takip ederken, kafamda birden bir şimşek çaktı. Eğer dijital bir santralde bir numaranın aradığı tüm numaraların kaydı tutuluyorsa, o zaman bir bilgisayar ortamında bu bilgileri sakladığımızda, bildiğimiz yurtdışındaki bir örgüt numarasını arayan herkesin numarası bir komutla çıkarabilirdi. Bu yöntem gerçekleşirse, pek çok sır keşfedilebilirdi. O zamanlar Avrupa merkezi ve Öcalan Türkiye'deki faaliyetleri doğrudan yönetiyordu ve aralarında iletişimi telefonla sağlıyorlardı. Dolayısıyla eğer ben Öcalan'ın telefonunu bilgisayara kaydedersem, onu arayan tüm numaraları çıkarabilirdim. Bu gerçekten yapılabilir miydi? Ben yapılabileceğine inanıyordum. Bu konuyu araştırmaya başladım, sorguladım. Böyle bir sistemin kurulabileceği, bunun çok faydalı olacağını ve önümüzü açacağını Bölge Valisi'ne aktardım. Beni müddet dinledikten sonra sistemin işleyip işlemeyeceği konusunda tereddütlü olduğunu söyledi, çünkü ben sadece teorik olarak konuyu anlatıyor, çalışmalarıma dayanarak başarılı olacağı yönünde yalnızca fikir yürütüyordum, uygulamada nasıl işleyeceği konusu belirsizdi. Daha sonra Bölge Valisi, Netaş A.Ş.'de bu işlerin başındaki kişilerle ve santral konusunda çalışan başka firmalarla görüştü. Netaş'tan bir mühendis geldi, onunla konuştuk. Ona sorunumun ne olduğunu, ne yapmak istediğimi ve nasıl yapılabileceğimi anlattım. Kısa bir not yazarak, bunun yapılabileceğini, teknik olarak mümkün olduğunu belirtti. Bu konuda uzman bir kişinin verdiği bu not üzerine böyle bir sistemi kurmaya karar verdik. Ancak Bölge Valiliği bu sistemin hukuki durumu, geleceği ve teknik yapısı hakkında tereddüt duyuyordu. İçişleri Bakanlığına ve muhtelif başka yerlere görüş soruldu. İçişleri Bakanlığından, bu sistemin gerçekleştirilemeyeceği ve hukuken uygun olmayacağı yönünde gelen görüş olumsuzdu.

Olumsuz görüşler gelse de, bu konu bir defa benim kafama takılmıştı ve mutlaka yapılmalıydı. Bu sisteme inanıyordum, çünkü bilgisayar öğrenmeye başlamıştım ve bilgisayarın sunduğu imkân ve olanakları görmüştüm. Hatta eğitim sırasında yazdırdığımız basit bir Cobol programı sayesinde çok önemli işler halledilmişti.

Takibe aldığımız hedefleri izlerken, apartmanlarının önüne bir polis memuru yerleştirir, giriş çıkışlar bu memurlar tarafından izlenirdi. Ancak takipteki bu memurlar dikkat çekiyorlardı, hem mahalledeki hem de apartmandaki insanlar kendilerinin ya da başkalarının takip edileceğini düşünerek birbirlerine hemen haber veriyor; polisler var, takip ediliyorsunuz, herkes tedbir alsın diye birbirlerini uyarıyorlardı. Buna karşı bir çare lazımdı. İşte biz Cobol programını kullanarak bir çare üretmiştik. Cobol programına Diyarbakır'da çalışan tüm polis memurlarının adreslerini yazdık. O zamanlar polislerin hepsi lojman imkânından yararlanamadığından kaldıkları adresleri tek tek bilgisayara kaydettik. Takip ettiğimiz bir hedefin, bir örgüt mensubunun evini tespit edince, bu apartmanda ya da yakınlarında oturan bir polis memurunun olup olmadığını bu programı kullanarak tespit ediyorduk. Eğer bu evin civarında bir polis memuru varsa, onu takip işiyle görevlendiriyorduk. Polis memuru başka bir şubede çalışa bile onun amiriyle görüşüp geçici olarak bize yardımcı olmasını istiyorduk. Kimi zaman bu polislerin yanına kendi istihbarat polislerimizden birini de gönderiyorduk. Polis memuru verdiğimiz görev gereği hedefimizin evden çıkışını bize bildiriyorlardı. Bizim takip ekiplerimiz evden daha uzak bir yerde hedefin kendi görüş alanına girmesini bekleyerek oradan takibe başlıyorlardı, böylece hem dikkat çekilmiyor hem de fark edilmiyorduk, zira örgüt mensubu hedefler çok uyanıktı ve sürekli tetikteydiler. Evden çıktıkları zaman takip edilip edilmediklerini kontrol ediyorlardı. Ama yol üstünde takip edildiklerini fark etmeleri daha zordu, böylece hedeflerimizi rahatça takip edebiliyorduk. Bu sistem epeyce işimize yaramıştı, hemen hemen takip ettiğimiz her hedefin apartmanında veya yakınlarında mutlaka onu gören bir polis memuru bulunuyordu, bu sayede biz de tüm takiplerimizi en azından rahat başlatıp sürdürebiliyor, hedeflerimizi takip ederken fark edilme olasılığının önüne geçmiş oluyorduk. Ayrıca o polis sayesinde o çevredeki kişi hakkında sağlam bilgiler topluyorduk. Sonuç itibarıyla bilgisayar teknolojisi ve bilgisayarın sunduğu olanaklar benim çok işime yaramıştı. Diğer yandan dijital santrallerin verilerini alıp işleyen bilgisayarların çalışmasını gördükten sonra, böyle bir bilgisayar yazılımıyla dijital santrallerin görüşme dökümlerini alarak, diğer insanların hiçbir görüşmesine bakmaksızın sadece yurtdışındaki örgüt mensuplarının numaralarına yönelip bu numaraları arayan Türkiye'de örgütle irtibatlı kişileri tek tek tespit etmek ve bu tespitlere dayanarak yapılan teknik takiple (hem dinleme hem izleme) daha sonra ciddi operasyonlar gerçekleştirmek mümkündü. Bunun başarılabileceğine tüm kalbimle inanıyordum. Ve bir an önce yapılmasını istiyordum.

Diyarbakır'da bunu gerçekleştirme şansım ve imkânım olmadı. Ama daha sonra Diyarbakır'daki görevim sona erip hiç istememe rağmen İstanbul'a tayinim çıktığı zaman İstanbul'da bunu yapabilmenin yollarını aradım. Daha İstanbul'a gitmeden, beni İstanbul'a çağıran Necdet Menzir'e yapılması gerekenler hakkında yazılı bir not gönderdim.

1990'lı yıllarda İstanbul'da terör yeniden artmıştı, özellikle Dev-Sol örgütü başta olmak üzere TİKKO ve diğer Marksist Leninist sol örgütler silahlı eylemlerine devam ediyordu. Polisler, emekli askerler, Emniyet Müdür Yardımcısı Şakir Koç, Devlet Güvenlik Mahkemesi Savcısı, MİT Eski Müsteşar Yardımcısı Hiram Abbas gibi pek çok önemli kişi katledilmişti. İstanbul'da artan olaylar yüzünden halk arasında terörün yine artacağı yönünde endişeli konuşmalar duyulmaya başlamıştı. Herkes olayların önlenememesinden ve artmasından korkuyordu. İstanbul'da artan olaylar Ankara'ya, İzmir'e ve Bursa'ya da sıçrama istidadı gösteriyordu. İstanbul'a, burayı iyi bilen, terör konusunda deneyimli Emniyet Müdürleri atanıyor ama terör olayları karşısında başarılı olunamıyordu. Sonra yeni atamalar yapılıyor ama netice yine değişmiyor, terör olayları sistematik biçimde artıyordu. İşte bu arada terör konusunda deneyimli olan Emekli Emniyet Müdürü Necdet Menzir önce DYP'den milletvekili aday adayı olmuş ama seçime katılamamıştı. Seçimler sonunda DYP'nin, koalisyon hükümeti kurması ve Demirel'in Başbakan olması üzerine Menzir emekli olmasına rağmen tekrar göreve getirilerek İstanbul'a Emniyet Müdür'ü olarak atanması gündeme gelmişti. Menzir, benim görevdeyken en iyi anlaştığım ve güvendiğim müdürdü. Beni İstanbul'a istemeleri üzerine bir istihbarat sistemi kurmak için gerekli hazırlıklar ve yaklaşık maliyetleri çıkarıp gönderdim. Diyarbakır'dan ayrılıp İstanbul'a geldiğimde en azından bu işi gerçekleşmesini sağlayacak maddi imkânlar İstanbul için ayarlanmıştı.

Bu sistemin kurulması için toplam maliyet 3 milyar TL idi, yani şimdiki karşılığı tahmini 3,5-4 milyon dolar civarında bir para idi. Teknik bir istihbarat sisteminin altyapısının kurulması için bu paranın yaklaşık 1,5 milyon doları doğrudan bu amaca yönelik olarak harcandı. Kalan kısmı bomba imhasında çevreye verilen zararın tanzimi vs. için kullanıldı, bir kısmı ben ayrıldığımda hâlâ duruyordu.

İstanbul'a vardığımda, öncelikle yapılması gerekenin dinleme sisteminin kurulması olduğunu biliyordum. Ama bunu nasıl yapmalıydım? Tabii Diyarbakır'da çalıştığım dönemde, dinleme faaliyetlerine on dört hatla başlamıştım. Zaman içerisinde yapılan operasyonlar, dinlemede edindiğimiz bilgilerin bize sağladığı fayda ve istihbarat toplama faaliyetlerimize katkısı sayesinde Diyarbakır'da hiçbir eylem yaptırmıyorduk. Diyarbakır'daki bütün örgüt mensuplarını denetleyecek hale gelmiştik, çok rahatlıkla operasyon yapabiliyorduk. Bu sayede ben ayrılmadan önce Diyarbakır'da dinleme kapasitemiz mevcut teyplerle birlikte altmışlı yetmişli rakamlara, hatta yüzlü rakamlara çıkmıştı.

Dinleme cihazı maalesef Türkiye'de yerli imkânlarla yapılamıyordu. Yurtdışından getirtilme maliyeti de epeyce yüksekti, her biri birkaç bin dolardı. Bugün gibi hatırlıyorum. O zamanlar cihaz satışı için Bölge Valiliğine gelen İngilizlerden, bir dinleme teybinin çalışmasını sağlayan bir ön aparat, yani telefon hattına takılan ve teyple telefon hatları arasında bulunan sesi süzen, aynı zamanda konuşma başladığında teybi çalıştıracak olan basit bir aparat istedik. Bu aparat için İngilizlerin talep ettiği fiyat beş yüz yetmiş pounddu, daha aşağısına inmemişlerdi. Tek bir küçük aparat için beş yüz yetmiş pound istiyorlardı. Ama bizim bunlara ihtiyacımız vardı. O sırada Emniyette, muhabere telsizlerini tamir eden teknisyenler bulunuyordu, bu konuda kapsamlı bilgilere sahiplerdi. Devlet her alanda olduğu gibi eldeki imkânların yeterince farkında değildi.

Telsiz teknisyenlerinden İbrahim'i alıp İstihbarat Şubesine tayin ettirdim. Telsiz teknisyeni bu cihazların yapımı konusunda bir müddet çalıştıktan sonra bunları kendi yapacak hale geldi; hem de maliyeti 10–15 TL'ydi. İngiliz firmanın 570 pounda (yani yaklaşık 2 bin TL) sattığı cihazı bizim teknisyen 15 TL maliyetle yapıyordu, hem de kalite olarak İngilizlerinkinden kat be kat iyiydi. Cihaz Türkiye şartlarına göre tasarlanmıştı. Geriye yalnızca basit bir teyp almak kalmıştı.

Çok sonraları bu cihazlardan binlercesini seri olarak üretip diğer illerdeki birimlere de verme imkânına sahip oldum. Binlercesi çok küçük maliyetlerle üretilebiliyordu. 12 Eylül 1980 harekâtından önce yakalanmış binlerce teyp Gümrük depolarında yarısı çürümüş halde bekliyordu. Onlardan satın alarak seri imalata başlamıştık. İşte Diyarbakır'da edindiğim tecrübe, bilgi birikimi ve orada gelişen bu teknik çalışma yöntemi, ileriki kullanımlar açısından bana ciddi bir fayda sağlamıştı. Ve daha sonrasında İstanbul'a tayin olduğumda hedeflerim de çok belliydi. Öncelikle teknik alt yapıyı kurmam gerekiyordu. Teknik analiz yapılabilecek bir sistem kurmam lazımdı. Bu şekilde işimizin çok daha verimli bir şekilde yapılabileceği inancındaydım. Bu inanç doğrultusunda çalıştım, gerekli hazırlıkları, ön çalışmaları, düzenlemeleri yaparak hedefime ulaşmış oldum.

ABD Kimi Destekliyor? PKK'yı mı, Türkiye'yi mi?

Pek çok kişi PKK'nın ABD, Almanya, AB tarafından desteklendiğini söylüyor. "Öcalan'ı size ABD teslim etti" deyince, "İyi niyetle yaptıkları ne malum," karşılığını veriyorlar. Peki, soruyorum; PKK'ya karşı kullanılan en etkin silahlarınız olan kobra helikopterleri, insansız uçaklar, akıllı füzeler, termal kameralar, gece görüş dürbünlerini size kim veriyor? ABD. Bu silahları sağlamadıklarında nelerin olacağını o bölgede çalışan ve şartları bilen askere sorarak cevap vermek gerekir. Ayrıca şunu düşünün; eğer ABD helikopter ve uçaklar gibi hava araçlarına karşı kullanılmak üzere çok küçük, kolay taşınan ve yüzde doksan isabetli Stringer füzelerinden birkaç tane PKK'ya verse durum ne olurdu acaba?

Olaya bir de PKK açısından bakıldığında, gözüken manzara nasıldır? Türk devletinin kendine karşı kullandığı tüm silahlar, savaş helikopterleri, insansız uçaklar, istenen noktayı vuran güdümlü füzeler ABD'den alınıyor. ABD istese el altından 5-10 tane Stringer füzesini kendisine vererek savaşın kaderini değiştirebilirdi. Oysa ABD Türk devleti ile her zaman iyi ilişkiler içinde olmaya devam ediyor. Hatta en önemlisi de, ABD'nin desteği ile Türkiye, liderlerini (Öcalan) tutuklayarak Türkiye'ye getiriyor. Gerçekten kimin, kimi desteklediği herkesin bakış açısına göre belki farklı görülebilir ama herhalde en basit haliyle, yukarıda sayılanlara bakarak, objektif olunduğunda ABD, AB ve diğer tüm aktörlerin Türkiye'yi desteklediği görülebilir. Bu desteğin sebepleri aynı veya kendilerine göre farklı farklı olabileceği gibi, destekleme amaçları da menfaat hesaplarından, en ulvi ahlaki sebeplere kadar farklılık arz edebilir. Fakat Suriye ve Yunanistan'ın geçmişteki tutumları ve aldıkları pozisyon haricinde ortada olan objektif gerçeklere göre hiç tereddütsüz tüm ülkelerin Türkiye devletini desteklediği söylenebilir.

Güneydoğu'daki bunca askeri gücümüze, kullanılan en ağır yöntemlere, silah üstünlüğümüze, yapılan tüm operasyonlara, hatta tüm dünyanın desteğine rağmen PKK'ya karşı istenen başarının sağlanamamasını gururumuza yediremeyerek şuur altında başarısızlığımıza bahane aramak ve buna kendimizi inandırmak için PKK'nın ABD, AB ülkeleri, Rusya gibi tüm büyük güçler tarafından desteklendiğini söylüyoruz. Böylece yalnızca PKK'ya karşı değil, dünya devletlerine de karşı mücadele ettiğimiz için başarısız olduğumuzu söylüyoruz. Bu, gerçeği görmek istememenin tabii bir neticesidir.

Ortak şuurumuz, tüm dünyanın desteğiyle en küçük bir gücü bile yenmiş olsa büyük bir gücü yenmiş gibi kahramanlık hikâyeleri yazıp anlatmayı sever. Yenildiğinde ise hele de sıradan ve kendisinden zayıf bir rakibe yenilmeyi asla kabullenemez, bahaneler arar. Bu anlayışı Kıbrıs Çıkartması'nda da görürüz. Orada basit isyancılara karşı savaşılmasına, kendi gemimizin yanlışlıkla batırılmasına rağmen sanki büyük bir devlete karşı büyük bir zafer kazanılmış, kahramanlıklara imza atılmış gibi bir anlatım hâkimdir. Yakın tarihte meydana gelen pek çok olayda da aynı anlayış geçerlidir; tarih de bu mantık ve anlayışla yazılmıştır.

Gerçeği görmek ve kabul etmek; hayatı, başarı ve başarısızlığı akıl, ilim ve bilim ölçeğinde değerlendirmek herkes veya her ulus için kolay olmamaktadır. Bunu yapabilen uluslar hatalarını kabul edip yaşanan yanlışlıklardan ders alarak, özeleştiri yaparak karşılaştıkları sorunları çözmekte başarılı olmaktadırlar. Fakat gerçekleri kabul etmeyen, olaylara akıl, ilim ve bilim çerçevesinden değil de kendi penceresinden bakan, özeleştiri yapamayan, her zaman kendini doğru ve haklı gören bizim gibi uluslar ise her zaman hüsrana uğramaya mahkûm olmaktadırlar.

Talabani'nin Türkiye Harekâtı

Zorlama ile başka ülkede ve hasım gruplara karşı örgüt kurmak mümkündür ama böyle bir yapı da kısa sürede yok olmaya mahkûmdur.

Ülkemizde yaşanmış iki örnek olayı, iki önemli konuyu açığa çıkarmaları nedeniyle burada anlatmam gerekiyor. Birincisi bu olaylar, ülke içerisinde yaşanan siyasi ve ideolojik olay ve durumları genel kabulün aksine dış müdahalelerin belirlemediğini ortaya koymaları ve sadece dış güçlere dayanan faaliyetlerin kısa sürede yok olacağını göstermeleri bakımından önemli olaylardır. İkinci olarak da ülkemizde meydana gelen çok büyük olaylarda, o büyük devletimizin uyuduğunu, yeterli etkinliği gösteremediğini bizim görmemizi sağlamaları açısından önem arz etmektedirler.

Kuzey Irak'ta yaşayan Kürt aşiretlerinin en büyük iki kolundan Talabani ve Barzani'ye bağlı kuvvetler yıllarca Irak rejimi ile savaşmışlardır. Ancak Irak'la savaşan bu iki aşiretin en büyük rakipleri de yine kendileridir. Özellikle 1970'li yıllarda Kuzey Irak'ta önce federe Kürt devletinin kurulması yönünde anlaşmaya varıldı. Daha sonra ortaya çıkan anlaşmazlıkların ardından savaş yeniden başladı. Bu esnada önceleri Talabani ve Barzani birlikte Irak yönetimine karşı savaşırken, bir süre sonra kendi aralarındaki çekişme ve mücadele sonucunda Celal Talabani Saddam Hüseyin ile anlaştı, hatta Celal Talabani Saddam Hüseyin yönetiminde görev aldı ve hemen akabinde Barzani'yi yok etmek için planlar yapmaya başladı.

Bilindiği üzere Talabani taraftarları daha çok Irak'ın İran ve Türkiye sınırına yakın bölgesinde, yani Kuzey Irak'ın doğusundaki bölgelerde yerleşiktir. Barzani ise Şırnak'a komşu Uludere, Çukurca sınırlarımızın güneyinde, yani Kuzey Irak'ın batı bölgesinde yerleşiktir. Dağlık bölgede zırhlı araçlar vs. hareket edemediğinden ve tek cephede savaş zor olacağından Saddam ile anlaşan Talabani Barzani'yi yok etmek için plan yaptı. Bir yandan Kuzey Irak'ta, kendi bölgesinde, yani doğudan batıya doğru Barzani'ye saldırırken, güneyden kuzeydeki dağlara doğru da Irak kuvvetleri saldıracaktı. Fakat yine de dağlık alanda Barzani'yi yenmek zor olacağından Türkiye'den, Barzani'nin hiç ummadığı kuzey cepheden saldırmanın başarıyı garantileyeceğini hesaplayarak Saddam'dan aldığı milyonlarca dinarla harekete geçti. Hakkâri'deki Kürt aşiretlerine para ve silah dağıtarak kendine bağlı bir güç yaratmak istedi. Paralar ve silahlar dağıtıldı; para ve silah alan herkese bir kimlik verilip isimleri defterlere kayıt edildi. Erzak hazırlandı. Plan şuydu: Irak'tan, Şemdinli ile Çukurca arasındaki bölgeden Türkiye'ye girecek Talabani güçlerinin buradaki milislerin destek ve rehberliğinde Türkiye içerisinden doğuya doğru geçip, Beytüşşebap bölgesinden güneye yönelip, Uludere bölgesinde Kuzey Irak'a girerek Barzani'ye kuzeyden saldırmaktı. Günü geldiğinde Irak'tan yola çıkan Talabani'ye bağlı silahlı birkaç bin Peşmerge Türkiye'ye girdi, kuzeyden yay çizip Uludere bölgesinde tekrar Irak'a geçmek üzere ilerledi, ama daha girişte yüzlerce silah dağıtıp maaş bağladığı adamların, para vererek defter üzerinde kurulmuş gözüken kendine bağlı Türkiye Kürdü peşmerge ordusunun yerlerinde olmadığını, erzak hazırlanmadığını gördü. Silah ve maaşı alıp kendilerini peşmerge yazdıranların, silahı satıp, parayı da yedikleri anlaşılır. Ama Talabani güçleri bir kere bölgeye girmişlerdi, az bir kuvvet desteği ve rehberliğinde Zap köprüsünü geçip, yay çizerek Beytüşşebap'ı kuzeyden geçip güneye Uludere'ye yöneldiklerinde bu defa Barzani'ye yakınlık duyan Beytüşşebap'taki yerleşik Jirki, Mamhuran ve Gevdan aşiretlerinin kurduğu pusuya düştüler. O gün akşama kadar süren müsademe sonunda yüzlerce Talabani peşmergesi pusuda öldürüldü, bir kısmı esir alınarak bizim aşiretler tarafından bağlanıp Barzani'ye teslim edildi.

Evet Türkiye sınırları içerisinde Irak tarafından desteklenen Talabani peşmergeleri silahlı müfrezeler şeklinde Barzani'yi kuzeyden kuşatmak için harekât yaptı ve yine bizim aşiretler tarafında pusuya düşürülerek gün boyu süren çatışmayla bertaraf edildiler. Resmen ülkede savaş oldu ama bizim devletimizin o bölgedeki kuvvetlerinin bundan haberi bile olmadı veya haberi olmasına rağmen müdahale etmedi.

Yine daha yakın tarihte Irak Komünist Partisi (ŞUİ), Irak'la sorunları olan ülkelerden aldığı dış desteklerle Kuzey Irak'ta kamp kurarak güçlendi. Türkiye'de Uludere, Beytüşşebap bölgesinde bazı kişileri, silah ve maaş verip örgüte silahlı güç olarak kayıt etmeye başladı. Sadece para ve bedava silah alan ama ideolojik olarak bu davaya inanmayan Beytüşşebap bölgesindeki Jirki aşiretinden Hacı Öter, evlerine gelen 15 kişilik silahlı gerilla grubunu yemek yiyip dinlenmeleri ve banyo yapmaları için silahsızlandırıp ardından askeri birlikleri çağırarak bu kişileri Jandarma'ya teslim etti.

Arkasından yine örgüte Uludere bölgesinden katılan bir militan, gizlice Irak devlet ajanları ile ilişkiye geçerek aldığı para karşılığında tüm örgüt kamplarının yerlerini, silah depolarını bildireceğini söylemişti. Bunun üzerine Irak Türkiye ile anlaştı. Güneyde Irak içlerinden gelirken helikopterlerinin görülüp militanların kaçma ihtimaline karşı Türkiye'den hava sahasını kullanmak için izin istedi. Doğuda Silopi üzerinden Türkiye'ye girip, Uludere üzerinden derin vadilerin içerisinden hiç görülmeden uçarak bir anda örgüt kamplarına girdi, hiç kimse kaçamadan saldırdı. Helikopterlerden birine binen ajan kampları, hava saldırısı olduğunda saklanılan yerleri ve tüm depoları tek tek gösterdi. O sırada eğitim alanında olan örgüt militanlarına Irak helikopterleri (Rus savaş helikopterleri) saldırarak ağır zayiat verdirdiler. Böylece henüz gelişme aşamasındaki örgüt bu iki olay sonucunda kendini toparlayamayacak hale geldi ve etkinliği kırıldı.

Yaşanan tüm bu olaylar, yürütülen davaya ideolojik olarak inanmayan kişilerle kurulmaya kalkılan her örgütün ya da birliğin kısa süre içinde yerle bir olacağını göstermektedir. Irak Komünist Partisi'nin içine düştüğü durum, davaya inanmayan, belli süreçlerden geçmeyen, inanılan davanın başarısı için bir şeyler yapmak için değil menfaat elde etmek için örgüte katılan kişilerle bu işin olamayacağını göstermesi açısında örnek bir olaydır. Kuzey Irak'ta Irak'a muhalif olan Barzani, Talabani veya emsali Kürt aşiretlerinin içinde bulunduğu toplumsal durum ve çoğunun dini açıdan muhafazakâr ve aşiret gibi geri bir sosyal anlayışa dayanarak örgütlenmiş olmaları, Irak aleyhine faaliyetleri destekleyen Suriye gibi sosyalist düşüncelere yakın ülkeleri, sosyalist komünist ideolojilere sahip bir muhalefeti desteklemelerine yol açtı. Ancak Kuzey Irak'taki halkın sosyal durumu böyle bir örgütü olduğundan daha fazla güçlendirecek kapasitede değildi. Belli sayıda militan ve örgüt vardı, yapı ancak bu kadarını kaldırıyordu. Fakat dışsal faktörler devreye sokularak, fazla miktarda para ve silah verilerek bir anda çok güçlü bir silahlı militan grup oluşturulmak istendi. Fakat bu davaya inancı olmayan kişilerden oluşan örgüt bir an için büyüyüp güçlendiği yönünde bir görüntü verdiyse de kısa sürede eskisinden daha geri hale geldi ve tüm yapı tamamıyla yerle bir oldu.

Sonuç itibarıyla geldiğimiz noktada, ideolojik örgütlerin dışarıdan destek ile büyüyüp güçlenemeyeceği ortaya çıkmıştır. Başka bir deyişle ideolojik örgütler sadece örgüt davasına fikren ve kalben inanan insanlar tarafında kurulup güçlenir, öyle kolay kolay dış yardımlarla ayakta tutulamaz. Bu örgütler sadece kendi ideolojileri doğrultusunda faaliyet gösterirler, başka kişi veya devletler kendi amaçları doğrultusunda onları kolaylıkla kullanamaz.

İSTANBUL

İstanbul'da Bilgisayar Sistemini Kurmam

İlk atandığım zaman İstanbul'u hiç bilmiyordum, hiç görmemiş sayılırdım, gezmek için bile olsa hiç İstanbul'da bulunmamıştım, ama uzaktan İstanbul'daki olayları takip ediyordum. Her gün polise yönelik bir saldırı vardı. Önce yanılmıyorsam Mehmet Ağar Emniyet Müdürü olarak görevliydi, onun döneminde olaylar çığırından çıkmış Devlet Güvenlik Savcısı ve İl Emniyet Müdür Yardımcısı öldürülmüştü, her gün polise yönelik suikastlar yapılıyordu. Hükümet İstanbul'a bir çare bulmak mecburiyetindeydi. Mehmet Ağar'ı uygun bir görevle, yanılmıyorsam Erzurum'a Vali olarak atadılar. Onun yerine Necdet Menzir İstanbul Emniyet Müdürü yapıldı. Necdet Menzir Bey çalıştığım en yiğit, en gözü kara, en dürüst müdürlerden biriydi ve Diyarbakır'da çok iyi anlaşarak çalışmıştık.

Menzir Bey ilk atandığında benden İstanbul'a gelmemi istedi. Diyarbakır'dan ayrılırken "Bulunduğum yere çağırırsam gelir misin?" diye sormuştu. Ben de "İyi bir yer olursa gelmem, kötü bir yer olursa gelirim," demiştim. İstanbul'da beni aradığı zaman çoğu kişi İstanbul'da görev yapmak için çabaladığından, "Efendim orası çok iyi bir yer, gelmem," dediğimde, "Hayır burası hiç de iyi bir yer değil, aksine olağanüstü kötü bir yer. Geleceksin," deyince ben de kabul ettim.

Necdet Menzir'ile çalışmak benim için de gerçekten çok zevkliydi. Benimle birlikte kimlerin gelebileceğini sordu. O zamanki arkadaşlarımdan terör deneyimi olan Reşat Altay'ın ve bir-iki arkadaşın ismini verdim. Necdet Bey'in Diyarbakır'da birlikte çalışıp tanıdığı terör deneyimi olan epey arkadaş vardı. Bir müddet sonra benim ve diğer belirlenen arkadaşların tayini İstanbul'a çıktı.

İstanbul'a gelmeden önce oradaki terör faaliyetlerinin önüne nasıl geçilebileceği üzerine düşünüyordum, ne yapmak lazımdı, çok sayıda örgüt mensubu vardı. Diyarbakır'da edindiğim tecrübeye dayanarak ilk yapmam gereken şeyin, dinleme sistemi, bir bilgi bankası ve analiz bilgisayarı kurmak olduğuna karar verdim. Bu bilgisayar sistemi sayesinde örgüt faaliyetleri hakkında bilgi toplamam mümkündü. Bir istihbarat faaliyeti yürütülecekse bu sistemin kurulması temel şartlardan biriydi. Ayrıca İstanbul çok büyük bir şehirdi, tek merkezden yönetilemeyecek kadar genişti. Bu yüzden üç ayrı yerde merkez, istihbarat birimi kurmayı ve bu şubelerin teknik dinleme ve izleme kapasitesinin artırılmasını istiyordum.

İstanbul'a geldiğimde, ilk yaptığım şey aklımdaki bu düşünceleri uygulamaya geçirmek için hummalı biçimde araştırma yapmak oldu. Şube her açıdan çok kötü durumdaydı. İstanbul'da göreve başladığımda benden önceki Şube Müdürleri bu kargaşa ve olayların seri yoğunluğu içerisinde bunalmışlar ve tayin edilmişlerdi. Benim başladığım sırada şubede çok az sayıda eski amir kalmıştı, benden önceki Şube Müdürü Salih Güngör (İSKİ tahkikatı ile ünlenen) Mali Şubeye geçmişti, Durmuş Demirbaş'ın Ankara'ya tayini çıkmış, Emin Aslan benden önce atanmıştı. Ben İstanbul'a atanmamdan önce burada meydana gelen suikastlar ve yoğun terör eylemleri nedeniyle mevcut istihbarat şube personeli yetmediği için başka illerden görevli 60 istihbaratçı İstanbul'daki şubeye geçici görevle atanmıştı. Bu insanlar zorunlu olarak apar topar buraya geldikleri için kalacakları yerleri yoktu; polis evinde, orada burada kalıyorlar, şehri bilmiyorlardı. Hepsinin kendi özel sorunları vardı, çocuklarını, ailelerini memlekette bırakmışlardı. Bu atamayı yapanlar, sanki istihbaratçıların gelir gelmez terör olayları konusunda istihbarat elde edip terörü önleyeceklerini zannediyorlardı, halbuki istihbarat diğer birimler gibi hemen atanıp devriye gezmeye benzemez. Altyapıya, bu konuda donanımlı elemanlara, teknik donanıma ihtiyaç vardı ve daha da önemlisi istihbarat personelinin faydalı olabilmesi için belli bir süreye ihtiyaç vardı.

Şubenin asli 60 ve geçici 60 olmak üzere 120 kadar mevcudu vardı, ama onlar da çok vasıflı değillerdi. Öyle ki elde iş yapabilecek adam sayısı çok azdı. Şubenin binası ve bulunduğu yer çok kötüydü ve alt yapısı hiç yoktu. Türkiye'nin en büyük şehrinin, terörün bu kadar arttığı bir şehrin İstihbarat Şubesinde bir tane bilgisayar yoktu. En küçük terör gruplarının elinde bile en azında birkaç tane bilgisayar varken, İstanbul İstihbarat Şubesinde tek bir bilgisayar yoktu. Daha garibi yalnızca bizde değil, Terörle Mücadele Biriminde, gördüğüm kadarıyla MİT'te de bilgisayar bulunmuyordu, var olanlar da görevde değil, yazı yazma, kısmen arşiv vs. işlerde kullanılıyordu. Ankara'da İstihbarat Daire Başkanlığında var olan bir-iki bilgisayar ise daktilo niyetine rapor hazırlamak, yazı yazmak için kullanılıyordu. Maalesef gerçek buydu. Dünyanın bütün gelişmiş ülkeleri, en ileri teknolojiye sahip bilgisayarlarını istihbarat hizmetlerinde kullanırken, bizde bu amaçla bir tane bile bilgisayar kullanılmıyordu.

O tarihte İstanbul'da dar kapasiteli bir dinleme sistemi vardı ama bu sistemle de ciddi hiç bir örgüt hedefi dinlenmiyordu. Dinlenecek illegal terör örgütlerine dair telefon numaraları bilinmiyordu veya bu numaraları temin edecek kaynak ve yapı yoktu. Bu sistem, daha çok legal bilgi kaynaklarına yönelik kullanılıyordu. İllegal örgütlerin içine sızmış yardımcı istihbarat elemanı (YİE) denen ajan, muhbir vs. yok denecek kadar azdı. Takip ekipleri zayıf, üstelik kimliği bilinen takip edilecek terör örgütü mensubu sayısı da yok denecek kadar azdı veya asıl eylem yapan Dev-Sol örgütü elemanı değildi. Terörde bunca bedel ödemiş, yıllarca terör olaylarından muzdarip olmuş bir ülkenin en büyük şehrinde ve olayların en fazla meydana geldiği bir şehirde, terörle mücadelede vazgeçilmez bir öneme sahip istihbarat biriminin hali, göreve başladığım 1992 yılı başında buydu. Ne elektronik cihazı, ne sistemi, ne de bilgisayarı vardı. İstihbarat adına hiçbir şeyi yoktu. Ülkenin en önemli problemleri günlük tabirle Allah'a emanetti. Plan, program, hesaplama, akıl, ilim ve bilim adına yapılan hiçbir şey yoktu. İçinde olmasam, bu kadar sahipsizliğe, hesapsızlığa inanmam zordu. Bu ülkede terörün azması için komplo teorilerine ya da başka ülkelerin destek ve müdahalesine gerek yoktu. Terörün artması için ülke içinde her türlü koşul mevcutken, önleyecek hiçbir sistem, teşkilat ve yapı yoktu. Ülke adına, bu uğurda ölenler ve acı çekenler adına ağlanacak bir durum hüküm sürmekteydi. Aslına bakılırsa bu kadar boşluğa, sahipsizliğe rağmen terör Türkiye'de çok da artmamıştı. Bu, başlı başına bir kitap konusudur, bir gün Türkiye'deki terörü yazabilirsem orada kapsamlı olarak anlatacağım.

İşte bu imkânlarla ve sorunlarla dolu bir şubenin başına geçmiştim. Üstüne üstlük bir de her gün polislere yönelik eylemler meydana geliyordu; olaylar o kadar çok ve hızlı oluyordu ki hazırlık yapmaya, sistem kurmaya imkân vermiyordu. Böyle bir kargaşa içerisinde önce basit manada personeli düzeltmeye çalıştım. Geçici görevle başka illerden tayin olanlar içerisinden gönülsüz olarak gelenleri memleketlerine gönderip, gönüllü olanların asli tayinlerini buraya çıkardım. Sonra süratle örgüt mensuplarından yakalanmış terör şubesindeki bilgisayarlardan bir iki tanesini ödünç alıp, personele küçük bilgisayar eğitimleri vermeye başladım. Bu arada çalışacak yer sorunu vardı, şartları zorlayarak Gayrettepe Emniyet binasının çatı katına bir kat daha ilave etmeye karar verdik. Bu arada sürekli hayalini kurduğum, sorunların çözümü için mutlaka olması gerektiğine inandığım (bu konuda biraz yalnız kalıyordum, çünkü herkes benim kadar inanmıyordu) bir bilgisayar sorgulama-analiz sistemi diyeceğim bilgi bankası sistemini kurmaya çalıştım.

Birçok yeri araştırdım; bir yandan bilgisayarları, bir yandan da nasıl alacağımı araştırıyordum, çünkü benden önce hiç bilgisayar alınmamıştı, bu yöntem bilinmiyordu. Bu arada PTT'nin bilgi işlem biriminde çalışan çok nitelikli bir mühendisle tanıştım. Aslında bu tanışma, belki de bu ülkenin kaderini değiştirecek bir tesadüftü. O her bakımdan mükemmel bir insandı, mesleğini çok iyi biliyordu, alanının en iyisiydi, teknik olarak kimsenin bilmediği alanlarda oldukça donanımlıydı, her açıdan güvenilir bir insandı. Aklımda yapmayı planladığım işler için en ideal kişiydi.

Bu işle ilgili olarak benim aradığım özellikler dürüst, güvenilir ve ahlaklı olma, ayrıca ileri düzeyde teknik bilgiye sahip olmak yani bilgisayar ve telefon sistemleri konularında tecrübeli olmaktı. Tüm bu özellikler ancak beş altı kişide toplanabilirdi ve bu kişileri bir araya getirmek mümkün olmayabilirdi ama ben tüm bu özellikleri bir arada ve bir şahısta toplanmış olarak bulmuştum. Daha doğrusu bir anda karşıma çıkmıştı. Bu karşılaşma tamamen bir tesadüf olsa da ben bunun asla bir tesadüf olduğuna inanmıyordum.Mistik bir anlayışla karşıma çıkarılmıştı, tesadüf değildi; bu kadar tesadüf bir araya gelemezdi. Benim gibi işine sevdalı, işine odaklanmış, başka hiçbir şey düşünmeyen, sosyal yaşamdan kopuk, beş milyonluk şehirde dört yıl çalışmasına rağmen iki tane sivil arkadaşı olmayan birinin karşısına aranan tüm olumlu özelliklere sahip biri çıkarılıyordu. Bu tesadüf olamazdı; en basit izahı ile kaderdi, makulü ise yukarılar tarafında tanıştırılmıştım.

Bu süreçten sonra yaşanan olaylar bu ülkenin kaderini etkilemiş, milyonların yaşamının değişmesine sebep olmuştu. Bir sistem kurma yolunda bu olağanüstü insanla karşılaşmamın ardından sonraki aşamada bu sistemin oluşturulmasında rol alan ve geliştirilmesine büyük katkı sağlayan Basriler, Yunuslar, Musalar, Süleymanlar ve diğerleri bu ekibe dahil oldu.

Benim Mösyö, diğer arkadaşların Komiser İrfan diye kodladığı mühendis arkadaşla yaptığımız kısa bir iki görüşmede yapmak istediğim şeyi ve nasıl yapılabileceğini anlattım. Kimsenin pek anlayıp makul bulmadığı fikirlerimi dinledi ve fikirlerimin yapılabilir şeyler olduğunu söyledi. Bu insanla tesadüfen karşılaşıp, yeni tanışmamıza rağmen ona inanmış ve güvenmiştim. İkinci defa yanına gittiğimde, anlattıklarıma dayanarak bir miktar veriyle bilgisayarında yaptığı basit programla deneme yapmış ve istediğim şeyin bir prototipini yapmıştı. Hemen orada bana da gösterdi. Netice olumluydu ve ona göre bu çok kolay ve basit bir şekilde yapılabilirdi ve hiçbir tereddüde yer yoktu; kendisi için çocuk oyuncağıydı. Sonuç olarak, tüm kalbimle inandığım ama kimsenin gerçekleşeceğine inanmadığı, sadece geçmiş başarılarımı göz önüne alınca sen söylüyorsan yaparsın türü sözlerle geçiştirdiği o hiç denenmemiş projeyi, bu mühendis bir iş gibi bile görmüyor, yapılması çok kolay diyordu.

İşinin ehli bir insanın elinde bu kadar basit olan bir iş Mösyö ile karşılaşmasam, böyle kolayca gerçekleşemezdi. Bu işin mükemmel olması, kolay ve basit şekilde kurulması ve bu kadar hızla geliştirilmesi, bu özel niteliklere sahip bir insanla karşılaşmam ve gizliliği gereği kimseye açmadığım bu konuyu onunla konuşmam neticesinde gerçekleşmişti. Tüm bunlar tesadüf olamazdı.

Mühendis arkadaşım Mösyö/Komiser İrfan'ın bana yaptığı küçük gösteri benim gördüğüm en güzel bir demo idi. Her şey benim kafamdaki gibiydi, kafamdakilerin ilk pratik denemesi basit manada yapılmıştı, hayal artık gerçek olmuştu. Daha sonra bu mühendis arkadaşla samimiyetimizi artırarak beraber çalışmaya başladık. Zaten ilk tanıştığımız anda sanki yıllardır tanışıyormuşuz gibi birbirimize güvenmiş, sevmiş ve ısınmıştık. Resmi ilişki kurduğum herkes hakkında mutlaka araştırma yapmama rağmen bu kadar hayati bir projede beraber çalışacağım kişiyi, Mösyö/Komiser İrfan'ı hiç araştırmamış, ona yüzde yüz güvenmiştim. Hiçbir kurala bağlı olmaksızın kendiliğinden gelişen bir havada beraber çalışmaya başladık. Mösyö hiçbir şey beklemeksizin sadece bilgisayar ve konuya merakı ve ayrıca devlete ve güvenlik kuvvetlerine yardımcı olma isteği ile çalışıyordu. İşlemlere başladık ve ilk uğraşlar sonucunda bir firmadan NCR marka bir bilgisayar aldık. Bilgisayarı kurduk. Daha sora bilgilerin nereden elde edilebileceğini araştırmaya başladık. Bilgisayarda işlem yapacağımız verilerin, ilgili yerlerden toplanması gerekiyordu (güvenlik kuvvetlerinin çalışmalarını aksatmamak ve devletin gizli bilgilerini deşifre etmemek adına bu kısımlar kısa ve gerçek biraz değiştirilerek anlatılacaktır).

İstediğimiz verileri almak için ilgili kurum amirlerini ikna etmek gerekiyordu. Bu aşamada, dönemin Valisi ve Emniyet Müdürü devreye girerek sorunları aşmamızda bize destek verdiler. İstediğimiz verilerin terörle mücadeledeki önemini ve bunların kimseye zararı olmayacağını anlatarak sistematik bir şekilde verileri edinme imkânına en sonunda kavuştuk. Aldığımız veriler doğrudan işimize yaramıyordu. Mösyönün yaptığı basit ama işlevsel programlarla bu verileri günlerce süren bir işleme tabi tutuyor, sonra kullanabileceğimiz formata çeviriyor böylece kullanılır hale getiriyorduk.

Günlerce uğraştıktan sonra yavaş yavaş netice almaya başladık. İlk önce, bu bilgileri yalnızca İstanbul İstihbarat Şubesi olarak kullanıyorduk. Daha sonra başta Diyarbakır olmak üzere diğer illerde ve merkezdeki diğer istihbarat birimlerinin kullanımına açmaya başladık.

Mucize gerçekleşmişti, hayallerim artık gerçekti. Hatta hayallerimin bile ötesine geçiyorduk. Bir kâhin, olağanüstü yetenekleri olan biri bize bu kadar yardımcı olamazdı. Falcı veya kâhin her şeyi bilse bile bize sadece bilgi verirdi ama bizim sistemimiz, sadece meçhulü bize söylemiyor, aynı zamanda tüm personelin ufkunu açıyor, yeni düşünme biçimlerini görmemizi, yeni yol ve yöntemler bulmamızı ve tüm işlemleri kendi aklımız ve zekamızla yapmamızı sağlıyordu. Her şeyi akıl ve mantık ölçüsünde kendimiz buluyorduk. Sanki başka bir boyuta geçmiş gibi, iki boyutlu çalışma biçiminden üç boyutlu bir dünyaya geçmek gibi bir şeydi.

İstihbarat faaliyeti için bilgisayar sistemi tek başına yeterli değildi, tabii ki başka araç, gereçlere ihtiyaç vardı. Gizli görevler için tasarlanmış obzervasyon araçlarına, gizli kayıtlar için özel kameralara, takip ekiplerinin gizli muhabere edeceği telsiz ve diğer muhabere malzemelerine ihtiyaç vardı. Çalışmaya ilk başladığımızda elimizde bir tane bile bilgisayar, yeterli takip telsizi, gizli kamera yoktu. Bu yönde temin edebileceğim araç ve telsizleri araştırırken, bir telsiz firmasının aracılığıyla ve firma temsilcisiyle birlikte Japonya'ya gittim. Şubede kullanabileceğim 100 civarında telsizi tüm aparatları ve gizili muhabere etme imkânı verecek sistemi kurmak için gerekli tüm yedek malzemeleriyle birlikte temin ettim. Ayrıca özellikli kameralar, fotoğraf makinelerinden birkaç tane, daha doğrusu görevde kullanılabilecek ucuz olan ne bulabildiysem belli miktar aldım. Japonya'ya 100 tane telsiz almaya gitmiştik ama bu arada fabrikayı da ziyaret ettik, fabrikadakilerle görüştük. Onlarla cihazların yan aparatları ve hangi telsizin iyi olacağı hakkında konuştuk. İstediğimiz takip esnasında kullanılabilecek küçük ve basit telsizlerdi ve frekanslarının kolay ayarlanabilir olması gerekiyordu.

Telsizler bize Tokyo'da teslim edilecekti. Tokyo'daki otele geldiğimizde telsiz siparişlerimizi bir kamyonun taşıyacağı büyüklükte paketlenmiş olarak bulduk. Bu hali ile taşımamızın imkânı yoktu. Tokyo büyükelçiliğinde çalışan polislerle birlikte bu telsiz ve tüm aparatları kamyonetle elçiliğe götürdük. Cihazlar, zarar görmemeleri için muhafaza kutuları içerisine konulmuştu; bu kadar yer kaplamalarının nedeni de buydu. O gün akşamdan sabaha kadar çalışıp, cihazları bu kutulardan çıkıp çıplak hale getirdik. Sonra gidip büyük valizler aldık ve valizlere bu cihazları doldurduk. Üç tane büyük valiz, üç tane de uçağın içine alınabilecek küçük el çantası dolmuştu. Bir kamyon dolusu yükü, kargoya verilecek üç büyük valize ve uçağın içine alınacak büyüklükte orta ve küçük boy çantalara sığdırmış, ağırlığını da yüz seksen kiloya düşürmüştük. Fakat havayolu şirketi bu ağırlıktaki bir malzemeyi de almıyordu. Israrlarımız ve zor bela uğraşılarımız sonunda malzemeleri Japonya'dan uçaklara yükleyerek İstanbul'a getirdik.

Bu telsizleri süratle kurarak, takip elemanlarımızın birbirleriyle konuşabilecekleri bir telsiz sistemi yarattık. Aldığımız fotoğraf makineleri ve kameraları kullanarak gizli kamera yapma imkânına kavuştuk. Ayrıca daha önce Diyarbakır'da yanıma aldığım telsiz teknisyeni polis memurunu da İstanbul'a getirdim. Onun gibi birkaç yetenekli memurla birlikte küçücük bir odada laboratuarımızı kurduk. Böylece bu küçücük odada kendi dinleme teyplerimizi, kameralarımızı, fotoğraf makinelerimizi yapmaya başladık, hem de inanılmaz ölçüde düşük maliyetlerle. İstanbul'da böyle bir takip telsiz sistemi ancak milyon dolarlara kurulabilirken, biz 100 adet telsizi, gizli konuşma aparatları, yedek batarya ve yedek malzemelerin tamamını 42 bin dolara mal etmiştik.

Gördüğüm basit bir gizli kamera yöntemi zihnimde birden başka şimşekler çaktırmıştı. Bu yöntem çok iyiydi ve tam bize göreydi. Basit bir ızgara teli gibi dokunmuş file benzeri bir kumaş veya ızgara benzeri sert bir malzeme ile rahatlıkla gizli kamera yapılabiliyordu. Çantanın herhangi bir yeri kesilerek ızgara şeklinde file gibi gözüken seyrek dokunmuş kumaş kesilen yere dikiliyor ve arkasına kamera yerleştiriliyordu. Kameranın merceği kumaşa çok yakın olduğu için ızgaradaki delikleri görmüyordu. Sanki önünde engel yokmuş gibi doğrudan karşı tarafı görülebiliyordu. Dışarıdan bakıldığında kamera hiçbir şekilde görünmüyordu. Bu kameraların çalışması için özel aparatlar, uzaktan kumanda edecek düğmeler yaparak, kimi kısımlarına ilave parçalar takarak yirmiden fazla gizli kamera yapmıştık. Bir gizli kameranın maliyetinin yirmi-otuz bin dolar olduğundan bahsedildiği zamanlarda, biz yirmi-otuz bin dolara yirmi-otuz tane gizli kamera yapmıştık. Bütün ekiplerimiz bu cihazları kullanmaya başladı. Atılan tüm bu adımlar istihbarat alanında bize avantaj ve üstünlük kazandırmıştı.

Aynı zamanda bilgisayarlı sitemimiz ilk neticelerini vermeye başlamış, bu sayede bizler de mesafe kat etmeye başlamıştık. Ama bu yeterli değildi. Karşılaştığımız örgüt mensuplarının farklı yöntemler kullanmaya başladığını görüyorduk. Sıradan insanın aklının almayacağı gizlilik ve casusluk örgütlerine taş çıkartır derecede özel dikkat ve disiplin içinde telefonlarını kullanıyorlardı.

Örgüt mensupları sabit telefonları hiç kullanmıyorlar veya çok az kullanıyorlar; asla evden dışarıyı aramıyorlar, evdeki telefonları sadece alarm durumları için nadiren kullanıyorlardı.

Ama bu da benim için çok önemli bir ipucuydu. Hiç telefon kullanmamak da çok ayırt edici bir özellikti. Örgütün telefon kullanma biçiminin diğer normal insanların kullanımlarından farklı yönleri vardı, biz de bu farklılığı ortaya çıkarmaya çalışıyorduk. Örgüt mensuplarının telefonla evden dışarıyı hiç aramaması, bu telefonların nadiren dışarıdan aranıyor olması bizim için önemli bir ipucuydu. Bu ipucunu kullanarak, bilgisayar sistemindeki İstanbul'da kayıtlı telefon numaraları içinden dışarının hiç aranmadığı, nadiren dışarıdan aranan numaraları süzdüğümüzde karşımıza epeyce numara çıkıyordu. Bu numaraların bir kısmı oturulmayan ya da sıradan insanların farklı mazeretlerle az kullandığı evlere aitti, ama bir kısmı da örgüte ait numaralardı.

Örgüt olağan seyirden farklı hareket ediyordu. Bizim işimiz de bu farklılığı algılayacak sistemi kurmaktı, yani anormalliği algılayacak sistemi kurmak gerekiyordu. Örgüt mensuplarının sabit telefonlardan çok ankesörlü telefonları kullandıklarını, yurtdışı irtibatlarını sadece ankesörlü telefonla kurduklarını tespit ettik. Hele Dev-Sol inanılmaz bir teşkilattı, dinlemeyi engelleyen inanılmaz özel ve gizli yöntemler buluyordu. Türkiye'deki ankesörlü telefonlardan Avrupa'daki ankesörlü telefonları aramak veya mobil telefonlar ve yurt içinde yabancı cep telefonları kullanmak gibi ancak uluslararası haber alma örgütlerinin kullandığı inanılmaz gizli yöntemleri kullanıyordu.

Örgütün her hücresi doğrudan yurtdışına bağlı çalışıyordu; aynı hücre elemanları bile panikleyip birbirlerinden koptukları durumlarda mutlaka yurtdışındaki bir telefonla irtibat kurmaları gerekiyordu. Yan yana çalışan iki kişinin bile doğrudan birbirleriyle irtibatı yoktu. Yani siz bir örgüt mensubunu ister örgüt içerisine yerleştirdiğiniz muhbiriniz vasıtasıyla, ister fiziki takiple, isterse de ihbarla yakalayın, o kişinin size vereceği fazla bir bilgi yoktu. Çünkü onun randevuları ve bağlantıları yurtdışını telefonla arayarak alınıyordu, en fazla kendi hücresindeki arkadaşlarını ele verebilirdi, diğerlerini yakalama imkânınız bulunmuyordu. Örgüt mensubu yurtdışını arayacak, yurtdışından randevu alacak ve o randevu ile diğer örgüt mensubuyla buluşacaktı. Dolayısıyla örgütü öyle diğer klasik yöntemlerle takip etmek ve yakalamak çok zordu. Örgüt klasik yöntemleri çok iyi biliyordu, klasik istihbarat yöntemleri ile yakalanmamak için her türlü tedbiri almıştı. İstanbul'da onlarca hücre vardı ama asla bir hücre diğer hücre ile yatay olarak ilişkiye geçmiyordu. Yakaladığınız bir militan ne yaparsanız yapın, hatta kendisi bilgi vermeye istekli olsa da diğer hücrelerle ilgili hiçbir bilgiye sahip olmadığı için başka bir militanı size yakalatma imkânı yoktu. Çünkü militanların birbirleriyle ilişkisi sadece Avrupa'yı telefonla arayarak oradan randevu almaktan ibaretti. İstanbul'da bulunan bütün militanlar belli aralıklarla yurtdışını arıyor, buluşamadığı/buluşmak istediği kişileri söylüyor, onlar buluşma ayarladıktan sonra tekrar aradığında buluşmanın tarih, yer ve saatini alıyordu; irtibatlarını böyle sağlıyorlardı. Tüm bu muhabere, ankesörlü sokak telefonları ile gerçekleştiriliyordu.

Bu durumu fark edince, buna karşı ne yapabileceğimizi düşündük. Kullandıkları bu olağanüstü özel yöntemi onlardan başka kimse kullanmadığından bu durumu lehimize çevirmeyi, onları herkesten ayırt eden bu özelliği onların tespitine yönelik kullanmayı düşündük ve bu yönde bir sistemi kurduk. Bu olağanüstü güçlü yöntemleri, sanki yalnızca onların giydiği özel bir kıyafet ya da kullandıkları özel bir araçmış gibi diğer insanlardan onları ayrıt etmemizi sağlıyordu. Geliştirdiğimiz sistem yalnızca Dev-Solu değil, aynı yöntemi kullanan tüm örgütlerin militanlarını da ortaya çıkarmamızı sağlıyordu. Onlar ne kadar özel ve aşırı tedbir alırlarsa o kadar kolay, kesin ve kısa sürede tespit ediyorduk.

İstihbaratta en önemli bilgi akışı, bilgi kaynağı eleman denen örgüt içerisine sızdırılmış ajanlar vasıtasıyla yapılıyordu ama bu çok uzun bir çalışmayı gerektiriyordu. Ayrıca bizdeki

Dev-Sol, PKK ve TİKKO gibi silahlı eylem yapan örgütlere ajan sokmak da mümkün değildi. Bir defa örgüt içine sızdırılan eleman eylem yapsa suç işlemiş oluyor, yapmasa örgüt kararlarına aykırı davrandığı için yaşaması mümkün olmuyordu. Bunun yanında militanlar uzun bir deneme dönemi sonunda bazı ufak eylemlerde denendikten sonra silahlı gruplara alınıyordu. Bu yüzden kısa sürede örgütlere ajan sokamıyorduk fakat o kadar çok saldırı ve suikast olayı meydana geliyordu ki zamana tahammülümüz yoktu. İlk göreve başladığım sıralarda her gün polise karşı bir silahlı saldırı oluyordu. Sonuç olarak biz de bu bilgi alma açığımızı, teknik alet ve cihazlarla kapatmaya çalıştık.

Türkiye'nin çok akıllı, becerikli, bugün saygıyla anılması gereken, haklarını kimsenin ödeyemeyeceği mühendisleri vardı ve o zamanki Türk PTT'sinde (bugünkü Türk Telekom) çalışan bu mühendisler, kendilerine hiçbir ödeme yapılmaksızın bu imkânları bize sağladılar. Bugün dahi bu insanların yaptıklarının gerçek değerini bizim dışımızda hiç kimse bilemez. Onların sağladığı imkânlar sonucunda örgüt mensuplarını izleyebildik. Mustafaların, Metinlerin hakkını unutmamak lazım.

Dursun Karataş bir konuşmasında "Benim her gönderdiğim militan yakalanıyor, takip ediliyor, ben alnınıza Dev-Solcu diye yazı yazıp sizi göndersem kesinlikle bu kadar kısa zamanda yakalanamazsınız. Bu nasıl oluyor?" diyerek içinde bulunduğu sıkıntıyı anlatıyordu. Gerçekten de doğru söylüyordu. İstanbul'a eylem için gönderilen militanların alınlarına Dev-Sol'cu, PKK'lı, TİKKO'lu yazılsa bu kadar kısa sürede bu kişileri bulamaz ve eylemlere mani olamazdık.

Militanları nasıl deşifre edip yakaladığımızı kavrayamıyor, çılgına dönüyorlardı. Kurulan sistem gerçekten harikaydı, bir mucizeyi gerçek kılıyordu. Örgütü bütün İstanbul, hatta tüm Türkiye genelinde denetleyebiliyor, faaliyet ve eylemlerini önceden bilip, daha harekete geçmeden onları yakalayabiliyorduk.

Yeni mucizevî yöntemler bulmuştuk. Artık farklı bilgilere ulaşma imkânına sahiptik ve bu sayede örgütün her hareketini görebiliyor, örgütü denetleyebiliyorduk. Örgütün muhaberesine nüfuz etmiştik. Örgüt artık bizim avucumuzdaydı, istediğimiz gibi müdahale edebilirdik. Örgüte müdahalemiz kolaydı, çünkü örgütün militanları kısıtlı bilgiye sahipken bizler çok kapsamlı bilgilere sahiptik. Onlar birbirlerinin yerini bilmezken biz biliyor, nerede olduklarını ve hangi ankesörlü telefonları kullandıklarını tespit ediyorduk.

İstanbul'a ilk geldiğimde takip edilecek kaç PKK, kaç Dev-Sol hedefimiz var diye sorduğumda cevap sıfırdı. Takip edilecek eylemci kanattan tek bir Dev-Sol hedefimiz dahi yoktu, dinlediğimiz örgüt içindeki önemli bir kişi veya hücreye ait hiçbir telefon hattı mevcut değildi. Fakat daha bir yıl dolmadan öyle bir düzeye gelmiştik ki, artık örgüte ait numaraların tamamını olmasa da çok özel olanlarını dinleyebiliyorduk. Örgütün üst düzey elemanlarını takip ediyorduk, sıradan elemanları takip edecek personel ve zaman bulamıyorduk, gücümüz yetmiyordu. Çok önemli militanları takip edebilecek konuma gelmiştik, artık örgüt bizim denetimimize girmişti. Tabii her gelişme ve karşılaştığımız soruna farklı çözümler aramaya başlamıştık. Yüzlerce adres, isim ortaya çıkıyordu. Her adresi, her olayı tahkik etmeye gitmek çok uzun zaman alıyordu, buna karşı ne yapmamız gerektiğini düşünmeye başladık ve şunu fark ettik. Eğer birtakım bilgileri bilgisayara yükleyerek bir veritabanı oluşturursak, bu bilgileri sorgulamak suretiyle olay yerine gitmeden bilgi temin edebilirdik. Bunun için bulabildiğimiz bilgisayar ortamındaki her türlü dijital bilgiyi veritabanına ekleyecektik. Kendimize ait küçük bir bilgi bankası oluşturup gerek olduğunda özel programlarla bu bankadan istediğimiz bilgiyi anında bulabilecektik.

Böylece bir yandan örgüt mensuplarını bulup denetim altına alırken bir yandan da herhangi bir kişi hakkında bir ihbar olduğunda ya da bir adresten şüphelenildiğinde, o adreste kimin oturduğu, elde edilen bilgilerin doğru olup olmadığı gibi bilgileri anında görme imkânımız oluyordu. Önceleri, örneğin Pendik'teki bir adresi sormak için üç kişilik bir ekip sabahtan akşama kadar tahkikat yapıp bilgi edinmeye çalışıyordu. Fakat bilgisayardaki bilgilerden şahsı sorgulamak saniyeler alan bir işlemdi, böylece çok rahat bilgi toplayabiliyorduk. Oturduğumuz yerden pek çok olayı bilgisayarda tahlil etme ve anlama imkânına sahiptik. Bu durum, bizim sahamızda daha etkin ve verimli çalışabilmemiz için alınan önemli bir mesafeydi. Oluşturulan veritabanları sayesinde örgüt mensupları arasındaki ilişkileri ve irtibatları sorgulayarak fevkalade bilgilere ulaşabiliyorduk.

İstanbul Operasyonları

İstanbul, terör örgütü olarak adlandırılan solcu, sağcı, bölücü, irticai vs. ideolojilerden her türlü örgütün eylem ve faaliyetinin olduğu bir şehirdir. Ama benim göreve başladığım sıralarda terör örgütlerince yapılan silahlı eylemler açısından tüm bu örgütler bir yana Dev-Sol bir yanaydı.

Dev-Sol, emekli asker, MİT ve polis mensuplarına karşı en çok eylem yapan örgüttü. 1970'li yıllarda İstanbul merkezli olarak eylemlerine başlamış, 1980'de etkinliği kırılsa da hiçbir zaman tam anlamıyla çökertilememişti. 80'li yılların sonunda cezaevinde firarlar ile birlikte yeniden eylemlere başlayan örgüt, 1990'dan itibaren büyük silahlı eylemler yapmaya başlamış, şehrin genel güvenliğini tehdit eden en ciddi grup olduğunu ispatlamıştı.

Dev-Sol, DGM savcısı Yaşar Günaydın, Emniyet Müdür Yardımcısı Şakir Koç, emekli MİT Müsteşar Yardımcısı Hiram Abbas, emekli Oramiral Kemal Kayacan ve daha birçok kişiye suikast gerçekleştirmişti. Her geçen gün silahlı eylemlerini artırıyordu. Kendilerini nasıl görüyorlarsa, her ay veya her olaydan sonra silahlı eylem bültenleri yayınlıyor, basın kuruluşlarına fakslıyor, yaptıkları silahlı eylemleri tek tek sıralıyor, işledikleri cinayetlerden övünerek bahsediyorlardı. Silahlı Devrim Birlikleri (SDB) kurmuşlardı, hatta bir ara polislere sokağa çıkma yasağı ilan edecek kadar ileri gitmişlerdi.

Peki, İstanbul'un, hatta ülkenin güvenliği için bu kadar önemli olan en kanlı eylemleri gerçekleştiren Dev-Sol'a yönelik devlet cephesinde neler yapılmıştı? Dev-Sol'a karşı 12 Temmuz 1991'de büyük bir operasyon yapılıp, önemli yöneticileri ölü ele geçirildi. Fakat bir süre sonra örgüt yeniden eylemlere başladı. 17 Nisan 1992'de bu defa örgütün silahlı birliklerinin yöneticileri saatlerce süren çatışmalar sonunda ölü ele geçirildi. Ben bu olaydan bir-iki gün sonra, her gün polise yönelik silahlı saldırıların gerçekleştirildiği bir dönemde İstanbul'da göreve başladım.

Polis cephesinde, örgütü tanıma, ona karşı tedbir almaya yönelik hiçbir çalışma yapılamıyordu. 12 Temmuz operasyonu yapılmış, örgütün yöneticileri ele geçirilmiş, örgüt evlerinde çok önemli dokümanlar elde edilmiş ama göreve başladığım tarihte aradan geçen bunca zamana rağmen bu dokümanlar hâlâ okunmamıştı. Yine 17 Nisan operasyonu yeni olmuştu, bu operasyonda da çok ciddi dokümanlar ele geçirilmiş, ama onlar da okunamamıştı, okumak için zaman ve imkân da yoktu. Dev-Sol'la mücadele edecek İstihbarat ve Terörle Mücadele Şubesinde oluşturulan birimdeki görevliler (Timler) günlük olaylara ancak yetişiyorlardı; her gün bir olay, bir eylem meydana geliyor, bu eylemlerde yakalanan militanlar sorgulanıyordu. Fakat örgüt hızla büyüyüp gelişiyor, her gün biraz daha güçleniyordu.

Dokümanları okuyamayan, örgütü tanıyamayan personel mücadele de çok etkin olamıyordu. Terörle Mücadele (TEM) müdürü arkadaşım Reşat ile birlikte iki şubeden oluşan bir grup oluşturduk. 12 Temmuz ve 17 Nisan operasyonlarının dokümanlarını okuyarak değerlendirmeye çalışıyorlardı, bu grubun değerlendirmeleri sonucunda önemli gördüğü belgeleri biz de okuyorduk. Örgütle mücadele için örgütü ve militanları tanımalıydık. Nasıl düşünürler, ne hissederler, nasıl yaşarlar, hangi zamanda ne yaparlar, her şeylerini bilmemiz gerekiyordu. Bütün mesaimi bu insanların ruh, inanç, düşünce dünyasını tanımaya ayırıyordum. Bir yandan da teknoloji üstünde çalışıyordum ama teknolojinin işe yaraması için de militanların her şeyini bilmemiz gerekiyordu.

Ne kadar belge okusak da örgütü tanımak için kâğıtlar yetersiz kalıyordu. Örgütün içinden, hatta örgütü iyi tanıyan üst düzey bir militana ihtiyaç vardı. Fakat Dev-Sol içinde böyle birini yakalamak çok zordu. Örgütte mutlak bir gizlilik hâkimdi; militanların çoğu aranıyordu veya yeraltına inmişlerdi, sahte hüviyetlerle masum aile üyeleri görünümünde çeşitli evlerde kalıyor, kendi aileleri ve tüm çevrelerinden kopuk yaşıyorlardı. Bulunduklarında da çatışmaya giriyor, polis de öldürülen meslektaşlarının intikamını alma gayesiyle sağ teslim almaya çok çaba göstermiyordu.

Bu arada bir tesadüf neticesi tam istediğim gibi bir fırsat doğdu. Örgütün çok önemli bir elemanı sağ yakalandı, ciddi suçlardan da aranmıyordu. Bir süre sonra diyalog kurma imkânım oldu, örgütün yaptıklarından bıkmış, içinde örgütle ilgili şüphelerin oluşmaya başladığı biri olduğu anlaşıldı. Bu şahsı öğretmen yaptık, örgütü tanımak için bu kişinin yanına TEM ve İstihbarat şubesinden 5-6 kişilik karma bir ekip verdik. Bu kişi bizim polislerimize örgütle ilgili bir eğitim verdi; örgütün düşünce yapısı, yaşama ve eylem biçimleri, hayat tarzları konusunda bize çok önemli bilgiler aktardı.

Bu kişiden elde ettiğimiz bilgilere göre, örgütün İstanbul'da görev vereceği militanlarına yönelik sokak çalışması denen çok özel bir eğitim sistemi vardı. Şehri ve sokaktaki yaşamı iyi bilen usta bir militan nezaretinde eğitime tabi tutulan militan, faaliyet göstereceği mahalle ve semtlerde nasıl dolaşacağı, bir yerden diğer yere hangi tür yolları kullanarak ulaşacağı, polis takibinin ve şüpheli kişilerin nasıl atlatılacağı gibi çok ayrıntılı konuları kapsayan uzun, çok ciddi bir eğitimden geçiriliyordu. Bu eğitimi almayan hiç kimse örgütün yürüttüğü eylem ve olaylara dâhil edilmiyor, hatta onlara İstanbul'da görev verilmiyordu. Bizim polisler de bu kişinin anlatımlarına dayanarak resmen sokak çalışması yapmaya başladılar. Bir- iki ay sonra bizimkiler de onların yaşama biçimlerini öğrenerek artık militanlar gibi hareket etmeye başlamışlardı. Hatta bu çalışmalar sırasında, davranışlarından militan olduğundan şüphelendikleri bir kişinin kimliğini araştırmak istediklerinde şahıs kaçmaya başlamış, ama kovalamaca sonunda yakalanmıştı. Bu kişi bir süre kimliğini saklasa da sonunda TİKKO merkez komite üyesi Ali Gülmez olduğu ortaya çıkmıştı. Arkadaşlar, sadece aldığı tedbirler ve davranışlarından bir kişinin illegal örgüt mensubu olabileceğini tahmin edebilmişlerdi. Bizim tim de artık Dev-Sol'u pek çok yönüyle öğrenmişti. Onları nerelerde arayacağımızı, nasıl bulacağımızı öğrenmiştik.

Dev-Sol militanları hakkında diğer örgüt militanlarından daha dirençli, daha kahraman, daha devrimci gözüktükleri, çatışmalarda teslim olmaktansa çatışarak ölmeyi tercih ettikleri söyleniyordu. Dev-Sol, tüm devrimci örgütler açısından bir cazibe merkezi olmuştu. Birçok eski örgüt mensubu, kendi örgütü ile çelişkiye düşen herkes Dev-Sol'a geçiyordu. Bunda biraz da polisin kendisine karşı silah kullanan kişilere yönelik sert tutumunun da rolü vardı. Bu havanın kırılması, Dev-Sol militanlarının da diğer devrimciler gibi olduğunun gösterilmesi gerekiyordu. Bu konuda tüm TEM yöneticileri olarak mutabıktık. Bu amacı gerçekleştirmek için aradığımız fırsat Balat semtinde ortaya çıktı. Dev-Sol'a ait silahlı bir hücre evini tespit etmiştik. Ev kuşatıldı, militanlar evde dokümanları yakmaya çalışırken yangın çıkardılar, meğer evde çok miktarda patlayıcı madde varmış. Militanlar sıkışmıştı, çatışmaya başladılar. Çevrede güvenlik tedbirlerini alıp teslim olmaları için iknaya uğraştık, uzun süren çabanın sonunda bir militan kız olay yerine gelen savcıya teslim oldu. Evde yangın çıktığından merdivenlerden inemeyince, militan pencereden yardımla evden çıkartıldı. Bu arada çatışmayı duyup gelen tüm kameralar bu sahneyi çektiler. O gün akşam tüm televizyonlarda bu görüntüler vardı. Teslim olan militanlardan, pencereden indirilen militan kız örgütün SDB timinin komutan düzeyindeki yöneticisiydi. Benzeri uygulamalar ile Dev-Sol militanlarının da sıradan kişiler olduğu, özel bir kişiliklerinin olmadığını göstermeye çalıştık.

Başta Dev-Sol olmak üzere, tüm silahlı devrimci örgütler güçleniyordu. Bunları durdurmak lazımdı ama nasıl ve hangi yöntemle? Eskiden örgüt militanlarını tanımıyorduk ama bir süre sonra ben teknik sistemleri kurunca işler teresine dönmüştü. Artık militanları biliyor, faaliyetlerini izliyor, neyi nasıl yapacaklarını tahmin edebiliyor, neye ihtiyaçları olduğunu ve nereden temin edeceklerini hesaplayabiliyorduk. Örgüt militanlarını eylemlerden uzak tutmanın, durdurmanın birkaç yolu vardı; suç delillerini bulup tutuklanmalarını sağlamak, cezaevine göndermek, silahlı çatışmalarda ölü ele geçirmek ama bugüne kadar hep denenmiş olan bu yöntemler çok da işe yaramıyordu. Tutuklamak çare değildi, militanlar cezaevinde daha da radikalleşiyor, tüm aile fertleriyle örgüte yanaşıyor ve hizmet ediyorlardı.

Öldürmek de bir çözüm değildi. Kendi menfaatini düşünmeyen, idealist, dünyayı değiştirme gayesinde olan ama yanlış yola sapmış bir kişinin öldürülmesi hiç istemediğim, hiç kimsenin istemeyeceği bir durumdu. Ayrıca bu da fayda etmiyordu, her öldürülen kişinin ardından diğer militanlar daha da radikalleşiyor, intikam yemini ediyordu. Ölen militanların adlarını taşıyan yeni silahlı birlikler kuruluyordu, ölen insanların aile fertleri ya da arkadaşları, yakınları da bu ölümler üzerine militanlaşıyordu.

Sonuç itibarıyla mevcut yöntemlerimizden, olayları bastırmaktaki sert tutumumuzdan örgüt kârlı çıkıyordu. Militanlar da boş durmuyorlar, silahlı eylemler yapıp kan dökmekten çekinmiyorlardı. Onların da bir şekilde durdurulması gerekiyordu. Çare örgütü işlemez hale getirmekti, yani yeni yöntemler bulmalıydık.

Dev-Sol örgütünü bir anda çökertmek fiilen imkânsızdı ama onları rahat faaliyet gösteremez hale getirmek mümkündü. Örgütün işleyişini bildiğinizde bu yapıya sızmak, onu belli oranda denetlemek ve onları çalışamaz hale getirmek göründüğü kadar da zor değildir. Legal faaliyet gösteren örgütlerin çalışmasına mani olmak kolay değildir ama tamamen yer altına inmiş, mutlak gizlilik uygulayan, katı hiyerarşik yapıları durdurmak için sadece bilgiye ihtiyaç vardır. Bu bilgiyi de yeni kurduğumuz sistemler sayesinde edinebiliyorduk. Örgütün muhaberesine girmiştik, üst düzey yöneticilerin yurtdışı ile olan haberleşmelerini deşifre ediyorduk, bu hayati bilgiler bize militanların tüm davranış ve eylemlerini önceden bilme imkânı veriyordu.

Artık birinci hedefimiz Dev-Sol militanlarını yakalamak, hapse atmak veya öldürmek değildi. Hedefimiz örgütü çalışamaz hale getirmekti. Bir süre eylem yapamayan militanlar örgütten soğuyacak ve yavaş yavaş örgütü bırakacaklardı.

Dev-Sol'un plan ve programlarını öğrendiğimiz an çeşitli müdahalelerle küçük ama engelleyici sorunlar çıkarıyorduk. Her konuda aşırı tedbirli olan örgütün, müdahalelerimizden sonra kafasında beliren soru işaretlerinin, acabaların cevabı için birkaç hafta beklemesi gerekiyordu. Uzayan işler, zamanında yapılamayan eylemler, oluşturulan düzende aksayan her iş militanların motivasyonlarını azaltıyordu.

Silahlı birliklere yeni alınacak bir militan belli olup buluşma yerine gittiğinde, militanları şüphelendirecek şekilde yapılan bir takip üzerine buluşmayı yapacak militanlar bizi atlatıncaya kadar boş boş gezinmeye başlıyorlardı ve bu birkaç gün bu şekilde devam ediyordu. Sonra takip edilmediğinden emin oluncaya kadar (buna temizlenmek diyorlardı) bir süre beklemeye başlıyorlardı. Takip edilmediklerinden emin olunca yeniden bir buluşma ayarlayıp buluşma yerine gidiyorlardı. Bu defa buluşma yerine yakın, yol üstünde şüpheli davranışları nedeniyle üzerlerini arıyorduk. Bunun üzerine yeniden buluşmayı gerçekleştirmeyip gezinmeye başlıyorlardı. Bu döngü 15-20 gün, bazen aylar sürüyordu. Bir araya getirilmeye çalışılan militanlar aylarca bir araya gelemeyince, motivasyonları düşüyor, beklemekten, belirsizlik ve hareketsizlikten yoruluyorlardı, zaten fazla maddi imkânlara da sahip değillerdi.

Eylem yapmayı düşünen militanlardan birini ihbar ya da şüphe üzerine durdurup kısa süreli alıkoyarak, örgüt mensubu olduğunu bildiğimiz, ama daha fazla ayrıntılı bir bilgiye sahip olmadığımız şüphesini yaratıyorduk. O ve onunla irtibatlı militanlar yeniden temizlenme işlemine başlıyor, hatta uzun uğraşılar sonunda oluşturdukları hücre evlerini (her ne kadar bilmesek dahi) polisin bilme ihtimaline karşı boşaltıyorlardı.

Bizim plan ve programımız dışımızda da polisin bazı rutin faaliyetlerini kendilerine yönelik bir takip veya operasyon olarak düşünen militanlar sürekli olarak takip edilme korkusu duyuyorlardı, hatta bazılarının görünmeyen biri tarafında takip ediliyor olma hissinden olsa gerek psikolojisi bile bozuluyordu. Örgüt dokümanlarında okuduğumuza göre, örgütün en üst yöneticilerinden Faruk X, Muş ovasında seyahat ettiği otobüsten inmiş, yolda otostop çekerek başka bir araca binmiş, il merkezine gidip başka bir otobüse binmiş. Fakat yolda indiği zaman ovada karşılaştığı tarlasını traktörle süren çiftçinin de polis olduğundan emin olduğunu yazacak kadar paranoya içine girmişti.

Bunun yanında eylem hazırlığında olan militanlara yönelik küçük operasyonlar düzenliyor, bazılarını suç delilleriyle birlikte yakalıyorduk. Operasyonun nerede başladığı, nerelere sirayet edeceğini bilemeyen militanlar yeniden dağılıyor, ilişkileri donduruyor, olayı tam öğreninceye ve şüphelendikleri yerlerin ve kişilerin takip edilmediğinden emin oluncaya kadar uzunca bir süre eylemde bulunamıyorlardı.

Silah ya da mermi almak istediklerini öğrendiğimizde, onlar büyük bir iştahla yeni silahları almayı beklerlerken biz silahları alacakları kaçakçıları daha yeni yola çıktıları yerde yakalıyorduk. Bu durumda yeniden arayışa girip yeni silah temin noktaları arayabilirlerdi.Fakat bizim amacımız basit hareketlerle engelleyebildiğimiz ya da geciktirebildiğimiz kadar eylemleri engelleyip geciktirmekti. Suni sorunlar, kontroller yaratarak onları engelliyor, süreyi uzatıyor, tam silaha ulaşacakları an veya silahlar daha depolarındayken adamlarına dağıtılmadan yakalıyorduk. Böylece hem maddi kayba uğruyorlar hem de aylarca süren beklentileri sanki tesadüf bir olayla suya düşüyordu. Yeniden silah alma pazarlığı yapmak vs. işler aylarca sürüyor, bu da bu süre zarfından yine beklemeleri demek oluyordu.

Dev-Sol sürekli her türlü silah, patlayıcı, vs. almak istiyordu, özel bir lojistik kanalından silah alacaktı. Bu istihbari bilgi bizim için önemliydi, örgütün silah alma ağına girmemiz gerekiyordu; çünkü bu silahlar örgütün tüm silahlı birliklerine dağıtılacaktı, bunlar üzerinde hem militanlara ulaşabilir, hem eylemlere mani olabilirdik. İyi bir plan gerekiyordu. Burada bu amaç doğrultusunda yapılanların hepsini ayrıntılarıyla anlatmak mümkün değil, bu gün bu operasyonların anlatılması hem bazı kişilerin güvenliğini sıkıntıya sokabilir hem de bazı yöntem ve sistemler halen daha kullanılabileceğinden deşifre olmaması açısından şimdilik sır kalmalıdır. Fakat şunu söyleyebilirim ki gerçekleştirilen çok etkin operasyonlar sayesinde örgütün silah alımları büyük oranda engellendi.

Sonuç olarak teşkilat olarak harikalar yaratıldı, örgütün silah temin etmesine ve silahlı eylem yapmasına mani olundu. Uzun süre silah bulamayan, bir biri ile buluşamayan, sistemli çalışamayan ve takip edilme korkusuyla sürekli saklanan militanlar demoralize oluyor, moral bozukluğu ise örgütü için için yiyordu.

Bu arada inanılmaz bir mucize gerçekleşti. Dev-Sol örgütü içerisinde çatışmalar ortaya çıkmaya başladı. Örgütün lider kadrolarından Bedri Yağan ve yanındaki üst düzey militanlar, örgüt lideri Dursun Karataş'ın benimsediği yöntemlerin örgüte zarar verdiğini iddia ederek onu bir odaya hapsedip yönetime el koydular. Suriye-Lübnan kamplarındaki ve İstanbul'daki yönetici kadrodaki militanları Avrupa'ya çağırıp toplantılar yapıyorlardı. Sonunda Dursun Karataş zorla tutulduğu yerden serbest bırakılınca kaçmış, Türkiye'de Dev-Sol'un legal yayınevi görünümündeki dergi ve derneklerle irtibat kurarak ülkedeki militanlardan yardım istemişti. İrtibat kurduğu her yerde örgüt içerisinde darbe yapıldı, zorla yönetime el konuldu diyerek herkesi ayağa kaldırıyordu. Dursun Karataş genellikle gıyabında Dayı kod adıyla anıldığından örgütte Dayıcılar ve Darbeciler olmak üzere iki grup oluşmuştu. Örgüt içerisindeki ayrılık bölünmeye doğru gidiyordu.

Biz tam bu sırada Dursun Karataş'ın serbest bırakılmasından kısa bir süre önce örgütteki bu bölünmeden haberdar olduk. Örgütün Bekaa kamplarındaki militanları ve Türkiye'deki yeraltındaki silahlı tüm militanları darbeci gruptan olmuş, bu grubun lideri olan Bedri Yağan'ın yanında yer almışlardı. Legal dergi ve dernekler ise Dayı grubunda kalmış, eski lider Dursun Karataş'ı destekliyordu.

O zamanlar İstanbul'daki tüm illegal alanlar ve faaliyetler sorumlusu olan Abla kod adlı (Hatice Eranıl, sonradan kimliği öğrenildi) militanı ve onunla irtibatlı kişileri izliyorduk. Örgüt içerisinde sürekli bir hareketlilik vardı. Örgüte ait tespit ettiğimiz üç tane hücre evi olmuştu ve bu evlerdeki militan sayısı her gün artıyordu, anlam veremediğimiz bir hazırlık vardı, ciddi eylemler olabilirdi. Takip ettiğimiz bazı kişilerin gizili çekilen fotoğraflarından geçmişte birçok olayın faili olmuş önemli militanların bulunabileceği kanaatine vardık ve operasyon yapmaya karar verdik. Fakat o kadar takip edilen hedef vardı ki hepsini aynı anda ve gündüz sokakta almalıydık, çünkü gece evlere operasyon düzenlenirse hepsi silahlarını kullanacağından çoğu ölü ele geçecekti. Bir kez silahlar patladı mı durdurmak imkânsızdı.

Artık operasyon yapacağımızı diğer birimlere anlatma zamanı gelmişti. Terörle Mücadele Şubesinin de operasyon, arama ve sorgulamalar için hazırlık yapması gerekiyordu. Bu zamana kadar gelişmelerden bizim istihbarat şubesi A bürosunun dışında fazla kimsenin bilgisi yoktu. Planlarımızı yaptık, tam operasyon yapacağımız sırada dışarıdan geldiği anlaşılan ve militanların özel bir önem verdiği bir kişi, Abla kod adlı örgütün Türkiye sorumlusu, militanın kaldığı eve yerleştirilmişti. Bu olayı takip eden büro amiri bu gelen kişinin çok önemli olduğunu düşünerek, operasyonun bir iki gün geciktirilmesini istiyordu. Çünkü Abla'nın yaptığı bir telefon konuşması yakalanmış, çok kısa süren bu konuşmada hiç isim geçmemesine rağmen Abla'nın bir konuyu nasıl yapalım diye bu kişiye danışması üzerine (Türkiye sorumlusunun ancak genel yöneticiye fikir soracağı düşüncesi ile) hiç tanımadığı, daha önce sesini duymadığı bu kişinin darbecilerin lideri Bedri Yağan olduğuna inanıyordu ve bundan emin olmak istiyordu. Bunun için de bu evi takip edip evden çıktığında bu kişinin gizlice çekilen fotoğrafını tanıyanlara teşhis ettirmeyi düşünüyordu, haklıydı da ama bir defa olay bizim şubenin dışına çıktı mı durdurmak kolay olmuyordu. Bu kadar militanın bir arada bulunması, her an bir eylem olma ihtimali operasyon isteğini artırıyordu.

Operasyon kararından tam iki gün geçmesine rağmen biz hâlâ operasyonu erteliyorduk. Emniyet Müdürümüz Necdet Menzir bizleri topladı ve bir an önce operasyonun yapılmasında ısrar etti, gerekçelerimi anlatarak biraz süre istedim. Bunun üzerine bana şu fıkrayı anlattı: Salamon'un komşusuna borcu varmış ve ertesi gün ödemek zorundaymış ama ödeyecek durumda olmadığından gece bir türlü uyuyamıyormuş. Kocasının bu endişeli halini gören eşi komşusuna Salamon yarın borcunu ödemeyecek diye bağırdıktan sonra kocasına dönüp şimdi sen rahat uyu bu defa da borcunu ödemeyeceksin diye o uykusuz kalsın demiş. Necdet Bey de bu kadar ısrarım üzerine "Tamam sana bir gün daha müsaade, ben yatmaya gidiyorum, şimdi sen ne yap ne et beklediğin şeyi bir günde yap, hadi şimdi sen düşün bakalım," dedi.

Ertesi gün Bedri'nin olduğu evin önüne gizli gözetleme aracını koyduk, içine de Bedri'yi tanıyan birini yerleştirdik, gündüz tüm hedefleri takibe başladık, hata yapmamalıydık. Bir defa yakalamaya başladık mı tüm hedefleri kısa sürede tek tek almalıydık yoksa bütün örgüt alarma geçebilirdi. Bazen takip ettiğimiz hedefleri kaybediyorduk, ama genellikle uğradıkları yerleri ve kullandıkları yolları bildiğimizden tekrar hemen bulabiliyorduk. 6 Mayıs sabahı başlayan takiplerde buluşmalara gelecek diğer şahısları da yakalamayı düşündüğümüzden en uygun zamanı bulmalıydık; birinci buluşmaya karşı taraf gelmezse alternatif buluşma için o militanı beklemeliydik. O gün şansımız yaver gitti, saat 14'te tüm takip ekipleri ile yaptığımız telsiz temasında bütün gruplar uygun durumdaydı. Bir satranç oyunu dikkatinde her hamleyi iyi ölçüp tartarak karar vermeye mecburduk.

Beni istihbarat birimine almak istediklerinde "Emin misiniz? Ben istihbarat yeteneklerine sahip biri değilim, belki operasyon ve soruşturma derseniz kendime güvenebilirim ama istihbarat konusunda kendimi hiç yetenekli bulmuyorum," demiştim, çünkü operasyon planı yapmak tam bana göre bir işti. İşte o gün de her hesaplamaları yapıp her alternatifi hesaplamıştım. Tüm militanları yolda, sokakta uygun ortamlarda tek tek almaya başladık, bizim takip ekipleri yeri ve kişileri gösteriyor, operasyon birimleri de yakalıyordu. Bir iki yakalamada meydana gelen boğuşmalar haricinde hiçbir şey olmamıştı. Eğer bu kişileri yakalamak için gece evlere girerek operasyon yapsaydık büyük bir kısmı ölü ele geçebilirdi. O gün hepsi profesyonel 22 tane SDB militanı yakaladık, bu kadar çok sayıda silahlı Dev-Sol militanı ancak Lübnan Bekaa kampında bir araya gelebilirdi.

Ama asıl Bedri olduğunu tahmin ettiğimiz kişi hiç sokağa çıkmıyordu, akşama kadar bekledik ama görme imkânı olmadı, evde kaç kişinin olduğunu da bilmiyorduk. Gündüz operasyon başlamıştı, ama bu eve mutlaka gece girmek mecburiyetindeydik. Gece geç saatte bu eve operasyon ekipleri baskın yaptı, kısa süre sonra çatışma çıktı. 6 kişi ölü ele geçirilmişti, ölülerden biri Bedri Yağan, diğeri ise İstanbul ve tüm illegal faaliyetlerin SDB komutanı konumundaki Abla kod adlı Hatice Eranıl'dı. Ev sahibi karı koca, örgütün legal alanda kullandığı, adlarına ev ve işyeri aldığı bir aile görünümümdeki örgüt mensupları idi. Bu karı kocaya ait bir markette arama yaparken nasıl bir tehlike atlattığımızı anladık.

Bu market Bekaa kampından getirilmiş silahlarla doluydu; kalaşnikoflar, diğer makineli tüfekler, roket atar RPG'ler, roket mermileri ve daha pek çok silah vardı. Hatırladığım kadarıyla 40'a yakın roket mermisi ve 7 adet roket atar silah bulunuyordu. Daha sonra diğer evlerde ve tespit ettiğimiz adreslerde aramalar yaptık. O kadar çok silah, patlayıcı malzeme ve mühimmat bulduk ki gözlerimiz bu kadar cephanenin varlığına inanamadı. İşte o zaman anladık ki, Bedri Yağan örgütün tüm silahlı birimlerini kendine bağlayınca İstanbul'da eylem yapamayan örgütün, lider Dursun Kartaş'ın yöntemleri sayesinde geri gittiğini ve kendisinin başa geçerek örgütü şaha kaldıracağını düşünmüş ve bu yönde tüm silahlarını (hatta şehir ortamında kullanılması mümkün olmayacak roket atarlarını) ve kamplarda bulunan tüm militanlarını toplayarak nasıl eylem yapılırı göstermek için İstanbul'a gelmişti. Eğer operasyon yapılmamış olsaydı, kısa süre içerisinde eylemlere başlayarak İstanbul'u cehenneme çevireceklerdi. Bu olay Bedri Yağan grubunu daha henüz doğmadan bitirmişti, ama Dursun Karataş da boş durmuyordu.

Cem Ersever Olayı

Cem Ersever'in öldürülmesi Güneydoğu'daki olayları veya Türkiye'deki iç güvenlik anlayışını (veya JİTEM anlayışını) birçok açıdan ibret alınacak şekilde gözler önüne seren bir olaydı. Yalnızca bu olayın irdelenmesi ve tam manasıyla aydınlatılması ve faillerinin yargılanması bile Türkiye de Susurluk ve Ergenekon anlayışının teşhiri ve ne olduğunun anlaşılması açısında yeterlidir. Ama maalesef her şeyi ile açık ve net olmasına rağmen bu olay hâlâ istenilen seviyede soruşturulup, failleri yargılanamadı. Cem Ersever'in öldürülmesi ile ilgili olarak Meclis Susurluk Araştırma Komisyonunda ve daha sonra adliyede geniş olarak ifade verdim ama bu ifadeler hep resmi kalıplar içerisinde kaldığı için belki şimdi olayı bir hikâye ya da bir film senaryosu içerisinde anlatmak ve daha iyi anlaşılır hale getirmek gerekiyor.

Cem Ersever'i ne zaman tanıdım? Eruh ve Şemdinli ilçelerinin 15-16 Ağustos 1984'te PKK gerillaları tarafından basılmasından sonra Güneydoğu illerini terörle mücadele ve istihbarat açısından desteklemek amacıyla yapılan çalışmalarda, ben de çalıştığım Mersin Terörle Mücadele Şubesinde mimlenip önce İstihbarat Daire Başkanlığının açtığı Yeraltı Yıkıcı Faaliyetlerle Mücadele (YYFM) kursuna alındım. Daha sonra, 1984 yılının son günlerinde de bir grup arkadaşımla birlikte tayinim Diyarbakır'a çıktı ve hemen gidip göreve başladım. Yeni atanan grubun amiri bendim, ekip halinde hızlı bir şekilde Güneydoğudaki olayları öğrenmeye çalışıyorduk. Diyarbakır İstihbarat Şube Müdür Vekiliydim ama Diyarbakır'dan çok tüm Güneydoğu bölgesinde görev almak gereğini duyuyordum veya Genel Müdürlük de bana biraz böyle bir görev biçiyordu. Tabii sıkıyönetim komutanlığının Diyarbakır'da olması, bölgesel düzeyde bir görev olması ve bizim sıkıyönetim karargahında bulunmamız da böyle bir imkânı bize veriyordu.

Göreve başlamamdan birkaç gün sonra, SASON operasyonu olmuş ve Ali Ozansoy isimli örgütün önemli kadrolarından

Sason bölge komitesi sorumlusu, geniş bilgi birikimine sahip entelektüel bir örgüt yöneticisi yakalanmıştı. Ali Ozansoy'un ilk sorgulanması sırasında PKK'nın kuruluşundan o güne kadarki (yani 1985 yılı itibariyle) geçmişini, varlığını, yurtdışı ve yurtiçi faaliyet ve hedefleri, bu yeni çıkışının amacının ne olduğunu, ne yapmak istediğini bir bütünlük içerisinde kapsamlı olarak anlatan ifadesini bir videobanda kaydetmiştik. Sonra bu kaydı sistematik yazılı bir metin haline getirip, bölgedeki görevlilere dağıtarak herkesin PKK hakkında bilgi sahibi olmasını sağlamıştık. Bu farklı bilgi alma yöntemi, PKK'yı çözen ve herkese PKK'yı gösteren faaliyetimiz bize önemli bir güç ve bilgi kazandırmış, aynı zamanda Sıkıyönetim Komutanlığı ve Emniyet Genel Müdürlüğü düzeyinde farklı bir bakış açısı edindirmişti.

O güne kadar bazı terör faaliyetleri gerçekleştirilmiş, Eruh ve Şemdinli ilçelerinin basılmış olmasına karşın güvenlik kuvvetleri karşılarındaki grubun, PKK'nın amacının ne olduğunu, ne yapmak istediğini bilmiyordu. Hatta birçoğu Eruh ve Şemdinli baskınlarını Suriye'den gelen insanların yaptığını zannediyordu. Eruh Şemdinli baskınından sonra bölgeye gönderilen Güvenlik Kuvvetlerinin aldığı ilk ifadelerde çok ilginç noktalar vardı. İnanılmaz ve tuhaf bir biçimde ifade alınmıştı; olay bir türlü kavranamamış, olayın ne olduğu hakkında bir fikir sahibi olunamamıştı. Bu yüzden tüm yönleriyle almış olduğumuz Ali Ozansoy'un ifadesi, PKK'nın ne olduğunu, ne yapmak istediğini, gelecekte PKK'nın neler yapacağını, hedeflerinin ne olduğunu ortaya koyan çok önemli bir belgeye dönüşmüştü. PKK'nın yeni süreçteki çıkışı, o güne kadar daha derli toplu anlatılmamıştı.

İlk yıllarda Diyarbakır'da fazla bir PKK varlığı yoktu, daha doğrusu Alaattin Zuhurlu ve bölge halkından birkaç arkadaşından oluşan bir gerilla grubu vardı ama onlar da pek fazla etkin değillerdi. Eylemsel olarak da fazla bir şey yapmamışlardı, daha çok keşif, belki bölgeyi tanıma gibi faaliyetlerde bulunuyorlardı.

Bizim Genel Müdürlük adına PKK faaliyetlerinin daha yoğun olduğu birçok yere (Siirt, Hakkari ve Şırnak bölgelerine) gidip oralarda inceleme yapma imkânlarımız vardı. Güneydoğu illerini gezip tanımaya ve oradaki meslektaşlarımızla veya askeri yetkililerle ya da sıkıyönetim görevlileriyle görüşerek PKK hakkında bilgi toplamaya yönelik bu tür inceleme çalışmalarının birinde Siirt'e gittik. O zamanlar Siirt'te Emniyet Terörle Mücadele Şube Müdürümüz Cafer Şahin'di. Bu konulara yatkın ve yetenekli biriydi. Zaten daha önce Ankara Asayiş Cinayet Masasında çalışmış, siyasi örgütleri sorgulamış olduğundan bu konuda oldukça donanımlı biriydi. Cafer Şahin'in örgüt mensupları, onların faaliyetleri, kod isimleri vs. hakkında tuttuğu küçük not defterinin bir fotokopisini almıştım. Bu defter bizim çok işimize yaramıştı. İşte o arada birileriyle konuşurken, Siirt Jandarmasında sorgu operasyonları işlerine bakan Cem Ersever'le karşılaştım. O zamanlar üsteğmen veya yüzbaşıydı. Karşılaştığımızda, nereye gitse hep bizden bahsedildiğini söyledi. Genel Müdürlük adına yapılacak bazı görevler dolayısıyla defalarca Şırnak'a, Hakkari'nin en ücra ilçesi Beytüşşebap'a gidiyor, buradaki meslektaşlarımızla ve halkla görüşerek bölgeyi ve insanları tanımaya, olayların iç yüzünü anlamaya çalışıyorduk. Biraz da belki Diyarbakır bölgesinde örgütün pek etkin olmamasından dolayı oradan gelmenin rahatlığıyla etrafta çekinmeden dolaşıyorduk. Birçok insan oralara gelip gittiğimizi ve adımızı biliyordu ama bizi polis değil de daha çok Milli İstihbarat Teşkilatının elemanı zannediyorlardı. Çünkü polisin oralarda dolaşması pek alışılmış bir şey değildi. Siirt İl Jandarma Alay Komutanlığı bölgesinde çalışan Cem yüzbaşı da tüm bölgeyi dolaşan, bölgede olup biten her şeyi kontrol eden gözü kara biriydi. İşte bölgede dolaşırken Siirt'teki bütün köylerde, mezralarda bizim adımızı duyduğunu söyledi. Bir süre Cem'le sohbet ettik. Kısa süre içerisinde onun işine sarılan, bütün mesaisini ve zamanını her şeyiyle canı gönülden işine adayan, sürekli işi takip eden, olayları çok önemseyen ve bu davaya inanmış biri olduğu kanaatine vardım.

O da belki bende belli şeyleri gözlemlemişti. İlk karşılamamızla birlikte aramızda aynı inanç ve düşünceyi paylaşan insanların yakınlığı ve samimiyeti oluşmuştu. Görevle ilgili her konuda rahat konuşabileceğim, derdimi rahat anlatabileceğim, farklı konularda tartışıp fikir birliği kurabileceğim biri gibi görünüyordu. Çünkü biz bütün varlığımızla, bütün mesaimizle üzerinde olduğumuz işe odaklanmamız gerektiğine inananlardandık. O da bu anlayıştaydı.

Daha sonraki dönemlerde çok sık görüşemedik. Çok nadiren birkaç defa karşı karşıya gelmiştik. Ama kendimizi birbirimize çok yakın hissediyor, her karşılaşmamızda kimseyle paylaşmadığımız sırlarımızı birbirimizle paylaşabiliyorduk. Aradan epey bir zaman geçti. Bu arada Şırnak'ta bir iki defa karşılaştık zannediyorum. O karşılaşmalarımızda çok daha kızgındı. Özellikle askeri birimlerin şuurlu, makul ve mantıklı şekilde hareket edemediklerinden bahsediyordu. Hatta ilginç denemeler yapıyordu, daha sonra uyguladığı bu yöntemlerin bazılarından yazdığı kitaplarda da bahsetti.

O zamanlar Şırnak Uludere arasında gelip geçen herkes askerler tarafından sürekli kontrol ediliyordu. Durdurup araçları arıyorlar, yolcuların nereden gelip nereye gittikleri ve isimleri defterlere kayıt ediyorlardı. Ve tabii herkesten kimlik soruyorlardı. Cem kendisi için, PKK'nın o zamanki en önemli yöneticilerinden Duran Kalkan veya herkes tarafında Selim Hoca diye bilinen Selahattin Çelik gibi birkaç insan adına sahte kimlikler hazırlamıştı. Bir gün Cem otomobile sivil olarak binmiş, otomobil kontrol için durdurulduğunda askerlere kendi kimliği yerine bir seferinde Duran Kalkan'ın, başka bir sefer de Selahatin Çelik'in kimliğini göstermiş, kayıtlara da bu isimler geçmişti. Daha sonra tugay yetkililerine gidip, Şırnak'taki kontrol noktalarından Selahattin Çelik ve Duran Kalkan'ın geçtiğini söylemişti. Bunun üzerine askerler Şırnak'ın giriş ve çıkışında gelip geçen herkesin kimliklerinin yazıldığı defterleri getirip baktıklarında gerçekten Selahattin Çelik ve Duran Kalkan'ın adları yazılıydı. Cem'in göstermek istediği durum da buydu. Kontrol noktalarında bölgelere girip çıkanların adı yazılıyor, kimlikleri kaydediliyordu fakat örgüt mensupları, yöneticileri hakkında hiç kimse bilgi sahibi olmadığından örgütün yönetici kadrolarından ya da aranan bir kişi bile bu kontrol noktalarından çok rahatça geçebiliyordu. İsimler hakkında bilgi sahibi olmadan yapılan bu kontrol ya da kayıt tutmaların hiçbir işlevi olmuyordu. İşte Cem bu türden denemeler yapmıştı, kendisi bana bunları anlatmıştı, hatta daha sonra kitabında da benzeri şeyleri okumuştum. Kabına sığmayan sürekli koşturan biriydi.

Bu bölgedeki terör olayları nedeniyle hepimiz örgütün yeri ve faaliyetleri hakkında istihbarat almaya çalışıyorduk. Bazı insanlar da bu durumdan istifade etme gayretindeydi. Cem yüzbaşı (bir müddet sonra binbaşı olmuştu sanıyorum) bunlardan bir kısmını deşifre etmişti. Bu insanlar önce Jandarma, Emniyet veya diğer istihbarat birimlerine gidip şu kişiler PKK'ya yardım ediyor, şu gün PKK mensupları onların yanına geldi, şu olayda kılavuzluk yaptılar, şu kişi şu olayda PKK mensuplarına öncülük yaptı gibi ihbarlarda bulunuyorlardı. Sonra ihbar edip yakalattığı kişilerin evlerini ziyaret ediyor, polis ve askerlere rüşvet vererek onları kurtarabileceklerini söyleyip ailelerinden para alıyorlardı. Ardından Jandarmaya ya da Polise gidip, bu kişilerin devlete çalışarak PKK hakkında tekrar bilgi aktaracaklarını söyleyerek onların salıverilmesini sağlıyorlardı. Masum insanları örgütle irtibatlı oldukları iddiasıyla yakalatıp daha sonra onları kurtarma vaadiyle yakınlarından para alan bu kişiler bu işi meslek haline getirmişlerdi. Bu yöntem maalesef bu bölgede çok yaygındı. Kimileri de önce jandarmaya gelip bir müddet bilgi vererek Jandarmayı oyalıyor, sonunda verdiği bilgilerin yanlış olduğu ortaya çıkıyordu. Bu defa Emniyete gidiyor, bir süre aynı şekilde emniyet mensuplarına bilgi veriyor, Emniyet bu kişilerin sahtekâr olduklarını fark edince bu kez Milli İstihbarat Teşkilatına yöneliyorlardı. Orada da bu insanların üçkâğıtçı oldukları anlaşılıncaya kadar epeyce bir zaman geçiyordu. İşte Cem binbaşı bunlardan bazılarını ilçe merkezlerine götürüp, "Sizi ihbar eden, hakkınızda iftira atan ve bize ihbar mektubu yazan üçkağıtçılar, sahtekarlar bunlar," diyip onları kahvelerin orta yerinde teşhir etmişti.

Yine "Ben ihbar etmeme rağmen kimse gitmiyor, Cudi Dağı X bölgesinde PKK'lılar var," diyen bir köylüyü, söylediğinin yalan olduğunu bilmesine rağmen gece önüne katıp Cudi dağına operasyona tek başına gidecek kadar gözü kara idi. İşte Cem böyle biriydi. Bir müddet sonra JİTEM'in kurulmasıyla birlikte, Cem'in ve bazı subayların JİTEM'in kurucuları arasında olduklarını duydum. Cem'in kendisi de bu faaliyetlerin içerisinde olduğunu söylemişti. O ilk başta Silopi bölgesindeydi, yanında Arif Doğan vardı. Muhtemelen o zaman Arif Doğan daha üst rütbedeydi. Cem ve yanındaki birkaç üsteğmen ve yüzbaşı beraber çalışıyorlardı. Kendilerine bir helikopter verilmişti. Kuzey Irak'taki yönetimlerle görüşerek PKK hakkında bilgi toplama faaliyetlerini organize etmeye çalışıyorlardı. Bir defasında Kuzey Irak'ta irtibat subayı gibi görev yaptıklarını da duymuştum. Bir süre sonra Cem binbaşının elemanlarının Silopi, Cizre ve Şırnak bölgesinde bulunduklarını ve faaliyet gösterdiğini duydum. Kimi zaman karşılaşıp konuşuyorduk.

Bir müddet sonra Cem binbaşı Olağanüstü Hal Asayiş Kolordu Komutanlığının JİTEM Grup Komutanı olarak atandı ve bir yıla yakın burada görev yaptı. O süre içinde bir veya iki defa kendisini ziyarete gitmiştim. Yanında askeri personel olarak, daha sonra adı JİTEM faaliyetlerinde adı geçen bazı subayları farklı kod isimleriyle tanımıştım, ayrıca askerlik görevini yapan itirafçılar da bulunuyordu. Bunların bir kısmı daha sonra uzman olarak veya farklı görevlerle resmi kadrolar alarak Cem'in yanında çalışmaya devam etmişlerdi ama daha çok istihbarat toplama faaliyetlerinde bulunuyorlardı. O da bir veya iki kez benim ziyaretime gelmişti, tabii bu karşılıklı görüşmelerimizde birbirimize itimat ettiğimizden her şeyi çok rahat konuşulabiliyorduk. Cem bir gün bana illegal örgüt mensuplarının bazılarını gizli yakaladıklarını, sorguladıklarını söyleyerek onlardan aldığı silah ve malzemeleri gösterdi. Sorgulanan bu insanların akıbetlerinin ne olduğu konusuna açıklık getirilemiyordu, fakat dolaylı olarak sonucun ne olduğu tahmin edilebiliyordu.

Cem PKK ile mücadele etmek için kanun dışı her türlü yöntemin kullanılması gerektiğini, normal yol ve yöntemlerle bu işin başarılamayacağını ima etmeye, anlatmaya çalışıyordu. PKK ile ancak böyle mücadele edilebileceğini çünkü bu kişilerin mahkemelerde ceza almadığını, korktukları için kimsenin onların aleyhine şahitlik yapmadığını ve davacı olamadığını, olaylar gece gerçekleştiği için kimsenin bir şey görmediğini, hatta onlara destek veren kişilerin suçlarının hukuki olarak ispatlanmasının ve cezalandırılmasının çok zor olduğunu ve bunun sonucunda suç işlemeye devam ettiklerini, bunun için bu kişilerin infaz edilmesi yöntemlerinin kullanılması gerektiğini, bu örgüt mensuplarının ancak bu tür yöntemlerle durdurulabileceğini çok hararetle savunuyordu. Bunun üzerine ben anlattığı yöntemlerin doğru yollar olmadığını söyledim. Çünkü bu bölgedeki PKK varlığının artmasında birçok kişinin olumsuz faaliyetinin payı olduğunu, bunun içerisinde bu bölgede çalışıp rüşvet yiyen, hatta koruculuk faaliyetlerinde bile silah dağıtılırken para alan kamu görevlileri olduğunu, PKK'nın bu açıkları kullanarak taraftar bulduğunu belirterek terör olaylarının artmasında etkili olan buna benzer yüzlerce başka olayı anlattım.

"Burada suçlu kim? PKK'ya ekmek veren, onlara yardım eden köylü mü, yoksa burada rüşvet mekanizmasını çalıştırmak suretiyle yanlış uygulamalar yaparak toprak ağalarına ya da nüfuzlu insanlara karşı köylüleri yalnız bırakıp PKK'nın kucağına atanlar mı?" diye sordum. Cem "Evet sen haklısın," dedi ama sonra elini boynuna götürerek "Ben burama kadar bu işe battım, bana anlatma. Bu işte var mısın, yok musun?" dedi. Ben "yokum" demekle kalmadım, yine ısrarla bu yöntemlerin olayları daha da azdıracağını, bizim legal yöntemler dışına çıkmamamız gerektiğini kendisine epeyce anlattım ama o kanunsuz yöntemlere kesin inanıyordu.

Bir müddet sonra iki itirafçı ve bir arkadaşıyla (bunlardan bir tanesi sanıyorum A.A. idi, önce itirafçı olup devlete sığındı, devlet içindeki yanlışları da gördükten sonra yurtdışına çıktı, orada hem PKK hem de bu olaylarla ilgili tarafsız ve kapsamlı bilgi ve gözlemlerini çeşitli gazetelere anlattı) yanımıza geldi; dört kişilerdi. O zamanki HEP adlı partinin binasında açlık grevleri yapılıyordu ve polis açlık grevlerinin olduğu yerde bekliyordu. Binanın yakınlarına patlayıcı madde koymayı düşündüklerini, herhangi bir polisin veya bir devlet görevlisinin zarar görmesini istemediklerinden oradaki polisin çekilmesini, bu konuda yardımcı olmamı istediler. O gün uzun uzun konuştuk, böyle bir şeyin olamayacağını, bu yolun doğru olmadığını kendisine dilimin döndüğünce anlattım. Cem hararetle bu tür şeylere taraftardı. Aslında o zamanlar yeni gerçekleştirilmiş bazı infazlar vardı ama onların yaptığını pek tahmin etmiyordum. PKK'nın legal yayını görünümündeki bir dergi yayınlanıyordu. Derginin bulunduğu binaya gidilerek dergi tahrip edilmiş ve buraya patlayıcı madde konmuştu. Bu arada o zamanki Baro Başkanı ve PKK'yı desteklediği söylenen bir kişinin, polis lojmanlarının hemen yakınında Ofis semtindeki arabasının altına patlayıcı konmuştu. Telsizlerle anonslar edildi. Şüpheli bir aracın plakası verilmişti. Bir iki dakika geçmeden telsizi dinlediğimde polis ekipleri plakası verilen aracı durdurmuş, aracın içerisinde Jandarma Asayiş Komutanlığı JİTEM'de çalışan itirafçılarla bazı asker ve subayların olduğu bilgisi verilmişti. Merkez aracı ve içindekilerin bırakılması talimatını verdi. Bu olayla birlikte artık zihnimde olayları tek tek birleştirmeye, bu türden olayları gerçekleştirenlerin JİTEM'e mensup görevliler olduğunu düşünmeye başladım.

Yine bir süre sonra HEP Diyarbakır il başkanı Vedat Aydın Diyarbakır Şehitlik semtindeki evinden polis görümündeki kişiler tarafından Emniyete götürüleceği söylenerek kaçırılmıştı. O zamanlar Cem'in yanındaki bazı kişilere uyan bir eşkâl tarif ediliyordu. Bu eşkâllere göre faillerin Cem'in yanında çalışan insanlardan bazıları olabileceği kanaati bende de uyanmıştı ama tam olarak netleşmemişti. Olaylarla ilgili tahkikat yapılıyordu ve araştırmada Ankara'dan görevli olarak gelen insanlar da bulunuyordu. Diyarbakır'daki soruşturmanın başına o tarihte Emniyet Müdür Yardımcısı olan Hüseyin Kocadağ verilmişti. Bir gün polis evine gittiğimde bir kenarda çalışma yapıyor, kendi aralarında konuşuyorlardı. Ben de yanlarına gittim ve Hüseyin Kocadağ ortaya konan en ciddi buldukları şüpheyi anlattı:

Vedat Aydın'ın cesedi, Elazığ Maden ilçesi yakınlarında yani Diyarbakır'dan Ergani Maden istikametine giderken Maden ilçesi sınırları içerisinde bulundu. Cesedin bulunduğu yerle kaçırıldığı Diyarbakır arasındaki her yere sorup soruşturulurken yol üzerindeki trafik ekiplerine de sormuşlardı. O gün Ergani'de bulunan bölge trafik ekibi, Ergani Maden arasında hemen Ergani çıkışında Çimento fabrikasının az ilerisinde yolda trafik kontrolü yapıyormuş. Bu trafik kontrolü esnasında Ergani merkezden, Bölge Trafik İstasyonuna bir anons gelmiş, Ergani Dicle istikametinde (yani ters istikamette) bir trafik kazası olduğu, oraya bakmaları söylenmiş. Ekip yoldaki kontrolü bırakıp Ergani'ye gitmiş, Ergani'den Dicle istikametine dönmüş. Belirtilen yere vardıklarında herhangi bir kazanın olmadığını görmüşler ve tekrar kendi görev yerlerine dönmüşler. İşte ekibin verdiği bu ifade dikkat çekmişti. Olmayan bir kazanın kontrol edilmesi bahanesiyle ekip yoldan çekilmişti. Bunun üzerine Hüseyin Kocadağ ve araştırmayı yapan diğer görevliler bu anonsu geçen Ergani polis merkezine neden böyle bir anons yaptıklarını sorduğunda ihbarın İlçe Jandarma Komutanlığından geldiğini söylemişler. İlçe Jandarma Komutanlığına sorulduğunda, bu bilginin Jandarma Bölge Komutanlığından geldiğini anlatmışlar. Jandarma Bölge Komutanlığına sorulduğunda ise bilginin Jandarma Asayiş Kolordu Komutanı Harekât Merkezinden geçildiğini söylemişlerdi. İşte o safhadan sonrası sorulmamıştı veya bana anlatılmadı. Ama ben anlayacağımı anlamıştım. Bana göre Vedat Aydın'ı kaçıranlar, onu Elazığ Maden ilçesine götürürken yolda trafik ekipleri tarafından kontrol edilme ihtimaline karşı Asayiş Kolordu Komutanlığı ara kademeler üzerinden bilgi aktararak polis ekibinin oradan çekilmesi sağlanmıştı. Böylece olayın artık kimin tarafından gerçekleştirildiği net olarak anlaşılıyordu.

Vedat Aydın, kaçırılmasından kısa bir süre sonra Diyarbakır'dan 70-80 km uzaktaki Maden ilçesi yakınlarında Diyarbakır-Elazığ karayolu üzerinde Maden çayının kenarında kalaşnikof makineli tüfekle taranarak öldürülmüş olarak bulundu. Cesedin bulunmasıyla birlikte de fırtına koptu.

Vedat Aydın'ın cenaze töreni, Diyarbakır'da çok ciddi olaylara sahne olmuştu. İlk defa Diyarbakır'da geniş bir toplumsal tabana yayılan ciddi manada bir olay gerçekleşmişti. HEP için Türkiye'nin her yerinden binlerce insan Diyarbakır'a gelip cenaze törenine katılmış, bu olay büyük bir yürüyüşe ve ciddi tepkilere neden olmuştu. Bütün devlet kurumlarına (TRT'ye, polise vb.) saldırılmıştı. Cenaze, defnedileceği yere götürülürken surlarla Mardin Kapı Karakolu arasındaki dar yoldan geçen cenaze konvoyundaki bazı kişiler (özellikle kontrolden çıkan gençler ve çocuklar) Polis Karakolunu taşlamış ve karakola saldırmıştı. Karakoldaki görevlilerin kendilerini korumak için silah kullanması sonucunda (göstericilerin de silah atması iddiaları vardı) üç kişi ölmüş, 5-6 kişi yaralanmıştı. Cenazenin defnedilmesinin ardından ise aynı yerden tekrar geçmek isteyen kalabalık karakola daha yoğun bir şekilde saldırdığında, görevlilerin tekrar ateş açması sonucunda (bir kısmı düşerek, bir kısmı uçurumlara yuvarlanarak) on dokuza yakın kişi hayatını kaybetmişti. Yüzlerce de yaralı vardı. Böyle ağır bir olay daha önce hiç yaşanmıştı. Aslında bana göre o cenaze töreni, tören sırasında o bölgede olup biten her şey ayrı bir skandaldı, çünkü cenazenin önce köye götürüleceği köyde defnedileceği belirtilmişti ama sonra şehir merkezine defnedilerek inanılmaz olaylara sebebiyet verilmişti. Bu cenaze töreninde HEP'lilerin ve valiliğin yaptığı yanlışlar başka bir kitaba konu olacak kadar çok ve ibretlik olaylardan oluşmaktadır. Sonuç olarak tüm tarafların hesapsız ve sorumsuz davranışları 23 kişinin ölümüne sebebiyet vermişti. İşte Cem aslında bu olayın baş planlayıcısı ve failiydi.

Bir defasında bir olayla ilgili olarak Bölge Valiliğine gitmiştim. Görüşme esnasında Bölge Valisi beni o zamanki Asayiş Kolordu Kurmay Başkanının yanına göndermişti. Onunla görüşmek üzere yanına gittiğimde Cem binbaşı oradaydı ve Kurmay Başkanı ile konuşuyorlardı. Cem "Darda kalırsam ben de Güneydoğu'da Asayiş Kolordu Komutanı bölgesinde şu, şu, şu olaylar oldu, bu olaylardan şu, şu kişilerin bilgisi vardı derim. Ben de bunlara şahidim derim," diyerek dolaylı yollu karşısındakini tehdit ediyordu. Olayın mahiyeti neydi bilmiyorum ama bunu çok net ifade ediyordu. Göründüğü kadarıyla Cem binbaşı son dönemde kendi üstleriyle veya kendi teşkilatıyla çatışma içindeydi. Oradaki görev süresi uygun olmayan bir biçimde sonlandırılıyordu. Sebebinin ne olduğunu çok iyi bilmiyorum ama kendi teşkilatı içerisinde bir sorun vardı. Bu sorun dolayısıyla pek uygun olmayan bir biçimde Ankara'ya tayin olup, orada göreve başladı.

Ben Diyarbakır'da çalışmaya devam ederken, Ankara'daki İstihbarat kurslarında bölücü bölgeci faaliyetler, PKK faaliyetleri ve buna benzer konular ile ilgili dersler vermek amacıyla çağrılıyordum. Kurslara eğitmen olarak katılıp birkaç gün kaldıktan sonra geri dönüyordum. İşte bir defasında yine Ankara'ya geldiğimde Cem'le de görüştük. Cem binbaşı beni Kızılay'da, sanıyorum Karanfil Sokak'ta yol kenarlarında restoranların, kahvehanelerin, birahanelerin bulunduğu bir yere davet etmişti. Orada yol üzerindeki küçük sandalyelere oturup bir akşam yemeği yemiş ve epey sohbet etmiştik. Yanında Güneydoğu'da birlikte çalıştığı subay ve itirafçı (ama JİTEM'de kadrolu çalışıyorlardı) arkadaşlarından bazı tanıdık kişiler de vardı. Sohbet ederken Cem binbaşı çok net olarak, Güneydoğu'yu kaybettiğimizi, Genelkurmay'ın ve ordunun milleti yeterince uyarmadığını, devletin ve hükümetin bütün kurumlarıyla her bakımdan bu olayları tam manasıyla anlayıp algılayamadığını, bu insanları uyarmak gerektiğini söyledi. Etrafta oturan, sohbet eden, yiyip içen insanları göstererek, "Bakın, bunlar böyledir işte. Sabah akşam buraya gelirler, saatlerce oturur içerler. Ülke elden gidiyor ama kimse farkında değil. Bu insanları uyarmak için Kızılay'ın göbeğinde dev bir bombanın patlatılması gerek, ancak o şekilde akılları başlarına gelir. Bu insanlar ancak bu yolla uyandırılabilir, bilinçlendirilebilir," diyordu. Bu görüşünde ısrarcıydı. Böyle bir şeyin yapılması gerektiğini, Genelkurmay'ın bu konu ile ilgili güvenlik sisteminin halkı ve devleti yeterince uyarmadığını ve bölgenin elden gittiğini çok ısrarla vurguluyordu. Tabii ben bu fikirlere tam manasıyla katılmıyordum. Bu tür yöntemlerin hep karşısındaydım ama ülkesine olan sevgisi ve kendince doğru bildiği davayı bu kadar samimi, canla başla savunması nedeniyle bir yakınlığımız ve arkadaşlığımız oluşmuştu. Tabii bu böyle devam edip gitti.

Ardından ben Güneydoğu'daki hengâme içerisinde göreve devam ettim, bir müddet sonra seçimler oldu ve seçimlerden sonra tayinim İstanbul'a çıktı. İstanbul'daki yoğun ortam içerisinde devam ederken Cem ve yanındakilerin görevden ayrıldıklarını, kitap yazmaya çalıştıklarını ve bir yayınevi kurduklarını ortak arkadaşlarımız vasıtasıyla öğrendim. Fakat daha sonra Cem'in durumunun pek iyi olmadığını, bazı faaliyetlerden rahatsız olduğunu bilahare duydum. İşte İstanbul'da Dev-Sol'un yürüttüğü silahlı saldırılar ve buna karşı bizim gerçekleştirdiğimiz operasyonlarla yoğun bir ortamda göreve devam ederken bir gün Alparslan Ertuğ adlı bir ziyaretçimin olduğunu söylediler.

Alparslan Bey bana Cem binbaşının emekli olduktan sonra arkadaşları vasıtasıyla (ki bu arkadaşların bir kısmının zamanında o bölgede çalışan ve bugün Milli İstihbaratta görevli insanlar olduğunu anlıyorum) İstanbul'da bir güvenlik firması kurarak hayatına bu şekilde devam etmek istediğini, Ankara'da yaptığı işlerden ağzının yandığını, giriştiği pek çok iş ve faaliyet umduğu şekilde neticelenmediğinden bir anlamda dersini almış gibi gözükerek İstanbul'a geldiğini söyledi. Kendisinin bulduğu uygun bir yerde Cem binbaşının evinin olduğunu, iş yapmaya çalıştığını, bu arada askeri sırları basına vermekten askeri mahkemeye verildiğini anlattı. Bir gün önce Jandarma Genel Komutanlığının askeri mahkemesindeki duruşmaya katılması için Alparslan Bey Cem'e bir minibüs ayarlamış, Cem minibüs şoförüyle beraber Ankara'ya gitmiş. Ankara'da Cem şoförden ayrılmış. Cem'in bazı önemli doküman ve malzemeleri, görevde iken kendisinde kalan birtakım uzakta kumandalı patlayıcılar eskiden beri tanıdığı ve güvendiği Habur Gümrük Muhafaza Müdürü olarak çalışmış olan Ali Balkan Metel'in şoförü Kemal'in (Kemal Sadık Uzuner) evindeymiş. Kemal'in evinden bu malzemeleri alıp saat on iki sıralarında Kızılay yakınlarında minibüs şoförüyle buluşacaklarmış. Şoför bu malzemeleri alıp geri dönecekmiş. Cem de saat 1 gibi Kızılay'da bürosu bulunan avukatıyla buluşup sonra birlikte 13.30'da mahkemeye gideceklermiş. Mahkeme çıkışında ise tekrar İstanbul'a dönecekmiş. Fakat Alparslan Bey'in minibüs şoföründen aldığı bilgiye göre saat 12'deki buluşmaya Cem gelmemiş, avukata da gitmemiş. Bunun üzerine Kemal'i telefonla aradıklarında, Cem'in iki kişiyle (o zamanlar *Aydınlık* dergisi muhabiri olan Soner Yalçın'ı ima ederek) gelip emanetlerini aldıktan sonra Lada marka bir araçla ayrıldığını söylemiş. Alparslan Bey Cem'den haber alamadığı için hayatından endişe duyduğunu, Cem'in Ankara'ya gitmeden önce İstanbul'da bulunduğu sırada kendisine herhangi bir şey olursa güvenebileceği kişinin ben olduğumu söylediği için benim yanıma geldiğini söyledi.

Ama ben Cem'in İstanbul'a geldiğini bilmiyordum. Muhtemelen daha önceki konuşmalarımızda ona sürekli bu işlerin yanlışlığını savunduğum, yapma etme, bu işin sonu insanın kendi kafasına sıkmasına gider dediğim için İstanbul'a geldiğinde ben sana demedim mi gibi bir tepkiyle karşılaşmaktan çekindiğinden benim yanıma gelmedi. Belki belli bir düzen kurduktan sonra gelmeyi düşünüyordu, bilmiyorum.

Alparslan Ertuğ'un bu anlatımlarından sonra ben hemen onun yanında (veya o çıktıktan sonra, tam hatırlamıyorum) Cem'i benim kadar iyi tanıyan, o dönem Ankara İstihbarat Şube Müdürü görevinde bulunan, daha önce Diyarbakır'da benim yardımcılığımı yapan arkadaşım Abdurrahman Toygar'ı arayıp durumu anlattım. Abdurrahman hem Cem'i hem Cem'in JİTEM'den beraber ayrıldığı Ali Ozansoy ve Mustafa Deniz'i çok iyi tanıyordu. Hatta zaman zaman Ali ve Mustafa Abdurrahman'ın yanına gelip gidiyordu, yakın bir diyalogları vardı. Abdurrahman benden çok daha fazla örgüt mensupları ve örgütü tanıyan insanlara karşı ilgiliydi. Örgüt mensuplarının eşkalleri, yanlarında bulunan silahların ve malzemelerin özellikleri, memleketleri, kısaca örgüt hakkında her şeyle ilgili çok iyi not tutuyordu. Bu konuda gelmiş geçmiş en kapsamlı notlara sahip olan kişiydi. Bu merakından dolayı da bu insanlarla sohbet etmeyi çok seviyordu.

Cem'le ilgili olayları anlattıktan sonra Abdurrahman hemen Kemal Sadık Uzuner'i telefonla arayıp Cem'i sormuş ve şubeye gelmesini istemişti. Kemal'in Emniyet'e getirilmesi talebiyle birlikte Jandarma ve JİTEM'in önemli bütün yetkililerinin Emniyet'e gelip bizim elemanımızı deşifre ediyorsunuz diye konuya müdahale ettiklerini, Emniyet Genel Müdürlüğünü Jandarma Genel Komutanlıktaki rütbelilerin etkilemeye başladığını söyledi. Esasen bu müdahaleyle birlikte Emniyet Genel Müdürlüğü-Jandarma Genel Komutanlığı-Ankara Emniyeti arasındaki yoğun temaslar nedeniyle Genel Müdürlükte ciddi bir trafik oluşmuştu ki bu da bir anlamda Cem'in aslında Jandarmanın elinde olduğunu işaret ediyordu. Fakat bana aktarılan şey şuydu:

Cem'in arkadaşı sıfatıyla Alparslan Bey ve daha sonra Cem'in beraber yaşadığı Neval Boz telefonla aradığında Kemal Cem'in iki kişiyle beraber Lada marka bir arabayla gelip kendisinden malzemeleri aldığını söylemişti. Cem o dönem *Aydınlık* dergisinden Soner Yalçın'a açıklamalarda bulunuyordu. Anlatımlarda, en son *Aydınlık* dergisinde çalışan bu insanlarla birlikte gittiği algısı yaratılmak isteniyor gibiydi, en azından bu ima edilmeye çalışılıyordu. Ben de o zaman bu fikre biraz inanır gibi olmuştum. Fakat eğer böyle bir şey olsaydı, Ankara'nın giriş çıkışları tutulmalı, her taraf aranmalıydı. Böyle bir şey gerçekleşmedi. Daha sonra Abdurahman'la görüştüğümde Jandarmanın tavrının hiç olumlu olmadığını, Cem hakkında olumsuz konuştuklarını öğrendim, hatta bu durum o tarihte gazetelere de yansımıştı. Etrafta bunun Jandarma içinde bir iç mesele olduğu yönünde laflar dolaşıyordu.

Ankara'da Jandarma Genel Komutanlığı Karargahından etrafa sızdırılan bilgilere göre ise Cem'in yanındaki kadın vasıtasıyla muhaberat adına çalıştığı, Suriye'ye bilgi sızdırdığıydı. Ben zinhar böyle bir şeyin gerçek olamayacağını söyledim. Hatta bana Cem'in İstanbul'daki evinin bile aranması gerektiği, buna bakılabilir mi yollu imalarda bulunmuşlardı. Ben böyle bir şeyin söz konusu bile olamayacağını, bunun son derece yanlış olduğunu söyledim. Şiddetle karşı çıktım ve böyle bir aramaya katılmayacağımı belirttim. Onlar ise Cem'in sanki ellerinde olduğu, biraz pataklayıp kötü muamele ederek bir süre alıkoyacakları, birtakım olmuş bitmiş olay ve eylemler hakkında devlet aleyhinde basına açıklama yapmaması konusunda gözdağı verecekleri imasında bulunuyorlardı. Ankara'da herkes öyle zannediyordu.

Sonra öğrendiğime göre Emniyetten arkadaşlar Cem'in kaybolması ile ilgili bilgi almak üzere Cem'le beraber hareket eden Mustafa Deniz'i de çağırıp Cem'in bulunamadığını anlatmışlar. "Ben Kemal'i biliyorum, gidip konuşurum hemen," demiş. Cem'i sormak üzere Kemal'in evine giden Mustafa Deniz dönmemiş ve kendisinden bir daha haber alınamamış. Aynı şekilde Cem'in birlikte olduğu İstanbul'da bulunan Neval Boz isimli kız da Cem hakkında bilgi almak için Kemal'le görüşüp, onun yanına gitmiş ve ondan da bir daha haber alınmamış. Burada işin kilit noktasının Kemal olduğu anlaşılıyordu. Kemal'in evine gidenler bir daha dönmemişlerdi. Ama yine de bu olayın nasıl olduğuyla ilgili olarak zihnimde hâlâ yüzde yüz bir kesinlik oluşmamıştı.

Bir süre sonra polis şehit ailelerine yardım derneğinin bir toplantısında Alparslan Ertuğ ile karşılaştık. Sohbet sırasında Cem'in olayı tekrar gündeme geldiğinde bana, olayı çözdüğünü söyledi. Nasıl diye sordum. Olaydan sonra İstanbul'dan Ankara'ya gittiğini, orada ifadesinin alındığını belirtti. İfadesi alınırken cesedi bulduklarında Cem'in üstünde ne olduğunu sorduğunda kot veya kadife pantolon olduğu yanıtını aldığı anda olayı çözdüğünü söyledi. "Cem Kemal'in evine girdi ama Kemal'in evinden çıkmadı," dedi. "Nasıl yani?" diye sorduğumda şöyle anlattı: "Cem Kemal'in evine gittiği zaman içinde siyah takım elbisesinin olduğu bir çantası vardı elinde. Kemal'in evinde bu elbiseyi giyecekti. Yani Cem'in Kemal'in evinde iki şey yapması lazımdı, birincisi elbiseyi giymek, ikincisi de oradaki eşyaları almaktı. Cem'in saat 12.00'de malzemeleri şoföre teslim edip saat 1.00 gibi avukatın ofisinde buluşacaklardı. Sonra da saat 1.30 gibi Jandarma Genel Komutanlığında devam eden mahkemeye katılacaktı. Yani Cem'in elbisesini giyeceği başka bir yer yoktu. Eve girmişse mutlaka orada elbisesini değiştirmesi gerekiyordu. Öldüğünde üstünde eve girerken giydiği kot pantolon olduğuna göre, girdiği evden çıkmamıştı ve o şahıs doğruyu söylemiyordu." Alparslan Bey olayı net bir biçimde bu şekilde anlamıştı.

Ben ikinci bir bağlantıyı da daha sonra çözdüm. Şoför Kemal'de bulunan Cem'e ait malzemeler içerisinde uzaktan kumandalı patlayıcılar vardı, bu patlayıcıların daha sonra Yeşil tarafından alındığını ve Yeşil'in bu patlayıcıları ve malzemeleri MİT'e getirdiğini Mehmet Eymür kendi beyanında ve internet sitesinde anlatarak doğruladı. Bu tarihlerde Yeşil Jandarmanın elamanı idi ve Jandarma ile birlikte hareket ediyordu. Bu da gösteriyordu ki Cem malzemeleri Kemal'in evinden çıkarmamıştı ve bu malzemeler Yeşil'den çıkmıştı. İşte bu olaylar ve bağlantılar bu şekilde çözülünce bilgisayar sorgu sistemiyle daha ayrıntılı bir araştırmaya giriştim. O zamanlar bilgisayar sorgu sistemini yeni kurmuştuk. Bu sistem sayesinde hangi telefon numarasını kimin hangi saatte aradığı, fatura bilgileri tüm detaylarıyla tespit edilebiliyordu. PKK o zamanlar yoğunlukla Güneydoğuda mobil araç telefonlarını kullandığından ben o dönemde mobil araç telefonlarıyla yapılan tüm konuşmaların dökümünü, kimin kimi aradığı bilgilerini bilgisayarımda tutuyordum. Bunlar üzerinde oturup ciddi bir çalışma yaptım. Cem bir mobil telefon kullanıyordu. Yeri belli olmasın diye araç telefonunu söküp küçük bir çanta telefonu haline getirmişti. Bu telefonla muhabere yapıyordu. Aynı şekilde zannediyorum Kemal de yeri belli olmasın diye böyle bir mobil telefon kullanıyordu. Bu telefonlarla yapılan görüşmelere tek tek baktım. Ölümüne kadar Cem'in kullandığı mobil telefonu daha sonra Yeşil'in kullandığını gördüm. Yeşil'in bu telefonla Jandarma Genel Komutanlığından kimlerle görüştüğünü, kimleri aradığını ve kimler tarafından arandığını, hatta görüşmeler esnasında bulunulan yerlere dair bilgileri tek tek çıkarttığımda olay çok net gözüküyordu.

Daha sonra yaptığım araştırmalardan öğrendiğim bir olay da şöyleydi. Cem Güneydoğuda çalışırken o zamanlar bazı olaylarda (Diyarbakır Baro Başkanı'nın aracına bomba konması, HEP'in bombalanması) kullandıkları uzaktan kumandalı çok güvenilir kodla çalışan patlayıcı maddeler vardı. Ayrıca Cem ve ekibinin Kuzey Irak'ta yaptıkları faaliyetler ve muhtelif kişilerle yaptıkları görüşmelerin kayıtları, örgütten elde ettikleri dokümanlar bir dosya halinde elinde bulunuyordu. Ordudan ayrıldıktan sonra yayınevi kurma düşüncesinde olduklarından, bu materyallerin bir kısmı yayınlanacak kitaplarda kullanılabilir düşüncesiyle istifa ederken bütün dokümanlarla birlikte patlayıcı maddeleri de yanlarına almışlardı. Çünkü bunlar kayıtlı değildi. Cem istifa edip ayrıldıktan sonra bu malzemeleri bir müddet elinde tutmuş, ama daha sonra yayınevini devam ettiremeyeceğini anlayınca normal hayata dönmeyi düşünüp ellerindeki bu patlayıcıları verecek yerler aramışlardı. Emniyetten bazı güvenilir arkadaşlar bana bu patlayıcıları Cem'in onlara vermeye çalıştığını söylediler. Ama kimse almamış ve patlayıcılar Cem'in elinde kalmıştı.

Daha sonra Mustafa Deniz, Ali Ozansoy ve Cem bu malzemeleri güya aldıklarında Güneydoğuda çalışırken tanıdıkları, çok güvenilir olduğunu düşündükleri (zamanında uygulanan tüm testlerden en başarılı kişi olarak çıkmıştı) Kemal Sadık Uzuner'e (yani Habur Gümrük Muhafaza Müdürü Ali Balkan Metel'in şoförüne) diğer dokümanlarla birlikte vermişler. Cem İstanbul'a gelmeden önce Ali Ozansoy'u Emniyete sözleşmeli personel olarak yerleştirmişti. Orada ele geçen belgeleri okumak, PKK gibi örgütlerin dokümanlarını analiz etmek görevine getirilmişti. Cem Mustafa Deniz'e de bir iş arıyordu. Onu da bir yere yerleştirmek istiyordu, çünkü onların da kendisiyle birlikte istifa etmesini sağladığı ve peşinden sürüklediği için onlara karşı kendini sorumlu hissediyordu. Onu da belli bir işe yerleştirmek istiyordu. Bu arada Cem iş kurmak için İstanbul'a gelmişti.

Mustafa Deniz belki biraz daha yakın gözükmek ya da belki kendine göre avantaj elde etmek adına JİTEM subaylarına ve Jandarmaya gitmişti. Zaten onlarla çok iyi tanışıp görüşen bir insandı. Onlara Cem'in ayrılırken beraberinde götürdüğü kırka yakın uzaktan kumandalı patlayıcının Kemal Sadık'ın evinde bulunduğunu, Kemal Sadık'ın çok güvenilir bir insan olduğunu, sadece Ali Balkan Metel isterse bilgi vereceğini bunun dışında kimseye bilgi vermeyeceğini ama bu patlayıcı maddelerin Cem tarafından alınıp kullanılması halinde kötü bir şeyler olabileceğinden korktuğunu söylemişti. Aslında o patlayıcı maddeleri Cem elinden çıkarmak istiyordu, fakat bu patlayıcıları Cem'in kullanabileceği yönünde Mustafa Deniz'in korku ve endişesi vardı, bunu gidip Jandarma yetkililerine söylüyordu. Mustafa Deniz farkında olmasa da Jandarma yetkilileri zaten Cem'in *Aydınlık* gazetesinden Soner Yalçın'a Güneydoğudaki infaz olayları ve başka kanunsuz işler dahil olmak üzere birçok gizli bilgileri vermesinden dolayı son derece rahatsızdı. Cem daha çok Kuzeyde Sekizinci Kolordu bölgesindeki, Bingöl ve Tunceli Bölgesinde Yeşil'in karıştığı olayları anlatıyordu. Fakat sıra Diyarbakır bölgesine gelirse, eski OHAL ve Diyarbakır bölgesinde, o tarihlerde Jandarma Genel Komutanlığında görev yapan diğer Jandarma Komutanlarının isimlerinin de verebileceği korkusu vardı. Bu yüzden Cem'i ortadan kaldırmayı düşünüyorlardı.

Daha sonra öğrendiğimiz kadarıyla Cem'i öldürmek için aslında daha önce de epey plan yapılmış. Cem'in peşine epey düşmüşler, onu kovalamışlar. Cem birlikte olduğu kızın Suriye'de Tıp tahsili yaparken gelip kendisinin yanında itirafçı olması sonrasında Türkiye'de tahsiline devam etmesi için Samsun'da Tıp Fakültesine kaydetmek için Samsun'a gitmiş. Bu durumu öğrenmeleri üzerine bazı itirafçılarla birlikte Yeşil, Cem'i öldürmek üzere Samsun'a giderken Merzifon yakınlarında bir jiple kaza yapmış. Tabii böyle bir plandan o zamanlar Cem ve arkadaşlarının haberi olmamış. İşte tam JİTEM'de Cem'i ortadan kaldırmanın yolları aranırken, Mustafa Deniz gelip Cem'e ait malzemelerin Kemal Sadık Uzuner'de olduğunu söyleyince planlarını uygulayabilecekleri bir fırsat yakaladıklarını düşünüyorlar. JİTEM yöneticileri hemen Ali Balkan Metel'le görüşüyorlar, onun vasıtasıyla Kemal Sadık Uzuner'e ulaşıyorlar. Uzuner onlara Cem'in ne zaman geleceği hakkında bilgi veriyor. Ayrıca mahkemeye gideceğini, öncesinde gelip kendisinden eşyalarını alacağını söyleyince de Kemal'in evine pusu kuruyorlar. Cem gelince Cem'i hemen yakalıyorlar. Ankara Emniyeti Cem'in kaybolmasıyla ilgili olarak Kemal'i Emniyete çağırdığında, olay ortaya çıkacağı için hemen Emniyete bizim elamanımızdır dokunmayın diye baskı yapıyorlar. Bildiğim kadarıyla o zamanki Emniyet Genel Müdürlüğü kadrosunun Jandarmayla diyalogları iyi olduğundan onlar da etkileniyorlar ve müdahalede bulunmuyorlar. Oysa o zaman Kemal'in evine polis baskın yapmış olsa Cem kesinlikle kurtarılabilirdi, ama maalesef yapılamadı. Aslında Emniyetin bu yaklaşımı gayet makul, tabii ki elemanlarının deşifre olmaması için uzak durmayı tercih ediyorlar. Ama Cem işte orda kaçırılıyor.

Mustafa Deniz de bilgi almak için Kemal Sadık Uzuner'in evine gidiyor ama ondan da bir daha haber alınamıyor. O da vurulacağını tahmin etmiyor. Bir müddet sonra İstanbul'daki Neval Boz Cem gelmeyince meraklanıp Kemal'i arıyor. Kemal ona Cem'in iki kişi ile beraber gittiğini söylemesi üzerine kız bu iki kişinin eşkallerini öğrenmek, olay hakkında daha teferruatlı bilgi almak üzere Kemal'in evine gidiyor ama ondan da bir daha haber alınamıyor. Birkaç gün sonra ise kafalarına kurşun sıkılmış olarak her birinin cesedi Ankara'nın farklı yerlerine atılmış olarak bulunuyor. Üç kişi de bu şekilde öldürülüyor.

Bugün bu olay yeniden konuşulsa adı geçen insanların hiç biri şahitlik yapmaz, hatta yaşananları inkâr bile edebilirler. O tarihte JİTEM'i ve Yeşil'i bilen Emniyet görevlileri "Jandarma Mustafa Deniz'i öldürdü, Cem'i öldürdü, onlarla beraber istifa eden ve şimdi Emniyette çalışan Ali Ozansoy'a da böyle bir şey yapabilirler. Sakın böyle bir şey denenmesin, biz buna karşı çıkarız havası içerisinde Jandarma Genel Komutanlığına gittiklerinde, Yeşil ile karşılaşıyorlar. Yeşil açık açık elindeki Simit Wesson marka tabancayı göstererek, "Bununla ateş ettim, gerekirse size de ateş ederim," diyecek kadar rahatlıkla cinayeti kabul ediyordu. Bu olay bana o tarihte buna şahit olanlar tarafından anlatılmıştı ama bugün sorsanız hepsi gördüklerini kesinlikle inkâr edeceklerdir. İşte böylesi herkesçe malum olan, herkesin alenen bildiği bir olaydı Cem ve üç kişinin öldürülmesi. Ama herkes Simonlaşmıştı, karşı tarafın cinayeti suç ama bizim yaptıklarımız suç değildi. Benim ifademe rağmen de maalesef olay ciddi olarak ne adliye tarafından ne Jandarma tarafından tahkik edilmedi.

Eğer bir Jandarma subayı gerçekten kayıp olsaydı hemen inceleme başlatılır, aranır, sorulur, yollar kesilir, insanlar sorgulanır, bir dizi araştırma ve soruşturma yapılırdı. Cem'in kaybolması ve öldürülmesi ile ilgili bir tek yazı, failleri şunlar olabilir arayın bulun diye bir tek not bile yazılmadı. Devlet için bu kadar önemli üst düzey görevlerde yer almış bir subay kaçırılıyor (oluşturulmaya çalışılan görüntü itibarıyla örgüt tarafından kaçırılıyor) ama hiçbir yerde aranmıyor, kaçırılan kişinin bulunması yönünde herhangi bir adım atılmıyor. Hâlbuki o tarihte en ufak bir olay olsa yollar kesilir, hemen Türkiye'nin muhtelif illerine en ücra köşesine kadar tüm birimlere mesajlar çekilir, her yer didik didik aranır, her tarafa eşkâller yazdırılır, bir ton işlem yapılırdı. Ben Cem'in kaybolması ile ilgili ne Emniyetten ne de Jandarmadan tek bir yazı ya da mesaj bile almadım. Cem Binbaşı gibi biri görevinden dolayı kaçırılıyor, ama hiçbir araştırma ve soruşturma işlemi yapılmıyor. Tek başına bu durum bile bu araştırma ve soruşturmayı yapmayanların, yaptırmayanların fail olduklarını gösteriyor. Bu durum hukuki tabiri ile hayatın olağan akışına uygun değildir.

Bildiğim kadarıyla zamanın Genelkurmay Başkanı, Genel Komutanlıkta bulunan tüm üst düzey yöneticiler bu olayın kimin tarafından, nasıl gerçekleştirildiğini biliyordu. Sadece öldürme sebebi olarak Neval aracılığıyla Suriye'ye bilgi sızdırmak olduğunu zannediyorlardı, çünkü bu yönde yalan ve yanlış bilgilerle aldatılmışlardı. Emniyetin Merkez İstihbarat ve Terörle Mücadele ile Özel Harekât birimleri yöneticileri ve Ankara Emniyetinin yöneticileri de belli oranda olayı biliyorlardı. Ama kimse bu cinayeti çözmeye, olayı aydınlatmaya yanaşmıyordu, çünkü o zamanki güç merkezleri bu cinayetin çözülmesinden yana değildi, bu olayın bu şekilde kapanmasını istiyorlardı. Yeşil'in Cem'den aldığı patlayıcı maddeleri MİT'e getirdiği Mehmet Eymür'ün ifadelerinden de net olarak biliniyordu. Ayrıca Yeşil'in kullandığı mobil telefonla o tarihte bütün Jandarma ve Emniyet yetkilileriyle görüştüğü belliydi, o telefonu Cem'den aldığı aşikârdı. Bunun yanında Kemal Sadık Uzuner'in mobil telefonla kimlerle konuştuğu, tek tek bütün görevlilerle irtibatları belliydi. Bugün bile bunları ispatlamak mümkün, araştırılırsa tüm bunlar ortaya çıkarılabilir ama maalesef hiç kimse ilgilenmedi ve olay o şekilde kapandı.

Evet Cem Binbaşı herkesin gözü önünde, herkesin bildiği bir şekilde yok edildi ve maalesef cinayet her şeyi ile ortada olmasına ve var olan bütün delillere rağmen bu sistem kendi suçlusunu yakalayamadı ve hesap soramadı.

Bu bence pek çok açıdan önemli bir olaydı çünkü devlet kendi elemanını öldürmüştü. JITEM'in var olup olmadığı yönündeki tartışma hâlâ daha devam ediyor. Muhtelif defalar söylendi ama bir kere daha kaydetmekte yarar görüyorum. O tarihte Cem'ler veya diğer subay arkadaşlar JİTEM mensubu olarak istihbarat değerlendirme toplantılarına JİTEM adına katılıyorlardı. Jandarma Genel Komutanlığının terörle mücadele için böyle bir birim kurmasında hiç bir mahsur bulunmazken var olan bir birimi inkâr etmesinin akılla izahı yoktur. JİTEM'in kurulması değil, çalışma yöntemleri yanlıştır ama bu teşkilatın kurulmasında hiçbir mahsur yoktur.

Çetin Ağaşe isimli bir gazeteci *JİTEM Gerçeği* adlı bir kitap yazmıştı. Bu kitapta da basit ama aslında çok önemli belgeler vardı. Bu araştırma için Ağaşe, Cem'in çevresindeki bazı insanlarla, dostlarıyla görüşmüştü. Hatta eşi Işık Hanım'la da görüşmüştü. Cem'le ilgili bir belge alabilir miyim diye sorduğunda Işık Hanım iyi niyetle Cem'in iki tane Takdirnamesini vermişti. O tarihteki Asayiş Kolordu Komutanı daha sonra Kara Kuvvetleri Komutanı olan Hikmet Köksal Paşa'nın imzasının olduğu takdirnamede Cem Ersever'in unvanı JİTEM Grup Komutanı olarak belirtiliyordu. Ağaşe yine Jandarma Genel Komutanlığı telefon rehberinin bir kopyasını da kitabına koymuştu. Hem Jandarma merkezinde Genel Komutanın hem de illerdeki JİTEM grup komutanlıklarının telefon numaraları yazılıydı. Sonuç olarak bu ve buna benzer yüzlerce, hatta Jandarmada çalışan bazı arkadaşların söylediğine göre Genel Komutanlıkta JİTEM ibareli bir tır dolusu evrak olmasına rağmen JİTEM'in varlığı inkâr ediliyordu.

Esasen devlet yanlış yapsa bile resmi olarak hiçbir zaman yalan söylemezdi, mahkemelere ya da ilgili kurumlara yazılı cevap verilirken mutlaka doğrular söylenirdi. İlk defa Jandarma Genel Komutanlığı (bence tarihi bir hataydı) JİTEM yoktur diye yalan bir yazılı beyanda bulundu. O yazıyı hazırlayan, paraf eden, imzalayanlar herkesin yüzüne karşı devletin yalan söylediğini itiraf etti. Hâlbuki böyle bir yazının Jandarma Komutanlığından çıkmaması gerekirdi. Böyle bir birimin var olduğu herkesçe malum olmasına rağmen siz bir devlet kurumu olarak bunu inkâr ediyorsunuz, bu kabul edilecek normal bir olay değildir. O tarihe kadar devlet kurumları resmi yazılarda hakikat hilafına resmi olarak cevap vermezlerdi, bir şey inkâr edilecekse bile dolaylı sözlerle ifade edilirdi. Böyle bir yalan beyanat nedeniyle devletin sözlerine de itimat sarsıldı.

Bence yazıyı yazanlar, gerçek devlet adamlığı vasıflarından mahrum insanlardı. Çünkü devlet asla yalan söylememeliydi, hele ki böyle hassas bir konuda devletin yalan söylemesi ve yanlış bilgi vermesi asla kabul edilemez ama maalesef bu şekilde bir davranış sergilenerek hata edildi. Bugün bile Jandarma Genel Komutanlığı aransa, bir tır dolusu JİTEM ibareli evrak bulmak mümkün. Bugün hâlâ şu tarihler arasında JİTEM'de çalıştım diyebilecek pek çok insanın var olduğu biliniyor.

Uzun sözün kısası, Cem Ersever cinayetinin faillerini bulması gerekip de bulmayanlar, bunun için hiçbir adım atmayanlar Cem'in failleridir.

Cihaz Almak İçin İsrail'e Gidişimiz

Tahminimce 1993 yılı sonları 1994 yılı başına doğruydu. O zamanlar İstihbarat Dairesinin ihtiyacı olan bazı teknik malzemeler ve özel cihazlar almak gerekiyordu. Bu tür kaliteli güvenlik cihazları satan firmalardan bir tanesi de bir İsrail firmasıydı. Demo için Ankara'ya gelmiş, dönerken İstanbul'a da uğramış olan İsrailli firmadan bilgi aldıktan sonra İsrail'e gidip cihazları yerinde görerek ve firmanın teknik elemanları ile konuşarak cihaz ve sistemleri tanımak istemiştik.

İsrailli firmayla kontak kuruldu ve biz bir grup arkadaşla birlikte İsrail'e gittik. Yanımızda o zamana kadar bize güvenlik konularında yardımcı olan yüzde yüz güvenilir, sahalarının en iyisi sayılabilecek iki tane çok iyi mühendis vardı. Bir tanesi bilgisayar programcılığı konusunda üstün yetenekli, bu ülkeye yaptığı katkıların muhasebesi yapılamayacak kadar çok olan, yaptığı cihazların değeri milyon dolarları bulabilecek bir görünmeyen kahraman, bir dahi Mösyö/Komiser İrfan'dı. Diğer arkadaşımız ise o tarihlerde Netaş'ın araştırma geliştirme bölümünde tasarımcı olarak görev yapan, ayrıca bizim İstanbul'da kurduğumuz küçük bir laboratuarda birtakım alet ve cihazların geliştirilmesi konusunda bazı arkadaşlarla birlikte çalışan ekibin şefi Doç. Dr. Mustafa X'ti. Hayatında yalan söyleyemeyen, sade, dürüst ve üstün yetenekli bir insandı. Yani ekibin iki üyesi de süper mühendislerdi, biri elektronik aletlerin tasarımı konusunda diğeri ise bilgisayar konusunda çok yeteneklilerdi.

İsraillilerle uzun görüşmelerimizin sonunda aslında almak istediğimiz aletin İsraillilerde olmadığını anladık. Evet böyle bir teknoloji yapacak imkânları vardı, epeyce mesafe almışlardı ama ellerinde istediğimiz cihaz yoktu, çünkü İsrail'in sistemi daha çok Amerikalıların kullandığı bir sisteme uygundu ve Amerikan sistemi düşünülerek tasarlanmıştı. Hâlbuki biz Batı Avrupa'nın kullandığı sistemi kullanmak mecburiyetindeydik. Ve alınacak sistem Batı Avrupa standartlarına uygun olmalıydı. Alacağımız aletle ilgili son noktada işin teknik en ince detayları konuşulmaya başlandığında, bizim arkadaşlarımız İsraillilere "Sizin elinizde bu cihaz yok, siz bizden sipariş alıp bu cihazı üreteceksiniz, ama bu cihazla ilgili bazı yazılım kodlarına ihtiyacınız var ki bunlar sizin elinizde yok," dediler.

İsrailliler bu kadar teknik teferruat konuşulunca, kartlarını açık oynamaya başladılar. İlk önce bizim teknik elemanlara dönerek, "Sizler polis değilsiniz, bu kadar teknik detay bilen bir polis olamaz. Siz kesinlikle polis olmazsınız," dediler. Bizim Doç. Dr. Mustafa X arkadaşımız saflığından hemen polis olmadığını, tasarımcı olduğunu söyledi. Zaten kravatında sistem 12 santrallerinin amblemi vardı, galiba onu imal eden Netaş'ın ismi yazılıymış. Diğer arkadaşımız ise daha soğukkanlı bir tutumla, "Evet mühendisim ama polisle beraber çalışıyorum," dedi.

Daha sonra İsrailliler bize çok önemli bir şey daha söylediler: "Bu yazılım kodlarının bizde olmadığı doğru. Nasıl temin edeceksiniz diye soruyorsanız, bu bizim için çok kolay. Bu cihaz Siemens'in kendi ürünü, dolayısıyla bu ürünle ilgili her şey Siemens fabrikasının bilgisi dâhilindedir. Siemens'te çalışan mühendis bir arkadaşımız var. Akşam faks çeker, istediğiniz bu detayları ona sorarız, cevabı yarın bize gelir. Bu konuyu siz hiç merak etmeyin."

O zaman şunu düşündüm, bu insanlar dünyanın her yerindeki ırktaşlarıyla irtibat kurmak üzere bir sistem kurmuşlar, onlar hakkında bütün bilgilere sahipler, kimin nerede hangi görevde çalıştığını biliyor ve takip ediyorlar. Özellikle de kendilerine farklı konularda bilgi sağlayacak görevlerde bulunanlar üzerinde yoğunlaşıyorlar. Böylece gerek olduğunda ihtiyaç duyulan bilgiyi kendilerine sağlayabilecek kişiyi arıyor ve bilgiye ulaşıyorlar. Bu çok faydalı ve güzel bir sistemdi.

Ama biz, Avrupa'da yaşayan birkaç milyon Türk olmasına rağmen onlardan hiçbir şekilde faydalanamıyoruz. Bu insanlarımızdan bazıları her yıl ülkemize geldiğinde muhtelif Emniyet birimlerine müracaat edip bulunduğu Avrupa ülkesinde (örneğin, Almanya, Hollanda) faaliyet gösteren bölücü örgüt ve mensupları hakkında yardımcı olmak istediğini, yakınlarında, özellikle Türklerin yoğun olarak yaşadığı bölgelerde Türkiye aleyhinde faaliyet gösteren insanlar ve illegal örgüt mensupları bulunduğunu söyleyerek, bunlar hakkında kime nasıl bilgi verebilecekleri soruyorlar. Bu türden yüzlerce başvuru olmasına rağmen biz bu insanlardan sürekli ve sistematik olarak bilgi alabilmemizi sağlayacak bir sistem oluşturamadık. İhbarları gönderecekleri bir e-posta adresi yaratıp onlara veremedik. Ne Emniyet böyle bir şey kurabildi (zaten görevi de değil) ne de bilgi vermek isteyen insanları götürdüğümüz Milli İstihbarat, Jandarma ve Genelkurmay. Hâlbuki böyle bir sistem kurmak zor değildi. Avrupa'da yaşayan dört milyondan fazla Türk'ten gönüllü olarak yardımcı olmak isteyip bize müracaat edenleri organize edebilsek, onların adreslerini alsak, bilgileri bize gönderebilecekleri bir kanal tayin edebilsek; gerek olduğunda onlara ulaşabileceğimiz bir kanal kurabilseydik, Avrupa'da özel bir şekilde toplanacak istihbarata ihtiyacımız kalmazdı. Bedava, hazır, güvenilir ve legal binlerce haber kaynağını hiçbir zaman kullanamadık, kullanmanın yol ve yöntemini bulamadık. Bir tek bu olay bile Türk istihbaratının ne durumda olduğu konusunda fikir vermektedir. Böyle bir sistem hâlâ da kurulamadı. Bizim yerimizde başka bir ülke olsaydı, daha akıllı ve etkin çalışan bir teşkilat var olsaydı, böyle bir potansiyelden faydalanmak için tüm kaynaklar seferber edilir, bilgi akışının sağlanması için her türlü yola başvurulur ve gerekli altyapı çalışmaları gerçekleştirilirdi. Sadece Avrupa'da çalışan Türklerden gönüllü olanları gönderdiği bilgileri sistematik olarak alıp analiz edebilsek zengin bir bilgi bankamız oluşabilirdi.

Daha sonra 1996-97 yıllarında Alman güvenlik birimleri ile terörle mücadele konusunda yapılan resmi görüşmelerde gördüm ki ülkemize yönelik terör faaliyetleriyle ilgili bilgileri Alman makamlarından almayı bir yana bırakalım, Almanya'da Türkiye aleyhine yayınlanan illegal örgütlerin yayınlarını temin etmek için bile Alman makamlarından yardım isteniyordu. Fakat Alman Emniyeti de bunun bir polisiye görev olmadığı için böyle bir şeyi yapamayacaklarını söylemişlerdi. Yani Almanya'da yayın yapan PKK'ya ait bir dergiyi temin etmek bile Türk güvenlik kuvvetleri için bir sorundu, bunun içi bile Alman meslektaşlarımızdan yardım istemiştik. Bu isteğin dile getirildiği toplantıda bulunuyordum ve şahsım ve teşkilatım adına çok utanmıştım (daha sonra Almanya'da bulunan bir elaman, derginin üstündeki telefon numarasını arayıp kiraladığımız bir posta kutusunu adres göstererek bizi yıllık olarak abone yapmıştı). Hâlbuki orada milyonlarca Türk vardı ve pek çoğu bize yardım etmek için gönüllüydü. Bu durum şunu açıkça gösteriyordu ki bizim güvenlik kuvvetlerimiz gerçek manada istihbarat toplamak, bunları derlemek ve analiz etmek konusunda son derece yeteneksiz, yetersiz ve basiretsizdi. Emrine amade hazır bekleyen insanları kullanmaktan, elindeki potansiyeli değerlendirmekten, bu yolla bilgi toplamaktan bile acizdi. Bu durum o gün öyleydi, bugün de hâlâ aynı olduğundan eminim, ileride de değişeceği kantinde değilim.

Bana "Devletin teşkilatları Almanya'da, tüm Avrupa'da her türlü bilgiyi alıyorlar, sen bunu bilmiyor ama hep güvenlik kuvvetlerimizi küçük görüyorsun," diyenlere şu cevabı veriyorum: Bunca yıl Avrupa'da bölücü örgütler Türkiye aleyhine faaliyetlerde bulundu, hatta açık toplantılar yapılıp paralar toplandı fakat ben bu olay ve bu olaylarda yer alan (hatta bir kısmı ülkemize geldiğinde yakalanan) kişiler hakkında bir tek resim, film, bilgi görmedim. Bu konuda toplanan en değerli bilgiler yine Türkiye'de faaliyet gösteren militanlar yakalandığında ya da izlenirken elde ediliyordu. Olayların en sık yaşandığı ve en fazla militanın yakalandığı yerler olan Diyarbakır ve İstanbul'da çalıştım, ben görmediysem kimse görmüş olamaz. İşte devletin arşivi orada, tamamı taransa kaç tane bulunacak?

Dış Güçlerin Etkisi

Ülkelerdeki bütün siyasi kargaşa ve olayları hep dış güçlere, hep dış düşmanlara bağlamak isteyenlere karşı veya böyle görüp dünyadaki olayları bu şekilde değerlendirenlere karşı çok önemli bir örnek vermek isterim. 1992, 1993 ve 1994 yıllarında İstanbul'da görev yaptığım dönmede, İran resmi kuvvetlerinin dolaylı desteklediği Türkiye'de özellikle İstanbul'da çok fazla terör olayına karışmış gruplar vardı ve bu gruplara karşı başarılı operasyonlar yapmıştık. Bu olaylar dolayısıyla pek çok ülkenin polis veya muhtelif devlet örgütleri de İranlıların yarattığı bu olaylara ilgi duyup bilgi almaya çalışıyordu.

Çünkü Fransa ve İngiltere gibi birçok ülkede de benzer olaylar olmuş, İran'dan devrim sonrasında kaçmış rejim muhalifi pek çok kişi veya eski devlet görevlileri öldürülmüş ya da kaçırılmıştı. Hatta eski İran başbakanı Şahbur Bahtiyar,

Paris'te içlerinde Türk asıllı kişilerin de bulunduğu İran devleti ile bağlantılı kişiler tarafından uğradığı silahlı saldırıda öldürülmüştü. Tahkikatlarda bu olayların bir kısmının İran devlet görevlileri veya onların yönlendirmesi ile onlarla ideolojik bağı olan yerel kişilerce yapıldığı anlaşılmıştı. Bundan dolayı da tüm dünya devletleri özellikle Batı Avrupa ülkeleri İranlıların yarattığı İran kaynaklı terör olaylarına ilgi duyuyorlardı.

O zamanlarda Amerikalıların İstanbul'da konsoloslukta görevli bulunan elamanlardan bazıları bana İran'a karşı yapılacak her türlü faaliyette, özellikle istihbarat kaynaklı bilgi alma faaliyetlerinde, İran kaynaklı terör olaylarını önleme konusunda veya İran'a yapılacak herhangi bir operasyonda ne isteniyorsa ama ne isteniyorsa her konuda her şeye Amerika'nın destek olmaya hazır olduğunu söylemişti. Hatta daha da ileri giderek, "İran'a yönelik bir şey yapılacaksa, Avax uçaklarını bile kaldırmaya hazırız, buna bile imkânımız var, her şeyi yapabiliriz," demişti.

Daha sonra birçok ülkenin de buna benzer bir tutum içinde olduğunu gözlemledim ama tabii en fazla istekli olanlar Amerikalılar ve İngilizlerdi. Düşünüyorum da dev bir ülke olan Amerika ve onun yanında İngiltere, ayrıca o tarihte biz de dahil olmak üzere İran'a komşu olan ülkeler İran'daki bu tür olaylara karşı tavır almak ve bir şeyler yapmak istiyordu. Edirne'de bulunduğum dönemde kaçak yollarla ülkemizden geçerek Avrupa'ya gitmek isteyen göçmenler arasında bulunan İran rejim muhaliflerinin (Halkın Mücahitleri denen gruba mensup olan insanlar) ABD veya yandaşlarınca Irak'taki kamplarda tutulup desteklendiği biliniyordu. Fakat tüm gayetlere, tüm güçlü ülkelerin güçlü istihbarat teşkilatlarına, bir şeyler yapma arzularına rağmen İran'da o günden bu güne hiçbir şey yapmayı başaramadılar, bir siyasi grup çıkaramadılar, herhangi bir terör olayı ya da bir eylem gerçekleştiremediler.

Tüm bunlar da şunu işaret ediyordu; elbette dış güçlerin bir ülke üzerinde oynanan oyunlarda çok önemli etkileri vardır, ama onlar asla o ülke içerisinde bir terör grubu yaratma ve terör olayları organize etme kudretinde değillerdir. Yalnızca orada var olan güçleri, örgütleri ya da çatışmaları kullanabilirler. Bugün de çok net görüyoruz ki Irak'ta bulunan, İran'dan kaçmış rejim muhaliflerini Amerika destekliyor, onlara pek çok imkân sunuyor, dünya üzerinde bütün seyahat ve hareketlerinde destek olmak istiyor ama o kadar. Buna rağmen, halkın mücahitlerini yaratamıyor veya onlara benzer bir grup İran'da ortaya çıkaramıyor ve yer bulamıyor.

ANKARA
PKK'ya Teknik Bilgiler Sızdı

İstanbul'da uygulayıp geliştirdiğimiz teknik bir sistemle herhangi bir eşyanın içerisine küçük bir elektronik verici yerleştiriyor, sonra da bu vericinin yerini yaklaşık olarak belirleyebiliyorduk. Bu cihazı, İstanbul'da birkaç operasyonda kullanmış ve çok başarılı olmuştuk, örgütün herhangi bir eşyasına ulaşma imkânı olunca içine yerleştirip bu eşyanın yerini, dolayısıyla örgütün gizli hücrelerini buluyorduk.

Aynı şeyi PKK'ya karşı uygulamak mümkündü. Diyarbakır Bingöl kırsalındaki militanlara gönderilecek bir malzemenin içine aynı sistemden yerleştirilmişti. Malzeme kırsal alandaki militanlara ulaşınca önce helikopterle yeri tespit ediliyordu. Böyle bir operasyon daha önce Emin Aslan müdürün başkanlığı, Hilmi Özkök Paşa'nın 7. Kolordu komutanı olduğu dönemde yapılmış, Diyarbakır kırsalında o tarihe kadar görülmemiş önemli sayıda neticeler elde edilmişti. Yeniden benzeri böyle bir operasyon hazırlamıştık, ancak operasyonda daha yer tespiti yapılıyordu ki, PKK'nın yurtdışı bağlantısını kurduğu telefonu arayan biri bizim cihazın tüm çalışma biçimini anlatarak tedbir almalarını söyledi. İnanılması mümkün olmayan bir konuşma kaydetmiştik. Arayan kişi "Diyarbakır kırsalındaki militanlara deyin ki ellerinde bulunan sizle konuştukları telsizin içinde bir cihaz konmuş, bu cihaz sizin duyamayacağınız özel kodlu bir sinyal veriyor, onu helikopterde bir cihazla alıyorlar ve bununla yerinizi tespit ediyorlar ve sizi imha edecekler," diye uyarıda bulundu.

Bizde bile Şube Müdürlerinin bilmediği, yalnız teknik elemanların bileceği teferruatta bilgiler örgüte aktarılıyordu, karşıdaki örgütçü böyle bir teknik sistemin olacağına fazla inanmadığından anlatılanları ciddiye almıyordu ama biz şok olmuştuk, bu kadar bilgiye nasıl sahip olabilirlerdi. Bizim dinlemede çalışan birimlerimiz bile bu durumu bu kadar ayrıntılı bilmiyorlardı.

Olayı araştırmaya başladık. O zaman imkânlarımız bugünkü kadar iyi değildi, örgüte bilgi veren numarayı tespit ettik, bu defa daha da enteresan bir durumla karşılaşmıştık. Arama Tekirdağ ilinde bir ankesörlü telefondan yapılmıştı. Örgüte bilgi veren kişi daha sonra Kırıkkale'den aramaya başladı. Sonunda bu kişinin daha önce Diyarbakır'da astsubay olarak görev yaparken tayin nedeniyle önce Tekirdağ'a, sonra da Kırıkkale'ye tayin olduğunu, asıl bilgileri halen Diyarbakır Tugay Komutanının yanında fotoğrafçılık yapan bir astsubay arkadaşından aldığını öğrendik.

Bizim arkadaşlar operasyon için Diyarbakır'a gittiğinde, önce Tugay Komutanına konuyla ilgili ayrıntılı bilgi vermişlerdi. Elde edilen bilgilerin sıradan istihbari bilgiler olmadığını, örgütün kullandığı uzun mesafe telsizi içerisine yerleştirilmiş bir cihazdan alınacak sinyallerin havada bir helikopterdeki elektronik sistemlerle tespit edildiğini, dolayısıyla bu bilgilerin yüzde yüz güvenilir olduğunu anlatmışlardı. Olağanüstü hal bölgesinde örgüt mensuplarının yerleri ile ilgili çok fazla istihbarat geldiği, bunların birçoğun doğru olmadığı için operasyon birimleri gelen bilgilere fazla inanmazlar, yanlış bilgi diye itibar etmezler. Bu yüzden bizim arkadaşlar komutanın bu bilginin doğru olduğuna ikna olması ve bu yönde hazırlık yapılmasını sağlamak için çok gizli olan bu bilgileri teferruatıyla anlatmışlardı.

Operasyon çok sayıda taburun katılması ile yapılacaktı, onun için birçok tabur komutanı ile toplantı yapan Tugay Komutanı da bizim arkadaşların yaptığı gibi gelecek bilginin ne kadar sağlam olduğuna ast birliklerinin komutanları inansın diye konuyu anlatmış, onları bilgilendirmişti. O anda fotoğraf çeken astsubay da tüm anlatılanları duymuş, bilgi sahibi olmuştu. Daha önceden örgüt taraftarı olarak birbirlerini tanıyan ve örgütle irtibatlı olan bu astsubay Tekirdağ'daki arkadaşına olayı anlatmış, o da kendisine acil durumlar için verilen örgütün Kuzey Irak'ta kullandığı uydu telefonuna bilgi veriyordu. Daha sonra bu astsubayların irtibatlarını, sivil örgüt ilişkilerini belirledik.

Tüm bu çalışmaları Genelkurmay İstihbarat Başkanlığı ile birlikte koordineli olarak gerçekleştiriyorduk, daha doğrusu biz yapıyorduk ama onlara da bilgi veriyorduk. Sonunda operasyon yapmaya karar verdik, astsubay bir gün önce birliğinde Kırıkkale ilinde gözaltına alınmıştı, ama aynı gece birlik disiplin nezaretinden kaçtığını öğrendik. Daha sonra Ankara merkezde örgütün sivil unsurlarına yönelik yapılan operasyonda buluşmaya gelince yakalandı ve sorgulama sonunda kimliği ortaya çıktı. Soruşturmalar sonunda bu astsubayların birkaç kişi olduklarıı, doğrudan örgütün kırsaldaki militanlarıyla bağlantılı oldukları ortaya çıktı. Aslında çok daha büyük zararlar verebilirlerdi, ama daha büyük olaylar yaratmadan yakalandılar. O tarihlerde Tekirdağ Orduevinin yakınlarına bomba konulması ve orman yakma teşebbüsünün de bu kişi tarafından gerçekleştirildiğine inanıyorduk ama delillendiremedik.

Susurluk Olayı

Türkiye tuhaf bir ülke, bazen çok büyük olaylar ve suçlar çok yaygın olarak gerçekleşiyor, herkes tarafından, tüm yöneticiler tarafında biliniyor ama herkes bilmiyor gibi davranıyor. Mesela AB uyum yasalarının kabulüne kadar devletin soruşturma yapan birimlerinde yaygın olarak işkence yapıldığını herkes, tüm devlet yetkilileri biliyor, samimi toplantılarda rahatlıkla konuşuyor ama resmen sorarsanız kimse işkence yapıldığını kabul etmiyordu. Susurluk sürecinde de herkes devlet güçlerinin kanunsuz infaz yaptığını biliyordu, yüzlerce şüpheli olay olmasına rağmen resmen sorduğunuzda kimsenin infazlardan haberi yoktu.

Bütün kurumlarda, tüm devlet ihaleleri, ruhsat, vs. işleri rüşvetle dönüyor, bunu da herkes biliyor, ama resmi olarak bunların hiçbirinin söz konusu olmadığı, her şeyin kurallar çerçevesinde yürütüldüğü belirtiliyordu.

1980 öncesinde polis teşkilatı kriminal olayları çözecek, takip edecek ve önleyecek şekilde yetiştirilmemişti. Olayları önlemek için hiçbir plan ve programı olmayan, hiçbir sorununu bilimsel yöntemlerle sebep-sonuç ilişkisi temelinde araştırıp ona göre çözüm üretme kültürüne sahip olmayan polis veya zabıta teşkilatı sadece usta çırak ilişkisi içerisinde öğrendiği yöntemlerle işlerini yürütüyordu. Bu yönde, şüphelendiği hususlarda sorularına cevap vermeyen, suç işlediği şüphesiyle yakalanan ve durumunu ikna edici bir şekilde açıklayamayan herkesin falaka, cop, işkenceyle konuşturulması, suçunu veya hakkındaki suçlamaları anlatmasının sağlanması yöntemi bir soruşturma/polis kültürü haline gelmişti. Tüm halk, polis müdürlerinden başbakanlara kadar herkes de bu durumu biliyordu, ama sanki böyle bir şey yok gibi davranılıyordu.

İdeolojik örgütler çıkıp bu defa polis, jandarma ve askeri birliklere saldırınca yasalara uygun olarak önleme, karşı koyma, yakalama faaliyetlerinde bulunulmayınca, terörü durdurmak için polis ve zabıta içerisindeki eksiklik ve yanlışlıklar görülüp düzeltilmesi yerine teröriste kendisinin yaptığı gibi kanunsuz davranıp, onlara onların yöntemleri ile karşılık verilmesi fikri 1970 yıllardan beri her zaman söylenir olmuştur, ta ki PKK çıkıp güneydoğuda gerilla savaşını başlatıncaya kadar. Bu olayla birlikte artık söylenti olmaktan çıkıp gerçek olmaya, uygulanmaya başlandı. Daha sonraları bu durum sanki uygulanması gereken yöntemlere dönüştürülmeye, formüle edilip teorik temelleri oluşturulmaya başlandı. Nerede ise tüm güvenlik birimlerinin yönetimine bu anlayış hâkim oldu.

Bir dönem Emniyette geleneksel anlayışın dışında mücadele yöntemleri geliştirilmeye başlandı. İdeolojik gruplar içerisinde belli yer edinmiş, nüfuzlu, yarısı yeraltında yarısı devletle bağlantılı unsurlar yanında fedai şeklinde bulunan çeşitli suçlardan sabıkalı sivil kişiler, PKK'yla mücadeleyi sadece öldürme temeline indirgeyen, çeşitli çatışma ve operasyonlarda yasal sınırları aşma temayülü göstermiş bazı polislerden oluşan adı konmamış timler oluşturuldu. Bu timlere bazı polis amirleri dışında yarısı yer altında, yarısı devletle bağlantılı unsurlar kimi zaman destek, kimi zaman rehberlik kimi zaman liderlik yapmaya başladı, zamanla bunlar fiili liderliği ele aldılar.

Bu timlerin faaliyete başlaması ile birlikte PKK'ya destek veriyor denen, öyle bilinen kişiler teker teker ortadan kaldırılmaya başlandı. Bir süre sonra bu infazların güvenlik kuvvetleri ile bağlantılı kişiler tarafında yapıldığı fısıltı halinde yayılmaya başladı.

Peki, Türkiye'nin yakın tarihinde, özellikle terörle mücadele tarihinde, çok önemli bir kilometre taşı olan Susurluk Olayı deyince ne anlamalıyız? Ne oldu, ne bitti ve sonuç nasıl oldu?

Susurluk, Türkiye'nin terörle mücadelede rejim ve sistem muhaliflerini susturmak için kullandığı hukuk/kanun dışı yöntemlerin genel adıdır.

Bir ülkede yönetimin daha iyi olması için demokratik taleplerin dile getirilmesi, rejim değişikliklerini savunanların bu değişikliği neden istediklerini halka anlatarak, halkın desteğiyle iktidara gelmeleri normal yol ve yöntemdir. Evrensel hukuka göre, her düşünceyi savunan bir siyasi parti kurulabilir, iktidara yönelebilir ve iktidara geldiği zaman halkın beklentileri doğrultusunda yanlış olan bir sistemi değiştirebilir; ama Türkiye'deki yasalar değişime karşı olduğu için, dile getirilen talepler ne kadar haklı ve çağa uygun olursa olsun, bu tür yollar tıkanmıştır. İşte bu yol ve yöntemlerin, bütün demokratik mekanizmaların önü tıkanınca daha iyi bir düzen, daha iyi bir yönetim kuracaklarına inananlar, bu fikirlerini halka anlatıp halkın onayı ile halk için yönetimi değiştirmeye talip olanlar, yollarını tıkayan güçlerin meşruiyetini sorgulamaya ve rejimin koruyucularına, kendilerini yasaklayanlara karşı biraz da farklı yollara ve belki de kanun dışı aktif tavır alarak karşı koymaya başladılar.

Bunun üzerine devletin güvenlik kuvvetleri ve adli sistemi tarafından bu örgütlere karşı yasalarla çizilmiş olan bir mücadele başlatıldı. Örgüt kuranların, belli bir fikir etrafında örgütlenmeye ve fikirlerini yaymaya kalkanların örgütlerini kapattılar, gazetelerini ve yayınlarını yasakladılar, konuşmalarını cezalandırdılar, onları hapse attılar. Tüm bu yapılanların sonucunda değişim isteyen ancak bu değişimi gerçekleştirme yolunda önlerindeki tüm demokratik yollar engellenmiş olan muhalifler başka çareleri kalmadığından yer altına inip illegal mücadeleyi başlattı. Bu defa bunlara karşı devlet tarafından daha ciddi bir takip başlatıldı. Bu tür faaliyetlerin her çeşidi, herhangi bir şiddete ya da eyleme başvurulmasa dahi sadece düşünülmesi ve bir düşünce etrafında örgütlenilmesi bile yasaklandı, daha aktif daha ağır cezai yaptırımlar getirilmeye başlandı. Tüm önlemlere rağmen muhalefeti susturamayan güçler, bu kez dünya genelindeki demokratik sisteme aykırı baskıcı yasalar çıkardı, ağır ve haksız cezalar uyguladı; ancak yine de muhalifleri bastıramadı, halkın içerisinde bu fikirlerin yayılmasına mani olamadı. Halktan taraftar bulmasına dayanamayan sisteminin savunucu güçleri, işte bu defa yasaları da aşarak -eleştirdiğimiz antidemokratik yasaları dahi aşarak- daha antidemokratik denemelerle, insan haklarına ve her türlü meşru sisteme aykırı bir biçimde bu kişileri susturmaya kalktılar.

İşte bu örgütleri, bu kişileri, yani rejim muhaliflerini susturmak için başvurulan kanunsuz, hukuksuz uygulamaların adına Susurluk diyoruz. Bu kişileri susturmak için kullanılan en ağır yolun ve en kaba yöntemin, yani insanları öldürmenin, temizlik harekâtına girişmenin adıdır. Bunun tek bir kişide, bir örgütte, bir grupta değil; genel devlet temayülü içerisinde azımsanmayacak bir sahada taraftar bulması, güvenlik mekanizmalarının içerisinde çok sayıda görevli tarafından benimsenmesi, bu yöntemin dolaylı bir şekilde desteklendiğini gösteriyordu.

Susurluk, teröristlere, kanun tanımayanlara kanunsuz muamele etmek şeklinde devleti ve devletin mücadele biçimini mücadele ettiği gruplarla aynı seviyeye indiren, inanılmaz bir anlayışın tezahürüydü. Susurluk anlayışıyla Türkiye'de kimler neler yaptı, hangi olaylar gerçekleştirildi, hangi insanlara zarar verilip hangileri öldürüldü? Bunları anlatmak, belki birkaç ciltlik bir kitabın konusu, belki bunların tamamını değil onda birini bile anlatmaya gücüm yetmez. Ama bir dönem bu yöntem, devlet adamlarının bilgisi ve dolaylı desteği dahilinde güvenlik kuvvetleri içerisinde uygulandı.

Yaptığım görev ve bulunduğum görev yerleri itibarıyla bu işlerin en yoğun yaşandığı dönemlerde ve merkezlerde, özellikle Diyarbakır ve İstanbul gibi en önemli iki büyük ilde bulunmam, olaylar hakkında geniş bir bilgiye sahip olmamı sağladı. En azından kimlerin neler yapabildikleri konusunda fikir sahibiyim. Görev yaptığım süre boyunca bu kişilerle karşılaştım ve onların giriştiği bu tür illegal olaylara gücümün yettiğince, aklımın erdiğince mani olmaya çalıştım. Eğer ben ve ekibim de bu olayların içerisine girseydik, bugün Türkiye tanınmaz hale gelebilirdi. Belki bu cümle insanlara çok iddialı gelebilir ama bir düşünün; o zamanlar Diyarbakır gibi bir şehrin merkezindeki polis teşkilatı içerisinde yeni örgütlenen önemli bir gücün, polis istihbaratının başındaydım ve bu kanunsuz anlayışa karşıydım. Oysa bu anlayış bütün bölgede, hatta bütün güvenlik birimleri ve devletin genel güvenlik aygıtı içinde ciddi taraftar bulabiliyordu. Kendi şubemdeki arkadaşlarım bile bu fikre inanıyordu. Her hafta yaptığım toplantılarda saatlerce süren konuşma ve telkinlerle bu fikir ve uygulamalardan onları güçlükle uzak tutmaya çalışıyordum; çoğu idealist olan bu insanlar kolayca bu tür eylemlere yönelebiliyordu. Hatta bu fikirler makul ve meşruymuş gibi alenen savunulabiliyordu. Belki eyleme kalkışan, bu eylemlerin içinde bulunan azdı; ama fikri planda geniş taraftar bulmaya başlamıştı. Birçok yargı mensubu bile, bu kişileri alıp mahkemede yargılayarak yapılacak bir şey yok, bunların gereği yapılmalıdır diyebiliyordu. Tabii bölgedeki PKK şiddetinin boyutu, faaliyet ve eylemleri arttıkça bu insanlar da fikirlerini savunmada haklı hale gelebiliyordu.

Yapacağımız işler konusunda meşru zeminde kalmamız gerektiğini emrimdeki personelime sürekli empoze ederek onları bu eylemlerden uzak tutmaya olabildiğince gayret ettim. Yine 1992 yılının başında, İstanbul'a geldiğim zaman, yakın çalıştığım insanları bu işlerin dışında tutabilmek için çok çabaladım. Başında bulunduğum şubenin olanakları, yapılacak her türlü illegal faaliyeti önceden kestirebilmeme veya bunu yapanlar hakkında ipucunu bulmama imkân sağladığı için büyük bir güç elde etmiştim. Bundan dolayı önemli bir yerdeydim ve kendi ekibimin de bu işe karışmaması, Susurluk anlayışındaki ekibe alet olmaması konusunda çok büyük gayret sarf ettim.

İstanbul'daki birinci yılımın sonunda, elektronik sistemimi kurduktan sonra şubem o kadar çok olayla ilgileniyordu ki, illegal yöntemlere hiçbir zaman kimsenin ihtiyacı olmadı. Yasalara uygun olan terörle mücadele yöntemleri ile büyük başarılar elde ediyorduk. Hiçbir illegal yöntem bizim yöntemlerimiz kadar etkin olamazdı. Ancak tüm başarılı yöntemlere rağmen işlerle uğraşmakta, altından kalkmakta zorlanıyorduk ve bu atmosfer -özellikle Dev-Sol'un eylemleri karşısında teşkilatın gösterdiği tepki- bu örgütlere karşı mutlaka illegal yollarla cevap verilmesi gerektiği fikrine her an taraftar bulabiliyordu. Kendi şubem içinde ve emniyetin diğer birimlerinde illegal yöntemlere girilmemesi konusunda sürekli ve çok ciddi bir direnç gösterdim. Belki de birçok insan benim bu tavrım sayesinde bu olaylara girmek istemedi ve bu anlayıştan uzak durmaya çalıştı. Yıllar sonra başka bir yerde beraber çalıştığım bir MİT Bölge Yöneticisi, veda yemeği konuşmasında benim hakkımda "onları suç işlemekten ve çok büyük hatalar yapmaktan koruduğumu, görevi her zaman bir vicdani ölçü içerisinde yaptığımı..." anlattı. Tabii aslında kanunlar çerçevesinde legal bir mücadele gerçekleştirerek başarılı şekilde terörü durdurunca, o yöntemlere ihtiyaç kalmamıştı. Bu illegal yapılanmaları, gerçekleştirilen faaliyetleri uzun uzun anlatmak ve bu konuda ciltlerle kitap yazmak mümkün, belki ilerde en azında genel hatlarını ayrı bir kitap olarak yazarım. Susurluk'u yazmak sanıyorum benim için artık bir görev.

Ama bugün için asıl görülmesi, asıl önemsenmesi gereken mesele şu ki terör faaliyetleriyle illegal yöntemlerle mücadele etmek, teröre teröristlerin kullandığı yöntemlerle cevap vermek isteyenlere, terörle mücadelede teröristlere hukuk dışı yöntemlerin uygulanması gerektiğini savunanlara, ülkeyi, rejimi, devleti korumak için gerekirse illegal yöntemlerin ve infazların uygulanabileceğini söyleyenlere karşı asıl engel, bizim legal yöntemlerle çalışmamız sonucunda İstanbul ve diğer metropollerdeki tüm terör örgütlerinin (PKK, Dev-Sol) eylemlerini durdurmamız olmuştur. Böylece illegal yöntemleri savunanların yaklaşımlarını meşrulaştıran haklı iddiaları kalmadı, bizim yöntemlerimizin doğru olduğu ortaya çıktı, biz davamızı savunabildik ve onların bu tür yöntemlerine hiçbir zaman ihtiyacımız olmadığını ispatladık.

Haddini aşan zıddına dönüşür diye bir söz vardır, işte kendilerine devrimci örgüt diyenler aslında hadlerini aşarak, karşı oldukları bu infaz timlerinin, bu anlayışların doğmasını ve büyümesini sağladılar; infaz ve baskı timleri de yaptıkları hareketlerle bu illegal örgütleri büyütüp çoğalttılar ve eylemlerinin artmasına zemin hazırlarken bu kişilerin kendilerini haklı görmelerini, kendilerini ikna etmelerini de sağladılar. Yani terörist saldırılar, güvenlik kuvvetleri içerisinde infaz timlerinin oluşmasını, infaz timleri ise faaliyetleri ile illegal örgütleri daha da güçlendirdiler.

İşte Susurluk böyle bir meseleydi bana göre; tabii ki bu sadece üç beş polisin, birkaç MİT ve jandarma mensubunun yaptığı uygulamalar değildi, onların güç ve destek aldıkları çok yukarılara uzanan bağlantıları bulunuyordu. Bana göre bu güvenlik birimlerinin, en üst mekanizmasında bulunanlar meydana gelen olayları bütün detayıyla biliyordu, gelişmelerden haberdardı, ama bilmiyormuş gibi davranıp dolaylı destek veriyorlardı. Belki de birtakım malzemelerin temininde ve çeşitli işlemlerin, atamaların, görevlendirmelerin yapılmasında bilerek destek sağlıyorlardı. Devlet içindeki bu anlayış, düşünce ve bu düşüncenin kabul edildiği bir çerçeve her gün biraz daha genişliyordu, Susurluk denen şey asıl olarak buydu ve yanlışlık da buradaydı.

Susurluk süreciyle başlayan araştırmalar ve bu olayın kamuoyunda basın yoluyla duyulması üzerine açılan soruşturmalar belki kamuoyunu tatmin etmedi, belki bu olaya katılan herkesi cezalandıramadı, hemen hemen hiçbir eylemden dolayı hiç kimseye ceza verilemedi, birçok olay -hâlâ- faili meçhul kaldı ama çok önemli bir şey gerçekleştirildi: Devletin hukuk sistemi, bu işi soruşturan müfettişler ve en önemlisi de mahkemeler, bu yöntemi, bu anlayışın yanlış olduğunu kabul etti, teröristlere ve terör örgütlerine karşı kanunları çiğneyerek, illegal yöntemler kullanarak mücadele edilmesini de kanunsuzluk ve terör eylemi sayarak bu anlayışı mahkum etti. Belki bahsi geçen olaylarda fiilen görev alan binlerce insan olmasına rağmen sadece on, on iki kişi ceza aldı. Ama şu çok önemliydi, hukuk sistemi rejim ve sistem muhaliflerine karşı illegal faaliyetleri, bu kişileri susturmak için kullanılan hukuk dışı yol ve yöntemleri kabul etmedi. Bu durum, devlet sisteminde bu tutumun artık meşru olarak kabul edilemeyeceğini ve bir gün, daha ağır hesapların verileceğini ilan etmesi açısından çok önemliydi.

Bence bu gelişme yüzde yüz amacına ulaşmasa da belli bir mesafe kaydetmiştir. En azından bu işin yanlış olduğu teşhir edilmiştir. Halen bunu savunanlar olsa da, güvenlik kuvvetleri içerisinde bu anlayışa sahip olan azımsanmayacak sayıda insan bulunsa da bunu hukuk sisteminin yanlış kabul etmesi, meşru düzende herkesin hukuku ve kanunları savunması gerektiğinin ortaya çıkması açısından çok önemliydi. Dolayısıyla ben mahkeme kararını bu açıdan çok önemsiyorum ve bundan dolayı da en azından Susurluk davası yüzde yetmiş oranında amacına ulaşmıştır diyebiliyorum. Yapılanların yetersiz olduğunu, suça karışan herkesin ayıklanması gerektiğini söyleyenlere, böyle büyük bir temizlik mümkün değil, o kadar suyumuz ve malzememiz yok, olsa da o büyük temizlik çoğunluğu alıp götürebilir, ortada fazla kimse kalmayabilir, bu ihtimali de göz önünde bulundurmak lazım diyorum.

Susurluk'ta önemli olan, işlenen suçlardan, suça karışan insanların sayısından çok bu anlayış ve düşüncenin devlet içerisinde, hatta vatandaşlar arasında çok fazla taraftar bulması ve bu yöntemi savunanların sayısının çok fazla olmasıdır. Bu anlayış ile ancak bunun yanlış ve gayri meşru olduğunun mahkemeler tarafından ilan edilmesiyle mücadele edilebilir ve ancak bu şekilde bu anlayışın yayılması önlenebilir. Temizlik ancak böyle sağlanır. Gönül ister ki olaya karışan, destek veren herkes cezalandırılsın, herkes yaptıklarının bedelini ödesin. Ama bu her zaman mümkün olmaz, olamaz. Ayrıca fikri destekçileri tespit edip cezalandırmak, onların nereye kadar fikri destekçi, nereye kadar azmettirici olarak kabul edileceğini belirlemek mümkün değildir.

Termal Kameralı Uçak Alımı

Güneydoğu'da olayların hızlı bir seyir izlemeye başlamasıyla birlikte, sıkıyönetim uygulamalarının yeterince başarı elde edememesi sonrası, devlet yeni bir anlayış, yeni bir tertiple sıkıyönetimi kaldırıp, 1987 yılında çıkardığı kanunla olağanüstü hal uygulamasına geçmişti. Sıkıyönetim uygulaması ve askeri uygulamanın uzun süre devam etmesi, hem dünya hem Avrupa nazarında Güneydoğu'daki kısıtlılık halleri nedeniyle eleştirilere konu oluyordu. Ayrıca sıkıyönetim ve askeri uygulamalar örgütün gelişmesini önlemekten uzaktı. Bu yüzden çok iyi amaçlarla ve daha inisiyatifli, daha pratik bir idari anlayış ile çözüm üretilmesi düşünülerek olağanüstü hal kurulmuştu. Ama kısa sürede Bölge Valiliği sadece göstermelik bir lojistik destek, ikmal sağlayan, belki pratik bazı konularda karar veren ama tüm harekâtı yine askeri birliklerin yaptığı, hiçbir alt yapısı olmayan bir askeri anlayışa dönmüştü.

Zaten Güneydoğu'da devletin başka gücü olmadığı için, Bölge Valiliği fazla risk almamak, bölgede kalıcı olmamak adına işin kolayına kaçmış ve orada kurulan Jandarma Asayiş Kolordu Komutanlığına tüm görevleri yüklemişti. Kara Kuvvetleri birlikleri de onların emirlerine verilerek yine bir askeri düzen kurulmuştu. Aslında bir tek sıkıyönetim komutanlığı adı ve bazı yetkileri yoktu, daha çok zabıta jandarma yetkileri kullanılıyordu.

Olağanüstü Hal Bölge Valiliği eksikliklerle doğmasına rağmen, bazı pratik adımlar atmak, bazı teknik aletlerle sistemi desteklemek adına arayışta bulunuyor ve bu amaçla dünyanın bazı ülkelerinde uygulanan antiterör yöntemlerini, güvenlik sistemi satan firmalar ürünlerini satmak için bölgeye geldiklerinde deneyip test ediyordu. Bu bölgede neler yapılabilir, neler kullanılabilir diye zaman zaman bu testlere biz de çağırılıyorduk.

İşte bunlardan bir tanesi de termal kamera testiydi. O zamanlar bir termal kameranın ne olduğunu duyuyorduk ama tam anlamıyla görmemiştik. Ergani ovasında iki deneme yapıldı. Burada bir termal kameranın ısı farkına dayanarak çalıştığını, zifiri karanlıkta dahi ısı yayan veya çevre ile arasında ısı farkı bulunan bütün cisimleri çok rahatlıkla fark edebildiğini görmüştük. Herhangi bir uçağın alt kısmına yerden kumanda edilen termal bir kamera yerleştiriliyor ve uçak belli bir bölgeyi tararken o bölgedeki canlıları, örgüt mensuplarını, her şeyi görmek mümkün oluyordu. Üstelik kamerayı kumanda ederek, görünen her şeyi netleştirmek, koordinatlarını belirlemek ve hatta bundan kağıt üzerine çıktı almak veya bir yere faks çekmek bile mümkündü.

Böyle bir cihaz bu bölgede çok işe yarayabilirdi. Sınır boylarında PKK'nın ülkeye giriş yaptığı duyumları alındığında, belli bölgelerde örgüt mensupları bulunduğuna dair ihbar geldiğinde oradaki örgüt mensupları tespit edilebilecek ve görerek operasyon planlanacaktı. Üstelik operasyon sırasında bu uçak herkesin yerini çok net olarak bildirecekti. Böyle bir sistem bütün dengeleri değiştirebilirdi.

Test için gelen firma Türkkuşu'na ait kiralanmış bir uçak ile denemeyi gerçekleştirdi. Uçak arazi üzerinde gezerken biz de Ergani'deki tabur binasına yakın bir yerde hep beraber görüntüleri seyrediyorduk: Dönemin Bölge Valisi Hayri Kozakçıoğlu, Asayiş Birlikleri Kolordu Komutanı rahmetli Hulusi Sayın Paşa, Olağanüstü Hal Bölge Emniyet Müdürü Necdet Menzir, OHAL Vali Yardımcıları, tabur komutanı ve diğer bütün yetkililerle birlikte hepimiz bu denemenin içindeydik. Uçağa telsizle talimat vererek falanca köyün üstünden geçmesini, falanca yolun üzerinden gitmesini, tarif ettiğimiz timlerimizin üzerinden geçmesini söylüyorduk. Hakikaten o zifiri karanlıkta insanları, hayvan sürülerini tek tek ve çok net olarak görebiliyorduk. Termal kameranın, sessizce uçabilen, havada uzun süre kalabilen uçakların altına takıldığında çok işe yarayabilecek bir sistem olacağını görmüştük. Burada hemen bir tutanak tanzim ederek bu aletin hangi durumlarda faydalı olacağı, bölgede ne şekilde kullanılabileceği şeklinde görüşlerimizi yazmış ve içimizden birkaç kişi tutanağı imzalamıştı. Sonraki gelişmelerden hatırladığım kadarıyla orada yaklaşık 50 kişi vardı ancak birkaç kişiye imza attırılmıştı ve imzalayanlardan biri de bendim (genelde teknik denemelere İstihbarat Şube Müdürü olarak katıldığım için bu türlü şeylerde bana imza açılıyordu). Daha sonra, aradan epey bir zaman geçtikten sonra duydum ki Olağanüstü Hal Bölge Valiliği bu sistemden iki takım almak için anlaşma yapmış.

Çok sonra öğrendiğime göre de uçaklar hazırlanmış, Jandarma Hava Taburuna ait pilotlar İngiltere'ye giderek orada eğitim görmüşler, uçaklar imal edilmiş ve Türkiye'ye getirilmiş. Anlattıklarına göre bu uçaklar küçük motorlu, büyük kanatlı (hatta kanatları ahşaptandı yanılmıyorsam), havada 5-6 saat gibi uzun bir süre kalabilen, çok yavaş ve sessiz uçabilen, çok kısa mesafede (zannedersem 100 metreden daha kısa mesafede) havalanabilen, 100 metrelik bir araziye inebilen uçaklardı. Türkiye'ye iki konteynırın içerisinde getirilen bu uçak ve malzemeler, o zamanlar Çevik Kuvvet ve Özel Harekâtın bulunduğu, Çevik Kuvvet Binası diye bilinen yerin arka tarafında, bizim oradaki teknisyenlerden destek alarak monte edilmişti. Montajın ardından uçaklar uçacak hale geldi; ancak her ne olduysa bir türlü uçmadılar. Aksine tekrar sökülerek konteynırlarına kondu ve uzun yıllar orada bekletildi. Ne olduğunu bilmiyordum, Diyarbakır'da 2-3 yıl daha görev yaptıktan sonra İstanbul'a atandım, 4 yıl da İstanbul'da görev yaptıktan sonra tayinim çıktı, 1997 yılında Ankara'ya geldim.

Bir gün *Milliyet* ve *Star* gazetelerinde yer alan haberde şöyle diyordu: "Susurluk Olağanüstü Hale de Karıştı..." Uçak alımındaki bir yolsuzluk olayına benim de adımın karıştığı gibi bir haber yayınlanmıştı. Haberde, bu uçaklar için çok faydalı olacak diye bir tutanak tutulduğu ama bu uçakların hiç faydalı olmayacağı, kullanılamayacağı, Genelkurmay'ın, Kara Kuvvetlerinin raporunda uçaklar hakkında uçurulamaz dendiği yazıyordu. Bu yanlış alımdan dolayı faydalı diye tutanak tutanlar ve faydalı diyenler devlet malına zarar vermişler, yanlış para harcamışlar diye iddia ediliyordu. Deneme sonucu oluşturulan o tutanakta benim, Necdet Menzir'in, Vali Yardımcısı'nın imzaları vardı. Ancak Susurluk Araştırma Komisyonu'nda Meclis'teki ifadem dolayısıyla kamuoyu beni bildiği için daha çok benim ismim lanse ediliyordu. Bu inanılmaz bir şeydi; yapılan denemeyi herkes görmüştü, Asayiş Kolordu Komutanı, diğer askeri yetkililer ve Bölge Valisi de oradaydı. Denemeleri hep beraber yapmıştık ve bizim kanaatimiz böyle bir sistemin işe yarayacağı, bölgede terörle mücadelede kullanılabileceğiydi. Gerçekten bana göre bu uçaklar bu amaçla fevkalade de kullanılabilirdi, ama ben denemeden sonra ne yapıldığını bilmiyordum. Tutanakta sadece, bu uçağın hangi yükseklikte uçtuğu zaman yerdeki cisimlerin nasıl görüldüğü vs. gibi testlerden bahsediliyordu. Bu uçakların alınıp alınmaması, ne kadar alınacağı, alınacaksa nasıl dizayn edileceğine dair hiçbir şey yoktu. Sadece bu kameraların işe yarayıp yaramayacağı ile ilgili fikir belirten bir tutanaktı; bunun alımı ile ilgili ben hiçbir şey bilmiyorum. Bu uçaklar alınmış, İngiltere'ye o zamanki Jandarma Hava Taburundan hava pilotları gönderilmiş, orada 15 gün eğitim görmüşler, bu uçaklarla uçmuşlardı. Uçaklar Türkiye'ye getirildikten sonra da askere teslim edilmek istenmişken, Genelkurmay bu uçakların askeri standartları karşılamadığını belirterek onları uçuramayacağını söylemişti. Haberden sonraki araştırmalarımda öğrendim ki bu uçakları bölge valiliği 3.000.000 (üç milyon) sterline almıştı.

Genelkurmay'ın askeri standartlarına göre uçağın en az iki motorlu olması, en az iki pilotun kullanması, uçak içerisinde askeri bir takım teknik cihazların bulunması gerekiyordu. Bu işi yapan firma ise şu iddialarda bulunmuştu: "Eğer sizin dediğiniz gibi iki motorlu, iki kişinin taşıyacağı bütün bu ek sistemlerin olduğu bir uçak isterseniz o zaman Cesna gibi kocaman bir uçak karşımıza çıkar ve bu kadar büyüttüğünüz zaman uçak istediğiniz diğer şartları karşılayamaz: çok ses yapar, çok büyük olur, kalkış ve iniş için uzun pistler ister ve uçak havada yavaş gidemez, uzun süre havada kalamaz, çünkü uçağın motoru, kütlesi büyüdükçe, ağırlığı arttıkça belli bir hıza ulaşması gerekir. Üstelik dediklerinizi yaparsak bu defa hem sizden ekstra ücret alırız hem de belirli özelliklerin bir kısmını karşılayamayız." Bu noktada da işler kilitlenmişti; bir yandan teklif olarak küçük, sessiz, havada uzun süre kalabilen, kısa mesafede kalkıp inen uçaklar lazım diyorduk, ama askeri standartlarımız istenince dev bir uçak ortaya çıkıyordu.

Bu uçaklar yalnızca Türkiye için imal edilmiş uçaklar değildi, dünyanın başka yerlerinde de bu gibi harekâtlar için benzerleri yapılmıştı ve bu işin tabiatı gereği Güneydoğu'da PKK'ya karşı yapılacak askeri operasyonlarda herkesin risk alması gerekiyordu; ama bu risk alınamadı ve bu uçaklar, yani devletin milli servetleri orada yıllarca konteynırda kapalı kaldı, uçurulamadı. Şuna çok inanıyorum ki bu uçakları üreten firmalar onları dünyanın birçok ülkesine satmış, bu uçaklar birçok ülke tarafından kullanılmış ve denenmişti; ama biz ülkemizde kullanamadık, deneyemedik. İşin daha garip yanı akıl, mantık süzgecine tâbi tuttuğunuz zaman bu uçakların o günkü şartlarda sınır boylarını, geniş arazileri, çatışma sonrası veya bir istihbarat alındığı zaman olay yerini incelemek için çok uygun olduğu açıktı; ama hiç kullanılamadı.

Türk basını, Genelkurmay kullanılamadı dediyse kesin kullanılamaz, yanlış tercihtir, kesin hatalı alınmıştır, bu iş doğru değildir diye tavır koydular. Hiçbir zaman uçak alımının doğru olabileceğini düşünmediler. Halbuki buna karar verenlerin, alınmış bir uçağı hizmette kullanmayanların suçunu hiç kimse görmedi, bu uçak amaca uygundu ve dünyanın birçok yerinde de kullanılmıştı, kullanılıyordu. Hiç olmazsa istihbaratı almak için, militanları çatışma sonrasında takip etmek, alınan duyumların teyidi için bunun denenmesi lazımdı. Uçaklar bir gün dahi uçurulmadı, askeri standartlara uymuyor diye devreden kaldırıldı. Güneydoğu'da hüküm süren durum olağan askeri bir operasyon değildi ki; gerilla harbiydi, buradaki eylemlerin kendine özgü şartları vardı, bütün harekât kendine özgüydü, kullanılan malzeme de özel olmalıydı, bu nedenle riskleri de göze almak gerekiyordu, ama maalesef alınamamıştı. Belki Bölge Valisi şuur altında sivillerin böyle bir araç almasını kabullenemedi veya istemedi, ne sebeptense bilmiyorum, tek bildiğim çok şeyin heder edildiğidir.

İşte Güneydoğu'daki olaylarda yeterli başarı sağlayamamamızın altında bunun gibi küçük ama çok önemli sebeplerin yattığının görülmesi gerekmektedir.

Bugün insansız uçak alalım diye Başbakanımız ABD başkanıyla görüştüğünde veya benzeri bir temasta seviniyoruz. Halbuki daha 1988-89 yıllarında termal kameralı uçaklarımız vardı ama kullanmadık, kullanamadık, değerini bilemedik, onu geliştirip bugün çok daha üstünlerine sahip olabilirdik. Olmadı. Ayrıca 1997 yılında insansız hava araçlarını Türkiye'de üretmek üzere, yabancı bir ortakla Konya'da fabrika açan bir firma da ilgisizlikten, alıcı olmaması nedeniyle kapandı

Sonunda *Star* ve *Milliyet* gazetelerini hem Basın Konseyine şikâyet ettim, hem de tazminat için mahkemeye verdim. Basın Konseyi bu haberlerden dolayı muhabirlere ve gazetelerin yazı işlerine kınama verdi, mahkemeler de o zamanki para ile sorumluları 1,5 milyar tazminata mahkum etti.

Antalya'da PKK Operasyonu

Zannederim 1997 yılının temmuz ayıydı, 28 Şubat sonrası oluşan havada, Deniz Kuvvetlerinde polis kökenli Er Kadir Sarmusak vasıtasıyla, Batı Çalışma Grubunun kuruluşuyla ilgili temin edip üst makamlara verdiğimiz gizli bir belgenin çalındığı iddia ediliyordu. İddiaların yayılması üzerine *32. Gün* adlı televizyon programına katılmış, bu durumun hakkımızda psikolojik bir harekâta dönüşmesini değerlendirmiştim. Programdan sonra artık istihbaratçılık yapamayacağıma kanaat getiriyordum; bana göre çıkıp televizyonlarda konuşan bir istihbaratçı artık istihbarat hayatını bitirmiş sayılırdı. Bu nedenle İstihbarat Dairesinden ayrılmak için dilekçe verdim.

Görevden ayrılmama kısa bir süre kala, o sıralar bizim güney illerimizin birinde bulunan İstihbarat Şube Müdürlüğünden, Antalya'ya bir PKK grubunun geçtiğini ve Antalya'nın kırsal alanında gerilla faaliyeti yürüteceğini bildiren ciddi bilgiler geliyordu. İlk bakışta bu bilgiler pek inanılacak gibi değildi; çünkü PKK'nın Antalya'nın kırsal alanında ve dağlarında faaliyet göstermesinin çok anlamı yoktu. Ne de olsa orada siyasi olarak dayanacakları, destek alacakları bir halk kitlesi, bir yerleşim yeri bulunmuyordu. Antalya'daki faaliyet sadece turizmi baltalamak, turistlere yönelik eylemde bulunmak için olabilirdi; bu durumda da eylemi yapacakları zaman gelir, eylemden sonra dönerler diye düşünmüştük. Ancak gelen bilgiler çok sağlamdı ve bizim kanaatimizi doğrulamıyordu.

Verilen bilgilere göre uzun süreli faaliyette kalmak üzere Antalya'ya bir grup nakledilmişti ve grup RPG denilen roketatar, BKC (biksi) tipi makineli tüfekler gibi ciddi silahlarla donatılmıştı. Bu bilgileri netleştirmek için istihbari faaliyetleri yoğunlaştırdık ve yeni bilgiler elde etmek için çalıştık. Bir müddet sonra fotoğraflar da dahil çok ciddi materyaller elimize geçti ve artık dağda silahlı bir grubun eylem hazırlığı içerisinde olduğundan emin olmuştuk. O tarihler, İstihbarat Dairesinin PKK karşısında gerçekten çok üstün performans gösterdiği bir dönemdi. İlgili vilayetin ve merkezdeki bizim teknisyen arkadaşların çalışması neticesinde PKK grubunun sipariş verdiği cihazlardan birinin içerisine bir elektronik cihaz yerleştirerek haber alma imkânı yaratıldı. İşte bu mucizevi sistem sayesinde PKK grubunun yerini belirli aralıklarla tespit edebilecektik. Bu gelişme üzerine bir polis helikopteri ve teknik ekiple birlikte Antalya'ya gittim. Bu esnada Emniyet Genel Müdürlüğünün Özel Harekât Timlerinin büyük bir kısmı Isparta iline getirilmişti, sadece amirlerini Antalya'ya götürmüştük. Isparta ve

Burdur civarında bulundurulan timler çağırdığımız zaman birkaç saat içinde gelip operasyona katılabileceklerdi. Antalya'ya vardığımızda Antalya İl Emniyet Müdürü, Jandarma ve Valilikle görüştük, ancak bir sorun vardı: Operasyon Jandarmanın görevli olduğu kırsal alanda yapılacaktı ve Antalya Jandarmasının elinde bu operasyonu yapacak yeterli tim bulunmuyordu. İlave Jandarma timlerine ihtiyaç duyuluyordu. Emniyetin timi vardı ama tek başına olması da pek uygun değildi; mutlaka ek kuvvete ihtiyacımız vardı. Bu durumu tartıştıktan sonra, helikopterle belirli zamanlarda havalanarak grubun yerini tespit etmeye çalıştık. Eldeki küçük istihbari bilgilere dayanarak Antalya'nın büyük coğrafyası içerisindeki hangi dağlık bölgede olduklarını bulmak için helikopterle arazinin her gün belli bir bölgesini taramaya başladık; PKK'lıların yerini elektronik olarak tespit edebilmek için militanlara birkaç km yaklaşmamız gerekiyordu. PKK'lıların çektirdiği bir fotoğrafta görünen kayalık yapı ve çeşmeyi bulmaya çalışıyorduk. Üçüncü gün PKK mensuplarının yerlerini belirledik. Aynı gün, bizim elde ettiğimiz bilgiyi teyit eder mahiyette hem askeri birimler hem de Milli İstihbarat birbirlerinden bağımsız olarak Antalya'da, Kuzey Irak'taki PKK unsurlarıyla telsiz konuşması yapan bir cihazın varlığı tespit edilmiş, yaklaşık bir bölge tespiti de yapmıştı. Antalya'nın doğusuna yakın bir bölgedeydi ve köylere yakın bir arazi içerisinde bulunuyorlardı. Artık kesin olarak bölgeyi netleştirmiştik. Bu bölgeye timleri gece sızdırırsak, elimizdeki cihazlarla yerlerini belirleyerek grubu imha etmek mümkündü. Ancak bahsettiğim gibi, jandarmanın elinde özel veya operasyon yapacak tim yoktu ve bu timin temin edilmesi için biz sürekli Emniyet Genel Müdürlüğü ve Jandarma Genel Komutanlığından (onlar da Genelkurmay'dan) tim istiyorduk ancak uzun bir süre geçmesine rağmen bir türlü tim gelmedi. Tim bulamıyorduk. PKK üyeleri vardı ve tespit kesin nokta istihbaratıydı. Örgüt Antalya'ya yerleşecek, Türk turizmine çok ciddi darbeler vurabilecek, yaptığı en ufak eylemle tüm Antalya bölge turizmini tehlikeye sokacaktı. Buna rağmen birkaç gün daha beklememize rağmen maalesef tim getirilemiyordu. Gece temin ettiğimiz kamyonetlerle PKK'lılardan sinyal aldığımız bölgeyi dolaştık ve o bölgeye girip çıkarak (biraz da belki kendimize riske atarak) PKK'nın yerini daha kesin bir şekilde tespit etmek için bir süre daha çalıştık; ancak iki üç gün sonra tüm görüşmelere rağmen jandarmanın artık bir tim çıkarma ihtimali olmadığını anladık. Olsa olsa kendi elindeki klasik karakol hizmetlerini yapan jandarma erleri ile destek verebilecekti; ama operasyon timi olarak yetiştirilmemiş askerlerle bu gruba karşı operasyon düzenlemek uygun değildi. Bununla birlikte Antalya İl Emniyet Müdürü Natık Canca tek başına bu riski üstlenemeyeceğini, eğer jandarma timleri gelmezse polis timlerini buraya soktuğu zaman doğabilecek olayların sorumluluğunu kendisinin üstlenemeyeceğini söyledi. PKK grubunun yeri belliydi, elimizde grubun sayısı ve ellerindeki silahların fotoğraflarına kadar tüm detaylı bilgiler, hatta dağda çekilmiş fotoğrafları bile vardı ve örgüt bu bölgeye yeni giriyordu, yapılacak bir operasyonla bu bölgede sökülüp atılabilirdi. Ancak maalesef jandarmanın tim getirememesi, Antalya Emniyet Müdürünün tek başına risk üstlenmemesi üzerine biz operasyonu yapmadan Antalya'dan geri döndük. Operasyon yapılmadı, timler geri çekildi.

O tarihlerde, hatırlıyorum, Genelkurmay Başkanı kısa bir süre sonra ağustos ayı içerisinde açıklama yapıyordu: "Dünyada Amerika'dan sonra en büyük harekâtı yaptık, altı taburu "uçarbirlik harekâtıyla" Cudi dağının muhtelif yerlerine attık," şeklinde dünyaya beyanat veriyordu. Böyle bir beyanat veriyorduk ama Türkiye'nin turizm cennetinde, Türk turizmine darbe vuracak büyük eylemler gerçekleştirecek bir grubu imha etmek üzere iki veya üç Özel Harekât Timini Ankara'dan Antalya'ya getirememiştik. Üç-beş gün boyunca burada operasyon yapacak bir tim bulamamıştık. Sonrasını belki birçok insan hatırlayacaktır: Antalya'da bu PKK grubu turistlerin araçlarını ve ormanları yaktı, turistik tesislere roket attı, jandarmalarla birkaç defa çatışmaya girdi, (daha sonra intihar eden) Albay Abdulkerim Kırca buradaki bir çatışmada yaralanıp sakat kaldı. Halbuki bu grubu o gün imha etmek mümkündü. Bu grup iki yıl boyunca Antalya'da pek çok olay gerçekleştirdikten sonra ve Türkiye için epey sorun yarattıktan sonra, birkaç komando taburunun aylarca süren operasyonlarının ardından imha edilebildi. İşte Türkiye'nin teröre bakışı... Terörle mücadelemizle ilgili belki dışarıdaki insanın göremediği ama içinde olan bizlerin yaşayarak gördüğümüz çok ciddi hataların, eksikliklerin ve aslında bu olayların neden bu kadar büyüdüğünün örneklerinden bir tanesi de bu olaydı diye düşünüyorum.

Devletin Güvenlik-Bütçe İlişkisi

TBMM'de bütçe görüşmeleri yapılırken gelenektir, bir bakanlığa bağlı olan genel müdürlük ve alt birimlerin bürokratları, kendi bütçeleri görüşülürken komisyon üyesi milletvekillerinin bakanlarına soracağı sorular karşısında hemen cevap hazırlamak üzere genellikle komisyonda ve Meclis'te hazır bulunurlar.

İçişleri Bakanlığı'nın bütçesi görüşülürken ve bunun içinde en büyük yer tutan bütçelerden bir tanesi de Emniyet Genel Müdürlüğü olduğundan, Emniyet Genel Müdürü, Genel Müdür Yardımcıları, Daire Başkanlarının büyük bir kısmı da alt komisyon toplantılarında hazır bulunur. Bakana sorulacak sorulara anında cevap hazırlamak ve cevaplandırmak üzere beklerler.

Bir defasında ben de orada bulundum; yanılmıyorsam 2004 yılı bütçe görüşmeleriydi. 2003 yılının aralık ayında konuşmaları dinliyordum. O arada bütçe hakkında genel bilgiler verilirken ekrana yansıyan tabloda gördüm ki Türkiye'nin yedinci büyük bütçesi Emniyet Genel Müdürlüğüne aitti, sanıyorum sekizinci Jandarma Genel Komutanlığı, dokuzuncu Sahil Güvenlik Komutanlığı, onuncu Milli İstihbarat Teşkilatı diye gidiyordu.

İkinci büyük bütçe de Türk Silahlı Kuvvetlerinindi diye hatırlıyorum. Bu da gösteriyordu ki bu ülkenin, özellikle iç güvenliği ile ilgili, yani bu ülkenin vatandaşlarını birbirlerine yapacakları kötülüklere karşı korumak, bu ülkenin devletini kendi vatandaşlarından gelecek zararlara karşı korumak amacıyla kurulan teşkilatların bütçeleri çok büyük rakamlardı. Üstelik Türk Silahlı Kuvvetlerinin, Jandarmanın, Emniyetin çeşitli vakıf ve dernekler vasıtasıyla sahip oldukları kaynakları (ki bazıları bir bakanlığın bütçesi kadardır) ve Başbakanlık örtülü ödeneğinden aldıkları paylar bu rakama dahil değildir.

Bütçe içinden ve dışından elde edilen gelirlerden toplanan kaynaklar iç güvenliğe ayrılıyordu ki, bunlar toplamda çok büyük rakamlardı. Görüntü şuna benziyordu, paranızı saklamak için aldığınız kasanın değeri paranızdan daha fazlaydı. Burada bir yanlışlık vardı, böyle olmaması gerekiyordu.

Ayrıca görevlerim esnasında gördüm bir diğer durum da devletin iç güvenlik birimlerinin kendi içerisinde dayanışma, yardımlaşma, koordinasyon olmadığından her şeye ayrı ayrı harcama yapılıyordu. Her birim ayrı ayrı aynı malzemeyi satın almak istiyor, birimler arası yaşanan ciddi bir yarıştan ötürü de inanılmaz rakamlarla bütçeler talep ediliyordu; hatta gerek duyulmayacak son model cihazlar, süper sistemler, her şeyin en iyisi istenmeye kalkılıyordu. Bu ülkenin kaynakları yatırım ve insanlarının eğitimi için değil; maalesef güvenlik için kullanılıyordu.

Bugün yine bütün devlet kurumlarının imkânlarına, kullandıkları bütçelere bakılırsa, güvenlik amacıyla kurulan birimlerin ödenek ve bütçelerinin diğerlerinden çok daha fazla olduğu görülecektir. Türkiye'de modern batı ülkelerinin güvenlik kuvvetlerinden daha fazla malzeme alınıyor, ama bunları yerinde ve zamanında kullanamıyoruz. Oysa bugün Emniyetin, Jandarmanın, bütün güvenlik birimlerinin ve hatta Silahlı Kuvvetlerin iç güvenlik amacıyla işbirliği yapmaları halinde, bu harcamanın kesinlikle dörtte bir inmesi veya bu harcamayla on katı karşılık elde edilmesi mümkündür. Kendi aralarında koordinasyonu iyi sağladıkları zaman bu harcama ve faaliyetlerden kesinlikle tasarruf edilmesi ve başarının çok daha yüce olması mümkündür, ama ne yapılırsa yapılsın maalesef bu kuvvetler arasında gerekli koordinasyon hiçbir zaman sağlanamamıştır ve sağlanamaz. Çünkü onlar, genellikle kendi kurumsal menfaatlerini ön planda tutan teşkilat ve kurumlardır. Maalesef içinde olanlar bunu kabul etmese bile gerçek böyledir.

Bu kurumlar tek çatı altında birleştirilmeden, hatta çok ciddi şekilde bu işten anlayan sivil kurumlar, sivil kişiler tarafından denetlenmeden asla rayına oturtulamaz. Aksi taktirde bu ülkenin büyük bir kaynağı, iç güvenlik adı altında heba edilip bir tarafa atılmaya mahkumdur. Bu ülkenin iç güvenliği çok daha düşük rakamlarla, çok daha az kadroyla, çok daha iyi bir şekilde sağlanabilir, ama mevcut durumda tüm kaynakları iç güvenliğe de harcasanız kesinlikle bu konuda istenen başarının sağlanamayacağına eminim, çünkü bunlar yerinde ve zamanında usulüne uygun kullanılamamaktadır.

KOM Dairesi'nde Yenilikler

2003 yılı haziran ayında Kaçakçılık ve Organize Suçlarla Mücadele Dairesi Başkanlığına (KOM) atandım. Daire Başkanlığının merkezde Mali, Organize ve Narkotik suçlar olmak üzere üç önemli birimi vardır ve bu birimlere bağlı olarak pek çok suçla tüm ülke çapında mücadele edilmektedir; ama kamuoyunda daha çok uyuşturucu operasyonlarını yapan Narkotik birimi öne çıkar. Ülke genelinde ise her İl Emniyet Müdürlüğü içerisinde KOM Şube Müdürlüğü yer alır.

Ben birincil olarak mali suçlarla; yani kaçak ve gizli yöntemlerle yapılan her türlü mal (akaryakıttan tekel malzemesine) ithalatı ile başta ihaleler olmak üzere kamudaki yolsuzluklarla ve ikincil olarak da mafya denen organize suç şebekeleriyle mücadeleye öncelik ve önem veriyordum. Fakat uluslararası kuruluş ve teşkilatlar uluslararası uyuşturucu ile mücadeleyi öne çıkarmaya çalışıyorlardı. Şartlar üç alana da eşit önemi vermemiz gerektiğini ortaya koyuyordu. Hızlı ve hummalı bir çalışmanın içerisine girmiştim.

O tarihlerde KOM'un merkezde kendine ait teknik altyapısı yoktu (İstihbarat Dairesi konu üzerinde çalışıyordu) ve tüm Türkiye'deki il şubeleri (İstanbul hariç) herhangi bir dinleme faaliyeti için Ankara'ya geliyordu. Van'dan Edirne'ye kadar her ilin polisi dinleme kararı aldığında Ankara'ya gelip kendi iline ait bir iki telefonu Daire Başkanlığında dinliyor ve dinlemede elde ettiği bilgileri kendi iline telefon vs. yoluyla aktarıyordu. Böyle komik bir uygulama vardı, bu şekilde bir çalışma ile netice almak, sistemli bir çalışma yapmak mümkün değildi.

Daire başkanı olarak ilk önem vermem gereken şeyin kurumsallaşmak, bir sistem kurmak olduğu açıktı. Sonra bilgisayar sistemi, bilgi bankası ve sokakta çalışan birimlere istediği teknik malzeme ve sistemleri sağlamak gerektiğini görmüştüm. Diğer yandan çalışıp iş üretmek lazımdı; benden önce, İçişleri Bakanı Saadettin Tantan'ın zamanında önemli operasyonlar yapılmıştı, bunların devamı gelmeliydi. Tam bu sırada Uzan olayı patladı, işimiz iki kat artmıştı ve üstelik ben mali, narkotik kaçakçılık konularını bilmiyordum, daha önce hiç bu birimlerde çalışmamıştım; bir yandan da öğrenmem gerekiyordu.

Uzan Olayı

Yukarıda belirttiğim gibi, Kaçakçılık Daire Başkanı olarak görevde yeniydim, dairenin görev alanına giren konuları ve bu konularla ilgili mevzuatı öğrenmeye çalışıyordum ki Uzan olayı patlak verdi. Bir anda kendimi denetim elamanlarının, müfettişlerin ve bankalar yeminli murakıplarının arasında, henüz anlayıp kavrayamadığım Uzanların İmar Bankası yolsuzluğunun ve ardından tüm şirketlerinin karıştığı olayın içinde buldum. Sıradan mali konuları dahi tam olarak anlayamazken bir anda en büyük soygunla karşı karşıya kalmıştım. Üstelik bu işlerle asıl olarak ilgilenen Bankalar Denetleme ve Düzenleme Kurulu o sıralar kendi içinde BDDK ve TMSF olarak ikiye bölünüyor, yöneticileri yeni atanıyordu.

Çok zor durumdaydım, ama ağlamaya da zamanım yoktu. Bir süre sonra bu işlerden az da olsa anlayan, daha önce bankalar operasyonunda görev almış epey tecrübeli personellerimin olduğunu gördüm. Aralarında Soner Komiser vardı ki tam o meşhur sözdeki gibi 'tek başına bir orduydu'. Uzanlar adına yapılan pek çok şeyin yarısını tüm samimiyetiyle çalışan kamu görevlileri yapmışsa diğer yarısını Soner Komiser tek başına yapmıştı desem yanlış olmaz.

Uzanlara yönelik tahkikat başladığında Uzanlarla ilgili önceden aklımda kalmış bazı bilgileri anımsıyordum. Bazen anormal olaylar aklımın bir kenarında kalır, yıllar sonra işime yarar.

Anımsadığım ilk olay 1992 başlarında gerçekleşmişti. İstihbarat Şube Müdürü olarak İstanbul'a yeni atanmıştım ve şubeyi araç, gereç, personel açısından güçlendirmeye çalışıyordum. Bir gün, daha sonra İSKİ soruşturması ve Ergun Göknel'i sorgulamasıyla adını duyuran Mali Şube Müdürü arkadaşım Salih Güngör geldi, beni banka denetimlerinde yetkili bir uzman olan Yeminli Murakıp Fahrettin Yahşi ile görüştürdü.

Bana anlattıklarına göre bankayı denetlemek ve incelemekle görevli Yahşi'ye banka müdürü bir oda veriyor ve Yahşi orada çalışırken bir gün ayağının değmesi ile dinleme cihazı olabileceğini tahmin ettiği, masa altına gizlenmiş küçük bir elektronik cihaz buluyor. Bu cihazı bana getirdiler, telsiz teknisyenim İbrahim kısa sürede inceledi. Çok güzel bir cihazdı, o zamana göre birinci sınıf işçilik ve kalitedeydi; denemeler yaptık bizim şubedeki cihazların hepsinden iyiydi, hatta bir süre görevde de kullandık.

O zaman Fahrettin Yahşi bunun önemli olmadığını, kendisine banka içerisinde bilgi veren var mı diye öğrenmek amaçlı konmuş olabileceğini düşünmüştü, biz de üzerinde durmamıştık. Bankanın sahipleri kimdi, nasıl insanlardı, haklarında hiç bilgi sahibi değildim ama bu cihaz ve kullanılan yöntem hiç makul görünmüyordu ve bunu yapanlar büyük şeyler saklıyor olmalıydı. Bu tuhaf olay böylece zihnime kazınmıştı.

Aslında bir tek bu olay bile bu kişiler hakkında şüphelenmek ve araştırma başlatmak için yeterliymiş. Daha o günlerde Uzanların legal yollar dışında farklı, hileli ve biraz da casusluk yöntemleri kullandığının ipuçları ortaya çıkmış, ancak biz uyanamamışız. Fakat ne ben, ne de devletin başka kurumları bunu anlayacak, tahkik edecek durum ve konumda değildik. Zaten benim görevim sadece terör istihbaratı idi.

Diğer bir olay ise 90'ların başında meydana geldi. Türkiye'nin ilk özel televizyonu Star TV Ahmet Özal ve Cem Uzan'ın ortaklığında yayına başlamıştı. Bir süre sonra da aralarında anlaşmazlık çıkınca Star TV Uzanlarda kalmış, Ahmet Özal da sonrasında Kanal 6'yı kurmuştu.

İstanbul'da göreve başlamamızdan kısa süre sonra Asayiş Şube Müdürlüğüne Star TV'nin sahiplerinin telefonla tehdit edildiği intikal etmiş. Birileri telefonla Star TV patronlarından haklarını ve alacaklarını istiyor, üstü kapalı şekilde tehdit ediyormuş. Asayiş Şubesi benden bu tehdit eden kişinin telefonunu tespit etmemi istemişti, bu amaçla birkaç defa olayı anlamak ve bu kişiyi tespit etmek için Star TV'ye gittim. Cem Uzan'ı tanımazdım, o gün de kendisi yoktu. Uzanlar adına yetkili olan birileri ile görüştüm, "Bu işi Ahmet Özal yaptırıyor, onun adamları." diyorlardı. Sebebini söylemiyorlardı, ama kanalla ilgili yaşadıkları ayrılıktan dolayı alacak iddiaları olduğunu anladım. Aranan telefona bir teyp bağlayarak tehdit eden kişinin birkaç konuşmasını kaydettik. Kaydettiğimiz konuşmalarda tehdit eden kişiler aşağı yukarı 20 milyon dolar alacaktan bahsediyor, görüşmek için Türkiye dışında, Almanya'da buluşmak istiyorlardı.

Ben biraz cesaret vermek adına (aslında biraz da tam bir saflıkla) tehdit eden kişilerin ciddi olamayacaklarını söylemiştim;

Uzanların 20 milyon doları olamayacağına göre, bu parayı isteyen kişiler de mantıklı değillerdi. Bana paranın olup olmamasının önemli olmadığını, bu kişileri yakalamamız gerektiğini söylediler. Hâlâ bu olayı hatırladıkça saflığımdan dolayı utanırım.

Hatırladığım diğer bir olay ise İstanbul Borsasında iki kişinin (Hüseyin Engin Saydam ve Uğur Soyata) sahip olmaları mümkün olmayan miktarlarda büyük paralarla hisse topladıkları, ancak haklarında bu tür haberlerin çıkması üzerine sırra kadem basarak kayboldukları ve bir daha kendilerinden haber alınmadığının tespit edilmesiydi. Bu kişilerin arkasında kimlerin olduğu, bu işi neden yaptıkları, bu kadar nakit parayı kimin verebileceği konusu yine aklımın bir köşesinde kalan hususlardandı. Sonradan öğrendiğime göre bu kişiler Uzanlar için çalışıyordu.

O gün ilk yolsuzluk patladığında basın yukarıdaki olaylar da dahil tüm bilgileri tazeledi: mafya benzeri yöntemler kullanıyorlardı, çeşitli kişilerle sorunları vardı, işlerinde casusluk aletleri kullanıyorlardı. Mali uzmanlar bize Uzanların marifetlerini anlatmaya başladılar.

Anlatılanlara göre Uzanların ilk önemli marifeti şuydu: Kendilerine ait İmar Bankası ilanlarında en yüksek faizi vereceğiz diyerek halktan milyarlarca mevduat toplamış, sonra da "batıyor" söylentisi yayılınca (mali uzmanlara göre bu söylentiyi de kendileri yaymıştı) halk bankaya hücum etmiş. Bu defa Uzanlar vadesinden önce anapara istendiğinden, "Siz vadeyi bozuyorsunuz, faiz istemeyene anaparasını veririz yoksa para ödeyemeyiz" demiş, daha önce batan bankalarda zarar gören halk da panik halinde anaparayı kurtarmak için faiz istememiş ve Uzanlar isteyen herkese tüm parasını ödemiş. Kimsenin diyeceği bir şey yoktu, ama Uzanlar bu olayla voliyi vurmuştu. Faizin neredeyse %100-120 olduğu enflasyon yıllarında milyar dolarlara tekabül eden parayı bir yıl bedava kullanmış, hiç faiz ödememişlerdi, üstelik tüm paraları ödeyerek en sağlam ve güvenilir insanlar görünümüne kavuşmuş, halk "biz haksızlık yaptık bak adamlar paramızı ödedi" demişti.

ÇEAŞ ve Kepez Elektrik

ÇEAŞ, Çukurova bölgesindeki barajlardan elde edilen elektriğin özel şirket eliyle dağıtılıp yönetilmesi için devlet tarafından 1950'li yıllarda kurulan, elektrik dağıtımı ve satışı konusunda imtiyaz hakkına sahip, çok ortaklı kârlı bir şirkettir. Uzanlar önce özelleştirme kapsamında ÇEAŞ'ın belli oranda hissesini almışlar, sonra sahip oldukları bankalar aracılığıyla gizlice hisse toplayarak %37 hisseyi ele geçirmişlerdi. Daha sonra hisseler henüz kendilerine devredilmeden, hisselerin temsil haklarını para karşılığında noter senetleri ile alarak yönetime hâkim olma yolu izlemişler ve uzun kavgalar sonucu, sahip oldukları Star TV'yi de silah gibi kullanarak tüm karşı koyanları susturmuş ve sonunda yönetime hâkim olmuşlardı. Daha sonra hisse satın alarak Antalya'da Kepez Elektrik adlı elektrik şirketini de satın aldılar.

ÇEAŞ ve Kepez'de yönetime hâkim olan Uzanlar kısa sürede şirketlerin içini boşaltmaya, bu şirketlerin paralarını kendilerine aktarmak için yöntemler geliştirmeye başladılar. Önce bu şirketlerin paralarını, kendilerinin Kuzey Kıbrıs'ta kurdukları İmar Off Shore Bank'a düşük faizlerle yatırdılar, bu şirketlere finans kullanmak ihtiyacı duyduklarında ise aynı bankalarda yüksek faizle kredi kullandılar ve böylece şirketler zarar etmeye başladı. Şirketlerin paraları kendilerine akmasına rağmen zararda göründükleri için vergi vermediler; ancak bu esnada küçük hissedarlar zarar etmeye başladı.

İmtiyaz sözleşmesi gereği ÇEAŞ, başka şirketlere ortak olmaması gerekirken Uzanlara ait Ladik, Şanlıurfa, Gaziantep, Bartın ve Trabzon Çimento şirketlerinin 132 milyon dolarlık hissesini satın alarak ortak oldu ve bir süre sonra çimento şirketlerinin sermaye artırımlarına ÇEAŞ sokulmadı. Uzanlara ait şirket ve Uzan ailesi üyeleri, diğer ortaklarınca yapılan sermaye artırımları ile ÇEAŞ'ın bu çimento şirketlerindeki hisselerinin değerini düşürerek, ÇEAŞ tarafından 132 milyon dolara alınan hisseleri yine Uzan Grubu'na ait başka şirketlere 66 milyon dolara, yani düşük fiyatla zararına sattılar.

Uzanların ÇEAŞ ve Kepez Elektrik'teki bu ali cengiz oyunlarının bir kısmı denetim elemanlarınca tespit edilerek rapor edilmiştir, ama bunlar 2003 yılına kadar hasıraltı edilir veya etkin olarak işleme konmaz.

İlerleyen tarihlerde işin, halk tabiri ile rayından çıkacağını hisseden Uzanlar bu tezgahın ortaya çıkma ihtimalini göze alarak, Kıbrıs'taki İmar Off Shore Bank'ı 'kara para cenneti' diye nitelendirilen Lihtenştayn merkezli Patrak Finans adlı bir şirkete satarlar; aslında bu şirketin sahibi de yine Uzan Grubu'dur.

İşin esas komik tarafı ise, bu iki şirkete bu kadar yüksek miktarlarda ve yüksek faizlerle kredi veren İmar Off-Shore Bank Ltd. şirketinin durumu. Bu şirketin sermayesi, Lefkoşa Büyükelçiliğinin Hazine Müsteşarlığına verdiği rapora göre, 1993 yılında 1 milyon dolardır; ama ÇEAŞ ve Kepez'in yüz milyonlarca dolar parasını düşük faizle alıp, tekrar bu şirketlere çok yüksek faizle kredi olarak vermiştir.

Sonunda ÇEAŞ ve Kepez'in zarara uğratılması ve çeşitli usulsüzlük suçlamalarıyla, Uzanların bazı aile üyeleri hakkında Sermaye Piyasası Kanunu ve Türk Ceza Kanunu hükümlerine aykırı davranmaktan Adana, Antalya ve İstanbul Asliye Ceza Mahkemelerinde davalar açılır.

Ayrıca ÇEAŞ'ın faaliyetlerinden elde edilen gelirlerle alınan mal varlıklarının, imtiyaz sözleşmesi gereği Enerji Bakanlığı adına tescil ettirilmesi gerekirken, Uzan Grubu şirketleri adına tescil ettirilerek kamudan mal kaçırılır, el konulduktan sonra aylarca mahkeme yoluyla uğraşılarak bu malların bir kısmı Uzanların üzerlerinden silinip devlet adına tescil ettirilmiştir.

Berke Barajı İnşası

İmtiyaz sözleşmesi gereği, ÇEAŞ ve Kepez şirketlerinin elde ettikleri gelirle belli oranda yatırım yapma mecburiyeti vardır ve bu mecburiyet bölgede hidroelektrik santrali, yani barajlar yapılmasını gerektirir. Uzanlardan önceki dönemde, bu amaçla Berke Barajı projelendirilmiş ve bir İtalyan firmasına 591 milyon dolara ihale edilmişti. ÇEAŞ'ın Uzanların eline geçmesinin ardından, ödemelerin yapılmaması ve işin bırakılması için çıkarılan bin bir güçlük üzerine bu İtalyan firma baraj inşaatını, Uzanların zoruyla bırakır. Böylece baraj inşaatını Uzan Grubu'na ait Yapı Ticaret A.Ş. adlı şirket üstlenir. Bu aşamadan itibaren, baraj inşaatında kullanılan her türlü malzeme Uzan Grubu'nun diğer şirketlerinden satın alınmaya başlanır. Daha yakın fabrikalar olmasına rağmen çimento Urfa ve Gaziantep fabrikalarından getirtilir, zemine beton enjektesinde kullanıldı diyerek ölçülmesine imkân olmayan ve gerekenin çok üzerinde miktarlarda çimento, demir vs. ile şişirilmiş faturalar kullanılarak maliyet yükseltilir ve ÇEAŞ'a fatura edilir.

Ayrıca ÇEAŞ'ın imtiyaz sözleşmesi gereği, devlete karşı bu yatırımları yapma taahhüdü ve mecburiyeti olmasına rağmen bu yatırımlar için ÇEAŞ ve ortağı olduğu diğer şirketler üzerinden 12 ayrı yatırım teşvik belgesi kullanarak, devletten haksız nakit para yardımı alınır.

ÇEAŞ'a el konması ve usulsüzlüklerden dolayı Uzanlar hakkında açılan davalarda bu defa da bilirkişi ve uzmanlara rüşvet verilmesi olayları gelişir.

Sonunda görkemli bir törenle açılan Berke Barajı bir milyar dolar civarında bir rakama mal olmuştur. İddialar doğruysa bu barajın yapımında Uzanların şirketine 400 milyon dolar aktarılmıştır.

Uzanların yaptıkları usulsüzlükler ve yolsuzluklar üzerine, Tansu Çiller döneminde ÇEAŞ imtiyaz sözleşmesi iptal edilerek yönetime el konmak istenir; ama önce koalisyon döneminde

Enerji Bakanlığının kararname hazırlamaması, sonra eskiden beri Kemal Uzan'ın yakını olmuş olan Demirel'in cumhurbaşkanlığı döneminde kararnameyi imzalamaması nedeniyle başarılı olunamaz.

2001 yılında 4628 sayılı Enerji Piyasası Kanunu çıkartılarak, Enerji Piyasası Düzenleme Kurumu kurulur. Buna göre 2002 yılı sonuna kadar sektörde faaliyet gösteren şirketlerin, üretim ve dağıtım faaliyetlerinin aynı grup tarafından yürütülmesi yasaklanır. Dağıtım şirketlerinin faaliyet yürüttükleri bölgedeki üretimleri toplam tüketimin %20'si ile sınırlanır, üretim ve dağıtım haklarından birini başkalarına devretmeleri şart koşulur. Ayrıca enerji dağıtımının serbest olması, alıcının herhangi bir bölgede ucuz bulduğu elektriği istediği üreticiden serbest piyasada alması ve iletim şirketlerinin bedeli karşılığında elektriği taşıma mecburiyeti getirilir; ama Uzanlar bu hususlara uymazlar. Başka bölgeden alınan elektriğin kendi dağıtım bölgelerinde alıcılara ulaşmasına müsaade etmez, kendi dağıtım bölgelerindeki her alıcının elektriği kendilerinden almaya mecbur olduğunu, eski tarihli imtiyaz sözleşmesi ile buna hakları olduğunu söylerler ve kanunu bölgede uygulamazlar. Bunun üzerine Kurul, imtiyaz hakkını iptal ederek ÇEAŞ ve Kepez'e el koyar.

ÇEAŞ elinden alınan Uzan Grubu nakit sıkıntısı çekmeye başlar ve bu sıkıntı da yavaş yavaş İmar Bankası'na sıçrar: elektrik şirketlerinden gelen nakit para akışı kesilen banka, ödeme sıkıntısı içerisine girer.

Uzan Grubu ÇEAŞ'ı geri almak için Türkiye'de açtığı davaları kazanamayınca ve kazanamayacağını anlayınca bu defa daha farklı hilelere başvurur. Ürdün'deki temsilcileri olan Ali Cenk Türkkan vasıtasıyla Güney Kıbrıs'ta Libananco isimli bir şirket kurarak, ÇEAŞ'ın hisseleri daha önce bu şirkete satılmış gibi gösterip, yabancı yatırımcıyı koruma ve teşvik amaçlı çıkarılan tahkimle ilgili mevzuat ve anlaşmalara dayanarak, tazminat davası açarlar. (Kitap yazılırken tahkimde ilk işlemlere devam edilmektedir.)

Peki, Uzanların yaptığı asıl yolsuzluk tam olarak nedir? İmar Bankası'nda neyi, nasıl yapmışlardır? Bunu kısa bir yazıda anlatmak mümkün mü bilemem. İmar Bankası olayı, hakkında birden fazla kitap yazılacak cinsten; dünyadaki bankacılık suçları ve banka içi boşaltma operasyonlarında literatüre girmiş bir olaydır. Dünya bilimine bilimsel çalışmalarımız ve buluşlarımızla giremedik ama İmar Bankası yolsuzluğu ile bu alanda dünyada hatırı sayılır bir yer edindik.

İmar Bankası nasıl bir bankaydı ve nasıl yönetiliyordu diye baktığımızda gördüğümüz kadarıyla bankanın tüm ortakları Uzanlardı. Yönetimde, Uzanlar haricindekilerin büyük kısmı diğer şirketlerindeki lise mezunu personellerden seçilmişti ve onları da diğer bankalara göre düşük ücretlerle çalıştırdıkları ortaya çıkmıştı. Bu insanların büyük çoğunluğu dar gelirli ailelere mensup, gelirinden başka bir şey düşünemeyen, finans, iktisat gibi konuları çok iyi bilmeyen, sorgulama ve soruşturma yetenekleri ekonomik sebeplerden dolayı gelişmeyen, tam bir aidiyet duygusu içerisinde çalışan, mevduat kabul etme ve verme dışında çok fazla bir inisiyatifi bulunmayan kişilerdi. Yönetim kurulunda değil; memur pozisyonunda ve rolündeydiler ve bu durum Uzan Grubu'nun yolsuzlukları yapmasını kolaylaştırıyordu.

Bankalar Kanunu'na göre İmar Bankası'nın mevduatının ancak %10'u kendi grup şirketlerine kredi olarak verilebilirken Uzanlar bu kanuna aykırı olarak çeşitli usulsüzlüklerle İmar Bankası'nın tüm mevduatını Uzan Grubu şirketlerine kullandırıyordu. Bu da yetmiyor mevduatın önemli bir kısmı, resmiyette kendilerinin gözükmeyen, Kuzey Kıbrıs'ta tabela şirketi olarak kurdukları, tüm işlemleri Türkiye'deki temsilcisi gözüken İmar Bankası şubelerince yapılan İmar Bank Off Shore'a aktarılıyor, sonra da bu şirket yeniden bu paraları/mevduatı Uzan Grubu şirketlerine kredi olarak veriyordu.

Bir kısım mevduat da baştan İmar Bankası şubelerinde daha yüksek faize Kuzey Kıbrıs'taki İmar Bank Off-Shore Ltd. hesabına yatırılıyor gözükerek zaten tamamen Türk Bankacılık Mevduatı sistemi dışında kullanılabiliyordu.

ÇEAŞ ve Kepez'e el koyulmasıyla İmar Bankası'na sıcak para girişi azalınca Uzanlar Genç Parti'yi kurarak ekonomi için mi siyaset, siyaset için mi ekonomi yapıldığı anlaşılamayan, örneği görülmemiş bir siyasi atağa kalkarlar. Sonrasında iktidarla ters düşmeleri nedeniyle mevduat çıkışı da hızlanır. Bunların doğal sonucu olarak İmar Bankası'nın mali yapısı da bozulur, bankayı denetleyen yeminli murakıp ve uzmanların raporları üzerine BDDK birçok defa Uzanların banka mevduatını grup şirketlere kanuni hadden fazla kullandırmamalarını, bankanın mali bünyesini kuvvetlendirmek için tedbir almalarını ister, ama Uzanlar her zaman olduğu gibi devletin dediği gibi değil kendi bildikleri gibi davranmayı tercih ederler; yeni tedbir almak değil daha da ileri giderek yönetim kurulu başkanı Kemal Uzan dahil tüm yönetimi toptan istifa ettirirler. Durumun vahameti karşısında BDDK İmar Bankası'nın yönetimine de el koyar.

Ancak Kemal Uzan yönetimden ayrılırken İmar Bankası'nın bilgisayar sistemini işlevsiz kılmış, bilgisayar yedekleri kaybolmuş, bankaya bilgi işlem desteği veren ve yine Uzanlara ait olan Merkez Yatırım A.Ş. hiçbir bilgi işlem desteği vermeyerek bankayı çalışmaz hale getirmiştir.

Nasıl oluyor da İmar Bankası onlarca defa murakıplarca denetlendiği halde uzun süredir devam eden bu yolsuzluk tespit edilemiyor? Diyelim ki yeminli murakıplar, denetim elemanları fark etmedi; ama bankanın yönetim kurulu üyeleri, genel müdürlük yöneticileri, illerdeki şube müdürleri de mi fark edemedi? Daha doğrusu baba Uzan ve iki oğlu dışında sadece iki üç kişi ile 5 milyar dolarlık bir mevduat herkesin gözü önünde nasıl saklandı? Bu, koca bir fili binlerce insanın gözü önünde sahnede yok etmek gibi bir şeydi ve Uzanlar bunu gerçekten yapmışlardı.

Bırakın polisi, MİT'in mali uzmanları, bankacılar bile yapılan yolsuzluğu anlamakta zorlanıyordu. Yolsuzluğun yapılış biçimini ve yöntemini anlamamız bile birkaç hafta sürdü.

Başta anlatılanlara inanmamıştım, nasıl olur da bunca banka çalışanı, müdürleri, genel müdür yardımcıları olanları görmez; kesin birçok kişi biliyor, ama doğruyu söylemiyorlar diyordum. Ama bir yandan da bilinse bu sır mutlaka bir şekilde dışarı sızardı diye de düşünüyordum. Sonunda çalışanlarla görüşüp, eldeki kayıtları inceleyince, bunun mümkün olabileceğini, hiç kimse bilmeden, görmeden milyar dolarların herkesin önünde saklanabileceği sonucuna vardım. Bu şeytani bir yöntemdi, dâhiyane bir uygulama idi ama Uzanlar bunu yapmıştı.

Yapılanların Kısa Özeti

Uzanların İmar Bankası'nda yaptığı şuydu; az önce de belirttiğim gibi İmar Bankası'na bilgi işlem desteğini Merkez Yatırım AŞ denen, yine Uzanlara ait bir şirket veriyordu. Yani bankanın bilgisayarları bu şirket tarafından programlanıyor ve kontrol ediliyordu. Bu programları Uzanlar özel olarak yazdırmışlardı.

Diğer tüm bankaların bilgisayar sistemleri online denen sistemle çalışır. Yani bankaların şubeleri bilgisayar ağları sayesinde merkeze ve birbirlerine bağlı para havalelerini anında yaparlar, paralar anında merkezdeki hesaba geçer. Uzanlar ise öncelikle offline çalışmayı seçmişlerdi, yani illerdeki her banka şubesinin bilgisayar sistemi sadece kendine aitti ve kapalı devre çalışıyordu, merkezdeki bilgisayar da öyle. Her gece bilgisayarlar bir kez birbirlerine bağlanıyor, şubelerde gerçekleşmiş olan tüm işlemler merkeze gönderiliyor, merkezdeki bilgisayar da tüm bilgileri birleştiriyordu; ayrıca merkezden illere gönderilmesi gereken bilgiler varsa merkezi bilgisayar onları da gönderip tekrar kapanıyordu.

Bu sistemin önemli sır ve odak noktalarından bir tanesi, her şubenin sadece kendi işlemlerini görmesiydi. Şubeler kendi bankaları ile ilgili bir icmal, genel bir değerlendirme çıkaramıyorlardı. Eğer isim verirseniz o kişinin tüm işlemlerini görebiliyor, ama o gün aldıkları tüm para ne kadardır, verdikleri ne kadardır, bankada genelde mevduat miktarı ne kadardır gibi bilgilere sahip olamıyorlardı. Banka şubelerinin her ay maliyeye vermesi gereken beyannameler de merkezdeki bilgisayar sisteminde üretilerek şubelere gönderiliyor, onlar da bunları doldurup ilgili maliye birimlerine veriyorlardı.

Yine banka şubelerini denetlemeye gelen yeminli banka murakıpları o şube ile ilgili genel bir cetvel, hesap, bilanço veya genel bir rakam isterse banka şubeleri bunu çıkarıp veremiyordu; talebi merkeze aktarıyorlardı, merkezdeki bilgisayar sistemi bunları üretip neticesini ilgili şubeye ve denetim elemanlarına aktarıyordu.

Herkes bunu gayet normal ve makul bir uygulama gibi görüyordu, ama aslında merkezde bir tek bilgisayar uzmanı ile raporları üretip denetleyen bir veya iki kişi vardı ve çift yazılım kullanarak tüm rakamları her zaman onda bir oranında gösteriyorlardı. Yani soruların hep iki yanıtı vardı: Uzanlar için gerçek rakamlar ve diğer kişiler için onda bire indirilmiş rakamlar.

İmar Bankası'nın ödeme güçlüğü içerisine girmesi ve iflas ettiğinin anlaşılması üzerine, devlet bankaya el koyarak tüm borçlarını ve mevduatını mudilere ödemeye karar vermeden önce, hükümete İmar Bankası'nın 500 milyon dolar civarında maddi büyüklüğünün olduğu söylenmişti. Hükümet yetkilileri de tahminimce bütün mevduat 500 milyon dolar ise bu rakam ekonomiye ciddi sıkıntı yaratmadan ödenebilir diye bankaya el koymakta tereddüt etmemişlerdi. Oysa Uzanlar giderken bilgisayar sistemini bozdukları ve yedekleri bulunamadığı için bankanın gerçek mali durumu anlaşılamamıştı. Daha sonra tek tek şubelerden kayıtlar toplanıp icmal yapıldığında gerçek ortaya çıktı: bankanın gerçek borcu 5 milyar doları aşıyordu.

Başka anormallikler de vardı, ellerinde hazine bonosu alma-satma yetkisi olmadığı halde bir katrilyon liralık hazine bonosu satmışlardı, üstelik ellerinde satacakları bu miktarda bono da yoktu. Televizyonlarda reklamlar vererek olmayan bonoyu satıyor, karşılığı parayı alıyorlardı, böylece hazine zararı 8.442 katrilyonu buluyordu.

Ayrıca o zaman birçok bankanın yaptığı gibi yurtdışında Kıbrıs, Lihtenştayn gibi yerlerde kurdukları, literatürde kıyı bankacılığı denen ve sadece bir levhadan oluşan off-shore bankalar yaratarak, bu bankalar adına işlem yapıyormuş, mevduat topluyormuş gibi görünüp kendi banka şubelerinde farklı faiz uygulamaları ve farklı işlemler yapmışlardı. Yani Uzanların sırrı aslında bu mantık ve düşünce sisteminden kaynaklanıyordu, iyi incelendiğinde gerçekten üç kişiyle tüm insanların gözünün önünde 5 milyar doları saklamayı şeytani bir zekâyla başarabilmişlerdi.

Araştırmalar ilerledikçe Uzanların daha çok marifeti çıkıyordu...

Telsim gibi dev bir GSM şirketine, 12 çimento fabrikasına sahip olan, bünyesinde 264 şirket ve birkaç holding bulunduran koca Uzan Grubu, resmi belgelerde kaynağında kesilen vergilerin haricinde devlete hiç vergi vermiyordu.

Hatırlanacağı üzere Uzanlar 1990'lı yıllarda çimento fabrikaları ihalelerinde herkesten yüksek fiyat vererek fabrikaları Özelleştirme İdaresinden alıyor; ancak her ihaleye birileri mutlaka itiraz ediyordu. Bu itirazın yargılama safhası yıllar sürüyor, Uzanlar da aldıkları fabrikalara hiç ödeme yapmadan, mahkeme sonuna kadar birkaç yıl çalıştırıp bedavadan milyarlar kazanıyorlardı. Herkes bu itiraz edenlerin Uzanların kendi adamı olduğunu söylüyor, ama hiç kimse de bir şey yapmıyordu. Tüm çimento fabrikaları böyle alınmıştı.

Tüm bunlara rağmen Uzanlara ait yerlerde arama yapmak veya Uzanları sorgulamak için yakalama kararı alamıyorduk. Savcıları ikna etmek, mahkemelerden karar almak çok zordu; savcılar mudilerin şikâyetini hukuki bir mesele olarak algılıyor, bu kadar açıkla ilgili uzman raporları kesin değil vs. diyorlardı. Uzanların yolsuzluğunu, kaçma durumlarının olacağını anlatmakta zorlanıyorduk. Geciken kararlar sonunda Kemal Uzan, Hakan Uzan, Yavuz Uzan ve diğer bazı önemli kişiler yurtdışına kaçmışlardı. Cem Uzan son zamanda Genç Parti başkanı olduğu için şirketlerdeki hisse ve yöneticiliği seçim döneminde azaltılmıştı, ayrıca Cem Uzan'ın üzerine gitsek yaptıklarımız, hukuki değil siyaseten yapılıyor denerek çarpıtılabilirdi.

Bu sırada olağanüstü bir şey oldu; gelen bir ihbarla Uzanların banka ve şirketlerinden kaçırdıkları paralarını Şenlikköy'de bir villaya koydukları bildirildi. Yapılan araştırmada Şenlikköy'deki adrese, Uzanların şirketlerine el konmasından kısa süre önce büyük çelik kasaların vinçlerle duvarlar delinerek yerleştirildiğinin öğrenilmesi üzerine, üç adres için de arama kararı alındı. Yapılan aramada para bulunamadı; ancak her biri 2 metre boyunda 22 adet dev çelik kasa içerisinde Uzanların şirket binalarından kaçırıp getirdikleri tüm Uzan Grubu şirket ve holdinglerinin dosyaları, gizli izleme, takip, casusluk işlerine dair kayıtlar ve gizli sayılacak çok önemli belgeler ele geçirilmişti. Diğer adreslerde de önemli belge ve dokümanlara ulaşıldı.

Özellikle Şenlikköy'deki villa tam bir karargahtı; Uzanların sadık elemanlarından bir bayan (M.İ.) tek başına bir iki kişi ile burayı idare ediyordu. Buradan tüm Uzan şirketlerinin sahip, hissedar ve yöneticileri değiştiriliyor, istenilen tarihte istenilen kişiler hissedar veya yönetici yapılıyor veya şirketle alakası kesilebiliyordu. Burada Uzan Grubu'nun hissedarı veya yöneticisi sayılan, güvenilen tüm çalışanlarından alınmış ve miktar, tarih gibi kısımları boş bırakılmış imzalı hisse devri, yönetimden istifa dilekçeleri vardı. M.İ bir iki dakika içinde Uzan şirketlerinden birinin sahiplerinin hisselerini başka kişilere devrederek, yönetime başka kişiler seçerek şirketin yönetici kadrosunu değiştiriyor, bunları hukuki anlam ifade edebilecek şekilde karar defterlerine ve dosyalara işleyebiliyordu. Bu nedenle Uzan şirketlerinde hissedar veya yönetici olanların ifadeleri alınırken birçok kişi sorguda hangi şirketin ortağı olduğunu veya hangi şirketteki ortaklığının sona erdiğini bilemiyordu. Öyle bir sistem kurulmuştu ki tek kişi eliyle 264 şirketin tüm ortaklık yapısı ve yönetimi istendiği gibi düzenlenebiliyordu.

Bulunan belgeler arasında, Uzanların el konan şirketlerini kurtarmak için önümüzdeki dönemde planladıkları da vardı. Bu anlamda şirketlerin birbirleri ile olan bağlarının koparılması, hisselerinin hamiline çevrilmesi, ilk tedbir kararlarına itiraz etmek için bilirkişi raporları hazırlanması, şirketlerin tamamının değişik adreslere taşınması, kritik departmanlardan olan Telekom Grubu, hukuk, Özel Büronun (emekli Albay M. Ş. ekibinin) ve Rumeli Telekom grubunun taşınması, film grubu şirketlerinin ortaklık yapılarının değiştirilmesi, yeni şirketlerin kurulması gibi birçok hususun daha yerine getirilmesi planlanmıştı.

Şenlikköy'de bulduğumuz ikinci önemli kaynak ise Uzan Grubu'nun şirketi yönetirken kullandığı, tüm iç yazışmaların yapıldığı ve arşivlendiği Lotus-Notes isimli e-posta sisteminin verileri ve şifreleriydi. Uzanlar nerede olurlarsa olsunlar, tüm grup şirketlerini, özel bir yazılım olan Lotus-Notes aracılığıyla gerçekleştirdikleri yazışmalarla yönetiyorlardı. Bu sisteme göre yapılacak işlerle ilgili olan herkes e-posta atarak işlemi başlatıyor ve yöneticiler tüm gelişmeleri görerek talimatlarını veriyordu. Uzanların bu e-posta dosyalarını aldık ve kendi bilgisayarlarımıza yükledik, böylece tüm Uzan şirketlerinin yaptığı işlemleri, operasyonlarda aşama aşama kimin ne kadar katkısı olduğunu, illegal işlemlerin kimin talimatı ile nasıl ve kimler tarafından yapıldığını görme imkânına sahip olduk.

İncelemelerimiz sonunda Uzanların yaptığı tüm usulsüzlük ve kanunsuzlukları belli başlıklarda toplayarak, kaçırdıkları vergiler ve vergi mevzuatına aykırılıklarını Maliye Bakanlığına; izinsiz ve olmayan hazine bonosu satışları ile SPK mevzuatına aykırılıklarını SPK Başkanlığına; usulsüz kredi verme, hesap hareketleri, mal kaçırmaya yönelik işlemler, bankacılık mevzuatına aykırılıklar ve usulsüz off-shore işlemleri gibi hususları BDDK ve TMSF Başkanlığına; ÇEAŞ ve Kepez ile ilgili hileli faaliyetleri Enerji Bakanlığına; Telsim ve diğer şirketlerdeki gümrük kaçakçılığı ile ilgili bilgileri Gümrük Müsteşarlığına; Genç Parti ile ilgili usulsüz işlemleri Yargıtay Başsavcılığına; sahte belge, evrak hazırlanması, kamu görevlilerine rüşvet verilmesi ve diğer suç içeren hususları da Cumhuriyet Savcılıklarına klasörler halinde verdik.

Ayrıca Uzanlar, Özel Büro adlı, başında M. Ş. isimli emekli bir albayın bulunduğu özel bir ekip kurmuşlardı. Bu ekip bazen ticari rakipleri, bazen sevilmeyen kişileri özel teknik aletlerle izliyor ve dinlemeler yapıyordu. Bu ekibe ait olan cihazları ve elde edilmiş ses kaydı ve gizli görüntüler ile şantaj vb. durumlarda kullanılacak veya kullanılmış malzeme, doküman ve belgeleri savcılığa aktardık.

Bunların dışında, Uzanların hâlâ dışarıda bulunan elamanları vasıtasıyla, el konan şirketlerinin, devlete intikali gereken dışarıdaki alacaklarının gizlice tahsiline engel olmak ve şirketlerinin ortaklık yapılarını eski tarihli olarak değiştirerek sorumluluktan kurtulmak için yaptıkları faaliyetleri deşifre etmek gerekiyordu. İstihbarat Daire Başkanlığının çalışmaları neticesinde, el koyma kararları öncesinde devir işlemi yapılmış gibi göstermek için Kemal ve Hakan Uzan'a imza kısmı boş eski tarihli evrak götürmek isteyen ve gizli para taşıyan kuryelerini yakaladık. Uzanlar pes etmek istemiyordu, her zaman çelişki, kavga, direnme, mücadele içinde olduklarından bu konuda yetenekli, deneyimli ve birikimliydiler, çatışma kültürüne sahiptiler. Karşıdaki devlet bile olsa fark etmiyordu.

Uzanların yakalanması ve kaçırdıkları mal varlıklarının bulunması şarttı. Ama bunun için uluslararası (özellikle Ürdün, İsviçre, İngiltere, ABD, Hollanda başta olmak üzere birçok ülkeden) yardım almak gerekiyordu. Aslında bu ülkelerle genellikle uyuşturucu ile mücadele konusunda iyi bir işbirliği mevcuttu, ama konu ekonomik konulara gelince hiçbir ülke iş adamlarını ürkütmek istemiyordu.

Önce Yavuz Uzan'ın izini bulduk, ABD'ye gitmek istiyordu. Muhtemelen ABD'deki kızının yanına gidecekti, bir yakınının ona bazı şeyler götüreceği haberini almıştık. Hedefimizin uçakla ABD'ye hareketini öğrenince Türkiye'de irtibat görevlileri bulunan ve uzun süreden beri Türk polisi ve özellikle benim dairem ile işbirliği içinde olan Amerikan Narkotik Teşkilatı DIA'dan yardım istedik. Kısa sürede bilgi geldi; Yavuz Uzan'ın muhtemel yerini tespit etmişler, hatta o olduğu zannedilen bir kişiyi kısa süre takip bile etmişlerdi.

Ama Yavuz Uzan'ın suçu kara para aklamak olduğundan bundan sonra takibi FBI yapmalıydı. Hemen Ankara'daki FBI irtibat görevlisi ile görüşüp elimizdeki tüm bilgileri aktardık; ama günler geçmesine rağmen bilgi gelmiyor, ısrarlı aramalarımıza rağmen irtibat görevlisi bahaneler üretiyordu. Sonunda toplantımıza geldi; ancak bu defa da DIA, bulduğu adres dahil hepsini inkar ederek Yavuz Uzan'ın ABD'de olduğunu kabul etmiyordu. Israrla DIA'nın daha önce yaptığı tespitlerden bahsederek bize doğru bilgi vermediklerini, biraz da kabalaşarak anlattım. Bize bu konuda yardımcı olmak istemedikleri açıktı; ama bizim de vazgeçmeye niyetimiz yoktu. Yıllarca uyuşturucu konusunda kendileri ile yardımlaşmıştık ve bugün de onlar bize yardımcı olmalıydılar.

ABD'li görevliler ile uzun süre çalıştığından kendileriyle yakın ilişkisi olan Emniyet Genel Müdür Yardımcısı Emin Aslan'ı devreye soktum, o bir defa devreye girdi mi işin ucunu bırakmazdı. Devlet adamı özelliği her zaman önde olan zamanın Emniyet Genel Müdürü Gökhan Aydıner'in de ısrarla devreye girmesi üzerinde FBI merkezinden destek sözü geldi. Ancak Yavuz Uzan'ı yakalayıp Türkiye'ye iade etmediler, hatta takip bile etmediler, galiba bizden başka kimse bir işadamını ürkütmek istemiyordu, yine de Uzanlar hakkında işimize yarayacak önemli bilgileri bilahare verdiler. Sonunda bir yıl kadar sonra Türkiye'ye gelince Yavuz Uzan'ı yakaladık. Belki de ABD elleriyle teslim etmek istemedi, ama ülkelerinden ayrılmasını istediler, o da Türkiye'ye geldi, yakalandı ve mahkum oldu.

Bilgi vermesi gereken ikinci ülke İngiltere'ydi ancak onlar da istediğimiz yardımı yapmıyor, bizi oyalıyorlardı. Durumu Genel Müdür'e aktardım ve karşı tavır göstermemiz gerektiğini söyledim. Genel Müdür devlet adamlığını gösterdi, "İngilizlere şimdiden sonra bizim de kendileriyle yardımlaşmayacağımızı, bunun sadece sizin değil aynı zamanda Emniyet Genel Müdürü'nün de fikri ve kararı olduğunu söyleyin," dedi. Bu beni çok güçlendirmişti, aynen İngiliz irtibat görevlilerine aktardık, daha sonra İngiliz İçişleri Bakanı'nın ziyaretinde Bakan'ın konuşma metnine ekledik ve her türlü diplomatik ilişki ile her seviyede bunun dillendirilmesini sağladık, sonunda İngilizler bu işlerle görevli polis teşkilatının ikinci başkanını bizimle görüşmeye gönderdi.

Gelen başkan, Cem Uzan'ın ve Uzan ailesinden bazı kişilerin rahat dolaştıklarını öğrenince, "Sizi anlıyorum, halkın bunca parasını aldıkları için halk Uzanlara saldırıyordur, siz de korumakta zorlanıyorsunuzdur herhalde" dedi. "Hayır, Uzanların bankada batırdığı tüm paraları devlet ödediği için hiç kimse Uzanlara kızmıyor," dedim. İngiliz daha da garipseyerek, halka ait bu kadar parayı zimmetlerine geçirmiş kişilere karşı neden halkın tepki göstermediğini anlayamadı. Ben de ona kamu menfaati, devlet malı gibi kavramların halkımızın şuurunda İngiltere'deki gibi olmadığını anlatamadım.

Sonunda, geçmiş tarihte Uzanların İngiliz Kraliyet Ailesi ile yakınlığı, onların dernek ve kulüplerine yaptığı bağışlarla ilgili bilgilere ulaşınca ve Prenses Sarah'nın Türkiye'ye Uzanların misafiri olarak geldiğini öğrenince neden bilgi alamadığımızı anlamaya başladım. Ama sonunda İngilizler de belli oranda bilgi vermeye başladılar.

Ülkemizden kaçan Uzanların yeni karargâhının Ürdün olduğunu kısa sürede öğrenmiştik ama burada işler daha zordu, çünkü Ürdün'de belli aile ve aşiretler devlet yönetimini paylaşmış gibiydiler. Uzanlar ise Ürdün'de ileri gelen her aileyle, her aşiretle ortak şirket kurmuştu. Kral ile karşılıklı yakınlıkları vardı. Krala hediye olarak otomobil, silah veriyor, sebebi belli olmadan milyon dolarlar ödüyorlardı. Ürdün'ün dışişleri, meclis, askeri ve istihbarat kurumlarının bakan ve yöneticileriyle farklı ilişkiler geliştirmişlerdi. Tüm uğraşlarımıza rağmen bilgi alamadığımız gibi Ürdün, Uzanların faaliyet ve organizasyonlarının merkezi olmaya devam etti. Hâlâ da ettiği kanaatindeyim.

Ayrıca o dönemde Alman polisinden Uzanlar hakkında İsviçre'deki dolandırıcılık ve kara para tahkikatını öğrenmiştik; meğer tüm Avrupa ve ileri ülkelerin polisleri dünya üzerinde yürütülen önemli tahkikatlardan haberdar oluyor, olup bitenleri takip ediyor ve karşılıklı bilgi alışverişinde bulunuyorlarmış. Dünyaya bu gözle bakamayan Türk polisi ise bu anlamda çok gerideydi.

Uzanların belgelerini inceledikçe mali açıdan asıl merkez olarak İsviçre'yi seçtikleri anlaşılıyordu ama hiçbir zaman parayı Türkiye'den İsviçre'ye direkt göndermiyorlardı; paralar önce İngiltere'yi ve Hollanda'yı dolaşıyor, sonra İsviçre'ye gönderiliyordu. İsviçre ise mali konularda hiç kimseye bilgi vermemekle ünlüydü, ama bizi oldukça şaşırtarak önce kara para ve mali konularda uzman iki polis gönderdiler, sonra da görüşme talebimizi kabul ettiler.

Konuyu iyi bilen Soner Komiser başta olmak üzere, yurtdışı ilişkilerinde deneyimli olan ayrıca İsviçre mali polisinden bir yetkiliyi de yurtdışındaki bir görevden tanıyan Narkotik Şube Müdürü Yaşar Yaman ve tahkikatın İstanbul cephesini iyi bilen Kaçakçılık Şubelerinden sorumlu İstanbul Emniyet Müdür Yardımcısı Şammaz Demirtaş ile birlikte görevli olarak İsviçre'ye gittik. Burada İsviçre mali polisiyle, federal polisin Kaçakçılık Daire Başkanı'yla, İsviçre Federal Baş Savcısı'yla ve Uzanlar hakkında başlatılan kara para ve yolsuzluk tahkikatlarını yapan iki savcı ile görüştük. İsviçre Uzanlar hakkında soruşturma açmış, Uzanların ve avukatlarının oradaki şirketlerinde aramalar yapmış, bazı belgelere el koymuştu.

Soner Komiser, Uzanların Lotus-Notes e-posta sistemi üzerinde tek tek, hangi tarihte hangi yolu izleyerek, hangi şirketten çıkan paraların Hollanda-İngiltere veya İngiltere-Hollanda üzerinden dolaşarak İsviçre'ye gittiğini sunum yaparak anlattı. Hatta Uzanların İsviçre'de irtibat halinde oldukları kişiler ve onların son olaylar üzerine Uzanlarla yaptıkları yazışmaları ortaya koyunca, İsviçre savcıları da soruşturmanın sağlam delillere dayandığını gördüler ve memnuniyetlerini dile getirdiler.

İsviçreli yetkili bir ara (Telsim'in lisans sözleşmesi için hazineye 500 milyon TL yatırmaları gerektiği bir zamanda) Uzanların İsviçre USB Bank'taki kendi paralarını teminat göstererek yaklaşık 450 milyon dolarlık kredi aldıklarını söyledi. Yani İsviçre bankalarında aslında 500 milyon dolar paralarının olduğunu, bu parayı Türkiye'ye doğrudan getirmeyip bunu teminat göstererek bankadan düşük faizle aynı miktarda kredi aldıklarını, aslında birçok Türk firmasının bu yolu kullandığını, hiçbir yabancı firma ve bankanın Türk firmalarına kolay kolay yüz milyon dolarlık krediler vermediğini, İsviçre'de kredi bulduk diyenlerin çoğunun kendi paralarını teminat göstererek kredi aldıklarını ve sonra da kredi ödüyoruz diyerek paralarını yurtdışına çıkardıklarını, böylece hem vergi vermediklerini hem yurtdışına para çıkardıklarını hem de yurtdışında kredi almış olmanın itibarına sahip olduklarını söylüyorlardı. Üstelik paraları varken yabancı bankalara anlamsızca faiz ödüyorlardı. Bu çok üzücü ve beni derinden yaralayan bir durumdu; kamuyu ve hazineyi zarara uğratmak için bulunan yol ve yöntemlerde sınır tanınmıyordu.

İsviçre'nin verdiği diğer bilgilerde Yimpaş Group AG adına Almanya'da toplanan paraların, kara yoluyla İsviçre'ye getirilip Yimpaş'ın hesaplarına yatırılmasından sonra, bu paraların bir kısmının Türkiye'deki Yimpaş şirketine, bir kısmının ise belirli kişiler adına gönderildiği söyleniyordu.

Görüşmelerde İsviçre bize bu bilgileri vermenin yanı sıra, tarafı olduğumuz uluslararası adli yardımlaşma anlaşmaları çerçevesinde, adli istinabe yöntemi ile istendiği takdirde soruşturmayla ilgili bilgi, evrak verebileceklerini, hatta soruşturmanın devredilmesinin bile söz konusu olduğunu belirtti. Türkiye'ye dönünce, Adalet Bakanlığı, Yozgat ve Ankara Savcılığı ile görüşerek soruşturma başlatılması için talepte bulunduk.

Bunun üzerine İsviçre savcıları ile bizim tahkikatı gerçekleştiren İstanbul Şişli Savcısı Mecit Ceylan karşılıklı olarak görüşerek Uzanlar hakkında adli yardımlaşma kapsamında bilgi alışverişinde bulundu. Davanın Türkiye'ye devri ve hatta İsviçre'deki mal varlıklarının Türkiye'ye gelmesi ihtimali kuvvetlenmişti. Bu ihtimali destekleyen bir husus daha vardı; açıkça hiç konuşulmasa da Uzanlar hakkında İsviçre'de başlayan dolandırıcılık ve kara para tahkikatı Motorola firmasının şikâyeti üzerine başlamıştı. Motorola, Uzanların İsviçre'deki malvarlığını istiyordu; ama İsviçre ciddi sorunlar yaratacağı için bu paranın Motorola'ya verilmesini istemiyordu. Diğer yandan Amerika baskı yapıyordu. İsviçre bir çıkış arıyordu, eğer davayı bize devrederse hukuken bunu savunabilirdi, bu yüzden uluslararası hukuka uygun olarak bunun yolunu arıyordu.

Uzan davasının tüm savcılık işlerini yapan, işin yükünü çeken Savcı Mecit Ceylan, adli istinabe hazırlayarak İsviçre'deki

Uzan soruşturması dosyası ve içeriği hakkında bilgi talep etti. Bu istinabeye cevaben İsviçre'den çok ciddi bilgiler geldi, bunlar arasında Ürdün Kralı Hüseyin'e, çocukları ve sıkıntı içerisinde bulunan askerler yararına hediye olarak Telsim tarafından bir milyon dolar miktarında para gönderildiği de vardı. Bu para önce İngiltere-Hollanda dolaştırılarak İsviçre'ye gelmiş ve buradan Ürdün'ün başkenti Amman'a gönderilmişti. Kral tarafından çekilen bu paranın neden Türkiye'den Ürdün'e doğrudan gönderilmeyip bu yolun izlendiği bize soruluyordu; İsviçreliler bu paranın gönderilmesinin gerçek sebebini tahmin ediyor, ama bizde delil var mı onu öğrenmek istiyorlardı. Maalesef gerçek sebebin ne olduğundan emindik, ama delilimiz yoktu ve tahminimizi yazamadık. Daha sonrasında görevden alındığımdan neticesinin ne olduğunu bilmiyorum; yalnızca İsviçre'nin cevap verdiğini ve bazı bilgileri gönderdiğini duydum.

Uzanları yakalamak amacıyla bilgi almak için İsviçre dışında Almanya, Japonya, Singapur, Dubai, Lübnan gibi daha pek çok ülkeyle yazışıyor, görevli gönderiyor ve yardımlaşmak için gayret sarf ediyorduk. Birçok ülkede yeterli desteği bulamadık ama Almanya ve Japonya istenen hususlarda, ciddi devlet anlayışı içerisinde bize gerekli bilgileri verdi ve yardımcı oldu; özellikle Almanya en içten yardımcı olan ve bilgi veren ülke oldu. Lübnan'ın da kendileri ile ilgili hususlarda belli oranda bilgi verdiğini hatırlıyorum.

Zengin ve maddi imkânları olan kişileri izlemek çok zordu; biz uçak biletlerinden gittikleri yerleri öğrenmeye kalkarken onlar bilet değil uçak kiralıyorlardı. Hakan Uzan tüm şirket ve mallarına el konmasına rağmen yabancı bir bankaya ait tek bir kredi kartıyla ayda 450 bin dolar civarında harcama yapabiliyordu.

Bu soruşturmalar devam ederken başka sebeplerden görevden alındım ve Edirne Emniyet Müdürlüğüne atandım. Daha sonra İsviçre'de görüştüğümüz polis ve savcıların Uzan soruşturması ile ilgili olarak İstanbul'a gelip Savcı Mecit Ceylan ve KOM Dairesi yetkilileri ile görüştüklerini, burada beni sorduklarını duyunca ziyaretleri ve ülkem adına yaptıkları için teşekkür etmek ve değer verdiğimi göstermek için İstanbul'a gidip onlarla görüştüm. Daha sonra bu kitabı yazarken, televizyonda Uzanların İsviçre'deki paralarından 150 milyon doların Türkiye'ye getirildiğini öğrendiğim zaman, bu işi ilk başlatan ve gelişmesine katkı sunan biri olarak çok mutlu oldum.

Uzan'ın işlediği suçlar ve yaptıkları usulsüzlükleri soruşturmaya çok yönlü devam ederken ve rüşvet konusuyla ilgili bilgileri araştırırken, özellikle de BDDK üyesi bir görevliye verdikleri yüklü miktardaki rüşveti araştırıyorduk. Bu üyenin Uzanlar dışında başka bir 'batan banka' sahibi gruptan da para aldığına dair ciddi göstergelere ulaştık. Herkesin iyi insan dediği savcı, hesapların bulunduğu banka şubesinde murakıpların ve bizim inceleme yapmamıza izin vermedi. Banka şubesi rüşvet verdiğinden şüphelendiğimiz diğer gruba aitti ve savcılığa doğru bilgi vermiyordu. Bunu öğrenmenin yolu bankanın ödeme ve hesapla ilgili o günkü evrak, fiş ve belgelerini yeminli banka murakıbıyla birlikte incelemekti; ciddi rüşvet alınmıştı, buna emindim, ama sonuçlanmadı. Unutamadığım eksik soruşturmalar arasında beni rahatsız eden olaylardan biri olarak zihnimde duruyor.

İmar Bankası'na el konmasından sonra, bankanın paralarını zimmetine geçiren kişilerden bu paraların geri alınabilmesi için daha etkin tedbirler alınmaya başlandı ve bu kapsamda 5020 sayılı Bankalar Kanunu'nda önemli değişiklikler yapıldı. Yeni duruma göre bankalar, mevduatı zimmetine geçiren kişilerin tüm malvarlığına el koyabilir hale geldi. Buna dayanan TMSF, bankada zimmetlerine geçirdikleri 8 katrilyonu tahsil etmek için Uzanların tüm şirketlerine el koydu ve grup şirketlerine yeni yönetim kurulları atadı. Ancak bu kararın başarılı olması için yeni yöneticilerin Uzanların fiziki saldırı ve şerrinden korunmaları gerekiyordu; yeni yöneticilerin bir süre şirketlere geliş gidişleri bile ciddi sorundu. Bu aşamada tüm imkânlarımızı kullandık. Yeni yöneticiler, başta Telsim ve Çimento Grubu yöneticileri olmak üzere, harikalar yaratarak zor durumdaki bu şirketleri ayağa kaldırdıkları gibi konjonktürün de değişmesi ile şirketlerin çok iyi fiyatlara satılmasını sağlayarak devletin kayıplarının belli oranda karşılanmasına büyük katkıda bulundular.

Uzanlar mücadeleyi bırakmıyordu; bu defa toptan kurtuluş için 5020 sayılı Bankalar Kanunu'nu iptal ettirmek istiyorlardı. Yıllarca bazı davalarının yüksek mahkemelerde rüşvetle kapatılmasında kullandıkları, ünlü ve bürokrasi camiasında hatırı sayılan hukuk profesörlerini de kullanarak harekete geçtiler. Bu iş için önce yerel bir mahkemenin önlerine gelen bir davada uygulanan 5020 Sayılı Bankalar Kanunu'nun anayasaya aykırılığını ileri sürerek davayı Anayasa Mahkemesi'ne taşıması gerekiyordu.

Uzanlar iki ciddi rüşvetle bunu da sağladılar: Birincisi Bakırköy'de açtıkları bir davadaydı. Hukuk Mahkemesi, daha karşı tarafa dava dilekçesini tebliğ edip görüşünü sormadan davayı Anayasa Mahkemesi'ne gönderme kararı vermişti. Bu, ciddi bir mahkemede olmaması gereken bir olaydı ve anlaşılan Uzanları baştan savmak için verilmiş bir mahkeme kararıydı. Temel hiçbir usule uymayan bu karar Anayasa Mahkemesi'nde kabul görmedi. Diğer karar ise İstanbul idare mahkemesinde alınmak istendi. Durumu haber aldık ve Adalet Bakanlığı ile birlikte mahkeme başkanına haber verdik ve yapılmak istenen hile daha anayasa mahkemesine gitmeden önlenmiş oldu.

Uzanların yapacağı her manevrayı, hileyi önceden haber alıyor ve ilgili kurumları uyarıyorduk. Uzanlar ise hiç boş durmuyor, her zaman bir şeyler çevirmeye çalışıyorlardı; ama iki yıl boyunca her hamlelerini tespit ederek önlemeyi başardık. Cem Uzan'ın evinin altına sakladığı 80 milyon TL'lik kontör kartını dahi bulduk. Sonunda ülke içerisinde numara yapamayacak hale gelince, yurtdışında faaliyet göstermeyi denediler: yatların TMSF tarafından satılmasına mani olmak için eski tarihli satış senedi tanzim ederek uluslararası sularda kullandırmamaya teşebbüs ettiler. Bu konuda davanın yakın tarihe kadar Cayman Adaları'nda devam ettiğini ve bir süre önce Uzanların davayı kaybetmesi üzerine TMSF'nin yatları sattığını öğrendim.

Uzan davasında yapılan yolsuzluklarda kusuru olan, Uzan ailesi fertleri ve yöneticilerinden oluşan yaklaşık 40 kişi hakkındaki tahkikat evrakımız sonunda yargılamalar devam etti ve bu kişilerin çoğu mahkum oldular, bir kısım davalar hâlâ devam ediyor. Firari baba Kemal Uzan ve oğul Hakan Uzan hakkında açılan davaların görülmesi için yakalanmaları bekleniyor.

Aslında Uzan olayı da (diğer birçok olayda olduğu gibi) devlet birimlerinin, asıl o sahayı düzenleyen şartların içerisinde olup bitenleri çok iyi göremediklerini, çoğunlukla kof ve alışılmış bir denetim mekanizmasının çalıştığını gösteriyordu. Devletin güvenliğiyle ilgili çalışan birimler sorunları algılamak, anlamak ve ona uygun tedbirler almak konusunda veya onu uygulayan kişileri izlemekte aciz kalıyordu. Aslında Uzanların yolsuzluğu ile ilgili birçok emare orta yere çıkmıştı, birçok defa alarm zilleri çalmıştı; Milli İstihbarat, Emniyet İstihbaratı, BDDK, Maliye ve Hazine için aslında Uzanlar çok sinyaller vermişti. Maalesef biz küçük hırsızlıkları ve patırtılı gürültülü olayları görmekte geç kalmıyorduk; ama devleti daha ciddi sıkıntılara sokabilecek, tüm ülkenin mali sistemini, kaderini etkileyecek bu büyük olaylarla ilgili tehlikeyi görmekten çok uzaktık.

Uzanlar yılda üç beş gün kullanmak için, her biri 30-40 milyon dolarlık 5 tane yat, 8-10 milyon dolarlık 2 tane helikopter, 2 tane uçak kullanıyor, ayda milyon dolarlar harcıyorlardı. Her zaman halkın parasını kullanıyor, hiç vergi vermiyor, devletin hiçbir yasasına uymuyor, her gün yeni yolsuzlukları rahatlıkla yapıyorlardı. Bu ülkenin kamu görevlileri kamunun soyulmasına mani olamadılar. O günkü rakamla 8,4 katrilyon TL'nin yok edilmesine mani olamadılar. Bugün Uzanlardan bunun hesabı kısmen soruldu, ama bu soygunun gerçekleşmesine mani olmayan, görevini yapmayanlara hiçbir şey olmadı; hem kamuda yüksek maaşla görev yaptılar, hem Uzan'ın dostu oldular, hem de devletin üst düzey görevlisi olarak emekli oldular. Ama bizler hem Uzan'ın, hem Uzanlardan menfaat elde etmek isteyenlerin, hem de daha sonra kendi yandaşlarının yolsuzluklarına bakmaya kalktığımızda iktidar sahiplerinin hasımlığını kazandık. Pişman mıyız? Asla! Üstelik gurur bile duyuyoruz.

Belki de doğrusu bu sistemin kendi içerden gelen denetim ve dengelerine göre yürümesidir; ama zaman zaman her şeyi allak bullak edecek Uzanlar gibi insanların ve emsallerinin türememesi için devletin güvenlik birimlerinin mutlaka zamanında olayları izlemesi ve bu işler büyümeden tedbir alması gerekir. Ama maalesef o düşünceye, o şuura sahip olduğumuz kanaatinde değilim; sorunumuzun özünün de, gerçeğinin de bu düşünce sisteminde olduğunu zannediyorum.

Neşter 2 Operasyonu

KOM Daire Başkanı olarak atanmamdan kısa bir süre önce, Neşter Operasyonu isminde, kalp ameliyatlarında kullanılan tıbbı malzemeleri yurtdışından ucuz fiyatlara alıp ülke genelinde anlaşmalı ortam yaratarak çok yüksek fiyatlara satmak suretiyle büyük yolsuzluk yapan, bu nedenle SSK ve Emekli Sandığı'nı büyük zararlara uğratan kişiler hakkında tahkikat yapılmış ve bu kişiler tutuklanmıştı. Alışılmamış bir biçimde ilk duruşmalarında, gece saat 24'te tüm sanıklar 100 bin dolarlık kefaletle serbest bırakılmışlar ve sanki bu tahliye bekleniyormuş gibi o saatte 100 bin dolarlar temin edilerek tahliyeler sağlanmıştı.

Kısa süre sonra tahliyelere rüşvet karıştığı dedikoduları çıkmış, olayın savcısı Ömer Süha Aldan tahkikatı bu yöne çevirmiş ve böylece Neşter 2 operasyonunu başlatmıştı. Bu sırada ben daire başkanı olarak atandım. Ömer Süha Bey, ender görülen titizlikte işini yapan, her işini kendisi takip eden 'tam bir savcı' idi. Bana kısaca olayı anlattığında bu konuda sonuna kadar kendisinin yanında olacağımı söyledim.

Uzun süren tahkikatlar sonunda Ömer Süha Aldan, devlette ve özellikle mahkemelerde, hatta Yüksek Mahkeme'de rüşvetle iş takip eden bir grubun varlığını tespit etmişti. Bu grup, önemli banka ve holding davalarını takip ediyordu, bu zamana kadar da birçok davada rüşvetle adaleti etkilemişlerdi veya öyle gözüküyordu. İşin zor tarafı ise bu grubun çok güçlü olmasıydı; eski HSYK Başkanvekili ve o zamanın Yargıtay üyesi Ergün Güryel ve iki üç kişi ile irtibatları vardı. Bir zaman sonra tahkikat belli bir olgunluğa gelmişti ve operasyonun yapılması gerekiyordu. Savcı Aldan'ın değerlendirmesine göre (ki ben de bu görüşe katılıyordum), Yargıtay üyeleri de sanıktı ve onlara da işlem yapılmalıydı ama bu, daha önce yapılmış bir şey değildi. Yargıtay üyeleri hakkında Yargıtay Başkanlar Kurulu denen Yargıtay Başkanı'nın başkanlığında bazı Daire Başkanları ve üyelerden oluşan 8-9 kişilik kurulun karar vermesi gerekiyordu.

Ömer Süha Aldan, Yargıtay üyeleri hakkındaki ihbarını Yargıtay Başkanı'na aktardı, diğer sanıklar hakkında da bizim arkadaşlarla birlikte tahkikata başlandı. Rüşvet vererek adalet sisteminde istedikleri kararları almayı meslek haline getirmiş, bundan başka işleri olmayan kişiler ve bürolar tespit edilmişti. Bu kişiler Neşter Operasyonu davası, Türk Telekom-Turkcell Ara Bağlantı Sözleşmesi davası, Erbakan'ın davası gibi davalarda rüşvetle karar almaya çalışmışlardı.

Tahkikat devam ederken Yargıtay Başkanlar Kurulu, Yargıtay üyeleri hakkında soruşturma yapmak üzere bir Yargıtay Daire Başkanı'nı görevlendirmişti. Bu daire başkanı da raporunu hazırlayıp kurula sunmuş, her iki Yargıtay üyesinin de cezalandırılmasını talep etmişti. Buradaki önemli delilerden biri rüşvet vermek suçlarından takip ettiğimiz kişilerin Yargıtay üyeleriyle yaptığı telefon konuşmalarının mahkeme kararıyla dinlenmesi ile elde edilecekti; ancak Yargıtay üyeleri yönünde mahkeme kararının olmaması ve zaten onlar hakkında karar verecek bir merciin de yokluğu Yargıtay Başkanlar Kurulunun değerlendirmesini çıkmaza sokuyordu.

Bu arada yaptığımız başka bir tahkikatta birçok suçtan yargılanan ve mafya babası olarak bilinen Alaattin Çakıcı'nın faaliyetlerini takip ediyorduk. Onu izlerken gördük ki bir davası Yargıtay'a gelmiş, onun davasını da MİT yönetici personelinden Kaşif Kozinoğlu takip ediyor ve bazı aracılar vasıtasıyla davayı Çakıcı lehine bitirmeye çalışıyordu. Aracılık yapan Hakkı Süha Şen, Yargıtay Başkanı Eraslan Özkaya ile de dolaylı bir irtibat kurmuş, kendisinden davanın durumu hakkında bilgi almak istiyordu. Yargıtay Başkanı, Hakkı Süha Şen ile eskiden tanışıyor, bu kişi aracılığı ile de Bodrum'daki yazlığını tamir ettiriyordu.

Çakıcı'nın ve aracılarının telefonları mahkeme kararı ile dinlendiğinden Yargıtay Başkanı Eraslan Özkaya'nın da bu kişilerle gerçekleştirdiği davaya yönelik konuşmaları kayda giriyordu.

Dava Yargıtay'da Çakıcı aleyhine bozuldu. Bunu, kararın bir suretini de çantasında taşıyan Başkan Eraslan Özkaya'nın Çakıcı'nın adamlarına olayı anlatması ile öğrendik. Hukukumuza göre, bir yere oradaki kişileri yaralama veya öldürme kastı ile ateş açarsanız ve orada birden çok kişi ölür veya yaralanırsa olayın failleri her kişi için ayrı ayrı ceza alır. Bu davada Çakıcı, "Karagümrük Lokali'ni tarayın" diye talimat vermiş ve adamlarının ateş açması sonucunda 12-13 kişi yaralanmıştı; ama mahkeme bu davada ceza verirken yaralanan her kişi için ayrı ceza vermemiş, bir yaralamanın ağırlaştırılmış halini uygulamıştı. Yargıtay davayı bu gerekçe ile bozup her kişi için ayrı ayrı ceza tayin edilmesini isteyince 13x5 yıl gibi bir ceza ortaya çıkmıştı. Dava bozulup mahkemeye gelince savcılar şahsın bu ceza tehdidi karşısında kaçma ihtimalini göz önünde bulundurabilirlerdi, bundan dolayı Yargıtay dosyasının yerel mahkemeye ivedilikle gelmesi gerekiyordu. Dosya İstanbul DGM'ye geldi, Savcı yeni durum karşısında Çakıcı'nın tutuklanmasını talep etti ve bu arada kaçma ihtimaline binaen de biz şahsı takibe başladık; ama Çakıcı daha önceden tüm adamları ile irtibatını kesti, tüm telefonlarını kapattı. Tutuklama kararından önce sahte hüviyetle bir yat kullanarak Yunanistan'a çıkış yaptığını tespit ettik. (Aslında Çakıcı'ya MİT mensubunun yardım etme sebebi, beklentisi, aralarındaki geçmiş ilişkiler, Beşiktaş Kulübü'nde Sinan Engin gibi kişilerin kimlik veya İtalya Konsolosluğu'ndan sahte belgelerle vize almaları, Çakıcı'nın Türkiye'den gizlice dışarı çıkışında yardım aldığı kişiler ayrı bir kitabın konusu olacak genişlikte, bu yüzden burada bu konuları kısaca geçiyorum.)

Bunun üzerine İstanbul DGM Savcılığı, Çakıcı'ya kaçmasında yardım eden kişilerin faaliyetlerini de araştırmak istedi. O zamanlar İstanbul DGM Savcısı olan Yargıtay 5. Daire üyesi, hukuk adamı Abdülkadir İlhan'a bu davada Yargıtay Başkanı'nın, MİT mensubunun adının geçtiğini belirttiğimizde, "Devlet adına yapılan görevlerin haricinde, suçu kim işlerse hukuk önünde hesap vermeli ve hiç kimseye ayrım yapılmamalı," diyerek sadece hukuku hesap ettiğini göstermişti. Savcı İlhan olaya karışan kişilerin gözaltına alınıp sorgulanmasını istediğinde, kendisine bu kişileri yakalayıp getirebileceğimizi, ancak yanlış anlaşılmalara neden olmamak için sorguyu kendilerinin yapmasını önerdim; şahsımdan kaynaklı olarak geçmişteki Susurluk ifadelerim, vs dolayısıyla olayları başka yerlere çekebilirlerdi. Savcı İlhan durumu makul buldu ve verilen talimatla Çakıcı'ya yardım eden ve bir kısmı Yargıtay Başkanı Eraslan Özkaya ile de irtibatlı kişileri yakalayıp İstanbul DGM Savcılığına getirdik. Savcılar bu kişileri sorguladılar. Tabii bu kişilere Çakıcı adına Eraslan Bey'le ne konuştukları, ne yaptıkları, hatta Eraslan Bey'in evinin tamiri gibi konularda bazı sorular ve telefon konuşmaları da soruldu. Sorgudan çıkan kişilerin her şeyi Eraslan Bey'e aktardıkları, hatta birkaç gün sonra Muğla'ya giden Eraslan Bey'i karşılayıp biraz da abartılı olarak sorulanları anlattıkları kanaatindeyim.

Böylece şimdi, Yargıtay Başkanlar Kurulunun önüne gelen Neşter 2 Davası'ndaki mahkeme kararı ile yapılan dinlemede, Yargıtay üyelerinin durumunun benzeri Yargıtay Başkanı için de söz konusuydu ve bir iki gün sonra aynı şekilde kendisiyle ilgili dosya da buraya gelecekti. Bu durumu diğer Başkanlar Kurulu üyeleri bilmiyordu, daha doğrusu bu olayı tam manası ile yalnızca biz biliyorduk; eğer Yargıtay, soruşturma yapılan sanıklarla irtibatı olan Yargıtay üyelerinin bu konuşmalarını delil sayarsa ve Yargıtay üyelerini suçlu bulursa, birkaç gün sonra da Yargıtay Başkanı Çakıcı'ya yardım etmek olayı ile ilgili olarak aynı şekilde kusurlu bulunacaktı. Aslında Eraslan Özkaya'nın durumu bu iki üyeye benzemiyordu, üyelerinki rüşvet gibi ağır bir olaydı. Eraslan Bey'in davası belki buraya bile gelmeyecekti, gelse bile makamına uygun davranmamak en fazla kınanacak bir kusurdu, ama zannederim o panikledi.

Neticede iki Yargıtay üyesinin dinlenmesi için Başkanlar Kurulunun mahkeme kararı olsa da, Yargıtay üyeleri hakkında ayrıca karar alınmadığından, mahkeme sonucunda dinleme kararı yok hükmündedir, hiçbir işlem yapmaya gerek yoktur manasında bir karar verildi, halbuki adalet sisteminin başındaki kişilerin bu durumları hiç de bu kadar basit geçiştirilmemeliydi. Bu karar çıkınca bir süre sonra Yargıtay Başkanı'nın Çakıcı davasındaki rolü basına intikal etti ve Başkan oldukça zorda kaldı, inkar etti, ama Yargıtay'da MİT'çi Kaşif Kozinoğlu ile görüşmeleri, Yargıtay'ın Çakıcı hakkındaki bozma kararını çantasında taşıması, Çakıcı'nın bu karardan sonra tutuklanabileceği yorumlarında bulunması gibi nedenlerden ötürü inandırıcılığını yitirdi.

Sonra Eraslan Bey hakkında yazan tüm basın mensuplarını mahkemeye verdi, ama tüm davaları kaybetti. Yine Neşter 2 Davası kapsamında devam eden mahkemelerde tanık olarak dinlenen bazı hâkimler, Yargıtay üyesi eski HSYK Başkanvekili'nin kendilerini arayarak davayla ilgili etkilemeye, baskı kurmaya çalıştığını beyan ettiler.

Bu seviyedeki yüksek yargıçların adaletsizliğine şahit olup ülkemizdeki adalete inancımızı kaybederken, kendi Yargıtay Başkanları'nı ve Yargıtay üyelerini haksız bulan böyle hâkimleri görerek de adalet adına gelecek için umudumuzu muhafaza ediyoruz.

Kayseri Uyuşturucu Operasyonu

Kaçakçılık Daire Başkanlığında görev yaparken, bir gün Kayseri'den önemli bir haber geldi. Burada bir atölyeyi kiralayan ve boya işi yapacaklarını söyleyen kişilerin uyuşturucu imal ettiğinden şüpheleniliyordu. Bu bilgi üzerine hemen Kayseri Emniyetine Merkez Narkotik ekibi gönderdim ve bir müddet sonra şahısları izlemeye başladık.

Düşünüldüğünde Kayseri bu zamana kadar uyuşturucu işine hiç karışmamış, dikkat çekmeyen bir yerdi. Aleni bile yapılsa kimsenin dikkatini çekmeyeceği için kaçakçılar açısından çok uygun bir ortam yaratıyordu.

İlk etapta atölyeye gelip gidenleri, araç plakalarını öğrenmeye çalışacaktık. Bu atölyeyi gözetleyebilecek mesafede birkaç yere kameralı ve fotoğraf makineli personel yerleştirdik ve kısa süre sonra buraya gece geç saatlerde araçların geldiğini ve bazı malzemelerin indirildiğini tespit ettik. Yapılan işin legal bir iş olmadığı konusunda kanaatimiz artmıştı. Araç plakaları şüpheliydi, gelip giden araçlara GPS (takip) cihazı yerleştirip onların nereye gittiklerini öğrenmeyi düşünüyorduk. Diğer yandan atölyeden çıkan tüm atıkları, çöpleri alıp inceleme için laboratuara göndermeye başladık, ayrıca gelip giden malzemelerin fotoğraflarını çekerek neler olabileceği konusunda yorumlar yapıyorduk. Birinci hafta dolmadan bu malzemelerin uyuşturucu imalatında kullanılan malzemeler olabileceği fikrini taşımaya başladık. Bu şüpheyle içerideki kişilerle ilgili bulduğumuz telefon numaralarını dinlemeye başlamıştık.

Bir süre sonra gönderdiğimiz atıkların laboratuar sonuçları geldi, uyuşturucu bulaşığı ve uyuşturucu yapımında kullanılan malzemeler olduğu belirlenmişti. Bu esnada dinlemelerimiz de sonuçlanmış, faaliyeti yönetenin Selim isminde biri olduğu anlaşılmıştı. Kısa bir süre sonra arkadaşlarım bu kişinin, meşhur bir uyuşturucu imalatçısı olan ve çeşitli suçlardan dolayı aranan Selim Gezer olabileceğini belirterek bu şahsın Emniyetteki dosyasını getirdiler. Fotoğraflara baktığımızda benzerlik çok fazlaydı, araç ve kurduğu irtibatlar da bunu doğrular nitelikteydi. Böylece işi bir adım daha ilerlettik ve atölyeyi sürekli kamera kaydına alarak, buraya girip çıkan her şeyi takip etmeye başladık. Bir süre sonra artık bu operasyonun elimize geçmiş büyük bir fırsat olduğuna ve iyi değerlendirilmesi gerektiğine kanaat getirdim. Arkadaşlarımı ve teknik şubeyi, istihbaratın teknik imkânlarını da zorlayarak, daha kapsamlı bir operasyon düzenlemek üzere ikna ettim. Atölye iki katlı bir binanın üst katındaydı, alt katta ise başka bir atölye faaliyet gösteriyordu. Alt kattaki insanlarla görüşerek üst kata çıkan bir kamera sistemi kurmayı düşünüyorduk. Alt katta uygun ortamı yarattıktan sonra minik, kılcal kameralarla ikinci katı gözetleyebilen bir kamera sistemi kurduk. Böylece içeride olup bitenleri görmeye başlamıştık. Atölye neredeyse bir BBG evi olmuştu, alt katta koyduğumuz kamera sistemiyle üst kattaki insanların ne yaptıklarını tamamen seyredebiliyorduk. Orada gerçekten uyuşturucu imal edildiğini tespit ettik, gece çalışan kişiler asitleri ölçerek ve birtakım kimyasal maddeleri kaplara aktararak, belli oranda ve belli ölçekte bir araya getirerek işlemler yapıyorlardı. Artık bir imalathane takip ettiğimizden emindik. Dünyada çok az polise nasip olabilecek bir sitem kurmuştuk ve canlı olarak içerde olup biten her şeyi izleyebiliyorduk.

Yaklaşık 20-25 günü geçmişti, ekibin sabrı azalmış, bir an önce müdahale etme isteği ağır basmaya başlamıştı. Ama benim amacım bu malı gidebildiği yere kadar takip etmekti, çünkü sadece imalathaneyi almak, birkaç kişiyi de tutuklamak bir şey ifade etmiyordu. Bir süre sonra imalathaneye gelip giden insanların İstanbul'da, İzmit'te ve diğer illerdeki faaliyetlerini takip edebilmek için araçlarına GPS yerleştirdik ve takibi başlattık. Sonunda epey bilgi sahibi olduk; Selim bu işin içindeydi, asıl organizatör oydu ve uluslararası çalışan büyük bir uyuşturucu hap kaçakçısıydı, üstelik birçok suçtan aranıyordu. İmalathaneye geldiğinde yakalama operasyonu yapmaya karar verdik.

Dosyasındaki bilgilere göre Selim Bulgaristan'da evlenmişti, eşi de Bulgar'dı. Bulgaristan'daki eşi ve yakınları birkaç defa atölyeye gelip gitmiş gözüküyordu, hatta kayınbiraderi bir kimyagerdi. Yani ailecek bu işin içindeydiler ve Selim işi organize edebilecek kapasitede biriydi; geçmiş faaliyetleri de bunu gösteriyordu. Selim'i bekliyorduk, yaklaşık 1 aydır operasyonu yürütmekteydik, ekip biran önce müdahale etmek için sabırsızlanıyordu.

Bir süre sonra Selim'in ve onunla irtibatı olan diğer kişilerin büyük çoğunluğunun Kayseri'de olduğuna kanaat getirdikten sonra operasyonu başlatmaya karar verdik. Yakalama operasyonuyla şahısların tamamını alacaktık. Baskın düzenleyen arkadaşlarımız "imalathaneye girdik, hâkim olduk, içeride her türlü malzeme var" deyince ben Başkan Yardımcılarını alarak hem olay yerini görmek, hem ilk defa böyle ciddi bir uyuşturucu operasyonu organize ettiğimizden orada bulunmak, hem de işleri bir düzene koymak için Kayseri'ye gittim. Kayseri şubesi bu konuda yeterince donanımlı değildi, orada bu türden olaylar fazla olmadığı için birikim de yoktu, böyle bir şeyin desteklenmesi gerektiğine inandım ve gittim. Ankara'dan Kayseri'ye 3 saate yakın bir sürede varmamıza rağmen imalathanede hâlâ asitlerin kaynamakta olduğunu gördüm. Şahıslarla ilgili adli işlemler yapılarak Ankara Devlet Güvenlik Mahkemesi'ne gönderildi. Sonuçta tümü yargılanarak tutuklandı ve 12 kişi mahkum oldu.

Biz böyle başarılı bir operasyonun nasıl başladığını ve nasıl devam ettiğini bir sunum haline getirdik. Operasyonun kod adı Erciyes'ti. Bu operasyon bizim açımızdan çok mükemmeldi, hem en tepedeki adama ulaşmıştık hem de çok orijinal bir sistem kurmuştuk. Benim çok kısa özetlediğim bu olay 30 gün içerisinde devam etmişti, ama her safhası örnek bir olay olarak eğitim derslerinde anlatılacak nitelikteydi.

Bu operasyonu daha sonra Hollanda'da gerçekleşen bir sempozyumda anlattım. Türkiye ile Hollanda arasındaki uyuşturucu kaçakçılığı olayları dolayısıyla iki ülke polisi arasında işbirliğine dayalı yakın bir ilişki ve alaka vardı. Bu ilişki benden önceki dönemde KOM Müdürlüğü yapmış Emin Aslan zamanında kurulmuş ve devam ettirilmişti. Türkiye'den Avrupa'ya gönderilen uyuşturucuların çoğu önce Hollanda'ya gidiyor, oradan diğer ülkelere dağılıyordu. Hollanda, dünyadaki uyuşturucu trafiği açısından kilit noktadır; kokainin ve sentetik uyuşturucu dediğimiz Extacy'nin tüm dünyaya yayılmasında kavşak konumundadır ve bundan dolayı da Türk polisiyle çok sıkı bir ilişki içerisindedir.

Bu ilişkiler kapsamında Hollanda tahkikat grubu bizi Hollanda'ya davet etmişti, hatta ilişkileri sıcak tutmak adına eşlerimizle davet edilmiştik. Bunun üzerine o zamanki Emniyet Genel Müdür Yardımcımız Emin Aslan ve benden önceki Daire Başkanı İsmail Çalışkan ile birlikte ailelerimizle Hollanda'ya gittik. Narkotik teşkilatının toplantılarına katıldık. Bu toplantıda benim de kısa bir sunum yapmamı, Hollanda polisine Türkiye'deki uyuşturucu ile mücadele konusunda bilgi vermemi ve onların sorularını yanıtlamamı istemişlerdi. Ben de Erciyes Operasyonu ile ilgili bir sunum gerçekleştirdim. Benim açımdan çok idealdi ve Hollanda'da bilinen sentetik uyuşturucu ile ilgiliydi. Ayrıca çok başarılı bir operasyondu ve ben düzenlediğim için her şeyin teferruatını biliyordum. Her soruya cevap verebilecek durumdaydım. Telaş ve heyecan içerisinde giderken sunumun yer aldığı CD'yi unuttuğumuzu fark ettik. Bu yüzden daire ile bağlantı kurduk, internet üzerinden göndermelerini istedik; ancak film kayıtları epeyce yüklü dosyalar olduğundan yalnızca fotoğrafları gönderebildiler. Yani imalathaneyi saatlerce çektiğimiz filmin sadece birkaç kare görüntüsü ve birkaç kare fotoğrafı vardı. Sunumu bu eksikliklerle gerçekleştirdim. Dinleyenler arasında Hollanda'nın en meşhur narkotikçileri vardı. Sunumda imalathanenin içerisine kamera yerleştirdiğimizi, böylece tüm olup biteni izlediğimizi söylediğimde ve imalathaneyi gösteren fotoğraflar da ekrana geldiğinde Hollanda polisinden birkaç kişi ayağa kalkıp buna inanamadıklarını söylediler. Türk polisinin bu kadar teknik açıdan bu kadar donanımlı çalışarak imalathanenin içine kadar girebilmesini kıskandıklarını bile gördüm. Bu çalışma yöntemi Türk polisi açısından oldukça gurur vericiydi.

Lodur Operasyonu

Ağır iş makinelerini taşıyan tırlar lodur olarak adlandırılır. Bu tırlar dozer gibi ağır ve büyük iş makinelerinin nakliyesinde kullanılır. İşte böyle bir araç ile uzun mesafede uyuşturucu ticareti yapılacağına dair bilgi almış, bunları izlemeye ve dinlemeye başlamıştık. Bir süre sonra gerçekten de izlediğimiz kişilerin lodur ile Afganistan'dan uyuşturucu getireceklerini öğrendik. Bu bizim için çok iyi bir fırsattı ve zaten benim de amacım hep daha büyük organizasyonlarda, işin kaynağına giden işlerde yer almaktı; basit ihbarlara dayanan küçük olaylarla uğraşmak istemiyordum. Bunun üzerine narkotik şubesini ilgili birimlerle harekete geçirdik, ayrıca yetersiz olmamız ihtimaline karşı İstihbarat Daire Başkanlığının unsurlarından da destek talep ettik.

Tırın gizli zulası İzmir'de bir atölyede yapılıyordu, biz bu atölyeyi de denetliyorduk. Atölyede lodurun ön kısımlarından kapaklar açılıyor, ana şasesinin içerisi boydan boya zula haline getiriliyordu. Daha sonra ön tarafı kapakla kapatılınca en azından birkaç ton alabilecek kadar büyük bir zula elde edilmiş oluyordu. O kadar ki, bu araçları her gün görmemize rağmen, böyle bir araçta bu kadar büyük bir zulanın yapılıp bu kadar ustalıkla gizlenebileceği hiç aklımıza gelmemişti.

Dışarıdan bakıldığında araca, önemli alet edevatın konacağı yedek depolar yapılıyormuş gibi görünüyordu, ancak istihbarat birimi bir hafta süren bütün bu işlemleri tek tek fotoğraflamış, filme almıştı. Tırın alınması, zula yapılması, kapağının takılması dahil her aşamayı görüntülemiştik. Amacımız lodur yola çıktığı zaman uygun bir yerde GPS takip cihazı yerleştirmekti: lodurun üst kısmında büyük kalaslar vardı, birini kaldırıp içerisine rahatlıkla cihaz yerleştirebilirdik ve kalaslar sinyalleri absorbe etmediğinden dolayı da haberleşmek çok iyi olacaktı, ayrıca devasa bir tır olduğu ve girip çıkabileceği yerler sınırlı olduğu için takip etmek çok kolaylaşacaktı. Ancak bütün ısrarlarıma rağmen, araca uluslararası çalışabilen bir GPS cihazı koyamadık. Maalesef bu kadar kısa zamanda bir uydu vericisi bulabilmek kolay değildi, elimizde o kadar teknik imkân yoktu ve daha önce hazırlık da yapılmamıştı. Ne istihbaratta ne de bizde böyle bir cihaz vardı. Aslında cihazı başka ülkelerden, özellikle müttefik olduğumuz Amerika'dan, Almanya'dan, Fransa'dan almak mümkündü ama ben operasyonun tamamını kendi imkânlarımızla gerçekleştirmek istiyordum, çünkü onlardan cihaz alındığı zaman sanki operasyonun tamamı onlar tarafından yapılıyormuş gibi bir imaj yaratılıyordu. Oysa kendimize de özgüven gelmesi gerektiğini düşünüyor, kendi polisimizin Avrupa'da ve dünya üzerinde prestij sahibi olmasını istiyordum. Yardım en zor şartlarda ve son çare olarak düşünülmeliydi. Neticede teknik ekipteki arkadaşlar uygun cihazı araca yerleştiremediler, bunun yerine bir cep telefonu koyacaklardı. Nasıl olsa tır kocaman, bize sadece sinyal gelse, belli baz istasyonlarından geçtiklerini bilsek yeter diyorlardı. Ayrıca tır şoförünü de dinlediğimiz için ülkeye girdiği zaman haberimiz olacak diye daha gelişmiş bir cihaz konmasına pek taraftar değillerdi. Diğer yandan böyle bir cihaz yerleştirilirken görülme ihtimalinden dolayı daha tedbirli davranıyorlardı. Ben her şeye rağmen tırın uzun sürede gelebileceğini ve telefonun pilinin yetmeyeceğini düşünerek yöntemlerini reddediyordum. Ancak yine de bu fikre uyuldu ve Karadeniz'de teknik ekip tarafından tıra bir cep telefonu yerleştirildi, hudutlarımızı terk edinceye kadar tırı takip ettik. Lodur İran üzerinden Afganistan'a gidecekti, ama ummadığımız bir şey oldu, tırdan teknik veri alamıyorduk. İran'da cep telefonlarımız uluslararası dolaşıma dahil olamıyordu, herhangi bir Türk GSM şirketi İran'a gittiği zaman çalışmazdı. Bu yüzden İran'dan sonrasını göremiyorduk. Afganistan'a veya Pakistan'a varınca çalışır diye düşünüyorduk, fakat oralardan da sinyal alamadık. Yalnızca tır şoförünün zaman zaman kurduğu irtibatlara bakarak bulunduğu yeri tespit ya da tahmin edebilmekteydik.

Yaklaşık bir ay sonra tırın Ağrı ili Doğubayazıt ilçesi Gürbulak Hudut Kapısı'ndan girdiğini öğrendik. Fakat enteresan bir şey oluyor, tır şoförü malı teslim etmek için araması gereken numarayı bir rakam hatalı çeviriyordu! Biz doğru numarayı biliyorduk ama bir türlü şoför bu numarayı çeviremiyordu. Kaçakçılık Daire Başkanlığından, dikkat çekmeyecek iki takip timini tır ülkemize girdiği an doğuya gönderdik ve aracın hem önünden hem arkasından takip başlattık. Bir yandan şoförü dinlemeye devam ediyorduk; fakat şoför gün boyunca bir türlü asıl patronu ile kontak kuramıyordu, bunu başarabilse İstanbul'da bir adrese malı teslim edecekti. Takip ekipleri ile birlikte Ankara'ya kadar geldi, İstanbul Narkotik ekiplerine önceden alarm vermiştik. İstanbul yakalamaya öyle hevesliydi ki, ekiplerini Ankara yakınlarına kadar çıkarmışlardı. Oysa asıl amacımız tırı yakalamak değildi; gerekirse tır gelip yükünü indirsin, malı alsınlar diye bekleyecektik zira malı alanlar nerelere götürüp dağıtacaklarsa asıl onları yakalamak istiyorduk. Ama zaman geçti, tır Ankara'ya yaklaştı, Ankara'yı da geçip Bolu'ya doğru gitmeye başladı ama bir türlü şoför irtibat kuramıyordu. Bunun üzerine, başka türlü irtibat kurmakta zorlandığı için, tır şoförü aracı İzmir istikametine çevirdi ve Eskişehir istikametine doğru yol almaya başladı. Tabii takip ekipleri de peşinden.

Biz bu esnada az da olsa bilgi sahibi olsunlar diye İzmir'e de alarm verdik, İzmir Emniyeti de dikkat kesilmişti. Bir müddet sonra Eskişehir yakınlarında bize destek olmak üzere hazırlık yapan İstanbul ekibinin İzmir yoluna saptığını ve Eskişehir yoluna girip tırı durdurduğunu öğrendik! Bizim ekipler vardı ama bir defa tır durdurulmuştu. İstanbul ekibi tırı yakaladı; bir de sanki yakalanmamış gibi tırı alıp İstanbul'a doğru yola çıkarttılar. Yani tır İstanbul'a götürüldü ve orada yakalanmış işlemi yapıldı. Bu korkunç bir şeydi, onların tek amacı çok büyük miktarda uyuşturucu yakalamaktı, bunun şanına sahip olmak istiyorlardı.

Oysa biz bu tırın gidebileceği hedefleri ve şebekenin tamamını ortaya çıkarmayı amaçlıyorduk. Maalesef Türkiye'de uyuşturucuyla mücadele anlayışının temelinde, büyük miktarda mal yakalamak ve basında yer alıp reklam yapmak amacı vardı. O zaman bu mantaliteyle uğraşmanın oldukça zor olduğunu görmüştüm; özelikle iller, nerdeyse birbirinin elindeki malları kapacak kadar bu işin şan şöhretini önemsiyorlardı. Bu işle gerçek mücadele çok uzakta görünüyordu. Soruşturmalar sürdü, şahısların uzun uzun ifadelerini aldık. İşte o zaman çok daha rahatsız olduğum şeyler öğrendim.

Lodurla sadece Türkiye'ye kaçak mal getirmemişler, Afganistan'dan başka yerlere mal taşımışlar, yani tır aslında Afganistan içinde ve İran'a birkaç defa mal taşımış. Tırın o büyük gövdesine tonlarca, tam bilemiyoruz ama belki bir ton belki iki ton afyon veya benzeri maddeler yüklenip İran'a getirilmiş.

İran'da belli hedeflere yerleştirilmiş, tekrar tekrar gitmiş gelmiş. Asıl taşıma faaliyetleri bittikten sonra Afganistan'dan ya da İran'dan, yanılmıyorsam yedi yüz kilo civarında esrar yüklenip getirilmişti. Yani biz yalnızca esrarı yakalamıştık, afyon veya morfin benzeri uyuşturucu Afganistan-İran arasında taşınmıştı. Büyük olasılıkla afyon taşınmıştı, bu şekilde İran'da bunun imalatı yapılarak eroine dönüştürülebilir ve daha sonra Türkiye ve Avrupa'ya sokulabilirdi.

Biz eğer uydu bağlantılı bir takip cihazı veya en azından kendi içine kayıt alabilen bir alet yerleştirebilseydik, aracı teslim aldığımızda o kayıtlara bakarak Afganistan'la İran arasında üç defa gidip gelindiğini ve her birinde birkaç ton afyonun taşındığı noktaları, hem alış hem satış noktalarını kesin koordinatlarıyla birlikte tespit edip özellikle İran'a çok ciddi istihbari bilgi verebilirdik. Afganistan'da bir şeyler yapabilecek, oradaki kuvvetlere bilgi verebilecek imkânımız vardı, ama gerek tecrübesizliğimiz, gerek teknik alt yapımızın eksikliği ve gerekse arkadaşlarımızın ileriyi görememesi nedeniyle ve belki böyle uluslararası bir operasyonu benim de ilk defa yönetmem veya Daire Başkanlığında çok yeni olmam dolayısıyla teknik aletlerle ilgili sistemi kuramamış olmam nedeniyle bu operasyonda ciddi bir kaybımız olmuştu. Bu çok daha derin ve uluslararası ses getirecek büyüklükte bir operasyon olabilirdi; ama bizim arkadaşlar yalnızca bu kadar fazla miktarda uyuşturucuyu yakalamış olmaktan dolayı bile günlerce zafer sarhoşluğu içinde bulundular. Üst makamlar ise bu farkı göremeyecek kadar başka işlerle meşguldüler. Denetim, hesap sorma, amaca uygun görev yapılıyor mu diye bakma, denetleme imkânı olmadığı gibi tüm işi bozanları kutlayacak kadar bu işlerin doğrusunu, arka planını algılamaktan uzaklardı.

Bense ciddi bir mağlubiyet kabul ettiğim bu olayın üzüntüsünü o günden beri yaşarım.

EDİRNE

Kapıkule Tahkikatı

Biraz üzgün, biraz hasta, biraz da kırgın olarak 2005 yılının haziran ayında sürgün edildiğim Edirne'de göreve başlamıştım. Kısa bir süre sonra önüme baktığımda şehrin her tarafında kaçak sigara ve içki satıldığını gördüm. Hatta bu o kadar alenileşmişti ki her gün yüzlerce Bulgar aracı Edirne'ye geliyor, şehrin belli yerlerinde sigara, içki ve purolar satılıyor, bazı kişiler bunları toplayıp İstanbul'a götürüyordu.

Diğer yandan akaryakıt kaçakçılığı da benzer yollarla yapılıyordu. Bulgaristan plakalı araçlar sınırdan giriş yapıyor, depolarındaki benzinleri şehir merkezinde hortumlarla çekerek satıyorlardı. Bu durumun iç yüzünü anlamak için konuyu araştırmaya başladık. Edirne'de uzun süredir çalışan istihbaratçıların topladıkları bilgileri gördüm, durum görülenden daha organizeydi. Kaçakçılık (KOM) ve İstihbarat birimlerinde çalışan arkadaşlarımla birlikte yaptığımız araştırmada gördük ki çoğunluğu Bulgaristan vatandaşı 5-6 bin kişi ile aynı şekilde Türkiye'deki binlerce kişi, Türkiye'ye vergisiz sigara, içki ve diğer tekel ürünleri ile akaryakıt sokmayı meslek haline getirmişti.

Günübirlik ziyaret adı altında her gün Bulgaristan'dan Türkiye'ye gelmek hiçbir vergi ve harca tâbi değildi. Dolayısıyla bu insanlar her gün Türkiye'ye girip çıkıyorlardı, her giriş çıkışta da alabilecekleri kadar malzeme onlara teslim ediliyordu. O günlerde hudut kapılarına girip çıkan kişilerin kaydedildiği bilgisayar verilerini incelediğimde belli kişilerin ayda 50 defa sınırdan girip çıktığını ve kapıdaki asıl yoğunluğu bu kişilerin oluşturduğunu fark ettim. Organize olunmuştu. Kaçakçılığı organize eden kişiler, normal yolculara kapalı olan gümrük sahasına, free shoplara[1] geliyor, burada daha önce anlaştıkları Bulgarlarla telefonla irtibat kuruyor, sınırdan giren Bulgarların

1 Vergi ödemeden alışveriş yapılabilen mağazalar. (Yazarın notu)

sayısına göre free shoptan malzemeleri sanki bu gelen yolcular alıyormuş gibi onlar adına alıp kolilerle bekliyor, malzemeleri alacak olan araç geldiğinde de bagajına dolduruyorlardı. Sonra yolcular Edirne'ye gidip malzemeleri başka birilerine teslim ediyorlardı. Böylece belli oranda taşıma ücreti alıyorlardı. Her kişinin on, belki yirmi tane bu şekilde her gün Bulgaristan'dan gelen araba ve yolcuları vardı. Teslim edilen mallar Edirne'de belli yerlerde biriktiriliyor, kapalı kasalı araçlarla İstanbul'a götürülüp, oradaki bar, pavyon veya gece kulüplerine belli büfeler vasıtasıyla dağıtılarak sisteme sokuluyordu.

Hesap edildiğinde, eğer dört kişiyi yanınıza alır ve bir otomobil ile günde bir defa giriş çıkış yaparsanız, en uygun hali ile 4x3=12 karton sigarayı yurda sokabilirdiniz. Böylece o günlerdeki fiyatı ile 12x12=144 avro ödeyecek ama aynı sigaranın fiyatı Türkiye'de tam iki katı olduğundan vergilerden muaf olarak para kazanacaktınız. Aynı şekilde alkollü içkiden ve akaryakıttan günlük belli bir miktar ciro elde edecek, yüzde ellisi kadarını cebe atacaktınız.

Bulgaristan'a girerken de benzeri bir kazanç söz konusuydu. Hatta eğer ikinci defa girip çıkılabilinirse bunun iki katı kazanılabilirdi. Ayrıca Bulgaristan'da çok ucuz olan et, ceviz, badem gibi ürünler de getirilip satılırsa kazanç bir hayli artıyordu. Üst düzey bir memurun 300 avro aldığı Bulgaristan'da bu rakam çok iyi bir kazançtı. Türk vatandaşları Bulgar konsolosluklarından her zaman vize alamadıklarından, bu kaçakçılıkta asıl para kazanan Bulgarlar oluyordu. Genellikle de bu kişilerin hem Bulgar hem Türk free shoplarından iki katı sigara ve içki aldıkları ve çoğunun araçlarında zula denen gizli bölmelerin ve ek depolarının olduğu da ortaya çıkmıştı. O tarihlerde günde 10-12 bin civarında insanın hudut kapısını kullandığı düşünülürse, ülkemiz için yıllık 300 milyon TL kadar vergi kaçağından bahsetmek mümkündü.

Olayları araştırmaya başladık. Bulgarların geldiği pazar yerlerine elemanlar yerleştirerek sigaraları kimlerin nerede topladığını, sonra toplanan sigaraların nerede depolandığını tespit etmek üzere kaçakçıları takip etmeye başladık. Bu bilgilerimizi teyit eder mahiyette bazı kişileri yakaladık. Şehirden ayrılan küçük kamyonetlerin içerisinde çok sayıda sigara ve içki yakalamaya başladık. Olaya daha sonra derinlemesine araştırdığımızda Kapıkule'deki yirmiden fazla free shoptan özellikle dört tanesinin sadece bu amaçlar için faaliyet gösterdiğini gördük. Hatta free shopla hiç alakası olmayan bazı kaçakçılar, yurtdışından kendi adlarına sigara ve içki getirterek free shopların antrepolarında depoluyor, kurdukları organize grup sayesinde de günübirlik Türkiye'ye girip çıkan Bulgar veya Türkleri sanki kendi ihtiyaçları için alıyormuş gibi gösterip, onlara sadece taşımalarına karşılık belli miktar para ödeyerek bu sigara ve içkileri piyasaya sürüyorlardı. Yani sigara ve içki üzerinde %270 oranındaki aşırı miktardaki ÖTV'den kurtulmak için mevzuattaki boşluktan istifade ederek sürekli ülke içerisine kaçak sigara ve içki sokuyor, böylece vergiden kurtuluyorlardı. Ayrıca özel zulası olan araçlarla (hatta yaya olarak sırtlarında taşıyarak) gece çalışan gümrükçülerin de göz yumması sayesinde free shoplardan dışarıya toplu olarak çok miktarda sigara ve içki çıkarıyorlardı. Bu yolla elde edilen gelir öyle yükselmişti ki rakamlar her free shop için aylık birkaç milyon doların üzerine çıkmıştı. Bu yöntemle yılda yaklaşık iki-üç yüz milyon dolarlık kaçak sigara ülkeye sokuluyor ve vergi kaybı oluyordu.

Yine aynı şekilde kaçak akaryakıt da Türkiye'ye genelde böyle getiriliyordu. Edirne ili ile Kapıkule arasında on beş km'lik bir mesafede en az yirmi tane petrol istasyonu vardı. Ama bu petrol istasyonları farklı bir şekilde işliyordu; pompaları ters pompa denen bir sistemle çalışıyordu. Bildiğimiz petrol istasyonlarında pompalar petrolü arabanın deposuna koyarken, buradaki pompalar tam tersini yaparak arabanın deposundaki benzini çekip istasyonun deposuna alıyordu. Yol kenarındaki petrol istasyonları çoğunlukla bu amaçla faaliyet gösteriyordu. Yani yurtdışından gelen araçların yurtdışından aldıkları ucuz mazot veya benzinleri petrol istasyonuna boşaltıyor, bu suretle yurtdışından alınan petrol ürünlerini akaryakıt vergisi ödemeden ülke içerisine sokuyorlardı.

Böyle bir kaçakçılığa müdahale etmek lazımdı, ülkenin kaynakları boşa gidiyordu. Bu amaçla biraz daha derin bir inceleme yaptığımızda, sistemin böyle çalışmasını gören kapıdaki gümrükçü, polis ve diğer görevlilerin de rüşvet almaya, irtikap yapmaya başladıklarını tespit ettik. Kapıkule'de yukarıda anlatılan şekilde kaçakçılık yapıldığını gören gümrükçüler ve polisler bu işi önleme yerine haksız kazanç sağlayanlardan kendilerine çıkar elde etme yolunu aramışlar ve zaman içerisinde herkes, idealist başlayanlar da dahil bu pisliğin içine girmişti.

Hepsi birbiriyle bağlantılıydı, free shoplar sokaktaki kaçakçılık şebekeleriyle beraber çalışıyor; polisler, gümrükçüler ve kapıdaki diğer memurlar kaçakçılık yapan şebekelerden rüşvet alıyordu. Bu işte pay sahibi olan herkese yönelik bir operasyon yapılmadığı müddetçe kaçakçılığı önleme konusunda başarı sağlanamazdı. Oysa elimizdeki imkânlar çok sınırlıydı, Edirne gibi bir yerde çok az sayıda polis vardı ve mevcutlar da operasyonel tecrübeye sahip değillerdi, ayrıca uzun yıllar ciddi operasyon icra edilmemişti ve teknik imkânları da yeterli değildi.

Önce bu olayla ilgili genel bir çalışma yaptık. İstihbarat birimindeki görevliler bu olaylarla ilgili önceden çalışmış ve bir bilgi birikimi sağlamışlardı. Onların birikimlerini bir brifing notuna dönüştürdük. İl Savcısı Şenol Yıldız ve dört yardımcısını Emniyet Müdürlüğüne davet ederek brifing verdik ve yapılan kaçakçılığı anlattık; ne gördüğümüzü, ne düşündüğümüzü ve ne yapmak istediğimizi belirttik. O dönemde iyi çalışan, dürüst ve namuslu insanlar da elbette vardı. Anlattıklarımızı dinlediler ve kendi teşkilatımızı da eleştirdiğimizi duyunca tarafsızlığımızdan emin olup durumu kabul ettiler. Ancak bunun kaçakçılık şebekelerince yapıldığını hukuki delillerle ispatlamamızın çok zor olduğunu düşünüyorlardı. Söylediklerine göre anlattığımız durum yıllardır biliniyordu ve her yıl binlerce kaçakçılık davası savcılığa geliyordu. Bunların çoğuna peşin ödeme adı altında bir ceza kesilmekteydi, yani sigara ve içkiyle yakalanan kişi bunun iki katı kadar para cezası alırdı, ama ödeyen yoktu. Şahıslara ön ödeme cezası kesilerek bir ay içinde ödemeleri için tebligat yapılıyordu; ancak şahıslar yabancı oldukları ve yurtdışına gittikleri için bir daha ne ödemenin alınması ne de tebligat şansı oluyordu.

Biz bu işi hallederiz dedik. Çok fazla da abartmadan kendilerinden birtakım taleplerde bulunduk ve onlar da bu talepleri yasaların el verdiği oranda hukuki olarak karşılayacaklarını vaat ettiler. Bunun üzerine bir çalışma dosyası açarak çalışmaya başladık. Bir yandan kaçakçılığı nasıl yaptıklarını öğrenmek için free shopları ve onlarla birlikte hareket eden kaçakçı gruplarını izlemeye başladık. Bunları teknik takibe aldık ve şehir içindeki faaliyetlerini takip etmeye başladık. Onların nasıl bir organize şebeke içerisinde çalıştıklarını tespit etmeye çalışıyorduk. Diğer yandan Polis Teşkilatının kapıdaki görevlilerinin yaptıklarını anlamak için polis birimleri üzerinde araştırma başlatmıştık. Gördüğümüz manzara iyi değildi, bizim polisler de küçük miktarlarda da olsa rüşvet çarkının içerisine girmişti.

Son defa uyarmak üzere Kapıkule Emniyet Şube Müdürlüğünde çalışan tüm polisleri toplayarak kapıdan gelip geçen herkese iyi muamele yapmalarını, görevleri esnasında kurallara uymalarını, her türlü kanunsuzluğa karşı olmalarını, namuslu bir görevin önemini, rüşvet gibi olaylara karışmamalarını, kim olursa olsun yanlış yapanlarla mücadele edeceğimi ve benzeri şeyleri anlattım.

Bana doğrudan bağlı olan Kapıkule Emniyet Şube Müdürünü değiştirdim. Ondan sonra buradan nasıl bilgi edinebiliriz diye düşünmeye başladık. Bize göre kapıda görevli olan herkes şüpheliydi, sorarak kimseden bilgi alamazdık. Bu nedenle yöntemlerini çözebilmek için gizli kameraya başvurmaya karar verdik. Mahkemeden izleme kararı çıkardık. Kapıkule'deki polis peronlarında pasaport kayıtları için kullanılan bir bilgisayara, deneme yapılacağını bahane ederek, içine kamera yerleştirdiğimiz bir LCD monitörü bağlayıp izlemeye başladık.

Bir müddet sonra tam bir kaçakçılık şebekesiyle karşı karşıya olduğumuzdan emin olmuştuk. Free shoptaki insanlar, onların dışarıdaki uzantıları ve malları İstanbul'da dağıtanlar şeklinde birbirleriyle bağlantılı organize bir grup halinde büyük bir çark dönüyordu. Bu insanlar külliyetli miktarda sigara ve içkiyi yurda sokuyorlardı. Özellikle otobüsler geldiği zaman, yolcuların tüm listesini alıyorlar, hiç sigara içki almamış olan kişilerin pasaport numaralarını ve isimlerini kullanarak onlar adına işlem yapıp otobüslerle toplu miktarda sigara ve içki çıkarıyorlardı. Aynı şekilde günübirlik gelip giden birkaç bin kişi için de sigara ve içki çıkışı yapıyorlardı. Ayrıca fırsat bulduklarında, denetimsiz ortamlarda hiç kayda girmeden yükleyebildikleri kadar içki ve sigarayı da otobüslere, özel otolara yüklüyorlar, hatta bazı otobüslerde bulunan gizli zulaları dolduruyorlardı.

Yasaya göre gümrük görevlileri free shopları ve onların antrepolarını sürekli denetliyordu, buna göre bir tek paket sigarayı bile kaçak çıkarmak mümkün değildi, kayıtlarda ortaya çıkardı. Çünkü yurtdışından sigaralar getirilirken gümrük denetiminde sayılarak antrepolara konuyor, sonra antrepodan yine gümrük denetiminde çıkarılarak free shoplara sayılarak veriliyor, free shoplar her sattığı malı kişinin pasaport numarası üzerine kaydediyordu. Gümrük denetiminde tüm bunlara bakılıyordu, ama nedense zulalar dolusu sigara ve içki çıkarılmasına, kayıtsız mal satılmasına rağmen gümrük teşkilatının denetiminde hiç açık verilmiyordu. Tüm antrepolar, free shoplar ve satış belgeleri yüzlerce defa denetlenmiş ama hiç kaçak sigara satışı tespit edilememişti. Demek ki o kayıt ve denetimler de doğru yapılmıyordu.

Bunu gördükten sonra, önce bir müddet polisleri inceleme altına aldık ve gördük ki onlar da hukuki olarak eksikleri olan, pasaportlarında yanlışlık bulunan, vermesi gereken vergi ve harçları vermeyen birçok kişiyi, belli miktarda para almak suretiyle ülkeye sokuyor veya bu kişilerin ülkeden çıkmalarına müsaade ediyorlardı. Pasaportsuz girilmemesi gereken gümrük sahasına kaçakçı kişilerin her zaman girip çıkmasına göz yumuyorlar, mani olmuyorlardı. O kadar profesyonelce para alıyorlardı ki yakın bir mesafeden izleseniz bile bunu görme imkânınız yoktu. Aslında normalde her polis kulübesini izleyen bir kamera vardı ve bunlar sistemli bir şekilde kayıt yapmak üzere kurulmuştu, ancak kameralar yalnızca kulübenin dışını görüyordu, üstelik rüşvet verenler parayı pasaportların içinde veriyor, polisler hiç kimsenin göremeyeceği biçimde, pasaportun sayfalarına bakıyormuş gibi yapıp parayı ceplerine veya çekmecelerine atıyorlardı. Eğer bilgisayar monitörünün içine kamera koymasak, mevcut kameralardan izlesek para alma eylemlerini asla göremezdik.

Bunun üzerine işi biraz daha büyütmeye karar verdik. Başka bir bilgisayar monitörüne ve şube içerisindeki klimanın içerisine gizli kameralar yerleştirerek toplamda üç kameraya ulaştık. Bu tarihlerde asıl olarak gümrükçülerin en çok nerelerde rüşvet aldığını tespite yönelik istihbarat faaliyetlerine başladık. Yine o tarihlerde orada çalışan istihbarat görevlileri takdire şayan bilgiler toplamışlardı. Topladıkları bilgiler üzerine en azından beş-altı gümrük kulübesine daha kamera koymamız gerektiğini düşünmeye başladık. Tam bu sıralarda polislerin gizli izleme faaliyetlerimizden şüphelendiklerini telefon dinlemelerinden öğrendik; bazı polisler bizim kamerayla tespitler yaptığımızı duymuştu. Kameraların yerini bilmiyorlardı ama farklı olan bir monitörden huylanıp önce monitörü, sonra da üzerini örtüyle kapatmışlardı. Tedbir almaya başlamışlardı.

Neyse ki kış yaklaşıyordu. Özellikle polis ve gümrük kulübelerinin soğuk olduğu, yeterli ısınmadığı şeklinde şikâyetler vardı. İşte bunu fırsata dönüştürmeyi düşündüm; o zamanlar yeni çıkan quartz elektrik sobalarına talep de çoktu. Ben de bunu yaygınlaştırarak birçok kulübeye koyabileceğimize ve bu arada bazılarının içerisine kamera yerleştirerek izlemeyi kapsamlı hale getirebileceğimize kanaat getirdim.

Önce bu yöntemin denenmesi gerekiyordu. Bana yardımcı olmak için her şeyi yapacağını bildiğim, zamanın Daire Başkanı Sabri Uzun'dan, İstihbarat Daire Başkan Yardımcısı olarak çalıştığım dönemlerden tanıdığım, teknik bilgisi ve mütevazılığı ile çok beğendiğim polis memuru N.'yi, ve teknik heyeti istemiştim, hemen geldiler. Teknisyen polislere planımızı aktardım ve bunun için önce birkaç tane elektrik sobası alıp içerisine kamera yerleştirerek denememiz gerektiğini, aletin sobanın sıcaklığından ne kadar etkileneceğini, çevredeki diğer alet ve cihazları ne kadar etkileyeceğini test etmek gerektiğini anlattım. Geçmiş tecrübelerime dayanarak bu cihazı test etmeden kullanmak istemiyordum. Hemen işe koyulduk; önce iki soba alıp içerisine kamera ve görüntü nakledecek cihazları yerleştirdiler, kameraların dışarıda görülme durumu, sıcaktan etkilenme, frekans kayması ve görüntü nakleden sistemlerin başka cihazları etkileyip etkilemediği gibi testleri yapmaya başladık. Gündüz makamda çalışıyor, gece de istihbaratın küçük atölyesinde deneme, montaj işlemleri yapıyorduk. Ufak değişikliklerle sistemi işler hale getirdik. Netice çok iyi değildi; ama işe yarayacaktı.

İlk denemeler başarılı olunca, bir yandan yeni sobalar bulmaya bir yandan da nereye, nasıl yerleştiririz, nerede izleriz, nasıl değerlendiririz gibi hesaplar yapmaya başladık. Gümrük sahsında yalnızca bir odayı kullanabiliyorduk, elimizde operasyonda kullanılacak az sayıda görevli vardı, 5-6 kamera kurduğumuzda bu kadar çok kameranın görüntülerinin izlenmesi, değerlendirilmesi gerekecekti, kolay iş değildi. Cihazlar analog sinyallerle çalışıyordu, başka cihazları etkileyebilir, kendileri çevredeki elektronik sistemlerden etkilenebilir, ayrıca frekansları birbirine çok yakın olduğundan birbirlerini etkileyebilirlerdi. Dolayısıyla çok iyi plan yapmamız gerekiyordu.

İl Valimiz Nusret Miroğlu'ndan destek istedik. Kendisi Kapıkule'deki yolsuzluklarla ilgili çalışma yaptığımızı biliyor, ama planımızın içeriğine tam olarak vakıf değildi. Yine de operasyon yapılmasını çok istediği için tüm çalışmalarımızı destekleyeceğini belirtti. Talebimiz şuydu: Kapıkule deki polis ve gümrük peronlarına (kulübelere) Valilik tarafından soba yaptırılıyormuş gibi gösterecektik. Sayın Miroğlu kabul etti.

Bunun üzerine yeterli sayıda kamera bulabilmek için araştırmaya başladık. Aslında çok profesyonel cihazlar vardı; ama bu cihazları temin etmem mümkün değildi. Ben de daha önceden de muhtelif vesilelerle tanıdığım Almanya'daki bir arkadaşımdan, orada çok basit alanlarda kullanılan, hatta birçok evde ebeveynlerin çocuklarını izlemek için kullandığı, kamufle edilirse istihbarat amaçlı da kullanılabilecek kamera ve bunların transmitterlerini[2] getirmesini istedim. Altı-yedi takım getirdi. Ancak Emniyet Müdürlüklerinin böyle cihazlar için kaynakları veya ödenekleri yoktu, ödeneği olmayan işler için bir tek polis kantinlerinin gelirlerini harcama yetkim vardı. Bir takımın masraflarını buradan çıkardık, kalanı için İstihbarat Daire Başkanı Sabri Uzun imdadımıza yetişti; bize 6 takımı da alarak kullanma imkânı verdi.

İstihbarat Dairesinin teknik elemanları ile bizim istihbarat biriminin çalışkan ekibi ve komiseri Alaattin, 7 takım kamera ve alıcıyı kısa sürede ayarlayarak frekansları birbirine karışmadan izleme yapacağımız duruma getirdiler. Daha sonra sobalar içerisine yerleştirerek bu cihazların nasıl çalışacağını bir müddet gözlemledik. Kameralar çok güzel gizlenmişti, vida deliğinden görüntü alabiliyorduk.

Dördüncü günün sonunda oluşturduğumuz bu kameralı sobalarla izlemeyi yapabileceğimize kanaat getirdik. Kulübe-

2 Ses ve video gibi elektronik sinyalleri başka yere taşıyan cihaz. (Yazarın notu)

lere soba konacağını söyleyerek bizim teknik polislerimizi soba firmasının elemanı kılığında Kapıkule'ye gönderdik. Böyle bir şeyi hemen kabul ettiler, planımıza uygun şekilde önceden seçtiğimiz yirmiden fazla kulübeye kameralı sobaları yerleştirdik. Ancak gümrük sahası çok büyüktü ve elimizdeki cihazlar çok basit, amatörceydi, görüntü alamıyorduk. Bunun üzerine oraya en yakın caminin minaresine anten konulmasına karar verdik. Caminin fahri bir imamı vardı. Onu da şüphelendirmemek adına müftülükle görüştüm; hudutta bir insan kaçakçılığı olayı ile ilgili olarak Yunanistan tarafını gözetlemek için camiyi kullanacağımızı söyleyip müftülükten destek alarak camiye gittik.

Minareye antenleri yerleştirdikten sonra sistem çalışmaya başladı. Fakat bu sefer de bazı noktalarda mesafe uzun olduğundan yeterince net görüntü alınamıyor, ayrıca araçlar girip çıktıkça görüntü bozuluyordu. Bir kamerayı orada bulunan İstihbarat Birimine ait bir büroya yerleştirdik, böylece daha kaliteli görüntüler almaya başlamıştık. Ama en önemli yer olan, özel fatura denen işlemlerin yapıldığı ve özellikle hayali fatura, kaçakçılık gibi yolsuzlukların gerçekleştiği oda biraz ters ve uzakta olduğu için görüntü alamıyorduk. Orayı izlemek için en uygun yer, gümrük sahası içerisinde Milli İstihbaratın kullandığı odaydı. Açıklama yapmaksızın, bir iş için kullanmak üzere MİT Bölge Daire Başkanı'ndan izin istedik ve onay almamız üzerine alıcımızı buraya yerleştirdik. Çok net görüntüler almaya başladık. Ancak bir müddet sonra odalarından gümrük görevlilerini izlediğimizi anlayan MİT Bölge Daire Başkanlığı sistemleri buradan kaldırmamızı, böyle bir şeye destek veremeyeceklerini, gümrükle aralarının açılmasını istemediklerini, Edirne Gümrükler Başmüdürü ile görüşmemizi söyledi. Biz de en çok Gümrükler Başmüdürü İ.H.E.'den şüphelendiğimizi, tüm emarelerin onu şüpheli hale getirdiğini ifade ettik. MİT Bölge Daire Başkanı 4 yıldır görevdeydi ve söylediklerinde kararlıydı; yapacak fazla bir şey yoktu. Mecburen oradaki sistemimizi kaldırdık ve onu da minareye taşıdık. Buradan izlemeye devam ettik fakat kalite kötüydü.

İzlemenin on ikinci gününde gizli faaliyetimizin gümrük tarafından duyulduğunu anladık; bazı gümrük görevlilerini dinliyorduk. Olaylardan haberdar olduklarını ve araştırmaya başladıklarını gördük. Kamerayla izlediğimizi biliyorlar ama kameraların nerelere gizlendiğini bilmiyorlardı. Ancak izlendiklerinden bir şekilde emin olan gümrükçüler, on beşinci günden sonra araya araya bizim sobaların içerisindeki kameraları buldular. Onlara bilgi sızmıştı. Sanıyorum bizim izleme ve dinleme kararı almak için gönderdiğimiz yazılar vasıtasıyla Adliye'den bilgi sızıyordu. Neticede kameraları buldular, ama biz sessiz kaldık.

Bu arada günler boyunca her türlü rüşveti, irtikabı kayıt altına almayı başarmıştık. O zaman gümrükte görebildiğimiz kadarıyla dört önemli nokta vardı: giriş, çıkış, muayene ve özel fatura. Bu dört ayrı kulübeden her gün toplanan paralar belli bir kulübeye getiriliyor, orada tek tek sayılıyor, ondan sonra altı veya yedi desteye ayrılıyordu. Üst rütbeli bir gümrükçü geliyor, her desteyi bir kişiye veriyor, kalan iki desteyi ise alıp götürüyordu. Bu da gösteriyordu ki, bir deste kendisi, diğeri kendisinden daha yukarıdaki biri içindi, ama bu ağın nereye kadar gittiğini bilmiyorduk.

Bu bilgilere ulaşmıştık ancak gizli kamera görüntülerini seyretmek hiç kolay değildi, bir kamera 24 saat kayıt yapıyor ama 48 saatte ancak çözülüyordu. Kameralar on beşinci günde bulunmuştu ama biz daha beşinci-altıncı günlerin görüntülerini izliyorduk. Sonunda inanılmaz şeyler ortaya çıkmıştı, birbirinden bağımsız beş binden fazla para alma görüntüsü tespit etmiştik. Görevlilerin paraları yukarıda anlattığım şekilde tek tek sayıp kendi aralarında bölüştüklerini tam seksen beş defa kaydetmiştik. Ayrıca rüşvet vermeyen insanlarla nasıl pazarlık yapıldığını, rüşvet vermeyenlerin nasıl tehdit edildiklerini tespit etmiştik. En vahimi de rüşvet adı altında yabancı kadınlara cinsel tacizde bulunulmasıydı. "Birlikte olursak size her şey serbest" deniyordu, izlerken yapılanlardan midemiz bulanmıştı. Resmi bir kurum içerisinde yabancı kadınların onuruyla oynanıyordu.

Genel görüntü çok netti, o alanda hudut kapısı içerisinde bulunan, birkaç istisna haricinde tüm görevliler, rüşvet, irtikap, kaçakçılık faaliyetlerinin içerisindeydi. Hatta kapının giriş ve çıkışındaki kulübelerde, son çıkışta pasaport işlemi yaptırmadan çıkan var mı diye kontrol için bulunan polis görevlileri orada alenen para alamadığı için, gümrükçüler kendi paylarından o görevliye de hisse veriyorlardı. Yani oradaki polis ve gümrüğün bütün görevlileri, belki bir iki istisna hariç, durumu biliyor ve hepsi birbirleriyle anlaşmalı bir şekilde kaçak mal götüren, bazı hukuki eksikleri olan insanlardan küçük miktarlarda para alıyorlardı. Yeterli delil bulmuş, görüntülerini tespit etmiştik. Sahada çalışan tüm görevlilerin rüşvet görüntülerini almıştık.

Artık gümrükteki yöneticilerin, daha üstteki başmüdür ve yardımcılarının teknik takibe alınması, telefonlarının dinlenmesi, odalarına da cihaz konması gerekiyordu ki, varsa onların aldıkları paraları da tespit edelim. Belki de biriken paraların, başka birimden gelenlerle birlikte Ankara'ya gitmesi de söz konusuydu. Aslında bir telefon dinlemesinde bir gümrükçünün zarf içerisinde başmüdüre para verdiğini tespit etmiştik, ama bu, eşiyle arasında geçen, kanunen hukuki bir delil olarak kullanılamayacak bir konuşmaydı. Bu meseleleri yeni kişilerle tespit etmemiz gerekiyordu. Ama tabii bilgi sızınca, artık operasyon yapmanın şartları ve devam etmemizin zorlaştığı anlaşıldı.

Aynı anda hem free shoplar hem polisler hem de gümrükçüler hakkında operasyon yürütmeye imkânımız yoktu. Sıraya koyduk, birbirini etkileme durumunu dikkate alarak önce free shoplarla ilgili operasyonu başlatmaya karar verdik. Yukarıda da bahsettiğim, üzerinde çalışma yaptığımız dört free shopun kaçakçılığa karışan sahiplerini ve görevlilerini gözaltına aldık, ev ve işyerlerinde arama yaparak belgelerine el koyduk. Onların para kaydı tuttukları defterlerdeki bilgileri aldık. Tabii tüm bunlar olurken, en az on defa daha kapalı kasa kamyonetlerle İstanbul'a götürülen çok miktarda sigara ve içki yakalamıştık.

Bütün bunları delil olarak kullanarak kaçakçıların dört ayrı örgütlü grup şeklinde çalıştıklarını ispatlamıştık, böylece operasyonun birinci bölümü tamamlanmıştı. Free shoplarla ilgili zanlıları adliyeye çıkardık, sonra gördük ki aslında bu free shopların bir kısmı zaten kaçakçılıkta sabıkalıymış, ama bunlara yalnız Kapıkule'de değil, diğer kapılarda da free shop açma ruhsatı verilmiş. Yine sonradan öğrendiğimize göre bu kişilerin bazıları kapılarda yolcu beraberinde hediyelik eşya çıkarmakla kalmıyor, zaman zaman sanki Edirne'den İzmir, Mersin, Gürbulak gibi yerlerdeki free shoplara mal gönderiyor gibi gösterip, Kapıkule antrepoda bir araç dolusu, örneğin yükledikleri 500 kutu malı resmi evrakta 50 kutu gösterip, yolda (İstanbul'da) 450 kutuyu boşaltıp, 50 kutuyu diğer kapıya götürmek gibi yöntemlere de başvuruyorlarmış. Geçmişte benzeri durumlarda çeşitli kişiler yakalanmış olmasına rağmen bu kişilerin ruhsatları iptal edilmemiş, dolaylı bir şekilde kaçakçılık faaliyetlerine göz yumulmuş.

Kaçakçılık olaylarına karışan free shoplar hakkında işlem yapılması sonucu bu şebeke, işsiz kalınca bu defa bitişik Bulgar kapılarındaki free shoplarda mal alıp kaçak geçirmeyi denedi; ancak bir süre sonra bu girişimlerini de tespit ederek, alınan tedbirlerle büyük çaplı kaçakçılık yapmalarını önledik.

Bu gelişmelerden bir süre sonra, bir bayram günü, gümrük sahası içerisindeki gümrüksüz malların bulunduğu antrepo gece saatlerinde soyuldu. Kamyonla gümrüksüz sigara çalmışlardı. Olayı hırsızlık diye niteleyip araştırırken, bu işi yapanların daha önce kaçakçılık yapan şebekenin üyeleri olduğunu öğrenmiştik. Şahısları suç delilleriyle birlikte yakalamak için takip ve izleme başlatmıştık. Bununla birlikte soyulan antreponun sahibine kimlerden şüphelendiğini sorduğumuzda, hiç tereddüt etmeden eski kaçakçı şebekesinin üyeleri olan, bizim tespit ettiğimiz kişilerin ismini vermişti. Gerekçesi çok basitti: free shoplarda satılan sigaralar, ülke içerisinde satılan diğer sigaralardan farklı renk ve bandrole sahipti, bu nedenle bu sigaralardan elinizde binlerce de olsa kimseye satamazdınız, ancak İstanbul'da eğlence mekanlarına sigara satan büfe ve satıcı zinciri ile irtibatı olan kişiler bu malları sisteme sokabilirdi. Kapıkule'deki kaçakçılık şebekeleri de bu tür sigaraları sisteme sokmasını biliyordu. Bu şebekeler daha önce Mersin Serbest Bölge'de, sonra Kapıkule'de ve zaman zaman da farklı yerlerde bu tip faaliyetlerde bulunmuşlardı, bunu adeta meslek edinmişlerdi. Şahısları malların az bir kısmı ile birlikte İstanbul'da yakaladık, aynı kişilerdi. İçki ve kaçak sigaraların nasıl ve kimlerin sistem içine soktuğunu bilen antrepo sahibi tek başına hiçbir araştırma yapmadan olayı biliyordu, ama biz 5-6 kişilik en zeki ekibimizle ve ileri teknoloji kullanarak ancak bir haftada olayı çözebilmiştik.

Bu şebekeleri önce kaçakçılıktan, sonra da hırsızlıktan yakaladık. Fakat çok geçmeden bu defa Hatay'dan Edirne'ye kargoyla gönderilen sigaralar yakalamaya başlamıştık. Neden Hatay'dan Edirne'ye kaçak sigara gelirdi? Çünkü burada kaçak sigarayı sisteme sokan bir şebeke vardı. Bir defa kaçakçılık şebekesi kurulup da kendi sistemini oluşturunca öyle kolayca yok edilemiyordu; Kapıkule Operasyonu'ndan sonra neredeyse 2 yıl geçmişti, ama hâlâ faaliyetlerine devam ediyorlardı. Gayret ve ısrarlı takiplerimiz sonunda olaylar gittikçe zayıfladı ve Edirne'den ayrılmadan bir yıl kadar önce Bulgaristan tarafındaki free shopların kapanması ve başta Kapıkule olmak üzere Edirne'deki tüm kapılarda free shopların TOBB denetimindeki Setur'a devredilmesi sonrası kaçak sigara olayı gündemden düştü.

Free shoplar hakkındaki adli tahkikat bittikten sonra, sıra Kapıkule'deki polisler ile gümrükçülere gelmişti. Zaten o ana kadar kulübede aldıkları rüşvet görüntülerinden bu görevlilerin büyük kısmının kimliklerini tespit etmiştik. İki gruba da aynı anda operasyon yapmak gerekiyordu.

Savcılarla tekrar toplandık ve operasyonun yapılış biçimine yönelik düşüncelerimizi anlattık. Polisleri gözaltına alarak onların tahkikatını Emniyette yapmayı, gümrük memurlarını ise yakalayıp doğrudan Savcılığa getirmeyi önerdik, savcılar da kabul ettiler. Çünkü iki grupta da gözaltına alınacak memur sayısı çok fazlaydı; 28 polis, 60 gümrük memuru toplam 88 kişiyi geçiyordu. Bu kadar kişi hakkındaki tahkikatı, azami kanuni süre olan 4 günde yürütme imkânımız yoktu. Zaten biri gözaltına alındığı zaman yapılacak o kadar çok usulü işlem vardı ki sürenin yarısı bu usulü tutanakların tanzimiyle geçiyordu. Bu nedenle gümrük ve Emniyet müfettişlerinden destek istemiştik. Böylece bizimle birlikte onlar da tahkikata başladılar, hatta Polis Müfettişleri bir aydan daha fazla süre belgeler üzerinde çalışarak bizim bile göremediğimiz, eksik gördüğümüz bazı konuları tespit edip suç unsurlarını bularak savcılara ilettiler.

Biz de 28 civarındaki polisin 26 tanesini gözaltına alarak Emniyet Müdürlüğüne getirip normal tahkikatlarına başladık. Gümrük görevlilerinin 60 kadarını da yakalayıp Emniyet Müdürlüğüne getirmeden Adliye'ye götürüp savcılara sevk ettik. Hatta bazılarının üzerlerini bile aramadık, bu arada üzerlerindeki paraları tuvalete atanlar ve Adliye'den kaçanlar da olmuştu. Bu şekilde tahkikatı başlatmış olduk. İlk büyük tutuklamalarda kırktan fazla gümrük memuru ve yirmi civarında polis tutuklanmıştı.

Olayı baştan beri izleyen savcılar, hummalı bir çalışma ile iddianameyi hazırladılar. Duruşma için bu kadar sanığı (her birinin birkaç avukatı, izleyeni olacağı düşünüldüğünde) Adliyedeki hiçbir salon alamazdı, sonunda duruşmanın Edirne Ticaret Borsasının toplantı salonunda yapılması kararlaştırıldı. Sanıkların ünlü avukatları, aksi iddialarda bulunuyordu, ama duruşmalar başlayıp iddianame okununca ve deliller her kişi hakkında tek tek sıralanınca, hele salona kurulan yansı makinesinde Ağır Ceza Mahkemesi Başkanı Halil Uçar görevlilerin para aldığı yüzlerce resim ve filmi göstermeye başlayınca duruşmaların şekli değişti. Sanıklar ve avukatlar filmlere bir şey diyemiyor, bunların gösterilmesinin hukuka aykırı olduğunu iddia ediyorlardı.

Burada Ağır Ceza Mahkemesi Başkanının hakkını teslim etmek lazım, bu konuda bir dahiydi, bir hukuk kahramanıydı. Gerçekten tahkikatın tüm seyrini A'dan Z'ye anladı ve muazzam, harika bir duruşma yürüterek, bütün olayları değerlendirdi, bütün görüntüleri ekrana vererek ve tüm sanıklara tek tek görüntülerini izletmek suretiyle orada bulunan herkesin açık şekilde anlayacağı biçimde, belki hukuk tarihinde ender görülebilecek bir hızla kararını verdi. Altmış üç kadar gümrükçü ve yirmi sekiz polis memuru mahkum oldular. Yargıtay'dan tasdik edilen karar 8 ayda kesinleşti. Ayrıca bu kararla birlikte, TCK'nin 257. maddesi uyarınca, astlarının yaygın olarak rüşvet ve irtikaba bulaştığı amirlerin de denetim görevlerini ihmal etmekten yargılanmalarının yolu açılmış oldu. Ülkemiz gibi rüşvet ve irtikapın bu kadar yaygın olduğu bir yerde doğal olarak tartışmalara konu olmuş olsa da, toplumsal duruma en uygun ceza kanunu maddesi buydu.

Ayrıca disiplin açısından Emniyet Genel Müdürlüğü Yüksek Disiplin Kurulu kararı ile rüşvete karışan 23 polis meslekten ihraç edildiler.

Normalde rüşvete ve irtikaba karışan tüm polis ve gümrük memurları için genel teamüllere göre, her para alma olayı ile ilgili ayrıca yargılama ve her olay için ceza verilmesi gerekirdi; ancak Yargıtay 5. Ceza Dairesi böyle beş bin ayrı olay için tek tek yargılama yapılmasının fiili imkânsızlığını dikkate alarak, kendi bilinen içtihatlarına aykırı biçimde, özel bir kararla bu kişileri, organize bir şekilde toplu olarak rüşvet/irtikap almaları, örgüt kurmaları, örgüt yöneticilerinin bulunması suçundan mahkum etti. Gümrük Başmüdürü ve yardımcıları da daha sonra rüşvet ve irtikaba meydan vermekten ayrıca mahkum oldular, böylece bu kapıda organize bir grup şeklinde çalışan rüşvet şebekesi dağıtılmış ve bir daha bu yapıyı oluşturamayacak şekilde mahkum ve teşhir edilmişti. Burada ceza alanlardan bir tek Başmüdür Yardımcısı Akif'in kesinlikle masum olduğuna inanıyorum.

Aslında bu kararlar adildi, ama eşit değildi. Çünkü sadece orada çalışanlar mahkum oldular. Daha önceki yıllarda çalışmış olanlar, başka kulübelerde bulunanlar veya o 15-20 günlük tahkikat sürecinde ve izleme anında görevli olmayanlar yargılanmadılar. Bizim yaptığımız önemliydi fakat yalnızca herkesten küçük küçük para alan, irtikap yapan memurların karıştığı bir çeteyi ortaya çıkarmıştık; asıl büyük kaçakçılığı gerçekleştirenler, önemli miktarda malın gümrüksüz ülkeye girmesine veya büyük miktarda kaçak malın Türkiye'den çıkmasına göz yuman görevliler ortada yoktu. Yine de düşünülürse tüm bu suçlara karışanları korkutmak açısından önemli bir adımdı. Bu kapı günah ve pisliğin yayıldığı yerdi ve bir şekilde bu kirlerinden arınması gerekiyordu. Yılların günahı, vebali, kiri vardı. İlk defa bu tahkikat bu kişilerin gerçek yüzlerini inkar edemeyecekleri bir biçimde, her şeyiyle, fotoğraflarıyla, filmleriyle, toplanan paralarıyla gözler önüne serdi ve mahkum olmalarını sağladı. Burada onlarca yıldır süregelen, gerek Balkan Savaşları sırasında gerek 1980 Darbesi sonrasında[3] bile varlığı bilinen ve adeta bir gelenek haline dönüşmüş olan rüşvet ve kaçakçılık suçlarının çirkin yüzü kanıtlarla ortaya çıkarıldı.

Aslında bizim bu operasyonumuzdan önce de belki on, belki de daha fazla şikâyet olmuş, Gümrük Müfettişleri, başka görevliler, savcılık hep tahkikatlar yapmıştı. Ama burada rüşvet yendiği ve gümrükçülerin mal varlıklarının rüşvetin delili oldu-

3 12 Eylül 1980'de bu kapıya askeri yönetimin el koyması sonrasında yaşanan yolsuzluktan dolayı Tugay Komutanı General iki subayı yaralamış, bir albayı öldürmüş ve sonrasında intihar etmişti.

ğu iddiaları hep boşta kalmıştı. Tahkikatlar yapılmış, fakat her seferinde buradaki görevliler bu işten beraat etmişti. Herkes bir takım bahanelerle mal varlıklarını ispat edebiliyordu. Hatta o tarihte en çok rüşvet aldığı iddia edilen görevlilerin birçoğu hakkında malvarlığı araştırması dahi yapılmış, ama hiçbir araştırmada bu kişiler hakkında suç unsuru bulunamamış ve ceza verilememişti. Belki de açılan davalar çok ciddi kanıtlara dayanmadığından beraat etmişlerdi, zira bizimki gibi her türlü delille desteklenen bir tahkikat olmadan gerçek bir mahkumiyet elde edebilmek çok zordu.

Bu tahkikatla ilgili olarak belki ayrı bir kitap yazılabilir. Ama şunu teslim etmek lazım ki, iki teknik eleman, iki istihbaratçı, adli tahkikatı yapacak iki Kaçakçılık Şubesi personeli böyle güzel bir çalışmayla buradaki dev bir şebekeyi dağıtabildi. Tüm tahkikatı yürüten asıl yönetici personel sayısı 6-7 kişiydik. Yani istenirse, her zaman bu türden illegal faaliyetlere müdahale edilebilirdi. Fakat genel olarak uygun ve doğru yöntemlerle müdahale edilmediği için bütün tahkikatlar daha çok rüşvet alan, irtikap yapan kişileri aklayacak şekilde sürdürülüyordu.

Tabii yapılan tahkikattan sonra bunun devamını getirmek daha önemliydi. Tahkikat yapmak kolaydı, ancak bir süre sonra işler yeniden eski haline dönebilirdi. Bu nedenle buradaki polisler tekrar rüşvete bulaşmasın diye Emniyet olarak ciddi çalışmalara başladık, kapıdaki personelin tamamını değiştirdik. Evet yeni olacaklardı, acemi olacaklardı, zorlanacaklardı, fakat bu gerekliydi. Polislerin tamamını değiştirdik. Yeniden eğitim vermek suretiyle okuldan yeni mezun olan polisleri oraya yerleştirdik. Bu defa kapıda işler aksadı, ama sayıyı artırarak bu sorunları çözmeye çalıştık ve çözdük. Daha sonra her yıl personelde yasadışı uygulamalar gelişme ihtimaline karşı kapıdaki pasaport polisi personelini yüzde elli oranında değiştirmeye başladık. İki yılda bir kapının personeli tamamen değişiyordu. Bu şekilde örgütlenmeye, yuvalanmaya mani olmak istiyordum. Tabii ki kolay değildi. Alışılmış bir kültür vardı.

Özellikle gümrük camiası ve gümrük yapısında rüşvet almak veya vermek, gayri meşru menfaat temin etmek burada sanki bir hak olarak gelenekselleşmişti, birçok memur daha başta rüşvet almak ve bu yolla zengin olmak için burayı tercih ediyordu. Görevlilerde böyle bir anlayış vardı. Birçok insan da bunu gayet doğal görüyordu. Çünkü küçük miktarlarda paralar dönüyor, diğer insanlar da kaçakçılık sayesinde küçük menfaatler temin ediyordu. Bunların az miktarını memurlara vermenin onlar için hiçbir mahsuru yoktu. Bu nedenle rüşveti kesmek çok da kolay değildi. Yeni sistemle birlikte, her teşkilatın kendisini denetlemesini umarak, mümkün mertebe bu konudan uzak durmaya çalıştık, polis teşkilatının diğer teşkilatlar üzerinde hegemonyasını kurmuş gibi gözükmesini istemiyorduk. Bize gelen her ihbar ve olayı kendi sistemi içerisinde çözülsün diye Gümrük Başmüdürü'ne göndermeye başladık.

Oraya gönderilen Gümrük Başmüdürü Mehmet Hatipoğlu gerçekten de bu görevi iyi yapabilen biriydi ve ona destek olmak için bu konudan uzak duruyorduk. Buna rağmen yine birkaç defa tahkikat yapma ihtiyacı duyduk ve gördük ki boş bırakıldı mı bir grup insan hemen örgütlenebiliyordu. Bir, bir buçuk yıl kadar uzak durunca rüşvet dedikoduları az da olsa yeniden duyulmaya başlamıştı.

Bir süre sonra Kapıkule'de yeni bir yolsuzluğa el koyduk. Sınırdan Türkiye'ye giren ve transit geçerek yurtdışına gidecek olan önemli mallar, ülke içinde kaçağa kayabileceği için naklolurken bir gümrük memuru (kolcu) eşliğinde çıkışa kadar götürülürdü. Bu kolcunun görevi, ülkeye girişte araca binmek, araç ülkeden çıkıncaya kadar nakil aracıyla beraber gitmekti. Ancak bir müddet izledikten sonra bazı kolcuların araçlarla beraber değil, uçakla gittiklerini fark ettik veya hiç gitmedikleri halde kendilerini gitmiş gösteriyorlardı. Üstelik bu göreve gitmek için normal harcırahları haricinde özel paralar alıyorlardı.

Bir vatandaş dayanamamış, durumu şikâyet etmişti. Vatandaşın iddiasına göre her şeyi rüşvetsiz normal yöntemle yapmaya kalkmış, yüklü aracı dokuz gün boyunca kapıda işlemleri yapılmadan bekletilmişti. Halbuki bir aracın birkaç saatten fazla orada kalmaması gerekiyordu. Dokuz günün sonunda normal harcırah ödemesinin dışında 1200 TL civarında bir parayı kolcu olarak gelecek olan gümrük memuruna vermişti. Fakat buna rağmen gümrükçü araçla beraber hiç gitmemişti. Bu kişiyi yakaladığımızda bunun emsallerinin çok olduğunu, ayrıca birçok görevlinin de kolcuları gitmiş gibi göstererek para aldıklarını tespit ettik. Bu birden fazla insan tarafından yapılıyordu. Hatta o işte görevli olan Gümrük Müdür Yardımcısı veya oradaki gümrük yetkilisi, yöneticisi, müdürü bile şahıslara, "Git oradakilerle anlaş, kimi ikna edersen o gitsin." diyebiliyordu. Üstelik o yönetici de gitmediklerini biliyordu. Kimse dışarı göreve gitmek istemiyordu. Gümrük Müdürü'nün tayin etmesi gereken kolcuları şoförler kendileri buluyor, ikna etmeye çalışıyor, pazarlık yaparak, neye razı ederlerse, işte bu kişi gidecek diye memuru yanına kolcu etmek suretiyle ancak işlemlerini yaptırabiliyordu. Yani amirinden kolcusuna kadar yine bir şebeke kurmuşlardı. Bence bu çok önemli bir olaydı. Ancak bu kez belli süreli izleme, takip yapmamıştık; yalnızca o anlık olayı tahkikat yaparak adliyeye intikal ettirdik.

Kapının Düzeni İçin Alınması Gereken İdari Tedbirler

Şimdi sıra kapıda bu kirli duruma sebebiyet veren ortamı düzeltmeye gelmişti; kapıdaki rüşvet, irtikap aslında kötü bir ortamın neticesiydi, ne de olsa kapıdan her geçene, free shoplardan gümrüksüz sigara ve içki gibi tekel maddesi alma ve ülkeye sokma hakkı verilmişti. Günübirlik giriş çıkış adı altında bir kişinin kendi ihtiyacının çok üzerinde sigara ve içkiyi vergisiz olarak yurtiçine sokmasına müsaade ediliyordu. Böylece ülke içerisinde çok ucuza sigara, içki satılmasına onay vermek suretiyle devlet kaçakçılık ortamını kendisi yaratıyordu. Bir kişiye, fiilen içme ve hediye etme imkânı olmayan miktarlarda ve piyasadaki fiyatının yarısına satış yapılırsa, bu malların amacının dışında kullanılacağı, kaçakçılığa karışacağı kesin olmasına rağmen devlet bu kararını düzeltmiyordu. Bununla birlikte mevcut mevzuata göre, ülke içerisine girip çıkarken yolcu beraberinde getirilip götürülecek eşyanın miktarını belirlemek Gümrük Müsteşarlığının yetkisindeydi.

Diğer ülkelere baktığınızda, AB dışarı çıkan kara kapılarında da bu mağazaları anlamsız bularak komple kaldırmıştır. Tüm dünyada ve AB ülkelerindeki hava ve deniz hudut kapılarında ise ülkeye girerken değil ülkeden çıkarken bu mağazalardan alışveriş yapmak mümkündür.

Dünyada durum böyleyken bizde tüm kara, deniz ve hava hudut kapılarında gümrüksüz free shoplar açıktır. Ülkeden çıkan vatandaşların yurtdışında harcama yapacağı ve bu suretle dövizin başka ülkelere gideceği hesaplanarak ülkeden çıkan vatandaşlarımıza belli miktarda mal alma hakkı verilmiştir. Free Shopların varoluş amacı da budur. Yasada yolcuların hediye ve şahsi ihtiyaçları için diyerek bu hakkında sınırı da çizilmiştir.

Edirne Kapıkule'de 30 civarında free shop vardı. Normalde yurtdışına çıkan kişiler bugün 75 TL harç yatırıyorlar, ama o tarihlerde bu harcı ödemeksizin her gün yurtdışına giriş çıkış yapma izni vardı. Her gün girip çıkan bu kişilere de her giriş çıkışta 3 karton (30 paket) sigara, 4 şişe alkollü içki satın alma hakkı verilmişti. Normalde bu kişilere gümrüksüz sigara ve alkollü içki alma hakkı verilmese bu kişiler günübirlik gelip gitmeyecek, ne kaçakçılık ne de kapıda bu kişilerin yarattığı kuyruklar olacaktı. Diğer yandan Türk hazinesi binlerce Bulgar'a anlamsızca, vergilerinden maaş öder gibi haksız ödeme yapmayacaktı.

Peki bu kadar vergi kaçağında Türkiye zarar ederken kim kâr ediyordu? Kazançlı olan 25 bin kadar Bulgar vatandaşı ile 4-5 free shop sahibi ve onların etrafında oluşan 200-300 kadar kaçakçılıkla geçinen kişiydi. Free shop sahiplerinden başka bu hatalı kararın devamı için uğraşan kimse olamazdı, ne Bulgarlar ne de 80-90 kişilik küçük kaçakçılık şebekeleri devlet kademelerine uzanamazdı.

Bu günübirlik giriş çıkış yapanlara gümrüksüz içki ve sigara verilerek bu ülkeye bu kadar büyük zarar verildiğinin gümrük, hazine, maliye uzmanları farkında değil miydi, neden bunu önlemek için hareket etmezlerdi, neden bir tek onayla bu kişilere gümrüksüz mal satımı yasaklanmazdı? Bu devletin vergilerini tahsil etmekle, devletin mal ve gelirini kontrol etmekle sorumlu olanlar neden buna mani olmazlardı? Görevleri, asli işleri buydu, insanlar özlerine ihanet etmemeli, özlerini eksik yapmamalıydı, ama yapıyorlardı.

İşte tüm bunları, bildiklerimizi uzun uzun raporlayarak yukarıya arz ettik; Edirne İl Savcısı'ndan müsaade isteyerek, yapılan tahkikatlardan birkaç fotoğraf ile video çekimlerinden beşon dakikalık özet görüntüleri, hudut kapısında alınacak tedbir ve iyileştirmeler için devlet yöneticilerine göstermek istediğimizi söyledik. Onlar da uygun buldular. İl Valimiz randevuları aldı. Başbakan ve Müsteşarı'na Beşiktaş'taki Başbakanlık İstanbul Çalışma Ofisinde gizli çekimlerden özet videoları gösterdik, Başbakan'ın çok rahatsız olduğu her halinden belli oluyordu. En son video, en çirkini ve en etkilisiydi, görevlilerin yabancı bir kadınla birlikte oldukları görüntüleri göstermiştik.

Sonra yazdığımız raporlardaki tedbirlerin bir kısmının alındığını görmeye başladık. İlk tedbir, ülkede 3 gün kalmadan yapılan giriş çıkışlarda sigara içki alımının kaldırılmasıydı. Günübirlik ziyaret anlayışı da kaldırılmıştı, kapıda gereksiz olan diğer kurumlar kaldırılmıştı. Yıllarca süren hatalar nihayet belli oranda düzeliyordu; kapı rahatladı, o günübirlikçi kuyruğu bir anda azaldı ve daha sonra tamamen yok oldu. Bir toplantıda Gümrük Başmüdürü free shoplardaki gümrüksüz içki ve sigara satışlarının toplamını verirken ilk 9 ayda bir önceki yıla göre zannederim 90 milyon avro azalma vardı. Evet, operasyonumuzun devlete en küçük faydası galiba buydu. Aylık brifing raporunda bir saniyede anlatılan bu rakamın manasını kimse anlamadı ama ben anlamıştım; 9 ayda devletin 45 milyon avro vergisinin haksız yere yurtdışına çıkmasına mani olmuştuk.

Haksız kazanç ve kaçakçılık ortadan kalkınca ve memurların rüşvet alacağı bir ortam kalmayınca kapı kendiliğinden temizleniyordu.

Kapının rüşvetten kurtarılmasından sonraki amacım, burayı kimseyi kuyrukta bekletmeyen, beş dakikada geçiş imkânı veren bir yer haline getirmekti.

Normalde Edirne'de 4'ü kara, 2'si demiryolu olmak üzere 6 hudut kapısı vardı. Bunlardan yalnızca Kapıkule'den yılda 6 milyondan fazla insan, 2 milyondan fazla araç giriş çıkış yapıyordu. Benim yetkimse sadece polisin görev alanına dahil görevlerdi, yani pasaport kontrolüydü. Yalnızca bu kapılar için yoğun zamanlarda en az 500, normal durumlarda ise 250 polise ihtiyaç olmasına rağmen, benim il genelindeki tüm birimler için toplam polis sayım 800'e ulaşmıyordu. Bu olumsuzluklara rağmen hudut kapısındaki giriş çıkışlarda hiç kuyruk oluşturmamayı esas aldık. Rüşvetçi bir yapılanmanın oluşturulmasını önlemek amacıyla sık sık değiştirdiğimiz için işlerinde uzmanlaşamayan bu yeni polisler gerçekten inanılmaz sabır ve fedakârlıkla çalışarak kimseyi bekletmemeye çalışıyorlardı. Biriki saati geçmeyen kuyruklarla mevsimi atlattık.

Aslında kapıdaki kuyruk ve yığılma sadece görevli azlığından değil devletimizin her zamanki hastalığı olan gereksiz bürokratik işlemlerden kaynaklanıyordu. Çok teknik çalışmalar yapılıyormuş, elektronik sistem altyapısı her yerde bulunuyormuş gibi gösterilmesine rağmen polisin kullandığı bilgisayarlarda ciddi program hataları vardı, ama merkezin iş yoğunluğu nedeniyle bunları düzeltmek çok zordu. Örneğin bir tır şoförü yılda 40-50 kez ülkeye giriş çıkış yapıyordu. Biz de her defasında bu kişinin tüm bilgilerini yeniden yazıyorduk; halbuki ilk kez giriş yaptığında bilgilerini bilgisayara girdikten sonra sonraki girişlerde pasaport numarasından eski kayıtları bulup tek tuşla işlem yapsak çok zaman kazanacaktık, bir kişinin bilgi girişi bir dakika sürüyorsa, bu düzeltmelerle bu iş 15-25 saniyede yapılır hale gelecekti. Bu süreyi 6 milyonla çarpınca elde edilen zaman ve personel kazancımız muazzam olabilirdi.

İşte o günlerde yine olumlu bir gelişme imdadımıza yetişti. Ankara Emniyet Genel Müdürlüğü Bilgi İşlem Daire Başkanlığı'nda hudut programlarını yazan bir başkomiser askerlik hizmeti için kısa süreliğine Edirne'ye geldi. Durumu anlatınca komutanlarımız, bu askerin acemiliği sonrasında, akşam birliğine teslim edilmek üzere, sık sık bizimle çalışmasına izin verdiler ve biz tüm programları yeniden düzenleme şansı bulduk.

Bu anlamda destek veren Tümen Komutanı Recep Paşa, Merkez Komutanı hemşerim Yolcu Albay ve diğer rütbeliler, kapıdan geçenlere ve burada çalışanlara ne kadar yardımcı olduklarını şimdi öğrenmişlerdir zannederim. Sayelerinde kapılarda yolcu kuyrukları az personele rağmen yok denecek hale gelmişti, hedefim 2009 veya 2010'da kuyrukta hiç bekletmeden herkese zamanında giriş çıkış yaptırabilmekti, ama nasip olmadı; 2009'un haziran ayında tayinim çıktı. Umarım meslektaşlarım bu rüyamı gerçekleştirirler.

Operasyonlarla ilgili söylemek istediğim son birkaç şey daha var. Kapıkule'de gerçekleştirilen operasyonların başında yönetici konumunda olan kişi bendim, ama olağanüstü gayret ve çalışmaları ile bu işi asıl ortaya koyanlara; işin hayati bilgilerini toplayıp gözümüz kulağımız olan İstihbaratçılar Şenal, Davut, Altay ve yanlarındaki memurlara, teknik sistemi tariflerim üzerine kuran Polis Nurettin'e ve yanındaki ekibe, Komiser

Alattin'e, geçici destek için yakın ilden gelen kahraman polisler ile tahkikatın kahramanları olan şube müdürü Sait, Engin ve KOM Şube Müdürlüğünün yiğit polislerine, bize merkezde destek veren Sabri Uzun Başkan'a ve adlarını bilmediğim tüm diğer kahramanlara teşekkür ediyorum. Adlarınızı yazmadan geçersem büyük adaletsizlik olur. İşin asıl sahipleri, kanun adamı olarak görev yapan amirler ve memurlar topu topu 10-15 kişiydi ama Kapıkule'de başlayıp İstanbul'a kadar uzanan ve yıllar boyunca burada faaliyet göstermiş kaçakçı sürüsünü, rüşvetçi, irtikapçı, çeteleşmiş memur ordusunu 4 ay gibi kısa bir sürede, tabii ki Şenal Savcının başkanlığındaki üç savcı ve gerçek bir Ağır Ceza Mahkemesi Başkanı olan, adil bir hâkim tarifinin tam sahibi Halil Uçar'ın desteğiyle yendiler ve bir daha kanunsuz eylemlerine devam edemeyecek hale getirdiler. Gerçek vatanseverlik ve polisliğe, üzmeden, kırmadan, devlete hiç pahalıya mal olmadan büyük görevlerin nasıl yapıldığına örnek oldular. Yüreğimin en derin yerinden gelen bir sesle, Selda Bağcan'ın türküde dediği gibi 'Selam olsun size.'

Bu tahkikatla bir kez daha gördüm ki aslında dev gibi gözüken, devlete ve hatta kapıdan giren çıkan herkese inanılmaz işkenceler çektiren Kapıkule'nin sorunları, hem gerçekten çok büyüktü (devlet yıllarca düzeltemedi, çok bedeller ödendi) hem de çok basitti (az imkânlarla, çok az yetkimizle 3-4 aylık çalışmayla büyük oranda üstesinden gelmiştik, üstelik bu bizim asli işimiz de değildi). Ayrıca bu işin kolayca yapılabileceğinin bir kanıtıydık. Yine de yaptıklarımız asıl sorunu çözücü değildi. İşin asıl sahipleri olan Gümrük Müsteşarlığı devreye girip bu işe sahip çıktığı zaman sorunların çözüleceğine inanabiliriz.

Aslında daha önce de belirttiğim gibi, kapının temel sorunu, buradan geçen insanlara yeterince hizmet edememesiydi. Türkiye'ye her yıl gelen milyonlarca gurbetçiye, her gün Avrupa'ya yük taşıyan binlerce Türk tırına kapının hizmet etmesi gerekiyordu; ama Kapıkule, kendisine en çok ihtiyaç duyan ve bu ülkeye döviz getiren bu iki cefakâr kesime hep zahmet çıkarmıştır. Kurulduğu günden beri kuyruğa girmeden, günlerce beklemeden kapıyı geçemediler.

Son birkaç yıl öncesine kadar yaz aylarında gurbetçilerin Türkiye'den çıkarken 20-30 km kuyruklar oluşturduğu, Valilik Özel İdaresinin yaz sıcağında saatlerce hatta bazen günlerce bekleyen ve ihtiyaç giderme imkânları olmayan bu kişiler için seyyar tuvaletler yaptırdığı, her hafta sonu 7-8 km tır kuyruklarının olduğu ve bazen bunun 10-15 km'yi bulduğu, hiçbir tırın beklemeden geçemediği herkesin bildiği bir olaydı.

Bugün Kapıkule'de tır kuyruğu yok ama gümrük düzeldiği için değil ihracat dünyadaki kriz dolayısı ile % 25'e yakın düştüğü için. Bir gün artan ihracata rağmen tır kuyruğu olmaz ise o gün gümrüklerin düzeldiğine veya düzelebileceğine inanırım.

Edirne Belediyesindeki Yolsuzluklar

Edirne Kapıkule'de ve ayrıca tapu ve bayındırlıkta yaptığımız örgütlü yolsuzluk ve ihalelere fesat karıştırma uygulamalarına yönelik operasyonlardan sonra vatandaştan diğer yolsuzluklar konusunda da ihbar ve bilgi alıyorduk. Yerel basında adı her zaman önde tutulması gereken Doğan Haber Ajansı Trakya Bölge Müdürü Lütfü Karakaş başta olmak üzere dürüst gazeteciler tarafından da ciddi bilgiler hem bize iletiliyor, hem de basında açıkça yer alıyordu ve bu bilgiler bizim için soruşturmaya başlamak için hareket noktası oluyordu.

Bir gün gazetelerde, Edirne Belediyesi'ne ait olan ve inşaatı devam eden yeni belediye sarayı binasının yıkılarak arsasının satılmak istendiği hakkında yazılar çıkmaya başladı. İnanılacak gibi değildi; 10 yıldır inşaatı devam eden, o güne kadar 10 milyon TL'ye yakın para harcanarak %90'ı bitmiş 15 bin metre karelik kapalı alanı olan devletin resmi binası yıkılacak ve arsası alışveriş merkezi kurulması için satılacaktı; üstelik seçim çalışmaları zamanında Belediye Başkanı Hamdi Sedefçi,

"Önünde kendimi asarım ama yıktırmam" demişti. Oysa şimdi şehrin merkezinde olduğu gerekçesiyle yapımı neredeyse bitmiş olan bu kamu binasının yıkılmasına kimse mani olmuyordu. Belediye Başkanı, "İktidar bana para vermiyor, burayı satarak alacağım para ile belediyeye gelir temin edeceğim ve daha küçük bir bina yaptıracağım" diyordu ama 10 yıl önce de bu binanın planını çıkarıp temelini atan da kendisiydi.

Tüm itirazlara rağmen ihale yapıldı, birinciye kimse katılmadı. İkinci ihaleyi Hamdi Sedefçi, "Yabancı bir şirket teklif sundu ancak hadde layık bulmadım." diyerek iptal etti. Sonra üçüncü ihale yapıldı ve arsa, GPM firması adına Metin Karakaya isimli bir kişiye 21 milyon + belediyeye göstereceği bir yerde 5 milyon TL değerinde yeni bina inşa etme karşılığında ihale edildi. Firmanın arkasında Hollandalı Redevco adlı şirketin olduğu biliniyordu, GPM aracı bir şirketti.

Alıcı firma binayı yıkma hazırlıklarına hemen başlamak istiyordu, oysa bize göre ihale kanunlara aykırı olarak yapılmıştı. Yasalara göre artırma işlemi, yani devletin mal satması 2886 sayılı Devlet İhale Kanununa göre; eksiltme, yani satın alma işleri ise 4734 sayılı Kamu İhale Kanunu'na göre yapılmalıydı. İki işin tek bir ihalede yapılması hem kanunlara aykırıydı, hem de haksız rekabet yaratıyordu, dolayısıyla kamu yararını da gözetmiyordu. Belediye mal satarken en yüksek fiyata satmalı, yeni bina yaptıracaksa da en düşük fiyat verene yaptırmalıydı. Yeni bina yaptırmak için bu kanunlara göre, müteahhitten iş bitirme, teminat gösterme, yeterlilik gibi belgelerin istenmesi mecburiydi. Ayrıca 4734 sayılı kanuna göre ihaleler usule aykırı olarak yapılmış ise Kamu İhale Kurumunun iptal etme hakkı vardı. Ancak gerçekleşen ihalelerde hiçbir belge, yeterlilik istenmemiş, iptal de gerçekleşmemişti. Oysa daha birçok açıdan bu ihale kanuna ve usule aykırıydı.

İhalenin iptal olacağını düşünerek, binanın yıkılmaması, kamunun zarar görmemesi, milli servetin yok olmaması için zaman kazanmak amacıyla olaya muhalif olan kişilerin dava açmaları, itiraz etmeleri, bakanlığa şikâyette bulunmaları için gazeteci Lütfü Karakaş ve Gelir İdaresi Başkanı İsmail Aslan ile birlikte gayret gösteriyorduk. Belediye Meclis Üyesi İsmail Arda ise bu işe karşıydı.

Bir yandan ihalenin iptali ve yürütmenin durdurulması davası açılması için Edirne İdare Mahkemesine, diğer yandan ihtiyati tedbir kararı verilmesi için Asliye Hukuk Mahkemesine, diğer bir yandan da Mülkiye Müfettişler marifetiyle müdahale edilmesi için İçişleri Bakanlığına, ayrıca itiraz etmesi için de Kamu İhale Kurumuna dilekçe yazarak dolaylı yollardan bu kurumlara ulaştırıyorduk.

Maalesef bu dilekçelere verilen yanıtlar çözüme yönelik değildi; Edirne İdare Mahkemesi, Belediye'ye cevap ve savunma için bir ay süre verdiğinden bu sürenin sonuna kadar yürütmeyi durdurma kararı veremem diyordu. Asliye Mahkemesi, görev sahama girmiyor diyerek konuyu kapattı. Kamu İhale Kurumu yapılan işlem yanlış ama 2886 sayılı Kanun'a göre yapılan işlemlere bakmaya yetkim yok diyerek işin içinden çıktı. İçişleri Bakanlığı ise zamanında müfettiş gönderemedi. Tüm bu nedenlerle 10 milyon TL harcanmış devlet binası maalesef yıkıldı. Birkaç gün sonra yürütmenin durdurulmasına ve bilahare ihalenin iptaline karar verildi. Hiçbir kurum ve mahkeme alenen kanunsuz yapılan bu işlemi durdurmamış, binanın yıkılmasına mani olmamıştı. Halbuki yasalarımızda acil hallerde belli bir süre için işlemleri durdurma yetkisi verilmişti, bir hafta, on gün önce karar verilse yıkıma mani olunacaktı.

Bu arada ihalede rüşvet alındığı iddialarıyla ilgili ciddi bilgiler alıyorduk. Biraz araştırdığımızda önemli ipuçlarına ulaşmıştık, zaten ihaleyi alan kişinin Ankara'da yapılan enerji operasyonunda da sanık olarak adı geçiyordu.

İhaleden 10 gün sonra Cumhuriyet Savcılığı'na yazdığımız yazıda, Edirne Belediye Başkanlığı tarafından gerçekleştirilen, Belediye binası ve arsasının GPM Gayrimenkul şirketine 26.750.000 TL'ye satışında, daha önce ihalenin Hollanda menşeli Redevco isimli firma tarafından istendiği ancak bazı kamu görevlilerine menfaat temini konusunda sıkıntı çıkacağı için Metin Karakaya'nın sahibi olduğu GPM Gayrimenkul şirketinin ihaleye sokulduğu, şirketin kazandığı bu ihaledeki yeri çok kısa bir süre içerisinde Redevco şirketine devredeceği, Metin Karakaya'nın daha önce de çeşitli suçlara karıştığı gerekçeleriyle soruşturma ve zanlıları takip izni istedik

Savcılık olayın etraflıca araştırılması için KOM Şubesine talimat verdi, ayrıca talebimize uyarak olayın mali ve bankacılık boyutunu incelemek üzere yeminli banka murakıbı görevlendirilmesi için BDDK Başkanlığından talepte bulundu. Bize de kısıtlı olarak ihalede rol alan bazı kişileri takip etme yetkisi verdi.

Kısa süre içerisinde yapılan çalışmalarda görüldüğü kadarıyla, Belediye sarayının arsasının gerçek alıcısı Hollandalı Redevco firmasıydı; ama aracı olarak Metin Karakaya devreye girmişti. İhale sürecinin tüm safhasında Redevco'nun temsilcisi Muharrem Polat ve GPM firması sahibi Metin Karakaya birlikte hareket ediyordu. İhale öncesinde Muharrem Polat, Metin Karakaya, CHP Milletvekili Mehmet Sevigen ve Belediye Başkanı Hamdi Sedefçi İstanbul Mecidiyeköy'de bir otelde bir araya gelmişler, arsanın satım işini konuşmuşlardı.

Arsanın alımı, vergiler ve ihalenin teminatları dahil ihale öncesinde ve sonrasında yapılan tüm ödemeler doğrudan Redevco'nun hesaplarından GPM'ye aktarılıyor, oradan da GPM adına ödeme yapılıyordu. Yeminli murakıbın incelemesine göre burada bir gariplik vardı; Redevco hesaplarında önce 35 milyon, sonra 1,7 milyon TL tutarında bir para GPM dolayısı ile Metin Karakaya'nın hesabına aktarılmıştı, ama belediyeye yapılan ödemeler ve vergiler çıktıktan sonra 2 milyon TL civarında bir paranın nereye gittiği belli olmuyordu.

Belediye sarayının yıkımı için bir firmayla 160 bin TL'ye anlaşılmıştı, ayrıca yıkım esnasında çıkan demir, alüminyum gibi malzemeler firmaya verilecekti. Bu konuda elimizde firma yöneticilerinin mahkeme kararıyla dinlediğimiz konuşma kayıtları, teklif, fatura gibi belgeleri vardı; ama Metin Karakaya yıkım işini 2 milyon TL gibi gösterip, firmaya gönderildi diye paraları İstanbul'daki kendi hesabından Gaziantep ve İzmir'de yıkım işinde görev alan başka kişilerin hesabına yatırmış, bu kişiler parayı çekip daha sonra başka amaçla gönderiliyormuş gibi tekrar Metin Karakaya hesabına göndermişlerdi. Bu kesindi. Sonra da bu paraları Metin Karakaya çekerek bir yerlere aktarmıştı ama adresi bulamıyorduk. Bize göre Hamdi Sedefçi'ye aktarmıştı; ama bunu maddi olarak ispat etmemiz gerekiyordu.

GPM ihaleden birkaç gün önce kurulmuş, 245 bin TL sermayeli, Metin Karakaya'nın aile fertlerinin hissedar olduğu bir anonim şirketti. Milyon dolarlık iş yapması zaten mümkün değildi.

Mahkeme kararları ile yaptığımız teknik incelemelerde elde ettiğimiz bilgiye göre, ihaleden önce ve sonra Edirne, İstanbul ve Antalya'da makul olmayacak bir biçimde birkaç defa Belediye Başkanı Hamdi Sedefçi, Redevco temsilcisi Muharrem Polat, GPM adına Metin Karakaya bir araya gelmiş, ayrıca telefonla da konuşmuşlardı.

İzlemeler devam ederken çok önemli bir şey tespit etmiştik: arazinin alınması için her masrafı Redevco'nun karşılamasının dışında, ihale sonucunda arsanın, hemen Redevco'ya devredilmesi için anlaşma yapılıyordu. Sonra bu anlaşmanın metnini de bulduk; buna göre Redevco'nun sekiz emlak şirketi ile GPM şirketi yetkilileri arasında, ihaleyi GPM firmasının alması halinde Redevco'nun bu yeri 27 milyon TL karşılığı satın alacağı ve GPM'ye alışveriş merkezinin inşaatını yaptıracağı hususunda mutabakatname imzalanmıştı. Yani daha önce 20 milyon teklif verilen ihalenin bu defa 27 milyon TL'ye mal olacağı belirlenmiş gibiydi. Fiyatı daha ihaleye girmeden biliyor gibiydiler.

İhale olmuş, süreç tamamlanmıştı. 10.10.2007 tarihinde arsanın tapusu Belediye tarafından GPM'ye devredilmiş, bir gün sonra ise 11.10.2007 tarihinde GPM tapuyu Redevco'ya devretmişti. İki defa yapılan bu devir nedeniyle 4 milyon dolardan fazla vergi ödenmişti, halbuki ihaleyi doğrudan Redevco almış olsaydı bu verginin yarısını ödeyecekti. İhale nihai aşamada GPM şirketine 26 milyon 750 bin TL'ye mal olurken, Redevco bir gün sonra bu yeri devralmak için vergi ve masraflar dahil yaklaşık 34 milyon TL ödemişti.

Madem arsayı Redevco alacaktı, kendisi doğrudan ihaleye girip almış olasa 2-3 milyon dolar daha ucuza almış olacaktı, üstelik arsayı ilk bulan, sonra tüm ihale sürecini takip eden Redevco temsilcisi Muharrem Polat'tı ve tüm ihale masraflarını ödeyen yine onlardı. Peki neden daha ucuza alma imkânı varken arsa bu kadar pahalıya alınmıştı? Neden aracı konmuştu? Üstelik Redevco, bu yöntemi aynı amaçlarla Manisa'da Girişim Grubu denen resmi ve özel kişilerin ortak olduğu eski Sümerbank fabrikasının arsasının 45 milyon dolara alımında da kullanmıştı.

Bu çok uluslu şirket durup dururken Türk maliyesine iki defa vergi ödemek için neden kendini bu kadar zorluyordu? Bunun akılla izahı var mıydı? Evet, hem de çok akıllıcaydı. Çünkü Redevco Hollanda asıllı olmasına rağmen aslında Cairo Holding'e bağlı İngiltere merkezli, çok uluslu, çok büyük bir şirketti, her şeyi kayıt altına alınmalı, hesap ve denetim sistemi şeffaf olmalıydı. Bu firma yöneticileri Türk kamu kurum ve kuruluşlarında bir şey alıp satmanın rüşvetsiz olmayacağını düşünüyordu; ama bu firma rüşvet veremezdi. Birincisi bunu hesaplarında göstermeleri çok zordu, ikincisi dünyada rüşvet veren bir firma gibi gözükmek istemiyorlardı. Diğer yandan Türkiye'de arsa alarak yatırım yapmak istiyorlardı ve şehir merkezlerinde istediği büyüklükte arsalar ancak kamuda vardı. Yöntem olarak araya bir aracı koyup rüşveti ismen o versin, kendileri bulaşmasın, kendilerinin kayıtlarına geçmesin istiyorlardı.

Redevco'nun ortakları, İngiliz, Hollanda, Belçika, ABD gibi ülkelerdeki önemli şirket ve finans çevreleriydi ve bu kişiler Türkiye'deki rüşvet çarkını çok net görüyorlardı, hatta daha mahremi, tüm ihale ruhsat süreçlerinde rüşvetin nasıl alındığını bire bir ödeyerek öğreniyorlardı. Yalnız bu şirket değil, tüm yabancı firmalar benzeri şeyi yaşıyordu. Zaten Türkiye'de iş yapmak isteyen ciddi firmalar önce araştırma yaptırıyorlar ve aldıkları bilgiye göre hareket ediyorlardı.

Türkiye'ye yabancı sermaye gelmiyor deniyor; neden ve nasıl gelsin ki? Öncelikle iki defa vergi ödemeyi ve rüşvet vermeyi göze almaları gerekiyor. Sonunda ayrıca bizim gibi işgüzarlar da devreye girince iş mahkemeye intikal ediyor, ihaleler durduruluyor, yatırım aksıyor, yabancı şirketin ödediği milyon dolarları boşa gidiyor, bu defa da işleri düzeltmek için avukatlara ödemeler başlıyor.

Redevco'nun hesaplarından, Edirne Belediye Sarayı ihalesinden dolayı yaklaşık 37 milyon dolar, Manisa işinde de 45 milyon dolar civarında para çıkmıştı, bu kadar parası 3-4 yıldır kamuda idi ve henüz işe başlayamamıştı. Ayrıca rüşvet verme iddiası ile yargılanmaları söz konusuydu. Açık bir ihalede avantaj için rüşvet verdikleri yönündeki bir iddia gerçekçi olamazdı aslında, Türk kamu görevlileri resmen irtikap yapıyorlardı. Sonra da rüşvet aldıkları için bu durumu yaratanlar, biz yabancı yatırım getirdik ama devlet engelliyor diyerek tahkikat yapanları halka şikâyet ediyordu. Peki sizler rüşvet istemeseniz de bu firmalar arazileri doğrudan alsalar ve yatırımı bir yılda yapıp ülkemiz ekonomisine katkı sunsalar olmaz mı? Böylece ülkemizde işlerin kanuna uygun yürüdüğünü, rüşvetin olmadığını yaşayarak öğrenirler ve ülkelerinde Türkiye'de artık rüşvet alınmıyor şeklinde propagandamızı yaparlar, bu yolla yeni yabancı yatırımcıların ülkeye gelmesini teşvik ederler.

Diğer yandan bu olayda rüşvet almaktan dolayı Belediye Başkanı hakkında operasyon yapacağımız bilgisi Mehmet

Sevigen'e verilmişti. Onun tabiri ile bu bilgi kendisine "belediye başkanı hakkında beraber çalışma yaptığım Ankara'daki birim tarafından" verilmişti. Sevigen de bu bilgiyi Belediye Başkan Hamdi Sedefçi'ye aktarmış, o da parti genel başkanı ile konuşmuştu. Aslında başkan hakkında operasyon hazırlığımın olduğu doğruydu ama bu olaydan dolayı değildi; su davası nedeniyleydi. Sedefçi hakkında yaptığımız Ankara bağlantılı iki çalışma vardı, bu konuyu İstihbarat Dairesi ile az sonra anlatacağım su davasını ise KOM Dairesi ile koordine ediyorduk. Bilginin nereden sızdığını anlamıştım, aslında neden sızdırıldığını da tahmin ediyordum, zaten sonra ilgili daire başkanına da bu şüphemi açıkça söyledim.

Edirne'den ayrıldıktan sonra öğrendim ki, bu davayla ilgili İdare Mahkemesinin verdiği, satışın iptali ve tapunun tekrar Belediyeye tescili davasını hem Belediye hem de alıcı firma Danıştay'a temyiz etmişti; tam temyiz kararı verilmek üzere iken davayı açan taraf olarak gözüken AKP'li meclis üyesi İsmail Arda davasını geri çekmiş ve Danıştay da davacısı olmadığı için karar vermemişti, yani iptal kararı kalkmıştı. İsmail Arda'ya sorulduğunda, "Parti merkezinde bana davayı çek dediler onun için çekiyorum" demişti. Anladığım kadarıyla davanın Danıştay'da tasdik edileceğini anlayan alıcı firma, her türlü imkânını kullanmış ve yukarılara ulaşmıştı. İsmail Arda'nın davasını çekmesinden bir süre sonra parti merkez ilçe başkanı yapıldığını duydum.

Su Davası

Belediye Sarayı ile ilgili tahkikatı yaparken, Belediye Başkanı'nın İstanbul'da bazı insanlarla buluştuğu ve gizli görüşmeler yaptığına dair bilgiler almıştık. Konuyu araştırmaya başladık, Başkan'ın tüm şüpheli davranışlarını inceliyorduk.

Bir gün kendisinin İstanbul Atatürk Havalimanı'nda bazı kişilerle buluşarak Ankara'ya gittiğini öğrenmemiz üzerine, havalimanı çevre güvenlik kameralarının belli saatlerdeki görüntülerini incelemek için savcılıktan yazılı talimat aldık. Görüntüleri incelediğimizde Başkan'ın üç kişi ile buluşup birlikte yola çıktığını anladık. Bu defa Ankara'ya vardıkları saatlerdeki Ankara Esenboğa Havalimanı yolcu çıkış bölgesindeki dış çevre kameralarının kayıtlarından onları Mercedes ve Ford Mondeo markalı iki aracın karşıladığını gördük. Araç plakaları Termikel firmasının yöneticilerini işaret ediyordu. Ardından uçak biletlerini yolcu listesiyle birlikte inceledik ve başkan ile birlikte aynı bilet satış noktasından arka arkaya üç bilet alındığını, aynı şekilde ödendiğini, aynı dakikalarda havaalanına gelip check-in yaptıklarını öğrendiğimizde başkan ile beraber giden kişilerin kimliklerinin Mustafa Selçuk ve Mehmet Altunhan olduğunu öğrenmiş olduk. Biraz internette, biraz polis bilgisayarları üzerinde yaptığımız araştırmada bu kişiler ve firma hakkında her şeyi öğrenmiştik; Termikel şirketi özellikle aldıkları belediye ihaleleri ve İstanbul'da kapağı olmadığı için annesinin yanında rögara düşerek ölen çocuğun haberleri ile basında gündeme gelmişti, ancak bu buluşma ve görüşmelerin sebebini bilmiyorduk.

Kapıkule Operasyonu ve devamında Bayındırlık ile Tapu Dairelerindeki dinleme ve gizli kamera kayıtlarına dayanarak yaptığımız operasyonlar nedeniyle Belediye Başkanı, suç teşkil edecek hiçbir konuyu telefonla koşmuyor, hatta ara sıra odasında cihaz araması da yaptırıyordu, bundan dolayı işimiz biraz zordu. Yine de mahkeme kararı ile Belediye Başkanı hariç diğer kişileri dinlemeye aldığımızda, kısa süre içerisinde bu buluşma ve görüşmelerin belediye sarayının satışı ile ilgili olmadığını, hiç bilmediğimiz bir sahada Belediye'nin su işlerinin imtiyaz hakkının devriyle ilgili görüşmeler olduğunu anladık. Bizim başkan bir yandan Belediye Sarayını satmış, bir yandan da su imtiyaz hakkını devretmeyi planlamıştı ama daha işe başlamadan aracı firmaları bulmuş, onlar vasıtasıyla ihaleye girecek olan firmalarla gizli gizli görüşmeye başlamıştı. Başkanın buluştuğunu tespit ettiğimiz kişiler suyun gelecekte önemli bir gelir kaynağı olacağını görüp tezgah kurmuşlar ve ilk ihale yapacak olan Belediyelerle aracılar vasıtasıyla görüşerek ihaleyi organize etmeye başlamışlardı.

Gelecekte en önemli ihtiyaç maddelerinden birinin su olacağı biliniyordu; yeni yayınlanan mevzuata göre de tüm şehirlerde belediyelerce su şebekelerinin yenilenmesi, genişletilmesi, su havzalarının ıslahı, su ücretlerinin tahsilatı gibi hususlarda ciddi yatırım ve organizasyonlara ihtiyaç vardı. Ama tüm bu yatırımları yapacak kaynakları yoktu ve bu sahada imtiyaz hakkının devredilmesi suretiyle, tüm bu işlerin özel sektör eliyle yapılması çok cazip bir plan olarak ortaya çıkmıştı.

İmtiyaz hakkının alınması demek, bir ilin su şebekesinin bakım, tamir ve ilavelerinin yapımı karşılığında tüm su gelirine uzun süre sahip olmak demekti. Beş yüz bin nüfuslu bir ilde, yüz elli bin ev ve elli bin iş yeri su abonesi varsa ve her abonenin ayda ortalama 25 TL su kullandığı kabul edilirse (büyük sanayi tesisleri ve büyük kurumlar hariç tutulsa bile) bu, ayda 5 milyon TL demekti. İlk yatırım haricinde, peşin ödemeli su saatleri kullanıldığında işletme maliyetinin azami %20 olduğu, belediyelere de yaklaşık %20 civarında ödeme yapılacağı kabul edilirse, imtiyaz sahibi asgari aylık 3 milyon TL gelir elde edecekti. Asıl önemlisi suyun giderek değer kazanacağı öngörüldüğünden bu gelir her yıl katlanarak artacağı rahatlıkla söylenebilirdi.

Su imtiyaz haklarının devralınması yeni bir sahaydı ve 2007 yılına kadar illerde ciddi bir devir yapılmamıştı, yalnızca Çorlu ve Kars gibi şehirlerde bir iki küçük uygulama vardı, ama bu sahaya giren ve ilk işleri alan firmaların üstünlük sağlayarak önemli illeri de ele geçirebileceği hesabı yapıldığından bu sahada büyük bir rekabet ve kıran kırana bir mücadelenin olacağının sinyallerini görmek mümkündü. Böylece belediyeler büyük bir yatırım harcamasından kurtulacak, yapamadıkları tahsilatları özel sektör eliyle yapacak, ayrıca kısa sürede su şebekesini yenileyecek, ilave yeni yatırımları özel sektör eliyle yapacak ve belli oranda gelirden de pay alacaklardı.

Özel sektör açısından bakıldığında da her gün tüketim artıyordu. Belli bir ilin, bölgenin imtiyaz hakkını almak demek, otomatik olarak her ay artacak şekilde belli bir miktar sabit gelir, sıcak para demekti. İlk yapılacak şebeke tamiratı gibi belli yatırımlar ile dağıtım ve tahsilat işi sisteme konduktan sonra yapılması gereken başka bir şey kalmıyordu.

Hem belediyelerin, hem özel sektörün kazanmasının sebebi ise şuydu: Özel sektör açısından suyun dünya ve insan hayatındaki öneminin artması ile gelecekte fiyatlar sürekli artacak ve ön ödemeli su saatleri vasıtasıyla tahsilatlar artık peşin ve kısa sürede yapılabilecekti. Belediyeler açısından ise kaynak yetersizliği, ihale mevzuatı ve ihale yolsuzlukları nedeniyle yenilenemeyen şebekeler özel sektör aracılığıyla kısa sürede yenilenecek, seçmeni küstürmemek adına yapılamayan tahsilatlar kısa sürede yapılabilecekti.

Belediye Başkanı, Mustafa Selçuk ve Mehmet Altunhan'dan oluşan üç kişilik grup, yalnız bu işleri ayarlamak ve ihale sonunda alıcı firmadan komisyon almak üzere kurulmuş iş takipçisi firma ile birlikte çalışıyordu. Bu aracı iş takipçisi, komisyoncu kişilerin beraber hareket ettiği, ücretini ödedikleri Veli Aksaz isimli kişiyi Edirne Belediyesi'ne, ihalenin şartnamesini hazırlamak üzere danışman olarak aldırıyordu. Hileli yöntemlerle yapılan işlemler sonunda Veli Aksaz, Belediye'de danışman olarak işe başlamıştı.

İzlemelerimize göre Veli Aksaz, dışarıda Mustafa Selçuk ve Mehmet Altunhan ile ve ardından Termikel firmasının yöneticileri ile ihale şartnamesini hazırlıyordu. Hatta dışarıda hazırlanan tip şartname e-posta ile Edirne'ye gönderiliyordu ve tabii elektronik olarak bir suretini de biz alıyorduk. Görünüşe göre, dışarıda daha önceden hazırlanmış olan örnek bir şartname

Edirne Belediyesine uyarlanmaya çalışılıyordu, öyle ki şartnamede yazılan birçok kanun yürürlükten kalkmış, yerine yenileri konmuş veya değişmişti; ama bu şartname taslaklarında hâlâ eskileri yazılıydı ve aynen, yanlış şekilde ihaleye çıkıldı.

Bu arada bizimkiler sadece Edirne su imtiyazını almaya çalışmakla kalmıyor, şartname hazırlıkları devam ederken bir yandan da Balıkesir, Aydın, Denizli, Hatay gibi illerin su imtiyazlarını da belli büyük firmalara komisyon/rüşvet karşılığı pazarlamaya çalışıyorlardı. Yani bu grup asıl olarak, tüm belediyelerin işlerini rüşvet karşılığında organize edip, ihalenin önceden anlaştıkları bu firmalara verilmesi için ihale şartnamelerini firmaların isteklerine uygun şekilde tanzim ederek firmalara avantaj sağlıyor, rakiplerinin aleyhine şartlar koyarak da onlar için dezavantajlı şartlar yaratıyor (örneğin ön ödemeli sayaç üreticisi olmak gibi şartların yazılması demek bu şartı taşımayan tüm firmaları ve rakipleri ihaleye giremez hale getiriyorlardı) ve böylece ihalelerin istenilen firmada kalmasına çalışıyorlardı. Böylece bu iş için kendilerinin ve belediyede ortak çalıştıkları kişilerin maddi menfaat elde etmesini sağlıyorlardı.

Her belediye için bu işleri yapabilecek büyük firmalarla konuşuyorlar, hangi firmayla daha fazla komisyon anlaşması yaparlarsa o firmanın istediği şekilde şartnamenin hazırlanması için belediye yetkililerini etkileyerek firmanın isteğine uygun şartnameyi hazırlatıyorlar ve Belediye Meclisi ile organlarından geçirerek adrese teslim ihale yapılmasını sağlıyorlardı. Üstüne üstlük bu iş için firmalarla, resmen rüşvetin belgesi sayılacak yazılı anlaşmalar bile yapmaktaydılar.

İhalelerde önemli olan hususlardan biri, öncelikle ihaleye girebilmek için kanunun aradığı yeterlilik şartlarını sağlamak, bir de her idarenin kendisinin koyacağı şartları karşılamaktı. Eğer başta kendi firmanıza uygun veya rakiplerinizi eleyecek yeterlilik şartları yazdırabilirseniz ihaleyi kazanma ihtimaliniz yüzde yüzdü.

Edirne Belediye Başkanlığı, Veli Aksaz'ı ihale şartnamesini hazırlamak için danışman olarak aldıktan sonra küçük bir grup kurarak çalışmayı başlattılar ve danışman Veli Aksaz Termikel'de hazırlanan ihale şartnamesi örneklerini Edirne Belediyesi şartnamesi haline getirmeye çalışıyordu. Beraber çalıştığı belediye görevlilerin bazı yeterlilik şartları koymaya veya kendisinin yazdığı şartları değiştirmeye kalktığı ya da bazı şartlara itiraz ettiği zaman danışman durumu dışarıdaki ortakları Mustafa Selçuk ve Mehmet Altunhan'a aktarıyor, onlar da belediye başkanı üzerinden müdahale ederek istenen şartların yazılmasını sağlıyorlardı. Bazen de belediye çalışanı olup da dışarıda başka firmalarla irtibatlı olan kişilerin bulunduğunu söyleyip onların başka firmalar adına şartnameye başka yeterlilik şartları koymaya kalktıklarını ortaklarına aktardığı oluyordu. Yani ihaleyi kendi lehine yeterlilik şartları taşıması için başka grupların da çalışma yaptığı anlaşılıyordu.

Bir aylık bir çalışmanın sonucunda belediye adına (ama Termikel firmasının istediği şartları taşıyan) teknik ve idari şartnameler ile belediye encümenince çıkarılması gereken su imtiyazı yönetmeliği gibi evraklar hazırlanarak Edirne Belediyesinin ihale dokümanları haline getirildi. Belediye başkanı konuyu Belediye Meclisine getirdi ama en az bir hafta incelense bile zor anlaşılacak yüzlerce sayfadan ve teknik ifadeden oluşan bu dokümanlar akşam bazı üyelere, sabah da kalanlara dağıtılıp öğleden sonra saat 14'te hiç okunup incelenmeden Başkanın uzman diye çıkardığı Veli Aksaz'ın tanıtımı ile Belediye Meclisinde oylandı ve oy çokluğu ile kabul edildi.

En azında bir ay öncesinden meclis üyelerine ve ilgili birimlere dağıtılarak görüş, eleştiri alınması gereken dokümanlar kimse tarafından okunmadan, okunmasına fırsat verilmeden oylanarak hukuki hale getirildi. Oysa içerisinde yanlış ifadeler, yürürlükten kalkmış kanunlara atıflar vardı, hiçbiri okunmadan, düzeltilmeden kesinleşti.

Bir süre sonra belediye ihaleyi ilan etti, ilk itirazlar serbest rekabeti engelleyici yeterlilik şartlarına oldu. Firmaların itirazları belediyeye geliyor ve bu itiraz dilekçeleri danışman Veli Aksaz tarafından Termikel firmasına ulaştırılıyordu. Böylece Termikel yöneticilerinin hazırladığı cevaplar, belediyeye danışman tarafından sunuluyor, belediye de bunları cevap olarak ilgili firmaya iletiyordu.

Tüm itirazlara Belediye kulağını tıkadı. Sonunda ihale oldu ve sadece iki firma ihale dokümanı aldı ve tek firma olarak Termikel Holding'e bağlı Elektromed Şirketi ihaleye-katıldı ve kazandı. İhale güya açık olmuştu ama konan şartlarla başka firmalar zaten baştan engellenmişti. Sonrasında tek firmanın katıldığı eksiltme süreci, basına ve halka açık olarak yapıldı. Başkan benim kafamda şu rakam var, buna inin diyerek pazarlık yapmış, işlemlere devam etmişti. Daha sonra tahkikat safhasında Başkanın ihale komisyonu üyeleri ile konuyu görüşüp bir rakam belirlemediği anlaşıldı.

Neticede ihale bitmiş ama ihalenin kesinleştiği ilan edilmemiş, on beş günlük karar verme süreci başlamıştı. Başkan bu arada Ankara'ya giderek bir yandan Termikel yöneticileri ile görüşüyor bir yandan da onların kanalı ile hükümet çevrelerinde, belediye sarayı arsasının yıkılması davasıyla ilgili destek arayışında bulunuyordu.

Daha önce de belirttiğim gibi Belediye Başkanı dinlenme, takip edilme olaylarına karşı öyle tedbirli davranıyordu ki, yanına gelen herkese telefonla konuşmaması gerektiğini söylüyor, odasında ihale işlerini konuşurken telefonlarının pillerini dahi çıkarttırıyor, odasını çiçeklerine kadar kontrol ettiriyor, sürekli dinlenme fobisini yaşıyordu. Bu korku nedeniyle başkaları adına aldığı telefonları kullanıyordu.

İhaleye karar vermek için kanuni bekleme süresinin son günlerinde, rüşvetin kendisine ödenmediğini ima ederek beklentisini Mustafa Selçuk ve Mehmet Altunhan aracılığıyla iletmişti. Termikel yetkililerinin bu konuda çok deneyimli oldukları anlaşılıyordu, öyle ki Başkanın tavrını yadırgamışlardı. Sonunda firma yöneticileri Edirne'ye gelerek Başkan ile önce Belediye'de, sonra bir restoranda görüşerek Termikel şirketinin hisse senetlerinden kendisine teminat olarak vermeyi, ihalenin kesinleşmesinin ardından ödeme yapmayı teklif etmişlerdi.

Sonuç için kanuni sürenin sonuna gelindiğinde, Başkanın İstanbul'a gittiği bir gün CHP Genel Başkan Yardımcılarından Mehmet Sevigen ile yaptığı telefon görüşmesinde, Belediye binasındaki yolsuzluklar nedeniyle hakkında yürüttüğümüz tahkikattan dolayı gözaltına alınacağını, bu bilgiyi de Emniyet Genel Müdürlüğü'ndeki daireden öğrendiğini söylemişti.

Belediye sarayı ihalesine fesat karıştırma tahkikatı ile ilgili İstihbarat Daire Başkanlığı'ndan, su imtiyaz hakkının devredilmesi ihalesiyle ilgili tahkikatta ise KOM Daire Başkanlığı'ndan destek alıyorduk.

Mehmet Sevigen'e sızan bilgi yalnızca Belediye Sarayı tahkikatı ile ilgili olduğundan ve su tahkikatından haberdar olmadıklarından, bilginin İstihbarat Daire Başkanlığı'ndan sızdığına kanaat getirdim ve daha önce belirttiğim gibi bunu da kendilerine alenen söyledim.

Diğer Görevlerimiz

Şentürk Demiral ve Çanakkale'de Kayıp Bir Çocuğun Bulunması Olayı

Türk kamu görevlilerinin, özel olarak bakıldığında ise Türk polisinin çalışma biçiminin, görev anlayışının, göreve bağlılığının yanlışlığını gösteren ve sorgulamayı gerektiren birçok örnek var ama benim yaşadığım ve burada anlatacağım olay bunların en önemlilerinden biriydi.

Çoğunlukla biz, yani çoğu görevli vatan, millet ve halka hizmet duygularını yücelterek görev yaptığımızı düşünürüz. Birçok insan da buna inanır; ama yaşadığımız şeyler göstermektedir ki aslında bizler basit ve küçük hesaplar, şahsi ve grupsal küçük çıkarlarımız uğruna halkı ve görevi çoğu zaman unutuyoruz. Bu eğilim istisna da değil; genel duruşumuz içinde çok önemli bir yer işgal ediyor. Bu genel anlayışa, tüm kamuoyunun bildiği ve yüreğimi derinden yakan çok acı ve çarpıcı bir olay ile şahit oldum.

Hatırlanacağı üzere, İstanbul Kartal'da bir okulun aile birliği tarafından düzenlenen geziyle Çanakkale Şehitliği'ne giden ailenin 2,5 yaşlarındaki oğlu kaybolmuştu. Çocuğun anne ve babası her gün sabah yayınlanan kadın programlarını dolaşarak günlerce konuyu canlı tutmuş, çok izlenen bu programlar dolayısıyla büyük bir izleyici kitlesi olaydan haberdar olmuştu. Ben pek bunları izlemediğim için görememiştim ancak bu tarz programlarda yer alan olayları birkaç gazete ve televizyon kanalı veya programcıların kendisi özel olarak muhabir görevlendirerek takip ederlermiş. Bu olayda da bazı basın mensupları bana olayla ilgili sorular sormuştu; ancak mıntıkamda olmadığından açıkçası beni birinci derecede ilgilendirmemişti, ayrıca birçok ihtimal olabilirdi.

Bir ara kayıp çocuğa benzediği söylenen bir çocuğun, yakınımızdaki Kırklareli'nin Babaeski ve Lüleburgaz ilçelerinde görüldüğünü söyleyenler olmuştu. Bunun üzerine yola çıkan Uğur Dündar'ın ekibinden Ertuğrul Erbaş ve bazı televizyon muhabirleri araştırmak için buraları dolaşırken bana da uğrayıp olayla ilgili fikrimi almışlardı. Anlattıklarını dinlediğimde olayda birtakım gariplikler olduğunu düşünmüştüm.

Bir gün çocuğun babası randevu alarak yanıma geldi, yardım istiyordu. Yanında bu olayları takip eden televizyoncular ve gazeteciler de vardı. Israrla bu olayda benim görev almamı, deneyimlerime dayanarak kendilerine yardımcı olmamı talep ediyordu. Kendisine görev sorumluluklarımın Edirne ili ile sınırlı olduğunu, ayrıca Emniyet Müdürünün görev ve fonksiyonlarının bir teşkilatı sevk ve idare etmek olduğunu söyleyerek yardımcı olamayacağımı anlattım. Fakat daha önce Kaçakçılık Daire Başkanlığında yanımda görev yapmış, İstanbul'daki çalışmalarından bu konudaki tecrübelerini iyi bildiğim, Şentürk Demiral kendisine yardımcı olabilirdi; bunun için Emniyet Genel Müdürlüğüne müracaat ederek özel bir ekibin görevlendirilmesini talep etmesini söyledim. Ardından iyi ilişkiler içerisinde olduğumuz Asayiş Daire Başkanı Hüseyin Özalp'i arayarak durumu anlattım. Konuyla ilgili görevlendirilmek üzere Şentürk Demiral'ı önerdim. Çocuk kaçırma/kaybolma gibi konular görev sahasına girdiği için o da zaten olayı bildiğini, bu konuda Şentürk Demiral'ın da iyi bir tercih olduğunu söyledi. Küçücük bir çocuğun kaçırılması onu da derinden üzmüştü, çocuğu bulacak, bulmaya yarayacak ne varsa yapmaya hazırdı

Şentürk Demiral'ı da durumdan haberdar etmiştim. Teknik açıdan destek verilirse inisiyatifli bir ekip olarak olayı araştırıp netice elde etme imkânı olacağını, elinden geleni yapacağını söyledi. Ona istediği teknik desteği Edirne'de imkânların el verdiği ölçüde sağlama sözü verdim.

Hüseyin Özalp ile anlaştık, çocuğun babası Bakanlığa dilekçe verince nasıl olsa bu dilekçe otomatik olarak Asayiş Daire Başkanlığına gelecek, o zaman Hüseyin Özalp Bakan'ın onayını alarak Şentürk'ün görevlendirilmesini sağlayacaktı. Son dönemde işlerin mahalli olarak yapılmaya başlaması ve merkezin sadece koordinasyon görevi üstlenmesi söz konusu olduğundan dilekçenin Çanakkale'ye gönderilmesi ihtimaline karşı bu mutabakatı yapmıştık. Olayla özellikle Şentürk Demiral'ın ilgilenmesini istiyorduk.

Olayın ayrıntılarına girmeden önce Şentürk Demiral hakkında kısaca bilgi vermek istiyorum. Şentürk'ü 1985-86 döneminde Diyarbakır'da komiser yardımcısıyken tanımış, daha ilk tanışmamızda çok iyi ve değerli bir polis olduğu kanaatine varmıştım. O tarihte Emniyet Müdürlüğü özlük işlerini yapmak için bilgisayar almış, ama bunun için özel bir programa ihtiyaç olduğunu anlayınca bilgisayardan anlayan pek kimse olmadığından, az da olsa bilgi sahibi olmam dolayısıyla bana danışmışlardı. Bu vesile ile alınan makineyi incelerken, BASIC denen programlama dilinde yazılmış ve çok emek verildiği belli olan bir programla karşılaşmıştım. "Kim bunu yazan, bu kadar gayret eden, bunu yapmak pösteki saymak gibi bir şey!" diye sorduğumda Asayişte çalışan komiser yardımcısı Şentürk Demiral'ın ismini vermişlerdi.

Daha sonra Şentürk Demiral ile yollarımız hep kesişti. O benden önce Diyarbakır'dan İstanbul Asayiş Şubeye atanmıştı, ardından ben İstanbul İstihbarat Şube Müdürü olarak atandıktan sonra, adam kaçırma olaylarında aranan kişilerin teknik yöntemlerle bulunmasında Şentürk ve diğer Asayiş ekiplerine teknik destek vermiştim. Bu vesileyle kısa süreli çalışmalarımız oluyordu ama Şentürk'ün çok farklı olduğunu anlamak zor değildi; başkalarına konuları tüm detaylarıyla anlattığım ve beklediğim neticeyi alamadığım halde ona tek kelime ipucu vermem yetiyordu. Benim verdiğim küçük ipuçları ile Sülük, Söylemezler Çetesi gibi önemli grupların yakalanmasında, kaçırılan birçok şahsın kurtarılmasında önemli başarılar elde etti; hepsinde asıl işi yapan kendisi ve ekibiydi, ben sadece bir iki noktada bilgi verdim. Kısacası sokaklarda çalışan, aklını kullanan, teknolojiyi bilen çok başarılı ve bir o kadar da mütevazı bir polisti. Şentürk İstanbul'da olağanüstü işler başardı. O günün şartlarında mucizeler yarattı ve ben İstanbul'dan ayrıldıktan sonra nihayetinde rakipleri tarafından Emniyet Müdürü'ne kötülenmeye başlandı. Onu önce uzak ilçelerde görevlendirdiler, sonunda da il dışına, Giresun'a Trafik Şubesine tayin ettirdiler.

O gün için Türkiye'nin en iyi organize gruplarını önemli ölçüde tanıyan ve onlara karşı etkili olacak, tüm operasyonlarda başarılı olmuş, kaliteli bir polisin Giresun'da Trafik Şubesinde çalışmasını sağlamışlardı. Her işi iyi yapan bu polis, hiç bilmediği trafik konusunda bile kısa sürede çok başarılı adımlar attı;

batı ülkelerinin Türkiye'ye gelen vatandaşlarından trafik konusunda yorumlarını toplayarak dışarıda nasıl tanındığımızla ilgili çalışmalardan, eğitici kliplere kadar pek çok yeni girişimlerde bulunduğunu bir Giresun ziyaretimde görmüştüm.

Arkadaşım Mustafa Aydın Adapazarı Emniyet Müdürü olunca, iyi bir asayiş polisine ihtiyacı oldu ve tavsiyem üzerine Şentürk'ü Adapazarı Emniyet Müdürlüğü Asayiş Şube Müdürü olarak göreve getirdi. Daha sonra ben KOM Daire Başkanı olunca Mustafa Aydın'ın müsaadesi ile Şentürk'ü KOM Daire Başkanlığına şube müdürü olarak aldım. Yine kısa sürede, kendini göstermiş, birçok operasyonda etkili rol oynamıştı. Özellikle Van'da polislerin elinden oğlunu kaçıran ve uyuşturucu ticareti konusunda nam salmış aşiret ağası Mustafa Bayram'ın ve oğullarının yakalanmasını sağlamıştı.

Kom Daire Başkanlığından Edirne'ye atanınca (sürülünce) bana yakın tüm müdürlerim KOM'dan kovulmuş, Şentürk de Gümüşhane'ye sürülmüş ancak İdare Mahkemesi tayin kararını iptal edince Trafik Daire Başkanlığında Şube Müdürü olarak göreve başlamıştı. Hakkında kitap yazılacak bu efsanevi polis, hâlâ Trafik Daire Başkanlığında, Başkan Yardımcılığı görevinde "insan israfına" örnek olarak görev yapıyor. Hiçbir makam, mevki istemeyen bu polis kendi uzmanlık alanında neden çalıştırılmaz, buna neden mani olunur aklım almıyor.

Kayıp çocuk olayına dönersek; çocuğun babasının müracaatı üzerine Hüseyin ağabeyin gayreti ile Şentürk çocuğu bulmak üzere ekip amiri olarak görevlendirildi.

Şentürk yeni görevi için Çanakkale'ye giderken Edirne'ye, bana uğradı. Zaten eşi Edirneli olduğu için burada bağlantıları vardı. Kendisi ile biraz değerlendirme yaptık, ne yapılması gerektiği ile ilgili olarak biraz tartıştık. Daha sonra Şentürk olay yerinin savcısı ile görüştü, neler yapabileceği konusunda bilgi verip bazı teknik verilerin temin edilmesi için yardım talep etti. Savcı da olayın bir an önce çözülmesini istiyordu, jandarmalarla görüştü. Jandarma yetkilileri yapılabilecek her şeyin yapıldığını, bu yeni görevlendirmenin fazlaca işe yaramayacağını, ancak yine de yardım etmekten geri durmayacaklarını söylemişlerdi.

Savcıdan alınan talimatlar üzerine Şentürk bazı bilgileri toplamaya başlamış, bir takım çalışmalar yapmış, belli bir mesafe alabilmiş, ama olay hakkında netlik sağlayamamıştı. Bir hafta kadar sonra tekrar Edirne'ye geldi. Bu kez oturup beraber çalışmaya başladık. İkimiz de Emniyet İstihbarat Teşkilatına yıllar önce kurduğumuz, kurulmasına öncülük ettiğimiz dinleme sisteminin bu olayda kullanılabileceğini, ancak bu sistem sayesinde olayın aydınlatılabileceğini düşünüyorduk. Zaten mahkeme kararı da elimizde vardı.

Şentürk bazı bilgileri mahkeme kararı ile ilgili kurumlardan temin etmişti. Özellikle Türk Telekom'dan ve tüm GSM operatörlerinden bilgiler toplamıştı. Gece oturduk, İstihbarat Şube Müdürlüğünün yetenekli elemanları ile bilgileri analiz etmeye başladık. Birkaç saatlik bir çalışma sonunda Şentürk bazı numaralar üzerinde yoğunlaşmıştı ve iddiasına göre o gün okul grubu ile beraber hareket eden bir kişi otobüsü takip ederek Çanakkale'ye kadar gelmiş ve çocuğun kaybolmasından hemen sonra Lapseki üzerinden Gelibolu'dan tekrar İstanbul'a dönmüştü. Bu kişi aynı zamanda çocuğun annesi ile de bağlantılıydı ve muhtemelen onunla gizli bir ilişkisi vardı.

Her şeyi netleştirmiştik; çocuğun kaçırılması olayı anne ile bağlantılı bir kişi tarafından yapılmıştı ama bir annenin kendi çocuğunu kaçırması ve sonra da onu böyle televizyona çıkıp araması mümkün müydü? Fakat bunun başka izahı yoktu, her şey çok açıktı. Şahsın kimliği, adresi, işi, araçlarının markası gibi tüm bilgileri bir iki saat içerisinde çıkarmıştık.

Olayı aydınlatmaya yönelik plan yaptık. Şentürk gidip aileyi ve şahsı birkaç gün takip edecekti. Benim görüşüm en az bir hafta İstanbul polisi ile irtibat halinde bulunulması ve on gün boyunca takip edilerek olaydan emin olduktan sonra müdahale edilmesi gerektiğiydi; ama Şentürk çok daha kestirmeden düşünüyordu ki, kısa sürede müdahale etmek istediğini söyledi. Gerçekten de öyle yaptı. İstanbul'daki üçüncü gününde şüpheli kişi ve ailesi piknik yaparken, kayıp çocuğa yaş olarak benzeyen bir çocuğun da yanlarında bulunması üzerine orada müdahale etmiş ve şahısları yakalamıştı.

Attığımız bu adımla birlikte olay farklı bir boyut daha kazandı: Çocuğu kaçıran kişi çocuğun gerçek babasının kendisi olduğunu söylüyordu. Adamın anlattığına göre çocuğun annesi ile eskiden gayrimeşru bir gönül ilişkisi olmuş ve bu ilişkiden anne hamile kalmış. Şahıs çocuğun babasının kendisi olduğunu doğumdan sonra anneden öğrenmiş ve bir süre sonra kendi çocuğunu istemiş. Anne de çocuğu gerçek babasına verebilmenin yolunu aramaya başlamış ve böyle bir düzen kurarak Çanakkale gezisi esnasında kendi çocuğunu alıp babası olduğunu söylediği bu kişiye teslim etmiş. Bu kişi de çocuğu kendi çocuğu olarak alıp İstanbul'a dönmüş.

Neticede bir iyilik yapmak, kayıp çocuğu bulmak, ailenin acısını dindirmek uğruna başlanan çalışmalar faciaya dönüşmüştü. Anne olayı bizzat planlamasına rağmen birkaç ay boyunca televizyon kanallarını dolaşarak yürek dağlayan konuşmalar yapmıştı. Çocuğunu arıyormuş gibi görünmüş, eşini de kandırmıştı.

Bu olayı burada anlatmamın sebebi Şentürk ve ekibinin böyle aylarca kamuoyunu işgal etmiş ve çözümlenememiş bir kayıp olayını bir hafta on gün içinde çözmesinin önemidir. Zira bu olay, bunun gibi kamuoyunda ilgi uyandıran pek çok olayın aydınlatılması için yeni bir bakış açısını ortaya çıkarmıştı. Mahalli imkânlarla bulunamayan kayıp kişilerin, aydınlatılamayan olayların, merkezi bir müdahale ile takip edilerek ortaya çıkarılabilme ihtimali kuvvetlenmişti. Bunun üzerine o tarihlerde yine buna benzer şekilde İzmir'de, İstanbul'da, pek çok şehirde kaybolmuş ve öldürülmüş olma ihtimali yüksek birçok insanın yakınları bulunmaları için pek çok yere başvurup Bakanlık üzerinde baskı kurmaya başladılar. Bu anlamda Şentürk de son dönemde popüler olmuş, kamuoyuyla basın kendisini ciddi şekilde övmeye başlamıştı. Bizim İstihbarat bilgilerini kullanarak Şentürk'e destek verdiğimiz de duyulmuştu.

Aslında işi çözen Şentürk'tü, biz sadece onun istediği bazı bilgileri vermiştik. Yine de çok garip bir şekilde Edirne İstihbarat Şubesinin bilgisayarda sorgulama yapma yetkileri kaldırıldı. Açıkça söylenmiyordu ama engelleniyorduk. Bunu duyunca çok rahatsız oldum. Daire Başkanı'nı telefonla arayarak bu yaklaşımın çok yanlış olduğunu, bu şekilde davranılmasının kabul edilemeyeceğini söyledim. Bir müddet sonra bilgisayar sistemi, belki beni kıramadıklarından açıldı. Ama olanlar çok garipti; kayıp küçük bir çocuğu bulan polis müdürüne yardım edildiği için engelleniyorduk. Buna mana vermek mümkün değildi.

Şentürk'e karşı olduklarını ortaya koyuyor, tavır alıyorlardı. Bu belki anlık, büyütülmemesi gereken bir tepkiydi ama daha sonra yaşanan bir olayda tavırları net bir şekilde anlaşıldı. Şentürk başka olayda, İstanbul'da esrarengiz şekilde kaybolan bir babanın, bulunması için çalışıyordu. İpuçları elde etmeye başladığında mahalli polis ekipleri tarafından inanılmaz bir karşı koymayla karşılaştı. Yine açıktan karşı çıkılmıyordu ama gösterilen tavır, yapılan küçük şeyler her şeyi anlatıyordu. Hiçbir şey yapmasını istemiyorlardı. Böylesine önemli bir görevin dışarıdan gelen bir ekip tarafından yapılmasına karşı koyuyorlardı. Kendilerindeki eksikliğin açığa çıkacağını düşünerek olayın Şentürk tarafından çözümlenmesini istemiyorlardı. Bu, Türkiye'deki bazı kamu görevlilerinin anlayışını ortaya koyan ve içinde yer aldığım hemen hemen her olayda karşılaştığım bir tavırdı.

Yıllar önce de Güneydoğu'daki birçok çatışmada inkâr edilemez bir şekilde bu tavırla karşılaşmıştım, başarı paylaşılmak istenmiyordu. Bir bölgede faaliyet varsa ve oraya bölgedeki ilgililerden habersiz müdahale edilir ve bir şey ortaya çıkarılırsa inanılmaz bir tavır koyuyorlardı. Kendilerine bilgi verilmediği, üstlerine durumu anlatamadıkları için bunu kendilerine yapılmış en büyük kötülük kabul ediyorlardı. Bundan dolayı da Güneydoğu'daki en büyük başarıya da imza atacak olsanız, mıntıkalarına girip onlardan habersiz hareket etmeniz tepki görüyordu. Oysa orada görev yapan herkes bilir ki güvenlik ekipleri samimi bir şekilde dayanışma içerisine girse çok büyük mesafeler alınabilir. Bu, hepimizin göreve inanma konusundaki samimiyetsizliğini de ortaya koyan, görev aşkı yalanını gösteren bir durumdu.

Bizim görevimiz vatandaşa hizmet diyorduk; oysa bu, vatan, millet, Sakarya edebiyatıydı. Yani yaşananları kendi şahsi çıkarlarımızla sınırlıyor, gerektiğinde görevi engellemekten kaçınmıyorduk. Nitekim Şentürk bu son olayda çalıştırılmadı, hatta daha sonrasında Şentürk'e bu tür görevlerin verilmemesi için Bakanlık üzerinde bile inanılmaz baskı kuruldu. Şentürk'ün başarılarına rağmen bir daha ona benzeri görevler verilmedi.

Halbuki vatandaşa hizmet noktasında, görev alanı yalnızca tek bir konu olan uzmanlaşmış bir ekip elbette çok daha etkin çalışıyordu; çünkü mahalli polis teşkilatının, mahalli jandarma teşkilatının günlük icraatlar içerisinde yüzlerce adli, idari görevi ve başka birçok işi vardı. Her olaya aynı anda koştuklarından, tek bir olaya özel zaman ayırmaları zordu. Hareket etme kabiliyetleri de aynı ölçüde sınırlıydı. Oysa merkez tarafından özel olarak görevlendirilmiş bu insanlar daha avantajlı oluyordu. Ayrıca ön yargıları olmuyordu, mahalli körlükleri yoktu, her şeyi sıfırdan öğrenmeye hazırdılar. Bununla birlikte tabii ki her zaman mahalli zabıtanın desteğine ihtiyaçları vardı, destek verilmezse bilgi toplama ve olayı çözme ihtimali zayıflıyordu. Bu nedenle en azından mağdur insanların yaralarının sarılması için herkesin destek olması gerekirken, bunun hiç de öyle olmadığına maalesef defalarca şahit oldum.

1985-86 yılında Güneydoğu'da aşiretlerin PKK'ya destek vermemesi için yapılan planlamada, MİT ve Emniyet görev almış, Şırnak bölgesindeki aşiretlerle görüşme görevi, Emniyet Genel Müdürlüğü adına bizim şubeye ve bana verilmişti. Gelişmelerle ilgili bilgi almak üzere beni çağıran Sıkıyönetim Komutanı Korgeneral Kaya Yazgan'a bölgedeki görevlilerin iyi görev yapmadıklarını anlatıp onları eleştirmem üzerine, bana "Ben de biliyorum, sizinkilerin ve bizim askerlerin %10'u samimi ve gayretli çalışsalar bölgede sorun kalmaz," dedi. Bu bir abartı değil; maalesef kimsenin itiraf etmediği gerçekti. O zamanlar bölgede yüz binden fazla asker, on binden fazla polis bulunuyordu ve yine o tarihte o bölgedeki PKK'lılar için verilen en büyük sayı 300-400 kişiydi.

Çok yakın çalıştığım, samimiyetinden hiç şüphe duymadığım bir tabur komutanı bir olay anlatmıştı. Eruh ve Gabar bölgelerinde geniş bir operasyona kendisi de taburuyla katılmıştı. Kendi taburu ve güneyden komşu bir taburun unsurları, sabah erken saatlerde 10-12 kişilik bir PKK grubuyla temas kurmuş ve çıkan çatışmada 2'si ölü biri yaralı 3 militan ele geçirilmişti. Diğer militanların kuzeye doğru kaçtıkları telsiz anonslarında geçince, kendisi daha kıdemli olmasına rağmen, ilk çatışmayı başlatan taburun komutanına anons edip kaçan militanların istikametinde bulunan kendi bölüklerini istediği gibi yönlendirmesi için "emrinizdeyim" demiş, ama o taburun komutanı, "Komutanım bizim askerler sizinkileri tanımazlar, bir yanlışlık olur, ben Şırnak merkezde olan bölüğümü çağırdım," der ve helikopterlerle Şırnak'tan bölük getirilir. Oysa hemen kuzeyde, bir hamle ile araziyi saracak bir tabur hazır bulunmaktadır. Bu herkes için normal bir olaydır; ama bana göre "Nasıl olsa 3 PKK'lı elde, bir ikisi daha yakalanır, başka taburu başarıya ortak etmenin gereği yok, başarının tamamı bizim olsun" anlayışı ile hemen yakınındaki diğer taburdan yardım istenmemiştir. Bunun böyle olduğuna tabur komutanı arkadaşım da inanıyordu; ama samimi olduğumuz için ancak bana söyleyebilmişti. O günlerde sürekli eylemlerde kayıp verildiğinden, başarıya susayan komutanlar bu veya benzeri olaylarda hiçbir zaman durumu sorgulayamadılar, bölgede yardımlaşmama her zaman oldu, yardımlaşmayan hiçbir rütbeli de bundan dolayı ceza görmedi.

Bu tip bir düşünce ve zihniyeti nasıl yarattık veya bu zihniyet nasıl tüm kamuya hâkim oldu, bundan nasıl kurtulacağız, cevabı verilmesi gereken önemli bir soru.

Kaçak Çay Operasyonu

Sınır kapısındaki rüşvet suçlarını ve düzensizliği önledikten sonra sıra buradaki kaçakçılık olaylarını soruşturmaya gelmişti. Ancak biz daha kaçakçılıkla ilgili tahkikatı planlamadan o yıllara kadar görülmemiş miktarlarda uyuşturucu yakalanmaya başladı. Önceki yıllarla kıyaslandığında 2005-2008 yılları arasında sınır kapısında yakalanan uyuşturucu miktarında %100 artış olmuştu. Bu durum, kapılarda tesadüfen yapılan aramaların bir sonucu gibi görülüyordu ama hiç kuşkum yok ki aslında rüşvet tahkikatının bir neticesiydi. Kapıdaki görevliler artık görevlerini ciddiye alıyor ve daha önce küçük rüşvetler alınması sonucu yapılmayan kontrolleri titizlikle yerine getiriyorlardı.

Diğer yandan o tarihe kadar kapıda yakalanan uyuşturucularla ilgili tahkikatlar, şoförün verdiği beyan ile gerçekleştirilen birkaç yeni soruşturmayla sınırlı kalırdı. Çoğunlukla şoför haricindeki kişiler kaçar, ilk beyanlar mahkeme safhasında inkâr edilir ve delil yetersizliği ile soruşturma o noktada kalırdı. Oysa biz büyük çaplı her yakalama olayında, şebekenin diğer üyelerinin faaliyetlerini ve irtibatta oldukları kişileri de incelemeye ve bu bilgileri saklamaya başlamıştık. İlk tahkikatta isimleri geçmeyen kişiler fark edilmediklerini sanarak faaliyetlerine devam ettikleri için, ilgili illerdeki ekiplerle birlikte çalışarak, uyuşturucu ve kaçak malları birer birer yakalamaya başlamıştık. Bu sayede

2007 ve 2008 yıllarında rekor sayılabilecek miktarda uyuşturucu, tüm şebeke üyeleriyle birlikte yakalanmıştı. Ayrıca kapıdaki ilk yakalamanın failleri de böylece ortaya çıkarılıyordu.

Bana göre hudut kapılarımızda rüşvet ve kanunsuzluklar iç içeydi. Bir olayı çözünce arkasından daha büyük bir kanunsuzluk ortaya çıkıyordu. Onu çözünce bu defa ondan daha büyük başka olaylarla karşılaşıyorduk. Bu zincir böyle devam ediyordu.

Karşılaştığımız bazı olaylar bu kanaatimin pekişmesini sağladı. Kapılarda görülen rüşvet olaylarını çözdükten sonra, önce sebebini bulamadığım bir şekilde, belki de tesadüfen, uyuşturucu yakalamaları artmıştı.

2008 yılı sonuydu, bir gün Hamzabeyli Hudut Kapısı'ndan ülkeye giriş yapan bir tırda, tüm belgelerinde yükünün 'calcium carbonate' olduğu belirtilmesine rağmen dökme çay bulunmuştu. Belgelere göre bu mal bir Türk firması tarafından Romanya'daki bir Serbest Bölge'den Türkiye'ye ithal ediliyordu. Hudut kapısında mallar beyan üzerine işlem gördüğü için sadece şüpheli durumlarda ya da deneme amacıyla belli kontroller yapılıyordu. Asıl gümrükleme işlemi, malların gideceği yurtiçi gümrüklerde yürütülüyordu. Gümrük yetkililerine yapılan uyarı ile, aynı firmanın aynı gün bir iki saat önce ülkeye giren ve İstanbul'a doğru yolda olduğu anlaşılan tırlarında da benzer bir durum olduğu ortaya çıkmıştı.

Hamzabeyli Hudut Kapısı'nın adli olarak bağlı olduğu Lalapaşa ilçesi Cumhuriyet Savcısı, damadım Bilal Aygör de meslek heyecanı içinde bu kapıda yapılan kaçakçılık faaliyetlerini ortaya çıkarmak için koşuşturuyordu. Özellikle son firma ile ilgili önceden pek çok bilgiye sahipti, çünkü daha önce de aynı firmanın, evraklarında 'PVC' olarak beyan ettiği malın aslında badem içi olduğu anlaşılıp kaçakçılar yakalanmış; ancak Edirne Ağır Ceza Mahkemesi'nde yapılan yargılamaları sırasında, PVC'nin bizim bildiğimiz plastik malzeme değil, Bulgarca badem kelimesinin farklı lehçede söylenen kelimelerinin baş harfleri olduğunu iddia ederek beraat emişlerdi. Dolayısıyla bu kişilerin göz göre göre kaçakçılık yapmalarını ve kanunun elinden kurtulmalarını hazmedemiyordu. Onun getirdiği bilgileri üst üste koyduğumuzda gerçekten de ciddi bir kaçakçılık şebekesi ile karşı karşıya olduğumuza kanaat getirdik.

Bunun üzerine Savcı Aygör'ün koordine ettiği bir çalışma başlattık. Önce şebekenin nasıl çalıştığını anlamamız ve onların bilmediğimizi zannettikleri bilgileri bulmamız gerekiyordu. Böylece tahmin etmedikleri noktada önlerine çıkabilecektik. Ancak bunu öyle sağlam yapmalıydık ki bu kadar komik bir iddiayla bile Ağır Ceza Mahkemesi'nden kurtulan şebeke bu defa kanundan kurtulamasın. Bu amaçla önce aynı firmanın bir yıl içinde giriş çıkış yapan tüm tırlarının ve yüklerinin listesini gümrükten istedik, sonra Bulgar meslektaşlara bu firma tarafından Bulgar gümrüklerine beyan edilen tır yüklerinin cinsini sorduk. Karşılaştırdığımızda her şey ortaya çıkıyordu; firma Bulgar makamlarına transit yük diye gerçek yükü belirtiyor, ama Türk kapılarına başka bir mal olarak beyan ediyordu. Sonra da yolda malı indirip satıyor ve evraklara yazdığı değeri düşük olan malları yüklüyordu.

Bu firmanın bir yılda 60 kadar tırı aynı yolla yurda soktuğunu tespit etmiştik. Şebekenin çalışma yöntemi belli olmuştu. Şimdi sıra tüm delilleriyle yakalamaya gelmişti. Önce bu çetenin yöneticisi olarak bildiklerimizi takibe alıp, yeni bir mal girişini beklemeye başladık. Bu arada son yakalamalardan dolayı şebeke taktik değiştirerek mallarının cinsini doğru beyan etmeye, fakat malı transit şekilde üçüncü bir ülkeye götürüyor gibi göstermeye başlamıştı. Tahminimize göre malı yurtiçinde bir yere boşaltıyor, sonra da değersiz bir mal yükleyip hudut dışına göndermiş gibi göstererek kaçakçılık faaliyetini yürütüyordu.

Aynı firmaya ait bir tırın yine çay yükü ile giriş yapacağını öğrendik ve tır kapıdan girince ona bir takip cihazı bağladık.

Ayrıca peşine de bir polis ekibi taktık. Şebeke malı Gürcistan'a götürüyormuş gibi görünerek gümrük işlemlerini yaptırmıştı ve kuşkusuz yolda malı boşaltacaktı. Ancak tırda görevli kolcunun dürüst tutumu sayesinde (ilk defa bir gümrük memurunun düzgün tavır koyduğunu görmüştük) çayı boşlatamadılar. Peşinde bizim ekiplerimizle Rize, Artvin, derken Sarp Sınır Kapısı'na kadar gidip Gürcistan'a çıkış yapmak zorunda kaldı ama birkaç saat içinde mal parasının alınamadığı gerekçesi ile geri gönderilmiş, Suriye'ye gidecek şekilde beyanda bulunularak yeniden Rize, Trabzon ve Gaziantep'e doğru yola çıkmıştı. Şebekenin Gaziantep organize sanayi bölgesinde malı boşlatacağını öğrenmemiz üzerine Gaziantep polisi ile işbirliği yaparak tır tamamen boşaltıldığı sırada, tüm şebeke üyelerini olay yerinde ve asıl yöneticilerini evlerinde yakaladık. Böylece yıllarca kapıda küçük evrak sahtekarlıkları ile kaçakçılık yapan ve tesadüfen yakalandığında da işini ayarlayarak beraat eden şebekeyi, bir tır, bir şoförle değil; asıl patronu, aranan kişileri, tüm yaptıkları kaçakçılık delilleri ile birlikte, suç üstü yakaladık.

Takip edeceğim, umarım bu defa yaptıklarının hesabını verirler.

Yolsuzluk Olmadan Türkiye'de Ekonomi Olmaz

Şuna inanıyorum ki bu ülkede rüşveti, irtikabı, ihaleye fesat karıştırmayı bir anda durdurmak, böylece tüm yolsuzlukları bir anda önlemek mümkün olsa ülkede ekonomi ve yatırımlar durur, devlet işleri kilitlenirdi. Çünkü tüm faaliyetlerdeki canlılığın tetikleyici gücü bana kalırsa haksız menfaat temin etme beklentisi ve duygusudur. Eğer suyun başında duran memurlara, yapılan işlerde maaşları dışında menfaat temin edemeyecekleri havası yaratılırsa onlar tüm işleri yavaşlatır, iş yapılmaz, sistem çalışmaz ve Türk ekonomisi durur. Devlet yatırımları yapılamaz, yollar, barajlar, köprüler ihale edilemez, plan programlar yapılamaz hale gelir.

Ama çok açık hissediliyor ki yapılacak işlerde kendilerine de bir şeyler düşecekse, planlar, projeler hemen çiziliyor, evraklar yazılıyor, olmaz işler bir kolayı bulunarak olur kılınıyor.

Bunu kanıtlamak için binlerce örnek bulmak mümkün. Basit bir örnek vermek gerekirse, Edirne'de Roman çocuklarını sokaktan, kötü alışkanlıklardan korumak için Saray Spor adında bir projemiz vardı. Buna göre belediyeye ait kiralık bir bahçenin işletmesini polislerin maaş promosyonlarından kalan para ile 25 bin TL'ye almıştım. Buraya bir halı saha ve tek katlı prefabrik bir kulüp binası yaparak çocuklara hem spor yaptırmak hem de güzel bir ortamda dolaylı olarak eğitmek istiyorduk.

Milli Piyango İdaresi de projemize 160 bin TL destek vermişti, ayrıca tesisi Valiliğin de desteği ile Özel İdare ve Köylere Hizmet Götürme Birliği yaptıracaktı. Ancak tek katlı prefabrik binanın plan, proje, zemin etüdünün bitirilip inşaata başlanması benim, Şube Müdürlerimin, dolaylı olarak Valinin, Bayındırlık Müdürünün, Hizmet Götürme Birliği Müdiresinin ilgilenmesine rağmen tam bir yıl sürdü. Bu küçük binanın hazırlık safhası bile bu kadar zaman aldığına göre, üzerinde durmasak hiçbir zaman tamamlanamayacaktı. Oysa eğer 160 bin TL'ye inşaat ihale edilseydi ve dolaylı olarak bazı görevlilerin de bu işte haksız menfaat elde etme ihtimali olsaydı birkaç ay içinde her işlem biter, inşaat tamamlanırdı.

ESKİŞEHİR

Terörde Bilimsel ve Akademik Araştırmanın Önemi

Türkiye tarihinde, özellikle son elli yıllık dönemde, devletin muhtemelen en önemli sorunu terör ve terörle mücadeledir. Bir taraftan ülkenin ekonomik kaynaklarının büyük bir bölümü terörle mücadele için sarf edilirken, diğer taraftan Türkiye'de demokrasinin ve özgürlüklerin gelişmesi yine terörle mücadele bahane edilerek engellenmektedir. Alınan tüm önlemlere, yapılan tüm uygulamalara rağmen, Türkiye'de siyasi istikrar kurulamamıştır.

Bununla birlikte, toplumsal açıdan çok önemli bir sorun olan terör ve terörle mücadele hiçbir zaman akılcı bir biçimde ele alınmamış ve tüm yönleriyle bilimsel olarak incelenmemiştir. Her soruna, her toplumsal olaya akılcı bir biçimde ve bilimsel yöntemlerle yaklaşılması gerekirken, Türkiye'de, her nedense, ülkenin en önemli sorununa bu şekilde yaklaşılmamaktadır. Üniversiteler ve enstitülerde hemen her konuda araştırmalar yapılırken, bu kurumlarda görevli akademisyenler hemen her konuda raporlar hazırlarken, ülkenin en hayati meselesi üzerine araştırma yapmayı, bu konu üzerinde düşünmeyi gündemlerine dahi almamışlardır. Terör ve terörle mücadele bir sorun olarak görülmemiş veya görmezlikten gelinerek yok sayılmıştır. Sorunun ortaya çıktığı günden itibaren, bu kurumlarda hiçbir bilimsel araştırma yapılmamış, sorun akademik ölçütlerde ele alınıp analizi yapılmamış ve konu hakkında bir fikir üretilmemiştir. Oysaki bize göre, terör ve terörle mücadele sorununda üniversitelerde görevli akademisyenlerin ve araştırmacıların çalışma yapması yeterli olmadığı gibi, sadece bu sorun üzerinde çalışmaların yapıldığı, en üst düzeyde uzmanlaşmanın sağlandığı bilimsel enstitü ve araştırma merkezlerinin kurulması da zorunludur.

Terör, Türkiye'de bir güvenlik sorunu olarak kabul edildi. Askeri bir mantıkla, güvenlik güçlerinin bakış açısıyla ele alındı ve militarist politikalarla çözülmeye çalışıldı. Sivil hükümetler, bu konuyu hiçbir zaman kendi sorunları olarak görmediler. Sorunu sıkıyönetimlerle ve askeri yapılanmalarla çözmeye çalıştılar. Doğal olarak bunun sonucunda askeri yapı bu konuyu kendi sorunu olarak kabul etti, sadece kendisinin çözebileceğine inandı ve kendi başına çözmeye çalıştı. Gerek sivil hükümetlerin bu sorun karşısındaki tutumu, gerekse de askeri yapılanmaların sorunu kendilerine mal etmeleri, sivillerin bu sahaya girmelerini tümüyle önledi. Oysa karşımızda duran terör sorununa da diğer herhangi bir toplumsal sorun gibi bilimsel yöntemlerle yaklaşılması ve akılcı çözümler üretilmesi zorunluydu.

Aşırı sol, aşırı sağ, radikal İslamcı ve bölücü düşünce ve faaliyetlerle ilgili enstitülerin ve araştırma merkezlerinin kurulması zorunludur. Kurulacak enstitü ve merkezlerde, bu düşünce ve hareketler tüm yönleriyle akılcı bir yaklaşımla ele alınıp incelenmeli ve en derin biçimde bilimsel ölçütlere göre analiz edilmelidir. Bu kurumlarda görev yapan bilim insanları, insanlarımızın her türlü radikal akımlara ve bu akımlar aracılığıyla terör eylemlerine katılmamaları, şiddet yaratmamaları için gereken tedbirler üzerinde düşünmeli, politika önerilerinde bulunmalıdırlar. Örneğin, Fransa'da bir Kürt enstitüsü vardır, ama her nedense ülkemizin en önemli sorunuyla ilgili Türkiye'de bir enstitü kurulmamıştır. Bir taraftan ülkenin kurucu felsefesinin bilim olduğu ısrarla dile getirilirken, diğer taraftan en ciddi soruna bilimsel açıdan yaklaşılmamakta ve hatta bilim adamlarının bu sorunla ilgilenmelerine müsaade dahi edilmemektedir. Devlet kendisini her zaman bilimin, akademisyenlerin üstünde bir güç ve akıl olarak gördü. Konuyla ilgilenen bilim adamlarını, devletin ve güvenlik güçlerinin almış olduğu kararların ve uyguladıkları politikaların doğruluğunu, bu karar ve uygulamalara muhalefet edenlerin iddialarının yanlışlığını ispat etmekle sınırladı. Dolayısıyla bilim adamları, devletin karar ve uygulamalarına 'bilimsel' niteliğini katmaktan, bunları bilimsel açıdan onaylamaktan başka bir şey yapmadılar, yapamadılar. Belirli önyargı ve anlayışla sadece devletin tezlerini doğrulamak amacıyla hareket ettiler. Daha doğrusu bilimsel ve akademik ölçütlerden tümüyle uzaklaştılar. Sözde yapılan çalışmalar bilim adamlarınca yapılmıştı, gerçekte ise yapılanların bilimsel araştırma ölçütleri ile hiç alakası yoktu.

Araştırmalar ve değerlendirmeler, hiçbir zaman gerçek manada objektif ve ön yargıdan uzak yapılmadı. Yaşanmakta olan olayları 'nasıl önleriz?' sorusu hiçbir zaman sorulmadı. Ülkemizde terörün, siyasi kargaşanın ve toplumsal huzursuzluğun bu kadar yaygın olması ve bu kadar uzun süre devam etmesinin, bu soruna hiçbir zaman bilimsel açıdan yaklaşılmamış olmasından, her şeye önyargılarla ve peşin fikirlerle bakılmasından kaynaklandığı kanaatindeyim.

En önemli yanılgılarımızdan bir tanesi de her derde deva diye kabul ettiğimiz Atatürkçülüktü; ne olduğu bilinmeyen, içinin ne ile doldurulacağı belli olmayan bir kavram. Kendi keyfi fikirlerimizi veya günün koşullarına göre devletin uygun bulduğu uygulamaları Atatürkçülük adına savunuyoruz. Oysa aklın ve bilimin egemen olduğu bir yerde asla dogmalara yer yoktur. Hiçbir fikir tartışmadan muaf değildir ve ebedi olarak değişmeden kalamaz. Eğer Atatürkçülük denen kurallar değiştirilemez, mutlak doğrular olarak kabul edilecekse, bu tür bir kabulün akıl ve bilim ile açıklaması yapılamaz. Değiştirilemez, mutlak doğruların var olduğu iddiasının kendisi de dogmatik bir yaklaşımdır ve temel laiklik anlayışına aykırıdır. Uygulamaya konulacak her düzenleme, getirilecek her kural, yapılacak her işlem, uygulamalarda uyulacak tüm ilke ve yöntemler mutlaka akıl ve bilimin ışığında değerlendirilmeli, bu ölçütlere göre incelenmeli, tahlil edilmeli ve bu ölçütlere uyduğu oranda hayata geçirilmelidir. Akla aykırı olan, ilme de aykırıdır.

Psikolojik Harekât: Halkı Birbirine Karşı Kullanmak

Dünya üzerinde hiçbir devlet vatandaşları arasında çelişkileri artıracak, kavga ve gerilim ortamının doğmasına neden olacak bir uygulamaya girmez, girmemiştir de. Eğer bir ülkede rejime muhalefet eden, ülkenin kanunlarını ihlal eden birileri varsa devlet polisini, askerini ve diğer kurumlarını kullanarak bu kişilere mani olur ve suç varsa cezalandırır. Fakat bizim ülkemizde devlet, vatandaşlarını rejime muhalefet edenlere karşı kışkırtmış, bizzat kendi vatandaşlarını yine kendi vatandaşları olan rejim muhaliflerine karşı fiili saldırılarda bulunması için kullanmak istemiştir. Oysa bu tür uygulamalar devletlerin var olma felsefesine tümüyle aykırıdır; devletin görevi kendi vatandaşları arasında ortaya çıkacak sorunları çözmektir. Devlet varoluş sebebini ve fonksiyonlarını vatandaşlarına devrettiğinde, kendi kendisiyle çelişir ve devlet olmaktan çıkar. Bu tür uygulamalardan en çarpıcı olanı, sadece ülke dışında uygulanması gerekirken, devletin kendi vatandaşlarına karşı ülke içerisinde uygulamış olduğu psikolojik harekâttır. Bugün bile, her ne kadar kamuoyunda fazla hissedilmese de, MGK'da alınan kararlar doğrultusunda psikolojik harekâta ilişkin operasyon, plan ve kararlar devletin tüm kurumlarınca koordine içerisinde yürütülmektedir.

Devlet vatandaşlarından, mensup oldukları illegal örgütler hakkında sadece bilgi almak için yaralanabilir. Bu uygulamanın da koşulu ve sınırı vardır. Devlet başka araçlarla bilgi toplayamadığında ve bilgiyi sadece illegal örgütlerin içerisindeki kişilerden almak zorunda kaldığında, daha ağır ve büyük olayların olmaması için vatandaşlarından yardım alır. Ancak bu yardımın kapsamı bilgi almakla sınırlıdır. Bu koşulların dışında, bu sınırları aşan her uygulama son derece yanlıştır. Fakat bizim ülkemizde devlet, sol gruplara karşı sağ grupları, sağ gruplara karşı da sol grupları kullanmış, hatta fiilen eylemlere sokmuş, cinayetler işletmiş, katliamlara sokmaktan imtina etmemiştir. Bu uygulamaları yapan zihniyet devletin kendi zihniyeti midir? Devletin düşünce sistemi midir? Yoksa oluşturulamayan devlet fikri yerine devletin içerisindeki kişilerin kendi fikirlerinin uygulaması mıdır? Aslında sorulması gereken sorular bunlardır.

Geçmişte halkı birbirine karşı kullanmış veya kullanmaya kalkarak ciddi hatalar yapmış devlet görevlilerinin bu olaylardan ders çıkardığını ve artık aynı hataları tekrarlamayacağına inanların kısa sürede yanıldıkları görüldü. Bu defa da radikal dinci olarak tanımladığı halka ve hatta hükümete karşı laik kesimleri harekete geçirerek çok geniş kitleleri karşı karşıya getirmekten çekinmemiş, aynı anlayışı aynı düşünceyi hayata geçirmekten geri kalmamıştır. Cumhuriyet mitingleri, 28 Şubat anlayışı doğrultusundaki faaliyetler ve hatta beğenmedikleri düşünceleri savunan bir kısım insanlara karşı belli inançtaki halkı aktif tavır almaya alenen çağıran demeçler rahatlıkla verilmiştir. Tüm bu örnekler, kendi fikirlerinin kabulü konusunda devletin her yöntemi mubah saydığını açıkça göstermektedir. Bu yanlış anlayışın neticesi, bölgesel iç çatışmalar, katliamlar ve en sonunda olayların doruk noktası Susurluk olmuştur. Bugün, Susurluk olayını da aşan, her ne kadar örgütsel varlığı tartışılabilir olsa da, aynı anlayışın, aynı düşüncenin ve fikrin simgeleştiği Ergenekon bir zirve noktasıdır.

Kendi Halkını Yönlendirme Faaliyetleri

Bu ülkede gerçeği görmenin, tarafsız ve objektif düşünmenin en zor taraflarından biri yıllardan beri devletin tüm toplumu yönlendirmiş olmasıdır. Toplumun tümü devletin istediği istikamette düşünüyor, bu istikamete yönlendirilmiş ve buna uygun mantık üretmek zorunda bırakılmıştır. Toplumun gerçeği görmesi, olaylara objektif yaklaşması çok zordur. Toplum öyle şartlandırılmış ki, o kadar büyük bir yönlendirmeye maruz kalmış ki sorunları objektif olarak değerlendirebilmek gerçekten çok zor. Hiçbir maddi temele dayanmayan, gerçeklikten uzak iddialarla toplumdaki herkes, resmi ideoloji doğrultusunda düşünmeye yönlendirilmekte ve bu doğrultuda mantık yürütmektedir. Oysa insan, resmi ideolojinin dışına biraz çıkabilse, olaylara biraz objektif bakabilse, birçok şeyi çok daha net bir biçimde görebilecektir. Türkiye'de halk, çok uzun bir zaman süresince, devletin gerek okullarında verdiği eğitimle, gerek bayramlarda düzenlediği merasimler ve törenlerle, gerekse de doğrudan veya dolaylı olarak baskı altına aldığı basın ve yayın organları aracılığıyla inanılmaz bir biçimde yönlendirilmiş ve tek boyutlu düşünmesi sağlanmıştır. Devletin bilinçli yönlendirmesi ve dayatmasına muhatap olmalarından dolayı insanlar olayları tarafsız ve objektif olarak göremiyor. Bunun için mutlaka bu ülkenin dışında yetişmiş olmak gerekiyor. Ancak bu durumda resmi ideolojisinin baskısından kurtulmak ve dışında kalmak mümkün olabiliyor. Ya da resmi ideolojinin yönlendirmesi doğrultusunda yetişmiş olmakla birlikte gerçekten ciddi bir dönüşümü gerçekleştirmiş olmayı zorunlu kılıyor. Aksi takdirde, şaşırtıcı şekilde basit, son derece net ve açık konularda bile insanlar, maalesef yıllarca devletin yaptığı o yönlendirmenin etkisiyle, olayları doğru ve net göremiyorlar. Ülkemizin en büyük handikabı, gerçeğin görülüp düze çıkılmasının önündeki en büyük engelin bu resmi ideoloji etkisi olduğu kanaatindeyim.

Psikolojik harekât, hedef halk kitlelerinin istenilen istikamette düşünmesini sağlamak ve bu istikamette kanaat sahibi olması için yapılan, olayları ve haberleri (bilgileri) belli bir açıdan veren planlı bir faaliyettir. Daha açık bir dille ifade edilecek olursa, olayları bazen çarpıtarak, gerçeğin bazen bir kısmını vererek, gerekli görüldüğü durumlarda yalan haber ve bilgi üreterek veya gerçeği tümüyle saklayarak, halkın istenilen tarzda düşünce ve kanaat sahibi olmasını ve istenilen doğrultuda hareket etmesini sağlamaya yönelik planlı ve devlet kurumları eliyle yönetilen bir harekâttır. Psikolojik harekât yönteminin bir ülkenin kendi menfaatleri doğrultusunda yabancı ülkelere karşı uygulanması belki kabul edilebilir (Hasım bir ülkenin devlet büyüğünün eşcinsel olduğu söylentisini yayarak, onu halkının gözünde küçük düşürmeye çalışmak bir ölçüde kabul edilebilir. Ancak ülke içerisinde beğenilmeyen bir siyasi lider için bu tür bir psikolojik hareket asla kabul edilemez ve savunulmaz). Bununla birlikte, psikolojik hareket yöntemleri ülke içerisinde halka karşı uygulanamayacağı gibi, en temel anayasal hakkın ihlal edilmesi bakımından da suç teşkil eder. Halkın tarafsız ve doğru haber alması, kanaat sahibi olması en temel anayasal haklardan biri olduğu gibi, kamunun (halkın) doğru, tarafsız bilgiye sahip olması da demokratik bir devletin en temel unsurlarından biridir. Halkın planlı bir şekilde yönlendirilmesi ancak komünist ve faşist yönetimlerde meşru olarak kabul edilmektedir. Demokratik hukuk ilkelerinin benimsendiği devletlerde vatandaşların kanat ve düşüncelerini yönlendirmek, temel insan haklarına aykırı bir faaliyet olarak kabul edilmektedir.

Ülkemizde ise yıllardan beri Genelkurmay, MGK, MİT içerisinde ve hatta Emniyet teşkilatı içerisinde farklı adlarla da olsa psikolojik harekât birimleri mevcuttur. Bu birimlerin asli işlevi tüm devlet kurumlarının organizesi ile kodlanmış psikolojik harekât operasyonları yürütmektir. Günümüzde de hâlâ en son hali ile psikolojik harekât adı altında Emniyette, psikolojik harekât birimi olarak MİT'te, önce psikolojik harekât, daha sonra toplumsal ilişkiler dairesinden başlayarak yıprandıkça isim değiştiren ve en son Bilgi Destek Komutanlığı adı ile Silahlı Kuvvetler içerisindeki yapılanmalar devam etmektedir. Bu türden vatandaşı güdüleme faaliyetlerine yakın bir gelecekte de son verilecek gibi görünmemektedir; gelenekselleşmiş devlet fonksiyonlarının bir anda terk edilmesi zor olduğundan, başka adlarla aynı fonksiyonların devam ettirilmesine çalışılacaktır. Ne yazık ki, güvenlik ve askeri birimler psikolojik harekât yöntemleri ile halkın yönlendirilmesini zihniyet olarak hâlâ yanlış görmemektedirler. Sadece gizli ve hissettirmeden yapılması gerektiğini düşünmektedirler. Onlar hâlâ halkın güdülüp yönlendirilmesi gereken kalabalıklar olduğu, devlet memurlarının halkın hizmetkârı değil, halkın güdücüleri olduğu ve bu halk güdülmez ise yanlış şeyler yapar inancını taşmaktadırlar. Yıllar önce, bu yapının içinde bulunduğum dönemde, ben de aynı inancı taşımaktaydım. O dönemde kimse bu inancın yanlış olduğuna beni inandıramazdı; bu gün ben de bunun yanlışlığına onları kolay kolay inandırabileceğimi zannetmiyorum.

Ergenekon

Ergenekon olayı nedir? Ergenekon olayı hakkında veya bugün mahkemelerde bu iddiayla ilgili olarak yargılanan kişiler hakkında çok şey bildiğimi söyleyemem. Geçmişte, bu olaylarla ilgili ilk tahkikatların yapıldığı, ilk yakalamaların olduğu 2001 yılında bilgi almaya çalışmıştım. Tesadüfen, geçmişte bir süre yardımcılığımı yapmış olan emekli bir Emniyet mensubunun bu olaylar kapsamında kısa süre gözaltına alınmış olduğunu öğrendim. Eski bir Emniyet mensubu olması nedeniyle olayı önemseyerek, konu hakkında bilgi almaya çalıştım. Emekli bir emniyet müdürünün çenç[4] oto işi gibi işlere karışmaması lazım, bu nasıl olur?" diye sorduğumda, aldığım cevaplar ve o zaman tahkikatı yapanların kısaca anlattıkları bana çok ilginç gelmişti.

Söylenenlere göre, istenmeyen düşüncelere sahip kişi veya partilerin başa gelmemesi, gelmiş ise de antidemokratik yöntemlerle engellenmesi amacıyla devlet içerisinde illegal bir örgütlenme oluşturulmuştu. Ergenekon olarak adlandırılan bu örgütün faal olarak var olduğunu gösteren bir not bulunmuştu. Notta, örgütün yöneticisinin zamanın koşullarına göre örgütün yeniden yapılandırılmasına yönelik bir rapor hazırladığı yazıyordu. Bu rapor, kurye Tuncay Güney aracılığıyla Doğu Perinçek tarafından Veli Küçük'e gönderilmiş, fakat Tuncay Güney raporun bir suretini alıp saklamıştı. Bir olay üzerine yakalanınca ev veya iş yeri aramasında bu belgenin kendisinde bulunduğu, ayrıca bu belgeyi destekleyen benzer askeri belgelerin de aynı şahısta yakalandığı söylenmişti.

İstanbul Emniyet Müdürlüğü ekiplerince sahte belgelerle satılan bir jeepin yakalanması ve kaçak olduğunun anlaşılması

4 Change (Çenç) Maksatlı Oto Hırsızlığı: Ağır hasırlı bir otonun temin edildikten sonra, bu otoyla aynı tip, model, renk ve marka bir otonun çalınıp, ağır hasarlı olan otonun şasi ve motor numarasının çalıntı otoya uyarlanarak, ağır hasarlı otonun tamir edilmiş gibi gösterilmesi işlemine change (çenç) denilmektedir.

üzerine bir tahkikat başlatılmıştı. Jeepi satan, kullanan kişiler tahkikata konu olmuş, daha sonra olaya adı karışan kişilerin Ümit Oğuztan ve Tuncay Güney olduğu anlaşılmış, bu kişilerin daha önce 'Abdullah Çatlı ile Mesut Yılmaz'ın yan yana fotoğrafları var' diyerek yaptıkları foto montajı beş bin liraya bazı basın organlarına satmaya kalktıkları yolunda bilgilerin olduğu tespit edilmişti. Bu tespit üzerine istihbaratçılar bu tahkikatın asayiş şubenin yürüteceği sıradan bir sahte belge faaliyeti olmadığı, aksine organize bir faaliyet olarak algılanıp Organize Suçlarla Mücadele Şubesi ekipleri tarafından yürütülmesini istemişlerdi. Tahkikatın Organize Suçlarla Mücadele Şubesine alınması üzerine bu kişilerin ev ve iş yerlerinde aramalar yapılmış, aramalarda "Ergenekon'un Reorganizasyonu" başlıklı 20 sayfaya yakın bir doküman ile CD'ler dolusu emniyet, güvenlik, askeri birimler ile ilgili normal olarak güvenlik kuvvetlerinin arşivinde olması gereken dokümanlar bulunmuştu. Araştırma derinleştirildiğinde JİTEM'in legal bir yayın çıkarmak için bir dönem bu kişilerle anlaştığı ve *Strateji* isimli bir dergi çıkardıkları, bu dokümanların çoğunlukla o dönemden kaldığı ve Jandarma görevlilerinin getirdiği belgeler olduğunun anlaşıldığı ortaya çıkmıştı. Tuncay Güney de Ergenekon içerisinde kendisinin kurye görevi yaptığını, aslında açıp bakmaması gereken belgelerden suret aldığını ve Ergenekon belgesini de bu şekilde Doğu Perinçek ile Veli Küçük arasında taşırken aldığını beyan etmesi üzerine olay ortaya çıkmıştı.

Bu bilgileri alınca, aklıma sıradan bir şoförlükten kendi gayreti ve benim yönlendirmem sonucunda analistliğe yükselme istidadı gösteren İstihbarat Birimindeki şoförüm Enver'in 1997 yılında birkaç defa *Strateji*'yi getirdiğini ve "Bu dergi çok garip şeyler yazıyor, kesin bunu devlet içerisinde birileri belge ve evraklarla destekliyor," dediğini hatırladım. Enver daha sonra bu derginin yerini, bürosunu bulmak ve görüşmek için uğraşmış ancak ne bir büro, ne de bir adres bulabilmişti. Bu durum *Strateji*'yi daha da şüphe çekici hale getiriyordu. Enver, dergide çıkan bazı yazıları ve bu yazılarda yer alan belgeleri göstererek, derginin kesin olarak Jandarma teşkilatı tarafından desteklendiğini, resmi ve gizli belgelerin dergiye verildiğini bana ispatlamıştı. Ancak o dönemde, olayı tam olarak anlayamamıştım. Jandarma neden böyle bir iş yapsın? Mantıkla izah edemediğimden çok da üzerinde durmamıştım. Aklımın bir köşesinde de bu bilgi kalmıştı. Şimdi anlatılanları eski bilgilerimle birleştirince bu ifadenin, belgenin doğru olduğu kanaatine vardım.

Bunu çok az sayıda insan biliyordu ve bu kişilerde bulunan bilgiler de doğruydu. *Strateji*'nin o zaman yöneticiliğini yapan Sisi lakaplı Seyhan Soylu'nun *Aktüel* dergisinden Serhan Yedig'e verdiği röportajda, uçuk anlatımlar haricinde çok önemli şeyler söylediği görülmekteydi. Bu derginin, görünümünün aksine, arkasında JİTEM'in desteği ile yarı resmi amaçlar uğruna (örneğin Silivri'de lüks bir plaj ve kamp yeri açmak, bu kampta bazı önemli şahsiyetlerin gizlice resimlerini çekmek, çekilecek resimleri kullanarak tehdit, şantaj gibi yöntemleri uygulamak gibi karanlık amaçlar), resmi istihbarat birimleri ile makul olmayacak biçimde iç içe ve yine istihbarat birimlerinin uygulamayacağı yöntemler kullanmak amacıyla yayın hayatına sokulmuş olduğu söyleniyordu.

Bu tahkikat aşamasında Ümit Oğuztan'ın ve Tuncay Güney'in üzerinde bulunan belgeler ve onların verdikleri ifadeler, bahsedilen olaylarla birlikte değerlendirildiğinde anlatılanların ve belgelerin yabana atılacak cinsten olmadığı görülmüştü. Ama sanki bir karışıklık, perdelenmiş esrarengiz bir şey, oyun içinde bir oyun vardı. Asla bakıldığında gerçeği göstermiyordu; normal subayların böyle bir şey yapmaması gerekiyordu, üstelik *Strateji* dergisinin arkasında olduğu söylenen kişilerin önemli mevkilerdeki kişileri yazlık kamplarda kadınlarla görüntüleyerek, şantaj yapacağı fikri, azıcık devlet terbiyesi almış hiç kimsenin düşüneceği şey değildi.

O dönemde, anlatılan düşüncenin ülkemizde belli çevrelerde kabul görebileceği, demokrasi kültürümüzün maalesef böyle bir olayı olağan kabul ettiğini, belli kesimler arasında bu fikir etrafında örgüt veya farklı isimler altında oluşumların olabileceği değerlendirmesini yapmıştım. Fakat yine de olayla biraz ihtiyatla yaklaşmayı daha uygun buldum.

Bu tahkikatın boyutu, bulunan belgeler, *Strateji* ve derginin arkasındaki JİTEM veya Jandarmanın diğer unsurları; kimlerin haberinin olduğu, bunu yaparken amaçlarının ne olduğu, niye böyle bir karanlık yolu ve yöntemi denemek istedikleri ayrı bir çalışmanın ve belki de ayrı bir kitabın konusunu oluşturacak önem ve genişlikte bir konudur. Bununla birlikte, Tuncay Güney'de bulunan "Ergenekon'un Reorganizasyonu" isimli dokümana bakıldığında, rejimi korumak amacıyla ağırlık merkezi Silahlı Kuvvetler içerisinde bulunan, sivil unsurlarca da desteklenen ve her türlü illegal yol ve yöntemleri kullanabilen Ergenekon isimli bir örgütün mevcut olduğu, faaliyetlerde bulunduğu, bu örgütün günün şatlarına göre yeniden yapılandırıldığı, görüş ve önerilerin örgüt içindeki birimlerce üst yönetime yazılmış olduğu iddiaları boş şeyler değildi, uydurma olamazdı ve doğru olma ihtimali çok yüksekti.

Ayrıca yıllar önce, *Aydınlık*'ın ordu içerisinde ısrarla belli bir grup askerin tarafını tutmakta ve başka askerleri şiddetle eleştirmekte olduğu görülüyordu. Daha doğrusu *Aydınlık*'ı iyi takip edenler, ordu içerisinde en azından birden fazla grubun olduğunu ve bir grubun bu dergiyle dayanıştığını kolayca anlayabiliyordu. Özellikle Org. Eşref Bitlis'in uçağının düşmesinin ardından, *Aydınlık* dergisinin, Genelkurmayın kaza raporuna rağmen ısrarla bu olayı suikast olarak anlatması ve bu konuyla ilgili yayınları, ordu içerisindeki bir gruplaşmanın ve bir yarışın ipuçlarını verir gibiydi.

Org. Eşref Bitlis'i taşıyan Cesna tipi uçak buzlanma neticesi düşmüştü. Cesna uçak firmasının, uçağın buzlanmanın neden olduğu teknik bir arızadan dolayı düştüğünü kabul etmek istememesi anlaşılabilir bir durumdur. Çünkü arıza yapan bir uçak tipi, dünya ordularındaki pazar payını kayıp edebilecektir. Oysa uçağın düşme nedeni suikast olursa, uçak firması hiçbir sorumluluk üstlenmeyecek ve maddi kaybı olmayacaktır. Dolayısıyla teknik bir arıza nedeniyle düşen uçak hakkında suikast raporu almak için firma çok şey verebilirdi. Üstelik uçağın düşmesinden dolayı pilotun ailesine çok ciddi tazminat hükmedilmişti. Uçağın düşmesinden doğan zararın, hayatını yitirmiş pilota yüklenmesine isyan eden ablanın itiraz çabaları da bir araya gelince, açılan hukuk davalarında bir taraftan bilirkişilerin raporları, diğer taraftan kazayı ve bilirkişi raporlarını çarpıtan *Aydınlık* olayı içinden çıkılmaz hale getirmişti. O zaman *Aydınlık*, yanında iki albay olduğu halde bir generalin kendilerine yaptığı açıklamaya geniş olarak yer vermişti. Veli Küçük Ergenekon davasında tutuklanınca, Doğu Perinçek bir basın toplantısı düzenleyerek, yıllar önce kendilerine Org. Eşref Bitlis olayı hakkında açıklama yapan generalin Veli Küçük olduğunu duyurdu. Bu çok sürpriz bir açıklamaydı; milliyetçi olarak bilinen Veli Küçük'ün maoist-komünist bir örgüt ile yıllarca ilişki içinde bulunduğu ve bu örgütle aralarında bir bağın olduğu bu açıklamayla ortaya çıkıyordu. Bu bağ normal olamazdı, Veli Küçük'ün bu bağı bunca zaman gizlemesi makul değildi. Kızılelma koalisyonu denen ülkücü gençlerle komünist-maoist bilinen Aydınlık grubu gençlerini buluşturma projesinde Veli Küçük ve Doğu Perinçek'in gayretleri bunu doğruluyordu.

Aydınlık grubu diye de anılan Doğu Perinçek grubunun İşçi Partisi, hiçbir zaman klasik anlamda bir siyasi parti olmadı. Her zaman askeri, güvenlik ve istihbarat konularının içinde oldu. İddiaları ve söylemleri sanki herhangi bir istihbarat teşkilatının söylemleri gibiydi. Öyle ki, sıradan bir istihbarat örgütünün toplayamayacağı bilgileri topluyor ve anlatıyordu. Bununla birlikte her defasında militarist anlayışın yanında durdu.

Üstelik bu duruşunu ordu içerisinde bir grubu tutarak diğer bir gruba hesapsız, kitapsız saldırarak ortaya koydu. İddia ve kavgalarında herhangi bir delil olmasa dahi, örneğin Org. Eşref Bitlis olayında olduğu gibi, iddia ediliyor, tahmin ediliyor vb. söylemlerle en ciddi suçlamaları yapabiliyorlardı.

Susurluk Olayı'nın ardından TBMM'de kurulan, kısaca Susurluk Komisyonu olarak adlandırılan faili meçhul cinayetleri araştırma ve devlet içerisindeki çeteleşme faaliyetlerini soruşturma komisyonuna ifade vermiştim. Her zaman olduğu gibi gazetecilerden uzak durmaya çalışıyordum. Muhtemelen telefonla bana ulaşamayan *Aydınlık* dergisi yöneticisi Hikmet Çiçek'ten halen saklamakta olduğum bir faks aldım. Faksta, "hakkınızda Genelkurmay İstihbarat Başkanlığı'ndan önemli bilgiler aldık. ...bu konuda sizinle görüşmek istiyoruz..." deniyordu. Bir kişinin, hakkımda Genelkurmay İstihbaratında bilgi aldıklarını bu kadar açık bir biçimde ifade etme cesareti rahatsız ediciydi. Genelkurmay dahil tüm istihbarat teşkilatlarının ne olduğunu çok iyi biliyordum; benim hakkımda hiç kimsenin vereceği bir bilgi yoktu. Böyle bir şey söz konusu olmazdı.

Bunun üzerine Genelkurmay İstihbarat Başkanlığı'na "... Hakkımda bilgi aldığını iddia eden *Aydınlık* dergisinden H. Çiçek'in faksı ekte gönderilmiştir..." diye bir yazı yazdım ve yazının ekine de ilgili şahsın çektiği faksı koydum. Her olayda derhal itiraz eden, adının kullanmasına tepki gösteren, meseleyi hemen mahkemeye taşıyan, suç duyurusunda bulunan Genelkurmay Başkanlığı bu olayda hiç ses çıkarmadı, tepki göstermedi. Bu durum fazlasıyla tuhaftı. Bunun ertesinde Hikmet Çiçek'i telefonla aradım, İstihbarat Daire Başkanlığı'nın boşaltmakta olduğu Genel Müdürlük doğu bloğunda buluştuk. Görüşmede Hikmet Çiçek'e "Genelkurmay'dan hakkımda bilgi aldığınızı söylüyorsunuz. Ne bilgisi aldınız?" diye sorduğumda, bana sözlü olarak bilgi aldıklarını söyledi. Soğuk bir havada geçen ve bir saate yakın süren görüşmede klasik konuların dışına çıkmadık. Bu görüşmeden sonra Aydınlık grubunu izlemeye devam ettim. O zamandan beri askeri kurumlara yakın duruşu, bu kurumların adlarını kullanması, ordu içindeki meselelerde bir tarafı tutup diğer tarafa hakaret ve iftiraya varan saldırgan tutumunu gözlemledim ve bu davranışlarına karşı askerlerden ciddi bir tepki aldığını duymadım.

İleriki dönemlerde, Susurluk'ta asker ve jandarmanın da rolü olduğunu söylememin ardından *Aydınlık*'ta başta Doğu Perinçek olmak üzere derginin tüm yazarları her sayıda bana saldırmaya, iftira ve hakaretler yağdırmaya başladılar. Bunun üzerine açtığım davada hepsini mahkûm ettirdim. Doğu Perinçek tazminatı ödedi ama dergideki diğer gazetecilerden hiç kimse tazminat ödemek istemiyordu; hiçbirinin adresleri doğru değildi, adres verdikleri yerler boş çıkıyordu. Uzun uğraşılarım sonucunda hepsinin adreslerini tespit edip, icra gönderdim. Bir kişi hariç hepsinden tazminatı icra yoluyla zorla aldım. Bu olayda şunu gördüm: Ben bile tazminatı bu kadar zor tahsil edebiliyorsam, diğer insanlar *Aydınlık*'ta çalışan gazetecileri tazminata mahkûm ettirseler dahi onlardan tahsilât yapmaları hemen hemen imkânsızdı. Dolayısıyla kimseye tazminat ödemediklerinden, herkese rahatlıkla iddia ve isnatlarda bulunabiliyorlardı.

Daha sonraki dönemde, Ergenekon soruşturması sırasında yakalananlar ve açılan tahkikatlar sonucunda bu olay somut bir biçimde şekillendi ve böyle bir örgütün var olduğu görüldü. Bu örgütün ortaya çıkarılmasından çok daha önemli olan, örgüt ortaya çıkarılmadan önce bu tür bir düşüncenin ve anlayışın kitleler ve devlet güvenlik örgütleri içerisinde veya onlarla dayanışma içerisinde olan gruplar tarafından kabul görmüş ve desteklenmiş olmasıdır. Nasıl ki Susurluk Olayı terörle mücadele adı altında rejim muhaliflerinin, sistemi değiştirmek isteyenlerin susturulmasını sağlamak için hukuk dışı yollarla onları yok etme yöntemi, bu amaçla oluşturulan örgüt ve yapılar ve bunların zamanla bozularak maddi çıkarlara dayanan çeteleşme durumudur. Ergenekon da devletin rejim için öngördüğü temel ölçütleri yerine getirmeyen/getirmek istemeyen bir siyasi anlayışın iktidar olmasına mani olmak veya iktidar olmuş ise zorla, antidemokratik yöntemlerle onu devirmek anlayışını savunanların oluşturduğu birliğin adıdır. Daha açık bir ifadeyle anlatılırsa, Ergenekon demokratik yöntemlerle iktidara gelmiş bir hükümetin ve siyasi kadrolarının illegal yöntemlerle, zorla, şiddetle, militarist yöntemlerle devrilmesini ve siyasi kadrolarının ve siyasi anlayışının tasfiye edilmesini savunan bir anlayış ve düşünce çerçevesinde bir araya gelen bir gruptur. Bu anlayışın kendisi, bu tür bir örgütsel yapının varlığından çok daha önemlidir. Her ne kadar örgütün kendisi önemli olsa da, 3-5 kişinin böyle bir örgütlenmeye teşebbüs etmesi, bazı insanların bu tür ilişkilerin ortasında bulunuyor olması, hatta bazı resmi görevlilerin ve üst düzey askeri görevlilerin bu tür bir örgütlenmenin içerisinde yer alması her zaman mümkündür. Asıl sorun, bu tür bir anlayışın kabul görüyor olması, savunulmasıdır. Türkiye'nin geçmiş demokrasi pratiğinde Ergenekon benzeri bir anlayışı savunanların hiç de azımsanamayacak sayıda olduğunu, zaman içerisinde bu işi yapmayı birçok defa denediklerini veya mevcut hükümetleri değiştirmek için her yolu, hatta zaman zaman belki binlerce, belki yüz binlerce insanın katledilmesini dahi meşru gördüklerini biliyor ve duyuyorduk. Bu insanlar kendi inançlarına ve değerlerine uygun bir sistemin var ve temel ölçütlerinin de belli olduğuna inanıyorlardı. O zaman da bu temel ölçütleri değiştirmeye çalışanları veya temel ölçütlere kendileri gibi yaklaşmayan herkesi düşman olarak görüyorlardı. İşte en tehlikeli anlayış budur. Belki bu yargılamalarda çok daha büyük, çok daha önemli şeyler ortaya çıkarılabilir, çok sayıda bomba ve/veya silah bulunabilir veya iddiaların, söylenenlerin, bulunanların hepsi yanlış, yalan ve düzmeceden ibaret olabilir. Yargılamalar beraatla sonuçlanabilir. Bu çok önemli değil. Asıl önemli olan, Türkiye'de böyle bir anlayışın var olmasıdır. Üstelik Türkiye'de bu anlayışı savunan militarist kadroların ve bu kadrolarla dayanışma içerisinde olan benzer düşünce ve anlayıştaki insanların azımsanmayacak sayıda olmasıdır. Bu insanların, bu tür bir anlayışı samimi olarak savunuyor olmalarıdır. Önemli olan bugünkü Türk Devleti içerisinde Ergenekon ve Ergenekon benzeri düşünce ve anlayışların kabul edilmemesi, gayrimeşru ilan edilmesi, yanlışlığının ortaya konması ve devletin hukuk sistemi içerisinde meşru kurumları aracılığıyla mahkûm edilmesidir. Yargılama sonunda bir veya birkaç kişinin ceza alması, cezanın az veya çok olması hiç önemli değildir. Mühim olan bu düşünce ve anlayışın yanlış olduğunun mahkeme tarafından tescil edilmesi ve hukuk sisteminin bu yanlışlığı mahkûm etmesidir. Bana göre mahkeme bunu gerçekleştirdiği anda amaca ulaşılmış demektir.

Aslına bakılırsa yakın geçmişte iki darbe, üç muhtıra görmüş, üstelik her darbeden sonra siviller ile darbeyi yapanların önceden anlaşarak darbe gününü beklediklerinin ortaya çıktığı bir ülkede, böyle bir örgütün veya farklı bir illegal yapılanmanın olması hiç kimseyi şaşırtmamalı. Belki hiç bu açıdan bakmadığımdan, belki polis olmanın verdiği alışkanlıkla rejimi korumak için her yol mubah anlayışının şuur altıma işlemiş olduğundan, belki de geçmiş 12 Eylül dönemi öncesi artan terör olayları nedeniyle darbe sonrasında olayların ve kanın durmasını uygun bulduğumdan bu sahadaki örgütlenmeler üzerinde hiç düşünmemiştim. Hâlbuki bunu en iyi bilecek olan bendim, çünkü yaşadıklarım ve bildiklerim bunun olmamasını imkânsız kılıyordu.

Devlet Nedir? Yetkileri Ne Olmalı?

Türkiye ve bütün geri kalmış ülkelerde en büyük sorun devletin tanımından ve sahip olduğu yetkilerden kaynaklanmaktadır. Devlet nedir? Nasıl olmalıdır? Devletin varlık nedeni nedir? Bu sorulara verilecek cevaplar bizim devlete ilişkin sorunlarımızın anlaşılmasına yardımcı olacaktır. Tarihin erken dönemlerinde devlet, Batı'da derebeylerinin, Doğu'da ve bizde aşiret, boy, kabile reisinin topraklara zorla el koymasıyla ve bu topraklar üzerinde yaşayan insanlar üzerinde hak iddia etmesiyle ortaya çıkmıştır. Zaman içerisinde bazen bir dini yaymak adına hareket ederek din devletlerine, bazen de belli bir inanç veya ideolojiyi yaymak adına hareket eden ideoloji ve inanç devletlerine dönüşmüştür. Bugünkü anlamda devlet, geçmişteki devlet anlayışlarının yok olup, yerini modern anlayışa bırakmış olduğu devlettir. Modern anlayışa göre devlet, vatan olarak tanımladığı sınırlar içerisinde kendisine vatandaşlık bağı ile bağlı olan vatandaşlarının huzur ve güven içinde yaşamalarını sağlayan, vatandaşlarının ortak ihtiyaç ve isteklerini temin eden bir organizasyondur. Daha açık bir ifadeyle devletin tek amacı ve tek varoluş sebebi vatandaşlarının huzur ve güvenini sağlamaktır. Vatandaşların huzuru, güveni, rahatı nasıl sağlanacaktır? Bu sorunun cevabı bizzat devletin vatandaşları tarafından verilecektir. Devletin vatandaşları kendi istek ve taleplerini kendileri tartışacaklar, tartışma sonucunda karara varacaklar, ortak kararlar doğrultusunda örgütlenerek (partileşerek) devletin yönetimine talip olacaklardır. Farklı kararlar etrafında toplanan vatandaşların oluşturduğu farklı örgütler serbest bir seçim sürecinde yarışarak, tüm vatandaşların tercihi sonucunda bir örgütü devletin yönetimine getireceklerdir. Vatandaşların huzurunun ve güvenliğinin nasıl sağlanacağına ilişkin vatandaşların tümünün karar vermesine demokrasi denir. Dolayısıyla demokrasiye dayanan devletlerde, devletin varlık sebebi kendi vatandaşlarının huzuru ve güvenliğini korumakla sınırlı olup, huzur ve güvenliğin ölçüsü, nasıl sağlanacağı sorunu bizzat vatandaşlar tarafından tayin edilmektedir.

Oysa ülkemizde maalesef böyle olmuyor. Devlet vatandaşın ne istediğini, nasıl istediğini biliyor ve tayin ediyor. Hatta devlet, "benim vatandaşım doğruyu, iyiyi bulamayacağından vatandaşa sormaya gerek yok, ben yol göstermeliyim, ben yapmalıyım, ben belirlemeliyim" diye kendince bir ölçüt koyuyor, bir ideoloji inşa ediyor ve bir yönlendirme yapıyor. Hâlbuki resmi devlet kurumlarının ve yetkililerinin asla ideolojileri olamayacağı gibi, asla görüşleri de olamaz. Devlet ve devleti temsil eden kurumlar, güçler ve kişiler sadece vatandaşlarının yapmış olduğu kanunlar çerçevesinde vatandaşlarının kendisine vermiş olduğu görevleri yerine getirirler. Amaçları vatandaşlarına, halkına hizmet etmektir. Halk nasıl bir hizmet istiyorsa onu yasalarla tayin edecektir, yasalar da milli irade ile tayin edilecektir. Hiçbir devlet kurumu (asker, maliye, bayındırlık vs.) vatandaşlarına dayatmada bulunamaz; onların nasıl yaşayacaklarını söyleyemez, onlardan belli bir ideolojiyi, bir fikri, bir dünya görüşünü savunmalarını talep edemez. Bu tür uygulama ve taleplerin hiçbir meşru temeli yoktur. Olamaz ve olmamalıdır. Olayların doğru tahlil edilebilmesi ve görülebilmesi için bu çok net bir biçimde anlaşılmalı ve herkes tarafından bilinmelidir.

Tek bir kişinin yaşadığı bir ülkede veya dünyada doğal olarak devlete ihtiyaç yoktur. Fakat topluluk halinde yaşamak zorundaysak, devlete ihtiyaç duyarız. Devletin ilk görevi, toplumun bireyleri arasındaki işbirliği için, belirli tür hizmetlerin (örneğin herkes yol yapamaz, herkes telefon şebekesi, elektrik teşkilatı vb. kuramaz) ortak ve tek elden yapılabilmesi için alt yapıyı sağlama rolünü üstlenmek, toplumun ortak hizmetlerini koordine edecek bir ortak hizmet noktasını tanzim etmektir. İkinci görevi, toplumu oluşturan bireylerin güvenliğini sağlamaktır. Toplumu oluşturan bireylerin tümünün polis, tümünün asker olması beklenemeyeceğine göre, bireylerin ve toplumun ortak sorunu olan güvenlik sorununu çözmekle görevlidir. Aslında, devletin vatandaşlarının ortak iç ve dış güvenlik ihtiyaçlarının su, elektrik, telefon gibi diğer ortak ihtiyaçlarından hiçbir farkı yoktur.

Devletin bu iki asli görevi, toplumu oluşturan birey ve grupların kendi kişisel dünyalarında rahat ve huzur içinde yaşamaları için gereken her türlü tedbiri almakla sınırlıdır. Toplumu oluşturan birey ve grupların kendi kişisel dünyalarında nasıl yaşayacakları, nasıl davranacakları hiçbir biçimde devletin görev tanımına dahil değildir ve devletin bu alanda tedbir alma, düzenleme yapma yetkisi bulunmamaktadır. Bununla birlikte toplumu oluşturan birey ve grupların kendi aralarında, birey ile birey, birey ile gruplar arasında ortaya çıkacak olası sorunlara devletin müdahale etmesi, bu sorunları toplumun o günkü ve geçmişteki ortak teamüllerine ve hatta insanlığın tarihsel süreç içerisinde oluşturmuş olduğu evrensel teamüllere göre çözmesi gerekir ve müdahalesi bu sınırlar içerisinde kalmalıdır. Azınlığın hakları korunarak, çoğunluğun talepleri yerine getirilmelidir.

Devletin ve kurumlarının, toplumu oluşturan birey ve grupların kişisel dünyalarına müdahale etmesinin, belirli bir hayat tarzını ve davranış biçimini dayatmasının, bu alanda söz hakkı iddiasının hiçbir meşru dayanağı yoktur. Aksi takdirde, iddia edilecek meşruluğun kaynağının ne olduğu ve hak iddiasını ne üzerinde temellendirdiği sorularının sorgulanması gerekir. Tarihte örnekleri görüldüğü gibi devlet, belirli bir ideoloji veya belirli bir din ve inanç çerçevesinde örgütlenmişse, halkın taleplerini dikkate almaksızın, bu ideoloji veya inanç doğrultusunda topluma müdahale edebilir. Her ne kadar bu tür bir müdahalenin bilimsel bir dayanağı, evrensel düzeyde bir gerekçesi yoksa da da devletin dayandığı ideoloji ve inanç çerçevesinde meşru görülebilir. Örneğin Osmanlı İmparatorluğunun veya Avrupa'nın Hıristiyan devletlerinin amaçları, sahip oldukları dinsel inancı yaymak ve savunmaktır. İnançlarını ve bu inançları doğrultusunda müdahale haklarını bir düşünce bütünlüğü içerisinde iddia edebilirler. Ya da bir beylik veya hanedanlık devletinde o bey veya hanedan devletin bütün topraklarının kendisine ait olduğunu iddia ediyorsa, devletin kuruluş amacının bu olduğunu savunuyorsa, yapacağı her türlü tasarruf bu çerçevede değerlendirilebilir ve kabul edilebilir.

Fakat günümüz dünyasında, modern devletlerin tek amacı vardır: vatandaşlarının huzurunu, rahatını, refahını ve güvenliğini sağlamaktır. Vatandaşlarının huzurunun, rahatının, refahının ve güvenliğinin ne olacağını tayin etmek sadece vatandaşların kendisine ait bir haktır. Devlet ancak vatandaşlarının belirlediği doğrultuda hareket eder ve buna uygun olarak şekillenir. Bir toplumda yaşayan insanların kendi istekleri ve arzularına uygun olarak belirlemiş olduğu bir yönetim biçiminin dışında bir yönetim biçimini dayatmanın meşru bir temeli yoktur. Kendi söylemlerine ve ölçütlerine göre de mantıksal bir açıklaması bulunmamaktadır.

Her toplumun kendi sorunlarına ilişkin cevapları, kendi yaşam biçimlerini, geleceklerini akıl ve bilim ölçeğinde araması gerekir. Aklın ve bilimin dışında herhangi bir ölçütü kabul etmenin ve toplumdan istemenin hiçbir meşru gerekçesi olamaz. Örneğin dayandığı temel ilke akıl ve bilim olan laiklik anlayışını, akıl ve bilimin ölçütleri dışında başka dogmalara göre düzenlemeye çalışmak, bizzat laiklik anlayışına aykırı davranmaktır. Aklın ve bilimin dışındaki bir ölçütün, bu ölçüt ne olursa olsun, hangi ideoloji tarafından belirleniyor olursa olsun, toplum ve devlet hayatına getirilmesi laikliğe aykırıdır. Bunlar herhangi bir dinsel inanç ve duygu veya gelenek ve görenek de olabilir. Belki daha somut olarak, şu kişinin veya bu kişinin şu devlet adamının veya Atatürk'ün görüşleri olduğu söylenebilir. Bu görüşler de asla makul değildir. Burada olması gereken ölçüt, toplumun kendi değerleri, inançları, istekleridir ve toplum içerisindeki örgütlü yapılar aracılığıyla yönetime geldikleri sürece makuldür. Beğenip beğenmemek kimsenin haddinde olmadığı gibi kimsenin hakkı da değildir. Toplumun seçtiğine herkesin saygı duymak mecburiyeti vardır.

Her rejim, her devlet değişime karşı direnen tutucu ve doğal bir yapıya mutlaka sahiptir. Krallıklar, rejimin ve kralın değişmemesi için bir takım kurallar koyarlar ve krallığın yıkılmasını isteyenlere karşı tedbirler alırlar. Teokratik devletler de yine kendi devletlerinin rejimlerinin değişmemesi için tedbir almışlardır. Bununla birlikte dünya her zaman değişmiş, o safhalardan geçerek bugünkü modern devletlerin ortaya çıkması ile sonuçlanmıştır. Bugünkü yönetim biçimleri de demokrasinin kurallarına uygun olarak başka bir rejime, daha iyiye doğru değişmek mecburiyetindedir. Bu, dünyanın sonu değildir. Toplumsal gelişimin de, toplumsal evrimin de sonu değildir. Mevcut tüm rejimler mutlaka değişecektir.

Bugün için Türkiye Cumhuriyeti Anayasası'ndaki bazı hususları değişmez kurallara bağlamak da asla akılla izah edilecek bir konu değildir. Anayasanın değiştirilemez, değiştirilmesi teklif dahi edilemez türündeki maddelerini savunan anlayış, bugün için kendini haklı kabul edebilir, bu maddelerin akla ve bilime uygun olduğunu, aksini savunmanın mümkün olamayacağını söyleyebilir. Sorun bu maddelerin doğruluğu veya yanlışlığı değil, bir ülkede tüm halkın istemesine rağmen değiştirilemez madde veya ölçüt koymanın yanlışlığıdır. Belki Türk halkı hiçbir zaman bu maddeleri değiştirmeyi düşünmeyecek, değiştirilmesine karşı çıkacaktır. Önemli olan husus değiştirilemez madde koyma anlayışının yanlışlığıdır. Hiçbir argüman ve sebep ileri sürerek hiç kimse halkın yüzde yüzünün isteyip de değiştiremeyeceği bir hususun olabileceğini savunamaz, savunanın da gerekçesi kabul edilemez. Mutlaka değişmek mecburiyetinde olana karşı önlem alınamaz. Bununla birlikte alınabilecek önlemin ve değişimin ölçüsü de akıl ve bilim olmalıdır. Toplumun kendi değer yargılarının belirleyeceği bir ölçü temel alındığı zaman değişim iddiası dışındaki tüm iddialar, tüm kurumsal dayatmalar ve topluma yön vermelerin hepsi gayri meşru konumuna gelir. Asla meşru zeminde kabul edilemez, asla tartışılamaz. Bunların doğruluğunu söylemek asla akılla izah edilebilecek bir şey değildir. Hiç kimse belli devlet kurumlarının isteklerinin doğru olduğunu iddia ederek toplumun bu istekler doğrultusunda şekillenmesi gerektiğini söyleyemez. Türkiye şartları içerisinde yönlendirilmiş, psikolojik harekâta maruz kalmış, Türkiye'de resmi ideolojinin yönlendirmesiyle halen bunu savunan insanlar ve bilim adamları olabilir, ama maalesef onlara bilim adamı denemez, sadece adları itibarıyla bilim adamlarıdır; taşıdıkları niteliklerle değil.

Dünya ölçeğinde batı dünyasına ve kalkınmış ülkelere baktığınızda bizim ülkemizdeki durumun aksine, oralarda tek ölçüt kendi insanlarının fikir ve düşünceleridir. O ülkelerde devletin resmi kurumları asla bir ideolojiye sahip değildir, devletin kurumları toplum karşısında bir hak iddia etmez ve hatta böyle bir şeyin tartışılmasını düşünmeyi bile abes karşılar. Bu açıdan bakıldığında, Türkiye'deki resmi kurumların durumunu, bunların hal ve davranışlarını anlamak mümkündür.

Türkiye öyle bir noktaya gelmiştir ki halkın kendi iradesi ile seçtiği hükümetin yöneticilerinin pek çoğu resmi kurumlar karşısında aciz kalmaktadır. Ancak bu kurumlara yakınlaşarak bir varlık gösterebilmektedir. Maalesef kendisine bir takım sıfatlar atfedilen birçok kişi de tüm bu olanları savunabilmektedir. Zaten bu ülkede bu kadar büyük yanlışlıkların hâlâ varlığını sürdürmesinin nedeni de fikir ve düşünce alanında bu kadar büyük sapkınlığın olmasından kaynaklanmaktadır.

Bugün "Bölge"de Kişilikli İnsan Yetiştiremeyiz!

Özgür bir insanda kişilik gelişir; baskı altında olan bir insan doğru bildiği gibi değil, kendisinden istendiği gibi davranır. Doğu'da gece PKK, gündüz devletin fiziki ve fiili baskısı altında olan insanlar nasıl kişilikli davranır? Gece PKK'nın, gündüz güvenlik kuvvetlerinin şiddeti dayattığı bir yerde nasıl doğru düzgün, kişilikli ve karakterli bir insan olabilir? Baskının hüküm sürdüğü koşullarda kişilik oluşur mu? İşin, ekonomik özgürlüğün ve sosyal güvencenin olmadığı bir yerde şahsiyet gelişir mi? Peki böyle bir durumda gelişmeden bahsedilebilir mi? İcat, yenilik olur mu?

PKK'nın her zaman, herkese zor ve şiddet uygulamadığı; devletin herkese kanunsuz davranmadığı söylenebilir. Fakat bölgedeki günlük yaşamı göz önüne alırsanız her anın, her olayın bir insan üzerinde nasıl bir baskı yarattığını kavrayabilirsiniz. Mesela, düşünün ki gece PKK'lılar evinize geldi. Ekmek istiyorlar, yol soruyorlar, güvenlik kuvvetleri hakkında bilgi istiyorlar, hatta daha da ileri giderek kendilerine maddi destek vermenizi ya da çocuğunuzun kendilerine katılmasını istiyorlar. Bu taleplere hayır diyerek karşı çıkabilir misiniz? Ailenizin ve kendinizin can güvenliği için, ailenizi koruma içgüdüsüyle örgütten yana gözükmeye çalışarak dediklerini yapmanız çok doğaldır. O ortamda yaşayan insanların maddi imkânı olmadığından bölgeyi de terk edemiyor, mecburen örgütten yanaymış gibi bir tutum sergilemeye devam ediyorlar. Bu durum, bölgede yaşayan herkes için geçerli olan normal bir yaşam biçimidir. Diğer taraftan da gündüzleri askerler veya polis geliyor, örgüt hakkında bilgi istiyor, örgüte yardım etmemeleri konusunda halkı uyarıyor. Köylü karşı çıksa, aklından geçirdiği gibi davransa gözaltına alınabileceğinin, mağdur edilebileceğinin, kanundan bahsetmek istese de kimsenin onu dinlemeyeceğinin farkında. Geçmişte kimlerin infaz edildiğini, hangi köylerin yakıldığını, mülki amir ve savcıların şikâyetlere dahi bakmadığını biliyor. Güneydoğu'daki yaşam ve burada yaşayan insanlar göründüğünden çok daha ağır ve büyük güçlerin baskısı altındadır. Bu baskıya kimsenin tek başına veya bir grup olarak karşı koyması mümkün görünmüyor. Belki uzaktan bakılınca yaşananlara direnç göstermek kolay görünebilir ama hiç kimsenin bu bölgedeki baskılara dayanamayacağı kesindir.

Bu baskılar veya aklına esen her şeyi yapma kudretine sahip güçler karşısında inandığı ve düşündüğü gibi davranamayan, buna izin verilmeyen insanlar mecburen sahtekârca davranacaklardır. Uzun süre bu şekilde yaşamak zorunda kalan insanlarda sahtekârlık bir yaşam biçimine ve davranış şekline dönüşür. Bir kişilik halini alan sahtekârca davranmak, o ortam içerisinde bulunan her insanı da böyle davranmaya itecektir.

Yukarıda anlatılan yaşam tarzının biraz yumuşak biçimi, ülke genelinde büyük çoğunluk için de geçerlidir. Hukuk, adalet, eşitlik ilkelerinin herkes tarafından özümsenmediği bir toplumda, herkesin istediği eğitimi göremediği, ekonomik özgürlüklerin olmadığı, kişilerin geçimlerini sağlayacak bir iş bulamadığı bir ortamda kişilikli insanlardan bahsedilemez. İnsanlar daha iyi imkânlara kavuşmak için, işini kaybetmemek için yetkilerini keyfi kullanan kişilere karşı çıkamaz. Hatta yetkililerin makul isteklerine dahi aşırı hassasiyet gösterecekler, onları memnun etmek için kişiliklerinden; tehlike ihtimallerini bertaraf etmek için istemeden onurlarından, hatta namuslarından taviz vereceklerdir. İstenilen şekilde davranmadığı takdirde işten çıkarılma ihtimalinin ne demek olduğunu ancak bu riskle karşı karşıya kalanlar bilebilir.

İnsanlar baskı altında değil, özgür oldukları, güven içinde yaşadıkları ortamlarda düzgün bir kişilik geliştirebilirler. Sağlam karakterli güçlü insanların oluşturduğu kurumlar fonksiyonlarını çok daha iyi yerine getirir ve bu kurumlara sahip toplumlar daha hızlı kalkınır. Bu tür toplumlarda daha çok artı değer yaratılır, insanlar huzur içinde yaşarlar. Ülkemizde kurumlar, makamlar ve kişiler en ufak bir rüzgâr çıktığında hemen savruluyor, en hafif bir fiske ile yıkılıyorlar. Güç kimde ise o tarafa yaslanıyor, hatalı veya yanlış olana karşı koymuyor, görevlerinin gereklerini yerine getirmiyorlar. Geçmiş dönemlerde askerlerin yönelimlerine göre bütün kurumlar kanun, hukuk, demokrasi vb. her şeyi bir tarafa bırakarak, hemen askerin yanında yer alıyorlardı. O anlı şanlı kurumlar demokrasi ve hukuk adına tavır koyamadı, hepsi "Simon" gibiydiler. 1960 İhtilali ve sonrası, kurumların bu konuda göstermiş oldukları korkunç örneklerle doludur; 12 Eylül'de epey kötü sınav verildi, 28 Şubat, kapatma davası vs. daha da vahimdi. Fakat şimdi güç odağı değişti; şimdi hükümet, başbakan bu güce sahip, rüzgâra göre eğilenler, bu defa da bu yeni rüzgâra göre eğilmeye başladılar.

Ülkenin ilerlemesi, kalkınması için önce kişiler sosyal olarak gelişmelidir. Sosyal olarak gelişmiş insanlar ve onların oluşturduğu sivil örgütler onurlu bir duruş sergileyebilir ve ülkenin kalkınmasına katkıda bulunabilir. Kişiliğin sosyal gelişimi kolay değildir; belirli ortamlarda ve koşullarda gerçekleşebilir. Özgürlüğün olmadığı bir ortamda, insanın konuşmalarından dolayı sorgulanabildiği, hakkında davalar açılabildiği, birilerine hedef gösterilebildiği veya birilerinin hedefi olabildiği ve hatta düşünceleri nedeniyle şiddete maruz kaldığı veya kalma riskinin olduğu bir ortamda insan kişiliği gelişebilir mi? Örgüt, devlet, kanun ve polis tehdidinin olduğu bir ülkede nasıl sağlam karakterli insanlar yetişebilir? Bu koşullara bakmadan 'neden bu ülke gelişmiyor?' diye soruyoruz. Gelişmemesi anormal bir durum değil ki. Düşünce ve örgütlenme özgürlüğünün tam olduğu, ayıplanma ve horlanma tehdidinin olmadığı sosyal ve siyasal ortamlarda, kimsenin kimseye muhtaç olmadan yaşama imkânına sahip olduğu, iş ve ekonomik gelir temin edilebilen toplumlarda insanların kişilikleri gelişebilir. Kurumları kişiler, devleti ise kurumlar yüceltir. Devletin yücelebilmesi için kurumların yücelmesi, kurumların yücelebilmesi için de kişilerin yüceltilmesi gerekir.

Bir kurumu yüceltecek kişiler, kişisel gelişimlerini sağlayabilmeli, özgürce düşünebilmeli, yanlışları irdeleyemediği kurallarla, geleneklerle, tek tip insan yetiştirme amacındaki eğitimin sunduğu resmi ideolojiyle kendini sınırlamamalı, kendilerini anlamsız kurallar içine hapsetmemelidir. Bu tür ortamlarda insanların kişilikleri oluşur, fikri tartışmalardan, yeniliklerden etkilenirler, kurumlarını ve çevrelerini yanlıştan korurlar, kimlikleri ve kişilikleri rüzgârlardan etkilenmez, her rüzgârın önünde eğilmezler.

Ülkemiz, bırakın amirini eleştiren, yanlış karşısında tavır koyan ve görevinin gereğini yapan insan bulmayı, mevcut güç merkezinin gözüne girmek için kural tanımadan her türlü değeri ayaklar altına alan, üstünün istediği her şeyi itirazsız yerine getiren kişilerle doludur. Bu tür kişilerle bu ülke nereye gidebilir? Batı'da başbakanlar, bakanlar yanlış yaptıklarında mahkemelerce yargılanırken bizde hiçbir yargılamaya muhatap olmazlar. İdeolojik açıdan öteki olarak gördüklerine karşı çıkanları bir tarafa bırakırsak ülkemizde yanlışlara karşı çıkan, meseleleri sorgulayan insan sayısı çok azdır. Bu durum her meslek ve kesim için geçerlidir. Her alanda yağcılık yapan, kendi menfaatini düşünen, ilkesiz, vicdani duyarlılığa sahip olmayan, ahlaki ve manevi hazzı bilmeyen türde insanlar yaratılıyor.

Gelişmiş ve Geri Kalmış Ülkelerdeki Yapı: Resmi ve Sivil Doku

Geri kalmış ülkelerle kalkınmış ülkeler arasında ilk bakışta göze çarpan en önemli fark resmi ve askeri dokunun görünüş biçimidir. Maddi olarak kalkınmış olmakla birlikte toplumsal olarak geri kalmış bütün ülkelerde resmi üniforma, resmi araç ve gereç, askeri faaliyetler her zaman ön plandadır. Televizyonlarda, sosyal hayat içinde her olayda resmiyet önde durur. Genellikle devlet ve hükümet başkanları hep resmi giyinmeye, resmi davranmaya çalışırlar. Merasimlerde, bayramlarda her zaman askeri geçitler yapılır ve askeri törenler öne çıkarılır; herkes üniformalıdır. Böyle bir ülkeyi gözlemlediğinizde hiç tereddütsüz sosyal olarak geri kalmış, özgürlüklerin sınırlandırıldığı bir ülke olduğunu söyleyebilirsiniz. Bir ülkede görünen askeri yapı, üniforma, militarist işaretler ne kadar ön planda ise o ülkenin geri kalmışlık düzeyi de o kadar yüksektir. Örneğin Avrupa ülkelerinde trafik polisinden başka (o da yeterli orandadır, asla bizdeki kadar değildir) resmi üniformalı hiçbir görevli, makineli tüfekle nöbet bekleyen polis ve asker göremezsiniz. Şu söylenebilir; O ülkelerin bizim özel koşullarımıza sahip olmadığı, PKK gibi illegal örgütler bulunmadığından, polis ve askerin nöbet tutmasına gerek olmadığı söylenebilir. Gerçekten sorulması gereken doğru soru şudur: Ülkemizde PKK olduğu için mi silahla nöbet tutuluyor? Yoksa silahla nöbet tutulduğu için mi PKK var? Yani, bir terör örgütü var olduğu için mi devlet baskıcı bir tutum içinde, yoksa devletin baskıcı tutumu nedeniyle mi böyle bir terör örgütü ortaya çıktı? Bu soruların cevabını iyi düşünerek vermemiz gerekiyor.

Bir keresinde Japonya'ya gitmiştim. Osaka'da dört gün süresince şehirde gezerken, Japon polisinin tutumunu, kıyafetlerini, kullandığı araçları gözlemlemek için etrafa bakmama rağmen bir tane bile polis görememiştim. Bir ara resmi görünümlü, motosikletli iki kişi gördüm, kanaatimce göre Japon trafik polisiydi. Bence ölçü bu olmalıydı. Aynı şekilde kısa süreli olarak en az 20-30 defa bulunduğum Avrupa ülkelerinde sokakta resmi üniformalı polisi çok az, askeri üniformalı kişileri ise bir veya iki defa görebildim. Bu durum sadece üniformalı bir görevliyi fiziki olarak görememekti, benim gibi ülkenin dışından gelen birisinin polisin toplumsal yaşam üzerindeki etkisini hissetmesi mümkün değildi. Kalkınmış ülkelerdeki sokak ve caddelerde hiçbir zaman resmi geçitler göremezsiniz, basında askeri güçleri öne çıkaran haberler yer almaz, ordu mensupları beyanatlar vererek etkin olduklarını göstermez. Bence bu durum, bir toplumun sosyal kalkınmışlık düzeyinin ve demokrasisinin en önemli göstergesidir. Şu soruyu sormadan duramıyorum: Acaba bizim ülkemiz dışarıdan bakıldığında nasıl görünüyor?

Köleliğe İtiraz

Köleler hiçbir zaman köleliğe karşı çıkmamışlardır, bu sisteme asıl karşı çıkanlar özgür insanlardır. Köleler kendi durumlarını kabullenerek, sadece sahiplerinden durumlarını iyileştirecek şeyler yapmasını (daha iyi muamele, biraz daha fazla yemek, vb) talep etmişlerdir. Köleliğin adaletli olmasını istemişlerdir; hâlbuki varoluş temeli bakımında adaletsiz bir sistemden adalet beklemek boşuna bir çabadır.

Köle sahipleri kölelik düzeninin devamını istiyor, köleler de bu düzeni kabulleniyorlardı. Efendinin adamları da bu düzende kendi üzerlerine düşen rollerini layıkıyla yerine getiriyorlar, hiçbir biçimde bu düzene karşı çıkmıyorlardı. Köle olarak doğmuşlar, tanıdığı herkes gibi köle yaşamışlar ve köle olarak yaşamaya devam ediyorlardı. Yaşadıkları düzenden farklı bir sosyal düzen tanımıyor, farklı bir düzenin olabileceğinden habersizlerdi. Bu nedenle düzenin değiştirilmesini değil de, düzenin ve kendi durumlarının biraz daha iyileştirilmesini talep edebiliyorlardı.

Bugün bizim içinde bulunduğumuz durum da bir anlamda bir kölelik düzenidir. Biz de sanki eski çağlardaki köleler gibiyiz? İçinde yaşadığımız düzeni olduğu gibi kabulleniyoruz. Ruhlarımız ve akıllarımız adeta esarete alışmış; özgürlüğün ne olduğunu tam olarak bilmediğimiz için mevcut durumu doğru olarak kabulleniyoruz. Yaşadığımız sistemden dışında bir şey görmemiş kişiler olarak, bu sistem dışında başka bir sistem aramamız, istememiz mümkün mü? Zamanın köleleri mi, yoksa gerçek manada özgür insanlar mıyız? Farklı alternatifleri görerek mi bu hayatı tercih ettik? Yoksa verili olana alışık olduğumuzdan mı bu düzenin dışına çıkamıyoruz? Bundan emin değilim.

Bu toplumda, birçok kişi diğerlerinin hakkını gasp edebiliyor, onlara keyfi muamele yapabiliyor. Yüksek düzeydeki yöneticiler keyiflerine göre atama yapabiliyor; istediği kişiye istediği görevi ya da ruhsatı verip, devlet imkânlarını istediği şekilde tahsis edebiliyor, iki üç tane odacı, temizlikçi kullanabiliyor. Evde ayrı, işte ayrı hizmetliler, kendilerine tahsis edilmiş makam araçları, lojmanlar... Efendilerimiz kendilerine yakın duranlara nimet dağıtıyor, uzak duran yağcılık yapmayanlara mümkün olanın en azını veriyor veya görevinden uzaklaştırıyor. Herkes bu durumu kanıksamış, kabul etmiş görünüyor. Herkes kendi çıkarını gözetme, fayda sağlama peşinde. Kendisine yapılmadığı müddetçe sistemdeki haksızlık ve hukuksuzluklara ses çıkarmıyor, ama hukuksuzluk kendisine yönelirse o noktada itiraz etmeye başlıyor, zira bu sistemin bizatihi yanlış olduğunu düşünmüyor. Günümüzde sahip oldukları yetkilerle ve keyfi uygulamalarıyla kamu gücünü kullananların modern zamanın efendilerini, onlara tâbi olanların ise köleleri temsil ettiğinden hiç şüphe var mı?

Resmi Kurumlardaki Ast-Üst İlişkisi

İçinde bulunduğum çevre beni de bu düzene uygun davranmaya zorluyordu. Yanlış olduğunu bilmekle beraber benim de iki kocaman makam odam, iki makam otomobilim, özel veya resmi misafirlerimi gezdirmem için bir tane vip minibüsüm, ayrıca eşim için bir otomobil, kocaman bir lojman, iki tane hizmetli, 3 şoför, 2 koruma, evde başka bir yardımcı hizmetlim var. Zile basıyorum çay ve kahve geliyor, telefonlarımı sekreter bağlıyor, ister sabit isterse de cep telefonundan istediğim kadar sınırsız konuşabiliyorum. Sahip olduğum imkânların birçoğunu hatırlamıyorum dahi. Benden çok daha fazla imkânlara sahip emsallerim de vardı. En mütevazısı bendim. Fakat bana sağlanan imkânları biraz daha azaltsam "gösteriş için, mütevazı gözükmek için yapıyor" denmesi ihtimalinden korkuyordum. Bana bağlı olarak görev yapan 22 kişilik ekibi azalta azalta ancak 10 kişiye düşürebilmiştim.

Oysa bana sağlanan imkânlardan daha fazlasını kullanmam konusunda astlarım "senin hakkın müdürüm, kullan" şeklinde telkinde bulunuyorlardı. Onlar kötü niyetle değil, samimi olarak benim bunları yapmaya hakkımın olduğuna inanmışlardı; bir müdür olarak devletin imkânlarını istediğim gibi kullanmak hakkımdı. Tüm illerde ve kurumlarda durum buydu, böyle görmüşler, böyle bir ortamda çalışmışlar ve ilerde terfi edip yükseldiklerinde, kendileri de böyle olacaklardı. Akılları ve mantıkları da bunu uygun görüyordu. Bu, namuslu ve dürüst olarak kabul edilen görevlilerin yaklaşımıydı. Kendilerini dürüst olmayanlar, yani rüşvetçi, baskıcı, maddi menfaat temini için haksızlık yapan, hukuk tanımayanlardan ayırıyorlardı.

Bu durum hemen hemen her kurumda geçerliydi. Her yerde ve her kademede, hatta üst kademelerde daha da yoğun olarak hissediliyordu. Bakanlar, genel müdürler, başkanlar, valiler, müdürler, hepsi daha keyfi ve daha ölçüsüz olarak imkânları kullanıyor, bunu kendilerinde bir hak olarak görüyorlar. Geçmişte yetki kullanımına ilişkin anlatılan bir fıkrada, valilerin adam asma yetkilerine sınır getirilip hiç kimse mahkeme kararı olmadan asılmayacak dendiğinde zamanın Erzurum Valisinin "keyfimce bir adam bile asamadıktan sonra, ne yapayım ben valiliği" dediği anlatılır. Bu tabii bir durumu abartan fıkra, fakat daha düne kadar ben, hiçbir sebep göstermeden yüzlerce evi arayabildiğimizi, insanları gözaltına alabildiğimizi, istediğimiz iddialarda bulunup işlem yaptığımızı hatırlıyorum. Kimse bunu inkâr edemez. 1984 yılına kadar fiilen yaptığım soruşturma, operasyon büro amirliği, siyasi şube müdürlüğü görevlerim esnasında ne kadar ev ve işyeri aradığımızı, ne kadar insan gözaltına aldığımızı dahi hatırlamıyorum. Bütün ev aramalarını gece yapardık, hiç mahkeme kararı ve savcı talimatı almadık. Belki terör şüphesi, örgüt evi, terörist bahanesi vardı ama bu şüphelerde tek başına yeterli değildi. 1988 yılında başlayıp 1995 yılında fiilen bıraktığım dinleme ve izleme işlemleri dolayısıyla binlerce telefonun dinlenmesine karar verdim ama bir iki istisna dışında mahkeme kararı aldığımızı hatırlamıyorum. Bu gün her şey mahkeme ve yargı kararı ile oluyor, ama düne kadar hiç böyle bir durum söz konusu değildi.

En çirkini de ast makamda bulunanların üst makamdakilere hitap şekliydi. Övgüyle başlayan bu tutum, öyle bir hale geldi ki üst makamda bulunanların ilahlaştırılmasına kadar vardı. Yapılan sıradan olumlu bir eylemden dolayı üst makamda bulunanlar göğe çıkarılıyor; elde edilen tüm başarılar tamamen onların sayesinde gerçekleştirilmiş gibi davranılıyordu. Bu arada alt makamda bulunanlar üstlerini yüceltmek için kendi kişiliklerini ve yaptıklarını aşağılamakta beis görmüyorlar, onurlarını hiçe sayıyorlardı. Böylece görevi sadece onay vermek, ödenek göndermekten ibaret olan üst makamda bulunanlar, sanki o işi tek başlarına yapmışlar gibi övgülerle yere göğe sığdırılamıyorlardı. Kendi kişiliğini yok eden, kendi çalışma ve emeğine değer vermeyen bir kişilikti söz konusu olan.

Benzer bir durum bayramlarda ve törenlerde yapılan Mustafa Kemal Atatürk övgüleri için söz konusuydu. Resmi bayramlardaki törenlerde Atatürk övgüleri öyle bir abartılır ki, bir taraftan Mustafa Kemal göklere çıkarılırken, diğer taraftan da milleti ve tüm değerleri yok sayılır, neredeyse sıfır seviyesine indirilirdi. Oysa Atatürk'ü göklere çıkaran aynı anlayış, bir yanda kendisine ve ulusuna, diğer yanda da Atatürk'e hakaret etmektedir. Kendini aşağılama, üstü yüceltme anlayış ve kültürünün bugünkü gelmiş olduğu düzeyi, dışarıdan bakılınca, komikliğin çok ötesinde acınacak bir vaziyeti göstermektedir.

Batı dünyasının da kahramanları, kurtarıcıları vardır. Onlar da törenlerde bu kahramanlara övgü ve saygılarını ifade ediyorlardır ama herhalde bireylerin kişiliğini ve toplumun tüm değerlerini sıfırlayarak kurtarıcılarını ilahlaştırmıyorlardır. Aynı şekilde resmi kurumlardaki ast-üst ilişkilerinde astlar üstlerine yaranmak için kişiliklerinden taviz vererek kendilerini aşağılamıyorlardır. Resmi görevlerim nedeniyle sayısını unuttuğum kadar çok ülkede bulundum. Kalkınmış batı ülkelerinde ülkemizdekine benzeyen bir duruma rastlamadım. Batı ülkelerindeki emsal meslektaşlarımı gördüğüm zamanı da hatırlıyorum. Onlar ülkemize geldiklerinde kendilerine birkaç tane hizmetli görevlendiriyor, araçlar tahsis ediyor, onları polis evlerinde ağırlıyorduk. Biz onları ziyaret ettiğimizde ise, eğer ziyaret resmi bir heyetle yapılıyorsa dışarıdan belli bir hizmet alıyorlardı. Ama tek kişi olarak ziyaret ediyorsak, bize ikram ettikleri çayı dahi kendileri alıp getiriyorlardı. Makam arabaları yoktu araçlarını kendileri kullanıyorlardı, korumaları da yoktu, sekreterleri olmadığından telefona kendileri bakıyor, telefonlarını kendileri arıyorlardı. Polis evi ve lojman da yoktu. Restoranda yemeklerini yiyorlardı. Üstler ile astları arasında eşit seviyeli bir hitap biçimi vardı. Üstü öven yersiz bir tek cümle duymadım, üstler de ilah değildiler. Bu açık olarak hissediliyordu.

Ülkemizdeki duruma dışarıdan baktığımızda, insan kişiliği konusunda umutlu olmak çok zor gibi; bu durumun büyük bir yanlışlığın, toplu bir ruh hastalığının, kişilik bozukluğunun göstergesi olduğu anlaşılıyor. Aslında, bu kişilik bozukluğu sadece resmi kurumlardaki ast üst ilişkisiyle de sınırlı değildir. Toplumda alt kademede olanlar ile üstte olanlar, fakirler ile zenginler, kadınlar ile erkekler aynı şekilde ayrışmış; zayıflar güçlülere en basitinden tâbi olmuşlardır. Dahası, üstün gördüğünü anlamsız ve haksız yere yücelterek kendi kişiliklerini yok etmişlerdir. Türk halkının içinde bulunduğu bu ruh hali tüm hayatına yansımış ve kişiler özgürlüklerini kendi kendilerine feda etmişlerdir. İçinde bulunulan durumun belki de iyi tarafı, resmi kurumlara en ağır biçimde sirayet etmiş bu durumun sivil toplumda aynı düzeyde yaşanmamakta oluşudur.

Batı toplumlarında çok uzun yıllardan beri kabul edilen davranışlar ülkemizde yeni yeni kabul görmeye başlamıştır. Bir toplumda yaşayan herkes ülkenin yönetimi ile ilgilenmeli, nasıl daha iyi olabilir konusunda fikir yürütmeli, tartışmalı, fikirlerini yaymaya çalışmalıdır. Bu amaçla bir grup oluşturmaları, dernek veya parti kurmaları; fikirlerini daha geniş kitlelere yaymak için basını, medyayı kullanmaları gerekir. Her medeni insanın, örnek bir davranış olarak, mevcut sistem ve yönetimi eleştirmesi, o toplum için, o ülkedeki demokrasinin yaşaması için elzem bir davranış biçimidir. Ama bizde muhalif olan, sistemi eleştiren herkes her zaman hedef gösterilmiş, hangi anlayış iktidarda olursa onu eleştiren düşman kabul edilmiştir.

Güvenlik kuvvetlerinde, bizim yaptığımız gibi, devleti, mevcut sistemi eleştiren herkes ne derse desin baştan peşinen kötü niyetli, ülke aleyhtarı kabul ediliyordu. Susturmak için ne gerekirse yapılıyordu.

Yanlış, Ama Sadece Yanlışla Kalsa!

Üst düzey yöneticilerin devlet imkânlarını krallara özgü bir biçimde harcamaları, başkalarının haklarını yemeleri, devletin az olan kaynaklarını kendi şahsi çıkarları için kullanmaları gibi bütün bu yanlışların zararları sadece maddi boyutuyla kalsa çok önemli olmayabilir; üçümüzün, beşimizin veya yüz kişinin hakkını kendi ceplerine atmış olurlar. Ama olay bu kadar basit değildir. Devletin ve fakir halkın hakkını haksız bir şekilde kendi menfaatleri için kullananlar, bununla yetinmiyor, hayatın diğer alanlarında da aynı emsalde haksız ve hukuksuz bu milletin, bu devletin başına bela açıyorlar.

Bu insanlar devlet işlerini iyi planlamıyor, planlanmasına da mani oluyorlar, kolaylıkla gerçekleştirilebilecek hizmetleri yapmıyor ve her şeyi zora koşuyorlar. Modern dünyadan bihaber, akıl ve mantık dışı yöntemlerle çalışmaya devam ediyor, teknolojinin bu ülkeye gelmesine karşı çıkıyorlar, ülkenin karşılaştığı sorunların akıl ve bilim ölçütleri ile ele alınmasına ve dünyanın aynı sorunları nasıl çözdüğüne bakılmasına mani oluyor, ısrarla kendi basit akıllarını dayatarak sorunları çözümsüz hale getiriyorlar; nihayetinde bin yıllık devleti ve geleneklerini yok ediyorlar. Bu insanlar tam demokrasinin ve temel özgürlüklerin insan kişiliğinin gelişmesi için temel şartlar olduğuna inanmıyor, bunu içselleştirmeyip sadece kendilerine imkân sağladığı ölçüde bu değerlere inanmış gözüküyorlar.

Aslında bu insanların doğru yaptığı hiçbir şey yok. İşin tuhafı, nasıl ki, tüm kamu imkânlarını kendi şahsi çıkarları için kullanmalarına rağmen, hem kendileri hem de bizler onların bunu yapmaya hakları olduğunu söylüyorsak, aynı şekilde, onların hayatın tüm alanlarında yapmış oldukları yanlışları da doğru kabul ediyor; onları birer kahraman olarak nitelendiriyoruz. Ancak bu yanlışları olaylarla, yaşananlarla karşımıza koymazsak, onların tüm yanlışlarını yine doğru diye savunmaya devam ederiz.

"Bu ülkenin en ciddi sorunu nedir?" diye sorulsa, tereddütsüz "Terör" cevabı verilecektir. Terör, doğrudan veya dolaylı olarak devletin tüm ekonomik imkânlarını tükettiği, binlerce gencimizi heba ettiği, binlerce aileye acılar yaşattığı ve ülkede siyasi istikrarı bozduğu için ülkenin en önemli sorunudur. Terör olmasaydı, Türkiye son 50 yıldır teröre harcadığı kaynaklarını, terör nedeniyle yaptığı askeri ve güvenlik harcamalarını yatırıma çevirseydi, terör nedeniyle siyasi istikrar bozulmamış olsaydı, bu ülke, bugün içinde bulunduğu durumdan çok daha farklı bir durumda olabilirdi.

Peki, bu kadar önemli olan bir soruna, ülkenin tüm kaynaklarını yok eden bu meseleye karşı ne yapılmalıydı? Doğru mücadele ve taktik neydi? Doğru uygulama nasıl ve kimler tarafından yapılmalıydı? Doğru mücadeleyi kim, nasıl, hangi yöntemle belirlemeliydi? Türkiye'de terörle mücadelede, öncelikle ülkenin güvenliğinden birinci derecede kendini sorumlu tutan ve kendi kendine bunu en başta belirleyen Silahlı Kuvvetler doğruyu tayin ediyordu. Onların yanında her zamanki destekçileri polis ve MİT'ti. Bu üçlünün hemen ardında, onların her yaptığını tartışmasız doğru kabul eden, onları kutsal güç kabul eden bürokratik yönetim kademeleri ve üst bürokratlar bulunuyordu. Bununla birlikte doğrunun tayin edilmesinde, bu konularda hiçbir zaman özgür düşünemeyen, kendilerine söylenenleri doğru kabul eden, eleştirmeyen, bağnaz, dar düşünceli, aynı körlüğün içine hapsolmuş olan bazı aydınlar da rol oynuyorlardı.

Bu militarist anlayışın temsilcilerine ve destekçilerine göre yeni çözüm yöntemlerine, reformlara gerek yoktur. Sorun, her zaman mevcut kanunlara karşı çıkan kesimlerden kaynaklanmaktadır. Yeni tedbire, reforma ihtiyaç bulunmamaktadır; bu olaylar zorla bastırılmalıdır. Devlet ve kurumlarını eleştirenler hain, alçak, satılmış kişilerdir; aksi düşünülemez. (Ben de eskiden böyle düşünüyordum. Hatta devletin kanun çıkararak, devleti eleştirenleri cezalandırması, en ağır cezaları vermesi ve silahlı eylem yapanları asması gerekir diye düşünüyordum. Bu nedenle o dünyanın düşünce sistematiğini iyi biliyorum: ortanın solu diyen Ecevit'in cezalandırılması gerektiğini samimi olarak düşünmüştüm. Şimdikilerden tek farkım, bu düşüncelerimi gizli saklı değil, açık açık ifade ediyordum; açık açık devletin kanun çıkararak bunları yok etmesi gerektiğini savunuyordum)

Peki, olması gereken neydi? Her devlet, her kurum, her insan karşılaştığı sorunları, üstelik bu sorunlar hayatın en ciddi sorunlarıysa önce akılcı bir biçimde bilimsel düzeyde incelemeli, olayların sebep ve sonuçlarını anlayarak, akılcı, bilimsel çözümler üretmelidir. Daha açık söylemek gerekirse, terörle mücadele sorunu bilim ve akıl ile çözülebilir. Terör, üniversitelerde bilim adamlarınca bilimsel olarak incelenmeli ve terörün nasıl önlenmesi gerektiği hakkında ortaya çıkan bilimsel verilere göre terörle mücadele yöntemleri geliştirilmeli ve buna uygun çözümler uygulamaya konulmalıdır. Başka çare, çözüm mümkün mü? Tüm dünya karşılaştığı ciddi sorunları bu yöntemle çözmüyor mu? Başka çözüm yolu var mı? Bırakın bu kadar önemli ve ciddi meseleleri, artık dünyada en basit sorunlar bile bilimsel araştırmalar sonunda ortaya çıkan bilimsel neticelere göre çözülüyor.

Kaymakamlık tezi için bir yıl süreyle İngiltere'de bulunan, hem İngiliz kamu kurumlarında hem de akademik çevrelerde araştırma yapan kaymakam arkadaşım Namık Demir, İngiltere'de polis karakollarının renginin ne olması gerektiği, farklı renklerin insanlar ve suçlular üzerindeki etkilerinin bilimsel araştırmalar sonucuna göre belirlendiğini söylemişti. Aynı şekilde polis araçlarının tip ve şeklinin insanlar üzerinde nasıl bir etki yaptığı; polis araçlarının resmi tepe lambalarını yakarak mı, yoksa yakmadan mı devriye gezmesi gerektiği; motorize devriye ekiplerinin mi yoksa yaya devriye ekiplerinin mi halka güven verdiği ve suçlu kişiler üzerinde caydırıcı etkide bulunduğu gibi basit konuların dahi akademisyenlerin yaptığı bilimsel çalışmalara göre belirlendiğini anlatmıştı. Ülkemizde, emniyet binaları ve karakollar o ildeki emniyet müdürünün zevk ve iradesine tâbidir. Benden önceki arkadaşlarım polis rengi mavi diye Emniyet Müdürlüğü binalarını maviye boyamışlardı. Ben mavi rengin diğer renklerle uyumlu olmadığını birilerinden duymuştum. Bu nedenle benim dönemimde tüm binaların krem rengine boyanmasını istemiştim.

Peki 1968 yılını başlangıç kabul edersek (aslında terör olaylarının tarihi ülkemizde biraz daha geriye gider), o tarihten bugüne kadar ülkemizin birinci derecede sorunu olan terörü önlemek adına iç güvenlik kaygısıyla 2 darbe, 3 muhtıra ve 3-5 darbe teşebbüsüne, sayısız bildiriye, 120 ay süren sıkıyönetimlere, 35 binden fazla insanın ölümüne, tam rakamları bilinmemekle birlikte 75 binden fazla kişinin yaralanmasına, bunca maddi ve manevi yıkım yaşanmasına rağmen terör konusunda 40 yıl içinde kaç tane bilimsel, akademik rapor ya da araştırma yapılmış dersiniz. Ben hiç bilmiyorum. Gerçek manada hiç yoktur, olmamıştır. Bilim adamları konunun yakınına dahi yaklaştırılmamıştır. Bazı bilim adamlarının, terör konusunda, az sayıda da olsa, ya ideolojik örgütlerle ilişkide veya o örgütlere mensup olmaktan ya da terör örgütlerinin hedefi, mağduru olmaktan dolayı adları geçti. Çok az sayıda bilim adamı da bu konunun ancak etrafında dolaşabildiler. Bilim adamları, devletin ideolojik olarak kabul ettiği doğrularını daha da kuvvetlendirmek, onlara destek olmak için hiçbir bilimsel temeli olmayan basit birkaç yazı ve makale yazdılar yalnızca. Çoğunlukla da yazdıkları, güvenlik kuvvetlerinin baskılarını haklı çıkarmaya yönelik yasakçı anlayış ve yöntemleri savunma yönündeydi. Örneğin, en büyük sorunumuz olan Kürt sorunu üzerine tek bir akademik araştırma var mıdır? Bu konuda yapılacak akademik, tarafsız bir çalışma hakkında mahkemede dava açılma, çalışmayı yapanların ceza alma ihtimali yüzde yüze yakındır. Çok daha vahim olan eğer çalışma resmi görüşe uygun değil ise, yapanların her cepheden saldırıya uğrayacak, horlanıp, aşağılanacak ve yaptıklarına pişman edilecek olmasıdır. Türkiye'de hiçbir üniversite ülkedeki terörün sebepleri ve önleme çareleri konusunda bilimsel çalışma yapmadı, tek bir üniversiteye dahi bu konuda bir çalışma yaptırılmadı. Üniversiteler bu konuya ilgi ve alaka duymadı veya bu konunun yanına yaklaştırılmadı. Doğru olan üniversitelerde yapılan bilimsel araştırmaların yetersiz kalabilme ihtimaline karşı sadece terörle ilgili enstitülerin araştırma merkezlerinin kurulmasıydı. Mevcut durumumuz ise aklın kabul edeceği bir durum değil ama maalesef gerçek bu.

Bugün şehir plancılığı, çevre düzenlemesi, bitki örtüsü vb gibi her konuyu, en basit sorunlarımızı üniversitelere taşıyoruz. Hatta idari mahkemeler her konuda üniversite bilirkişiliğine ihtiyaç duyuyor veya üniversitelerden rapor alınmadan verilen kararları bozuyor. Eğer üniversiteler terör sorunuyla hiç olmazsa yukarıdaki sorunlarla ilgilendikleri kadar ilgilenseydiler, olayların sebepleri ve önleme yöntemleri konusunda hiç olmazsa akıl ve bilim ölçeğinde veriler elde edilir ve ülkemiz de bu kadar kayba uğramazdı.

İşte her şeyi şahsi çıkarı bağlamında değerlendirip vicdani sorumluluk taşımayan yöneticiler sadece ülkenin maddi değerlerini şahsi menfaatleri için kullanmakla kalmadı, ülkenin en önemli sorunundan en basit sorununa kadar tüm sorunlarına aynı anlayışıyla, kendi basit mantıklarıyla baktılar, hesabı yapılamayacak bedellere mal oldular ve hâlâ da olmaya devam ediyorlar. Bütün hayatı, geçmişimizi ve geleceğimizi mahvediyorlar. Bu anlayış ve bu anlayışı temsil eden çevrelerin vereceği her karar, atacağı her adım çok büyük hatalarla doludur.

Olayın Mağdurları: Bu Uygulamalara Tâbi Olanlar Açısından Bakmak

Bir filozof der ki, tutsaklığın en ağırı kendini gönüllü olarak hapishaneye hapsedip üzerine kapıyı kilitleyen ve bunu isteyerek yapan kişilerin tutsaklığıdır. Bu insanları tutsak olduklarına inandırmak da çok zordur. Diğer yandan insanlar haksız yere, zorla kilitli kapılar ardında, karanlık zindanlarda tutulabilirler. Onlar fiili olarak hapistedirler ama fikren ve ruhen bu tutsaklığa karşı çıktıklarından aslında özgürdürler. Kapıları açtığınız anda özgürce yaşarlar.

Özgürlüğü tatmayan, köleliği ve mahkûmiyeti kabullenmiş kişiler kendi haklarını korumadıkları, yanlışlara karşı durmadıkları bir ortamı nasıl düzeltebilirler? Tutsaklığını kendi yaratıp bunu kabullenmiş insanlar nasıl özgürleştirilebilir? Özgür olmayan, yanlışlıklara karşı çıkmayan insanlar dünyanın düzeltilmesine nasıl katkı sunabilir? Sadece köleler ve efendilerden oluşan bir toplumun sosyal olarak ilerlemesi mümkün mü? Kölelik zihniyetine sahip kişilerin hâkim olduğu bir toplumda huzurdan, adaletten, insanlıktan, mutluluktan söz etmek mümkün mü?

Adil ve özgür bir vicdanın en büyük faydasının önce sahibine, yakınlarına, daha sonra ülkesine ve nihayetinde tüm insanlığa olacağından şüphe yoktur. Böyle bir vicdan sahibi tüm dünyayı kendine köle etmiş birinden kat kat daha mutlu ve huzurludur. Kendini insan gibi hissederek daha üstün bir hayatı yaşıyor ve hayattan o seviyede zevk alıyordur.

Özgürlük ve Demokrasi: İki Sihirli Anahtar

Necip Fazıl "suda yürümek zor değil, yürüyebileceğine inanmak zordur, eğer suyun üzerinde yürüyebileceğine inanırsan yürürsün." der.

Türkiye'yi yönetenler; tüm sosyal ve siyasal sorunların sivil bir anlayışla, demokrasinin ölçüleri dâhilinde, barışçıl yöntemlerle ve diyalog yoluyla çözüleceğine; geçici, kolay gözüken, alışılmış ama sorunları büyüten eski yöntemlerle çözümün mümkün olmadığına ve en ufak bir olayda hemen ordu, polis, sıkıyönetim, hapishane gibi baskıcı yöntemleri çağrıştıran unsurlardan söz etmenin yanlış olduğuna inandığı gün ülkenin tüm sorunları kolaylıkla çözüm bulacaktır. Aksi takdirde bu değerlere gönülden inanmadığı, içselleştirmediği, sadece dış (örneğin AB istediği için) ya da iç (geçici süre bu argümanlara sahip çıkıp oy almak için) etkilerle uygulamaya koyduğu zaman sorunların çözümüne etki edemeyecektir.

Özgürlükler ve demokrasi... Bu önemli iki kutsal değer, tüm toplumlarda huzurun, barışın, istikrarın temel anahtarıdır. Bu değerler adalet ve hukuk içerisinde yaşatıldığı müddetçe, ne ülke bölünür, ne anarşi olur, ne de terör. Huzurun egemen olduğu bütün ülkelerde yapılan araştırmalar, bu iki büyük ülkünün o devletler tarafından el üstünde tutulduğunu göstermektedir.

Demokratik Açılım

Kürt açılımı, Güneydoğu açılımı, demokratik açılım... Adına ister Kürt sorunu, ister Güneydoğu sorunu, ister PKK sorunu densin, hepsi de aynı sorunu işaret etmektedir. Meselenin bugün gelmiş olduğu aşamada, tüm taraflar tek bir çözüm yöntemine mecbur olduklarının farkındadırlar: sorunları diyalogla, barış içinde çözme yöntemi olarak demokratik açılım.

Olayların baş aktörü olan PKK bunca yıl sonra, bu kadar silaha ve sayısal insan gücüne kavuşmasına rağmen hâlâ bölgede bir karış toprak üzerinde denetim kuramamakta, bölgede gizli pusu eylemleri haricinde istediği etkinlikleri gerçekleştirememektedir. Zaman geçtikçe de daha ciddi sorunlarla karşı karşıya kalacağı görülmektedir. Tek çaresi bu açılım projesi ile silahlı mücadeleye son vermektir. PKK denilince önemli olan Öcalan'ın kendisidir. Öcalan'ın yaşaması ve ileriki süreçte hapisten kurtulup dışarı çıkması ancak açılımın başarısı ile mümkündür. Fakat PKK'nın, Öcalan'ın başına herhangi bir şey gelmesi ihtimaline karşı silahlı kadrolarını dağda son ana kadar güvence olarak tutması olasıdır.

Bugünkü koşullarda Öcalan'ın tek kurtuluşunun bu yol olduğu kesindir. Mücadeleye devam demesi ve olayların artması Öcalan'ın ömür boyu hapiste kalma ihtimalini güçlendirecektir. Düşük de olsa, en iyi ihtimalle 10 yıl daha cezaevinde kalacaktır, Güneydoğu huzura kavuşursa kısa süre içinde dışarı çıkıp, siyasi faaliyetlere devam etmesi ve umduğu noktalara gelmesi ihtimali çok yüksektir.

PKK'nın içinde bulunduğu şartlar ve geldiği konum itibarıyla açılım sürecinde devletle uyuşmaktan başka seçeneği yoktur. Bağımsız devlet fikrinden vazgeçmiştir, vazgeçmeye de mecburdur. Öcalan mahkemedeki açık ifadesinde ve yer yer verdiği mesajlarda bağımsız bir devlet istemediği gibi, federasyon da talep etmediğini, hatta siyasi herhangi bir taleplerinin olmadığını, bazı kültürel taleplerinin olabileceğini söylemiştir. Zaten AB'ye girmek için Türkiye'nin yerine getirmek zorunda olduğu taahhütler ve AB'nin uyum sürecinde istediği sosyal reformlar PKK taleplerinin önünde olacaktır. Bu açıdan demokratik açılım projesi PKK'nın ve Öcalan'ın ideal beklentisidir. Ayrıca Güneydoğu halkı bunca yıl yaşanan olaylar ve savaşlar sonunda, nasıl bir yaşam biçimi olduğunu dahi unuttuğu barış ve huzuru, terörü yaşamayanların bilemeyeceği kadar çok istemektedir.

Olayın en önemli taraflarından ordu, son 25 yıldır her türlü yönteme başvurarak silah ve güç kullanmasına rağmen PKK'yı bitirememiş; tersine örgütün silah ve sayısal insan gücü yapısı itibari ile halktan aldığı destek açıdan güçlenerek büyüdüğü görülmüştür. Bu dönemde üç bin köy veya yerleşim yeri teröristlere lojistik destek veriyor denilerek boşaltılmış ve ordunun neredeyse yarısını oluşturan en muharip güçleri bölgede görevlendirilmiştir. Bölgede görev yapan en ciddi hava gücü, en seçme komandolar ve özel timler ağır silahlar kullanarak binlerce operasyon, sayısı belirsiz hava ve dış harekât gerçekleştirmiştir. Buna rağmen bugüne kadar yapılanların neler kaybettirip neler kazandırdığı muhasebesinde zarar hanesinin daha ağır olduğu izahtan varestedir. Hiçbir halde başarılı olunduğunu söylemek mümkün olmadığı gibi tüm tedbirlere rağmen 2009 yılında Aktütün Karakolu baskınından sonra da işin daha da zorluğunu kurmay heyeti açık olarak görmüştür. Üstelik bugünden sonra Türkiye, AB ve demokratikleşme konusunda ilerleme, dünya ile uyum sağlama çabaları ve uluslararası yükümlülükleri açısından eskiden olduğu gibi bölgede ölçüsüzce veya orantısız güç kullanamayacak, operasyon ve eski yöntemleri iç ve dış kamuoyuna kabul ettiremeyecektir. Dolayısıyla ordunun bölgede barış ve huzurun temini için demokratik açılım yönteminden başka çaresi yoktur.

Olayda en önemli aktör olan Hükümet de, askeri harcamaları kısarak ekonomiyi düzeltmek ve asker üzerinde siyasi otorite kurmak için bu sorunu demokratik açılım adı altında barışçıl yollarla çözmeye mecburdur. Eğer barışçıl, siyasi ve sosyal yöntemlerle bu sorunu çözemez ise, önüne koyduğu AB'ye tam üyelik, askeri vesayetin kaldırılması, ekonominin düzeltilmesi gibi hedeflerine ulaşma imkânı ortadan kalkacaktır. Hükümet'in Güneydoğu'daki silahlı çatışmaları devam ettirme lüksü ve ihtimali yoktur.

Ayrıca dünya konjonktürü, ABD'nin Güney Asya ve Ortadoğu'daki faaliyetleri ve yakın gelecekteki politikaları, AB'de kamuoyunun eğilimleri, Rusya'nın kendi iç şartları gereği genel tavrı, Suriye'nin düne göre bugünkü hali ve Türkiye ile yakınlaşması, İran'ın PKK'ya tavrı, Kuzey Irak'ta Talabani ve Barzani'nin tutumu gibi dış şartların da olayın bu yöntemlerle halledilmesi konusunda en uygun ortamı yarattığı görülmektedir.

Aslında olayın bu üç önemli tarafı da demokratik açılımla ifade edilen, soruna silahsız yöntemlerle çözüm üretilmesi konusunda başka seçenekleri olmadığını biliyor fakat her üçü de karşı taraflar zarar görsün ama ben kazançlı çıkayım anlayışı ile hareket etmeyi sürdürüyorlar. Hâlbuki samimi olarak birbirlerine yaklaşsalar, çözüm için olgunlaşmış sorunu en kısa zamanda çözebileceklerdir.

Devlet halk desteği almak amacıyla psikolojik harekât faaliyeti adı altında onaylamadığı siyasi düşüncelere karşı kendi resmi ideolojisi doğrultusunda halkın bir bölümünü diğerlerine (sağı sola, laikleri muhafazakârlara) karşı yönlendirme geleneğinin neticesi olarak insanları militarize etti. Bu yaklaşımın sonucunda, halkın bir bölümü verili resmi ideolojiyi savunma ve sahiplenme noktasında kendilerini bile geçerek çok daha militarist bir çizgiyi takip etmeye başladı. Artık onlar da bu insanları durduramamaktadır. Halkın tepkisini almamak adına beklentinin dışında hareket edememektedirler.

Aslında PKK ve Öcalan'ın bugünkü tavrı ve içinde bulunulan durum Türkiye için çok büyük bir şanstır. Türkiye bu nimetin farkında değildir. Bu savaşın bitmesi için bütün şartlar olgunlaşmış ve her şey hazırdır. Bu çok büyük bir fırsattır. 10-12 yıl öncesine göre örgütün bu hale gelmesi hayal bile edilemeyecek kadar zorken, şimdi hem örgüt hem de iç ve dış şartlar barış sürecine girmiştir. Örgütün, devlet istese ve planlasa dahi öngöremeyeceği kadar iyi bir noktaya gelmiş ve çok iyi bir fırsat yakalanmış olmasına rağmen devlet hâlâ bu fırsatın farkında değildir.

Yalnızca Türkiye değil, İran, Irak ve Suriye'den alacağı topraklar üzerinde bağımsız bir devlet kurma amacıyla yola çıkan Marksist-Leninist PKK, bugün artık bağımsız devlet ya da federasyon talebini bir kenara bırakmış, hatta siyasi talepler yerine(Öcalan'ın mahkeme konuşmaları) yalnızca kültürel talepleri olduğunu ifade etmeye başlamıştır. Geçmişte oluk oluk kan akarken, "Aksın! Ne kadar kan akarsa, o kadar temizlik olur" diyen örgüt artık barış ve demokrasi demektedir. Öcalan yakalandığı zaman bana "Sen Güneydoğu'da uzun süre çalıştın. PKK'yı bilirsin. Biz Öcalan'a benzer birini bulduk. Gelecekte bu örgütün ülkeye zarar vermemesi için; ilk olarak bu kişiye mahkemede vereceği bir ifade hazırla, ikinci olarak bu kişinin Türkiye'deki savaşın durması, barış ortamının tesis edilmesi için yapması gereken şeyleri ayarla," denseydi, ben bu kadarını söyleyemez, bu kadar kısa bir sürede beyanları bu kadar yumuşatamazdım. Katı Marksist-Leninist bir örgüt nasıl bu kadar yumuşayıp, barış yönünde ifadelerde bulunur şüphesini mutlaka birileri dile getirir diye beyanları daha ihtiyatlı yazardım. Ama PKK ve Öcalan bence benden daha ılımlı bir mecraya girmiştir.

Sorunun Adı PKK mı, Bölücülük mü, Yoksa Güneydoğu Sorunu mu?

Bugünlerde herkes Güneydoğu açılımından ya da diğer ifadeleriyle PKK açılımından, Kürt açılımından veya demokratik açılımdan bahsediyor. Ancak olayda muhalif veya tarafsız bir pozisyon sergileyen herkes önce Güneydoğu sorunu yoktur, Kürt sorunu yoktur, diye konuşmaya başlıyor. Oysa bu ülkede görünürde 30, örtük olarak da daha uzun yıllardan beri yarı resmi bir savaş devam ediyor. Bu savaşın bir de karşı tarafı var. Eğer silahlı bir mücadele sürüyorsa, bunun sebebini asıl olarak bu mücadeleyi başlata tarafa sormak gerekmez mi? "Ne istiyorsunuz, niçin çıkıp bunca zamandır savaşıyorsunuz?" gibi sorular hiç sorulmuyor. Herkes onlar yerine konuşup Türkiye'nin Güneydoğu ya da Kürt sorunu olmadığını söylüyor. Veya birileri çıkıp onların Türkiye'yi böleceğini iddia ediyor. Onlar adına biz konuşuyoruz.

Meselenin asıl muhataplarına bu sorular sorulmadığı müddetçe sorunu çözmek mümkün değildir. Şimdi de Öcalan ve PKK ile görüşülemez deniyor. Peki kiminle görüşülecek? Sorun oradaki sıradan halk değil ki. Sorun davanın şahsında somutlaştığı Öcalan ve örgüttür. Onlarla görüşülmeden hangi sorun halledilebilir. Daha doğrusu onlardan başka konuşacak bir muhatap var mı ki? Bugün muhatap alınacak herkes ancak oradan izin aldığı zaman konuşabilir. DTP veya benzeri partilerin milletvekillerinin veya diğer sivil toplum kuruluşlarının yöneticilerinin güçlerini PKK'dan aldıklarını bilmeyen var mı? Eğer Öcalan ve PKK'ya dayanmasalar, hiçbir şey ifade etmezler. Eğer Öcalan bir gün onları gözden çıkarırsa, bir anda silinip gideceklerdir. Leyla Zana bu hareket içinde önemli bir konumdaydı, birileri Öcalan'a 'AB senin yerine Leyla Zana'yı hazırlıyor, onu parlatıp öne çıkarıyor,' dedi. Bunun üzerine Öcalan'ın tek bir emriyle Zana her şeyin dışında bırakıldı ve o saatte bitti. Üstelik o örgüt içinde önemli bir yere sahip olmasına rağmen bu muameleye maruz kalmıştı. Şu an adları daha az duyulan, siyasete yeni atılan milletvekillerinin hiç birinin PKK'ya dayanmadan, ondan güç almadan bir şey yapması ve bir adım dahi atması mümkün değildir. Bugün için PKK demek de Öcalan demektir. Bu açıdan muhatap Öcalan'dır. Öcalan muhatap alınmadan da hiçbir sorun halledilemez. Sorunun kendisi tüm açıklığıyla ortadayken, karşımızdaki güç bu kişiyse onu dikkate almadan hiç bir sorun çözümlenemez. Önce sorunun asıl muhatabını saptamak ve doğru muhataba doğru soruyu sormak gerekir. Yoksa onların yerine, kendimiz sorup kendimiz cevap verecek olursak, doğal olarak bu soruna hiçbir zaman çözüm bulunamaz.

Öcalan, yarın da yine etkin olacak; Güneydoğu'da veya Kürtlerle ilgili bir adım atacak herkes, eninde sonunda bu kişiyi hesaba katmak mecburiyetindedir, hatta onun desteğini almaya da mecburdur. O'na muhtaçtır. Bu sorunları ABD'yle, AB'yle veya başka ülkelerle konuşmak, çözmek, pazarlık yapmak isteyenlerin bu devletler veya güçler yerine Öcalan ile sorunu çözmeye denemelerinin daha akıllıca bir iş olduğunu bilmeleri gerekir. En azında Öcalan'ın bu ülkeden başka gideceği bir yeri olmadığını ve bu ülkeye onunda en az bizim kadar ihtiyacının olduğunu biliyoruz.

Öcalan: Herkese Mektup Yazdık

Cezaevinde yatan Öcalan her başbakana, her genelkurmay başkanına, her kuvvet komutanına görev değişikliği olduğunda mektup yazarak, olayların nasıl bitirileceğini uzun uzun anlatmaktadır. Hatta bir videokaset doldurarak gönderdiğini de biliyorum. Bu kasetlerden çözümü yapılan bir konuşmasında, "Kuzey Irak'ta Barzani'nin, Talabani'nin ve feodal güçlerin bir anlam ve değerleri yok; orada bir benim, bir de sizin gücünüz var" diyordu. Ayrıca "oradaki Türklerin haklarını korumak için bir şey yapılmadığını ve yurtdışındaki ırkdaşlarıyla ilgili bir şey yapmayanın TC olduğunu" belirtiyordu.

Bazıları Güneydoğu'daki açılımın ülkeyi bölebileceğini söylüyor. Aslında bu söz Güneydoğu'daki mevcut sosyal, siyasal, ekonomik duruma, bölge ve dünya gerçeğine bakılmadan yapılmış bir tespittir. Aksine demokratik açılım süreci devam ettirilmezse o zaman Türkiye için olumlu gözüken tüm şartlar aleyhe dönerek bölünme süreci daha da hızlanacaktır. İşin aslı her ne kadar hukuki manada bölünme olmasa da, Güneydoğu bölgesi yıllardan beri her gün yavaş yavaş bölünmekte, fiilen bölünme yaşanmakta olduğudur. Demokratik açılım süreci, yaşanmakta olan fiili bölünme sürecini durdurabilecek, çatlakları yapıştıracak ve uzun süreçte bölünmeyi önleyecek tek gerçekliktir.

1980'li yıllardan başlayarak günümüze kadar olan süreç içerisinde bölücü fikirlerin bölgede ne kadar yayıldığını, halktan örgüte verilen desteğin ve örgütün organize ettiği olaylara katılımın boyutunun nerden nereye geldiğinin bir anlamı olmalıdır. Ayrıca bugüne kadar uygulanan mevcut yöntemler tamamen bilimsellikten ve akıldan uzaktır. Olaya kriminal bir olay gözüyle bakmak çözüm getirmemektedir. Buna rağmen bu bölgedeki sorunu çözmek için başka bir yöntem önerisinde kimse bulunmamaktadır. Sorunun çözülmeden bu şekilde devam etmesi ve kaybedilen her saniye devletin aleyhinedir. Üstelik bölgedeki sorunu çözmeden Türk toplumunun diğer sorunlarını da halletmek mümkün değildir. Bugüne kadar uygulanan yöntemler sorunu çözememektedir, kimsenin bu konuda başka bir çözüm önerisi olmadığına, tüm iç ve dış şartlar da bu çözüme uygun bir ortam yarattığına göre aksini savunanlar neye dayandıklarını ikna edici bir biçimde açıklamalıdırlar.

PKK Konusunda Kaçan Fırsatlar

2003 seçimlerinin ardından AKP hükümeti kurulmuştu. Makam, mevki istiyor gözükmemek için İçişleri Bakanlığına dahi gitmiyordum. O günlerde PKK'nın dağdan indirilmesi ile ilgili eve dönüş adı altında çıkarılacak itirafçılık yasası hakkında gazetelerde çıkan haberleri okudum. Gazeteler eve dönecekler için Kırklareli'ndeki göçmen misafirhanesi ile Nusaybin'deki hac konaklama tesislerinin hazırlandığını yazıyordu. Bu arada, PKK adına sözcülük yapan internet sitelerindeki konuyla ilgili haber ve yorumları okuduğumda, onların itirafçılık veya pişmanlık yasası değil, af yasasını istediklerini, esasen eylemlerinden pişman olmuş kişiler olarak değil, yenilmiş kişiler olarak kabul edilmelerini istediklerini gördüm. Dolayısıyla mevcut şekliyle çıkacak bir yasanın anlamlı olmayacağını, bir şekilde PKK tarafı ile ilişki kurularak yasanın amaca hizmet eder tarzda çıkmasını istiyordum. Dayanamadım. Gazetelerin yazdığı gibi çıkacak bir pişmanlık yasasının hiçbir anlamı olamayacağını not edip, bakanlık işleri, ziyaretçiler ve siyasi meselelerle yoğun bir faaliyet içerisinde olan İçişleri Bakanı Abdülkadir Aksu'dan randevu aldım. Yanlış anlaşılmamak için makam ve mevki için görüşme talebinde bulunmadığımı, PKK meselesinde yapılacakların önemli olduğu bilinciyle yapılanların işe yaramayacağını arz etmek için geldiğimi özellikle söyledim ve durumu kısaca anlattım.

Bakan anlattıklarımı dinleyecek halde değildi. Daha sonra pişmanlık yasası çıktı. Hiçbir faydası olmadığı gibi toplu olarak akın akın PKK'lılar gelecek, teslim olacak diye hazırlanan 20'şer bin kişilik kamplara bir kişi bile gelmedi. Bir kez daha devletin terörü önleme adına meselelere nasıl yaklaştığı, hayatın gerçeklerinden ne kadar uzak hareket ettiği görülmüş oldu. Hâlbuki ne güzel bir fırsattı; pişman olarak değil, yenilmiş olarak kabul edilmek. Bu, teslim olacağım ancak bir bahane lazım, o bahaneyi yaratıp bana sunun, onurumla teslim olayım demekti. Fakat biz, PKK mensuplarının mutlaka haksız ve yanlış olduğunu kabul ederek teslim olması gerektiğinde ısrar ediyorduk. "Devletin şefkatli kollarına kendini teslim etmek" gibi benim bile komik bulup güldüğüm temaları anlatıp durduk. Her zaman biz haklıyız anlayışımız bizi bu günlere getirdi.

Öcalan'ın yakalandığı dönemde de başka bir fırsat kaçırılmıştı. O dönem, örgüt şoka girmişti, akılcı manevralarla etkisiz hale getirilebilir, savaş sona erdirilebilirdi. Ne yazık ki, Öcalan yakalandı ve iş bitti anlayışı ile hiçbir şey yapılmadı. Öcalan'ın yargılamasını bu konuda yapılması gereken tek iş olarak kabul ettik. Bu kadar büyük bir siyasi ve toplumsal altyapıya sahip bir olayı mahkemelerin çözeceğini zannedip, olayı mahkemeye havale ettik; adalet, bağımsız yargı gibi sloganlar ile kendimizi aldattık.

Aslında bu tavır ta baştan beri PKK'ya ve tüm terörist gruplara karşı gösterilen tavrın aynısıydı. Bu hastalıklı mantığımız değişmediğinden hiçbir zaman şartlara uygun çözüm ve taktikler geliştiremiyor, her zaman elimize geçen fırsatları doğru şekilde değerlendiremiyoruz. Önümüze çözüm bile konsa, çözümü bir kenara itip savaş çıkarabiliyoruz. Bugün çözüm için önümüzde mükemmel fırsatlar var; sanki tüm gelişmeler (iç koşullar, dış konjonktür, devlet, örgüt) her açıdan Türkiye'deki terör olaylarının, PKK sorunun, hatta tüm rejim muhalifi örgütlerle yaşanan sorunların çözümü için ideal şartları yaratmış durumda. Maalesef biz karşımıza çıkan bu fırsatı türlü algılamıyoruz.

Balkanlarda Benzer Durumlar

Balkanlarda, Batı Trakya'da (Türklerin yoğun olarak yaşadığı Yunanistan'ın doğusu ile Bulgaristan'ın Yunanistan sınırına yakın güney bölgesini içine alan bölge); Yunanistan'da, Bulgaristan da, Makedonya'da, Kosova'da, Bosna'da Türkler ne istiyor? Türkçe dil hakkı için neler yapıyorlar? Örneğin, nüfusunun % 4-10'unu Türklerin oluşturduğu Makedonya'nın Kostivar ilinde Türkçe 3. ana dil olarak belediye meclisinde kabul edilmiş ve şehirdeki tüm levhaların sırasıyla Makedonca, Arnavutça ve Türkçe olarak yazılmasına başlanmıştır. Hiç kimse de bu hakka itiraz etmemektedir. Bu hakkı nasıl elde ettiler? Neden kimse karşı çıkamıyor? Ne gibi sonuçlar doğurdu? Balkanlarda Türkler için bu soruları tartışırken kendi ülkemizi de göz önüne almak zorundayız. Bizler, Balkanlardaki Türkler için bu hakkı savunurken, kendi ülkemizde Güneydoğu'daki Kürt halkı için neden karşı çıkıyoruz.

Aslında demokratik açılım projesine Güneydoğu'nun, PKK'nın değil, Türkiye'nin tamamının ihtiyacı vardır. Türkiye de toplumsal problemlerin ortadan kalkması, toplumsal taleplerin suç gibi algılanmamasına, bunların kriminal olaylara uygulanan yaklaşımlarla değil demokratik yöntemlerle çözülmesi anlayışının benimsenmesine bağlıdır. Bu tür bir yaklaşım, ülkedeki farklı inanç ve düşüncedeki gruplar ve bireyler arasındaki çelişkileri giderecek, farklılıkları ayrılık unsuru olarak algılamayıp sosyal zenginliğin unsuru olarak kullanıldığı ortamlar yaratacaktır. Demokratik açılıma ülkenin doğusundan batısına, kuzeyinden güneyine her yerinde ihtiyaç vardır. Siyasi ve toplumsal huzurumuz, ülkenin istikrarı için ve siyasi çalkantıları, terör olaylarını bitirmek için ihtiyaç vardır. Ayrıca toplumsal taleplere karşı devletin askerine, polisine ve mahkemelerine sirayet etmiş bakışının değişerek, bu tür taleplerin kendine has argümanlarla karşılanması anlayışının yerleşmesi gerekmektedir.

Yunan-Bulgar-Türk İlişkileri

Yunanistan ve Bulgaristan'da Türkler var ve bu ülkelerde yaşayan Türklere yıllardır yapılan baskılar dillere destan olmuştur. Batı Trakya, Yunanistan'ın Kavala ve İskeçe illerinden başlayan Edirne sınırına kadar devam eden bölge ile Bulgaristan'ın doğusunda kalan Filibe ilinden başlayan Edirne ve Kırklareli sınırına kadar uzanan bölgelerden oluşmaktadır. Bölge tümüyle Türk bölgesi olup, eski haritalarda tüm yerleşim yerleri Türkçe olarak gösterilmektedir. Daha sonradan yerleşim yerlerinin hepsinin isimleri değiştirilmiş, hâlâ bizim Güneydoğu illerinde olduğu gibi, Türkçe- Bulgarca veya Türkçe-Yunanca isimleri vardır. Yine Bulgaristan'ın Deliorman bölgesi ile Burgaz, Plevne illerini kapsayan bölgesi tümüyle Türk bölgeleridir. Geçmiş yıllarda buralarda Türkler üzerinde baskılar kurulmuş, isimleri değiştirilmiş, zorla kimlikleri unutturulmak istenmiştir. Hemen sınırda olan Türkiye, bu bölgelerde yaşayan Türklerin mücadelesine destek olmak istemiş, en azında buradaki kişilerin Türkiye'ye gelmelerine kolaylık göstermiş, Türkiye'de eğitimlerine imkân tanımış, dünyaya seslerinin duyurulmasına çalışmıştır. Her biri ciltler dolusu kitaplara konu olacak olan buradaki insanların gördüğü baskı ve şiddet bu kitabın konusunu oluşturmamaktadır. Fakat burada yaşanılanlar kitabımızın konusu bakımından üç açıdan önemlidir.

Birincisi, bu bölgelerde Türkler ve başka halklar üzerindeki baskı ve şiddet, direniş hareketlerini ortaya çıkarmış ama bunlar asla silahlı gerilla hareketine dönüşmemiştir. Oysaki bu bölgelerde gerilla hareketini başlatacak fiziki, sosyolojik şartlar vardır; muazzam ormanlarla kaplı dağlık bir alan, çoğunluğu direnişi destekleyen bölgesel olarak dili, dini, kültürü aynı bir halk (baskı ve şiddete maruz kalan halk). Üstelik yanı başında gerektiğinde örtülü destek verecek aynı halk tarafından kurulmuş Türkiye gibi bir devlet vardır. Fakat gerilla harbi başlamaz. Bunun birçok sebebi olabilir. Bana göre en önemlilerinden bir tanesi bu ülkelerdeki baskı ve şiddetin derecesi direniş yaratacak kadar fazla, ama halkı dağa çıkartacak, savaş başlatacak kadar çok olmamasıdır. Bugün bölgede yaşayan Türklerin durumu bu iddiamın doğruluğunu göstermektedir. Bu bölgelerdeki Türkler eskisi kadar direnmedikleri gibi bulundukları ülke ile uyum sağlamaya çalışıyorlar. Özellikle Bulgaristan'da, Bulgar demokrasisinin gösterdiği başarı sayesinde 30'dan fazla milletvekili, 14 bakan yardımcısı, Cumhurbaşkanı yardımcısı olmak üzere çok sayıda Türkün hükümet kadrolarında görev almış olması ve hükümet ortağı olarak bulunması neticesinde Türk direniş hareketi bitmiştir. Türkler bugün Bulgaristan'ın yükselmesi ve ilerlemesi için çalışır hale gelmiştir. Artık Bulgaristan'da yaşayan hiçbir Türk Türkiye'ye gelmek istemediği gibi, Türkler Bulgar vatandaşlığı veya Bulgar vizesi almaya çalışmaktadırlar. Bunu sağlayan tek şey Bulgaristan rejiminin demokratikleşmesi, Türklere eşit vatandaşlar olarak davranması ve Türklerin Türk olarak legal partiler kurarak haklarını arayabilmesi ve hatta iktidara ortak olabilmeleridir.

Bugünkü Bulgaristan Başbakanı Boyko Borisov Bulgaristan İçişleri Bakanlığı Genel Sekreterliği (ülkemizdeki Emniyet Genel Müdürüne veya İçişleri Bakan Müsteşarına muadil) görevinde bulunduğu dönemde banka yolsuzluğu suçlarından aranan Murat Demirel'i yakalayıp bize teslim etmesinden dolayı kendisini Türkiye'ye davet etmiştik. Sohbet bir ara Bulgaristan'daki Türkler, Bulgaristan'ın iç güvenliği konularına gelince Borisov "Dün Bulgaristan'da Türklere baskı vardı, adları değiştiriliyordu. Baskılardan dolayı yüz binlerce Türk asıllı Bulgar vatandaşı ülkeyi terk etti, Türkiye'ye göç etti. Buna rağmen Bulgaristan'da istikrar ve huzur yoktu. Ama şimdi Bulgaristan'da özgürlükler genişledi, demokratik adımlar atıldı, Türkler siyasi parti kurdular. 30 kadar milletvekilleri var ve hükümet ortağı oldular. Her kademede memuriyetler alıyorlar. Bunun sonucunda Bulgaristan huzurlu ve güvenli bir ülke durumunda. Türkler, Bulgaristan demokrasinin de bazı açılardan teminatıdırlar. Dün kapıları tamamıyla açsanız Bulgaristan'daki Türklerin hepsi Türkiye'ye gelirdi. Bugün aynı şeyi yapsanız, hepsi Bulgaristan'da kalmayı tercih eder, hatta geçmişte Türkiye'ye gidenler dahi Bulgaristan'a dönmeye çalışıyor. Üstelik daha ekonomi yeterince düzelmedi. Düzeldiğinde, bu talep daha da artacak." mealinde bir şeyler söyledi.

Bulgaristan Türklerinin sürgün edilişlerinin 20. yılı anma törenlerine davet üzerine katılan eski Bulgaristan Cumhurbaşkanı Jelu Jelev Edirne'de yaptığı konuşmada, 1980'li yıllarda bazı Bulgar insan hakları savunucuları ile birlikte Türklere yapılan baskılara karşı koyduklarını belirterek, kendisi cumhurbaşkanı olduktan sonra Türkler üzerindeki baskıların kaldırılması konusunda yaptığı çalışmaları kısaca anlattı. "Bulgaristan'da demokrasinin standartlarının yükselmesi, özgürlüklerin gelişmesi ile birlikte Türkler de huzur buldu ve Bulgaristan istikrara kavuşma konusunda önemli mesafe aldı" dedi. Ülkemizde de bu çapta devlet adamlarının çıkması gerekiyor. Bulgaristan demokratik rejimini sürdürdüğü müddetçe Türkler Bulgaristan için hiçbir risk oluşturmayacağı gibi Bulgar demokrasisinin teminatı da olacaklardır. Bulgar demokrasisini tehdit edecek her hareket, karşısında Bulgaristan'daki Türk halkını bulacaktır. Çünkü demokrasi harici bir rejim belki Bulgaristan'daki Bulgarları çok rahatsız etmez, ama Türkleri kesinlikle edecektir.

İkinci olarak AB'nin Yunanistan'da demokratikleşme yönündeki taleplerinin sonuçları kitabımız açısından önemlidir. Yunanistan'daki demokratikleşme sürecide bu ülkedeki Türkleri risk olmaktan çıkarmaktadır ve çıkaracaktır. Bugün hâlâ Yunanistan'da Türkler üzerinde ciddi baskılar söz konusudur. 1990'lı yıllarda, seçme ve seçilme gibi en tabii siyasi haklar bir kenara, vatandaş olmak sıfatıyla mülk sahibi olma, seyahat etme, ehliyet alma gibi medeni haklar bile kısıtlanmıştı.

Türklerin ehliyet almaları bile özel izne tâbi hale getirilmiştir. 2000'li yıllara kadar Türklerin gayrimenkul satmaları serbest, almaları izne tâbiydi. Ancak AB'nin Yunanistan'a yaptığı baskılar (bizden talep edilince AB dayatması diyerek eleştirdiğimiz, Yunanistan'da Türkler gibi tüm azınlıkların haklarının korunması söz konusu olunca yerine getirilmesini istediğimiz uygulamalar) neticesinde Yunanistan rejimi yumuşayarak Türklere yeni hak ve özgürlükler tanımış, onlar da direnişi yumuşatmış, daha ılımlı bir muhalefet yapmaya başlamıştır. 4-5 defa gittiğim Yunanistan'da dernek başkanı, müftü gibi Türk toplumunun ve muhalefetinin simgesi olan kişiler ve yanında bulunanlar şu anki memnuniyetsizliklerini şöyle ifade ediyorlardı: "Yunanlılar geçmişte baskıcı bir tutum içindeyken biz de direnişçi idik, kapalı bir toplum yapısı içinde onlara karşı koyuyorduk. Fakat şimdi Yunanlılar tutumlarında yumuşayınca biz de çözüldük. Artık Türk gençleri Yunan okullarına gidiyor, Yunanlı kızlarla evleniyor, Yunan mahallelerinde oturuyorlar, oysa eskiden böyle şeyler olmazdı." Yani gönüllü olarak olmasa da AB'nin baskıları sonucu Yunanistan demokratikleştikçe Türk muhalefeti yumuşamış, yavaş yavaş makul seviyeye gelmiştir.

Bugün Yunanistan'da yerel yöneticilerin tümü seçimlerle belirlenmektedir. Yöre halkı milletvekillerini ve bölge yöneticilerini seçtiklerinden Batı Trakya'daki Türk halkına değer verilmektedir. Buna karşın Türklerin çoğunlukta olduğu Gümilcine ve Evros'ta İl Valiliğini Türkler almasın diye sadece bu bölgede iki il birleştirilerek tek valilik bölgesi yapılmış ve seçimlerde bir Türkün vali olması önlenmiştir. Dünyada çok az ülkede örneğine rastlanan Dışişleri Bakanlığı'nın ülke içerisinde etkin olduğu bir uygulama Yunanistan'da yürürlüktedir. Gümülcine'de Yunanistan Dışişleri Bakanlığı'nın Batı Trakya'da uygulanacak politikaları ve devlet uygulamalarını belirlemek üzere bir ofisi bulunmakta ve Türklere karşı yürütülen uygulamaları bu ofis belirlemektedir. Çağdışı kalan bu uygulama sanırım önümüzdeki süreçte kalkacaktır. En yakınımızdaki ülkelerdeki uygulamalar, ülkemizdeki Kürtlere ve diğer farklı azınlıklara karşı yapılması gerekenlere örnek olması açısından bizim için büyük önem arz etmektedir.

Üçüncü konu ise, Bulgaristan ve Yunanistan'daki Türklerin gördüğü baskı ve şiddete karşı çıkan Türkiye'nin kendi içinde benzer konumdaki halklara aynı uygulamaları yaparken hiç vicdan muhasebesi yapmamış olmasıdır. Hatta biraz daha geniş bakarsak, tüm Balkanlar'da (Yunanistan, Makedonya, Kosova, Bosna-Hersek, Sırbistan, Hırvatistan gibi pek çok ülkede) yaşayan Türklerin haklarının korunması için destek veren, Türk varlığının, dilinin, kültürünün korunması amacıyla her platformda yer almak isteyen Türkiye, bunların en tabii insan hakları olduğunu savunurken kendi içine hiç bakmamış, evrensel vicdanı savunmamıştır.

Karayolu ile baştanbaşa gezdiğim Balkanların Türk azınlığın bulunduğu bölgelerinde, Türklerin Türk bayrağının yanında kurdukları partilerin (Kosova Türk Demokratik Partisi, Makedonya Türk Demokratik Partisi) bayraklarını asarak ayakta kalmaya çalıştıklarını gördüm. Makedonya'da Türklerin en yoğun yaşadığı ve nüfusun % 4'ünü oluşturdukları Kostivar gibi belli şehirlerde Türkçe 3. dil olarak kabul ettirilmiş. Türkler, şehirdeki tüm işyeri isimlerinin Makedonca, Arnavutça ve Türkçe yazılmış olmasını övünerek anlatıyorlardı.

Eski bir Makedon devlet adamının adına kurulan ilköğretim okulunun adı Mustafa Kemal Atatürk Okulu olarak değiştirilmiş, içine Çanakkale Savaşı'nın tam bir duvarı kaplayan tablosu yapılmış, her yeri Türk Bayrağı ile donatılmıştı. Öğretmenlerinin çoğu Türklerden oluşan, Gül Cahit'in müdürlük yaptığı okulda ve diğer şubelerinde, anımsadığım kadarıyla 1200 öğrencinin 900 kadarı Türk, bir kısmı Makedon ve bir kısmı Arnavut'tu. Okulda üç dilde de eğitim veriliyordu. Türkiye'de Ankara Gazi

Üniversitesi'nden mezun olup, orada öğretmenlik yapan gencecik idealist öğretmenler aklıma geldiğinde gözlerim nemlenir. Bu okulda görev yapan öğretmenlerin hepsi Türkiye'de yüksekokul okumuş, öğretmen olmuş ve Türkiye'de daha iyi şartlarda çalışma imkânları varken çok düşük maaşa ve zorluklara katlanarak okulları biter bitmez Makedonya'ya gelmiş ve bu okulda buradaki çocukları yetiştirmeye aday olmuşlardı. Sırt sırta, omuz omuza vererek bayrak olmuşlar, kavgasız dövüşsüz oradaki Türkler ve Türklük için çalışıyorlardı. Kostivar'daki Türk çocukları ve Türkler için, hem öğretmen hem önder hem de rehber olmuşlardı. Birbirlerinden ayrılamayacak kadar birbirlerine bağlı bu fidan boylu gençleri her gördüğümde tarif edilemez duygular hissettim; bu zamanda idealleri uğruna fedakârlık yapan bu gençlerin adını her fırsatta anarım.

Peki, ben oralardaki Türklerin kazanmış olduğu bu haklar için bu hisleri duyarken, kendi ülkemdeki benzer kısıtlamalar içinde bulunan insanlar için nasıl aynı hisleri duyamam. Ben nasıl bir vicdan sahibiyim ki çifte standartları vicdani ölçü olarak kullanıyorum. Bence Türk'ün artık kendi kendini sorgulaması lazım. Kendisi ve ırkdaşları için talep ettiği hak ve hürriyetleri ve en tabii insani hisleri diğer insanlar için de istemelidir. Eğer talep etmiyorsa, kendi vicdanını sorgulamalıdır.

Neden AB'ye Girmeliyiz?

Bizim gibi ülkelerde ve hatta gelişmişlik düzeyi bakımından bizden daha kötü durumda olan Doğu ülkelerinde toplumsal kalkınmayı gerçekleştirmek ve hızlı bir ilerleme sağlamak akla, bilime ve mantığa aykırı mevcut yapılar ve kanaatler nedeniyle çok zordur. Zihniyet değişikliği gerçekleşmediği sürece yalnızca görünür olan yapıyı değiştirmekle hiçbir sorun kalıcı olarak çözümlenemez.

Toplumsal kalkınmada esas olan zihniyetin ve düşünce yapısının değiştirilmesidir; bu şekilde yeni davranış ve tutumlar ortaya çıkacaktır. Düşünce ve davranışlardaki bu değişim iyiye doğruysa toplum kalkınacak, kötüye doğruysa gerilemeye başlayıp eskiyi arar hale gelecektir. Yani her değişim, iyiye doğru olmayacaktır, örneğin krallıktan kurtulmak isteyen Rusya'nın komünizme teslim olması gibi.

Bu bakış açısına göre, ülkedeki her şeyin kötüye gittiği, başta anayasa olmak üzere birçok kurum ve kuruluş ile tüm temel değerlerin mevcut toplumsal yapıya ve zamana uygun olmadığı ortamlarda iyi bir kural ve değeri uygulamaya koymak ve topluma yerleştirmek mümkün değildir. Üstelik uzun süre bozuk bir yapı içersinde yaşamış ve eski yanlış sistemin propagandalarına maruz kalmış kitlelerin değişimi ve istemelerine rağmen içinde bulundukları durumdan kurtulmaları ve doğruyu bulmaları o kadar kolay değildir. Çünkü mevcut bozuk yapı iyinin içeri girmesine mani olmaktadır. Ayrıca bütün kurallar manzumesi zamana, akla ve bilime uygun olmadığından tek tek bunları ayıklamak ve düzeltmek de uzunca bir süreci gerektirecektir. Bu tür durumlarda en kolay ve en etkin yöntem, insanlığın o güne kadarki akıl bilim süzgecinden geçirip bulduğu ve başka toplumlarda başarılı bir biçimde uygulamış olan kuralları alıp, kendi ülkenizde uygulamaktır. Tutucu ve bağnaz çevreler denenmiş ve başarılı olmuş yöntemlere karşı fazla direniş gösteremeyeceklerinden bu yöntem en hızlı ve en güvenilir yöntemdir.

Doğrunun arayışıyla yola çıkan, bugüne kadar bütün insanlığın yaşadığı ağır deneylerden dersler çıkararak akıl ve bilimle bulduğu, toplumsal yaşamın her sahasını bireyin huzuru için düzenleyen kurallar bütünü günümüzde AB normları olarak adlandırılmaktadır. AB normları yalnızca AB üyesi ülkelerin tarihsel tecrübelerinin ışığında oluşturulmamıştır. Bunlar evrensel değerlerdir; dolayısıyla yalnızca AB ülkeleri değil, İsviçre, Japonya, Amerika gibi AB üyesi olmayan kalkınmış pek çok ülke de bu kuralları veya benzerlerini uygulamaktadır. Bizim için önemli olan hareket noktamızın doğru olmasıdır.

AB normları sadece sosyal konularda konulmuş kurallardan ibaret değildir. Fertlerin ve toplumların huzur ve mutluluğu için üretim, tüketim, ticaret, çevre ve kültür alanlarında konulan kuralları da kapsamaktadır. Örneğin, üretilecek herhangi bir malın insan sağlığına hiçbir şekilde zarar vermeyecek ölçülerde denemiş olması ve bu malın hatalı üretiminden dolayı alıcının zararlarına karşı üreticilerin sorumlu olması kuralına kim itiraz edebilir ki? Ama kolay ve kısa yoldan çok para kazanmak isteyen üreticiler, üretimle ilgili hususları düzenleyen yasanın bu kısmını değil de başka yerlerindeki diğer konuları istismar ederek bu kuralın uygulanmasına karşı çıkacaklardır. Bu yasanın AB'nin yerli sanayimizi baltalamak için kurduğu bir tuzak olduğunu söyleyecek, şoven duygularla bu kurala karşı toplumsal muhalefet oluşturacaktır.

Aynı şekilde fertlerin, devlet veya diğer gruplar tarafından rahatsız edilmemesi, devletin yetkileri, görevleri ve sorumlulukları konusunda konan ve temel amacı kişilerin huzur ve mutluluğunu korumak olan kurallara karşı çıkmak mümkün müdür? Ayrıca fertlerin din, dil ve etnik kimliklerini özgürce yaşmaları adına konan kurallara itiraz edilebilir mi? Bazı çevreler bu kurallara karşı çıkıp ülke bölünecek yaygarası yaparak kuralların tümü hakkında kitleleri olumsuz etkileyecektir. AB normları bir kurallar bütünüdür, bu nedenle birini alıp birini almamak doğru ve akılcı bir yaklaşım olmayacaktır. Zaten bunlar birbirileriyle bağlantılı ve biri olmadan diğerinin hayata geçirilmesinin eksik kalacağı değerlerdir. Dolayısıyla bizim gibi ülkelerde fertlerin ve grupların huzur ve refah içinde yaşaması için gerekli yapıyı yaratan, devlet organlarının işleyişini evrensel değerler bağlamında belirleyen bu kuralların toplu olarak alınıp uygulanması en makul ve tek yoldur. Aksi halde, makul yolun bulunması oldukça zordur. Bundan dolayı AB'ye girmek ve AB normlarını almaya mecburuz. Bu ülke menfaatlerine olacaktır, aksi takdirde ülkemizde kısa sürede reformların devamı mümkün görünmemektedir.

Bu Sistem, Fikri Olana Karşıdır

Bugün geldiğim noktadan geri dönüp baktığımda bu ülkede iki tip insan yaşadığını görüyorum. Birinci tip insanlar idealist insanlardı. Bu tip insanlar Türkiye'yi, belki de dünyayı değiştirmek, daha güzel ve daha iyi bir dünya yaratmak adına inandıkları ve doğru bildikleri bir ideoloji taşıyorlardı. Yani kendilerinin dışındaki dünya için idealleri ve fikirleri olan insanlardı. Bir amaçları vardı. Dünyada ideallerini gerçekleştirmek için kendilerine bir görev biçiyorlardı. Varoluş sebeplerinin, sahip oldukları idealleri gerçekleştirmek olduğunu düşünüyorlardı. Kendi şahsi menfaatleri ikinci plandaydı. Hatta büyük bir kısmı, belki de inanılmaz bir biçimde kendilerini her şeyleriyle inandıkları ideolojiye adamışlardı. İdeolojileri yanlış olabilir, hatta birçoğunun yanlışlığı sonradan ortaya çıkmıştır da, ama bu insanlar o zamanlar davalarına samimi olarak inanıyorlardı.

Geri kalan insanların ise böyle inançları, idealleri ve ideolojileri yoktu. Onlar tamamıyla günlük hayatın içerisinde yuvarlanıp gidiyorlardı. Bu grup içindekilerin bir kısmı dürüst ve namusluyken, diğerleri yalnızca kendi menfaatlerini düşünen bencil insanlardı. İnsanın dünyadaki varoluş sebebi idealleri, inançları ve fikirleri uğruna çalışmak, bu uğurda gayret göstermektir. Bu nedenle idealist insanlar, hiçbir ideali olmayan, dünyadaki her şeyi kendi menfaatleri ile değerlendirenlere göre ahlaki açıdan daha üstündür.

Ama her nedense ülkemizdeki sistem tüm organlarıyla bir ideali olan herkesi kendisine karşı bir tehlike olarak görüyordu. İster sağ ister sol düşünceye sahip olsun, bu toplumdaki insanları daha iyi yaşatacağım diye kimin kendine ait bir ideali varsa, sistem hemen bunları yasaklamak ve yok etmek yönünde bir iradeye sahipti. Dün olduğu gibi bugün de polis ve istihbarat eğitimlerinde devlet için zararlı faaliyet ve eylemler anlatılırken bu grupların hepsinin adı zikredilmektedir.

O günlerde ben de bu anlayışın yanlışlığının farkında değildim, bu insanları yanlış işler peşinde koşan kişiler olarak görüyordum. Bugün düşündüğümde sistemin en büyük hatasının, bir ideali, bir inancı, bir fikri olan, yani insani fonksiyonlara sahip kişileri hedef kabul etmesiydi. Hâlbuki insanlığın geleceği bu tür insanların fedakârlıklarına bağlıdır. Ve insanın en önemli görevi bulunduğu ortamı iyileştirmek, kendini ve çevresini geliştirmek, ülkesini ve toplumu kalkındırmak adına arayış içinde olmaktır. Bu tip insanlar ve bu tür idealist düşünce ve fikir hareketleri olmasaydı, insanlar bir sürüden farksız olacaktı.

Fakat bu sistem, idealler uğruna mücadele eden insanları her zaman karşısına aldı. Yasakçı bir zihniyetle onları engellemekle kalmayıp düşünce ve eylemlerinin yanlışlığı yönünde de sürekli olarak propaganda yaptı. Halkın geri kalanı nazarında onları aşağıladı ve kötüledi. Aslında en kötüsü de bu yaklaşımdı. Zira bu şekilde bireysel olarak bir kişiye ceza vermekle yetinilmeyip toplum bu düşüncelerden tamamen uzak tutuluyordu. Bu idealist insanların bazılarının zaman içerisinde bir takım terör ve illegal olaylara karışması toplumdaki diğer kesimleri korkuttu. Hâlbuki onları bu davranışlara yönelten, devletin yaklaşımıydı. Oysa bu insanların teröre ve şiddete yönelmeden, savundukları fikir ve idealleri topluma yaymaları, bu fikir ve idealler etrafında örgütlemeleri, siyasete girip yönetime aday olmaları ve parti kurmaları için gerekli imkânlar sağlanarak daha sağlıklı ve daha sıhhatli bir toplum yaratılabilirdi. Toplumun daha mutlu ve müreffeh bir geleceğe ulaşması için, farklı fikirlerin tartışılabileceği bir ortam yaratılmalıydı. Ama nedense bizim sistemimiz hiçbir zaman bunlara müsaade etmedi. Belki de Türk toplumunun ve demokrasisinin gelişmesinin önündeki en büyük engel buydu.

Komplo Teorileri

Bizim ülkemizde (ve tabii ki toplumsal olarak geri kalmış tüm ülkelerde) meydana gelen olumsuz olaylarla ilgili temel bir bakış açısı, yorumlama ve sebep bulma yöntemi vardır. Başımıza gelen her kötü olayın mutlaka ABD, Rusya, İngiltere gibi ülkeler veya CIA, KGB, Mossad gibi istihbarat örgütleri veya yeni çıkmış şer güçler tarafından tertiplenmiş olduğu dile getirilir. Lügatimizde "yaptığımız şu yanlışta dolayı bu olay gerçekleşti" gibi bir anlatım asla yoktur. Diğer yandan başkalarının desteğiyle gerçekleştirilmiş dahi olsa çok basit bir konu abartılarak, yapan kişi bir kahramana dönüştürülür; "olay tüm dünyaya örnektir, bizden başka hiç kimse bunu yapamaz" diye günlerce anlatılır.

Bu olgu aslında bir hasta aklın tüm çözüm yollarını kapayan düşünme ve algılama biçimidir, şark mantığıdır. Bu mantığın en büyük zararı, eğer başımıza gelen kötü olayları Amerika ve Rusya gibi ülkeler veya CIA ve KGB gibi dünyayı ürküten büyük teşkilatlar yapıyorsa ve bu olayların meydana gelmesinde bizim hiçbir kusurumuz, hatamız yoktur inanışıdır. Olay nedeniyle kendimizi eleştirmemize, hatalarımızı düzeltmemize gerek yoktur. Ayrıca bu büyük devletlere karşı bizim tek başımıza yapabileceğimiz bir şey de yoktur. Türkiye'de meydana gelen olayları ABD veya Rusya gerçekleştiriyorsa, tek başına Türkiye ne yapabilir veya ben bir emniyet müdürü, polis olarak bu devletlere veya istihbarat servislerine karşı ne yapabilirim? Olaylar başkaları tarafından gerçekleştiriliyorsa ve benim bu olayların gelişmesinde kusurum yoksa bunları durdurmak ya da azaltmak için de yapacağım fazla bir şey yoktur. Öyleyse kendi hareketlerimi eleştirmeme, düzeltmeme de gerek yoktur. İşte bu inanış, ilerleme önündeki en büyük engellerden biridir.

Diğer yandan bizim kendi insanımızı olarak doğru karar verebilecek şekilde eğitemiyor, huzur ve güven içinde devlete bağlı olarak yaşatamıyoruz. Fakat bizi hiç tanımayan, dilimizi dahi konuşamayan ülkelerin vatandaşları veya istihbarat servisleri gelip ülkemizde en olumsuz olayların yaşanmasına sebep olmuşlardır. Böyle bir durumda insan şunu düşünmeden edemiyor; bu olayların yaşanmasını sağlayanlar insanüstü güçlere sahiptirler; üstün zekâlarını, ilahi yeteneklerini kabul etmek gerekir.

Bunun en güzel örneği, Osmanlı İmparatorluğu'nun egemenliği altındaki Arapların bozulan Osmanlı idari yapısıyla birlikte yükselen milliyetçilik akımlarının sonucunda siyasi eylemlere başlamaları ve yönetimin uygun reformlarla bu eylemleri durduramaması sonucunda isyan çıkarmalarıdır. Bu isyanların sonucunda İngilizlerin de desteği ile Araplar bağımsızlıklarını kazanmıştır. Bu olayların asıl sebeplerini, arka planını göremeyen mantık, tüm Arapların İngiliz ajanı T.E. Lawrence tarafından ikna edilerek Osmanlıya karşı isyan ettirildiğini ve onun faaliyetleri neticesi bu olayların meydana geldiğine inanır.

O zaman şunu sormak gerekmez mi? Yıllardır sizin egemenliğiniz altında bulunan, sizin tarafınızdan yönetilen, eğitilen ve yüzlerce idarecinizin, mülki ve adli amirinizin, askeri komutanınızın yerli halkla iç içe yaşadığı bir bölgede her şeye sahipsiniz, istediğiniz her şeyi yapabilme gücünüz var, yine de siz bu halkı ikna edip, kendinize bağlayamıyorsunuz? İngiltere'den bir adam geliyor; tamamen farklı bir kültüre sahip. Tek başına, o kadar kısa bir sürede tüm Arapları ayaklandırıyor ve size karşı kullanıyor. Bu akla mantığa uygun mu? Lawrence ilahi güçlere mi sahip? Lawrence'ın olağanüstü bir becerisi ve yeteneğe mi vardı? Elbette hayır. Osmanlı idaresi o kadar bozulmuştu ki bırakın Arap Yarımadası'nı, Anadolu'da bile yer yer isyanlar çıkıyordu. Halk zaten bıkmıştı; belki Lawrence gibiler bu ortamı kullandı, sadece hazır olan fitili ateşledi. Fakat orayı patlayacak hale getiren bizdik. Bunu göremediğimiz için, ilk parça koptuğunda sebepleri doğru görüp, tedbir alıp durdurmaya çalışamadık. Bize göre bizim hiç hatamız yoktu. Hata yoksa düzeltilecek bir şey ve hatta bu konuda yapacak bir şey de yoktu. Olaylar dış güçlerin etkisiyle gerçekleşiyordu.

Hâlbuki Falih Rıfkı Atay'ın Şam ve Beyrut karargâhında Cemal Paşa'nın emir subayı olarak çalıştığı dönemde bölge halkına o zamanki yönetimlerin yaptığı uygulamaları anlattığı *Zeytindağı* adlı kitabı okunsa olayların iç dinamikleri anlaşılabilir. Bu isyanlara sebep aramak bir yana, isyanların neden bu kadar geç çıktığı ve daha da büyümediği kavranacaktır. Bölgenin geri kalmış yapısı, iletişim imkânlarının yetersiz olması, kısır çekişmelerin halkı bir örgüt altında bulundurmaya mani olması gibi nedenlerle birlikte yıllardan beri Osmanlı hâkimiyetinde yaşamış olmaları ve dini inançlarının aynı olması gibi sebeplerin isyanı geciktirdiği, başka bir sebep aramanın boşuna bir çaba olduğu görülecektir. Yıllarca her olayda aynı mantık çalıştı, yıllar geçti ama mantık hiç değişmedi. Buna benzer binlerce örnek vermek mümkündür.

70'li yıllara gelindiğinde Türkiye'deki siyasi yönetimler zamanın gereklerine uyamadığı, özgürlükleri genişletemediği ve sosyal reformları yapamadığı için, o dönemki akımların da etkisiyle sağ ve solda farklı adlarda yüzlerce siyasi örgüt ve hareket ortaya çıktı. Bunları algılaması, doğru şekilde değerlendirip uygun tedbirler alması gereken hükümetler aynı mantıkla yine olayları dış güçlerin desteklediği, bu grupların alçak ve hain olduğu yönündeki suçlamaları ile meseleyi geçiştirmeye kalktı. Ama netice aynı oldu. Olaylar önleneceği ve azalacağı yerde her gün daha da artarak sokaklar kan gölüne döndü. Olayları önlemek için hiçbir reform gerçekleştirilmedi. Aynı mantığın sonucunda, yaşanan tüm olaylar binlerce insanın ölümüyle, maddi ve manevi değerlerin yok olmasıyla ve nihayetinde 1980 darbesiyle sonuçlandı.

1980'li yıllarda her gün giderek şiddetini artıran ayrılıkçı hareketlere devletin bakışı yine aynı minvaldedir: dış güçler bunları destekliyor, bunlar alçak ve hain. Sonraki dönemlerde radikal dini grup ve hareketler gerek İran'daki rejim değişikliğinin etkisiyle, gerekse batı ülkelerinin İslam ülkelerindeki olumsuz tertipleri neticesi olarak tüm İslam ülkelerinde ve Türkiye'de hareketlenmeye başladı. Bizde yine aynı mantık hâkimdir: bunlar irticacı, hain, gerici... Her zaman düzen ve rejim haklı, karşısındaki her muhalif hareket hain, alçak, bölücü ve dış güçler tarafında yönlendirilmektedir. Bu yaklaşımın bir an önce değiştirilmesi gerekiyor.

Aslında bu komplocu mantık yerine, daha pozitif ve yapıcı bir akıl yürütme ile meydana gelen her olaydan sonra, öncelikle olayların sebepleri araştırılır, sistemin hatası, kusuru aranır ve olaylara sebep olan nedenler tespit edilerek bunlar bir eleştiri süzgecinden geçirip bir daha benzeri olayların olmaması için gerekli tedbirler alınabilirdi.

Ülke içerisinde siyasi örgütlerin yarattığı eylemler ve terör olayları ile özellikle rejim aleyhtarı grupların oluşması, ülkedeki siyasi ve toplumsal sistemin kitleleri memnun etmediği doğrultusunda sinyaller verir. Huzursuz çevrelerin sıkıntıları dinlenerek onlara hakları teslim edilmez veya haklarını meşru yollarla aramalarının önü açılmaz ise bu kişilerin bir süre sonra gayri meşru yollardan tepki göstereceklerі kesindir. Bu tepkinin oluşması için illaki birilerince tahrik edilmelerine de gerek yoktur. İnsan onurlu bir varlık ise hakkını korumak ve aramak isteyecek, verilmeyince de bu hakkı meşru yollarla almanın yolunu araştıracak, bu yol da kapatılırsa o zaman ise gayri meşru yollara başvuracaktır.

Bireyler ve kitleler haklı iseler veya kendilerini haklı zannediyorlarsa ya bu haklarını almaları sağlanarak ya bu hakla orantılı bir güç uygulayıp baskı altına alınarak ya da meşru demokratik yollarla haklarını arayabileceklerine inandırılıp bu yolların onlara açık tutulması sağlanarak onların tepkileri durdurulabilir. Üstelik demokratik sistemde herkes düşüncesini açıklamakta ve bu düşünceler etrafında örgütlenmekte serbesttir. Fakat bizim ülkemizdeki uygulama bazı fikirlerin savunulması ve ifade edilmesini yasaklamakta ve bu fikirleri savunan dernek, parti gibi örgütlerin kurulmasına müsaade etmemektedir.

1970'li yıllarda dünyadaki siyasi değişimlere bağlı olarak ortaya çıkan yeni teorilerin, özellikle de Marksizm'in yeni yorumlarının etkisiyle Türkiye'de gençlik hareketleri başladı. Gençler ülkedeki rejimin haksız ve hukuksuz olduğunu ve işçilerle köylüleri sömürdüğünü ileri sürerek, rejimi değiştireceklerini iddia ediyorlardı. Önce küçük gruplar halinde bir araya gelerek dernekler etrafında örgütlenmeye, fikirlerini yaymak için gazete, dergi ve broşür çıkarmaya başladılar. Bu yolla halkı örgütleyip siyasi partilere dönüşmeyi ve seçimlerde iktidar olup kendilerince inandıkları hak ve adalet üzerine kurulu yoksul kesimlerin sermaye sahibi zenginlerce sömürülmeyeceği sosyalist bir düzen kurmayı hedefliyorlardı. Ama sistem daha en başında gençlerin muhalefetini engelledi; yayınladıkları broşürleri toplattı, çıkardıkları dergileri yasakladı, kurdukları dernekleri kapattı, düşünceleri ve düşünceleri doğrultusunda örgütlendikleri için mahkûm etti. Batı demokrasilerinde hakkını arayan ve örgütlü halk demokrasinin teminatı olarak görülürken, ülkemizde her türlü hak talebi, her türlü örgütlenme çabası yasaklanmaktaydı. Meşru muhalefet yollarının yasaklanması üzerine gençler gayri meşru yollardan muhalefet etmeye başladılar. Gizli örgütler kurarak, gizli yayınlarla halkı örgütleme faaliyetlerine yöneldiler. Sistem bu kez de çok daha şiddetli bir biçimde gençlerin üzerine gitti, çok daha ağır cezalar uygulamaya başladı. Bununla da yetinmeyip basın yayın organları ve eğitim sistemi ile beğenmediği fikirleri hor görmeye, aşağılamaya ve hatta halkın bir bölümünü onlara karşı kışkırtmaya başladı.

Sonuç olarak, hak talebinde bulunanların istedikleri sistemi kuracakları bütün meşru yollar kapanınca, geriye tek bir yol kalıyordu; silahlı mücadele ile bu rejimi değiştirmek. Başka bütün yolar her türlü yöntemle, zorla bastırılıyordu. Peki, siz bu düşünce etrafında örgütlenerek halkın faydasına olduğuna inandığınız bir sistemi halka anlatıp kabul görmesi halinde uygulamaya koymayı amaç edinseniz ve bu amacınız zorla ve şiddetle bastırılırsa ne yaparsınız? Ya korkup geri çekilir ya da bu davayı size mani olanlara karşı zor ve şiddetle savunursunuz. Başka bir yolu var mıydı?

2. Bölüm

CEMAAT

Din ve İnanç Dünyam

Kitabın buraya kadar olan bölümünde kişiliğim ve kimliğim ile ilgili özel konulara fazla girmemeye gayret gösterdim. Önceki bölümde yazılanlar geçmiş döneme aitti. Amacım geçmişte yaşanan örnek olaylar üzerinden geleceğe yönelik bir projeksiyon oluşturmaktı. Bu bölümden itibaren anlatacaklarım, günümüzde yaşadıklarımıza, içinde bulunduğumuz dönemin arka planına ilişkin olacaktır. Anlatacaklarımın doğru anlaşılması için benim düşünce ve inanç yapımın, özellikle dini inançlarımın gelişiminin bilinmesine ihtiyaç olduğunu düşünüyorum. Okuyucunun daha iyi ve tarafsız bilgilenebilmesi için, hiçbir şeyi saklamadan, tek bir noktayı mahrem bırakmadan bilinmesi gerekenleri eksiksiz anlatmaya çalışacağım.

Gizli faaliyetlerini bu bölümde açıklayacağım güçlerin ellerinde ne kadar büyük olanaklar olduğunu ve hangi yöntemleri kullandıklarını az çok bilenlerden birisiyim. Hemen hemen herkes bu kişiler hakkında bir şeyler biliyor olsa da onların yaptıkları işler, çalışma yöntem ve biçimleri tam manası ile bilinmiyor. Ben de kısmen bilgi sahibiyim; bu nitelemeleri kısmi bilgilerimle yapabiliyorum. Bu insanlar ve onların faaliyet tarzları bilinmeden ülkemizde son dönemde yaşananları tam olarak anlamak mümkün değildir. Anlatacaklarımın hepsi maddi delilerle ispatlanabilir. Fakat delilleri bulacak insanların çoğunluğu da bu insanlarla beraberler. Yine de ben delillerin nerede ve nasıl bulunabileceğini göstereceğim. Bu insanların hasmı, düşmanı değilim; çoğu eski dostlarım, son dönemde tanık olduğum ve yasadışı olduğunu düşündüğüm davranışları hariç inançlarını ve dünya görüşlerini paylaşıyorum. Yazacaklarımın buna göre yorumlanabilmesi için önce özel dünyamı anlatarak başlayacağım.

Din ve İnanç Dünyamdaki Gelişmeler

İlk çocukluğumdan beri çevrem ve yaşadığım ortam Anadolu'nun klasik muhafazakârlığı ile şekillenmişti. Hayatın kendisi ve kuralları, toplumun değer yargıları doğrudan veya dolaylı olarak dini kurallara göre belirlenmekteydi. Fakat çevremdeki insanların hiçbiri dini bir rejim ya da sistem yanlısı olmamış ve dini amaçlı illegal bir örgüt yapısı içinde hiçbir zaman bulunmamıştı. Yani inançlarım kuvvetliydi fakat ne işimde ne başkalarını değerlendirmemde hiçbir biçimde bir etken veya ölçü olmadı. İnançlarım, tüm davranışlarımızı bir görenin, gözetenin olduğu ve bir gün hesap sorulacağı anlayışı doğrultusunda, herkese karşı dürüst olmayı mecbur kılan, aklı, şuuru, vücudu ve her türlü nimeti verene saygı ve sevgi temelinde ve vicdani sorumluluk çerçevesinde şekilleniyordu.

Doğduğum köyde emsallerimden kimileri sömestr tatillerinde köyün camisinin imamının verdiği Kur'an kursuna gitmeleri ve onun neticesi olarak namaz kılmaya başlamaları babamın hoşuna gidiyordu. Babamın okul tatillerinde benim de Kur'an kursuna gitmemi istemesi üzerine ilkokul 3 ve 4. sınıfta 15 günlük ara tatillerde Kur'an kursuna gittim. Arap alfabesinin ilk temel kitabı olan elif cüzünü okumaya başladım. Eski yazıyı ve Kuran'ı tecvit üzere denen usulüne uygun tam olarak okuyabilmek için sırası ile elif cüzünden başlayarak birkaç cüz kitabı okumak gerekir. Ben ancak elif cüzünü bitirebildim ama bu arada din kurallarını, namaz kılmayı, namazda okunması zorunlu duaları okumayı ve ezberlemeyi başardım.

İlkokul yıllarında yalnızca kısa kurs dönemlerinde namaz kılardık. Ortaokul döneminde de fazla bir değişiklik olmadı. Aynı minvalde devam ettim. Sonra Polis Kolejine girdim. İnançlı ve muhafazakârdım; daha fazlası değil. Arkadaşlarım arasında namaz kılanlar da vardı, namazdan bihaber olanlar da. Bu konuda öğrenciler arasında herhangi bir ayrışma yoktu.

Polis Kolejini bitirmiş, Polis Enstitüsüne başlamıştım. 1975 yılında enstitünün 2. sınıfındayken, nisan ayında ağabeyimin düğününe katılmak için babamın hasta olduğu yönünde (düğün için izin vermediklerinden) okula yalan beyanda bulunup, üç gün izinli olarak memlekete gitmiştim. O zamanlarda, köyde her delikanlının sahip olduğu Turalı Osmanlı Beyliği denilen 9 mm Karadeniz yapımı bir tabanca temin etmiştim. Düğünlerde en çok yapılan eğlence, silah yarıştırırcasına havaya ateş etmekti. Düğünde silahımı incelemek isteyen bir akrabam mermi yok zannıyla silahla oynarken, birden silahı ateşledi ve uzaktaki bir çocuğun yaralanmasına neden oldu. Bu olayın ardından eyvah şimdi yandım, mesleğim gitti korkusuna kapıldım. Bu badireyi atlatırsam beş vakit namaz kılacağıma dair kendime söz verdim. Verdiğim söze uyarak Polis Enstitüsünde (bugünkü adıyla Polis Akademisi) namaz kılmaya başladım. Beş vakit namaz kılıyordum. Bu durum 1980 yılında olayların çok arttığı, koşturmaktan namazlarımın çoğunun kazaya kaldığı döneme kadar devam etti. Bu dönemde, herkesin birbirini gırtlakladığı olağandışı koşullar altında yaşanıyordu. Öldürülen bir ağır ceza reisinin faillerini yakalamak için çalışıyorduk. Bir büyüğüm "bu zamanda görev daha önemlidir, savaşta namaza ara verilir" yönünde nasihatte bulununca bunu akla uygun buldum ve uygulamaya başladım.

Polis Enstitüsünde okurken Maltepe'deki Koç Öğrenci Yurduna yakın Polis Vakfının öğrenci yurdunda kalıyordum. Okuldaki yemek sonrası Anıttepe'deki okuldan yurda yaya gelir, genellikle de akşam namazını Maltepe Cami'nde kılardım. Bir gün cami çıkışında, sohbet ettiğim mühendislik öğrencisi bir arkadaşın anlatımlarından etkilendim. Zira o, akla hitap eden fikirlere sahip, yumuşak bir kişiliği ve insani yaklaşımları olan birisiydi. Zaman zaman namaz sonlarında önceden almış olduğu notların bulunduğu defteri cebinden çıkarır, bu notlara bakarak çeşitli dini konularda bilgiler verirdi. İnanç ve din hakkında ve Yaradan'ın varlığı ve birliğine neden inanmamız gerektiği gibi konulardan bahsederdi. Konuyu akla, ilme göre örneklerle anlatırdı. Bu sohbetler bazen yatsıya kadar devam eder, yatsı namazını kıldıktan sonra yurda dönerdim.

Bu sohbetlere katılan ve bu konularda benden daha bilgili olan Zülfikar adlı arkadaşımdan bu şahsın Nurcu olduğunu öğrendim. Daha sonra adının Halit olduğunu öğrendiğim bu yeni arkadaşım bizi öğrencilerin birlikte kaldığı evine götürdü. Evde, bir kısmı o zamanki adıyla Yükseliş Mühendislik ve Mimarlık Özel Yüksek Okulu (daha sonra adı Devlet Mühendislik Mimarlık Akademisi oldu), bir kısmı Bahçelievler'deki Fen Fakültesinde ve bir kısmı da Siyasal Bilgiler Fakültesinde okuyan, hepsi Nurcu olan 5-6 öğrenci kalıyordu. Arada sırada bu eve uğramaya, öğrencilerle sohbet etmeye başlamıştım. Yaşam tarzları, birbirlerine karşı saygılı davranışları, sadelikleri hoşuma gidiyordu. Aynı dönemde çevremdeki bazı arkadaşlarım, benden etkilenerek namaz kılmaya başlamışlardı. Dolayısıyla Polis Enstitüsünde namaz kılan öğrenci sayısı artmıştı. Yurttaki arkadaşlarımı yeni arkadaşlarımla tanıştırıp onların da bu sohbetlere katılmalarını sağlıyordum. Bazı akşamlar, öğrenci yurdunda bir araya gelerek cemaat oluşturur topluca namaz kılıyorduk. Aynı koğuşta bulunan çoğu arkadaşım da namaza başlamıştı.

Bu arada Maltepe öğrenci yurdu kapanmış, mülkün sahibi Polis Vakfı, vakfın idaresini buraya taşımıştı. Yurt bulmam gerekiyordu. Ben paralı olarak bu yurtta kalırken bazı öğrenciler ücretsiz olarak daha uzaktaki İskitler Öğrenci Yurdunda kalıyorlardı. Maltepe'deki yurt kapanınca, bizdeki tüm öğrenciler İskitler Yurduna taşındı. Ancak bu yurt her türlü sosyal ortamdan uzaktı. Oto tamircilerinin yoğun olarak bulunduğu bir semtteydi ve çevresi de iyi değildi. Son sınıf öğrencisiydim ve sanırım ikinci dönem de yaklaşmıştı. Yeni arkadaşlarım, istersem kendi evlerinde kalabileceğimi teklif edince, kabul ettim. Ev okula çok yakındı ve Maltepe'nin en güzel yerindeydi. Sonradan sohbetlerden vs. bu şekilde başka evlerin de olduğunu fark ettim. Bu gün ışık evleri denen o evlerden birinde tahminen 5-6 ay kadar kaldım.

Bu evlerde hayat çok düzenliydi; her gün bir öğrenci nöbetçi olur, temizlik ve yemek işlerine bakardı. Evin masrafları öğrencilerden toplanan ortak paradan karşılanır, herkes namaz kılar ve dua ederdi. Haftada bir gün, akşam başka evlere gidilir, dini sohbetler yapılırdı. Diğer günler ise herkes sessiz sedasız, sükûnet içinde derslerine çalışırdı. Bu evde kalırken, Fethullah Gülen Hoca'yla benzeri başka bir evde karşılaştım. Sonra Arı Sinemasında verdiği "Yaratılış ve Darvinizm" konulu konferansta çok ciddi din ve fen ilimleri bilgisine sahip olduğunu gördüm. Bu dönemde ülkücü ve onların komünist dedikleri gençler arasında kıyasıya kavgalar yaşanıyordu. Kimi zaman kitlesel çatışmalar, kimi zaman da teke tek yakaladığında zarar verme şeklindeki olayların ardı arkası kesilmiyor, giderek tırmanıyordu. Bu tür olaylarda çevremizdeki arkadaşlar, sağcı oldukları için ülkücülerin yanında kavgalara katılma eğilimi gösteriyorlardı. Zaman zaman eve gelen bizden daha yetkin olduklarını anladığım kişiler, siz sakın bu olaylara katılmayın, taraf tutmayın diye telkinde bulunuyordu. Arka planda ne olup ne bittiğini bilmiyordum ama bu ev ve evde birlikte yaşadığım yeni arkadaşlarımı çok seviyordum. Okul bitince, dereceye girdiğim için seçme hakkına sahiptim ve memleketime yakın olması nedeniyle Mersin'e isteğim üzerine tayin oldum.

1980'den sonra düzenli olarak namaz kılamadım, cuma namazıyla sınırlı kaldım ama düzenli namaz kılamamanın sıkıntısını da hep içimde taşıdım. Beni ve tüm kâinatı yaratan büyük bir gücün olduğuna samimi olarak her zaman inandım ve yaratanın kurallarını ihlal etmemeye çalıştım

Görev esnasında inanç farklılığını hiç önemsemedim. Üstelik muhafazakârdım ve imkânım olsa kendi dünyamda dinin tüm kurallarını tam anlamıyla yaşamak isteyen biriydim; hâlâ da öyleyim. Ancak şimdi şunu sorguluyorum: Yaradan nasıl yaşamamızı istiyor? Temel amacımız ibadet etmek mi, yoksa belli bir hayat tarzına uygun yaşamak mıdır? Şu soruya tatmin edici bir cevap arıyorum: Dini kurallar insan mizacını bilen Yaradan tarafından insanın bu dünyada toplum veya fert olarak huzurlu, mutlu ve birbirine zarar vermeden yaşamasını sağlamak için mi kondu? Bu sorunun çok daha ötesinde, çok daha derin manaların olduğunu biliyorum. İnancın temelinde mutlak insan özgürlüğü olduğunu, özgür olmayanın inanç ve imanının eksik kalacağını, bu özgürlüğün her şeye karşı olması gerektiğini düşünüyorum.

İstanbul'da görev yaptığım 1995 yılında kızım ilkokulu bitirmişti, ortaokula kayıt ettirmem gerekiyordu. Aynı sitenin lojmanlarında kalan arkadaşlarım çocuklarının kayıtlarını özel okula yaptırıyordu. Benim çocuklarımın farklı okula gitmesi hoş olmazdı, ayrıca çocuğumun diğer çocukları görerek üzülmesini de istemiyordum. Emniyet Müdürümüz Necdet Menzir'in okul fiyatlarında belli miktarda indirim uygulatması üzerine kızımı evimizin yakınındaki özel okula yazdırdım. Tekniğe çok meraklıydım. Tüm alet ve cihazların teknik bilgileri ve teknik konuları içeren kaynakların tümü İngilizceydi. İngilizce bilmediğimden dolayı bu alanda çok zorluk çekmiş, yeterli düzeyde bilgi elde edememiştim. İçimde kalan bu ukdenin çocuklarımda olmaması için onları İngilizce dil ağırlıklı eğitim yapan bir okula yazdırmak benim de arzuladığım bir şeydi.

Sonraki yıl Ankara'da göreve atandığımda, kızımın özel okulda eğitimine devam etmesi ve aynı yıl ilkokuldan mezun olan oğlumun da ortaokula kayıt edilmesi gerekiyordu. Kızım özel okulda eğitim görürken oğlumun devlet okuluna gitmesi doğru olmazdı, mecburen onu da evime en yakın özel okula yazdıracaktım. Araştırma yaptığımda evimize en yakın özel okullardan birinin Samanyolu Koleji olduğunu gördüm ve çocuklarını bu okula gönderen arkadaşların da görüşlerini alarak, Çankaya'daki Samanyolu Kolejinin ortaokul kısmına oğlumu kayıt ettirdim. Okulun lise kısmı Yenimahalle İvedik'teydi. Ortaokul bittiğinde oturduğumuz Çankaya Oran semtine çok uzak olan Yenimahalle İvedik'e gitmek gerekiyordu. Eskiden ben işe giderken çocukları okula götürüyordum. Oysa şimdi her ikisi için de okul ücreti haricinde bir de servis ücreti ödemek zorundaydım. Her ne kadar Susurluk olayları vs. nedeniyle biraz tanınınca bana özel indirim uygulanıyorduysa da tek maaşımla her ikisinin ücretini ödemekte zorlanıyordum. Fakat o dönem 28 Şubat arifesindeydik; herkes Samanyolu Kolejinden ya da benzeri okullardan kaçıyor, keskin laik gözükmek istiyordu. Herkes ordunun başlattığı cereyana kapılmıştı. İnsanların bu kadar korkması ve sahte hareket etmesi beni son derece rahatsız ediyordu. İnadına bu kişilerin tersine davranmalıydım. Aslında maddi koşullarım çocuklarımı Samanyolu Kolejinden alıp evime yakın bir özel okula nakletmemi gerektiriyordu ama korkmuş gözükmemek, güç gösterenlere karşı haklının yanında olmak, güçten korkmamak adına bunu yapmadım. Tabii bu okullardaki eğitim ve öğretimin kalitesi, öğretmenlerin öğrencilerle yakından ilgilenmesi, okulda eğitimin yanında çocukların zararlı alışkanlık ve davranışlara karşı korunduğu inancı da bu kararı almamda belirleyici unsurlardı. Fakat en azında Emniyette istikbal bekleyen bir kişi olarak, o günkü şartlarda bin yıl süreceğine inanılan 28 Şubat anlayışı yönünde çocuklarımı Samanyolu Kolejinden başka bir okula nakletmem gerekiyordu. Nakilleri yapmadım. Bir kez daha anladım ki haksızlar üzerime ne kadar sert gelirse, ne kadar büyük bir tehditle karşı karşıya kalırsam, ayni ölçüde karşı koyma iradem gelişiyor, bedeli ne olursa olsun aklım ve vücudum karşı koymaya programlanıyordu.

Ve 6 yıl çocuklarımı Samanyolu Kolejinde okuttum ve ikisi de oradan mezun oldular.

Görevim esnasında hiçbir çalışanımı, karşılaştığım hiçbir görevliyi, davalıyı, davacıyı, vs. değerlendirirken, inancı ya da düşüncesi nedir diye düşünmedim. Gerektiğinde devlet bir Hıristiyan'ı, bir Musevi'yi ve hatta bir yabancıyı görevlendirebilir, kendisine görev verilen herkes istenilen hizmeti yerine getirmekle, devlet de hizmetlerinin karşılığı olarak maaşlarını ödemekle yükümlüdür. O zaman her şey devletin kurallarına uygun olarak yerine getirilmeliydi. Maaş alırken, diğer imkânlardan faydalanırken nasıl kanunlara uyuyorsam, diğer işleri de kanunlara uygun yapmalıydım, inancım onu gerektiriyordu. Yıllarca yanımda çalışmış, en fazla beraber mesai sarf ettiğim, binlerce teknik cihazı üreterek devlete milyonlar kazandırmış İbrahim'in alevi olduğunu emekli olduğu zaman, iş ararken önerdiğim belediyenin yaptığı araştırmanın sonrasında bana sorduklarında öğrendim.

Emniyet teşkilatı içerisinde hükümet veya bakanların tavrına göre oluşan dini merkezli örgütlenme veya karşısında olan faaliyetlere hiç yaklaşmadım, bu dönemlerde ben hep taşrada aktif sokak polisliği görevinde bulundum. Bir dönem geldi dini inançlara göre Genel Müdürlük merkezinde atamalar ve sürgünler yapıldı. Devran değişti yeni gelenler aynı amaçlı olarak sürenleri sürdü, ben çalışan işini iyi yapan herkesle çalıştım ama bu tür tutumlardan ve insanlardan her zaman uzak durdum. Görevde ve atanmalarda dini inançları ölçü almaya kalkanlara asla müsaade etmedim.

Eskiden bazı genç komiserler İslamcı denilerek istihbarata alınmazdı. Ben buna karşı koyardım, inancı kendine, bizim için görev yapması, çalışması önemli derdim. Hiç kimsenin görevini başka amaçlarla kullanacağı aklıma gelmezdi, hatta ferdi olarak yapılmış olsa dahi grup halinde insanların görev yeminini bozup görevin gerekliliklerine karşı işler yapacağını aklım almazdı.

İstanbul'da görev yaptığımız yıllarda yeni kurduğumuz teknik sistem sayesinde önemli bilgiler edinmeye başlayınca, çoğalan iş yüküne göre amir sayısı yeterli olmamaya başlamıştı. Her ekip için bir komisere ihtiyaç vardı. Polis Akademisini yeni bitirmiş başarılı genç komiserleri tespit edip İstihbarat Şubesinde çalıştırmak için merkeze teklifte bulunuyordum, hatta bir kısmını geçici olarak hemen göreve başlatıyordum. Emniyette her rütbeli o ilin emrine atanırdı, Emniyet Müdürü'nün teklifi Vali'nin onayı ile personel ilgili birimlerde çalışmaya başlardı. Genel mevzuat böyle olmakla birlikte uygulamada ve istihbarat yönetmeliği gereği istihbarat hizmetlerinin özelliği de göz önüne alındığından İstihbarat Şubelerinde insanlar doğrudan göreve başlatılmazdı. Önce mimleme denen en az iki istihbaratçının referansı ile birlikte alınacak aday hakkında geniş öz geçmiş bilgilerini içeren bir form doldurulur ve Emniyet Genel Müdürlüğü İstihbarat Daire Başkanlığından onay istenir, merkezde bu kişi hakkındaki arşiv bilgilerine bakılarak Emniyet Genel Müdürlüğünden onay alınırdı. Kişi yine hemen şubede göreve başlayamaz, açılacak Yeraltı ve Yıkıcı Faaliyetlerle Mücadele kursuna çağrılır, iki ay süren bu kursun ardından istihbarat biriminde göreve başlardı. Eskiden acil personel ihtiyacı olduğunda (son zamanlarda ise usul haline geldi), Genel Müdür onayı ile birlikte kişinin geçici görevle istihbaratta göreve başlaması için onay verilir ve kişi kurs görünceye kadar geçici statüsü ile istihbarat birimlerinde çalışmaya başlar, bilahare kursa giderek asli personel olurdu.

Ben, 5-6'lı gruplar halinde yeni komiserleri mimleyip istihbarat şubesinde çalıştırmak için teklif ettiğimde, bazılarına merkezde karşı çıkılıyordu. Gerekçe ise okul yıllarında dindar olmaları, dindar kişilerle birlikte görüşüp birlikte hareket etmiş olmalarıydı. Ben de Diyarbakır ve İstanbul'da gerçekleştirdiğim başarılı istihbarat operasyonlarının istihbarat camiası içerisinde şahsıma yönelik kazandırdığı saygınlığı kullanarak bu kişilerin alınması gerektiğini, insanları inançlarına göre değerlendirmenin doğru olmadığını, mühim olanın bu kişilerin göreve bağlılığı ve yetenekleri olduğunu savunuyordum. O sıralar beraber görev yaptığımız veya görev nedeniyle karşılaştığımız yabancılar içinde bizdekilerden çok daha dindar insanların olmasına rağmen bunların en gizli birimlerde çalıştığını örnek vererek, birçok komiserin göreve alınmasını sağladım.

Belki de bu gün şikâyetçi olduğum yapıda yer alan birçok müdürü o günlerde merkezin itirazına rağmen 'insanların inançlarına göre değerlendirilemeyeceğini' söyleyerek bizzat ben göreve alınmalarını sağladım. Hâlâ da aynı kanaatteyim. İnsanların çalışacağı birimlerin inançlarına göre belirlenmesinin makul olmadığını düşünüyorum. İstihbarat şubesine aldığım komiserlerin çoğu, merkezin karşı çıkmasına rağmen, verdiğim mücadeleler sonucunda göreve aldığımı bilmezler, zaten bilsinler de istemem. Onların, devletin ve teşkilatın insanları düşüncelerine, inançlarına göre değerlendirdiğini bilmelerini, böyle bir anlayışın devlete hâkim olduğunu bilmelerini istemedim. Tabii aldığım bu insanlar da İstanbul'da yapılan tüm çalışmalarda harikalar yaratan ekibin birer üyesi oldular ve çok başarılı çalışmalara imza attılar.

Ankara'da Emniyet Genel Müdürlüğü İstihbarat Daire Başkan Yardımcılığına tayin olunca türlü bahanelerle ezilmek istenen inançlı olarak bilinen kişileri korumaya çalıştım. Bir yıl boyunca Başkan Yardımcısı olarak teşkilatın içişlerini tek başıma koordine ediyordum. Daire Başkanı Emin Aslan biraz rahatsızlığı, biraz da dış toplantı ve temsil işlerinin yoğunluğu nedeniyle sadece dış işlere bakabiliyordu. Daha önceki dönemde, 1990'lı yıllarda, İstihbarat Daire Başkanlığı'nda İslamcı anlayışta olan kişiler yönetime gelmiş, yaptıkları tayin ve sürgün uygulamalarının sonucunda Abdülkadir Aksu bakanlıktan ayrılmış yerine Mustafa Kalemli İçişleri Bakanı olarak göreve gelmişti. Yeni İçişleri Bakanının göreve gelmesinin ardından Ünal Erkan Emniyet Genel Müdürü, İstihbarat Daire Başkanı Ali Gökçimen'in yerine ise Tuncer Meriç Daire Başkanı olarak göreve getirildi. Yeni yönetim, dini yönü ağır basan ve diğer kesimleri sürgün etmede rol alan tüm eski şube müdürlerini il ve istihbarat dışına, daha az kusurlu gördüklerini de merkez dışına atadılar. Geçmişte yaşanan deneyimlerden dolayı bütün şube müdürleri ve birim amirleri dini düşünce ve örgütlere uzak duran ve bu konuda hassasiyeti olan kişiler arasından seçiliyordu. Merkeze solcu ve İslami cemaat ve ekollerle ilgili olabilecek kişiler yaklaştırılmıyordu. Merkeze atanacak olanlar büyük oranda milliyetçi ve ülkücü kesime yakın kişiler arasından seçiliyordu. Fakat merkezin bir eksiği vardı; iş üretemiyor, görev açısından bir iki amir haricinde diğerleri çok klasik kalıyordu. Bu kişiler illerin yaptığı operasyon ve çalışmaları pazarlayarak geçinmek istiyorlardı. Ben merkezde göreve gelince iş üretecek bazı kadrolardan merkeze gelmek isteyenlere destek oldum. Merkezde az da olsa alt rütbelerde dini yönü ağır basan veya böyle olmasına rağmen merkezdeki genel anlayıştan korkarak farklı gözükmeye çalışan kişiler bulunmaktaydı ve bu kişiler her fırsatta ezilmeye çalışılıyorlardı. Fakat ben göreve geldikten sonra radikal laik gözüken etkin kişilerin bu insanlar üzerinde baskı kurmalarına karşı tavır aldım.

28 Şubat Dönemi Yaşadıklarımız

24 Aralık 1995 seçimleri sonucu MSP-RP çizgisinin en büyük parti olması, ordu içerisinde tepkilerin artmasına neden olmuş, bu sonucu hazmedememenin ilk işaretleri ortaya çıkmaya başlamıştı. Susurluk Olayları üzerine Silahlı Kuvvetler içerisinde hareketlenmeler daha da artmıştı.

İktidarın DYP kanadından bakan olan Mehmet Ağar'ın, Susurluk Olaylarındaki rolü nedeniyle hükümetin dışında kalmasının ardından, önce İstihbarat Daire Başkanı Emin Aslan Kaçakçılık Daire Başkanı olarak görevlendirildi. İstihbarat Dairesi Başkanlığına tirajı çok düşük bir yayın organına (dergi mi yoksa gazete mi olduğunu hatırlamadığım) doğruluğu ve ciddiyeti tartışmalı olan "Artık ordu polise sormadan ihtilal yapamaz. Yedi bin kadar özel eğitilmiş ağır silahlı özel harekât polisi var..." mealinde bir şeyler söyleyen, o güne kadar hiç tanımadığım Bülent Orakoğlu getirildi.

Bana göre Orakoğlu istihbarat formasyonuna sahip değildi; ya yanlışlıkla ya da tesadüf eseri daire başkanı yapılmıştı. Söylediği iddia edilen, o zamana kadar kimsenin duymadığı "Artık polise danışmadan ordu ihtilal yapamaz ..." mealindeki iri lafı gerçekten söylemiş olsa bile ciddiye alınacak biri değildi. Maksadım onun basit biri olduğunu söylemek veya onu aşağılamak değil. Ancak Orakoğlu'nun demokrasi, özgürlük, darbe, siyaset gibi konular açısından bir bakış açısına ya da ideolojiye sahip biri olmadığını düşünüyorum. Eğer bu sözü söylemişse sadece kendisi polis olduğu için, polisi övmek ve dolaylı olarak kendini yüceltmek için söylemiş olabileceği kanaatindeyim.

Bülent Orakoğlu, geçmiş sıkıyönetim dönemlerinde askeri kişi ve kurumlarla gayet uyumlu çalışmalar yapmış, Diyarbakır'daki sıkıyönetim süresinde en iyi görev yapan polis olmuş, kardeşleri ve yakınları içinde rütbeli askerlerin olduğu bir polisti. Sözleri fazla ciddiye alındı, fırtına koparıldı. Bir defa daha yine ordunun istihbarat ve insan tanıma konusunda isabetli hareket edemediğini gördüm. Orakoğlu'nu biraz tanımış, tahlil etmiş olsalardı, bu sözlerin basında fazlaca yer alması konusunda bunca gayret göstermez ve bu kadar da tepki koymaz, güler geçerlerdi. Bu ve benzeri olaylar ordu içerisinde hareketlenmelere sebebiyet veriyor, ordu açıktan siyasi hükümete karşı tavır geliştiriyordu. Anormal davranışlar başlamıştı.

İstanbul'da çeşitli olaylara karışmış ve saklanmak için Ankara'ya gelen bazı mafya elemanlarını yakalamak üzere bir ekiple birlikte Ankara'ya operasyona gelen dönemin Organize Suçlar Amiri Başkomiser Şentürk Demiral nezaket ziyareti için uğramıştı. Ziyaretin ardından Ümitköy civarında bulunan lüks evlerde gizlenen mafya mensuplarını yakalamak için o bölgedeki jandarma karakoluna gitmişti. Yanlışlıkla jandarma karakolu binası olarak zannettikleri su deposunda nöbet tutmakta olan askerlere, kendilerinin polis olduğunu söyleyip jandarma karakolunu sormuşlar. Sonra da yanlış yere geldiklerini anlayıp, bilahare jandarma karakoluna varıp oradaki karakol komutanı ile birlikte belirlenen adreslere operasyon yapmışlar ve şahısları yakalayarak İstanbul'a dönmüşlerdi. Fakat su deposunu bekleyen askerler aracın plakasını alıp şüpheli bir araç diye rapor etmişler. Bunun üzerine olaylar büyümüş, Genelkurmay Başkanlığı Emniyet Genel Müdürlüğüne bu aracı ve içindeki kişileri soruyor. Mafya elemanlarının yakalanmasıyla ilgili olarak Jandarmayla birlikte o gün tutulmuş olan tutanakların gönderilmesine rağmen Genelkurmay Başkanlığı verilen cevaba inanmıyor. Emniyet Genel Müdürlüğünün darbe hazırlığı olup olmadığını öğrenmek için Genelkurmay Başkanlığını izlediği, Genelkurmay Başkanlığı binasında gece ışıklar yanıyor mu diye takip ettiği iddialarını basına verip, bu tutanağı da kullanıyorlardı. Şentürk Demiral İstanbul plakalı Mercedes marka bir araçla ziyaretime gelmiş, dolayısıyla bizim dairede bu araç ziyaretçi aracı olarak kayıtlara girmiş ve nöbetçiler tarafından da görülmüştü. Genelkurmay Başkanlığı su deposu civarında şüpheli görüldüğü için bu aracın plakasını sorunca, bizim dairede çalışan ve Susurluk olaylarındaki tutumum nedeniyle bana karşı tavır alan müdürler bu durumu kullanmak istiyorlar. Polisin darbe hazırlığı olup olmadığı yönünde askeri karargâhları kontrol ettiği iddiaları ile Şentürk Demiral'ın aracı arasında bağlantı kurmaya kalkıyorlardı. Oysa Ümitköy yolundaki su deposunu bekleyen askerler kontrol edilse ne olur, edilmese ne olurdu? Ama bir kere dış düşmana karşı kullanılması gereken psikolojik harekât sistemi kendi ülkesinin iktidarına karşı kullanılmaya başlanmıştı, her şey mubah görülüyordu. Ölçü yoktu.

Ordu içindeki hareketlenmelerin arttığı o günlerde çok ciddi bilgiler alıyordum: Görevim nedeniyle illerdeki İstihbarat Şube Müdürleri'yle yaptığım görüşmelerde, askeri birliklerin özellikle büyük iller başta olmak üzere sivil hayata müdahale etme doğrultusunda hazırlık yaptığını veya EMASYA planlarını güncelleme adına tüm birliklerin bilgi topladığını çok açık bir biçimde görüyordum. Sarmusak Olayı dolayısıyla yapılan çalışmalarda, ordu içinde Batı Çalışma Grubu olarak adlandırılan grubun tamamen sivil hükümeti zora sokmak amacıyla oluşturulmuş gizli illegal faaliyetlerinden haberdar olmuştum. Ayrıca ordu içindeki askeri kişilerden de çeşitli bilgiler geliyordu. Bu bilgiler nasıl geliyordu tam bilemiyorum ama bugün değerlendirdiğimde ordu içindeki cemaat yapısının bilgi sızdırma işini örgütlediğini anlıyorum. Bilgi ve belgeleri toplayanlar, bunları kullanabilecek olan bizim gibi kişilere ya yakın çevremizde çalışan taraftarları aracılığıyla ya da posta yoluyla ulaştırıyorlardı.

Birçok kanaldan gelen bilgileri analiz edince ordunun demokratik hayata müdahale hazırlığı içinde olduğu kanaatine vardım. İki arkadaşımla beraber elimize gelen belgeleri yorumlayıp yaptığımız analizlerden oluşan dört sayfalık bir not hazırladık. Notun ekine de otuz altı sayfa belge koyarak İstihbarat Daire Başkanı Bülent Orakoğlu'na verdik. Gerçekten de, ordunun her olayı, her olumsuz davranışı abartıp iktidarın planlı bir davranışı olarak kabul ettiği, kurduğu psikolojik harekât sistemi ile tüm basını, medyayı ve güç odaklarını harekete geçirip hükümeti sıkıştırdığı, ne olursa olsun iktidarı değiştirmeyi hedeflediği belli oluyordu. Tesadüfi ya da sıradan en masum olayları bile kasıtlı davranış olarak yorumluyordu.

Bu propagandanın etkisi oldu ve sonunda Deniz Kuvvetleri Adli Müşavirliği ve Savcılığı o meşhur Sarmusak davasını açtı ve yurtdışında bulunan İstihbarat Daire Başkanı Bülent Orakoğlu ülkeye döndüğünde tutuklandı. Mahkeme devam ederken, basına verilen bilgilerden asıl hedefin İstihbarat Daire Başkanlığı personeli üzerinden o dönemin iktidarını suçlamak olduğu anlaşılıyordu.

Bizim yazdığımız raporun ekindeki Genelkurmay İkinci Başkanı Çevik Bir imzalı ve tüm kuvvetlere gönderilen emre dayanarak Deniz Kuvvetleri ast birlikleri içerisinde de Batı Çalışma Grubunun kurulması için Deniz Kuvvetleri Komutanlığı İstihbarat Başkanlığı'nın emrini Daire Başkanımız Bülent Orakoğlu'na elden teslim ettim. Evrak, İçişleri Bakanı Meral Akşener, Başbakan Yardımcısı Tansu Çiller, Başbakan Necmettin Erbakan, Cumhurbaşkanı Süleyman Demirel, Genelkurmay Başkanı İsmail Hakkı Karadayı silsilesini izleyerek Genelkurmay İkinci Başkanı Çevik Bir'e ulaşmıştı. Bunun üzerine Deniz Kuvvetleri Savcılığı devletin gizli belgelerini temin etmek ve kullanmak suçlarından ciddi ceza talebiyle Orakoğlu ve bazı Emniyet İstihbarat Daire Başkanlığı personeli hakkında dava açmıştı. Orakoğlu, duruşmada bu belgeleri nereden temin ettiği sorusuna cevap vermek durumunda kalacaktı. Mamak askeri cezaevinde tutuklu olduğu esnada avukat Suat Çelebi'yle birlikte ziyaret ettiğimizde Bülent Orakoğlu bana mahkemede sorulunca belgeleri benden aldığını söyleyeceğini ifade etti. Ben de bunu yapmasında hiçbir sorun olmadığını söyledim. Fakat avukatımız Suat Bey hukuki açıdan olayı yorumlayıp "Bizim bir şey söylememize gerek yok, müddei iddiasını ispatla mükelleftir, biz hiçbir şey söylemeyelim, belgeleri Hanefi Avcı'dan aldım demek iyi olmaz," dedi. Ben yine de belgeleri benden aldığını söylemesini istedim, çünkü Orakoğlu tutuklamanın ardından ağır ceza tehdidi karşısında paniklemeye, çekinmeye başlamıştı. Raporun hazırlanmasına yardımcı olan arkadaşları (diğer ast personeli) konuyu biliyordu; olayda rol alan astları söylerse büyük sıkıntı yaşanırdı. Olayı bana bağlaması halinde kontrolün bana geçeceğini düşünerek adımı vermesini istedim ve sonunda duruşmada Orakoğlu belgeleri benden aldığını söyledi ve mahkeme ikinci duruşmaya beni de çağırdı.

Mahkemeye giderken sanık olabileceğimi, hatta tutuklanabileceğimi düşünüyordum çünkü bu davanın açılmasında hukuk yoktu. Her şey kanunsuz emirlerle yürütülüyordu. Ben de bu karmaşa içinde tutuklanabilir, hatta hiç yoktan ceza alabilirdim. Amacım amiri olduğum ve bana güvenerek görev yapan hiç kimsenin zarar görmemesini sağlamaktı; yangın benden ileri gitmemeli, orada durmalıydı. Her şeyin biteceğini, mesleğin sonuna geldiğimi düşünüp cezayı da göz alarak mahkemeye çıktım ve üstündeki dört sayfalık notla birlikte otuz altı adet belgeyi Daire Başkanı Bülent Orakoğlu'na verdiğimi söyledim. Mahkemenin iki hâkimi meslekleri pahasına adil davranıp beni tutuklamadıkları gibi hukuka uygun karar verdiler ve verdikleri kararı Askeri Yargıtay bile tasdik etmek mecburiyetinde kaldı. Ancak bu mahkemenin iki hâkim subayı vermiş oldukları kararın bedelini ödediler; Deniz Hâkim Albay Mesut Kurşun'u Malatya'ya sürdüler, Deniz Hâkim Binbaşı Ahmet Kahraman'ı YAŞ kararı ile ihraç ettiler.

Bu olayda da yüzde yüz zarar göreceğim, her şey bitti diyeceğim bir anda hiç ummadığım bir şey olmuş ve bu tehlikeyi de atlatmıştım. Hayatımı kaybettim diye yüzde yüz inandığım ikinci tehlikeyi de atlatmıştım. Bir kez daha yukarıdaki yine yardım etmişti.

Tutuklanmam ve Kısa Süren Hapis Hayatım

Susurluk kazasının ardından TBMM'de kurulan Susurluk Araştırma Komisyonu'na verdiğim ifadede Polis, Jandarma, MİT gibi tüm güvenlik kuvvetlerinin içerisinde çete benzeri oluşumların olduğunu, bunların 'terörle' mücadele adı altında kanunsuz eylemler yaptığını anlattım. Bu ifadem ve benzeri konulardaki anlatımlarım nedeniyle Silahlı Kuvvetler, Emniyet, Jandarma ve MİT içerisinde şahsıma karşı olumsuz bir havanın oluştuğunu hissediyordum.

Önce Jandarma Genel Komutanı Teoman Koman Jandarma Genel Komutanlığı içinde 'JİTEM' vardır şeklindeki ifademi Jandarma Genel Komutanlığına hakaret kabul ederek davacı oldu. Müfettişler hakkımda inceleme yaptılar ve JİTEM'in varlığı ile ilgili realiteye ve onca delile rağmen Teoman Koman'ın etkisiyle Bakanlık yargılanmam konusunda karar verdi. Yaptığım itiraz üzerine Danıştay İkinci Dairesi beni haklı bularak kararı iptal etti. Böylece bu davadan aklandım.

Susurluk Olayı'nın önemli aktörlerinden "Yeşil ile bağlantılıdırlar, bakıldığında ilişkileri görülür" diyerek hem Yeşil'in, hem de onunla kanunsuz ilişkilere giren MİT mensuplarının telefon numaralarını açıkladım. Açıkladığım telefon numaraları devletin gizli bilgileridir diyerek davacı ve şikâyetçi oldular. Ankara DGM Savcılığı (o zamanlar DGM mahkemelerinde askeri hâkim üyeler ve askeri savcılar da görev yapıyordu) Askeri Savcı Nuh Çetinkaya hakkımda devletin gizli kalması gereken sırlarını temin etmekten soruşturma açtı. Mahkemeye çağırmaları üzerine bu konuda ifade verdim. İfademde, bu telefonları herkesin bildiğini, daha önce yakalanmış mafya mensuplarının üzerinde kayıtlı olarak bunların çıktığını, ayrıca bu numaraları kullanan kişilerin başta Yeşil kod adlı Mahmut Yıldırım olmak üzere birçok kanunsuz kişilerle bağlantısının olduğunu anlattım. İfadem üzerine Savcı hakkımdaki şikâyetin ciddi olmadığını anlamıştı. Ancak Susurluk raporu hakkında televizyonda yaptığım konuşma nedeniyle önce açığa alındım, daha sonra da altı ay önce ifade verdiğim ve kapandığını zannettiğim bu davadan dolayı tutuklandım.

Askeri Savcı Albay Nuh Çetinkaya soruşturma yapmış, Genelkurmay Başkanlığı başka bir albayı bilirkişi tayin etmiş, bilirkişi olarak tayin edilen albay bu telefonların devletin gizli sırrı olduğu yönünde rapor vermiş ve bu rapora dayanarak DGM askeri hâkimi Hâkim Binbaşı Tanju Güvendiren beni tutuklamıştı. Benim sivil mahkemede yargılanmam gerekirken, mahkemesi sivil, tümü askerlerden oluşan hâkim ve savcılar tarafından yargılanıyordum.

Tutuklanınca, güvenliğim gerekçesi ile Beypazarı'nda küçük bir cezaevinde tek kişilik koğuşa kondum. Savcı Albay Nuh Çetinkaya iddianamesinde, daha önce birçok zanlının üzerinden çıkmış, herkesin bildiği başta Yeşil olmak üzere birçok kanunsuz kişi ile ilişkide olan MİT mensubu kişilerin telefon numaralarını suçlarının araştırılması için TBMM Meclis Araştırma Komisyonu'na ve diğer yetkili makamlara vererek, gizli kalması ülke menfaatlerine olan devlet sırlarını temin etmek ve kullanmaktan ayrı ayrı iki defa cezalandırılmamı talep etmekteydi. İddianameye dayanarak hakkımda toplam 16 yıl hapis cezasını gerektiren dava açmıştı. Aslında bu telefon numaralarının bahane olduğu, bu bahane de konuşmalarımdan rahatsız olan birileri tarafından kullanıldığı alenen belli oluyordu.

Buna rağmen Avukatım Suat Çelebi'nin de fikrine uyarak tutukluluğa itiraz dahi etmedim. Ortada büyük bir hukuki hata vardı ve biz itiraz etmiyorduk. Hukuk sisteminin kendi hatasını düzeltmesi yönünde dilekçe verdik. Daha sonra Abdullah Öcalan'ı da yargılayacak olan mahkemenin başkanı olan DGM başkanı Turgut Okyay büyük bir hukuk adamı olarak tensip zaptıyla birlikte tahliyeme karar verdi. Tutukluluğumun 11.günü tahliye oldum. İki duruşma daha devam eden yargılama sonunda beraat ettim.

Aslında şuna emindim. Bu dava bir bahane idi. 6 ay önce savcı ifademi almıştı ve hatta bana göre dava kapanmıştı. Daha sonra televizyonda yaptığım konuşma ve eleştirilerimden rahatsız olan ordu yöneticilerinin zorlaması sonucu bu dava tekrar gündeme getirilerek tutuklanmıştım. Amaçlanan bana ve benim gibi düşünenlere bir gözdağı vermekti.

Sonra uzun süre Ana Komuta Kontrol Merkezi Dairesi Başkanlığında pasif görevde tutuldum. Askerlerin istemediği kişi ilan edildiğim için 1997 yılından 2003 yılına kadar aktif bir göreve atanmadım. Terfilerim yapılmadı. İdare mahkemesine dava açarak veya terfi komisyonu üyeleri dostlarımın direnmeleri, terfi komisyonu kararlarına muhalefet şerhi koyma ısrarları ile Kutlu Savaş'ın Başbakan üzerinde yaptığı girişimler neticesinde zorlukla ve bir iki gün süren tartışmalar sonunda terfi ettim.

28 Şubat sonrasında hakkında davalar açıldığı o baskı dönemlerinde bir arkadaşım aracılığıyla Fethullah Gülen Hoca'yla

onun talebi üzerine kısa süreli olarak görüştüm. Bu görüşmede özetle ona "Siz doğru bildiğiniz yolda okullar açarak bu ülkeye ve insanlarımıza hizmet ediyorsunuz. Gerisini önemsemeyin, doğru sonunda galip gelecektir" dedim. Amacım baskı karşısında mazlum ve mağdur olana, üzerine gidilene destek olmaktı.

KOM Daire Başkanlığından Alınmam

KOM (Kaçakçılık ve Organize Suçlarla Mücadele) Daire Başkanlığına hiçbir talebim olmadan, 2003 yılı haziran ayında atandım. Benden önceki daire başkanı görevden alınmasıyla ilgili olarak idari mahkemede yürütmeyi durdurma davası açmıştı. Ne olursa olsun, herkesin dava hakkına saygı duyduğumdan ve kendim de birkaç konuda idareye karşı dava açmış olduğumdan bu meseleyle hiç ilgilenmeksizin işime devam ettim. Sonra bir ara mahkemenin yürütmeyi durdurma kararı alındığını duydum. Bu durumda idarenin bir ay içinde beni görevden alıp, onu ataması gerekiyordu. Bir süre sonra Genel Müdürlük Özel Kaleminde duyduğum kadarı ile Genel Müdür eski başkanı çağırıp konuşmuş ve "seni başka bir göreve atayalım, KOM dairesinde ısrar etme," demiş. Eski başkan da bu öneriyi kabul etmiş. Bunun üzerine Bakanlığa dilekçe vererek, idare mahkemesi tarafından kesin karar verilinceye kadar yürütmenin durdurulması kararının uygulanmasını istemediğini bildirmiş. Yani KOM'a tekrar atanma talebim yok diyerek, çıkacak kararname ile başka bir ile gitmeyi istemişti.

Bu arada KOM dairesinde ve il uzantılarında teknik alt yapıyı oluşturmaya, ülkenin önceliklerine göre mevcut personeli operasyonel istikametlere yönlendirmeye, birinci derecede yolsuzluk, ikinci derecede akaryakıt ve sigara kaçakçılığı başat olmak üzere mali konular ve üçüncü derecede uyuşturucu ticareti olmak üzere teşkilata istikamet vermeye çalışıyordum.

Bu öncelikleri belirlerken tesadüfen önümüze Enerji Bakanlığındaki büyük ihalelere hile karıştıran, tüm ihaleleri yöneten bir organize grubu izlemeye başladık. İbrahim Selçuk başkanlığındaki bu grup tüm Enerji Bakanlığındaki işlere Bakan'dan daha hâkimdi; ihaleler İbrahim'den habersiz yapılamaz durumdaydı. Birçok teknik eksiğimiz vardı ve çok iyi bir çalışma yapamamıştık. Fakat bir yıla yakın devam eden izleme sonunda operasyona giriştik. Bazı büyük müteahhitler ile Enerji Bakanlığı Genel Müdürleri tutuklandı.

Bu operasyonun yol açtığı oluşan olumsuz hava içinde, açıktan söylenmese de en azında "aferin" denmeyerek, operasyondan memnun olunmadığı hissettirildi. Hatta bazı başka birimlerdeki Emniyetçiler gözaltına alınacak kişilerin hükümete yakınlığı dolayısıyla gözaltına almaların sıkıntı yarattığını, bu konuları hiç düşünmediğimizi, iş yaparken siyasi hesap yapmadığımızı söylemişlerdi. Bu tür olaylarda hakkımızda olumsuz bir hava yaratılmıştı.

Enerji operasyonu tamamlandıktan sonra uyuşturucu konulu uluslararası bir toplantı için Şili'ye gittim. Üşütmüştüm. İşler ve şehir dışı toplantıları derken sağlığıma yeterince dikkat etmediğimden hastalığım iyice ilerlemişti. Önemsemediğim hastalığım önce zatürreeye ve daha sonra da akciğer apsesine dönüşmüştü. Öksürdüğümde ağzımdan kan gelince olayın ciddiyetini anlayıp hastaneye yattım. Tam hastaneye yattığım sırada eski başkan da idare mahkemesinde davayı kazandı. Bu karar doğrultusunda görevden alındığımı, yerime eski başkanın atandığını duydum. Bu normal bir durumdu. Ancak eve giderken uğradığım İstihbarat Daire Başkanlığında karşılaştığım İdare Mahkemesi Başkanı Cengiz Aydemir sohbet esnasında, davanın henüz bitmediğini ve kararın verilmediğini söyledi. Ben davanın kesin olarak sonuçlandırılmış olduğunu söyleyince, hâkim "Hayır yanlışınız var, karar verilmedi," diye ısrar etti. Biz hâkimin bu sözlerini onca dava içinde bu davayı doğru olarak hatırlayamayabileceğine verip, mahkeme karar vermese tayinim neden çıksın diye düşündüm.

Bu arada tayinim çıkmadan önce, eski KOM Başkan Yardımcısı Alper Yaz akaryakıt kaçakçılığı yaptığı bilinen Veysel Kadayıfçıoğlu adlı kişinin benim tayinimin başka yere çıkarılması için çalıştığı haberini göndermiş ama ben bunu pek fazla önemsememiştim. Bu şahsın, yaptığımız bir tahkikatta adı geçen bir mafya üyesiyle ilişkisi varmış. Biz operasyon öncesi tüm mafya ve mafya ile bağlantılı kişilerin mal varlığının tespit edilmesi için savcılık talimatı ile araştırma yaptığımız sırada, bu kişinin milyon dolarlar seviyesindeki hesabının bulunduğu bir banka şubesi ona haber vermesi üzerine yapılan tahkikatı öğrenmişti. Bundan dolayı benimle ve tayinimi başka bir yere çıkartmakla uğraşıyormuş. Daha sonra öğrendiğime göre, bu kişi Diyarbakırlı çok zengin bir holding patronuymuş. Aynı zamanda İçişleri Bakanı'nın oğlu Murat Aksu ile yakın ilişki içindeymiş. İrtibatlı olduğu mafya üyesine de bakanın oğlu üzerinden bir şeyler yapmak isteyen biriymiş.

Ben görevden alınıp Edirne'ye tayin (sürgün) edildiğim sırada hastanede yattığımdan, personelin durumunu tam bilemiyordum ama bazı arkadaşlarım sürekli yanıma gelerek bu haksızlığa karşı bir şeyler yapmak istediklerini söylüyor, bir şeyler yapmak adına hükümette etkin kişilere ve başka çevrelere gidiyor, bu haksızlığı durdurmak için koşturuyorlardı. Kimi personel uzak duruyordu, ben bunların ne yapacağını bilemeyen kişiler olduğunu düşünüyordum. Hatta bir şeyler yapmak için koşturan bu arkadaşlara, moral ve destek olmak adına diğer sesiz kalan personeli de ziyaret edin, onları da yalnız bırakmayın diyordum. Onların ne yapacağını bilmeyen insanlar olduklarını zannediyordum. Onların da belli bir fikir, grup, cemaatin adamı olduğu, bu nedenle böyle bir tavır koydukları hiç aklıma gelmiyordu. Birincisi iradelerini böyle teslim etmiş olacaklarını, bu kadar örgütlü olduklarını, bu tayinde cemaatin rolü olduğunu tahmin edemiyordum. Hatta bu iş için sürekli etrafımda koşturan arkadaşlar, "Çıkıp basına açıklama yapalım, yolsuzluklara karşı görev yaptığımız için tayinimizin çıktığını, mahkeme kararının buna bahane edildiğini söyleyelim," demelerine rağmen onları frenliyor, kendi işlerine bakmalarını, basın açıklamasının fazla bir işe yaramayacağını anlatıyordum. Ayrıca bazılarının bir yerlere casusluk yapacağını, bu konuda daha dikkatli olmalarını söylüyordum. İçlerinde Hasan diye bir komiser vardı. Bu komiser, Personel Daire Başkanlığı'ndaki bizim tayin evraklarını, benden önceki Daire Başkanı Coşkun Hayal'in idare mahkemesinden aldığı yürütmeyi durdurma kararını, daha sonra verdiği vazgeçme dilekçesini, ardından tekrar kararın uygulanmasını isteyen dilekçeyi, gerçekte idare mahkemesinin dava hakkında henüz karar vermediğini ortaya koyan belgeleri getiriyordu. Kim olursa olsun, istenildiğinde herkes hakkında dosya temin edebiliyordu. Personel İşleri'ndeki arkadaşından aldığını söylüyordu Ama şimdi anlıyorum ki, personel işlerindeki arkadaşından değil, cemaatten alıyormuş. Daha sonra bu komiserin aslında bizdeki sırları alıp bir yerlere ve İçişleri Bakanı'na taşıdığını birinci ağızdan öğrendim. O gün benim etrafımda koşturan arkadaşlardan uzak duran pek çok kişiyi daireye ben almıştım; bana diğerlerinden daha yakın olmaları gerekirken uzak durmalarının planlı ve bir yerden alınan talimata dayandığını anlıyorum.

Yeni öğrendiğim her şey beni şok ediyordu. Bu arada hazırlığını yaptığımız mafya üyeleri ile ilgili operasyonu İstanbul Kom birimi gerçekleştirmişti. Bu operasyonda, bizim tayinimizle uğraşan ve akaryakıt kaçakçılığından servet kazandığı söylenen Veysel Kadayıfçıoğlu isimli kişi de yakalandı. Üzerinden çıkan notlar ve telefon irtibatları değerlendirilince, aslında hesap içinde hesap olduğunu, beni tayin ettirme girişiminde birçok kişinin rol aldığını, dava açan eski Başkan'ı bularak onu yeniden dilekçe vermeye zorladıklarını, bu bahaneye sarılarak tayinimin çıktığını anladım. Benim yanımda çalışan müdürlerin, bazı siyasi kişilerin, bakanın yakınlarının, operasyonda zarar gören kişilerin ve eski Başkan'ın zaman zaman bir araya gelip plan yaptıklarını, olmayan mahkeme kararı var denerek hakkımda işlem yapıldığını anlamış oldum.

Benim dava ve mahkeme kararı nedeniyle tayin edilmem üzerine görevine döndüğü söylenen eski başkan Coşkun Hayal de 2-3 ay gibi kısa bir süre bu görevde kaldıktan sonra bir bahane ile ikna edilip başka bir ile Emniyet Müdürü olarak atandı. Ardından bugünkü başkan Ahmet Pek'i KOM Daire Başkanı olarak atadılar. İkinci garip şey de tayin olmayı istemememe rağmen hasta halimle apar topar Edirne'ye hem de geçici görevle gönderilmiştim. Bunun manası 24 saat içinde hemen Edirne'ye gidip göreve başlamam gerekiyordu. Ankara'da kalmamı istemiyorlardı. Belki de Ankara'da yapacaklarını erken fark edeceğimi düşünerek özellikle uzaklaşmamı istiyorlardı.

Tayinim çıktığında, zoruma giden, tayin edilmiş olmam değildi. Beni rahatsız eden, bu şekilde bir aldatmaca ile tayin edilmiş olmamdı. Gerçek tayin sebebim olarak iki şey görülüyordu. Birincisi, yaptığımız enerji operasyonu nedeniyle hükümet cenahı rahatsız olmuştu, çünkü tutuklanan bazı kişilerin hükümetteki etkin kişilerle kişisel yakınlığı bulunuyordu. İkincisi ise, bu Diyarbakırlı kişiyle bakanın oğlunun ilişkileri dolayısıyla bizim giriştiğimiz mafya tahkikatı rahatsızlık yaratmıştı. Bu arada bazı kişilerin de benim görevden alınmam için çok farklı girişimlerde bulunduklarını öğrenmiştim. Bakan dolaylı bir kanalla tayini kendisinin çıkarmadığını, başbakanın istediğini ima etmişti; o zaman bunu fazla inandırıcı bulmamıştım. Ama daha sonra olup bitenlerle birleştirince, aslında alınmamı isteyen birçok kişi ve çevrenin olduğunu ancak Başbakan ile çok yakın ilişkim var zannıyla kimsenin buna teşebbüs edemediğini, görevden alınmamı Başbakan isteyince diğer kişilerin de buna katkı sunduğunu anladım. Zaten kendisi de bunu Ali Bayramoğlu ile yaptığı bir sohbette söylemişti.

Sonra başka şeyler de öğrendim. Meğer benim görevden alınmam için epey girişimlerde bulunulmuş. Bunlardan biri çok enteresandı. Eskiden beri tanıdığım Kanal 7 Ankara temsilcisi Akif Beki ve onun vasıtasıyla tanıştığım AKP Adana milletvekili Ömer Çelik ile ara sıra beraber yemek yer, sohbet ederdik. Bir ara bana, hükümetteki kişilerin yakınlarının izleme ve dinlemelere muhatap olduklarına dair duyumlar aldıklarından bahsettiler. Bir defasında Başbakanın eşi Emine Hanım'ın dinlendiğini de söylemişlerdi. Anlattıklarından bu dinleme işlerini başkalarının (Jandarma vs.) yaptığından şüphelendiklerini zannettim. Onlara böyle bir şeyin gerçek olabileceğine hiç ihtimal vermediğimi, dinleme varsa aradan on yıl bile geçse sonunda bunun anlaşılacağını, hiç kimsenin buna cesaret edemeyeceğini söyledim. Belki hükümet üyeleri dinlenebilirdi, bunun bir bahanesi olurdu ama eşlerin ya da yakınlarının dinlenebileceğini düşünmediğimi ifade ettim. Bu konuşmadan epeyce sonra öğrendim ki, meğer KOM Dairesinin mahkeme kararı ile dinlediği bir yeri Emine Hanım sıradan bir konu için aramış. Bunu tespit eden Polis Amiri durumu Başbakan'a taşımış, bizim tarafımızdan eşinin dinlendiğini söylemişler. Bu olaydan benim hiç haberim olmamıştı. Buna benzer belki de birden çok örnek olmuştur. Bazı makam ve kişilerin yanlış yönlendirilmiş olduklarını tahmin ediyorum. Birbirinden bağımsız gözüken bu olayların hepsinin belli bir yerden koordine edildiğini çok sonradan öğrendim.

Bugün tayinimin gerçek sebebinin Kom Dairesi'ni istedikleri gibi kullanmak isteyenlerin ben orada olduğum müddetçe istediklerini yapamayacaklarını, buna asla müsaade etmeyeceğimi anlamaları üzerine beni oradan uzaklaştırmak için her yolu kullanarak, hakkımda yalan yanlış bilgiler verip benimle ilgili olumsuz bir hava yaratmaları olduğuna inanıyorum. Benim görevden alınmamı isteyen diğer insanlar da bu işin perdelenmesini sağlamışlardı.

Sabri Uzun'un İstihbarat Daire Başkanlığından Alınması

Sabri Uzun ağabey istihbarat biriminde ve teşkilatta benden daha eskidir. Daire Başkanlığındaki 15-20 günlük süre sayılmazsa hiç beraber çalışmadık. Fakat 1986 yılında o Erzurum İstihbarat Müdürü olduğu dönemde ben Diyarbakır'daydım ve iller arası istihbarat faaliyetlerinin koordinasyonu için yapılan toplantılarda tanışmıştık. 28 Şubat döneminde Bülent Orakoğlu'nun İstihbarat Dairesi Başkanvekilliğine atanması ve ardından görevden alınıp, bir bahane ile ABD'ye gönderilmesi ve benim *32. Gün* programında konuşmamın ardından Emniyet İstihbarat Dairesi hedef haline gelmiş, sorunlar yaratan bir daire durumuna düşmüştü. Böylesi bir ortamda daireyi sükûnetle yönetecek, tecrübeli biri aranırken ideal aday olarak Sabri Uzun İstihbarat Daire Başkanlığına atanmıştı. O göreve atandığında ben de İstihbarat Daire Başkanlığından alınmam için dilekçe vermiştim. Antalya operasyonuna kadar kısa bir süre çalışıp sonra daireden ayrıldım. Ama Sabri ağabey geçmiş hizmetlerim adına beni hep uzaktan desteklemiştir.

Sabri ağabey, Ankara'da Cevdet Saral, Osman Ak gibi isimlerin Emniyette cemaat örgütlenmesiyle ilgili bir rapor hazırladığı sırada, bu raporun aslında gerçekleri ortaya çıkarmaktan çok Ankara ekibinin İstanbul'a gitme harekâtının bir parçası olduğunu, alakasız kişilerin cemaat listesine alındığını fark edip karşı koymuştu. Ankara ekibinin gizli niyetlerini deşifre etmiş, hatta bu davranışından dolayı Fethullahçıların hamisi diye suçlanmıştı. Yapılan tahkikatlar sonrası görevden ayrılmak durumunda kaldı. Bir süre Araştırma Planlama ve Koordinasyon (APK) Dairesinde çalıştı.

Konjonktür uygun olunca tekrar İstihbarat Daire Başkanı oldu. O tarihlerde KOM Daire Başkanlığı ile birlikte, bilinen yolsuzluk ve mafya operasyonlarını yaptılar. Bir süre sonra tekrar görevden alınması ve Elazığ İl Emniyet Müdürlüğüne atanması sırasında seçimler nedeniyle istifa etti, bağımsız milletvekili adayı oldu.

2003 yılında AKP Hükümetinin Emniyet Genel Müdürlüğüne ilk merkezi yönetici ataması olarak ben KOM Daire Başkanlığına ve Sabri ağabey de İstihbara Daire Başkanlığına atandı. Görev sahamızda beraber dayanışarak çalışıyorduk; Uzan olayında çok ciddi yardımlarını görmüştüm. Biz iyi ilişkide olduğumuzdan astlarımızda daha yakın çalışıyorlardı. Zaman zaman Sabri ağabeyle bir araya geldiğimizde genel çalışmalarımız hakkında bilgi alış verişinde bulunurduk. O da bana takip ettikleri bazı kişilerin garip faaliyetleri hakkında bilgi veriyor, bazı evrakları okutup görüşümü soruyordu. Bunlar tek başına pek manalı gözükmeyen ama tuhaf ilişkileri ve çok yakın zamanda demokratik hayata suni müdahalelerin olabileceğini ima eden ve belli çevrelerin harekete geçeceğini anlatan istihbarat raporlarıydı.

2005 yılında tayinim sorunlu bir şekilde Edirne'ye çıkınca Sabri ağabeyle ancak telefonlarla veya 5-6 ayda bir araya gelir olduk. Bu arada Sabri ağabey, Emin ağabey (Arslan) ve Güvenlik Dairesi Başkanı İsmail Çalışkan'ı kapsayan bir ihbar mektubu Mesut Yılmaz ve arkadaşlarının yargılandığı anayasa mahkemesine gönderilmişti.

Mektupta Mesut Yılmaz'ın yargılandığı Türkbank olayında, Alaaddin Çakıcı-Korkmaz Yiğit arasında geçen konuşmalardan haberdar olmalarına rağmen hükümete bilgi vermemekle suçlanıyorlardı. Bu suretle çeteye yardım ettikleri iddia ediliyordu. Mektubun içeriği ve yazım dili itibarıyla İstihbarat ve Kom Dairesi arşivlerinden faydalanılarak resmi birileri tarafından yazıldığı anlaşılıyordu. Telefonla kendileriyle görüştüğümde bir mülkiye müfettişi ya da onları sevmeyen Emniyette yönetici konumunda bulunan birilerinin yazmış olabileceğini düşünüyorlardı. Mektubu bana da okuttuklarında, benim izlenimim de mektubun kesinlikle Emniyet içerisinden birileri veya onlarla yakın ilişki içinde olan ve desteğini alan kişiler tarafından yazıldığı yönündeydi. Mektubun Mesut Yılmaz'ı korumak için suçu bürokratlara atma amacıyla yazıldığı gösterilmeye çalışılmışsa da gizli ipuçlarıyla hedef olarak Emin ve Sabri ağabeyler ile İsmail Çalışkan'ı kapsayan, onları kötüleyen ve görevden aldırmaya yönelik çok planlı bir tasarıydı. Bu olaydaki tüm bilgilere sahip olunduğu ama bilgilerin istenildiği gibi kullanılıp çarpıtılarak olumsuz bir kanaat oluşturulmak istendiği açıkça anlaşılıyordu. Mektup araştırıldı ama netice çıkmadı.

Sabri ağabey zaman zaman askerlerin toplumsal olaylara ve güvenlik işlerine fazla karışmalarına karşı tepki gösteriyor ve bunu her yerde alenen söylüyor, bu nedenle de askeri cephede tepki çekiyordu. Türkiye'de gerçekleştirilmiş tüm darbe ve müdahalelerle ilgili bilgileri ortaya çıkarıyor, demokrasimizin sürekli asker gölgesinde kalmasını ve bu tür girişimleri eleştiriyordu. İki astsubay ve bir itirafçının bir kitapçı dükkânına bomba attıklarının anlaşıldığı Şemdinli olayında, bu olayı araştıran TBMM Komisyonuna tanık olarak çağrıldığında söylediği "Hırsız evin içindeyse kilit işe yaramaz" sözü literatüre girmişti. Ancak konuşmaları nedeniyle Sabri ağabey hakkında askeri cephede olumsuzluk hep vardı ama onun fark edemediği, kendi cephesinde de olumsuzlukların bu tarihte başlamış olmasıydı. Şemdinli olayları hakkında 5 sayfalık rapor hazırlayıp Başbakana verdiği söylenmiş ve bu rapor *Sabah* gazetesinde çıkmıştı. Herkes bu raporu Sabri ağabeyin yazdığını, söylüyordu ama onun bu rapordan haberi yoktu. Zaten Sabri ağabey eldeki bilgiler ne ise onları veri kabul eder, askeri kişi ve faaliyetleri eleştirir, asla ekleme çıkarma yapmazdı. *Sabah* gazetesi bu bilgileri Başbakan'ın yakın çevresinde bulunan bir danışmandan aldığını söylüyordu.

İşin aslı bir süre sonra anlaşıldı. İstihbarat Daire Başkanlığında birileri beş sayfalık bir rapor hazırlamış. Bu raporu Başbakanlığı ya da Başbakana vermişti ama bu rapordan Daire Başkanının haberi yoktu. Bu görülmüş veya alışılmış bir durum değildi, Daire Başkanının görmediği, tasvip etmediği bir raporun en üst makamlarda işlem görmesi aslında çok tehlikeli bir şeydi. Herkes her makama mektup, not, ihbar ya da kendi değerlendirmesini yazıp gönderebilir fakat devletin bir kurumu adına onun başındaki kişiden habersiz bu kuruma ait zannedilen bir rapor veya yazıyı başbakanlık katına verebiliyor ve orası bu evrakı alıyorsa bu çok vahimdir. Verenden daha çok bunun alınması, kabul görmesi vahamet ifade eder.

Bir süre sonra da Sabri ağabeyin mal varlığı, banka hesapları hakkında geniş ve detaylı bir ihbar mektubu bakanlığa gönderilmişti. Mektup, banka hesap numaralarını, çeşitli bankalardaki kendi ve eşi adına açılmış hesaplarda büyük meblağlarda paraların olduğunu ve kendisinin bile hatırlayamayacağı detaylar içeriyordu. Kapanmış bankalardaki hesap numaraları, para miktarları vs. hakkında abartılı bilgiler vardı. Bu bilgileri bir kişinin yazmasının imkânı yoktu. Birkaç bankayı, tapu kayıtlarını içeren bilgiler ancak bir teşkilatın çalışması ile bulunacak nitelikteydi. Kayıtlarda tahrifat yapılarak banka hesapları, hesaplardaki paraların miktarları birkaç defa yazılarak sanki çok fazla para varmış havası yaratılmıştı. Bu arada Sabri ağabeyin yapmadığı işler ve söylemediği şeyler yapılmış ve söylenmiş gibi askeri komutanlıklara taşındığından askerin talebi üzerine görevden alınıyormuş gibi gösterildi. Bence başka mahfillerin çalışması ile daire başkanlığı görevinde alındı, görünen sebep gerçek sebepten farklıydı.

Sabri ağabey bu ihbar mektubundaki konular dolayısı ile ciddi müfettiş incelemesine tabi tutuldu. Müfettişler gerçekleri bulup çıkarmak yerine aynı iddiaları tekrarladılar. Ardından Ankara Savcılığına mal varlığı ile ilgili olarak yargılanması için bir rapor düzenlediler. Fakat kapanmış bankaların kayıtları bin bir güçlükle TMSF'den tek tek bulunarak ihbar edilen bu hesap hareketlerinin iki katı yazıldığı ispatlandı.

Yaşar Büyükanıt Paşa emekli olduktan sonra yaptığı bir açıklamada Sabri ağabeyi (İstihbarat Daire Başkanını) Başbakan'a söyleyerek aldırttığını açıklamıştı. Bence o zaman Yaşar Paşa'ya Sabri ağabey hakkında en ciddi bilgileri getirenler aslında en ciddi iğfal edicilerdi ama ne Yaşar Paşa ne de TSK bunları, bu yöntemleri asla anlayamadı. Yaşar Büyükanıt, Sabri Uzun'u görevden kendisinin aldırttığını zannetti ama aslında o sadece gerçek alınma sebebine bir perde olmuştu, hem de kendisinin en fazla karşı çıktığı gruplara hizmet eder tarzda.

Sabri Uzun'un görevden alınmasının askerin talebi üzerine olduğu iddiası çok konuşuluyordu. Kendisi de, bizler de o zamanlar buna inanıyorduk. Fakat sonra bazı emareler ortaya çıkmaya başladı. İlki, hakkındaki mal varlığı ile ilgili mektuptu. Bu mektubun İstihbarat Dairesindeki amirler veya onlarla sıkı irtibatlı birileri tarafından yazıldığından hiç şüphem yoktu; çünkü içeriği ancak Sabri ağabeye en yakın kişilerin, İstihbarat Dairesi müdür ve amirlerinin bileceği cinsten şeylerdi. Bugün o ihbar mektuplarının İstihbarat Dairesindeki cemaat yapısının hep birlikte yazdığından şüphe yoktur.

İkinci gösterge ise Sabri ağabeyin görevden alınması sonrasında en sevdiği, el üstünde tutuğu şube müdürleri dahil tüm İstihbarat Dairesi personeli toplu bir vefasızlık örneği göstererek kendisini hiç arayıp sormadıklarını öğrendim. Emniyet için eskiden beri süregelen bir gelenek vardı; kim görevden alınırsa alınsın eski İstihbarat Dairesi personeli onu arar sorar, ziyaret ederdi. Bir iki kişiyle sorun da olsa 40-50 kişilik amir müdür kadrosu olan İstihbarat Dairesi personeli ciddi bir dayanışma ile görevden alınan kişiyi yalnız bırakmazdı. Sabri ağabey ayrıldığı andan itibaren çok yakın olduğu kişiler de dahil olmak üzere o dairedeki hiçbir çalışan tarafından aranıp sorulmamış, hiç kimse ziyaretine gitmemiş. Bu durumu çok sonra öğrendim. Edirne'de olduğumdan bu meselelere uzak kalmıştım. Bir arkadaşım bu durumu anlatınca konuyu araştırdım. Neden tüm personel aynı tavrı gösteriyordu, bir olayda 30-40 kişinin aynı tavrı göstermesi mümkün değildi. Eğer gösteriyorsa, ya bu kişiler arasında hiyerarşik bir yapı vardı ve üst makamlar bu şekilde emir vermişti ya da bu kişiler aynı ideolojik gruba mensuptular ve grubun politikası gereği böyle davranıyorlardı. Fakat bunun bir örgüt, cemaat tavrı olduğunu hâlâ anlayamamıştım çünkü sebep bulamıyordum. Sabri Bey'den bu kadar iyilik, ilgi alaka ve yakınlık görmüş insanların vefasızlığını bir türlü anlamlandıramıyordum. Ne olursa olsun (cemaat, tarikat, örgüt kararı) bu kadar yıllık yakın dostluğa, üstelik tek taraflı iyilik görmelerine rağmen böyle bir vefasızlık göstermelerini aklım almıyordu. Diğer yandan bu durum cemaatin insanlar üzerinde ne kadar etkin olduğunu gösteriyordu. Cemaat insanların hareketlerine karışıyor, onların özgürlüklerini ve kişiliklerini yok ediyor, içinde olanlar cemaatin emirlerine karşı koyamıyor, bir dostuyla bile ilişki kuramıyordu. İnsan üzerinde bu kadar tahakküm kuran her yapı insanlık için çok tehlikelidir. O kadar ileri gitmişlerdi ki Sabri Bey'i astlarına takip ettirmişler, olursa garip durumlarının resimlenerek basına verilmesini istemişler, böylece onu küçük düşürerek Daire Başkanlığından alınmasına çalışmışlardı. Bu bilinenler haricinde belki çok daha fazla bilmediğimiz şekil ve yöntemle Sabri Uzun'la uğraşmışlar, onun hakkında buldukları veya öyle gösterdikleri durumları üst makamlara servis yapmışlardı.

Peki, tüm bunları neden yapıyorlar diye sorguladığımda tek sebep şu gibi gözüküyordu: Sabri Bey, istihbarat dairesinde şark görevini henüz yapmamış olan personeli, bazı arkadaşların hatta Bakan'ın isteğine rağmen zorla şarka tayin etmişti. İstihbarat Daire Başkanlığında yıllarca çalışan bu kişilerin hiç şark illerine gitmemiş olması dışarıdan garip gözüküyordu ve teşkilatta hak ve adaleti gözetmek adına Sabri ağabey bu tayini yapmıştı. Fakat birileri bu işten son derece rahatsız olmuştu. Nasıl olur da bu kişiler başka illere tayin edilirdi? Bu kişiler onlara lazımdı, belki de onlar cemaatin önemli elamanlarıydı. İşte tüm yapılanların arka planında aslında bu mesele vardı, ama sanıyorum askerler fırsat olarak çıkmış ve kullanılmıştı.

İstanbul İstihbarat Şube Müdürü Ahmet İlhan Güler'in görevden alınması sonrasında, Sabri Bey'in İstanbul'a geldiğinde uygunsuz ortamlarda takip edilmesinin istenmesiyle birleştirince işin sırrı çözülmüştü. Onun her isteneni yapmayacak, istendiği gibi iş yaptırılamayacak biri olduğunu anlayan cemaat değişmesini istemiş, önce adına sahte raporlar düzenlenip hakkında asılsız ihbar mektupları yazılarak yıpratılmak istenmiş, astları tarafından takip edilerek elde edilen bilgiler farklı yerlere servis edilmişti. Bunlar hâlâ gizilidir. Yakın zamanda aldığım bir bilgiye göre Sabri ağabey istihbarat dairesinde göreve atanınca önce etrafındaki iyi bildiği birkaç tarafsız ve düzgün kişi haklarında yaratılan olumsuz hava, ayak oyunları ve çevrilen saray entrikaları ile İstihbarat Dairesinden uzaklaştırılmış, böylece Sabri ağabeyin tüm çevresi tek tip ve kontrol edilen kişilerden oluşturulmuştu. Buna rağmen Sabri ağabey akla, mantığa ve vicdana sığmayan hiçbir şeyi yapmayacak biri olduğundan ve o daireyi istediği gibi kullanmak isteyenlerin hesabına uymadığından oradan uzaklaştırılması sağlanmıştı.

Ahmet İlhan Güler'in İstanbul İstihbarat Şubesinden Alınması

Ahmet İlhan Güler İstanbul İstihbarat Şube Müdürüydü. Ahmet'i 1992 yılından, komiserliğinden beri tanıyordum. İstanbul İstihbarat Şube Müdürü olarak görev yaptığım 1992-1995 yılları arasında İstihbarata Karşı Koyma (İKK) denen o zamanlar devlet memurlarının mafya veya diğer örgüt, organize gruplarla ilişkilerini takip eden, istihbarat içinde en gizli ve en hassas birimin amiriydi. Az sayıdaki personeliyle biriminde çok önemli görevler ifa ediyordu. Özeti bile bir kitaba sığmayacak kadar çok olay, tahkikat ve macera yaşadık Ahmet'le. O kadar kibar, ince, herkese karşı saygılı konuşan biriydi ki bana beyefendi, kişilikli, saygın, çalışkan, yüksek insani ölçülerde bir polis seç deseler belki de ilk sırada göstereceğim Ahmet'ti. Zaman içinde yükseldi, şark hizmeti dönüşü İstanbul'a tekrar tayin edildi ve İstanbul İstihbarat Şube Müdürü oldu. İstihbarattan Sorumlu Emniyet Müdür Yardımcısı Şammaz Demirtaş ile birlikte mükemmel bir uyum içinde çok başarılı çalışmalara imza attı. PKK'dan Dev-Sol'a kadar tüm sol ve bölücü örgütlere karşı, ayrıca HSCB Bankası, İngiliz Konsolosluğu ve Sinagoglara yönelik bombalama eylemlerini deneyen El-Kaide yapılanmalarına karşı çok başarılı operasyonlar gerçekleştirmiş, ilk eylemlerden sonra örgütü çözdükten sonra diğer eylemleri yapamadan örgüt mensuplarının yakalanmasını sağlayan çalışmalar yürütmüştü.

Ahmet, inançlı ama bağnaz hiçbir yönü olmayan, insani değerlere sahip ve her kesimle iyi ilişkiler kuran biriydi. Hatta ben de Ahmet'i Fethullah Hoca'ya sempati duyan ve o gruba mensup kişilerle dayanışma ve arkadaşlık içinde olan, bununla birlikte görevini çok iyi yapan, siyasi ya da dinsel görüşlerini işine karıştırmayan biri olarak bilirdim.

Ahmet Şube Müdürü olarak çalışırken Ankara Merkez İstihbarat Daire Başkanlığındaki müdürler, o dönem Daire Başkanı olan Sabri Uzun'un İstanbul'a gelmesi durumunda takip edilip gittiği yerlerin fotoğraflanmasını takip amirlerinden istemişler. Bu talepten haberi olan Ahmet buna tepki göstermiş ve Daire Başkanının takip edilmesini veya uygunsuz şekilde fotoğraflanmasını kabul etmemiş, böylece merkezdeki arkadaşlarıyla aralarında ilk çatlak ortaya çıkmıştı.

İl müdüründen öğrendiğime göre, bir müddet sonra Ahmet'i kış ortasında Ankara'ya çağırmışlar ve resmi daire dışında bir ortamda muhatap olan aynı arkadaşları, "İstanbul İstihbarat Şubesi görevinden ayrılman lazım. Biz İstanbul'a İstihbarat Şube Müdürü olarak başka birini atayacağız. Seni istersen İzmir'e verebiliriz." demişler. Ahmet bu teklifi kabul etmeyip istenen dilekçeyi vermemiş. Akabinde Hrant Dink'in öldürülmesi olayı meydana gelince, bu fırsattan istifade Ahmet görevinden alınıp, yerine Ali Fuat Yılmazer Şube Müdürü olarak atandı. Bana göre Hrant Dink'in öldürülmesi olmasaydı, Ahmet şubeden yine de alınacaktı. Çünkü isteneni yapmayacağı ve merkezin İstanbul'daki planlarına uygun davranmayacağı anlaşılmıştı.

Aslında Ahmet'i İstanbul'dan alıp başka bir şehre atamak normal bir tayin prosedürü değildi, zaten böyle olsaydı çağırıp ona fikrini sormazlardı. Ayrıca mevsim tayin mevsimi değildi, kış aylarında tayin yapılamıyordu. Ayrıca Ahmet görevinde çok başarılıydı. İstanbul Emniyet Müdürü Celalettin Cerrah da kendinden habersiz yapılacak bu tayin dolayısıyla ciddi sorunlar çıkararak kendisinin izni olmadan İstihbarat Şubesi Müdürünün görevden alınmasını kabul etmezdi. Bunun yanında Ahmet'i başarılarından dolayı istihbarat başkanlığı içindeki bir görevden almak çok zordu. Bu yüzden Ahmet'in başka bir yere tayin edilebilmesi için kendisinin tayin olma talebini belirten bir dilekçe vermesi gerekiyordu. Ahmet bunu kabul etmeyince merkezin planlarını uygulaması gecikecekti. İşte bu sıralarda Hrant Dink öldürüldü. Bu olayın ardından, zaten araları gerilmiş ama bunu belli etmeyen İstihbarat Daire Başkanlığı ile İstanbul Emniyet Müdürlüğünde bu durumu fırsata çevirme ve bu olayda her hatayı ortaya dökme eğilimi başladı.

Merkez her türlü arşiv imkânına sahip olduğunu, Bakanlık ve Genel Müdürlüğün imkânlarını kullanabildiğini ve istenen müfettişi görevlendirme olanağını elinde bulundurduğunu hesaplayarak bu olayda üstün gelmeyi planlıyordu. Mesele o kadar büyük boyutlara varmıştı ki Hrant Dink olayındaki Emniyet mensuplarının kusurlarını araştırmakla görevlendirilen mülkiye müfettişleri Ahmet'i suçlamak, hatta mahkemede cezalandırmak için neredeyse sahte evrak bulmaya kadar her şeyi denemekten geri durmuyorlardı. İstihbarat Dairesi ile beraber çalışıyorlardı, alenen taraflardı. Müfettişler atandığında ilk davranışları makul olmayıp dikkat çekince bakanlıkta tanıdığım ve güvendiğim mülkiye müfettişi arkadaşlara bu kişiler hakkında bilgi sordum. Birinin çevresinde Fethullah Hoca cemaatinden olduğunun bilinmesi haricinde bir sorunlarının olmadığını söyledi.

Tahkikat başladı (bana göre bu olayda ne İstanbul Emniyet Müdürlüğü, ne de İstihbarat Daire Başkanlığı personelinin kasıtlı olarak bir kusuru yoktu. Belki eksikleri, ihmalleri vardı ama asla kasıtlı olarak yapılmış bir şey bulunmuyordu. Eğer bir eksiklik varsa bunda da kusurları eşitti veya Ankara'nın bu kusurda daha fazla payı vardı. İstanbul ise daha az kusurluydu. Zaten davayla ilgili müfettişlerin hazırladığı rapora uygun verilen kararları bozan idari mahkeme kararları ve bir yılı aşkın araştırma yapan başbakanlık müfettişlerinin raporları bunu doğruluyor). Soruşturma başlayınca müfettişler alenen İstanbul'u suçlamak, Ankara Daire Başkanlığını temize çıkarmak için özel gayret sarf ediyordu. Olayın iki tarafından biri İstanbul'da Emniyet Müdürü Celalettin Bey ile Ahmet iken, diğer tarafı İstihbarat Daire Başkanı Ramazan Akyürek olmasına rağmen mülkiye müfettişleri İstihbarat Daire Başkanlığı personelini bilirkişi olarak atamıştı ve onların raporlarına dayanarak fezleke düzenliyordu. Sonunda İstanbul Emniyet Müdürü Cerrah ve İstihbarat Şube Müdürü Ahmet'in yargılanması istendi. Vali bu kararı Ahmet açısından onayladı. Celalettin Cerrah açısından onaylamadı. Ahmet'in dava açması üzerine İstanbul İdare Mahkemesi, kararı bozdu. Tekrar tahkikat yapıldı, yine aynı karar verildi. Tekrar karşı dava açıldı, İdare Mahkemesi taraflardan biri olan İstihbarat Daire Başkanının astları olan kişilerin tarafsız bilirkişi olamayacağından yeniden kararı bozdu. Bakanlık davayı tekrar aynı müfettişlere verdi. Görevlerini iyi yapan, ikisi de eskiden yardımcım olmuş Levent Yarımel ve Durmuş Demirbaş isimli iki polis başmüfettişi, mülkiye başmüfettişinin talebini karşılamak için bilirkişi olarak görevlendirildi. Mülkiye başmüfettişi polis başmüfettişlerini zorluyor, Ahmet'i ve İstanbul Emniyetini suçlu göstermek istiyordu.

Olay aslında şu şekilde cereyan etmişti. 1 yıl kadar önce Trabzon Emniyeti Yasin Hayal'in Hrant Dink'e eylem yapacağı ve bunun için Hayal'in İstanbul'da yaşayan ağabeyinin yanına gideceği bilgisini muhbir Erhan Tuncel'den alıyor. Bunun üzerine Trabzon Emniyeti İstanbul Emniyetine haber veriyor. İstanbul Emniyeti Yasin Hayal'in ağabeyinin adresi denen yeri araştırıyor, böyle bir adresin bulunmadığını tespit ediyor. Ayrıca Hayal'in telefonlarını sorguluyor ve onun ağabeyiyle birlikte o anda Trabzon'da bulunduklarının göründüğünü bildiriyorlar. Böylece tahkikatı Trabzon'a devrediyor ve konuyu kapatıyor. Fakat Mülkiye Başmüfettişi, İstanbul Emniyetinin olaydan önce yapıldığını iddia ettiği tahkikat ve işlemlerin olaydan sonra yapıldığına, bu yönde İstanbul Emniyetinin sahte doküman hazırlamaya kalktığına, olaydan önce inceledikleri ni söylediği olayın faillerine ait numaraların aslında olaydan önce hiç incelenip bakılmadığına dair resmi bir yazı aldıklarını ve polis başmüfettişlerden bu doğrultuda rapor vermesini istemişti.

Bu sistemleri ilk defa İstanbul'da 1992 yılında kurarken başkomiser ve emniyet amiri rütbesinde bürolar amirim ve yardımcım görevlerinde bulunan ve bu sistemi kullanmasını en iyi bilen polislerden olan polis başmüfettiş Levent mülkiye başmüfettişine verilen bilginin doğru olmadığını, bu durumda faillerin telefonunu sorgulayan diğer kişilerin de, en azında ilk bilgiyi veren Trabzon İstihbarat Şubesinin de yaptığı incelemenin görülmesi gerektiğini ama şimdi hiç kimsenin bu sorgulamayı yapmamış gözüktüğünü, dolayısıyla bu kayıtların silinmiş olduğunun, bunun doğru bir bilgi olmadığının net olarak anlaşıldığını ifade etmiş. Ayrıca İstanbul İstihbarat Şubesi personelinin olaydan önce telefon numaraları hakkında Trabzon İstihbarat Şubesinde görevli, olay hakkında ilk raporu yazan personelle görüşürken detay sorgusu yapmadan bazı bilgilere sahip olamayacağını söylemişlerdi. Dolayısıyla polis başmüfettişlerinin, mülkiye başmüfettişine gelen bu yazı ve evrakların sahte/uydurma olduğunu ima ederek bunları görmemiş olalım dediklerini duydum

Şu ortaya çıkmıştı: İstihbarat Daire Başkanlığı telefon detaylarını (HTS raporlarını) kimin ne zaman hangi numarayı incelediğinin tutulduğu log kayıtlarını değiştirmişti. Bu çok vahim bir durumdu. Merkez güvenirliliğini yitirmişti. Güvenlik amacıyla tutulan log kayıtları geçmişte kimin hangi numarayı hangi tarihte incelediğini tutuyordu. Herhangi bir olay olursa bu kayıtlar incelenip, görevlilerin sorumluluğu tespit ediliyordu. Hatırlanacağı üzere 1999 yılında Ankara Emniyetinde bazı görevlilerin devletin önemli makamlarının telefonlarını sorguladığı, bu log kayıtları sayesinde ortaya çıkarılmıştı. Bu, sistemin güvenlik supabıydı ama şimdi Daire Başkanlığı bu kayıtları değiştiriyor, kimin hangi telefonu sorguladığı bilgilerinden istediğini çıkarabiliyordu. Bu, istediğini de koyabileceği anlamına geliyordu. İlerde istemediği bir görevli olursa buradaki bilgileri değiştirerek kişilerin sorumluluklarını değiştirebilecekti. Bu işlemi yapmak için bilgisayar sistem operatörü dahil olmak üzere en az 5-6 kişinin bilgisi ve rızası lazımdı. Demek ki hepsi bu işin içindeydi. Bu işi anlayanlar için çok vahim bir durumdu: Daire Başkanlığı güvenlik için konan sistemi istediği an değiştiriyordu.

Sonunda Ahmet görevinden alındı, zorlukla Polis Okulunda görev bulabildi. Yerine ise normalde hiçbir zaman bu göreve gelemeyecek, gerekli niteliklere sahip olmayan (sol örgütler konusunda bilgi ve deneyim ile evveliyatında pratik sokak tecrübesi yeterli olmayan), hatta sosyal ve psikolojik açıdan sorunlu olduğunu değerlendirdiğim Ali Fuat Yılmazer bu göreve atandı. İstanbul Emniyet Müdürü sahip olduğu güce rağmen Ahmet'in gidişini engelleyemediği gibi Ali Fuat Yılmazer'e alenen muhalefet etmesine rağmen onun göreve getirilişini de engelleyemedi.

Belki elli tane müdürü İstanbul'a tayin ettirmemeye muktedir bir güce sahipti, herkese karşı dikleşebilirdi ama Ali Fuat ve benzerlerine karşı koyamadı. Belli amaçları olanlar, istedikleri gibi faaliyette bulunmak isteyenler bu konuda kendilerine mani olacak bir engeli daha önlerinden kaldırmış oldular.

Danıştay olayında faillerin Ergenekon'la ilişkilendirilmesini Ahmet ve Şammaz, yani İstanbul Emniyet İstihbarat Şubesi desteklememiştir. Bunun yanlış olduğunu, eldeki delillerle böyle bir bağlantının kurulamayacağını aksine Alparslan Aslan'ın her eylemden önce ve sonra İstanbul'daki Şeyh Salih Kurter ile irtibat kurduğunu, Aslan'ın telefon HTS raporları iyi okunursa bu irtibatın daha tutarlı olduğunun görüleceğini savunmuşlardı. Aslında işte o gün Ahmet'in İstanbul'dan alınması gerektiğine karar verildiği kanaatindeyim. Ankara, Danıştay olayı ile Ergenekon bağlantısını kurmak istiyordu. Delilin olup olmaması önemli değildi, onlar bunu istiyordu o kadar.

İstihbarat ve KOM Neden Ele Geçirilmek İstenir?

Ülke genelinde istedikleri gibi bilgi toplamak, istedikleri kişilerin faaliyetlerini izleyip öğrenmek gayesinde olanların yapması geren ilk şey Emniyet İstihbarat Dairesini ele geçirmektir. Orada hâkim konumda olmaları gerekir. Bunu MİT üzerinde etkinlik kurarak da yapabilirler ama o kurum daha ilerisine müsaade etmez. Eğer sadece bilgi toplamak yerine haklarında bilgi toplandıkları kurum ve kişiler hakkında adli işlemlerde bulunmak da isteniyorsa Emniyet KOM Dairesinde etkin olunması şarttır. Sadece merkezi yapıları değil, operasyonların en çok yönetileceği başta İstanbul, Ankara olmak üzere bazı önemli illerdeki bu dairelerin uzantısı şubelerin de ele geçirilmesi gerekir. Eğer sadece bilgi toplamak ve bunlarla ilgili adli işlem yapmakla da yetinmeyip her memur, asker ve özel kanunlarla korunan kişiler hakkında da işlem yapmak isteniyorsa, o zaman özel yetkili mahkemelerin savcıları ve hâkimleri üzerinde de etkin olunması gerekir. Emniyet İstihbarat Daire Başkanlığı sahip olduğu geniş teknik imkânları ile herkes hakkında her türlü bilgiyi toplayabilir, kim kimlerle görüşüyor öğrenilebilir, eline telefon alan herkesin irtibatları ve ilişkileri belirlenebilir. Hiç kimse onlardan ilişkisini gizleyemez.

Emniyet İstihbarat Daire Başkanlığı ve her ildeki şubesi, hatta bazı ilçelerdeki birimlerinin istihbari dinleme yetkisi vardır; kişiler dinlenir, izlenir ve bir süre sonra evraklar imha edilir. Yıllarca her konuda ve her kurumdan toplanmış tere baytlara sığmayan bilgi bankaları mevcuttur. Dahası kimsenin hesap edemeyeceği teknik imkânlara sahip Türkiye'nin her ilindeki istihbarat şubelerini 7000 bin civarındaki personeli vasıtasıyla ülke genelinde her yerde izleme faaliyetlerinde bulunma olanakları vardır. Onları yalnızca Emniyet Genel Müdürü ve İçişleri Bakanı denetleyebilir, müfettişler dahil kimse binalarına giremez ve işlemlerine karışamaz.

KOM Daire Başkanlığı merkez ve ülke genelindeki örgütlü suçlar ve organize gruplarla ilgili tahkikatları yapar, aynı zamanda adli dinleme ve izlemenin Emniyetteki en etkin merkezidir.

Özel yetkili savcılar ve mahkemeler biraz da kanunları zorlayarak herkes hakkında doğrudan dava açabilir, gözaltı kararı verebilir, tutuklayabilir. Fakat normal hallerde devlet memurları hakkında görevleri nedeniyle işledikleri suçlar için tahkikat yapılması 4483 sayılı kanuna göre belli makamların iznine tâbidir. İlçe memurları için kaymakamlardan, il memurları için valilerden, merkez memurları için genel müdür ve benzeri amirlerden, üniversiteler için YÖK veya rektörden izin şartı vardır. Bu izin olmadan doğrudan dava açılmaz, belli suçüstü halleri haricinde savcılar doğrudan tahkikat yapamazlar. Ama herhangi bir fiil özel yetkili mahkemelerin görev alanına giriyor denince herkes hakkında doğrudan dava açılabilir.

İşte Türkiye'de son yıllarda böyle bir planın uygulandığını görüyoruz. MİT'e hâkim olsanız, sadece bilgi toplarsınız, belki bunları saptırarak kullanabilirsiniz ama daha ilerisini yapamazsınız. Aksiyonel bir eylem gerçekleştirme arzusundaysanız, MİT size yetmez. Bu doğrultuda önce KOM Daire Başkanlığı, sonra İstihbarat Dairesi Başkanlığı, ardından da İstanbul ve Ankara İstihbarat Şubesi ve bunlarla paralel olarak özel yetkili mahkemelerin savcı ve hâkimlerinin de belli oranda belirli eğilimlerde olan kişilerden oluşturulduğunu bugün net olarak görmek mümkün.

Emin Aslan Hakkındaki İftira

Emin Aslan 1980 öncesinden beri istihbarat hizmetlerinde çalışmış; Balıkesir, Elazığ, İstanbul ve Ankara İstihbarat Şube Müdürlüğü, daha sonra İstihbarat Daire Başkanlığı, KOM Daire Başkanlığı ve Emniyet Genel Müdür Yardımcılığı gibi görevlerde bulunmuş, yurtiçi ve yurtdışında (özellikle yurtdışında) yabancı emniyet teşkilatları nezdinde çok saygın bir isimdir. Kendisini 1985 yılında Elazığ İstihbarat Şube Müdürü olduğu tarihten bugüne kadar yakinen tanımasam, bu kadar saf ve temiz birinin bu görevlere atanacağına asla inanmam; saf insan numarası yaptığını zannederim.

Emin Bey'le olan iş ilişkimiz onun Elazığ'da, benim Diyarbakır'da İstihbarat Şube Sorumlusu olarak görev yaptığımız yıllarda başladı. Daha sonra onun İstanbul'a atanması ile o tarihlerde siyasi ve ideolojik olaylar dolayısıyla en sorunlu iki şehir olan Diyarbakır ve İstanbul Şube Müdürleri olarak yine sürekli irtibat halinde olduk. Bunun akabinde onunla olan iş ilişkimiz İstanbul'dan Ankara'ya tayini sonrası benim onun yerine İstanbul İstihbarat Şubeye atanarak halef-selef olmamız, ardından onun Daire Başkan Yardımcısı, bilahare İstihbarat Daire Başkanı olması ile benim İstanbul İstihbarat Şube Müdürü olarak onun astı görevinde bulunmam ve son olarak benim İstihbarat Daire Başkan Yardımcısı olarak emrinde çalışmam şeklinde devam etti.

Susurluk Süreci nedeniyle istihbarat camiası dışına çıkmamla birlikte, kısa süreli bir kesintinin ardından onun 2001 yılında Genel Müdür Yardımcısı, benimse 2003'te KOM Daire Başkanı olmamla iş ilişkimiz yeniden başladı. Edirne'ye sürülmemle tekrar başlayan ayrılığımız, haftada bir telefonla ve yılda bir-iki kez Edirne'ye geldiğinde veya benim Ankara'ya gittiğimde yaptığımız görüşmelerimizle devam etti.

Bizimki bir ast- üst ilişkisini aşan saygı ve sevgi çerçevesinde bir ağabey-kardeş ilişkisiydi. Karşılıklı sıcak sohbetlerimiz olurdu. Hukuki ve genel her konuda, hatta uzman olduğu konularda bile hiç büyüklük duygusu taşımadan benim de fikrimi alır, emin olmak için bana pek çok şeyi sorardı. Çok farklı bir dostluğa sahiptik. Farklı gelenek, kültür ve çevrelerden gelmiş olmamıza rağmen her ikimizin de dürüst ve namuslu olmak, kimseye kötülük yapmamak gibi temel doğruları ortak olduğu için aynı şeye inanların akrabalığı gibi aramızda farklı bir yakınlık ve bağ oluşmuştu. O her konuda ve herkese karşı mülayim, hiç kimse ile çatışma içinde olmayan, yumuşak huylu, düşmanına karşı bile makul biriyken, ben bazı konularda daha keskin, sert bir yapıya sahiptim. Bu özelliklerim haricinde ortak yönlerimiz çok fazlaydı. Emin Bey'le yaşadıklarımız bir kitaba sığmayacak kadar fazladır.

Emin Bey'e Kurulan Komplonun Başlangıcı

Tahminim 2009 yılı eylül ayı başlarıydı, Eskişehir'e yeni atanmıştım. İli ve sorunlarını öğrenmeye çalıştığım günlerdi. Bir gece geç saatlerde KOM Daire Başkanı Ahmet Pek telefonla aradı ve KOM Şube Müdürleri ile Diyarbakır'da toplantıda olduğunu belirtip, Habip Kanat diye birini tanıyıp tanımadığımı sordu. Son on yıldır unutkanlığım vardı, eskisi kadar her şeyi hatırlayamıyordum, hiç not defteri taşımadığım ve her şeyi zihnimde tutabildiğim günler artık geride kalmıştı. Ona bu ismi hatırlamadığımı söyledim. Bunun üzerine bana İstanbul'da uyuşturucu operasyonu yapıldığını, bir kişinin yakalandığını ve Emin Bey'in kendisine Habip Kanat'ın muhbir olduğunu söylediğini ama dairede kaydının olmadığını, eski KOM Daire Başkanı olmam sebebiyle benim bu kişi hakkında bilgi sahibi olup olmadığımı sormak için aradığını söyledi. Ben bu ismi eleman olsa da olmasa da hatırlamadığımı, tanıdık gelmediğini, ayrıca aradan zaman geçtiği için de hatırlayamayacağımı söyledim.

Birkaç gün sonra başka bir konuyla ilgili olarak Ankara'ya gitmiştim. Emin Bey'i ziyaret ettim, ben yanına girmeden önce sanıyorum KOM Daire Başkanı Ahmet Pek veya Dairedeki narkotik biriminden birileriyle telefonla konuşmuş. Odaya girdiğimde kendi kendine "Bu adamla sürekli görüşüyoruz, size gönderiyoruz görüşüyorsunuz. Bu adamın eleman olduğu belli ya ona göre işlem yapın, yok elaman değil diyorsanız o zaman bizim hakkımızda işlem yapın." şeklinde söyleniyordu. Aynı kişiden bahsettiğini anladım ama şahsı hiç tanımadığım ve olayı da bilmediğimden konu nedir müdürüm diye sormadım.

Birkaç gün sonra polis dosyalarından sızdırıldığı belli olan Emin Bey'le Habip Kanat'ın birlikte çekilmiş fotoğrafları aynı anda birden çok gazetede yer aldı. Hepsi de tek bir kaynaktan edinilen bilgiyle beslendiği belli olacak şekilde, "Cumhuriyet tarihinin en büyük uyuşturucu operasyonunu, 'captagon baronu' Habip Kanat'ın Emniyet Teşkilatı'nın 'iki' numaralı ismi Emin Aslan'ı makamında ziyaret etmesi böyle görüntülendi". "VIP ağırlamanın fotoğrafları 'delil' olarak dosyaya girdi. Uyuşturucu baronu Habip Kanat ile emniyetin iki numaralı ismi Emin Arslan'ın yan yana çekilen fotoğrafları" şeklinde Emniyet Genel Müdürlüğünde, İstanbul Polis Evinde ve bir kafede çekilen fotoğraflar benzer haberlerle tüm basında yer aldı. Tüm gazetelerde bu fotoğrafların dava dosyasından alındığı alenen yazıldı.

Bir müddet sonra haberlerde Emin Bey'in mevcutlu olarak Ceza Mahkemeleri Kanunu'nun (CMK) 250. maddesiyle özel yetkili mahkemenin savcılığına Murat Nemutlu ve Mustafa Aral isimli iki polis müdürü ile birlikte çağrıldığını duydum ama çok da önemsemedim. Ortada bir yanlışlık var, nasıl olsa meselenin aslı anlaşılır diye düşündüm. Telefon trafiğinin yoğun olacağını düşünerek ben de arayıp sıkıntı yaratmayayım diye Emin Bey'i aramadım. Fakat savcılıktaki ifade sürecinin uzaması, saatlerce sürmesi, arkasından hâkime ifade verilmesi derken gece saat üçe kadar telefonun başında mahkemede bulunan kişilerden haber almaya çalıştım. Sabah doğru netice belli olmuştu, tutuklanma talebiyle sevk edildiği mahkemede serbest bırakılmıştı. Olayın bu kadar ciddi olması çok garipti, Emin Bey uyuşturucu işinde olamazdı ama savcılık olayı bu kadar ciddiye aldığına göre bu işte bir gariplik vardı. Ne olabilirdi?

Birkaç gün sonra Emin Bey bayram dolayısıyla Balıkesir Akçay'daki yazlığına gidecekti, akşam ailecek Eskişehir'e bize uğradılar. Gece polis evinde beraber oturup sohbet ettik, yanında savcılık ve mahkemedeki ifadesi vardı onları okuduk.

Emin Bey'in savcılıkta ifadesi alınırken sorulan sorular korkunçtu, hatta kendisine sorulan son soru dehşet vericiydi. Sanki Emin Bey yeraltı uyuşturucu dünyasının bir adamıymış gibi bir hava yaratılıyordu. Soru aynen şöyleydi: "Şüpheliye hakkında Habib Kanat isimli uyuşturucu hap imalat, ticaret ve ihracatı yapan şahsı görev yaptığı birimin nüfuzundan da istifade ederek kolladığı, bu şahsın hasımlarına yine bu şahsın verdiği bilgiler ışığında operasyonlar düzenleterek uyuşturucu hap piyasasında kendisinin tekel oluşturmasını sağladığı, kendisine devamlı surette İstanbul ve Ankara Narkotik Şubelerde yapılan görev değişikliklerini bildirip bu şahıslara yönlendirdiği ve yine bu şahısları da arayarak hakkında referans verip koruyup kollanmasını sağladığı, bu süreçte kendisinin KOM Daire Başkanlığı yaptığı dönemden itibaren Habib Kanat'la ilgili yapılan ihbarları hasıraltı ederek bu şahsa karşı teknik ve fiziki takipli bir soruşturma yapılmasını engellediği, Habib Kanat'ın kimliğini, kişiliğini, eylemlerini, hakkındaki iddia ve ihbarları bilgi ve söylentileri bildiği halde kolladığı, tahkikata maruz kalmasını engellediği, bu yönde astı konumundaki müdürlere talimatlar verdiği, yakalandığı süreçte aklanmasını sağlamaya yönelik tavassut girişimlerinde bulunduğu, lehine bilgi ve belge topladığı, muhbir olarak kaydı bulunmayan şahsı muhbir gibi göstermeye çalıştığı, bu amaçla bazı Emniyet Müdürlerine talimatlar vererek lehine hususları araştırdığı iddiası hatırlatıldı. Kendisiyle Habip Kanat arasındaki yakınlığın, ilişkinin lehine gösterdiği çaba ve gayretin Emniyette muhbir konumunda bulunan diğer şahıslara da Emniyet mensuplarınca yapılıp yapılmadığı, aynı konumdaki şahısların aranıp aranmadıkları, kollanıp kollanmadıkları hususu soruldu ve örgüte yardım etme fiilin işlenmesinden sonra yardımda bulunacağını vaat etme suçu soruldu." diyordu. Evet, soru aynen böyleydi. Bu soruya sormak da cevap vermek de mümkün değildi.

Savcı, Emin Bey'i baştan mahkûm ederek, inanılmaz ağır suçlamalarda bulunuyordu. Bana göre bu iddialarda bulunmak mümkün değildi, bunun için çok ciddi delillere ihtiyaç vardı. Savcı ile hâkimin aldığı ifadelere bakıldığında arada korkunç bir fark mevcuttu; hâkimin ne kadar tarafsız olduğu belli oluyorsa, savcı da o kadar peşin fikirli idi. Emin Bey'e yöneltilen sorulardan eldeki delillerden çok onu mahkûm etme anlayışının baskın olduğu net anlaşılıyordu.

Elde, Habip Kanat hakkında 1998 yılında Suudi Arabistan'dan gelen bir şahsın ihbarı ve içlerinde Habip Kanat'ın (hatta kimliği bile Kanat Habibi şeklinde farklı yazılmıştı) da bulunduğu 20-30 kişilik bir grup hakkında uyuşturucu kaçakçılığı yaptıklarına yönelik Bulgaristan'dan 2001 yılında gelen bir bilgi vardı. Gelen her ihbar illere yazılmış, araştırma yapılmış ve cevapları alınmıştı. Bunların belgeleri dosyada mevcuttu, hatta İstanbul Narkotik Şubesi o zaman bir süre Habip Kanat'ı dinlemiş, izlemiş ve cevap yazmıştı. Üstelik bu tarihlerde Emin Bey'le Habip Kanat tanışmıyorlar ki koruma kollama söz konusu olsun.

Bayram dönüşü bana tekrara uğrayacaklardı ama Emin Bey bayramdan dönmeden savcı karara itiraz etti ve mahkeme dosya üzerinde inceleme yaparak tutuklama karar çıkardı. Emin Bey hemen giderek teslim oldu ve cezaevine kondu.

O günlerde birçok gazeteci tanıdık, arkadaş bu olayın aslının ne olduğunu soruyordu. Ben de olayı tam bilmemekle birlikte bu iddiaların doğru olamayacağını anlatıyordum. Aslında tüm anlatımlarım basına açıklama yapmaktan çok gazeteci arkadaşlara bilgi vermek ve onları inandırmak amaçlıydı. Bu şekilde arayanlar arasında *Milliyet* gazetesinden Nedim Şener de vardı. O'na da aynı şeyleri anlattım. Bana bunları yazabilir miyim diye sordu, aslında yazması için değil olayın aslını bilmesi için anlatmıştım ama istersen yazabilirsin dedim. Yazılması niyetiyle konuşmuş olsam daha uzun ve daha kapsamlı anlatabilirdim.

Ertesi gün *Milliyet*'te "Avcı müdürüme kefilim dedi" şeklinde manşetten bir haber yayınlanarak "Ben yaparım, o yapmaz," mealindeki açıklamam yansıdı.

İnsanlar Emin Bey'i tanımadıklarından içlerinde "acaba doğru mu?" şeklinde bir şüphe uyanabilir. Fakat benim için Emin Bey'in böyle büyük ve organize işlerin değil en basit usulsüzlüğün bile içerisinde olması imkânsız. *Milliyet*'te bu haberin yayınlanmasından sonra tahkikatı yapan KOM Daire Başkanı Ahmet Pek beni telefonla aradı ve "Ben de sizin gibi düşünüyorum kesinlikle Emin Bey masum. Hakkında delil de yok, sonunda beraat eder. Yukarısı [İstihbarat Daire Başkanlığını kast ederek] baştan beri konuyu takip edip izlemiş, konu bize sonradan devredildi, onlar çok fazla iddiada bulundu. Bana göre Habip bu işin içinde fakat bu olayda Habip'le uyuşturucu kaçakçılığı arasında ciddi bir bağ da kurulamadı, delil yok, bana göre o da beraat eder. Biz Emin Bey hakkında hiçbir işlem yapmadık, ismini yazmadık, savcı yazdı." dedi.

Gazetedeki beyanım üzerine Emin Bey'in tahkikatını yapan savcı Mehmet Berk'in Emniyet Müdür Yardımcısı üzerinden istersem davayla ilgili tanık olarak ifade verebileceğimi söylemesi üzerine, ifade verebileceğimi ifade ettim. Genellikle adli ifade alınırken konuşma sırasında asıl anlatmak istediklerimi atlamamak için akşam, "Beyanlarım" başlıklı özellikle ifade etmek istediğim konuları içeren bir metin kaleme aldım, imzalayıp yanıma aldım ve sabah ifade vermek üzere İstanbul'a gittim.

Beyanlarım başlığıyla yazdığım yazı aynen şu şekildeydi.

Beyanlarım

Ben Emin Aslan'ı 1985 yılından beri tanırım, yakın mesai ve ilişki içerisinde oldum. Ağır şartlarda beraber çalıştık. Gerek iş gerekse özel yaşamı, ailesi ve çevresi hakkında yeterli bilgi sahibiyim, kendisi çocuk saflığında, temiz, herkes hakkında olumlu düşünen birisidir.

Bence herhangi bir kişiden, herhangi bir amaçla gayri meşru bir menfaat temin etmesi, böyle bir şeyi düşünmesi, hayal etmesi, hesap yapması mümkün değildir. Ancak saf ve temiz duyguları nedeniyle bazı kişiler tarafından aldatılabilir, onların gerçek yüzünü görünceye/gösterilinceye kadar iyi niyetinin neticesi olarak dışarıdan bakılınca uygun olmayan halleri gözükse bile, gerçeği gördüğü an en ufak yanlışı olan kişilerle ilişkisini keser. Geçmişte bunun birçok örneği olaya şahidim, kendilerini farklı tanıtan kişilerle iyi niyetle ilişkisi olduğunda bu kişilerin uygun olmayan davranış, iş ilişkisi içerisinde olduğunu söylediğimizde kesinlikle hemen tüm ilişkilerini kesmiştir.

Bugün için Emniyet teşkilatında beraber çalıştığı hiçbir kimse onun için "acaba yapmış olabilir mi?" düşüncesine sahip değildir. Tahkikatı yapan KOM Daire Başkanı Ahmet Pek bile benimle konuşurken, "Kesinlikle Emin Müdürüm bu işte suçsuzdur, onun bu olayda suç işlediğine asla inanmıyorum" demektedir.

Meslek hayatının büyük kısmı istihbarat hizmetlerinde geçtiğinden ve istihbaratın ajan, muhbir, vs. adlarla adlandırılan yardımcı istihbarat elemanı/haber elamanı olmadan yapılmayacağını çok iyi bildiğinden, geçmişten beri yardımcı istihbarat elemanlarının kazanılması için ve onların sorunlarıyla en fazla mesai sarf eden kişidir. Emniyete bilgi verdiği için veya bilgi vermek için illegal oluşumlar içerisinde yer almasından dolayı hukuki sorunlarla karşı karşıya olan elamanlar için çok uğraşıp, gayret gösteren biridir. Bu konuda yüzlerce resmi girişimlerde bulunmuş, riskli evraka imza atmıştır.

Birçok meslektaşım tarafından da bilinmektedir ki, yıllar önce Emniyet makamlarına bilgi verip destek olmuş insanların özel sorunlarıyla halen ciddi olarak ilgilenmekte ve o kişilere destek olmaktadır. Zaman zaman görev değişikliği gibi sebeplerle haber elamanı olan kişilerle (ajan-muhbir) irtibatları koptuğunda yeniden bağlantı kurmak gibi sebeplerle geçmişte tanıdığı ve şimdi üst rütbelere gelmiş beraber çalıştığı görevlileri aradığı olaylarına sıkça rastlanır. Halen özel veya kopan irtibatları nedeniyle beni Diyarbakır'dan arayan eski elemanlar olup ben onların sorunlarıyla ilgili olarak Diyarbakır Emniyet makamları ile sık sık görüşürüm.

Emin Aslan hakkındaki bu tahkikat usulüne uygun yapılmamış, onun dışarıdan bakıldığında suçlu gözükecek kadar ilişki geliştirmesi beklenerek harekete geçilmiştir. Ben uzun yıllar olayların en yoğun olduğu illerde istihbarat ve kaçakçılık hizmetlerinde çalıştım. Bu birimlerin nasıl hareket ettiğini bilirim. Eğer usulüne uygun davranılsaydı;

1. Daha tahkikatın başında dinleme ve izleme yapılmadan Habip Kanat'ın ilişkileri araştırılırken Emin Aslan ile telefon bağlantısı görüldüğünde (ki bu noktada Emin müdürden en ufak şüphe söz konusu değildir ve o tahkikatı yapan herkesin üstü amiri durumunda olduğundan) ilk yapılacak şey, ondan Habip Kanat hakkında bilgi alınmalı, hâlâ şüphe varsa bu kişinin uygun olmayan faaliyetler içerisinde olduğu söylenerek, ilişkisini kesmesi sağlanmalıydı. Geçmişte ve bugün operasyonlarımızın hedefi olabilecek benzeri insanlarla ilişkisini gördüğümüz ve emin olduğumuz meslektaşlarımızdan öncelikle bu hedefler hakkında bilgi alıp, sonra da ilişkileri konusunda uyarırız. Bu sayede hem hedef kişi hakkında bilgi almış hem de yanlış anlamaları önlemiş oluruz. Daha dün benimle irtibatlı olan bir kişinin başka bir ilin operasyonel çalışmalarının hedefi olduğu tarafıma iletildiğinde, bilgi almak için müracaat eden meslektaşım benden bu kişi hakkında günlerce toplayamayacağı bilgiyi kısa sürede almış, birçok müphem konu onun açısından aydınlanmıştır.

Aynı benzeri davranış burada da gösterilmesi gerekirken yapılmamıştır. Eğer daha başta Emin müdürden şüphelenilmiş ise o zaman da birinci öncelikle bir üst amir olan Emniyet Genel Müdürüne ve tahkikatın asıl sahibi Cumhuriyet Savcılığına bilgi verilerek onun hakkında araştırma yapılması ve tahkikatın hedefi haline getirilmesi gerekirdi. Belki de İçişleri Bakanlığınca görev bölümü yapılırken farklı dairelere bakması sağlanarak şimdiki gibi astlarınca görevin gereklerine aykırı olarak bilgi gizlenerek değil görev sahası dışına çıkarılarak bu tahkikat ve kaçakçılık konularından uzaklaşması sağlanabilirdi. Bu da yapılmamıştır.

2. Her olay o bölgedeki zabıta tarafından araştırılmaktadır, bu yasal bir zorunluluktur. Emniyet içerisinde ondan fazla tamim vardır; yanlışlıkları ve çatışmaları önlemek, zaman, personel, kaynak israfını engellemek amacıyla mutlaka ilgili zabıtayla iş birliği yapılması emredilmiş olmasına rağmen bu olayda İstanbul Narkotik Polisi bir buçuk yıl hiç bilgilendirilmemiş, son anda operasyonun icrası için devreye sokulmuştur.
3. Bugün sanki tahkikat yalnız uyuşturucu kaçakçısına yöneltilmiş, Emin müdür hiç hedef değilmiş gibi tahkikat evrakları bütün halinde savcılığa gönderilip Cumhuriyet Savcısı resen kendiliğinden Emin Aslan hakkında tahkikat yapmış gibi gösterilmek istenmiştir. Eğer böyle olsaydı, bir buçuk yıldır yapılan tahkikat dosyasında asıl fail olan Hüseyin Rıza Işık ile Habip Kanat'ın bütün ilişkileri, uyuşturucu imalatında kullanılan tüm kimyasalların nereden nasıl temin edildiği, uyuşturucu haplarının yurtdışına nasıl taşındığı gibi birçok husus ortaya çıkarılmış olması gerekirdi. Oysa dışarıya yansıdığı kadarıyla bu konuda tahkikat dosyasında bir buçuk yıllık çalışmada olmaması gereken ciddi eksiklikler vardır. Ayrıca bir buçuk yıldır yapılan tahkikatta her safhada kendisine haber verilmesi gerekirken hiç haber verilmeyerek hem görev gereği yerine getirilmemiş hem de kendisinin hedef seçildiği ima edilmiştir.

Kayseri ilinde bir uyuşturucu imalathanesinde suçüstü yakalanıp, bu suçtan mahkûm olan Selim Gezer'in yakalandığı operasyon sırasında Kom Daire Başkanıydım. Anımsadığım kadarıyla, operasyona ilk başladığımız günlerde şüphelilerin kimliklerini bilmiyorduk. Bir-iki gün sonra

Selim ismi ortaya çıktığında, Narkotik Şube bir anda daha önce üzerinde çalışma yapıldığı belli olan Selim Gezer hakkında geniş bilgiler içeren bir dosya getirdi, şimdi bu bilgilerin eski tarihte bazı bilgi kaynaklarından gelen bilgiler üzerine yapılan çalışmalardan elde edildiği kanaatine varıyorum.

Kaçakçılık Dairesinde çalışan eski meslektaşlarımdan öğrendiğim kadarıyla Habip Kanat hakkında 1998'de Suudi Arabistan ve 2001'de Bulgaristan'ın bilgi vermesi üzerine Kom Daire Başkanlığı, bu kişi hakkında bu tarihlerde İstanbul Emniyet Müdürlüğünden resmi yazıyla tahkikat ve bilgi istemiş ve İstanbul Emniyet Müdürlüğü resmi cevap vermiştir. Yani bu kişi hakkında emsali ihbarlar, hakkında yapılması gereken şeyler yapılmıştır. Başta Almanya, Hollanda ve İngiltere olmak üzere yabancı ülkelerde yüzlerce Türk hakkında istihbari bilgi gelir, KOM Daire Başkanlığının ilgili şubesi bu kişiler hakkında araştırma yapılması için bu bilgileri ilgili illere göndererek tahkikat yapılmasını sağlar.

Habip Kanat'tan birden fazla görüşme yapılarak uyuşturucu hap, captagon imalatı gibi konularda bilgi alınmış, rapor tanzim edilmiş, bu raporlar çalışma sistemine sokulmuştur. Bu durum fiili olarak bu kişinin muhbir olarak kullanıldığını göstermektedir. O kişinin muhbir listesine alınıp alınmaması Kom Dairesinin iç işleyişi ve idari işlerinin yapılışındaki eksikliklerle ilgili bir konudur.

Habip Kanat'ın bilgi verme amaçlı gelip gitmeleri sırasında Emin müdürle aralarında samimiyet ve insani ilişki gelişmiştir, tahkikat safhasında bu ilişkilerin suça yorumlandığı kanaatindeyim.

Habip Kanat'ın yakalanması sonrası ise tahkikatı yapan görevliler önce bu kişiyi Daire Başkanına sormuş, yeterli bilgi alınamaması üzerine İstanbul Narkotik Şube Müdürüne geçmişte bu kişi ile muhbir olarak bilgi alma amaçlı tanzim edilen tutanakları gönderip, "Bakın buna rağmen eğer suça karıştığına inanıyorsanız hiçbir şey yapmanıza gerek yok, cezasını çeksin. Yok eğer inanmıyorsanız, geçmişte muhbir olarak verdiği bilgilere bakarak durumunu değerlendirin, savcılığa bilgi verin." demiştir. (İstanbul Narkotik Şube Müdürü Cengiz Malbeleği'nin beyanı)

Bu da yapılması gereken en uygun davranış biçimidir. Eleman gözüken kişi kanunsuz işlerin içinde ise daha önce verdiği bilgilere bakılarak; suçlu ise cezasını çeksin denir. Verdiği bilgilere göre amacı devlete yardım ise konu Cumhuriyet Savcılığına aktarılarak hukuki durumunun değerlendirilmesi istenir. Emin müdürün bu davranışı zaten niyetinin, ilişkisinin ne olduğunu açık olarak ortaya koymaktadır.

Hanefi AVCI

02.10.2009

İfadem alınırken bu beyanlarımı savcıya verdim, ayrıca soruları üzerine 4 sayfalık ifademi verdim. Bu beyanlarım ve ifadem birlikte dosyada yerini aldı. İfade haricinde genel olarak da biraz sohbet ettik. Savcıya Ahmet Pek ve diğer tahkikatı bilen polis müdürleri ile görüşmelerimi, Emin Bey'in masumiyetini gösteren hususları aktardım.

Benim ifademin ana teması, bu tahkikatın kendisinin tahkikatlık olduğuydu. Usulüne uygun davranılmamıştı; teşkilat teamüllerine ve bilinen usullere uygun değildi. Eğer ciddi bir tahkikat yapılırsa, Emin Bey'e yönelik bir komplo hazırlamaktan bu tahkikatı yapanlar yargılanırlardı.

Sonra Emin Bey hakkındaki iddiaları teker teker incelemeye başladım. Başta dosyada gizlilik olduğu için dosyadaki her şeyi görmediğimizden aklımızda soru işaretleri vardı. Ardından iddianame yayınlandı ve dosyadaki her şeye vakıf olduk. Dosyadaki bilgileri inceledikçe gariplikleri fark etmeye başladık.

Benim *Milliyet* gazetesinde yayınlanan, daha sonra diğer basın organlarının atıf yaparak yayınladıkları açıklamalarım, "Beyanlarım" başlıklı dava dosyasına konan yukarıdaki 2,5 sayfalık açıklamalarım ve aynı mahiyetteki ifadem çok açıktı. "Emin Bey'e kefilim, ben yaparım ama o yapmaz," diyordum, olayın komplo olduğunu söyleyip tahkikatı yapanları suçluyordum. Fakat sonra daha iddianame muhataplarına verilmeden savcılıktan sızdığı belli olan çarptırılmış gazete haberlerinde benim için "Kefilim dedi ama yaktı," şeklinde gerçeğe aykırı, sadece toplumu farklı yönlendirmeye yönelik haberler çıkıyordu.

Sonra iddianameyi temin edip baktım, gerçekten de beyanlarım çarptırılmıştı. Bunun üzerine mahkemeye göndermek üzere durumu anlatan bir dilekçe hazırladım. Bazı hukukçular dilekçeye gerek ne gerek var, gidip duruşmada bunları anlatırsın dediler.

Yazdığım dilekçe şöyleydi:

AĞIR CEZA MAHKEMESİ BAŞKANLIĞINA
İSTANBUL

Sayın Emin Aslan hakkındaki iddianamenin mahkemece kabulü ile birlikte bazı basın yayın organlarında iddianamedeki bazı bölümler yorumlanarak "... AVCI KEFİL OLAYIM DERKEN YAKMIŞ" gibi başlıklar altında, beyanlarımın aksi yönünde ifade verdiğim ima edilerek yorumlarda bulunulmakta olduğunu gördüm.

Emin Aslan hakkında yürütülen soruşturma nedeniyle basında yer alan açıklamam ve sonrasında Cumhuriyet Savcılığına verdiğim bunu doğrulayan ifadem ve bu ifade öncesi hazırlayıp ifade sırasında savcılığa sunduğum üç sayfalık beyanlarım başlıklı belge dava dosyasında mevcut olup, incelendiğinde görüleceği üzere;

Tüm beyanlarım uzun yıllar beraber çalışmış olduğum Emin Aslan'ın masumiyeti, temiz ve dürüst olduğu, asıl olarak tahkikatı yapanların kusurlu olduğu üzeredir. Yıllarca bu tahkikatı yapan birimlerde yöneticilik yapmış, bu birimlerin çalışma biçimi, kullandıkları yöntemler ve halen çalışanlarını uzun yıllardır tanıyan, genel durumlarını bilen biri olarak yaptığım açıklamalar maddi temelleri sağlam, hayatın tüm gerçekleri ile uyumlu bir açıklamadır. Buna karşı tahkikatı yapanların anlatım ve iddiaları ise hayatın olağan akışına uygun değildir.

Benim beyanlarımın ana temasına hiç değinmeden, ifade arasında tahkikatı yapanların iyi niyetli olmadıklarına dair gösterdiğim örnek ve anlatımlar tam tersine çevrilerek Emin Aslan'ın aleyhinde kullanıldığını hayretle okudum.

Benim ne ifademde ne açıklama veya beyanlarımda bu şekilde bir ifadede bulunmadığım halde iddianamede "Kendisine güvenilmediği için bu yolların uygulanmadığı' cümlesi kullanılmıştır. Sayfa 64, ilk paragraf, son cümle.

Ben yazılı beyanımda tahkikatı yapanların daha işe başlamadan önce arşiv araştırması yaptıklarında Habip Kanat'ın KOM Dairesine geçmişte muhbir olarak bilgi verdiği, Habip Kanat'ın Emin Bey'le sık sık görüştüğü bilgisine ulaştıklarını ifade ettim. Böyle bir durumla karşılaştıklarında yapmaları gereken üç alternatifin olduğunu belirttim. 1. Tahkikatın daha ilk başında olduklarından şüphe duymaları için sebep yoktur, Emin Bey'le görüşüp hem yeni bilgi almaları hem de Habip Kanat hakkında bilgileri vererek uyarmaları, 2. Emniyet Genel Müdürüne bilgi vererek görev yerinin değişimini sağlamaları veya suçsuz olduğuna inanmıyorlar ise 3. Savcıya bilgi verip Emin Aslan hakkında teknik takip de dahil işlem başlatarak operasyonun hedefi yapmaları gerekirdi, bunları yapmamışlar şeklinde ifade verdim. Fakat iddianamede anlatımlarımın bir kısmını atıp yalnız bir cümlesini koyarak anlatımlarımın tersine manalar çıkarılmıştır.

Yine iddianamede benim tahkikatı yapanların eksikliği olarak değindiğim, 2005 yılında Kaçakçılık Daire Başkanlığı görevini yaptığım dönemde geçmişe dönük arşiv çalışması yaparak, yaklaşık 1975'li yıllardan itibaren yapılan tüm ihbarları, ifadeleri, kayıtları dijital ortama aldırdığımız ve KOM Daire Başkanlığında internetteki arama motorları tarzında bir çalışma ve araştırma imkânı sağladığımız, bunun neticesinde arşiv kayıtlarına girip bir isim verildiğinde o isme dönük yapılan tüm ihbarların ve bilgilerin anında çıkarılabildiği, hakkında uyuşturucuya bulaştığına yönelik ihbar yapılan, çalışma yürütülen her şahsın ihbar ve çalışma sayılarını da gösterir şekilde kayıtların hemen görülebileceği doğrultusundaki ifadelerim ile Habip Kanat hakkında arşive baktıklarında geçmişte verdiği bilgileri, tutulan tutanakları, vs. görebildiklerini anlatmama, bu bilgilere 2005'te erişilebilir hale gelindiğini belirtmeme ve bu imkâna Emin Aslan'ın değil, tahkikatı yapan Daire Başkanlığı personelinin ulaşabildiğini, Habip Kanat'ın geçmişte KOM Daire Başkanlığına bilgi verdiğine dair tutanakları görmeleri gerekirken, şahsın muhbir olmadığını söylemelerinin doğru olamayacağını anlatmama rağmen iddianamede parantez içinde "gerek Emin Aslan gerekse diğer müdürler Habib Kanat'a yönelik böyle bir araştırma yapma ihtiyacını ya hiç duymamışlar ya bilgi sahibi olup ciddiye almamışlar ya da bildikleri halde irtibat ve ilişkilerini artırarak sürdürmüşlerdir" denerek beyanlarımın aksine manalar çıkarılmıştır. Bu bilgisayar programına yalnız Kom Daire Başkanlığı birimlerinde/binalarında fiilen çalışanlar erişmekte olup, Emin Aslan gibi başka binalarda çalışanların erişimine teknik olarak imkân yoktur. Zaten aleyhte tanık olarak dinlenen Merkez Narkotik Müdürü de ifadesinde Emin müdürün kendisine "Bakın bakalım neyi var," diyerek kişileri sorduğunu söylemektedir.

İddianamenin 73. sayfasında parantez içinde aynen şöyle denmektedir: "Tanık olarak dinlenen dönemin KOM Daire Başkanı, Eskişehir Emniyet Müdürü Hanefi Avcı ile dönemin Narkotik Şube Müdürü Gaffur Cem Cehdioğlu, Selim Gezer'e yönelik yapılan operasyonda Habib Kanat'tan aldıkları bilgilerden faydalanmadıklarını beyan etmişlerdir. Bu şahsın Kilis'le irtibatını azalttığı, bu nedenle kendilerine yeni bilgiler vermediği ifade edilmiştir." Benim böyle bir beyanım yoktur. Habip Kanat'ı önceden hiç duymadım, tanımıyorum, nasıl bu konuda bu kişinin Kilis'le irtibatını azalttığı, bu nedenle yeni bilgiler veremediğini söylerim.

Yine iddianame sayfa 75'te "(tanık olarak dinlenen Hanefi Avcı'nın beyanları ve getirtilen kayıtlar irdelendiğinde, şüphelinin Habib Kanat'a ilişkin yapacağı en ufak bir sorgulamada bile çok net bilgilere ulaşabileceği görülmektedir)" denmektedir. Yine iddianame sayfa 76'da "Habib Kanat'ın bu yönüne ilişkin herhangi bir araştırma ve sorgulama yapılmadığı, en basit bir araştırmada bile kendisi hakkında yapılan ihbarlar öğrenilebilecekken (özellikle Hanefi Avcı'nın ifadesinde beyan edildiği üzere), bu yola tevessül edilmediği,"denmektedir.

Halbuki benim arşivi düzenledik dediğim tarih 2005 ve sonrası, Emin Aslan'ın Habip Kanat ile tanışması ise 2001 yıllarıdır. Ayrıca arşive bakma yetki ve imkânı tahkikatı yapanlara ait olup, Emin Aslan bu imkâna teknik olarak sahip değildir.

Yine ben ajan, yani muhbir kullanılmasıyla ilgili olarak usullere uygun olandan başlayıp şartların zorlanması nedeniyle pratikteki riskli kullanımına kadar olan bütün hal ve şekillerini anlatmama, hatta benim de hâlâ irtibatımın olduğu, haberleştiğim, işlerini takip ettiğim muhbirlerin olduğunu ifade etmeme rağmen (ifadem sayfa 2, son paragraf) iddianamede bu anlatımlarımın çoğu atılıp yalnız Emin Aslan hakkında olumsuz manalar çıkartılacak kısımlar bir araya getirilip ifade ve amacıma aykırı yorumlar yapılmıştır.

Üç belgede de çok açık, hiçbir tereddüde meydan bırakmayacak şekilde tüm anlatımlarımın Emin Aslan'ın masum olduğunu, bu tahkikatı yapanların usulüne uygun davranmadığını ifade etmiş olmama rağmen bu birimlerde çalışmış ve herkesi tanıyan biri olarak 24 yıldır tanıdığım Emin Aslan için "Ben yaparım, o yapmaz" şeklindeki beyanlarımın bu şekilde yorumlanmasını hayretle karşılıyorum. Bu kadar açık ve net beyanlarımın bu şekilde yansıtılması tarafsızlık ve objektiflik ilkeleri ile bağdaşmamaktadır.

Sayın mahkemenin hak ve adalet adına bu durumu dikkate almasını arz ederim.

Hanefi AVCI

Bir diğer tuhaf durum da şöyleydi. Emin Bey'in tutuklandığı davaya 2006 yılında Ankara'da başlanmış 2,5 yıla yakın sürdürülmüş, nihayet Ankara Savcılığı 08.09.2009 tarihinde bu davanın kendi görev sahasında olmadığından asıl yetkili savcılığın CMK 250. Maddesiyle yetkili İstanbul savcılığı olduğuna karar vererek dosyayı 08.09.2009 tarihinde bir polis memuru kurye ile İstanbul'a göndermiş (normalde posta ile gönderilir). Bundan sonrası çok garip. 08.09.2009 tarihinde en erken saat 12'de yola çıkan 7 klasör ve 9 parça CD eklerinden oluşan ve görevsizlik kararı verilmiş dosya aynı gün İstanbul'a geliyor, kayıt işlemleri yapılıyor. UYAP (Ulusal Yargı Ağı Projesi) üzerinde çekilen kurada Mehmet Berk isimli savcıya görev çıkıyor; Sayın Savcı bir günde hatta birkaç saatte 7 klasör evrakı okuyor, bu evraktan daha kapsamlı olan dinlenen telefonların (kiminin bir yıllık kiminin birkaç aylık) görüşme dökümlerini okuyup değerlendiriyor ve suçları tespit ediyor. O kadar ayrıntılı inceliyor ki Ankara savcısının 6 şüpheli gösterdiği dosyada, kendisi şüpheli sayısını 20'nin üzerine çıkarıyor ve hiç ismi olmayan Emin Aslan'ı şüpheli yapıyor. Sonra bu konuda talepnamesini yazıp, hâkimden tüm şüphelilerin ev ve iş yerlerinde arama yapılmasını, suç konusu eşyalara el konulmasını, yakalanmalarını, suç unsuru olursa el konulmasını kapsayan bir karar çıkarttırıyor.

Ardından bu kararı ve tahkikatla ilgili polisin yapacağı hususları kapsayan birkaç sayfalık talimatlarını İstanbul Emniyet Müdürlüğüne yazıyor ve İstanbul Emniyeti aynı gün yer tespiti, keşif, vs. yapıyor ve 09.09.2010 tarihinde operasyon yaparak kişileri yakalıyor.

Tarihlere dikkat edelim. 8 eylülde Ankara savcısının karar verip İstanbul'a gönderdiği bu kadar büyük ve kapsamlı bir dosya aynı akşam İstanbul'da inceleniyor ve mahkeme kararları bile alınıyor. Bunun gerçekleşmesi fiilen mümkün değil. Hiç kimse, hatta 5 savcı bile aynı anda çalışsa bunu yapamaz, çünkü bunun için zaman yok. Bu karara fiili olarak ancak 1-2 saatlik bir incelemeyle varılmış. Eğer Ankara savcısının yazdıkları ile sınırlı kalınmış olunsa, ona uydu denebilirdi ama dava bu kadar genişletildiğine göre dosyanın en az birkaç kere okunması gerekirdi, buna da fiilen zaman yoktu. Maalesef tüm belgeler bu gerçekleri ortaya koyuyor.

Bir savcı bir günde değil bir haftada hatta bir aydan önce bu dosyayı okuyup, kayıtları dinleyip dosya hakkında karara varamaz. Dünyanın en hızlı okuyup dinleyen kişisi bile bu kadar kısa zamanda, hatta bir haftada bu dosyanın yarısını bile okuyamaz. Bizim savcı bu sürede böyle kapsamlı bir dosyayı nasıl okumuştu?

Fiiliyatın böyle olduğu işte belgelerle bu kadar kesin.

Ankara Cumhuriyet Savcısının 08.09.2009 tarihli görevsizlik kararı:

448

T.C.
ANKARA
CUMHURİYET BAŞSAVCILIĞI
(CMK. 250. maddesi İle Görevli ve Yetkili C.Başsavcı Vekilliği)

Soruşturma No : 2008/768
Karar No : 2009/48

YETKİSİZLİK KARARI
İSTANBUL CUMHURİYET BAŞSAVCILIĞINA
(CMK. 250. Maddesi İle Görevli ve Yetkili)

DAVACI : K.H.
ŞÜPHELİLER : 1- Hüseyin Rıza IŞIK- Adnan ve Necibe oğlu 11.06.1959 doğumlu Diyarbakır Lice Camikebir nf.ky.lı
2- Mehmet Naci ALTAÇ - Açık kimlik ve adresi tespit edilemedi
3- Settar GÜRLEK- Açık kimlik ve adresi tespit edilemedi
4- Habib KANAT - Açık kimlik ve adresi tespit edilemedi
5- Açık kimliği belirlenemeyen diğer şüpheliler
SUÇ : Suç İşlemek Amacıyla Örgüt Kurma, Yönetme ve Bu Örgütün Faliyeti Çerçevesinde Uyuşturucu - Uyarıcı Madde İmal ve Ticaretini Yapma
SUÇ TARİHİ : 21/12/2008 ve Sonrası

SORUŞTURMA EVRAKI İNCELENDİ

Emniyet Genel Müdürlüğü Kaçakçılık ve Organize Suçlarla Mücadele Daire Başkanlığı Narkotik Suçlarla Mücadele Şube Müdürlüğünün 21.12.2008 tarihli yazısı ile müdürlükte kurulu şube nöbetçi telefonunu Kilis ilinden arayan bir erkek şahsın "İstanbul - Tuzla'da" muhtemelen bir deri fabrikasında Aydın ve Hıdır isimli şahıslar tarafından uyuşturucu hap üretildiği, hapların başka bir depoya nakledileceği, değişik yollarla İstanbul ilinden Suriye'ye sevk edileceği" ihbarında bulunduğu, bunun üzerine başlatılan soruşturma kapsamında elde edilen tüm teknik delillerden şüpheli Hüseyin Rıza IŞIK tarafından yönetilen suç örgütünün İstanbul ilinde muhtelif adreslerdeki imalathanelerde sentetik uyuşturucu madde imal ettiğinin belirlendiği,

Söz konusu suç örgütüne ve şüphelilere yönelik teknik takip işlemlerinin ve diğer soruşturma işlemlerinin bu haliyle faaliyet yerlerinin İstanbul adli hudutlarında bulunması nedeniyle CMK 250 maddesi ile yetkili İstanbul Cumhuriyet Başsavcı Vekilliğinizce yürütülmesinde hukuki yarar ve zorunluluk bulunduğu anlaşıldığından;

CMK 12 ve devamı maddeleri gereğince Cumhuriyet Başsavcı Vekilliğimizin **YETKİSİZLİĞİNE,**

Soruşturma evrakı ve adli emanetin 2009/90, 99, 103,125, 156, 165, 181, 184 ve 193 sırasında kayıtlı emanet eşyalarının **(CMK 250 madde ile Görevli ve Yetkili) İSTANBUL CUMHURİYET BAŞSAVCILIĞINA GÖNDERİLMESİNE,**

İtiraz yolu açık olmak üzere karar verildi.08.09.2009

Cemil TUĞTEKİN-34074
Ankara Cumhuriyet Savcısı

Ek1: 7 Klasör soruşturma evrakı ve CD lerin bulunduğu zarf,
Ek2: 9 adet emanet eşyaları

Burada açıkça görüldüğü üzere şüpheli sayısı 6, Emin Bey'in ismi yok ve 7 klasör ve çoğu ses kayıtlarını içeren CD olmak üzere 9 adet eşya ekli. Tarihi de 08.09.2010. Asıl dosya çok daha karmaşık.

İstanbul savcısı Mehmet Berk tarafından tanzim edilen iddianamenin başlangıç kısmı, 09.09.2009 tarihindeki yakalamayı gösteren kısmı:

T.C.
İSTANBUL
CUMHURİYET BAŞSAVCILIĞI
(CMK 250. Maddesi ile görevli)

Soruşturma No	: 2009/1831	TUTUKLU
Esas No	: 2010/43	YAKALAMALI
İddianame No	: 2010/33	

İDDİANAME
İSTANBUL ( ) AĞIR CEZA MAHKEMESİNE

DAVACI : K.H.

ŞÜPHELİLER : 1- HABİB KANAT, Mustafa ve Emel oğlu 01/01/1957 d.lu Kilis Merkez Büyükkütah nüf. ky. Nihat Kızıltan Sk. Gazanfer Bilge Sit.N.5 B Blok D.17 Erenköy Kadıköy/ İstanbul adresinde oturur, atılı suçtan Tekirdağ 1 Nolu F Tipi Cezaevinde tutuklu.

MÜDAFİİ : Av.Yüksel Bulut, Av. Turgay Özdoğan, Av. Doğukan Özdoğan, Av. Uğur Arif (İstanbul Barosu)

GÖZALTI TARİHİ : 09.09.2009 (4 gün)

TUTUKLAMA T. : 13/09/2009

SEVK MADDESİ : TCK 188/1-5, 220/1-5, 282/1-3, 53, 54, 55, 58 ve 63. md.

.....

...

Görevlerim esnasında ve hâlâ bulunduğum ilde bu dosyanın onda biri ağırlığındaki dosyaları operasyona dönüştürmeden en az bir hafta evvel savcıya tevdi ettiririm. Üstelik bu savcılar davayı uzun süredir izleyen, talimat veren, dinleme izleme kararlarını alan savcılar olur. Yine de onlar bile dosyaya tam hâkim olmak için birkaç gün okuyup inceler, sonra talepnamesini yazıp hâkim kararını alır, ardından talimatlarını Emniyetin ilgili şubesine yazarlar. En basitinde bile bir haftadan önce operasyon başlayamazken bu kadar karışık, kapsamlı bir dosyaya bir günde kimsenin incelemesi ve akabinde bununla ilgili bir operasyonun gerçekleştirilmesi mümkün değil. Peki böyle bir şey nasıl olabilir?

Denebilir ki, savcılar Emniyetin getirdikleri belge ve kayıtları incelemeden, polise güvendikleri için onların yazdıklarını doğru kabul edip hemen kararlarını yazıyorlar. Fakat dikkat edilirse burada iki husus da bu duruma uymaz. Birincisi, bu tahkikatı Ankara Emniyet Genel Müdürlüğü Kom Dairesi yapmış gözüküyor, dosya İstanbul'da değil. İstanbul polisi konuyu bilmiyor. Bu durum, o günlerde göreve yeni atanmış olan Narkotik Şube Müdürü Cengiz Malbeleği ve bir iki ay önce Şube Müdürü olan Bülent Köksal'ın aynı dosyadaki ifadeleri ile sabit. Ayrıca bu tahkikattaki tüm gizli izleme, takip vs. işlemlerini adli polis olan Kom Dairesi değil, İstihbarat Daire Başkanlığının yaptığı anlaşılmaktadır.

İkinci önemli konu ise Ankara savcısı zanlıları belirleyip görevsizlik kararı verdiği dosyayı İstanbul'a gönderdi. Bu dosyada Emin Arslan'ın adı yoktu. Hatta Ankara savcısı dosyayı inceleme tutanağı tutarak dosya içeriği hakkındaki bilgileri özetlerken Habip Kanat ile bazı Emniyet mensuplarının görüşme ve ilişkilerinin var olmasına rağmen mahiyeti ve kapsamının anlaşılamadığını belirtirken, İstanbul savcısının iki buçuk yıldır dosyayı inceleyen Ankara savcısının tespitleri hilafına dosyaya Emin Bey'i dahil etmesinin makul izahı yoktur.

2008/768 Soruşturma

645

DOSYA İNCELEME TUTANAĞI

C.Savcılığımızın 2008/768 sayılı soruşturma dosyası ve teknik deliller incelenmekle;

21.12.2008 günü saat: 10.25 sıralarında E.G.M. Kaçakçılık ve Organize Suçlarla Mücadele Daire Başkanlığı Narkotik Suçlarla Mücadele Şube Müdürlüğüne yapılan bir telefon ihbarında; *"İstanbul ili Tuzla ilçesinde ve muhtemelen bir deri fabrikasında **0.546.684 77 41** numaralı telefonu kullanan **Aydın** ve **0.533.651 78 28** numaralı telefonu kullanan **Hıdır** isimli şahıslar tarafından uyuşturucu hap üretildiğini ve üretilen hapların 1-2 gün içerisinde başka bir depoya nakledileceğini, daha sonra yüklü miktardaki hapların Kilis'te bulunan bazı şahıslar vasıtasıyla deniz veya karayolu ile İstanbul ilinden Suriye'ye sevkıyatının yapılacağı"* ihbarında bulunulduğu, bunun üzerine CMK 135.maddesi uyarınca teknik takip kararı verildiği ve 2008/768 sayılı soruşturmanın başlatıldığı,

Bu arada **0.546.684 77 41** numaralı telefonu kullanan **Aydın** ve **0.533.651 78 28** numaralı telefonu kullanan **Hıdır** isimli şahısların, Cumhuriyet Başsavcı Vekilliğimizin 2006/240 sayılı soruşturması üzerinden yürütülen **"ERİVAN"** isimi ile bilinen soruşturdma şüphelilerinden **Hüseyin Rıza IŞIK** ve **Mehmet Naci ALTAÇ**'ın kontrolü ve yönetiminde tam adresi tespit edilemeyen İstanbul ili Tuzla ilçesi Organize Deri Sanayi Bölgesinde olduğu tahmin edilen sentetik uyuşturucu imalathanesinde **Hüseyin Rıza IŞIK** ve **Mehmet Naci ALTAÇ**'ın himayesinde faaliyette bulunduklarının belirlendiği,

Bunun üzerine 2006/240 soruşturma numarasına kayden yürütülen **"ERİVAN"** ismiyle bilinen soruşturmanın şüphelilerinden , **Hüseyin Rıza IŞIK** ve **Mehmet Naci ALTAÇ** tarafından koordine edilen ve İstanbul ili Tuzla ilçesi Organize Deri Sanayi Bölgesinde olduğu tahmin edilen sentetik uyuşturucu imalathanesi ile irtibatlı olabilecekleri değerlendirilen ve teknik takipleri devam eden **Şevket HİDAYET, Şıhmehmet HİDAYET, Halil HİDAYET, Habib KANAT, Nazır KOJA, Hüseyin Rıza IŞIK, Mehmet Naci ALTAÇ ve Settar GÜRLEK** isimli şahıslar hakkında yürütülen çalışmanın, **0.546.684 77 41** numaralı telefonu kullanan **Aydın** ve **0.533.651 78 28** numaralı telefonu kullanan **Hıdır** isimli şahıslar hakkında yürütülen 2008/768 Soruşturma numarası ile birleştirilerek, 2006/240 sayılı soruşturmadan **tefrik** edilmesi, tape ve ses kayıtlarının 2008/768 sayılı soruşturma kapsamında değerlendirilmesi ve adı geçen şahıslarla birlikten hareket ettikleri kannatine varılan **Süleyman AKDEMİR** ve **Osman ÇELİK** isimli şahısların geçmişe dönük görüşmelerini içeren tape ve ses kayıtlarının da 2008/768 hazırlık soruşturması kapsamına dahil edilmesi yönünde 29.12.2008 tarihinde KOM Daire Başkanlığı'na müzekkere yazıldığı;

Anlaşılmıştır.

GEREK 2006/240 GEREKSE 2008/768 SAYILI SORUŞTURMA SONUCUNDA ELDE EDİLEN TEKNİK TAKİP DELİLLERİ BİRLİKTE İNCELENDİĞİNDE:

Hüseyin Rıza IŞIK isimli şahsın yönetiminde **Mehmet Naci ALTAÇ, Cengiz ZORLU, Mustafa KULAK, Mustafa Fehmi OKAY, Settar GÜRLEK, Gül ÇETİNTAŞ, Hıdır Mehmet Murat ÖZDEMİR, Mehmet Emin KULAK** isimli şahıslar tarafından Tuzla Organize Deri Sanayi Bölgesinde 12.Yol M2 parsel Umay Deri karşısında 6 nolu yol ile 2 Nolu yolun kesiştiği yerde bulunan kiremit renkli fabrikada sentetik uyuşturucu üretimi yapıldığı, adı geçen şahısların gerek üretim safhasında gerekse sentetik uyuşturucu yapımında kullanılan kimyasal maddelerin temininde görev aldıkları, 644

Hıdır Mehmet Murat ÖZDEMİR tarafından **Hüseyin Rıza IŞIK**'ın yönlendirme ve talimatlarıyla Çin'den getirtilen kimyasal maddelerin 03.04.2009 günü **İstanbul Pendik İlçesi Sülüntepe Mahallesi Kahraman Sokak No:30/A** sayılı adreste bulunan **DEPO**ya indirildiği, söz konusu maddenin niteliğine ilişkin araştırma sonucunda bu maddenin, **"ALPHA ACETYL PHENYL ACETONITRILE"** isimli kimyasal madde ve miktarının da **5.750 kilo veya litre** olduğu ,

Bahse konu maddenin, herhangi bir sentetik uyuşturucu madde veya sentetik uyuşturucu madde yapımında kullanılan ara veya ana kimyasal maddelerin üretiminde kullanılıp kullanılmadığına ilişkin Kriminal Polis Laboratuvarı Müdürlüğünden alınan yazıda; **"ALPHA ACETYL PHENYL ACETONITRILE (ALPHA PHENYL ACETOACETONITRILE)"** maddesinin, sentetik tabletlerin aktif maddelerinden olan ve yasal kısıtlılık altında bulunan **AMFETAMİN** ve **METAMFETAMİN** maddelerinin sentezlemesinde ham madde olarak kullanılan "Benzilmetilketon" (Fenil-2Propanon)'un üretiminde kullanıldığı, ancak yasal kısıtlılık altında bulunmayan kimyasal maddelerden olduğu ,

Ayrıca Hıdır Mehmet Murat ÖZDEMİR, Settar GÜRLEK, Mustafa KULAK ve Mehmet Emin KULAK isimli şahıslar tarafından **İstanbul ili Pendik ilçesi Şeyhli Ramazanoğlu mahallesi Kaynarca caddesi Mina Sokak 22 Numaralı ikametin yanında (20 numara olabilir)** bulunan adreste de farklı bir sentetik uyuşturucu imalatının kurulduğu ve üretiminin yapıldığının belirlendiği,

Hüseyin Rıza IŞIK isimli şahsın kimya sanayi üzerine bir çok şirketinin olduğu, bu şirketler aracılığı ile sentetik uyuşturucu imalatında kullanılan ana ve ara kimyasal maddeleri yurtdışından ve iç piyasadan kolaylıkla temin ettiği, aynı bölgede uyuşturucu imalathanesi olarak kullanılan fabrikanın yakınlarında yasadışı faaliyetlerine zemin oluşturmak için yasal kimyasal üretimler yaptıkları bir fabrikalarının daha bulunduğu,

Hüseyin Rıza IŞIK ile **Habib KANAT** arasındaki irtibatın, **Habib KANAT**'ın yanında bulunan **Yakup BUDAK** isimli şahıs aracılığı ile sağlandığı,bu iki şahsın birbirlerini hiçbir şekilde aramayıp,Yakup BUDAK aracılığı ile haberleştikleri,

Habib KANAT isimli şahıs hakkında yapılan araştırmada;

Adı geçen şahıs hakkında bu güne değin uyuşturucu madde ticareti konulu herhangi bir soruşturma geçirmediği, ancak soruşturma evrakına eklenen ve tercümesi yapılan Bulgaristan Adli Makamlarınca hakkında uyuşturucu madde ticareti suçundan soruşturma yapılan Veysel Kenan ÖZÇİÇEK ve Selim GEZER'in talimatıyla 12.07.1999 tarihined Habib KANAT isimli Türk vatandaşının kaçırıldığı, bu olayın sebebinin Türk uyuşturucu kaçakçısı aileler arasındaki hesaplaşma olduğu, Habib KANAT'ın Türkiye'ye yönelik en önemli Amfetamin kaçakçısı olduğuna dair halen geçerli bilgiler bulunduğunun bildirildiği, bu yazının Edirne Valiliği Mülki İdare Amirliği aracılığı ile 24.03.2000 tarihinde EGM Kaçakçılık ve Organize Suçlarla Mücadele Şube Müdürlüğüne gönderildiği,

2

Habib KANAT'ın,Emniyet Genel müdürlüğü personelinden bir kısım kişilerle de bağlantılı olduğu ve bu kapsamda **Murat NEMUTLU ile Mustafa ARAL** isimli üst düzey personel ile yakın ilişki içerisinde bulunduğu,bu şahıslar ile zaman zaman İstanbul ve Ankara illerinde yüzyüze görüşmeler yaptığı, şahısların telefon görüşmelerini şifreli olarak yapmaya çalıştıkları ve arasında geçen telefon görüşmelerinin şüphe arz ettiği,ancak aralarındaki ilişkinin boyutu ve kapsamının tam olarak tespit edilemediği, 66

Habib KANAT, Murat NEMUTLU ve **Mustafa ARAL** isimli şahıslar hakkında alınan gizli izleme kararları çerçevesinde, gerçekleştirdikleri buluşma ve görüşmelerin kayıt altına alındığı ancak fiziki şartların olumsuzluğundan dolayı ses kayıtlarının alınamadığı,

Şüpheli Habib KANAT'ın ayrıca , İstanbul ilinde çocukları aracılığı ile yüz yüze görüşmeler yaptığı **Şevket HİDAYET** isimli şahsın kardeşi **Halil HİDAYET** ve oğlu **Şıhmehmet HİDAYET** ile birlikte Suriye giriş çıkış yaptıkları,

Şevket HİDAYET ve oğlu **Şıhmehmet HİDAYET**'in irtibatlı olduğu Suriye'de bulunan **Nazır KOJA** ve Suriye uyruklu Hacı lakaplı şahıs ile aralarında bir ticari ilişki bulunduğu, 2009 yılı Mart ayı başlarında Hacı lakaplı şahsın ölmesi üzerine **Şevket HİDAYET**'in Hacı lakaplı şahıstan bu ticaret karşılığı 7-8 milyon dolarlık veya TL.lik bir alacaklarının olduğu ve bu parayı Hacı lakaplı şahsın yerine geçen çocuklarından iş karşılığı tahsil etmeyi düşündükleri, şahıslar arasındaki bu alacak verecek parasının muhtemelen uyuşturucu ticaretinden doğan bir alacak olduğu,

Kannatine varılmıştır.

SUÇ ÖRGÜTÜNÜN İMALATHANELERİNE İLİŞKİN TESBİTLERE BAKILDIĞINDA;

Hüseyin Rıza IŞIK, Mustafa Fehmi OKAY ve **Mehmet Naci ALTAÇ** ortaklığında olan **TETA Kimya Sanayi Ve Ticaret Anonim Şirketinin** kayıtlı olduğu Tuzla Organize Deri sanayi Bölgesi 6.Yol L4 1B Parsel Tuzla/İstanbul adresinde **Cengiz ZORLU** ve **Murat ÇETİNTAŞ**'ın kuruculuğunda **Gülperi Kimya Tekstil Gıda İnşaat Turizm Sanayi ve Ticaret Limited Şirketinin** faaliyet yürüttüğü; bahse konu firmanın yine Tuzla Organize Deri Sanayi Bölgesi **7-A Yol P4-4** adresine taşındığı,

Soruşturmanın devamı sırasında sentetik uyuşturucu üretimi yapıldığı değerlendirilen fabrikalar için CMK 140.madde gereğince gizli izleme kararları alındığı ve suç unsuru oluşturduğu değerlendirilen görüntüler elde edildiği,

Belirlenmiştir.

Teknik takip çalışmalarının devamı sırasında;

07.06.2009 günü Hüseyin Rıza IŞIK tarafından Serkan KAYMAKÇI isimli şahsa bir madde teslim edildiğinin belirlendiği , aynı gün İstanbul istikameti Çamlıca Gişeleri çıkışında resmi polis ekipleri aracılığı ile şahsın kullandığı 34 FAS 52 plaka sayılı araca müdahale edilmesinin sağlandığı ve araçta yapılan kontrolde, **ARACIN BAGAJ KISMINDA KUTU İÇERİSİNDE MAVİ ÇÖP POŞETİ İÇERİSİNDE DARALI AĞIRLIĞI 6 KİLO 190 GRAM GELEN CAPTAGON YAPIMINDA KULLANILAN AMFETAMİN MADDESİ ELE GEÇİRİLDİĞİ**, soruşturmanın selameti ve suç örgütü yapılanmasının tam olarak belirlenememiş olmasından dolayı C.Savcılığımızın bilgisi ve talimatları doğrultusunda, yakalamanın normal polisiye bir kontrol esnasında yapıldığı izlenimi verildiği, araç içerisinde bulunan **Serkan KAYMAKÇI** ve **Adnan SUZHUN** isimli şahısların gözaltına alındığı, Ümraniye

3

Cumhuriyet Başsavcılığının 09/06/2009 gün ve 2009/17979 Soruşturma sayısına kayden **Adnan SUZGUN'un** serbest bırakıldığı, diğer şüpheli **Serkan KAYMAKÇI**'nın ise tutuklandığı, 61

Şüpheli Serkan KAYMAKÇI nın ifadeleri doğrultusunda, **Hüseyin Rıza IŞIK**'ın, 18.06.2009 günü gözaltına alındığı ve Hüseyin Rıza IŞIK ın,hemen gözaltı durumunu İstanbul Barosunda 21577 sicil numaralı **Ayça GÜNER** isimli avukatına haber verdiği, avukat Ayça GÜNER in de aynı gün **Settar GÜRLEK** isimli şahsı arayarak, Hüseyin Rıza IŞIK'ın Ümraniye Savcılığına götürüldüğünü belirttiği ve **"FABRİKADAKİLERİN HABERİ VAR MI, HABER VER, ONA GÖRE"** diyerek fabrikada çalışanların uyarılmasını istediği telefon görüşmelerinden belirlenerek,adı geçen avukat Ayça GÜNER in de soruşturmaya dahin edildiği ve teknik takip çalışması başlatıldığı,

Anlaşılmıştır.

CMK 140.MADDEYE GÖRE ELDE EDİLEN GİZLİ İZLEME GÖRÜNTÜLERİ VE ŞÜPHELİLER ARASINDAKİ GÖRÜŞME İÇERİKLERİNDEN;

Hüseyin Rıza IŞIK kontrolünde bulunan Tuzla Organize Deri Sanayi Bölgesinde 12.Yol M2 parsel Umay Deri karşısında 6 nolu Yol ile 2 Nolu Yolun kesiştiği yerde bulunan kiremit renkli fabrika ile,

Yine **Hıdır Mehmet Murat ÖZDEMİR, Mustafa KULAK** ve **Mehmet Emin KULAK** koordinesinde **İstanbul ili Pendik ilçesi Şeyhli Ramazanoğlu mahallesi Kaynarca Caddesi Mina sokak 22 Numaralı ikametin yanında (20 numara olabilir)** bulunan binada yüklü miktarda sentetik uyuşturucu madde üretimi yapıldığı, çok kısa bir zaman zarfında üretimin biteceği ve bilinmeyen alıcılara sevkiyatın yapılacağı;

Kannatine varılmıştır.

İşbu tutanak düzenlenerek imza altına alınmıştır. 07/09/2009

Z.Katibi 12368	Cumhuriyet Savcısı Cemil TUĞTEKİN

7 klasör ve binlerce telefon görüşmesini içeren CD'den oluşan bu dosyayı savcı Mehmet Berk'in bir günde (hatta dosyanın gönderilmesinde yolda geçen süre de dikkate alındığında yarım günden daha az bir sürede) inceleyerek karar alması gerekir. Ama bu kadar dokümanı incelemesine fiilen imkân yok. Bu dosya bir günde okunup karar alınmış, bu doğrultuda operasyon yapılmış gözüküyorsa, bu durum belgelerle ve vaka olarak sabitse, bununla birlikte bu olay hakkında İstanbul polisi önceden bilgi sahibi değilse, tüm bu olanlar nasıl gerçekleştirilmiş olabilir. Daha da garibi dosya Ankara Savcılığındayken savcı

tarafından görevsizlik kararı verileceği önceden bilinmiyordu, kararı verilince İstanbul'da hangi savcıya düşeceği kura benzeri bir yöntemle belirlendiğinden Savcı Berk'e dosyanın geleceği bilinemezdi. Dolayısıyla Savcı Berk normal şartlarda hukuki olarak bu dosya hakkında önceden bilgi sahibi değildi. Ama hiç tereddütsüz Savcı Berk bu dosya içeriğini önceden biliyordu. Dosya önüne gelmeden günlerce önce dosyayı bilen birileri savcıya yapacaklarını söylüyor ve savcı da söylenenleri yerine getiriyor. Bu durumun aklen başka bir izahı yok. Açıkça bu dosya normal yollarla Savcı Berk'e önceden getirilmiş olamayacağına göre normal olmayan yollarla kim vermiş olabilir?

Bu tür dava dosyaları öncelikle Emniyette oluşturulur, olgunlaşınca savcıya sunulur, onun talimatı ile operasyona dönüştürülür. Demek ki bu dosya Emniyette, İstihbarat ve KOM Daire Başkanlığında oluşturulurken, günler öncesinde bu dosya veya dosyayı tutan kişiler üzerinde mutlak etkisi olan birileri dosyanın geleceğini yorumlayarak Savcı Mehmet Berk'in bilgi sahibi olmasını sağladı. Hatta bu polislerle dosya üzerinde çalıştılar, toplantılar yaptılar, dosyada şüpheli olarak adı geçmeyen Emin Bey'in dosyaya girmesi için hazırlık yaptılar. Ankara Savcısı görevsizlik kararı verip dosya İstanbul'a geldiğinde, önce bu dosyanın Savcı Berk'e düşmesini sağladılar. Sonra savcı dosyayı açıp okumadan (zaten tüm çalışmalar yapılmıştı) önceden hazırladıkları yazıları devreye soktular.

Peki bunları kim yapabilir? Hem polis hem de savcı üzerinde kim bu kadar etkin olabilir? Adliyede dosya dağılımını yapan UYAP'a kim etki edebilir? Hiç kimsenin bunu yapmaya muktedir olmadığını söyleyeceklere karşı iddia ediyorum ki bunların hepsini kesin olarak yapıyorlar. Bunlar yapılmadan yaşanan tüm bu gelişmeler sağlanamaz.

Bu teoriden başka mevcut durumu izah edecek başka bir teori de yok.

Ankara savcısının 2,5 yıllık araştırma ve izlemesinde Emin Bey'in ismi yokken, kim onun ismini davaya eklemiştir?

Çok daha garip bir şey daha öğrendim. Bütün basın organlarına dağıtılan Emin Bey'le Habip Kanat'ın biri İstanbul Polis Evinde, diğeri İstanbul'daki bir kafede ve üçüncüsü Emniyet Genel Müdürlüğünün girişinde çekildiği iddia edilen gizli fotoğraflar dava dosyasında bulunmuyordu (hatta Emin Bey'in iddiasına göre ifadesi alınırken savcının masasındaymış, ama sonra dosyadan çıkarılmış). Çünkü bu fotoğrafların çekildiği 07.07.2008 tarihinde gizli izleme kararı yoktu, hatta bu tarihte Habip Kanat bu dosya kapsamında şüpheli bile değildi, izlenmiyordu, bu yönde bir karar mevcut değildi (şimdi anlaşılıyor ki o tarihte adli tahkikat olmamasına rağmen istihbari olarak Emin Bey ve Habip Kanat izleniyor, takip ediliyordu).

Peki bunun anlamı neydi? Emin Bey bu dava dosyası kapsamı dışında hukuka aykırı olarak, hiçbir karar olmadan izleniyordu. İstihbari olarak izlenemez mi? Evet izlenebilir. Zaten KOM Daire Başkanı Ahmet Pek bana telefonda izlemeleri istihbaratın yaptığını, onların önceden izlendiğini söylemişti. Ama Emin Bey İstihbarat Daire Başkanı dahil hepsinin üstü, bu durumda olaydan Emin Bey'in üstü olan Emniyet Genel Müdürü ve İçişleri Bakanın haberi olması gerekir. Ben sordum, ikisi de Emin Bey'in istihbari dinleme ve izlenmesinde kesinlikle haberlerinin olmadığını söylediler.

Başka garip bir olay daha oldu. Emin Bey, tutuklandığı gün Beşiktaş Adliyesinde koridorda beklerken bir kişinin elindeki anahtarlıkla gizli çekim yaptığını fark ediyor ve kaçmaya kalkan şahsı yakalıyor. Şahıs önce çaycı olduğunu söylüyor, sonra istihbarat polisi olduğu tespit ediliyor. Şahsın elinde oto anahtarlığı şeklinde gizli bir kamere olduğu anlaşılıyor. Anahtarlığın üstündeki kapak çıkarılınca içindeki cihaz oradaki üç avukat tarafından görülüyor ve bu anahtarlık oradaki savcıya teslim ediliyor. Birkaç gün sonra ziyaretime gelen bir gazeteci istihbarat polislerinden anahtarlık şeklindeki o kameranın adli tıbba giderken değiştirileceğini duyduğunu söyledi.

Adliyede görüntü çekmek suçtur. Şahıs hakkında işlem yapılır ve anahtarlık adli tıbba gönderilir. Gazetecinin dediği gibi bu olayda gizli kamera şeklindeki anahtarlık üzerinde anahtarı bile olmayan düz sıradan bir cipin anahtarıyla değiştirilir, üzerinde bu anahtarlıkla yakalanan ve ilk başta çaycı olduğunu söyleyen polis de cipin şoförü olarak başka görev için o anda mahkemede bulunan bir memur olduğu kayıtlara düşürülür.

Hiç kuşku yok ki adliyenin emanetindeki gizli kamera anahtarlık alınıp değiştirilmiştir. Adli emanette bir delil değiştiriliyorsa, o yerde ne adalete ne de o dosyalardaki delillere ve dosya içeriğine güvenilir. Bu gizli kamerayla çekim yapan polis hakkında suç duyurusunda bulunan avukatlar savcıya gittiklerinde delilin değiştirildiğini anlarlar ve aşağıdaki tutanağı tutarlar.

TUTANAK

Savcılığımızca soruşturması sürdürülen 2009/54939 sayılı evrakta emanete alınan. suça konu araba kumandası görünümünde olan ve emanet memurluğumuzun 2009/4769 sırasında kayıtlı aletin. şikayetçiler Orhan Çakıroğlu. A. Zuhal Dönemezer çakıroğlu ve Mustafa Serdar Akdoğan'a gösterilerek. bu aletin şüpheliden ele geçirilen alet olup olmadığı hususunun kendilerine aletin gösterilerek bu hususun tespiti için. suça konu alet emanet memurluğundan memur vasıtası ile getirildi. İçine konulduğu zarfın mühürleri sökülerek çıkartılıp. hazır olan şikayetçilere gösterildi. Soruldu:

Bize gösterilen otomobil kumandası olduğu söylenen cihazı gördük. Ancak bu cihaz CMK 250. madde ile yetkili İstanbul Cumhuriyet başsavcılığı binasında şüpheliden ele geçirilen cihaz değildir. Bizim gördüğümüz cihaz. biraz daha kısa. az daha oval ve az daha genişti. Üzerinde 3 tane butonu vardı. Üst tarafında USB girişi vardı dediler.

Suça konu cihaz açıldı. içine bakıldı. soruldu. Bu cihazın iç bölümü de bizim gördüğümüz cihazın iç bölümü ile bir benzerlik göstermiyor. Bizim gördüğümüz cihazın kapağı açıldığında USB girişi net olarak görüyordu. Bu cihazda USB girişi yok. Gördüğümüz cihaz ile görüntü kaydedilmesi mümkün değildir. Bizim gördüğümüz esas cihazın ucunda kamera objektifi görüntüsünde küçük bir deliği vardı. Ayrıca kapağı çekilerek çıkarılabiliyordu. Yani kapak sürgülü şekilde monteliydi. Objektifin yerleşik olduğu deliğin yanında bir tane daha deliği vardı. Bize gösterdiğiniz cihaz kesinlikle değiştirilmiştir dediler.

İş bu tutanak hep birlikte okunarak imza altına alındı. 17/02/2010

Cumhuriyet Savcısı-27747 Z.K.10688 Av. Orhan Çakıroğlu

Av. A Zuhal Dönmezer Çakıroğlu Av. Mustafa Serdar Akdoğan

Ben bu kamerayı biliyorum, kullandım. Avukatlar doğru tarif ediyorlar, görmeyen birisi zaten tarif edemez. Ayrıca üzerinde anahtarı olmayan bir anahtarlığı yanında taşımak da makul değildir.

Bu tahkikatta rol alan birçok kişiyle görüştüm, gelişmeler hakkında bilgi almaya çalıştım, tüm dosyayı okudum. Belki ben önyargılı olurum diye benim haricimde üçü narkotik konularında bilgili hukukçular olmak üzere altı farklı kişiden görüş aldım. Bu kişilerin ikisi hariç diğerleri birbirini bile tanımazlar. Onlar da benimle aynı görüşteydi. Sonuç olarak, Emin Bey zorlanarak bu dosyaya dahil edilmişti ve bazı konular kasıtlı olarak saptırılmıştı. Habip Kanat hakkında 1998'de Suudi Arabistan'dan ve 2001'de Bulgaristan'dan gelen uyuşturucu işi yaptığına dair ihbarların dikkate alınmadığı iddiası doğru değildi. Emin Bey bile hatırlamıyordu ama zamanında her ihbar geldiğinde Daire Başkanlığı ilgili illere yazı yazmış, o iller kişileri izlemiş, dinlemiş, tahkikat yapmış ve neticesini yazılı olarak merkeze sunmuştu. Resmi yazılarla bu durum sabitti. Suçlayıcı yazılar önce dosyaya konmuş ama yapılan işlemlerle ilgili yazılar Emin Bey tutuklandıktan sonra dosyaya girmişti.

Daha sonra öğrendim ki Emin Bey'in bilinen tüm telefonları hukuka aykırı biçimde İstihbarat Daire Başkanlığınca uzun süreli olarak dinlenmişti. Yalnızca adı, hüviyeti değil her şeyi bilinen Emin Bey'in telefonları başka isimler için alınmış kararlarla dinleniyordu. Yani hedef Emin Bey'di, onu hapse atmak ve zorda bırakmak için tüm araştırmalar yapılmış, Habip Kanat vs. ise bu işte bir fırsat olarak kullanılmıştı.

Bu dosyadaki en tuhaf şeylerden birisi de dava dosyasındaki asıl suçun uyuşturucu madde imali ve satımı olmasına, bu suçla ilgili tüm olay ve faaliyetlerin İstanbul'da gerçekleşmesine rağmen tüm takip ve işlemler Ankara'da Emniyet Genel Müdürlüğünce yapılmıştır. İstanbul'da izlenecek kişiler, izleme kararı alınan iş yerleri aylarca izlenmiş ama İstanbul'da hiç görevli kullanılmamış, yalnızca Ankara'dan gelen görevliler tüm işlemleri yürütmüştür. Bir ilde vuku bulan olaylar o ilin polisi tarafından takip edilmelidir, merkezi birimler ancak o il isteyince destek verirler. Nadiren o ilin görevlileri takip edilen suça bulaşmışsa, bu durumda da o ilin suça bulaşmamış diğer polisleri kullanılır, çünkü bir polis teşkilatının tamamı suça bulaşmamıştır. Geçmişte de meselelere hep bu şekilde yaklaşılmıştır. Emniyetin devamlı olarak yürürlüğe konan genelgeleri, yerleşik uygulamaları ve gelenekleri vardır. Ayrıca hukuk da böyle davranmayı gerektirir. Fakat nedense bu olayda İstanbul polisine hiç bilgi verilmemiştir. Bu tutum mevzuata aykırıdır, Emniyetin kendisinin yayınladığı ve ısrarla uyun dediği kuralara aykırıdır. Bu konuda illerde ciddi sorunlar çıkabilir, zira kimse diğerinin mıntıkasına giremez.

Üstüne üstlük İstanbul Emniyeti 2009 yılının mart ayında H. Rıza Işık ve Ali Kın ve bazı kişiler hakkında güvenilir bir kişiden aldığı ihbar üzerine projeli bir çalışma başlatır. Yani savcıya sunduğu geniş bir raporla bu kişilerin telefonlarını 3 aylık dinleme kararı alır. Ancak daha 2 ay kanuni hakları olmasına rağmen bir ay içinde hemen suç unsuru yok diyerek dosyayı nisan 2009'da kapatır, telefonların dinlenmesini durdurur. Aynı anda merkez de aynı telefonları dinler ve suç var kararı verir. Üstelik İstanbul'un bu dosyayı kapattığını konuştuğum şube müdürü bile bilmez. İstanbul izleme dinlemeyi kaldırır, ama kanuni süre olan 10 gün içinde savcı tarafından dinlenen kişilere bilgi verilmesi gerekmesine rağmen hâlâ bilgi verilmemiştir.

Merkezin tek görevi illeri koordine etmektir. İstanbul H.Rıza Işık ile ilgili bu dosya dolayısıyla tahkikat yapıyor, merkez de aynı kişiyi takip ediyor ama İstanbul'la koordineli olarak çalışmıyor, bilgi vermiyor.

İddianameye bakıyorsunuz, esas konu uyuşturucu imali ve kaçakçılığı olmasına rağmen dosyada asıl sanıklar bir iki satırla geçiştirilirken Emin Arslan hakkında 35-40 sayfa ayrılmıştır.

Emin Aslan'la ilgili kişiler hakkında tüm illere iki defa tamim yapılarak varsa tüm bilgilerin gönderilmesi istenmiştir. Bu işlem başka hiçbir şüpheli ya da sanığa uygulanmamıştır.

Ankara Savcısı tüm dosyayı incelemiş Emin Bey'i sanık olarak değerlendirmemiştir, ancak dosya inceleme tutanağında sanıkların bazı emniyet mensupları ile mahiyeti tespit edilemeyen irtibat ve ilişkisinin varlığına değinmekle yetinilmiştir.

Ben şunu açık olarak iddia ediyorum ki herhangi bir hukukçu bu dosyayı ve tarafların iddialarını tarafsızlıkla incelediğinde Emin Bey'in bu davanın sanığı olamayacağını ve tahkikatı yapanlar hakkında tahkikat yapılması gerektiğini ifade edecektir. Dava dosyasındaki telefon konuşmalarının Emin Bey'le ilgili olanlarının tamamını kim dinlerse dinlesin, bundan iddianamedeki suçları çıkaramaz. Fakat şu kadar kayıt var denilerek ciddi şüpheler olduğu iması yaratılmıştır. Bu kadar büyük bir dosyayı ilk başta kimsenin bakma ve inceleme imkânı olmayacağından ve davanın sonuçlandırılması için en az 3-5 yıl geçeceğinden kimse de bu davayı hatırlamayacaktır. Ancak komplo kuranlar amacına ulaşmış olacaklardır.

Savcının iddialarında kimi yerde Emin Aslan'a uyuşturucu konusunda bilgi verdiği ileri sürülen, muhbir olarak belirtilen Habip Kanat'ın doğru dürüst bilgi vermediği, verdiği bilgilere dayanılarak hiçbir operasyon ya da yakalama gerçekleştirilmediği belirtilirken başka bir yerde Habip Kanat'ın Emin Aslan üzerinden tüm rakiplerini yakalatarak piyasayı ele geçirdiği, tekel olmak istediği iddia edilmiştir. Birbirinin tam zıttı olan bu iddialardan mantıken yalnız biri kullanılabilir, ikisinin birden kullanılmasının aklen izahı yoktur. Savcının iddianamesindeki garipler öyle birkaç sayfa ile anlatılacak gibi değil. Emile Zola'nın "İtham Ediyorum" başlıklı makalesinde belirttiği gibi "İftira ediyorsunuz" diye başlayacak bir kitapla anlatmak mümkün.

Ceza hukuku açısından Emin Bey'in durumu, bir kamu görevlisinin suç işlediği öne sürülen başka kişiyle medeni ölçüler içindeki irtibatı tek başına suçun icrası sırasında kolaylaştırıcı durum olarak kabul edilemez kuralına uyuyordu. En ağırı ile meslek disiplin ve etik kuralları açısından incelenecek ve varsa işlem yapılacak niteliktedir.

Emniyet içerisindeki cemaatin yapısını ve gücünü bilen gazeteciler İstanbul'daki cemaatin polislerine "Emin Bey'e bunu niye yaptınız," diye sorduklarında, "Emin Bey'in bilgisayarında 'Emniyette Fethullahçı Örgütlenme' başlıklı bir rapor bulduk, ondan dolayı yaptık," derler. Evet, işte gerçek sebep budur.

Tüm dava dosyası oluşturulurken Emin Bey'in aleni olarak masumiyetini gösteren hususlar özellikle gizlenip ilerleyen safhalarda çıkarılmıştır. Bu durum net olarak gözükmektedir.

2009 yılının nisan ya da mayıs aylarında Habip Kanat'ın yanında gelen bir kişi kendisi hakkında tahkikat başlatıldığını, 500 bin TL verirse bu davanın kapatılacağını söylemiştir. Bu kişi adı, soyadı her şeyi ile bilinmektedir. Dosyada bunu doğrulayan konuşma kayıtları ve ifadeler vardır ama savcı da dahil olmak üzere hiç kimse bu olayı araştırmak için hareket etmemiş, bir yazı yazmamış, kim bu rüşvet isteyen diye soru sormamıştır. Hâlâ da bu konuda soruşturma yapılmamaktadır.

Emin Bey bu teşkilattaki en temiz ve dürüst insanlardandır. Hiç kimse ona suç izafe edemez. Herkes bilir ki o akçeli işlerde olmaz. Yalnızca Türkiye'de değil, uluslararası camiada da en temiz polisler arasında bilinir. Avrupa polisi, illegal faaliyetler içinde bulunan (uyuşturucu kaçakçısı ya da mafya mensubu) Türk vatandaşlarını hem izlerken hem de bu gruplar içerisindeki ajanları vasıtasıyla, Türkiye'deki etkin tüm polislerin gerçek durumunu bilir; kimin kirli kimin temiz olduğunu bizden daha iyi bilir, ona göre bilgi aktarır ve işbirliği yapar. Bu ülkede kim ne yaparsa yapsın Avrupa polisleri nazarında Emin Bey'i lekeleyemezler, çünkü onlar daha önce gerçekleştirdiği operasyonlarda Emin Bey ve anlayışı hakkında sağlam bilgilere sahiptirler. Emin Bey'in uluslararası güvenlik camiasında saygınlığı vardır, gelecekte uluslararası kuruluşlarda görev alacak, milli menfaatleri koruyacak biri kişidir. Lekelenmiş, hayatı boyunca mücadelede ettiği şeyle suçlanmıştır. Ona bu kadar iftira edilebiliyorsa, cemaati, polisi, savcısı bir olup diğer polisleri her suçtan, her olaydan yargılatabilirler. Cemaatin Emniyet içerisindeki örgütlenmesine karşı çıkan hiçbir polisin teşkilatta tutunma imkânı yoktur.

İki Emniyet Genel Müdür Yardımcısı Hakkındaki İzmir Tahkikatı

Emniyet Genel Müdürü Yardımcıları Mustafa Gülcü ve Celal Uzunkaya'nın harcandığı tahkikat da ibretlik bir vakadır. Ayrıca Emniyet, hatta devlet içerisinde cemaatin gücü ve operasyonları konusunda fikir vermesi açısından çok önemlidir.

Mustafa Gülcü Emniyet içerisinde MSP, RP, AKP çizgisinde biri olarak bilinir, ama hiç dini konular hakkında konuştuğunu, sohbet ettiğini de görmedim. Ben hiç yakinen çalışmadım, tanışırız ama hep resmi olduk. Benim istihbarattaki ilk görev yerim olan Diyarbakır'da çalıştığım sırada o da merkezde Haber Alma Şubesinde çalışmış, fakat onu ben çok sonra tanıdım. İlk tanıdığımda Ali Gökçimen'in İstihbarat Daire Başkanı olduğu sırada kendisinden daha kıdemliler bulunmasına rağmen o Daire Başkan Yardımcısı yapılmıştı. Bu doğrultuda resmi yazılara Şube Müdürü parafının üstüne Başkan Yardımcısı olarak Mustafa Gülcü'nün parafının açılması istendi, bunun üzerine diğer şube müdürleri daha kıdemli olduklarını söyleyip bu isteği kabul etmeyince başka yerlere sürüldüler.

Devran değişip Ünal Erkan Emniyet Genel Müdürü olunca bu defa Mustafa ve arkadaşları başka yerlere sürüldüler. Mustafa uzun süre polis okulu veya pasif yerlerde çalıştı, terfileri engellendi, haksızlığa uğradı. Sonunda terfi ederek birinci sınıf olmuştu, bu süre zarfında benim kendisiyle hiç irtibatım olmamıştı.

Mustafa Gülcü'nün çok okuyan, kurslarda herkese zorla da olsa kitap okutup özet çıkartan biri olduğunu duyardım. Sokak polisliği fazla olmadığından, fiili polislik hizmetlerinde fazla çalışmadığından her olayı komplo teorileriyle açıklayıp, olayların perde arkası güçlerce yönlendirildiğine inanan biri olduğu kanaatine sahiptim.

AKP hükümeti kurulunca 2003 yılı haziran ayında Emniyet Genel Müdürlüğünde yapılan ilk 4 atamada ben KOM Daire Başkanlığına atanırken, Mustafa Gülcü APK Daire Başkanı olarak atanmıştı. Daha sonra Emniyet Genel Müdür Yardımcısı oldu, direk bilgim olmasa da kendine yakın bilinen ekibindeki bazı arkadaşlarını önemli mevkilere atamak için fırsatları değerlendirdiği, hatta bir iki hamle sonra Emniyet Genel Müdürü olarak üç büyük ilin müdürleri, İstihbarat ve KOM Daire Başkanını kendi denetimine alacağı anlaşılıyordu. Aslında son bir hamlesi kalmıştı, ben de onun bu kanaatte olduğuna inanıyordum. Diğer her yönünü beğensem de bu açıdan yaptıklarını hiç onaylamadığım gibi karşısında durup yaptıklarını eleştiriyordum.

Mustafa'nın en büyük mücadelesi Fethullah Gülen cemaatinin Emniyet içerisindeki yapılanmasına yönelikti. Hatta anlatıldığına göre bu konuda abartılı tavırları vardı. Benimle bu konuları hiç konuşmadı, muhtemelen beni de cemaatten zannediyordu, çünkü benim çevremde hep cemaatten kişiler vardı.

Evveliyatını bilmiyorum ama bir gün Genel Müdürlüğe, Asayiş Daire Başkanı Hüseyin Özalp ağabeyin yanına gittiğimde telaşla çeşitli yazışmalar yapıldığını gördüm. Sonra Hüseyin ağabeyle Adana, Hatay, Osmaniye ve Gaziantep illerini dolaşıp asayiş açısından onun denetim ve eğitim faaliyetleri için, benimse gezi olarak katıldığım bu yolculukta bazı şeyler öğrendim. Ayrıca bir tarihte KOM Daire Başkanı Ahmet Pek ile bu konuyu konuşan bazı kişilerin sohbetlerine rast geldim. Anlatılanlardan öğrendiğim kadarı ile geçmişte İzmir'de istihbarat biriminin bilgi kaynağı olarak kullandığı, farklı örgütler hakkında bilgi veren ancak bazı olumsuz davranışları nedeniyle İstihbarat Şubesinden ilişiği kesilen İrfan Erbarıştıran, Emniyet Genel Müdür Yardımcısı olan Celal Uzunkaya'yı daha komiser olarak İzmir İstihbarat Şubede çalıştığı yıllardan beri tanıyan birisiymiş. Bu elamanın bir başka özelliği ise geçmiş tarihte Fethullah Hoca hakkında olumsuz ve incitici isnatlarda bulunan bir rapor hazırlayan bir polis ajanı olmasıdır. Erbarıştıran biraz fazla işgüzar, her işe burnunu sokan, kendini olduğundan farklı gösteren bir kişi. Celal Uzunkaya ile ilişkileri eski yıllardan başlayarak devam etmiş.

Bu arada Emniyet Genel Müdürlüğüne uzun bir ihbar mektubu gelir. Bu mektupta anlatılan konular Mersin'den İzmir'e, oradan Bursa, İstanbul ve yurtdışına kadar geniş bir alanda birçok olay ve çok kişiyi ilgilendiren niteliktedir. Mektup esasen Mustafa Gülcü ve Celal Uzunkaya'yı şikâyet eden bir ihbar mektubudur. İhbarlar o kadar geniş ve detaylıdır ki, en az 20 kişilik bir ekip her imkânı kullanarak aylarca çalışsa ancak bu kadar kapsamlı bilgileri toplayabilirdi. Hatta mektuptaki bazı konuların muhatabı olan kişiler bile bahsi geçen konulardan habersizdir, ihbar mektubu sonrası araştırılınca doğru olduğu anlaşılır.

Bu eski elaman uzun süredir tanıdığı Celal Uzunkaya'nın Almanya'daki damadını tanıyormuş. Ondan bir şeyler yapmak adına 50 bin mark borç veya ortaklık adı altında para almış. Bu olaydan Celal'in haberi yoktu, ihbar mektubunda bu konu anlatılınca araştırmış ve maalesef doğru olduğunu anlamış. Olayın bu kadar içinde olan Celal'in haberinin olmadığı konularda ihbarcının haberi ve bilgisi vardı. Çok açık gözüküyor ki birileri polisin bilgi kaynağı olan İrfan Erbarıştıran'ı, onun tüm irtibatlarını, Celal'i, Mustafa Gülcü'yü ve onların yakınındaki herkesi dinlemiş, izlemiş ve bulduğu bilgileri birleştirip bir ihbar mektubu hazırlamıştı.

İhbar mektubu müfettişlere havale edilir. Zannederim Mustafa konunun müfettişlere gitmesi konusunda ısrar eder, tehlikeyi biraz hissedince hakkındaki her iddia araştırılsın der ama bir yandan da uzaktan bu soruşturmayı takip edip kapatılması için çaba gösterir. Fakat bilemedikleri başka bir şey daha vardır, KOM Dairesi de adli takibat başlatmıştır. Bir müddet sonra müfettişler tahkikatı bitirir, galiba bir şey bulunamadığı söylenerek kapatılır.

Bir süre sonra İzmir Özel Yetkili Cumhuriyet Savcılığının koordinesinde ve arka planda Kom Dairesinin desteklediği İzmir Emniyet Müdürlüğünün operasyonu başlatılır. İrfan Erbarıştıran isimli kişi yakalanır, Emniyette gözaltına alınır. İddialara göre gözaltındayken çok önemli şeyler açıklayacağını söyler. Hemen savcıya bilgi verilir, hiç görülmedik bir biçimde gece özel yetkili savcı Fatih Genç kâtibesini alarak Emniyete gelir. Savcı 23.11.2009 tarihinde sabaha kadar şahsın yaklaşık 39 sayfalık ifadesini alır. Tutarsızlıklarla dolu bu ifadede, zanlı İrfan Erbarıştıran bir sayfada "Bana bir şey olursa Celal Uzunkaya ve Mustafa Gülcü sorumludur," derken, başka bir yerde "Celal Uzunkaya benim 25 yıllık dostum, ondan hiç zarar görmedim," der.

Aslında savcı daha ifade almadan Emniyet Genel Müdürlüğüne 20.11.2009 tarihinde yazı yazarak hemen tutuklu iş olduğu için cevap ister. Yazıda "İrfan Erbarıştıran isimli kişinin Emniyet Asayiş Daire Başkanlığınca kullanılan muhbir olup olmadığı, muhbir değilse herhangi bir konuda bilgi kaynağı olarak kullanılıp kullanılmadığı, kullanılıyorsa biriminizce nasıl irtibat kurulduğu, İrfan Erbarıştıran'a elden para verilip verilmediği veya herhangi bir ödemenin yapılıp yapılmadığı, .. çok ivedi gönderilmesi" istenir.

Bugüne kadar görülmemiş bir biçimde kendisini pek fazla ilgilendirmeyen idari bir konuda savcının mana verilemeyen bu sorusu dikkat çekiyor, olayın normal seyrinde gitmediğini gösteriyordu. Şahıs 20.11.2009 da yakalanmış, daha ifadesi alınmadan savcı aynı gün 20.11.2009'da Emniyet Genel Müdürlüğüne konu hakkında bilgi sormuş, yazı Ankara'ya gitmiş, KOM Dairesi bir yazı ile cevabı Asayiş Daire Başkanlığından istemiş ve yazı Asayiş Daire Başkanlığına gelmiş, işlemler başlamış. Tüm bu işlemler hiç görülmemiş bir hızla aynı gün gerçekleştirilmiş. Normalde resmi evrak savcılıktan emniyete bile bir iki günde gelirken, bu defa aynı gün içinde savcı yazıyı yazıp İzmir Emniyetine veriyor, oradan KOM Daire Başkanlığına gönderiliyor, KOM Dairesi tekrar Asayiş Dairesine yazı yazıyor ve Asayiş Daire Başkanlığında yazı işleme giriyor. Ben bu hızla çalışan bir sistemi bu olaydan daha önce Emniyette ve adliyede hiç görmemiştim.

Emniyet Asayiş Daire Başkanlığı ilk cevabı hemen 21.11.2009'da veriyor. Cevapta İrfan Erbarıştıran isimli kişiyle daha önce aynı ilde görev yapan bir emniyet mensubu vasıtasıyla 25.07.2009 tarihinde irtibat kurulduğu, İstanbul'da hunharca öldürülen Münevver Karabulut cinayeti faili Cem Garipoğlu'nun yerinin öğrenilmesi ve yakalanması konusunda kısa süreli kullanıldığı, birkaç defa iaşe-ibade ve seyahat masrafları ile zorunlu giderleri için elden cüzi miktarlarda para ödendiği ifade edilerek, Münevver Karabulut'un faili Cem Garipoğlu'nun 27.09.2009 tarihinde yakalanması ile bu tarihten itibaren bir daha irtibat kurulmadığı belirtilir.

Üç gün sonra savcı Fatih Genç 24.11.2009 tarihinde yeniden Emniyet Genel Müdürlüğüne doğrudan bir yazı yazarak Barış Eser (gerçek adı İrfan Erbarıştıran) isimli bir şahsın muhbir olarak kullanılıp kullanılmadığı, kullanılmışsa hangi birim tarafından kullanıldığı bilgisinin ÇOK İVEDİ gönderilmesini ister. Ayrıca aynı tarihli başka bir yazıyla Emniyet Asayiş Daire Başkanlığından daha önce 20.11.009'da sorulan sorulara 21.11.2009 tarihinde verilen cevaplar özetlenerek, 1. İrfan Erbarıştıran ile muhbir olarak görüşülmesini sağladığı belirtilen meslek mensubunun kim olduğu sorulur. 2. İrfan Erbarıştıran'a kimin ne kadar ödeme yaptığına dair belgenin ve şahısla temas kurulan tüm konularla ilgili belgelerin onaylı bir suretinin gönderilmesi talep edilir. Bu defa daha hızlı bir kurye polisle ve uçakla cevap verilmesi istenir.

Aslında Emniyetin gizli muhbir kullanımı, bilgi alma usulleri, vs. ile örtülü ödenekten yaptığı ödemeler savcılığı ilgilendiren konular değildir. Fakat 25.11.2009'da Emniyete gelen evraka aynı gün 25.11.2009'da Emniyet Genel Müdürlüğü Asayiş Dairesinden verilen cevapta şahıstan alınan bilgilerin İstanbul Emniyet Müdürlüğü Asayiş ve KOM Şubeleri ile paylaşıldığı belirtilip yapılan işlemlerin gizliliği nedeniyle Türk Ceza Kanunu ve ilgili mevzuattaki ilgili maddelere de atıfta bulunularak soruşturmayla doğrudan ilgisi olmayan bilgilerin gönderilemediği ifade edilir. Soruşturmanın selameti bakımından vazgeçilmezliği kararı verildiği takdirde hepsinin gönderileceği yazılır. Bu arada istenen tüm bilgiler de şifahen savcıya aktarılır. Savcının tüm bunların cevabını zaten bildiği, uzun süredir dinlenen İrfan Erbarıştıran'ın telefon konuşmalarında Emniyette kimlerle nerede, nasıl görüştüğü, hatta ifadesi 23.11.2009'da alınırken de savcının sorduğu sorularda bunların çok daha ilerisindeki hususların bilindiği anlaşılmaktadır.

Söylenenlere göre de savcıyla görüşülmüş, verilen cevap yeterli görünmüş ve dava kapatılmış gibi gözüküyordu. Bu yazışma yapılınca haberim oldu ve anlatılanları dinleyince bu davanın kapanmayacağını, ciddi sorunlar yaratacağını, ya savcının taraflı ve özel amaçlı olduğunu söyleyip değiştirilmesini istemeleri ya da alenen cemaat kökenli bir operasyonla karşı karşıya olduklarını açıklamaları gerektiğini söyledim. Olması gereken, böyle bir davayı özel yetkili mahkemenin başsavcı vekilinin yürütmesiydi. İki Emniyet Genel Müdür Yardımcısının adının geçtiği bir tahkikatı başsavcı vekili yürütmeliydi. İllerde eğer bir il şube müdürünün adı bir davaya konu olursa, il savcılarının ya kendileri ya da savcı vekilleri tahkikatı yürütmekte, basit bir ifade alma işlemini bile kendileri yapmaktadır. Bu davada da böyle olması gerekirdi ama sözlerimi ciddiye almadılar.

Kısa süre sonra dediğim çıktı. Cevapları yeterli bulmayan savcı yine alışılmış yöntemlere benzemeyen şekil ve içerikte 21.12.2009 tarihinde iki ayrı yazı gönderir. Birinci yazıda çeşitli basın organlarında çıkan haberlerde İrfan Erbarıştıran'ın Emniyet Genel Müdürlüğü uhdesinde olan ödeneklerden 40.000 TL aldığı iddia edildiğinden Asayiş Daire Başkanlığınca 17.12.2009 tarihindeki yazı ile belirtilen ödemelerden başka (bu arada yapılan yazışmalarda ödemelerin evrakların vs. savcılığa gönderildiği anlaşılmaktadır) ödeme yapılıp yapılmadığı, eğer yapılmış ise buna ilişkin evrakların bir suretinin gönderilmesini, ikinci yazıda ise olayı soruşturan Polis Başmüfettişleri O. Olgun ve D. Demirbaş ile Asayiş Daire Başkanı H. Özalp'ın tanık olarak ifadeleri alınmak üzere 24.12.2009'da İzmir'deki savcılıklarda bulunmalarını ister.

Aslında uygulamada bu tür bilgiler illerdeki savcılıklar üstünden iletilir. Bu olayda, İzmir savcısı talebini Ankara savcısına iletmeli, Ankara savcısı bilgileri alıp İzmir savcısına göndermeliydi. Bu zamana kadar sistem hep böyle işledi ve hâlâ da böyle çalışıyor. Mesela benim ifadem veya benim müdürlüğümdeki bilgiler doğrudan başka illerin savcılarınca değil, ilimiz savcılığı üzerinden iletilir.

Kısa süre sonra savcı işi daha da büyütür ve iki genel müdür yardımcısını mevcutlu olarak İzmir'e çağırır. Gece geç saatlere kadar devam eden duruşmalar sonunda serbest bırakılırlar, sıradan gözüken bu olay korkunçtu; tarihte 2. olaydı

Bu kadar önemli olan olay neydi? İki Emniyet Genel Müdür Yardımcısını tutuklatmak için mahkemeye çağırmayı, devletin belgelerini istemeyi, verilen cevaplarla yetinilmeyip bu kadar olağanüstü biçimde izlemeyi gerektirecek olay neydi?

Davada gizlilik vardı. Avukatlara ve sanıklara dosyadaki bilgiler verilmemesine rağmen İzmir'deki değil, İstanbul'daki bazı polisler ifadeleri tek tek bütün gazetecilere dağıtıyordu. Bunların içinde, savcının gece gidip Emniyette aldığı 39 sayfalık ifadenin imzasız kopyası da vardı. Emniyet Genel Müdürü Yardımcılarının suçlu olduklarını söylüyorlardı.

Bana da bir gazeteci bu ifadeyi ve değerlendirmesini gönderdi. Okuduğumda hayretler içerisinde kaldım. Ortada bir ceza davasına konu olacak olay yoktu, bu tür davaların daha ağırını bile biz il savcılarımıza götürdüğümüzde, "Bu konu hukuk davasının konusu olur, davacı kişi gidip hukuk mahkemesinde dava açsın," diyorlardı. Hadi çok zorladınız diyelim, bu olaydan en fazla sulh ceza mahkemesinin görev alanına giren dolandırıcılık davası çıkardı. Fakat bizim savcı olayı özel yetkili mahkemeye taşımış ve ortaya kocaman bir çete davası çıkarmıştı. Önyargısı olmayan tarafsız herhangi bir savcı bu ifadeyi okuduğunda bu olayı asla özel yetkili mahkemeye ve savcısına taşımaz, bu insanları bu kadar ağır ithamlarla lekelemez (ki en ağır suçlamalara yönelik sorular ifadede var, bu sorulardan eldeki delillerin ne olduğu net anlaşılıyor).

Bu olay maalesef iki Genel Müdür Yardımcısının görevden alınmasına sebep oldu. Daha da garibi bu iki Genel Müdür Yardımcısı mevcut hükümetin getirdiği Bakan'ın en çok güvendiği kişilerdi. Bunlar teşkilatta çok güçlü insanlardı. Herkes çok iyi biliyordu ki, bu iki görevli başka açılardan eleştirilebilse de maddi menfaat elde etmek uğruna en ufak bir suça asla karışmazlardı. Özellikle, Celal Uzunkaya iyi yetişmiş, kaliteli bir polisti, benim için en iyi özelliklere sahip polis şefiydi. İstanbul, Ankara gibi illerin müdürü olacak kalitedeydi.

Davada ifadeleri alınınca görevde kalmaları makul görülmedi ve merkeze alındılar. Görevden alınınca galiba amaca ulaşıldı ki bir daha bu davayla ilgili haberler basına bile taşınmadı, Başta her şey basına sızdırılarak, abartılarak yazılırken görevden alınma gerçekleşince iddianameyi bile duymadık, dava sessizce görüldü. Ama inanıyorum ki hâlâ görevde olsalardı gelişmeler hızla ilerler, davalar açılır, haberlere konu olurlardı. Bu durum da aslında temel gayenin suçluların cezalandırılıp adaletin yerinin bulması değil, bu insanların görevden alınması olduğunu ortaya koyuyor.

Kitabı yazdığım sıralarda davanın açıldığını duydum. İddianameyi yine basından temin edip okuduğumda aynı kanaatim yeniden pekişti. Dava zorlama ile açılmıştı, ortada özel yetkili mahkemeyi ilgilendirecek nitelikte bir olay yoktu, her şeyin zorlanarak yürütüldüğü belli oluyordu.

Şunu kesin olarak iddia ediyorum, bu insanların tüm çevreleri İstihbarat Daire Başkanlığınca aylarca dinlenmiş, takip edilmiş, hukuka aykırı bütün yöntemler kullanılmıştır. Bir hâkim ya da savcı gidip İstihbarat Dairesinde inceleme yapsa, bu olayın tüm delillerini bulabilir. Bundan hiç şüphem yok, tahminimden fazlasının olduğundan da görmüş kadar eminim. Katillerin, canilerin, çetelerin ifadesini almak için bile gecenin bir yarısı emniyete gelip sabaha kadar kâtibesi ile çalışmayan savcılar, okuyan hiç kimsenin ciddi bir kıymet vermeyeceği bir ifade için neden bu kadar gayretli olur. Tek amaç cemaatin Emniyetteki bir numaralı hedefi Mustafa Gülcü'yü silmekten başka bir şey değildir; bu olay cemaat için bir Ergenekon operasyonu kadar önemli bir olaydır. Daha sonra benim de elime geçen bir belgede bu olayda cemaatin polisle ilgilenen imamının bu konuyla özel olarak ilgilendiğini gösteren bir not vardı.

Peki, Gülcü neden önemliydi? Birincisi, belirttiğimiz üzere Emniyet Teşkilatı içerisindeki cemaatçi yapıya karşıydı ve çok şiddetli biçimde buna karşı tavır alıyordu. Fakat aynı zamanda hükümetin de iyi adamıydı. Neden silinmesine göz yumuldu? M. Gülcü arka planda cemaat tarafından desteklenen, yürütülmekte olan Ergenekon operasyonları dolayısıyla mahkemelerin Ergenekon Örgütü hakkında Emniyet Genel Müdürlüğüne sorduğu soruya istenenin aksine Ergenekon diye bir terör örgütünün kayıtlarında olmadığını yazmıştı. Bu konuda cemaatin yaptıklarını desteklemediği, hatta karşı çıktığı için hükümetin üst kademelerinden yeterli desteği bulamadı ve bu tür yazı vs. olayları abartılarak yukarılara taşındı. Emniyetin en güçlü ve iktidara yakın iki Genel Müdür Yardımcısını görevden aldıran gücü Emniyet kendi içinde net görüyordu. Bu güç tayin ve terfilerde de çok etkindi. Bunu gören teşkilat mensuplarının şimdiden sonra nasıl davranacağını, nasıl hareket edeceğini, bir tayin ya da terfi için pek çok kişiye uğrayan meslektaşlarımın maalesef şimdi en fazla cemaatçi gözükmeye kalktığını, eski konuşma ve sözlerini unuttuğunu görüyoruz.

Sakarya Tahkikatı

2008 yılında Sakarya Emniyet Müdürü olarak atanan, bilgi sızdırdığı iddiasıyla tutuklanan İl Emniyet Müdürü Faruk Ünsal ile beraber hiç çalışmadım ama onu daha komiser olduğu yıllardan beri şahsen tanırım. 1991 yılında 20 gün Almanya'da beraber kurs görmüştük. Faruk hakkında kanaatim, çok zeki, çok okuyan, araştıran ancak komplo teorilerine fazlaca değer veren, birçok olayın geri planının daha önemli olduğuna inan biri olduğudur. Teşkilat içerisinde Mustafa Gülcü'ye yakın, onun desteklediği biri olarak bilinir. Hatta doğrudan Adapazarı'na atanmasını onun sağladığı söylenir. Ama Faruk kapasiteli, yetenekli, algıları açık, Emniyet Müdürlüğünü de rahatlıkla yapacak kapasitede uyanık biridir. Ben hiç dini konularda konuştuğuna rastlamadım, hiç dini temaları ölçü aldığını görmedim ama ona muhalif olanlar onun Mustafa Gülcü'nün paralelinde milli görüşçü veya benzeri bir ekolden olduğunu söylerler.

Faruk göreve başladıktan sonra önce İstihbarat Şube Müdürünü değiştirmek istediğini ve onunla bazı sorunlar yaşadığını, kendisinden önceki Emniyet Müdürü olan arkadaşım Mustafa Aydın'dan öğrendim. Mustafa eski istihbarat müdürünün mağdur edildiğini söylüyordu, gözükenin haricinde olayın sebebi İstihbarat Şube Müdürünün Fethullahcı yapıya dahil olmasıydı. Faruk da bu yüzden değiştirmek istiyordu, zaten Gülcü'nün atanmasına yardımcı olduğu İl Emniyet Müdürlerinin birinci hedefleri Fethullahcı yapıda olduğunu düşündükleri İl İstihbarat Şube Müdürlerini değiştirmekti.

Sonra Faruk'un yapılan bir operasyon dolayısıyla hedeflere dışarıdan bilgi sızdırdığı söylenmeye başlandı, polis içinden basına bu tür bilgiler verildi. Bir süre sonra Faruk bu iddialarla ilgili olarak savcılığa çağrıldı. Aradan birkaç ay geçtikten sonra da bu defa aynı suçtan ve ayrıca delilleri karartmak suçundan İstanbul Özel Yetkili Savcılık tarafından tutuklanması istendi ve tutuklandı. 5-6 ay kadar hapis yattı ve 4 Mayıstaki duruşmasında tahliye oldu.

Faruk'un olayını genel hatlarıyla soruşturdum, olay hakkında bilgi topladım, elde ettiğim bilgileri kendimce yorumlayınca olayın aslının ne olduğunu anladım. Faruk'un olayında rol alan şube müdürlerinin bir kısmını tanıyorum, benim yanımda çalışmışlardı. Faruk'un bilgi sızdırdığı iddiasını yaydığı iddia edilen ve bilahare ilçeye ve daha sonra İstanbul'a tayini çıkarılan KOM Şube Müdürü Alparslan Hersanlıoğlu KOM Daire Başkanlığında yanımda mali birimde emniyet amiri olarak görev yapmıştı. Faruk'un başka ilden istek üzerine getirdiği Asayiş Müdürü Mustafa Ç.'nin de İstanbul'da İstihbarat Şube Müdürüyken komiserim olduğunu da yeni öğrendim. Aslında tek tek bunlarla görüşerek olayın en ince ayrıntısını öğrenmek de mümkün ama olayın onların da bilmediği ayrıntısını anlatan kaynaklara göre durum şöyleydi.

Faruk'un KOM Daire Başkanı olacağı, hedefin burası olduğu, Gülcü'nün onu o göreve hazırladığı meğer belli mahfillerde hep konuşulan bir konuymuş. Faruk'un Fethullahcı olarak bildiği bir istihbarat müdürünü değiştirip il dışına tayin etmesi, benzeri atama ve tayinler yapması, kendisi ile aynı paralelde bulunan bazı müdürleri iline istemesi vs. aslında savaşı başlatmıştı. Merkezde KOM ve İstihbarat Dairesinde etkin olan rakip cephe, Faruk hakkında teknik dinleme ve izlemeye başlamış. Tabii bundan Faruk'un haberi yok. Faruk dinlenebileceğini tahmin ediyor, buna karşı tedbir alıyor ama istihbaratın geniş imkânlarını ve analizlerle nerelere kadar ulaşabileceğini hesap edemiyor. Bir yolsuzluk operasyonu dolayısıyla dinlenen telefonlarda yapılan bir konuşmada, Faruk'un adı verilmeden emniyetin başındaki kişi tarafından sanıkların dinleme ve izlemeden haberdar edildiği söyleniyor. Bu konuşmalar ildeki şube müdürü tarafından her gelişmenin aktarıldığı gibi KOM merkezine aktarılıyor.

Dinlemede geçen Faruk'un hedeflere veya siyasilere bilgi verdiği konusu aslında merkezde, Ankara'da basına sızdırılıyor ama sanki Sakarya'dan basına verilmiş gibi gösteriliyor. Bu arada sistem çalışmaya başlıyor, basında yazılanlar üzerine İstanbul özel yetkili savcısı (nedense yine Mehmet Berk) suç duyurusunda bulunup tahkikat açıyor ve Faruk şüpheli sıfatıyla tahkikata konu oluyor.

Faruk bilgi sızdırmış olabilir mi? Bence olamaz, çünkü bilgi sızdıracaksa zaten o tahkikatı yaptırmaz. O ilin Emniyet Müdürü, daha tahkikat başlarken ve devam ederken her şeyi yöneten biri olarak böyle bir niyeti varsa dinlemeleri yaptırmaz ve bir an önce tahkikatı durdururdu. Geniş bir yetki alanına sahip olduğundan, yetkilerini kullanır tahkikatı yaptırmazdı. Dolayısıyla bilgi sızdırmaya ihtiyaç duymazdı. Bu imkânsız. Adli tahkikatlar savcı denetiminde olduğundan tahkikatın yapılmasına engel olamayacağından bilgi sızdırdı denebilir. Doğru ama Emniyet Müdürü de bu olayın bir parçası ve Emniyetteki en önemli isim. O onay vermeden şube müdürleri hiçbir şey yapamaz, istediği gibi şubeleri yönetir. Eğer Faruk bu tahkikatı yaptırmak istemeseydi, kesin yaptırmazdı.

Olayın sonraki seyri daha da enteresan. Başka tahkikatlarda savcılar genellikle sadece doğrudan suçla ilgili olan kişileri dinlemek ister, konuyla ilgisi sınırlı olan insanları pek dinlemek istemezler. Nedense bu olayın savcısı Mehmet Berk, olay nedeniyle Sakarya İstihbarat Şube Müdürünü tanık olarak dinlemek ister ve İstanbul'a çağırır. Hâlbuki bu tip davalarda Sakarya'ya talimat gönderip Sakarya savcılığıca ifadenin aldırılması gerekirdi. İfadenin alınmasının ardından Sakarya'dan başka bir tanığın gelmesini İstihbarat Müdüründen şifahen ister. Oysa ilk tahkikattaki gizli bir tanıkla başka tanık gelsin diye haber salmak usule uygun değildir, savcılar ve mahkemeler yazılı tebligatlarla taleplerini aktarırlar. İstihbarat Müdürü gelir, bu tanığın istendiğini KOM Şubesindeki görevlilere söyler. Bunun üzerine Kom Şubede amir memur konumundaki 4 kişi savcının istediği tanığı bulmak üzere il çevresinde aramaya çıkar (bugüne kadar amir konumundaki bir görevli hiçbir tanığı tebligat için aramamıştır, bu olay bir ilktir). Bu kişi aranırken ekip otosunun şoförü bir ara fırsatını bulup Emniyet Müdürüne yakın amirlere haber verir, "... isimli tanığı kaçırıp Emniyet Müdürü hakkında ifade vermesi için zorlayacaklar," der. Bunun üzerine bu bilgiye sahip olan Faruk Ünsal ve yanında yer alan şube müdürleri bunu işleme koymak isterler ama gizli bilgi aldıklarından bir ihbarla durumun ortaya çıkmasını tercih ettiklerinden bir şube müdürü ihbar mektubu yazar. İhbar mektubunda, "...isimli kişinin kaçırılarak Emniyet Müdürü Faruk Ünsal aleyhinde ifade vermeye zorlandığı..." kabilinden şeyler yazar. Mektup Bakanlığa, Valiliğe, Cumhuriyet Savcısı Mehmet Berk'e e-posta olarak gönderilir.

Savcı tanık olan kişinin ifadesini alır, herhangi bir kaçırma, zorlama olmadığını söyler. Ardından e-postayla yapılan ihbarı araştırır, sorup soruşturur, sistem öyle hızlı çalışır ki bu e-postanın nereden gönderildiğini Savcı Mehmet Berk araştırmaya başlar. Bazı polisler ve başka teknik birimler, savcının talimatlarını yerine getirir ve sonunda e-postanın İzmit'teki bir internet kafeden gönderildiği belirlenir. Hemen internet kafenin girişindeki kameralar istenir, kamera görüntülerinden o gün söz konusu ihbarı yapan kişinin fotoğrafı belirlenir ve hemen teşhis edilir. Bu kişi Sakarya'da görev yapan bir polis memurudur, hemen kimliği belirlenir ve yeri tespit edilir. Savcı polisi ifadeye çağırır. Sakarya KOM Şubede polis memuru olayı kabul eder ve "Bana amirim emir verdi, onun için yaptım," der. Amiri ifadeye çağrılır, ifadesinde savcıya bu mektubu göndermesini Emniyet Müdürünün talimat verdiğini söyler. Bunun üzerine Faruk müdür çağrılır ve ifadesinin alınmasının ardından tutuklanır, cezaevine gönderilir.

Emniyete yüzlerce ihbar gelir. Bunların hiç biri bu kadar ciddi araştırılıp soruşturulmaz. İhbarcıların çoğu bulunamaz. Fakat bu olayda başka bir ile bile gidilerek ihbarı yapan kişi kısa sürede yakalanır. Faruk müdür dinlemedeki kendi sesi olmadığı, hiçbir eyleme karışmadığı halde suçlanır ve tutuklanır. Belki Faruk'un savunmasında benim yazdığımın on katı kendine kurulan tuzakla ilgili hususlar, deliller, savunma argümanları vardır. Ben sadece dışarıdan gözüken anormalliklerden bunun bir tuzak olduğunu gördüm.

Aslına bakılırsa Faruk müdür ve yanındaki müdürler farkında olmadan önceden denetime alınmış, hatta yanında gözükenlerden bazıları casus olarak yanına verilmiştir. Bence araştırılsa Faruk müdür ve yanında yer alan müdürlerin telefonlarının başka isimlerle ve telefon numaraları değil IMEI numaraları üzerinden belki de özel cihaz ve aletlerle takip edildiği, izlendiği ortaya çıkarılabilir. Telefonları hatta dahili santralleri denetime alınmıştır, kesinlikle cep telefonlarının IMEI numarası üzerinden dinleniyordur.

Evet Sakarya örneği çok enteresandır, teşkilat içinde farklı fraksiyonlar devletin güç ve imkânlarını kullanarak birbirine operasyon yapmakta ve bir emniyet müdürü tutuklanarak cezaevine gönderilmektedir. Bu olayın bir normal tahkikat olduğunu söyleyecek emniyet içerisinde bir tek insan yoktur. Bunun cemaatin yürüttüğü bir operasyon olduğundan en ufak şüphe yoktur. Olayı tahkik eden müfettişlerin de tarafsız olması imkânsızdır, eğer bu olay gerçekten tarafsız birilerince ve telefon dinleme kayıtları da incelenerek araştırılırsa, olayı merkezden idare eden İstihbarat ve KOM Daire Başkanlığının yöneticileri, Savcı Mehmet Berk ve diğer kişiler dahil herkes hakkında ciddi davalar açılacak emareler bulunur.

Genel Müdür Yardımcılarını Yiyen Yapı Ne Yapmak İstiyor?

İdari yöntemlerle kişiler hakkında yalan yanlış bilgi ve belge uydurarak üst makamlara aktarmak veya ihbar mektupları yoluyla ne kadar kişinin görevden aldırıldığını, kimlerin tayin ve terfilerinin yapılmasına mani olunduğunu bilmiyoruz. Ama bunun çok sayıda olduğunun ve sıklıkla yapıldığının emareleri var.

Hükümetin birçok üyesi veya bakanlar tarafından tanınıp bilindikleri ve sevildikleri için idari olarak görevden alınamayan Emin Aslan, Mustafa Gülcü, Celal Uzunkaya ve Faruk Ünsal gibi kişilerin, emniyet ve adliye içerisindeki cemaat mensuplarının dayanışması ile sadece görevden aldırılmasıyla yetinilmeyip iftira ve komplolar tezgâhlanarak en ağır suçlarla mahkemelerde yargılanmaları ve cezaevinde yatmaları sağlandı.

Kim ne derse desin, hangi gerekçelerle kimlerin görevden alındığını biliyoruz. Yargılamayı bağımsız yargı yapıp karar veriyor, kimsenin buna müdahalesi olamaz dense de ben de dahil Emniyette bu işlerin içinde olan herkes bu Genel Müdür Yardımcılarının bazı açılardan eleştirilebilseler de temiz ve dürüst görevliler olduğunu ve cemaatin organizeli çalışması neticesinde tuzağa düşüldüğünü, olayda rol alan savcı ve yargıçların bir kısmının cemaatin elamanları olduğunu, cemaat mensubu olmayan iyi niyetli bazı savcı ve yargıçların da cemaat üyesi adliye mensupları ve polisler tarafından plan dahilinde iğfal edildiklerini, birçok kişinin bu durumu bilmesine rağmen bilmiyor gibi davrandığını, cemaat mensuplarını suçlamaya gücünün yetmediği veya korktuğu veyahut elinde yeterli delil bulunmadığı için karşı koyamadığını biliyor. Hatta resmen kral çıplak dercesine kapalı ortamlarda herkes bu meseleleri cemaatin yaptığını konuşurken açıkça hiç kimse bu konuları dillendiremiyor, herkes susuyor. Devlet Bakan'ı bile her yerde, her taşın altında cemaat çıkıyor diye beyanat veriyor, rahatsız olduğunu belirtiyor ama hiç adli ve idari araştırma yapılmıyor.

Cemaat yapacakları ve planları için İstihbarat Daire Başkanlığı ve KOM Daire Başkanlığını elinden bırakmak istemiyordu, adı bu birimlerin başına geçecek diye anılan herkes uzaktan imha edilecekti. Bir ara çok sızlanmalar üzerine İstihbarat Daire Başkanlığına Konya Emniyet Müdürü Hüseyin Namal getirildi. Namal'ın istihbarat birimlerine gönderdiği irticai yapılanmaların yakından takip edilmesine ilişkin talimat ve ardından içeriğinde sorunlar olduğundan talimat ikinci bir yazı ile geri çekilmesi, ardından yanlış anlaşıldığı yolunda yazdığı düzeltme yazıları elden ele dolaştırılarak aleyhine hükümet nezdinde kullanıldı. Neyse ki sonunda bir komploya uğramadan Konya'ya sağ salim dönebildi.

Bu yöntemlerle üç önemli genel müdür yardımcısını yiyen yapının artık gözünü kan bürümüş durumdadır, kolay kolay durdurulamaz, faaliyetlerine devam edecektir.

Teşkilat içerisinde, yaşanan tüm bu olayları gören ve bunların altındaki gerçeğin farkında olanlar gücün kimlerde olduğunu anladıktan sonra gerçek manada kime itaat edecekler, nereye kıble diye yönelecekler? Bu operasyonları kimin yaptığını bilen teşkilat mensupları nasıl hareket edecektir?

Benim Hakkımdaki Çalışmalar

Emin bey hakkında yapılan işlemlere karşı çıktığım, ona kefil olduğumu söylememden bir süre sonra bu açıklamalarımdan memnun olmayan İstanbul Emniyetindeki cemaatin lideri konumundaki polis şefleri benim toplumdaki saygınlığımı sarsacak bir çalışma başlattıklarını ve yakında işleme koyacaklarını söylemişlerdi. Birbiriyle irtibatı olmayan, her ikisi de doğrudan polis müdürlerinden bilgi aldıklarından bugüne kadar yaptıkları her haber doğru çıkan, iki farklı kaynak aynı şeyi söylüyordu. Hakkımda araştırma yapıldığını söyleyen kişiler cemaatin İstanbul'daki en üst düzey polisleriydi.

Bu arada daha önce benimle çalışmış, benden yakın ilgi ve destek görmüş, uyguladığım çalışma sistemimle istihbarat teşkilatı ve bu ülke için yaptıklarımı bilen ve bundan dolayı bana karşı derin bir minnet duyduğunu belirten ve hâlâ İstanbul Emniyet Müdürlüğünde görevli olduğunu ifade eden bir kişi (bu kişinin güvenliği için bilgi aktarma yöntemini gerçeği değiştirmeyecek ölçüde kasıtlı olarak farklı anlatıyorum, olduğu gibi anlatmam halinde bu kişinin kimliğini tespit edebileceklerinden güvenliği sıkıntıya girebilir), önce santral telefonundan beni aradı. Santral memurlarına benim yakınım olduğunu, acil bir konuda benimle görüşmek istediğini söylemiş. Telefon bağlanınca bu kişi santral memurlarının bana direk telefon bağlamak istememeleri üzerine akrabam olduğu yalanına başvurduğunu, belki sekreter telefonlarının da denetim altında olabileceğinden mutlaka ilk görüşmenin santralden olması gerektiğini söyleyip, özür dileyerek çok önemli bir konuda bilgi aktaracağını ifade edip bunun için mutlak güvenli bir hat vermemi istedi. Bir iki gün içinde bunu yapabileceğimi söyleyince, hemen numara vermemin iyi olacağını, bu telefon konuşması için İstanbul dışına çıkıp birkaç saatlik yol gittiğini, bir daha aramasının zor ve zahmetli olduğunu belirtti. Fazlaca dinlenme fobisine kapılmış bu tür insanlarla karşılaştığımdan, dinleme meselesinin çok abartıldığını, bu kişinin de yine aynı eğilime sahip olduğunu düşünerek, "Ne söyleyeceksen söyle, dinleme olduğunu zannetmiyorum, abartıyorsun," diyordum ki, adam bana, arkadaşınız .... ile ilgili diyince birden irkildim. O isimde hiç arkadaşım yoktu, bu telefonda konuşurken karşımdakinin kimliğinden emin olmak için kullandığımız bir şifre isimdi, hiç kimsenin bilmediği ve bilmesinin de mümkün olmadığı bir şeydi. Bu kişi hiç kimsenin bilmediği bu ismi nereden biliyordu?

İşte o an bu kişinin, yüzlercesini ikna etmekte zorlandığım, telefonumuz dinleniyor, gizli bir şey konuşacağız, cep telefonunu kapatalım, pilini çıkaralım, hatta odadan dışarı çıkaralım diyen şüphecilerden olmadığını, gerçekten güvenli olarak konuşmam gereken biri olduğunu anladım. Fazla düşünmeye gerek yoktu. Bu kişi her gün binlerce insanın farklı birimlerimizi aradığı emniyete ait güvenli sayılabilecek santral numarasından beni aramıştı ve daha fazla bilgi aktarmak için tam güvenli bir telefon hattı istiyordu. Çok ciddi ve sıkıntılı ortamlarda çok hızlı çalışan zihnimi, bu nasıl olabilir muhasebesini yapmaktan alıkoyamıyordum. Bu imkânsızdı, birileri en gizli tuttuğum yönteme rağmen beni dinliyordu. Bunun olmaması gerekirdi, bunu kimler yapabilirdi? MİT mi, Jandarma mı? Kim? Bu kadar profesyonelce çalışacak kim vardı ki? En ileri dinleme sistemi ve yöntemini hayal ettim. Aklımda yüzlerce soru belirdi ama o an cevap aramaya zaman yoktu.

Acil durumlarda bir gün ihtiyaç olabilir düşüncesiyle sakladığım, hiç kullanılmamış kimin adına kayıtlı olduğunu bile hatırlamadığım iki telefon numarasından birini verdim ve on dakika zaman istedim. Karşıdaki kişi "Efendim kontöre gerek yok, ben arayacağım, kısa konuşacağım." dedi. Açılmamış hattım olduğunu, hatta kontör olmadığından kontör kartı aldırıp telefona yükledikten sonra onu arayacağım için on dakika istediğimi anlamıştı. Aynı dili konuştuğumuz, daha anlatmadan yalnızca hareketlerimden ne yapmak istediğimi anlayan, anladığını da sözle değil cevabi davranışı ile anlatan bu profesyonel adama fazla bir şey söylememe gerek olmadığını fark ettim.

Yeni SİM kartı açıp şifresini kazıdım, hiç kullanılmamış, en son bir iki hafta önce şarjını yapıp kapattığım yeni telefon makinesine taktım ve telefonu açtım. PIN numarasını girip telefonu beklemeye başladım.

On saniye içinde aradı. Arayan kişi, tüm telefon ve cihazlarını kapatıp istirahatta olduğu bir zamanda başkasına ait bir araca sahte plaka takarak birkaç saatlik yol alıp sadece bana bilgi vermek için geldiğini, bir daha arama imkânın olamayacağını, kendisinin tespit edilmemesi için bu yola başvurduğunu, biraz önce sesini kasıtlı olarak değiştirdiğini, şimdi de yine aynı şekilde ses değiştirerek konuştuğunu, İstanbul İstihbarat Şubesinde benim hakkımda çalışma başlatıldığını tesadüfen öğrendiğini, dinleme yapılan yerde benim sesimi tanıdığını, önce sesimi benzettiğini zannettiğini, ama bir iki konuşmadan ve konuştuğum telefonun Eskişehir merkezde Emniyet Müdürlüğünün bulunduğu baz istasyonundan çıkış yaptığını görünce bundan emin olduğunu söyledi. Konuşma çok kısa olmasına rağmen vurgularımdan beni tanıdığını, konuşmanın içeriğinden birkaç örnek verdi. Ayrıca son SMS mesajımda yazdığım bir kelimedeki harf hatasını söyledi. Şahsın dinlendiğimi söylediği telefon yanımdaydı, anlattığı mesaja baktım. Söylediği doğruydu, bir harfi hatalı yazmışım, kelime komik bir manaya dönüşmüştü.

Şahıs devamla çok saygılı bir ses tonuyla benim dinlenmemin ne kadar yanlış olduğunu, aslında dinlenenin benim değil bana gizli bilgi veren bir kişi olduğunu, adını bilmediğini ama farklı isimler adına dinleme yapılıyor gösterildiğini anlattı. Ben "Nasıl mahkeme kararı alınır, bu kişi dinlemeyi gerektirecek bir faaliyette bulunan biri değil, ayrıca İstanbul'la hiç alakası yok." dediğimde, artık durumların farklı olduğunu, bazı mahkeme kararlarının isimsiz, adressiz, IMEI üzerinden, hatta başka anlamsız numaralar üzerinden alınabildiğini ifade etti. Ayrıca arkadaşım N.'nin de telefonlarının dinlenerek denetlendiğini, istihbari dinleme yasasını iyi incelememi söyledi. Anlattıkları inanılmazdı, bu adam imkânsız şeyler söylüyordu.

Ona anlattıklarını önemsediğimi ama bu kadarının da olamayacağını düşündüğümü söyledim. Kendisinin gizli bilgi aktarma konularını iyi bildiğini, fazla bir şey anlatmama gerek olmadığını, biraz daha bilgiye ihtiyacım olduğunu, bunu bana aktarmasını, ayrıca vereceği hiçbir bilginin hiçbir şekilde kendisini zora sokacak şekilde kullanmayacağımdan emin olması gerektiğini belirterek bu konuda mutlaka bir şeyler yapacağımı da ekledim. Kendisinin aslında başka kısımda görevli olduğunu, tesadüfen benim hakkımdaki çalışmayı öğrendiğini, daha fazla bilgiyi ilerde aktarmaya çalışacağını söyledi. Buna ilave olarak amirlerinin asıl amaçlarının beni bir komploya getirmeye çalıştıklarını belirtti. Zaten verdiği iki isimden, ben de bunu yapanların amaçlarının ne olabileceğini ve nasıl bir şey yapmayı planladıklarını tahmin etmeye başlamıştım. Düşündüm, yasayı tekrar tekrar okumaya başladım. Korkunç ve çok profesyonelce bir kurguydu, kafamda şimşekler çakmıştı, demek olup biten bazı şeyler böyle gerçekleştiriliyordu. Bunlar, çok zeki, çok tehlikeli, çok şeytanca yöntemlerdi.

O ana kadar kendimi dinleme, izleme, bilgisayarla telefon analizi, detay çalışmaları konusunda en yetkin kişi, tüm bu sistemlerin ilk kurucusu, fikir babası ve en iyi bileni olarak görüp birkaç eski arkadaşım haricinde yeni gelen kişilerin bu işin sırrına tam anlamıyla vakıf olmadığını zannederken bu ukalalığım için kendimden utandım. Bu adamlar hukuksuz olmakla birlikte inanılmazı başarmış, benim kırk yıl düşünemeyeceğim şeytani yolları bulmuşlardı. Kıl kadar ince bir noktadan geçerek korkunç şeyler başarmışlardı, bu dehşet bir yöntemdi. Düşündükçe bunu başaran insanların daha neler yapabileceğini, neler yaptıklarını kavramaya başladım. Kelimelerle ifade edilecek gibi değildi, herkesin kolayca anlayacağı bir şey de değildi. Eğer bu insanlar benim gizlediğim, iki öğrenci adına alınmış yalnız birebir görüşme yaptığım, başka hiç kimseyle görüşmediğim, herkesten gizlediğim numaramı tespit edebilmişlerse o zaman gizliliğe benim kadar dikkat etmeyen, özel tedbir almayan insanların gizli yaptıkları tüm görüşmeleri tespit edebiliyorlar demektir. Eğer bu kişiler, telefon rehberinde gerçek bir kişi adına kayıtlı olan, benimle irtibatlı bir telefon numarasını, benim kontrol ettirebileceğim ihtimaline rağmen sanki başka bir kişiye aitmiş gibi göstererek dinleme kararı alabiliyorlarsa, sıradan insanların telefonları üzerinde diledikleri şeyi yapmaya muktedirlerdir. Yapabileceklerini/yaptıklarını düşündükçe dehşete düşmeye başladım. Bu işi nereye doğru gidiyordu, bu insanlar devletin imkânlarını böyle kullanabilirler miydi?

Düşündükçe moralim bozuluyor ve bir avuç insanın devletle, sistemle nasıl böyle oynayabildiğini aklım almıyordu. Bu kişilerin yaptıkları ortaya çıkarsa bunun hesabını nasıl vereceklerini düşünmeye başladım. Her gün bu meseleleri düşünmekten geceleri uykum kaçıyordu. Ben önemli değildim, bana yapacakları da çok önemli değildi, denetlendiğimi biliyordum ya artık tuzağa düşmemeye çalışır, hatta onların tuzak kurmaları için bizzat fırsat yaratır, sonrasında da yapılanları her şeyiyle ortaya çıkarabilirdim. Fakat bu adamlar başkalarına, bu işleri hiç bilmeyen insanlara da aynı tuzakları kuruyor, herkesi avlıyorlardı. Buna engel olmak gerekliydi. Kimse devleti ve devletin imkânlarını kötüye kullanmamalıydı. Her kurum denetlenir, yanlış olanlar mutlaka hatalarının karşılığını görmeliydi. İstihbari dinleme yasasına göre bu dinleme faaliyetlerinin her kurumun müfettiş ve üstlerince denetlenmesi gerekiyordu, bu sistemi çalıştırmalıydım.

Önce randevu alarak İçişleri Bakanıyla görüşmek istedim, zaten Sayın Bakan bir defa beni yanına çağırdığında zaman zaman uğrayıp bilgi vermemi istemişti. Özel Kalem Müdüründen randevu alarak gittim, durumu kendisine anlattım. İstihbarat Dairesinin kanunsuzca dinleme yaptığını, hatta yalnızca beni değil, birçok kişiyi dinlediğini, bu yöntemle binlerce insanın hukuksuz olarak dinlendiğini, özellikle Emniyet Genel Müdürlüğü ve İçişleri Bakanlığı yöneticilerini isimler vererek dinlediklerini söyledim. Eğer bu dinlemelerden Sayın Bakan'ın haberi varsa bu dinlemelerin normal olduğunu ama kendilerinin haberi yoksa bu kişilerin neye dayanarak bu kanunsuzluğu gerçekleştirdiklerinin sorulması gerektiğini, yasaya göre önleme/istihbari dinlemelerin denetlenmesi gerektiğini söyledim.

Sayın Bakan Beşir Atalay "Ben niye dinleteyim, üstelik bu işleri hiç de sevmem," dedi ve sonra "O zaman biz burayı denetletelim," diye ekledi. Ben denetim için yazılı müracaatta bulunabileceğimi belirttim. Bakanın her halinden bu tür işlemlerden rahatsız olduğu belli oluyordu.

O sıralar Emniyet Genel Müdür Yardımcıları Mustafa Gülcü ve Celal Uzunkaya hakkında İzmir'de tahkikat başlatılmıştı. Bakan Mustafa Gülcü'yü tanıyordu, bu olayın da benzeri bir vaka olduğunu anlattığımda, bakanın da söylediklerime inandığını anladım.

İhbar ve Şikâyetlerim

Hakkımdaki dinlemeye ve bana kurulan tuzağa, daha da önemlisi birçok kişiye kurulan bir kısmı neticeye varmış bir kısmı hâlâ devam eden benzeri tuzaklara karşı bir şeyler yapmalıydım. İçişleri Bakanıyla görüştükten sonra olay yeri itibarıyla İstanbul Cumhuriyet Başsavcısı Aykut Cengiz Engin'den, ardından özel yetkili mahkemenin Cumhuriyet Başsavcı Vekili Turan Çolakkadı'dan randevu aldım. Her ikisi de eskiden beri tanıdığım ve güvendiğim kişilerdi. Aykut Bey'i 1997 yılında Susurluk soruşturmasının savcısı olduğu tarihten, DGM başsavcılığı yaptığı zamanlardan tanıyordum. Turan Çolakkadı hemşerimle de uzun süreden beri tanışıyorduk, ara sıra kendisini ziyaret ediyordum. Her ikisi de dürüst ve namuslu hukukçulardı.

İstanbul'a gittim. Önce Aykut Bey'i ziyaret etim. Belli oranda durumu anlatıp hukuksuz dinlemeleri ve insanlara tuzak kuran kişilerin olduğunu, bu tuzak kuran kişilerin kasıtlı tuzağına düşüyor gözüküp onların tuzaklarını boşa çıkarmak gerektiğini, bunun için izleme ve dinleme kararlarına ihtiyaç duyulduğunu anlattım. Aykut Bey kanunun bir tuzağı açığa çıkarmak için dinleme ve izleme yapmaya imkân vermediğini, ancak davacı olursam Fatih Savcılığının görevli olduğunu, konunun ona tevdi edileceğini söyledi. Ayrıca bu tür işlerin merkezden denetlenmesinin daha uygun olacağını da konuştuk. Başsavcının kendisi de dinlenmişti, bunun izah edilecek hiçbir tarafı yoktu, sistem cinnet geçiriyordu. Hangi delil, hangi gerekçe ile başsavcı dinlenmişti.

Ardından Turan Bey'i ziyaret ettim. Ona isimsiz ve hukuksuz istihbari/ önleme dinlemelerinin olduğunu söylediğimde, bu görevlerin kendi savcılıklarını doğrudan ilgilendirmediğini, polis veya diğer istihbarat birimlerinin direk hâkimle muhatap olduğunu, buradaki suçların da kendi savcılıkları değil, normal savcıları ilgilendirdiğini söyledi.

Sonra Ankara'ya geldim Başsavcı Hüseyin Poyrazoğlu ile görüştüm. O da Ergenekon Örgütü üyesi olmaktan İstanbul Başsavcısı gibi dinlenmişti. Konuşma sonunda o da böyle bir tahkikatın Adalet Bakanlığı üzerinden gelmesi gerektiğinden, bakanlığın tüm bölgelerde araştırma başlatma imkânı olduğunu söyledi. Düşündüm, doğruydu, idari olarak İçişleri ve Adalet Bakanlıkları yardım etmez ise tahkikat zor olacaktı, savcılıklar tek başına fazla bir şey yapamayacaklardı. Yalnızca benim olayım olsa kolaydı ama benim bildiğim beş altı kişi haricinde belki binlerce kişi bu şekilde dinleniyordu. Ayrıca diğer kurumların da bu tür yasadışı dinlemeleri denetlenmeliydi. İlk başta önce çıkan emniyet istihbarat birimleri olmasına rağmen tüm kurumlara bakılmalıydı. Mülkiye ve polis başmüfettişlerince Emniyet İstihbarat Daire Başkanlığı denetlenirse çok şey ortaya çıkacaktı. Sonra olay adliyeye intikal ederse daha iyi netice alınabilirdi.

Hemen bir dilekçe hazırladım. Adalet ve İçişleri Bakanlıkları, İstanbul Ankara Cumhuriyet Başsavcılıkları, İstanbul ve Ankara Özel Yetkili Başsavcı Vekillikleri ve Fatih Cumhuriyet Başsavcılığına ve Başbakanlığa verilmek üzere dağıtımlı ancak bazı noktalarda birbirinden farklı dilekçelerdi.

Önce idari silsile içerisinde Emniyet Genel Müdürü Oğuz Kağan Köksal'dan 06.01.2010 tarihinde randevu aldım ve gidip olayları anlattım. Cemaatin olduğu bilinen bazı gazetelerdeki beni övücü yayınları kast ederek "Ben de cemaatin senin yıldızını parlatmaya çalıştığını zannediyordum." dedi. Daha önce Sayın Bakanla ve savcılarla yaptığım görüşmeleri de kısaca özetledim. İstihbarat Daire Başkanlığının, Emniyet Genel Müdür Yardımcısı ve bazı daire başkanlarını kanunsuz olarak dinlediğinden bahsettim. Kendisinin haberi ve bilgisi ile yapılıyorsa bunun normal kabul edilebileceğini ama değilse suç olduğunu, ayrıca bu kişilerin hangi sıfat ve hakla bunu yaptıklarının sorgulanması gerektiğini söylediğimde Genel Müdür dinlemelerden haberdar olmadığını ve bunu asla tasvip etmediğini dile getirdi. Ardından yazdığım dilekçeyi kendisine verdim. Okudu, "Mahiyeti itibariyle aşırı suçlayıcı ifadeler var, bunlar sıkıntı yaratır, bunu biraz yumuşatman lazım." dedi. Dilini biraz yumuşatarak göndereceğimi söyledim. Özel Kalem Müdürü Engin Kaya'ya kurye ile göndereceğimi, Kaya'nın kendisine arz edeceğini ifade ettim. Genel Müdür de konuyla ilgili olarak İçişleri Bakanıyla görüşeceğini söyledi.

Görev yerim olan Eskişehir'e döndüğümde dilekçenin üslubunu biraz daha yumuşattım. Kapalı bir zarf içinde özel kalemde görevli polisim Ramazan'la dilekçeyi gönderdim. Genel Müdürün Özel Kalem Müdürü Engin vasıtasıyla mazrufumu Genel Müdür'e intikal ettirdim. Dilekçem aynen şöyleydi:

İÇİŞLERİ BAKANLIĞINA
(Emniyet Genel Müdürlüğüne)
ANKARA

Aldığım bilgilere göre, hakkımda komplo hazırlığında olan Emniyet İstihbarat Teşkilatı içerisindeki bazı kişiler tarafından hakikat hilafına tanzim edilen rapor, tutanaklara dayanan, tekliflerle sanki başka olaylar sebebiyle, başka kişiler dinlenmek isteniyormuş gibi gösterilerek, benim ve yakın dostlarımın kullandığı telefonlar 07.11.2009 tarihinde İstanbul TCK 250 göre yetkilendirilmiş mahkemede alınan karar ile İstanbul Emniyet Müdürlüğü İstihbarat Şubesince dinlenmeye başlanmıştır.

İstihbarat biriminin iç işleyiş biçimi ve dinleme sisteminin çalışma şekli dikkate alındığında, bu durumun Merkezde İstihbarat Daire Başkanlığındaki ilgili amirlerin bilgisi, hatta direktifleri olmaksızın yürütülmesinin mümkün olmadığı kanaatindeyim. .

Beni, ne amaçla kullandığımı ve telefon numarasını bilmelerine rağmen, farklı isimler yazılarak veya telefon numarasına değil, telefon makinesinin IMEI numarası üzerinden müracaat ederek hâkime yalan ve yanlış bilgiler vererek veya hâkimin de kendileri ile aynı fikirleri paylaştığından yasal mevzuata aykırı olarak karar verdiği kanaatindeyim.

Bugüne kadarki memuriyet hayatımda hiçbir kanunsuz ilişki içerisinde olmadım, tüm kamu hayatım kameraya çekiliyor gibi kabul edip, hiçbir anında yüzümü kızartacak davranış içerisinde olmamaya gayret gösterdim.

Görevim ve bugüne kadarki çizgim nedeniyle belli çevrelerin hedefi olabileceğimi düşünerek özel ilişkilerimde zaman zaman adıma kayıtlı olmayan (yakın arkadaşlarım adına kayıtlı) telefonlar kullanmaktayım.

Hiç kimsenin numarasını bilmediği bu telefonlarda yalnız şahsi görüşmeler ve bire bir irtibat kurulmaktadır. Emniyet İstihbarat biriminde mevcut analiz sistemi kötü niyetle kullanılarak bu numaralar tespit edilip hedef olarak seçilmektedir.

Dinlemenin amacı özel ilişkilerimle irtibatlarım hakkında bilgi alınıp daha sonrasında komplo kurularak benim kamuoyundaki imajımı sarsmaya yöneliktir.

Bunu yapanlar basın mensuplarına, yakın gelecekte Hanefi Avcı'nın imajını bozacak şeyler yapacağız demekten tereddüt bile duymamaktadırlar.

Emniyet Genel Müdürlüğü açısından istihbari dinlemeleri düzenleyen 2559 sayılı yasanın Ek 7 maddesine ek yapan 5397 sayılı yasanın son fıkralarında aynen şöyle denmektedir:

(Ek fıkra: 3/7/2005 – 5397/1 md.) Bu madde hükümlerine göre yürütülen faaliyetler çerçevesinde elde edilen kayıtlar, birinci fıkrada belirtilen amaçlar dışında kullanılamaz. Elde edilen bilgi ve kayıtların saklanmasında ve korunmasında gizlilik ilkesi geçerlidir. Bu fıkra hükümlerine aykırı hareket edenler hakkında, görev sırasında veya görevden dolayı işlenmiş olsa bile Cumhuriyet savcılarınca doğrudan soruşturma yapılır.

(Ek fıkra: 3/7/2005 – 5397/1 md.) Hâkim kararları ve yazılı emirler, Emniyet Genel Müdürlüğü İstihbarat Dairesi Başkanlığı görevlilerince yerine getirilir. İşlemin başladığı ve bitirildiği tarih ve saat ile işlemi yapanın kimliği bir tutanakla saptanır.

(Ek fıkra: 3/7/2005 – 5397/1 md.) Bu maddede yer alan faaliyetlerin denetimi, **sıralı kurum amirleri, Emniyet Genel Müdürlüğü ve ilgili bakanlığın teftiş elemanları (...)** [(1)] **tarafından yapılır.** [(1)]

(Ek fıkra: 3/7/2005 – 5397/1 md.) Bu maddede belirlenen usul ve esaslara aykırı dinlemeler hukuken geçerli sayılmaz ve bu şekilde dinleme yapanlar hakkında 26.9.2004 tarihli ve 5237 sayılı Türk Ceza Kanunu hükümlerine göre işlem yapılır.

Bu şekilde sahte ve gerçeğe aykırı rapor ve evrak tanzim edenler, adli makamlara kasıtlı yanlış bilgi vererek karar alanlar, komplo hazırlama içerisinde olanlar, hukuka aykırı biçimde dinleme, izleme yapanların tüm suçlarını maddi delillerle ortaya çıkarmak mümkündür. Bunun için;

1- En başta hakikat hilafına gerekçeler göstererek İstanbul 250. madde ile yetkilendirilen mahkeme hâkimliğinde 07.11.2009 tarihinde aldıkları kararı; ilgili mahkeme hâkiminden, İstanbul İstihbarat Şubesinden, İstihbarat Daire Başkanlığından, TİB'den temin etmek mümkündür.

Yasa gereği bu kararları ve dinleme ile ilgili tutanakları denetim için hazır bulundurma mecburiyeti vardır. Bu kararda birden fazla IMEI veya tel no hakkında karar alınmış ise benim hakkımda alınan karar 531–73070** veya 531-73070** nolu telefon veya bu telefonun takılı olduğu 356423023390090 veya 354180034086415 nolu IMEI numarasına, ayrıca arkadaşım Necdet Kılıç'ın 531-74287** nolu telefonu veya takılı olduğu 359740001170330 nolu IMEI numarası hakkında karar alındığı görülecektir.

2- Dinleme kararı alınan bu telefonların HTS raporu incelenirse (bu işi yapanlar her zaman bu bilgileri inceleme imkânına sahiptirler.) 531–73070** ve 531–73070** nolu telefonların konuşmaya açıldığı ilk günden bu yana, yalnız bire bir, iki telefonun karşılıklı görüşme ve mesajlaşması olduğu ve bu telefonlara kararı almak için müracaat eden İstanbul İstihbarat Şubesinin görev alanında olmadıkları görülecektir.

3- İstanbul İstihbarat Şubesinde ve İstihbarat Daire Başkanlığında devam eden dinleme kayıtlarına bakılırsa bu telefon ve makinenin benim tarafımdan kullanıldığı, yalnız benim mesaj ve sesimin olduğu, istihbarat biriminin dinleme kararı almak için tanzim ettiği rapor, yazı vs. ile hiç alakası olmayan konular olduğu, tamamen özel olan bu konuların nasıl yalan ve düzmece yazılarla dinleme gerekçesi oluşturulduğu, iddia ettikleri konuyla hiçbir alakasının olmadığı, mevzuata aykırı olarak karar alındığı/verildiği de görülecektir.

Esasen uzun süreden beri İstihbarat Daire Başkanlığının başta Emniyet Genel Müdürlüğü yöneticileri olmak üzere, bazı kamu görevlilerinin veya yakınlarının konuyu düzenleyen mevzuata aykırı istihbari dinleme kararları alarak, kanunsuz olarak dinlendikleri, daha sonra buradan elde ettikleri bilgileri kötü niyetli olarak kullandıkları, ortaya çıkan emarelerden anlaşılmaktadır.

Sorunun asıl kaynağı 2559 sayılı yasanın ek 7. maddesinde (**(Ek fıkra: 3/7/2005 – 5397/1 md.)** Bu maddede yer alan faaliyetlerin **denetimi, sıralı kurum amirleri, Emniyet Genel Müdürlüğü ve ilgili bakanlığın teftiş elemanları (...)** [(1)] **tarafından yapılır.** [(1)]) şeklindeki Emniyet İstihbarat dinleme sisteminin denetlenmesi hükmü olmasına rağmen, denetlenmemesinden dolayı keyfilik içerisinde kullanılmasıdır.

Yasa gereği denetlemekle sorumlu olan makamlar veya atanacak müfettişler tarafından İstihbarat Daire Başkanlığı ve İstanbul İstihbarat Şube Müdürlüğünün istihbari amaçlı aldığı kararlar denetlendiğinde; Emniyet Genel Müdürlüğü ve İçişleri Bakanlığının haberi olmaksızın Genel Müdürlük ve Bakanlık, hatta başka bakanlıkların yöneticilerinin makam veya adlarına kayıtlı olan telefonları veya telefonlarının IMEI numaraları bazen de başka isim ve adlar ile dinlendiği görülecektir.

Daha önemlisi devlet arşivlerinin ve terörle mücadele amaçlı oluşturulan bilgi bankaları, veri analizleri ve telefon detay görüşme analizlerinin kötü niyetli kullanıldığına dair ciddi emareler vardır. Bu durum yakın zamanda yaşanan olaylarla da teyit edilmektedir.

Bugün bu olayda maddi deliller vardır ve araştırılır ise yalnız hakkımda yapılan kanunsuz dinlemeler değil, tüm diğer kişiler hakkında yapılan kanunsuz izleme ve dinlemelerin delillerini bulmak mümkündür. Bunu yapan kişiler hakkında davacı ve şikâyetçiyim, adli ve idari olarak haklarında kanuni işlemlerin yapılmasını, hukuka aykırı olarak verilen kararlar ve verenler hakkında kanunun gereğinin yapılmasını arz ve talep ederim.
06.01.2010

Hanefi AVCI
(imza)

Eskişehir Emniyet Müdürlüğü
Tel özel : 0505-217****[1] ve 0532-436****
İş : 0-222-230**** – 233**** ve 0505-826****
e-mail: hanefiavci@yahoo.com

Bu dilekçeyi göndermemden sonra, müfettişlerin atanıp olaya el konulacağı kadar bir süre bekledikten sonra Adalet Bakanı Sadullah Ergin'den randevu alıp, 12.01.2010 tarihinde sabah erkenden ziyaretine gittim. Ona da durumu anlattım. Bakan dinlemeler konusuna hâkimdi, isimsiz dinleme olamayacağını söyledi. Ben ısrar edince Telekomünikasyon İletişim Başkanlığı'nda (TİB) başkan Fethi Şimşek'i teflonla aradı, konuyu ona sordu. Konuşmaları ben de duyuyordum, TİB başkanı Fethi Bey adli dinlemelerde isimsiz dinlemenin olmadığını, olanlara da itiraz ettiklerini ancak istihbari dinlemelerde çok miktarda isimsiz dinleme olduğunu söyledi. Adalet Bakanı beni geçmişimden dolayı da sevdiğini anlatıp, dilekçe vermeden ve adım geçmeden de denetleme yapılabileceğini, dilekçemi geri alabileceğimi ifade etti. Benim adımın yıpranmasını istemiyordu. Ben "Hayır, mahzuru yok, dilekçem işleme konsun," diye

1 Gizlilik amacıyla orijinal belgede açıkça belirtilen telefon numaralarının son dört hanesi gizlenmiştir.

karşılık verdim. Sonra bu isimsiz istihbari dinleme sisteminin nasıl çalıştığı, tüm hukuksuz dinlemelerin ortaya çıkarılması için nasıl hareket edilmesi gerektiğini anlatan bir not olursa işe yarayacağını söyleyince bu notu hazırlayıp özel kaleme gönderebileceğimi belirttim. Ayrıca dilekçemin işleme konmasını da istediğimi dile getirdim çünkü gizli saklı ihbarda bulunan bir kişi olarak gözükmek istemiyordum, yanlış doğru ne ise açıkça yapmalıydım. Kendimi saklayarak bunu yaparsam rahatsız olurdum, korktuğum, kişiliğimden ödün verdiğim hissine kapılıyordum, bunun için adım ve imzamla şikâyetçi olmalıydım. Bunun ne demek olduğunu çok iyi biliyordum, şikâyet ettiklerimin çoğu eski arkadaşlarımdı, ayrıca bunun ne riskler taşıdığını, hayatımın bundan sonrasını zehir edeceğini hiç kimsenin bilmeyeceği kadar farkındayım ama yine de yapmalıydım.

Dilekçem İçişleri Bakanlığına (Emniyet Genel Müdürlüğüne) verdiğimin aynısı gibiydi ama biraz farklılıklar vardı. En önemli farklılık İçişleri Bakanlığına verdiğimde dilekçede Emniyet İstihbarat Dairesinin denetlenmesini talep ederken, Adalet Bakanlığına verdiği bu dilekçede hukuka aykırı karar veren hâkimlerden davacı olduğumu belirterek, bunlar için adalet müfettişi görevlendirilmesini ve ayrıca bu olayın tahkiki için İstanbul ve Ankara savcılıklarına dosyanın gönderilmesini talep etim.

Dilekçem aynısı ile aşağıdaki gibiydi:

ADALET BAKANLIĞINA
ANKARA

Kesin olarak aldığım bilgilere göre; hakkımda komplo hazırlığında olan emniyet içerisindeki bazı kişiler tarafından hakikat hilafına tanzim edilen rapor, tutanak, ihbarlar dayanak gösterilerek, sanki başka olaylar ve başka kişiler dinlenmek isteniyormuş gibi, benim ve yakın dostlarımın kullandığı telefonlar 07.11.2009 tarihinde İstanbul TCK 250 göre yetkilendirilmiş mahkemenin hâkiminden alınan karar ile İstanbul Emniyet Müdürlüğü İstihbarat Şubesince dinlenmeye başlanmıştır.

İstihbarat Biriminin iç işleyiş biçimi ve dinleme sisteminin çalışma şekli dikkate alındığında, bu durumun Merkezde İstihbarat Daire Başkanlığındaki ilgili amirlerin bilgisi, hatta direktifleri olmaksızın yürütülmesinin mümkün olmadığı kanaatindeyim.

Beni, ne amaçla kullandığımı ve telefon numarasını bilmelerine rağmen, farklı kişi ismi yazılarak ve telefon numarasına değil telefon makinesinin IMEI numarası üzerinde yasal mevzuata aykırı olarak hâkimce karar verildiği, bu karar mevzuata aykırıdır.

Konuyu düzenleyen mevzuata göre;

(Ek fıkra: 3/7/2005 – 5397/1 md.) Kararda ve yazılı emirde, hakkında tedbir uygulanacak **kişinin kimliği, iletişim aracının türü, kullandığı telefon numaraları veya iletişim bağlantısını tespite imkân veren kodundan belirlenebilenler** ile .....hâkim ... karar verebilir, denmesine rağmen mahkemelerden **isimsiz, numarasız, ne amaçla verildiği açıklanmayan, keyfiliğe zemin hazırlayan** kararlar verildiği, bu durumun alenen hukuka aykırılık teşkil ettiği kanaatindeyim.

Bugüne kadarki memuriyet hayatımda hiçbir kanunsuz ilişki içerisinde olmadım, tüm kamu hayatım kameraya çekiliyor gibi kabul edip, hiçbir anında yüzümü kızartacak davranış içerisinde olmamaya gayret gösteriyorum.

Görevim ve bugüne kadarki çizgim nedeniyle belli çevrelerin hedefi olabileceğimi düşünerek, özel dost ve arkadaşlarımla ilişkilerimde zaman zaman adıma kayıtlı olmayan (yakın arkadaşlarım adına kayıtlı) telefonlar kullanmaktayım.

Dinlemenin amacı özel ilişkilerimle irtibatlarım hakkında bilgi alınıp daha sonrasında komplo kurularak oradan benim kamuoyundaki imajımı sarsmaya yöneliktir. Bunu yapanlar basın mensuplarına, yakın gelecekte Hanefi Avcı'nın imajını bozacak şeyler yapacağız demekten tereddüt bile duymamaktadırlar.

Emniyet Genel Müdürlüğü açısında istihbari dinlemeleri düzenleyen 2559 sayılı yasanın ek 7 maddesine ek yapan 5397 sayılı yasanın son fıkralarında aynen;

(Ek fıkra: 3/7/2005 – 5397/1 md.) Bu madde hükümlerine göre yürütülen faaliyetler çerçevesinde elde edilen kayıtlar, birinci fıkrada belirtilen amaçlar dışında kullanılamaz. Elde edilen bilgi ve kayıtların saklanmasında ve korunmasında gizlilik ilkesi geçerlidir. **Bu fıkra hükümlerine aykırı ha-**

reket edenler hakkında, görev sırasında veya görevden dolayı işlenmiş olsa bile Cumhuriyet savcılarınca doğrudan soruşturma yapılır.

(Ek fıkra: 3/7/2005 – 5397/1 md.) Hâkim kararları ve yazılı emirler, Emniyet Genel Müdürlüğü İstihbarat Dairesi Başkanlığı görevlilerince yerine getirilir. İşlemin başladığı ve bitirildiği tarih ve saat ile işlemi yapanın kimliği bir tutanakla saptanır.

(Ek fıkra: 3/7/2005 – 5397/1 md.) Bu maddede yer alan faaliyetlerin denetimi, sıralı kurum amirleri, Emniyet Genel Müdürlüğü ve ilgili bakanlığın teftiş elemanları (...) [1] tarafından yapılır. [1]

(Ek fıkra: 3/7/2005 – 5397/1 md.) Bu maddede belirlenen usul ve esaslara aykırı dinlemeler hukuken geçerli sayılmaz ve bu şekilde dinleme yapanlar hakkında 26.9.2004 tarihli ve **5237 sayılı Türk Ceza Kanunu hükümlerine göre işlem yapılır.**

Bu şekilde sahte ve gerçeğe aykırı rapor ve evrak tanzim edenler, adli makamlara kasıtlı yanlış bilgi vererek karar alanlar, komplo hazırlama içerisinde olanlar, hukuka aykırı biçimde dinleme, izleme yapanların tüm suçlarını maddi delillerle ortaya çıkarmak mümkündür. Bunun için;

1- En başta hakikat hilafına gerekçeler göstererek İstanbul 250. madde ile yetkilendirilen mahkeme hâkimliğinde 07.11.2009 tarihinde aldıkları kararı; ilgili mahkeme hâkiminden, İstanbul İstihbarat Şubesinden, İstihbarat Daire Başkanlığından, TİB'den temin etmek mümkündür.

Yasa gereği bu kararları ve dinleme ile ilgili tutanakları denetim için hazır bulundurma mecburiyeti vardır. Bu kararda birden fazla IMEI veya tel no hakkında karar alınmış ise benim hakkımda alınan karar şu an bende mevcut ve kullandığım 531–73070** veya 531-73070** nolu telefon veya bu telefonun takılı olduğu 356423023390090 veya 354180034086415 nolu telefonun IMEI numarasına, ayrıca arkadaşım Necdet Kılış'ın 531-74287** nolu telefonu veya takılı olduğu 359740001170330 nolu IMEI numarası hakkında karar alındığı görülecektir.

2- Dinleme kararı hukuka aykırı olarak verilmiştir, yasal şartlara haiz değildir. Bu şekilde verilen kararlar ile kişilerin özgürlükleri tehdit altına alınmakta olup, bu tür kararların, veren kişilerin ve sorumluluğun tespiti için adalet müfettişleri marifetiyle soruşturma yapılması ve bu soruşturma sonunda suç işlediği belirlenen ilgililer hakkında resen C.savcıları tarafından tahkikat açılmasında zaruret vardır.

Verilen karardaki bu telefonların HTS raporu incelenirse (bu işi yapanlar her zaman bu bilgileri inceleme imkânına sahiptirler.) 531–73070** ve 531–73070** nolu telefonların konuşmaya açıldığı ilk günden bu yana yalnız bire bir iki telefonun karşılıklı görüşme ve mesajlaşması olduğu ve bu telefonlar, kararı almak için müracaat eden İstanbul İstihbarat Şubesinin görev alanında olmadığı görülecektir.

Esasen uzun süreden beri başta Emniyet Genel Müdürlüğü yöneticileri olmak üzere bazı kamu görevlilerini veya yakınlarının, hakikat hilafına oluşturulan rapor ve tutanaklara dayanarak bu konuyu düzenleyen 2559 sayılı yasanın ek 7. maddesine 3.07.2005 tarih ve 5397 S.K birinci maddesi ile eklenen hususlara aykırı olarak istihbari dinleme kararları alarak kanunsuz olarak dinlendiği, daha sonra burada elde edilen bilgileri kötü niyetli olarak kullanıldığı ortaya çıkan emarelerden anlaşılmaktadır.

Sorunun asıl kaynağının istihbarat birimlerinin önleme dinleme kararlarının 250. madde ile yetkili hâkimlerce usule uygun olmadan verilmesi, kişilerin numaralarına değil telefon makinesinin IMEI numarası gibi kimsenin bilmediği, gizlemeye elverişli veriler üzerinde verilmiş olmasından kaynaklanmaktadır. Halbuki bu IMEI numaralı telefonlar hangi numarada kullanılmaktadır diye araştırılıp öğrenilmesi mümkün iken, bu yapılmayıp gizlice devlet yöneticileri dahil herkesin kolayca dinlenmesine imkân sağlanmaktadır ve bu yöntemin çok yaygın olarak kullanıldığı ortaya çıkan emarelerden anlaşılmaktadır.

5397 sayılı yasa ile tanınan istihbari dinleme kararları, gizlilik gerekçesi ile denetlenmediğinden keyfilik yaratmaktadır. Bu kanunsuz dinlemeler, yıllar sonra da, her zaman ortaya çıkarılıp, ilgilileri hakkında işlem yapmak mümkün olduğu gibi, alınan kararlar ve dinleme bilgilerinin santraller dahil birçok yerde kayıtları olduğundan tüm izlerin silinmesi mümkün değildir.

Bu gün bu olayda maddi deliller vardır ve araştırılır ise yalnız hakkımda yapılan kanunsuz dinlemeler değil, tüm diğer kişiler hakkında yapılan kanunsuz izleme ve dinlemelerin delillerini bulmak mümkündür.

Bunu yapan kişiler hakkında davacı ve şikâyetçiyim, verilen kararların adli olarak incelenmesini, hukuka aykırı davranan tespit edilecek kişiler hakkında kanuni işlemlerin yapılmasını, kanuna aykırı olarak, **yasal unsurları taşımayan, numarasız, isimsiz verilen dinleme kararları ve verenler** hakkında kanuni gereğinin yapılmasını, bu işlemler için adalet mü-

fettişi görevlendirilmesini, ayrıca İstanbul ve Ankara C.Başsavcılıklarına konunun araştırılması için bildirimde bulunulmasını arz ve talep ederim.
12.01.2010

Hanefi AVCI
(imza)

Eskişehir Emniyet Müdürlüğü
Tel özel : 0505-217****[2] ve 0532-436****
Tel iş: 0505-826****
İş : 0-222-230**** ve 233****
e-mail: hanefiavci@yahoo.com

Dilekçeyi verip Eskişehir'e döndüm. Hukuksuz olarak yapılan önleme dinlemelerinin nasıl ortaya çıkarılacağını anlatan notu yazdım ve kapalı zarfla Adalet Bakanına verilmek üzere Bakanın Özel Kalem Müdürüne yine polis Ramazan ile bir gün sonra gönderdim.

Bu not olayı biraz daha ayrıntılı açıklayacak şekilde İstihbari Amaçlı Önleme Dinlemeleri ile İlgili Sorunlar başlıklıydı. Aynısı ile aşağıdaki gibi idi:

İstihbari Amaçlı Önleme Dinlemeleri ile İlgili Sorunlar

1- Dinlenmek istenen kişiler, kamuoyunda bilinen, adları duyulan şahıslar ise isimleri yanlış yazılarak, başkaları adına karar alınıp dinleme yapılmaktadır. Hiç kimse bu telefon bu isme kayıtlı mıdır diye kontrol etmemektedir, bu boşluktan yaralanan kötü niyetli kişiler kanunsuz dinleme yapmakta ve buradan elde edilen bilgiler şantaj vb. başka amaçlarla kullanılmaktadır.

2- Telefon numarasına değil, numarayı bilmelerine rağmen telefon makinesinin IMEI numarası üzerinden karar alınmaktadır. Hiç kimse kullandığı telefonun IMEI numarasını bilmediğinden tüm devlet yetkilileri dahil herkesin bu şekilde dinlenme imkânı vardır, zaten bir süre sonra telefon

2 Gizlilik amacıyla orijinal belgede açıkça belirtilen telefon numaralarının son dört hanesi gizlenmiştir.

makineleri eskiyip değiştirildiğinden, kimin kimi dinlediğinin anlaşılması mümkün değildir.

Bezen hiç isim, telefon numarası dahi yazmadan kanuni şartları taşımayan sadece IMEI numarası üzerinden dinleme kararları alınmaktadır.

3- Önleme dinlemelerinde kanunun "..hakkında tedbir uygulanacak **kişinin kimliği, iletişim aracının türü, kullandığı telefon numaraları veya iletişim bağlantısını tespite imkân veren kodundan belirlenebilenler** ile .....hâkim ... karar verebilir" dendiğinden illegal terörist örgütleri takip için kolaylık olarak verilen bu inisiyatiften istifade ile dinlenmek istenen kamuoyunca tanınan kişilerin kimlikleri, telefon numaraları vs. her şey bilinmesine rağmen isimsiz, numarasız, hatta yalnız makine numarası üzerinden kararlar alınmaktadır. **Hâkimler çok miktarda isimsiz dinleme kararı vermektedir**. Herkesin bu yöntemle kanunsuz olarak dinlenme imkânı vardır.

4- Kanunsuz olarak denetlenmek istenen kişilerin önce telefonlarının HTS raporları incelenip kimlerle özel ilişkilerinin olduğu tespit edilip, sonra bu numaralar aynı şekilde makine numarası IMEI üzerinden dinlenerek kişilerin özel hayatlarına ait bilgiler toplanıp kullanılmaktadır.

5- İstihbarat birimlerinin elinde bulunan veri bankaları, telefon detayları, toplu HTS raporları vs. bilgiler hukuksuz dinlemeden elde edilen bilgilerle birleştirilerek kişilerin özel hayatları ile ilgili önemli sırlara ulaşılıp kötü niyetli kullanıldığına dair emareler vardır. Bu şekilde daha sofistike yöntemlerle elde edilen bu bilgilerin denetimsiz, kim oldukları belli olmayan kişilerce ve kötü kullanımının sıradan insanların hayatlarını karartmada kullanılmasının önü alınmalıdır, bu gün yapılanların bir kısmını anlamakta bile zorlanılmaktadır, gelecekte mani olmak çok zor olacaktır.

6- Önleme dinlemelerinde kullanılan sahte mahkeme kararı olup olmadığının araştırılmasında fayda vardır. Bazı kararların şekline göre hâkimler tarafında verilemeyecek vasıf ve nitelikte olduğu değerlendirilmektedir.

7- Önleme dinlemelerini yapan kişiler ve dinleme kayıtlarının mevzuata göre Emniyet Genel Müdürlüğü, Jandarma Genel Komutanlığı ve MİT yetkililerinin üst amirleri, müfettişler, ilgili bakanlığın müfettişlerince denetlenmesi gerekir iken bu güne kadar denetlenmediğinden dolayı keyfi bir ortam yaratılmakta olup çok sayıda kişi kanunsuz olarak dinlenmektedir.

8- Kanunsuz olarak yapılan dinlemelerde elde edilen bilgiler birçok kişi ve yetkili için tehdit, şantaj ve ekonomik çıkar amaçlı kullanıldığına dair ciddi emareler vardır.

Bu durumu önlemek için;

Öncelikle TİB Başkanlığında yapılacak bir çalışma ile, 2007 yılından bu yana

1- Telefon IMEI numarası üzerinden alınan kararlardaki IMEI noları
2- İsimsiz telefon numaraları üzerinden alınan kararlardaki numaraların kimlere ait oldukları belirlenip gerçeğinden farklı olarak yazılıp alınan kararlarla ilgili olarak (hangi telefonun kimin tarafında kullanıldığının istihbarat birimlerinin elindeki bilgilere göre tespit edilememesi imkânsızdır.)
1- İsimleri bilinmesine rağmen isimsiz yapılan sadece IMEI ile dinleme taleplerinin,
2- Kasıtlı yanlış verilen isimlerin,
3- Kamu görevlisi olduğu, her türlü faaliyetleri bilindiği halde, sanki ideolojik veya başka örgüt mensubu gibi gösterilen kişilerin,
4- Üst düzey kamu görevlilerinin, özellikle İçişleri Bankalığı ve Emniyet Genel Müdürlüğü yöneticilerinin Bakan ve Genel Müdürden habersiz dinlemelerin,
5- Gösterilen önleme dinleme kararlarının, hâkim kararı olup olmadığının,

ilgili kurumların güvenilir müfettiş grupları, c. savcıları marifetiyle araştırılmasında fayda vardır.

Dinleme kararı alırken istihbarat birimlerinin hazırlayıp hâkime sundukları yazı ve raporlarda örgüt mensubu, organize, uyuşturucu vs. faaliyetleri demelerine rağmen dinlenen telefonların alakasız kişilere ve özellikle kamu görevlileri ve özel ilişkilere ait olanların hukuksuz, özel amaçlı olduğu anlaşılacağından ilgilileri hakkında işlem yapılmalıdır.

Şu kesindir ki yapılacak incelemede; başka kişiler ve örgütler adına denerek isimsiz, yalnız makine numarası IMEI üzerinden karar alınarak, dinlenen kişilerin çok fazla olduğu ortaya çıkacaktır.

Sonra adalet müfettişleri marifetiyle dinleme kararlarının kanuna uygunluğu araştırılmalı ve sahte veya kanuna uygun olmayan kararlarla ilgili olarak işlem yapılmalı, bu konuda gerekiyorsa mevzuat düzenlemesi yapılmalıdır.

Ayrıca önleme dinlemelerinin kanundaki terör örgütleri, casusluk gibi çok özel kişileri izlemek için konan dinlemek istenen telefonla ilgili temin edilebilen bilgiler üzerine de dinleme karar verilmesi kolaylıkları, kötü niyetle, tehdit, şantaj vs. amaçlarla kullanılma ihtimaline binaen Adalet Bakanlığınca istihbari dinleme yapan kurumlara resmi yazı yazılarak kurum amirleri ve müfettişlerce bu dinleme sistemlerinin denetlenmesi usul haline getirilmelidir.

Hukuka aykırı olarak dinlendiğini değerlendirdiğimiz telefonlar İstanbul'da yapılan kanunsuz dinlemelere örnekler:

0531-73070** - 0531-73070** İstanbul Emniyet Müdürlüğü İstihbarat birimince Hanefi Avcı'yla ilgili olarak 07/11/2009 tarihli İstanbul 250. madde ile yetkili mahkeme hâkiminden alınan hâkim kararı ile 356423023390090 IMEI üzerinden dinlenmekte olup aslında bu telefonları kimin kullandığının bilinmesine rağmen başkası adına IMEI numarasına göre karar alınmıştır. Ayrıca İstanbul'da bile kullanılmamaktadır. Gerçek Kullanıcısı H. AVCI

0531-74287** nolu (Necdet Kılıç'a ait olup 359740001170330 IMEI üzerinden aynı kararla) ancak Hanefi AVCI'dan dolayı dinlenmekte olup arkadaşına aittir.

Ankara'da yapılan kanunsuz dinlemelere örnekler:

Sabri UZUN Emniyet Genel Müdürlüğünde 1.Sınıf Emniyet Müdürü.

Hüseyin ÖZALP Emniyet Genel Müdürlüğü Asayiş Daire Başkanı.

Mustafa AYDIN Sakarya Eski Emniyet Müdürü

Namık DEMİR Nüfus Vatandaşlık İşleri Genel Müdür Yardımcısı

Daha birçok bakanlık üst düzey yöneticisi, İçişleri Bakanının ve Emniyet Genel Müdürünün bilgisi dışında, Ankara İstihbarat Daire Başkanlığı tarafından hukuksuz olarak telefon IMEI ve başka isimler adına alınmış kararlarla uzun süredir (en az 2 yıl öncesinden başlayarak) dinlenmektedir.

Konuyu Düzenleyen 03/07/2005 tarihli 5397 S.K. ilgili kanunlarda değişiklik yapan mevcut mevzuatımıza göre;

.... Sürenin dolması veya hâkim tarafından aksine karar verilmesi halinde tedbir derhal kaldırılır. Bu halde dinlemenin içeriğine ilişkin kayıtlar en geç on gün içinde yok edilir; durum bir tutanakla tespit olunur ve **bu tutanak denetimde ibraz edilmek üzere muhafaza edilir.**

.... Bu maddede yer alan faaliyetlerin **denetimi, sıralı kurum amirleri, ... ve ilgili bakanlığın teftiş elemanları (...)** [1] **tarafından yapılır.** [1]

.....

Bu fıkra hükümlerine aykırı hareket edenler hakkında, görev sırasında veya görevden dolayı işlenmiş olsa bile Cumhuriyet savcılarınca doğrudan soruşturma yapılır.

.....

Bu maddede belirlenen usul ve esaslara aykırı dinlemeler hukuken geçerli sayılmaz ve bu şekilde dinleme yapanlar hakkında 26.9.2004 tarihli ve **5237 sayılı Türk Ceza Kanunu hükümlerine göre işlem yapılır.**

.....

Hâkim kararları ve yazılı emirler, ... görevlilerince yerine getirilir. İşlemin başladığı ve bitirildiği tarih ve saat ile işlemi yapanın kimliği bir tutanakla saptanır.

denmektedir.

Not bu şekilde bitiyordu.

Bu işin zorluğu ve aynı yöntemlerin Ergenekon ve benzeri tahkikatlarda askeri kademedeki kişilere yönelik olarak uygulandığı için tahkikatların şaibe altında kalması ihtimali nedeniyle bende işin üzerine tam olarak gidilemeyeceği şüphesi oluşmuştu. Bunun için Başbakana ulaşmalı, bu kanunsuz dinlemeleri ve insanlara tuzak kuranları anlatmalıydım. Doğrudan Başbakanla konuşmak istemiyordum, bunun için en güzel aracı Başbakanlık Müsteşarı Efkan Ala idi. Müsteşarla konuşmak için randevu ayarlamaya çalıştım. Sonunda eskiden beri tanıdığım Başbakanlık Müsteşarından randevu aldım ve ona bildiklerimi anlattım. İstihbarat biriminin yaptığı kanunsuzluğu, birçok kişiyi başka kişilerin adıyla, isimsiz IMEİ numarasıyla dinlediklerini, hatta ikimizin de müşterek dostu olan kişilerden isimler vererek dinlenen daire başkanı, genel müdür rütbesindeki kişileri anlattım. Son soruşturmaların şaibe altında kalmaması için konunun gerektiği gibi denetlenemeyeceği kaygısını taşıdığımı, durumu Başbakana aktarması gerektiğini ifade ettim. Sayın Müsteşar meseleyi İçişleri Bakanıyla görüşeceğini söyleyince, bakanla görüştüğümü, konunun Başbakana anlatılması gerektiğini dile getirdim.

Sonuç olarak, benim üzerime düşen görevi, sistemin harekete geçmesi için elimden gelen her şeyi yaptığımı, kesin maddi delillerin nereden bulunacağını gösterdiğimi, kısa sürede müfettişlerin harekete geçtiğini, yakında müfettişlerin davacı olarak benim de ifademi alacaklarını, diğer yandan adalet müfettişlerinin hukuka aykırı kararlar veren hâkimler hakkında tahkikata başladığını, Adalet Bakanlığının şikâyetimi iletmesi üzerine Ankara ve İstanbul savcılarının harekete geçtiğini düşünüyordum. Oysaki öyle olmamıştı.

Daha sonra İçişleri Bakanına bu konuda yaptıklarımı anlatmak, bilgi vermek üzere kendisinden bir iki defa randevu istedimse de cevap alamadım.

28.01.2010 tarihinde Ankara'da tüm İl Emniyet Müdürlerinin katılımı ile Emniyet Genel Müdürlüğünce bir toplantı tertiplenmişti. Toplantıya ara verildiğinde Emniyet Genel Müdürü Oğuz Kaan Köksal'ın beni görmek istediğini öğrendim. Toplantı yapılan binanın üst katındaki bir odada kendisiyle görüştüğümüzde, bana "Dilekçeni iade ediyoruz, müfettiş incelemesi yaptıramıyoruz çünkü bir defa müfettişler görevlendirilir ise kontrol edilemeyebilir, her şeyi araştırabilirler, bundan dolayı bakan dilekçenin iadesini istedi, ben de geri veriyorum." dedi ve zarfı bana verdi. Bunun olamayacağını, dilekçenin işleme konmasını istediğimi söyleyerek ısrar ettimse de alamayacağını, istiyorsam bakana benim vermemi söyledi.

Dilekçemi iadeli taahhütlü olarak gönderebilirdim ama denetlemek istemeyen bir idareye ısrarla dilekçe vermenin ne manası olacaktı. Başta hem bakan hem de genel müdür meselenin üstüne gidip konuyu denetlemek istiyorlardı, hatta bakan doğrudan müfettiş gönderip denetletelim deyince ben yazılı dilekçe vererek işi kolaylaştıracağımı söyleyip dilekçe vermiştim. Ama şimdi İçişleri Bakanı denetim yapmıyordu, bakanı durduran kim ve ne olabilirdi, başbakandan başka kim olabilirdi ki?

Belki Başbakan gerçeği tam bilmiyordu, son dönem Ergenekon operasyonları ve bu operasyonları gerçekleştirenler benim şikâyetimle şaibe altında kalır tereddüdü taşıyarak tahkikatı durdurmuştu. Olayın aslını bilse, devletin bir cemaatin eline geçmeye başladığı, ilerde telafisi mümkün olamayacak sıkıntıların çıkacağı anlatılırsa inceleme yaptırabileceği düşüncesiyle son bir kez meselenin etraflıca kendisine anlatılmasına çalışmaya karar verdim.

Başbakan'ın yüzde yüz güvendiği, kafası çalışan, sır saklayabilecek ve ona anlatacaklarımı kesinlikle başbakana aktaracağına inandığım Baş Danışman'a olayı anlattım. Kendisini ikna edecek notlar okuttum ve konunun ciddiyetini, cemaatin nerelere kadar sızdığını, neler yaptığını, ülkenin güvenliğinin ve insanların özgürlüklerinin tehlikede olduğunu anlatmaya çalıştım. Aradan zaman geçmesine rağmen hareket görmeyince bu kitabın bir an önce yazılması gerektiğine inanıp yazmaya karar verdim.

Bu arada Adalet Bakanlığındaki dilekçeme ne yapıldığıyla ilgili bilgi beklerken, İl Savcılığından Adalet Bakanlığına yaptığım 12.01.2010 tarihli müracaat dilekçesinin 25.03.2010 tarihinde işleme konduğunu dair tebligatı 31.03.2010 günü aldım. 80 gün dilekçem işleme konmadan bekletilmişti. Kim, niçin dilekçemi işleme koymuyordu, neden araştırma ve soruşturma açılmıyordu? Ve ben bu tarihten sonra yapılacaklara nasıl güvenecektim? Üstelik yeni edindiğim bir bilgiye göre de cemaatin Adalet Bakanlığındaki çok önemli elamanlarından biri, Teftiş Kurulu Başkan Yardımcısıymış. Bunu öğrenince, bunca savcı ve hâkimin üstelik Ankara ve İstanbul dahil olmak üzere büyük illerin cumhuriyet başsavcılarının neden ve nasıl dinlendiğini anlamaya başladım.

Bu kadarına müsaade edilmemeliydi, yaptılarsa da karşılığını görmelilerdi. Sudan sebeplerle ilin başsavcısı nasıl dinlenirdi ki, hangi delil, hangi emare bunu gerektirirdi? Bunca hâkim ve savcının dinlenmesinden elde edilen bilgilere dayanılarak takip edilip gizlice fotoğraflarının çekilmediğine, uygunsuz durumlarının fotoğraf ve filme alınmadığına ve gerektiğinde belli davalarda bir şantaj aracı olarak kullanılmadığına kim garanti verebilir? Bence bu şekilde kullanıldığından hiç kuşku yoktur. Bunun yapıldığının emareleri artık her gün basında yer alıyor.

Bütün bu dinlemeler emniyet birimlerinde, cemaatin en güçlü olduğu yerlerde yaptırılmış ve tüm dinlemeler Emniyet tarafından gerçekleştirilmişti. Belki de Emniyete bu imkânı vermek, kilit yerlerdeki hâkim ve savcıların açığını bulmak için bu tertipler hazırlanmıştı, çünkü istihbari dinleme veren hâkimler sadece dinleme kararı vermiyor, dinleme kararı ile birlikte teknik aletlerle izleme ve takip (fotoğraf çekme, kamera ile filme alma) yapılmasına da izin veriyorlardı. Kararlar çoğunlukla böyleydi. Bu bilinen dinlemelerin haricinde hangi Yargıtay üyesinin, hangi hâkimin, kendisi veya yakının telefonları başka isimlerle veya IMEI numaraları ile hâlâ dinlenmektedir? Bu bilinen yöntemlerin haricinde özel alet ve cihazlarla kimler hakkında çalışma yapılmaktadır?

Danıştay Olayı

İlk garip olay Alparslan Arslan'ın Danıştay saldırısıdır. Aslında bu olay öncesinde bu kişi hakkında poliste hiçbir bilgi yoktu. Öncelikle bu eylemi hangi örgüt adına, kimlerle beraber yaptığı gibi soruların cevabının hızla bulunması gerekiyordu. Bunun için önce üzerinde bulunan telefonların irtibatlarına bakılarak kimlerle görüştüğü, dolayısıyla bu eylemi hangi örgüt adına yaptığı tespit edilmeye çalışılıyordu. Bu, istihbarat biriminin her zaman ilk başvurduğu en kolay ve basit yöntemdi, çoğu zaman işe yarıyor ancak dikkat edilmediğinde de aldatıcı olabiliyordu.

O gün Alparslan Arslan'ın telefonlarını hızla inceleyen Ankara polisi tek tek kimle, ne zamandan beri, ne sebeple ve ne kadar görüşmüş olabilir gibi soruları araştırdıktan sonra görüştüğü kişiler hakkında kanaat sahibi olması gerekirken, ilk bakışta görüştüğü kişiler arasında Muzaffer Tekin'i görünce hemen karara varıp olayın failinin bir süredir izledikleri Ergenekon örgütü olduğunu açıkladılar. Aslında olayın çok iyi tahlil edilmesi ve araştırılması gerekiyordu ama bunun için zaman yoktu.

Fail kadar, cenazeye katılanların önyargılı tavrı, hükümet üyelerine yönelik protestoyu aşıp saldırı derecesine varan tutumları, Ankara polisinin ince tahkikat yapmasını engelledi. Muzaffer Tekin ve arkadaşlarının, arandıklarını duyduklarındaki davranışları, komando olarak yetiştirilmiş eğitimli emekli birer asker olmalarına rağmen aslında bu konularda tecrübesiz ve çaresiz olmaları ve üstüne üstlük yaptıkları manasız hatalar ile kendilerini makul insanlar nazarında bile şüpheli durumuna soktular. Polisin istihbarat birimlerindeki Ergenekon'u ortay çıkarma çabasına, tüm büyük ve vahim olayları Ergenekon'a bağlama şeklindeki cemaatten gelme anlayış eklenince bir anda Danıştay olayı ciddi hiçbir delile dayanmadan Ergenekon örgütüne bağlandı.

Aslında Muzaffer Tekin ve yakınındaki kişiler epey süredir istihbari olarak dinleniyor ve izleniyorlardı. Bu kişilerin zihniyet yapıları itibarıyla kendilerini her şeyin üstünde ve her şeyi yapmaya muktedir görmeleri, kendilerince ülke için kahramanlık yapmaya hazır bir tutum içinde bulunmaları ve böylece kendilerine toplum içinde ve vatansever gözüken çevrelerde yer ve kredi edinme çabaları polisin onlardan şüphelenmesine yol açtı. Ancak ilk açıklamada hata vardı, çok fazla şüpheli nokta bulunuyordu, saldırının arkasındaki örgütü ispatlayacak kadar delil olmamasına rağmen bir defa olayın failinin Ergenekon'la bağlantılı kişiler olduğu söylenmişti, geri dönülmeyecekti.

Ankara polisi olayın faili olarak Alparslan Arslan'ın arkasında Muzaffer Tekin ve Ergenekon'la bağlantılı bir örgütün olduğunu söylerken, yakalanan tüm kişilerin yaşadığı yer itibarıyla olayı inceleyen İstanbul polisi, daha doğrusu İstanbul istihbarat birimi olayın failinin arkasında Ergenekon değil, Şeyh Salih Kurter olduğunu ileri sürüyordu. Ankara artık gerçeği bulmak yerine, olayın Ergenekon'la bağlantısını kurmak için her şeyi ve her yöntemi denemeye başladı. Gerekirse her şeyi çarpıtarak kullanmak normal kabul edilir hale geldi.

Danıştay'ın güvenlik sistemini Oyak Güvenlik yapmıştı, bir süre sonra kamera görüntülerinin silindiği iddiası ortaya atıldı. Olay anı değil, eylemden bir gün önce Alparslan Arslan'ın Danıştay'a giriş-çıkış ve keşif görüntüleri silinmişti. Doğru olup olmadığı kesin olarak bilinmeden herkes buna inandırılmaya çalışılıyordu. Bu anlatılanlar doğru muydu, failin arkasındaki örgüt bir gün önceki keşif görüntülerini silmiş miydi? Bu kadar geniş imkânlara sahip olan, Danıştay'ın kamera ve güvenlik sistemini kuran ve profesyonel olarak eğitilmiş bir güce sahip bir örgütün keşif yapmasına ne gerek vardı ki? Niye eylem bu kadar basit, acemice ve amatörce yapılsın? Operasyon ve silahlar konusunda birinci sınıf düzeyde olan kişiler böyle amatörce bir iş yapar mıydı? Madem sistemin içine bu kadar girmişlerdi, neden kayıt yaptırıp sonra silsinler? Öyle olsa hiçbir şekilde kayıt yaptırmazlar, kayıtları bozarlardı. Daha garibi o zaman bu işte kullanılan teknisyenler olaydaki firmanın rolünü, kayıtların silinmesini isteyenlerin Danıştay saldırısıyla bağlantılı olduğunu anlamayacak mıydı? Bu durum faillerin kim olduğu hakkındaki bilgilerin yayılmasını sağlamaz mıydı? Aslında garip olan bu kadar basit ve mantıksız şeyleri bile doğruymuş gibi yayarak insanları bunlara inandırmaya kalkmak, buna inanmaktır.

Bununla birlikte bu ülke aslında bu tür garip olayları geçmişte de gördü:

1- Özal'a yapılan suikastın arkasında ne kadar örgüt arasanız da olayın faili Kartal Demirağ hâlâ herkese hikâyesini anlatıyor ama o an polisler onu vursaydı yüz türlü komplo teorimiz olurdu.

2- Gümüşhane Baro Başkanını Adana'dan Gümüşhane'ye giderek vuran kişinin hikâyesi neydi?

3- Cumhurbaşkan Demirel'i vuran İbrahim Gümrükçüoğlu'nun hikâyesi neydi?

On yıl sonra da Alparslan Aslan yine bu ülkede olacak, belki cezasını çekip çıkacak. Olayın tüm ayrıntılarını anlatacak. Bu olayın arkasında Ergenekon'u arayanların suni çabaları boşa çıkacak veya hepimizi kendi yalanlarına inandıracaklar. Gerçeği çarpıtarak yapılacak yargılamadan hiç kimse kârlı çıkamayacaktır.

İddialarımın ispatı için istihbari dinleme kayıtlarına bakılması yeterli olacaktır. Muzaffer Tekin başta olmak üzere Danıştay olayı ile ilgili olarak Alparslan Aslan ile irtibatlı olduğu iddia edilerek İstanbul'da gözaltına alınan herkesin Danıştay olayından en az bir yıl önce dinlendiği ortaya çıkacaktır. Bu dinleme kayıtları açıkça ortaya konulursa, bu kişilerin olaydaki rolleri net olarak anlaşılır. Benim aldığım bilgiye göre, bu kişilerin konuşmalarında onların garip ilişkiler içerisinde olduğunu gösteren emareler vardı ama Danıştay olayı ile ilgili hiçbir şey yoktu. Sadece bazılarının Alparslan Aslan ile telefonla görüştüğünü gösteriyordu o kadar. En ufak fikir birliği mevcut değildi. Gerçeğin ispatına değil, olayın bu kişilerle irtibatlandırılmasına çalışılıyordu. Bu kişilerin gerçek suçu neyse ortaya çıkarılmalı ama kimseye yapmadığı bir suç isnat edilmemeli. Bu, korkunç bir şeydir.

KOM Daire Başkanı olduğum 2004 yılında Doğuş Faktoring'in sahibi Ertuğrul Yılmaz'ın Almanya'da öldürülmesi olayını aydınlatmak için Muzaffer Tekin'in çalıştığı Doğuş Faktoring isimli işyeri ile irtibatlı kişileri uzun süre dinlemiştik, zannederim bilgileri hem mahkemede hem de hâlâ dosyasındadır. Danıştay olayı ile ilgileri olsa veya böyle illegal bir örgütlemenin içerisinde bulunsalardı, o tarihteki dinlemelerde bu durumun ipuçlarına ulaşılması gerekirdi.

Erzincan Olayı

Erzincan dosyası tarafsız bir gözle incelendiği takdirde gerçeğin apaçık görüleceğine inanıyorum. Ortada yazılmayan, dosyada olmayan iddialar ve deliller var, bu saklanan iddia ve deliller uğruna görülen dava, akıllara ziyan şekilde hukuk tanınmaksızın devam ediyor. Ben bu davanın arka planını, dosyada bulunmayan iddiaların bir kısmını farklı kişilerden dinleyerek biliyorum, bir kısmını ise olup bitenlerden çıkarıyorum. Aslında zihnimde bu davanın arka planını tamamladım.

Bence Erzincan'daki olaylar nedeniyle bu davayı savunanlar Erzincan Cumhuriyet Başsavcısı İlhan Cihaner, Eskişehir Jandarma Alay Komutanı Kıdemli Albay Recep Gençoğlu ve 3. Ordu Komutanı Orgeneral Saldıray Berk hakkındaki yazılı olmayan iddialarını anlatsalar, sonra bu iddialara maruz kalan kişiler kendilerini savunsalar dedikoduların, muhtelif yerlere sızmış cemaat elamanlarının (bazen yanlış bilgi alarak) olayları nerelere taşıdığını, cemaat varsayımlarının sonucunun nerelere vardığını net olarak görürüz.

Mesela Sayın Başbakan Cihaner'i ve diğer tutuklanan görevlileri davet edip "Sayın savcı, sayın alay komutanı, sayın ordu komutanı ne yapmak istiyordunuz, neler planlıyordunuz," diye sorsa, aldığı cevaplarla tatmin olmazsa, kendisine intikal eden bilgileri anlatarak "Bunlara ne diyorsunuz," dese ve onlardan cevap alsa bu olayın nasıl çığırından çıktığı net olarak anlaşılırdı.

Erzincan olayının görünen değil arka planı, aslı nedir? Bu olayı nasıl yorumluyorum?

Erzincan Olayı ile İlgili Genel Bilgilerim:

2009 yılının temmuz, ağustos aylarında Eskişehir'e tayin olduğumda şu an bu davada adı geçen Erzincan Jandarma Alay Komutanı Recep Gençoğlu'nun tayini Eskişehir'e çıkmıştı. Fakat daha kendisi gelmeden hakkında cemaat kanallarından veya onların etkilediği çevrelerden olumsuz bilgiler ulaşmaya başlamıştı. Müslüman kesimler, cemaatler üzerine iftiraya varan tahkikatlar yapan birisi olarak konuşuluyordu. Bu söylentilerden ben de biraz etkilenmiştim aslında, zira ordu ve jandarma içinde ideolojik bir bakış açısıyla İslami gruplara düşmanca bakan epey kişi görmüştüm, herhalde Recep Albay da onlardan biridir diye düşünmüştüm.

Recep Gençoğlu gelip göreve başladı, her şeyi ile normal gözüküyordu. Bir süre sonra Erzurum özel yetkili savcılığı tahkikata başladı, Erzincan Jandarma alayında arama yaptı, bazı subay ve astsubayları gözaltına aldı, MİT'e baskın yaptı. İşte o sıralarda Recep Albay'a olayı sordum. Orada yaptıklarını, olayı, soruşturmaları, bugün adı duyulan kişilerin genel davranışlarını, eğilimlerini vs. uzunca samimi olarak anlattı. Bana göre anlatımları büyük oranda doğruydu. Sonra albay Gençoğlu'nu ve savcı Cihaner'i hatalı gören o bölgedeki emniyetçileri dinledim. Ayrıca Erzincan Emniyet Müdürlüğündeki bazı rütbeli görevlilerle konuştum, davada neler olup bittiğini, gölette bulunan silahları, vs. sordum. Daha sonra Erzincan ve Erzurum'daki olayları izleyen Ankara'daki üst düzey yönetimdeki kişilerle görüşürken bu olay hakkında onların sahip olduğu bilgileri öğrendim. Olayların geri planını bilen, bu konuda yazıp çizen gazetecilerin bu konudaki bilgilerini dinledim.

Bu tür olaylardaki kişi ve grupların bildiğim tavırlarını edindiğim bu bilgilerle birlikte yorumlayıp değerlendirdiğimde Erzincan Savcısının, Alay Komutanının, MİT Bölge Müdürünün tutuklanmasına yol açan bu davanın görünmeyen yönünü kendimce tespit etmiş oldum.

Erzincan Savcısı İlhan Cihaner iyi bir hukukçu olmasına rağmen dini konular, tarikatlar ve gruplar konusunda olumsuz düşünen bir kişiydi. Küçük çocukların Kuran kurslarına izinsiz gönderilmesini ve cemaatlerin izinsiz veya başka adlar altında izinli olarak yürüttükleri sosyal faaliyetlerini yasal dayanağı olmasa da ciddi suçlar olarak değerlendirip bizzat kendisi bu grupların üzerine gitmek istiyordu. Hâlbuki ülke genelinde uygulamadaki teamüller gereği, davaları savcı yardımcılarına dağıtarak kendisinin yalnızca çalışmaları koordine etmesi, ancak çok özel durumlarda devreye girmesi gerekirken tüm çalışmaları bizzat kendisi takip ediyordu. 3. Ordu Komutanı ile çok samimilerdi, samimiyetlerinin kaynağı da bu konudaki ortak hassasiyetleri, görevlerini şahsi bir mesele olarak da benimsemeleriydi.

3. Ordu Komutanı, pek çok yerde radikal konuşmaları ile bilinen, hükümet hakkında ağır eleştirilerde bulunan, aşırı laik görüşlerini her fırsatta dile getiren, dini grup ve cemaatlere karşı görev gereği de olsa tavır alan herkesi destekler gözüken, bu çalışmaları cesaretlendirme yönünde bir tutum içinde olan bir kişiydi. Belki öyle biri değildi ama çevresinde bu havayı hissettirmişti, dini grup ve tarikatlara karşı müsamahasız bir kişi olarak biliniyordu. Recep Albay aslında klasik bir jandarma komutanıydı; belki askerlerin son yıllardaki tavırlarının etkisinde kalarak aşırı laik yönünü fazlaca öne çıkarmış, klasik polis-jandarma görev ayrımında yasal yetkileriyle sınırlı kalmayıp her şeyi yapmayı kendisinde hak gören, görev bölgesini genişletmek isteyen, bununla birlikte aşırı yönleri çok fazla ve baskın olmayan biriydi.

İzinsiz çalışan Kuran kurslarına yönelik Erzincan'da savcı İlhan Cihaner denetiminde, polis ve jandarma ile beraber başlatılan soruşturmalar hızla ilerleyip İsmailağa Cemaatine kayıyor. Emniyetten bilgi sızdığı iddiaları olduğundan soruşturma ağırlıklı olarak jandarmaya veriliyor, polis bölgesinde de jandarmanın görev yapması savcı tarafından isteniyor ve bu sağlanıyor (bu, savcı Cihaner'in yanlış bir davranışıdır). İsmailağa Cemaatine yönelik soruşturma genişliyor, bu çevreye yakın herkes ilişkilendirilerek başka illerdeki irtibatlı kişiler de operasyonun hedefi haline getiriliyor. Erzincan dışındaki illerde de bazı kişiler dinleniyor, hedef kişi sayısı 235'e ulaşıyor. Ülkemizdeki siyaset anlayışında bir partiyi destekleyip ona oy vererek iktidara taşıyanların o partinin olanaklarından nemalanmak istemesi herkesin malumu. Bu mantık gereği nasıl geçmişte sol belediyelerde sol fraksiyonlar güçlerine göre belediyelere kendi gruplarından işçi alınmasını, kendilerine çıkar sağlanmasını istemişlerse bugün de oy ve destek veren cemaat, tarikat ve dini gruplar güçlerine göre mahalli yönetimlerde işe alma, ihale, ruhsat gibi olanakların kendilerine sağlanmasını istiyor. Bu anlamda bir kadrolaşmanın var olduğu da bilinen hususlardandır. Erzincan'da savcı Cihaner'in yaptığı tahkikatta da bu türden kadrolaşma örneklerinin bolca tespit edildiği anlaşılıyor.

İlhan Cihaner sadece soruşturmayı talimat vererek jandarma marifetiyle yürütmekle kalmayıp sanki bir polis ya da jandarma gibi bilgi kaynakları (ihbarcı ya da ajan) ile de görüşmeye başlıyor, bilgi alıyor ve bu bilgilerin bir kısmını jandarmaya yönlendiriyor. Ayrıca yeni kaynaklar bulunması için çalışıyor. Bu arada savcı Cihaner yalnızca kendisinin bildiği, herkesten gizlediği ikinci bir soruşturma daha açıyor. Bu dosyanın Fethullah Gülen cemaatinin bölgedeki örgütlemesi üzerine olduğu çok sonradan anlaşılıyor. Recep Albay bile bu soruşturmayı adalet müfettişlerinin incelemesi sırasında sonradan öğreniyor.

İşte tüm bu gelişmeler, savcı Cihaner'in jandarmayla beraber yürüttüğü İsmailağa cemaati tahkikatı, herkesten gizlediği Gülen cemaati soruşturmaları, muhbir ve ajanlardan doğrudan kendisinin bilgi alması, 3. Ordu Komutanı ile sık sık görüşmesi karşı cepheyi harekete geçiriyor. Cemaat savcı Cihaner'in ne yaptığını öğrenmeye başlamış. Onun kimlerle görüştüğü, kimlerden hangi bilgileri aldığı hızla tespit edilerek, teknik denetim altına alınmış. Savcı Cihaner, albay Recep Gençoğlu ve diğerleri dinlemeye alınmış, her ilişkileri belirlenmiş. Hatta kendileri hâlâ farkında değillerdir ama teşkilatları içerisinde, yakınları arasında ajanlar bile elde edilmiş, cemaatin jandarma, yargı ve ordu içerisindeki unsurları kimisi gizli bilgiler vererek, kimisi yapılan iş ve işlemleri takip ederek, kimisi de çift taraflı ajan olarak bilgi taşımaya başlamıştır.

Ancak bunlar yeterli değildir. Ankara'nın desteği gereklidir. Bu desteği de cemaat ayarlar. Savcı Cihaner'in hukuki olarak aşırıya varan davranışları Ankara'yı tahrik etmek için yeterli değildir, bu nedenle daha ciddi, daha büyük iddialara ihtiyaç vardır. Dolayısıyla sistem çalışır, cemaatin koordinesinde Erzurum Özel Yetkili Savcılığının verdiği kararlarla Erzincan ve Erzurum Emniyet İstihbarat birimlerince yapılan dinlemelerde ortaya çıkan en ufak bir hareket, plan, olay ya da görüşme abartılarak yazılmaya başlanır. Ankara'ya iletilen raporlarda savcı Cihaner, Albay Recep Gençoğlu, 3. Ordu Komutanı Berk ve diğer kişilerin plan yaptığı ve bu plan çerçevesinde gerçekleştirmek istedikleri iki şey olduğu bildirilir.

Birinci olarak, savcı Cihaner'in askerin desteği ile İsmailağa cemaati tahkikatını genişleterek hükümetin tüm üyelerini suçlayacağı, İstanbul, Bursa ve Tokat başta olmak üzere tüm hükümet yanlısı belediyeleri hedef aldığı (alacağı değil, aldığı), hatta İstanbul Belediye Başkanı Kadir Topbaş ile diğer belediye başkanlarının ve birçok kişinin gözaltına alınması kararı aldığı (bu kararın yazılı metni olduğu çok ciddi olarak iddia edilmektedir, böyle bir şeyin olmayacağını söyleyince bizzat gördüğünü ifade edenler vardır), bu doğrultuda hükümet hakkında kapatmaya kadar varacak ciddi davalar açılacağı, AKP hükümetini ciddi derecede zora sokacak sahte bilgi ve belge hazırlandığı iddia edilmişti.

İkinci olarak da savcı Cihaner'in cemaatin askeri birliklerde örgütlenmesini bahane ederek Erzurum'da asker kökenli bazı kişilerden alınacak ifadeler ile Fethullah Gülen ve cemaati hakkında askeri mahkemede dava açılmasını ve böylece sivil mahkemelerde yapılamayan şeyi, Gülen cemaatinin silahlı bir suç örgütü olarak değerlendirilmesini sağlayacağı, bu planın uygulamaya konmasına ramak kaldığı belirtilmişti.

Daha da abartılı bilgiler, bir kısmı belge, evrak, telefon ve ortam dinlemesi, ajanlardan alınan bilgiler ile süslenerek Ankara'nın önüne konmuştu. Aynı kanaldan pek çok belge alan Ankara bunlara tamamen inanır, Cihaner'in küçük hataları da inandırmayı kolaylaştırır. Olayda en büyük hata buradadır aslında. Savcı Cihaner dava açacak, belki bu davalar özellikle belediyelerdeki yolsuzluklar açısından hükümette sıkıntı yaratacaktı ama mesele asla cemaatin abarttığı gibi değildi, çünkü Cihaner hukukçu idi ve bunun olamayacağını, Türkiye'de az da olsa hukukun olduğunu biliyordu. Silahlı örgüt dediği an davaya kendisinin bakamayacağını, özel yetkili savcıların ve özel yetkili mahkemenin devreye girmesi gerektiğinin farkındaydı. Ayrıca kendisinin bu gruplar hakkında iddianamesi yeterli değildi, karar verecek mahkemelere de ihtiyaç vardı. Halbuki bu davalarla ilgili basit konularda bile mahkemelerde karar alamadığı anlaşıldığından savcı Cihaner'in iddia edildiği gibi bir planın sahibi olamayacağı kolayca görülmektedir. Bununla birlikte Ankara geçmişte Yargıtay'ın aldığı tavır, bazı yüksek yargıçların konuşmaları konusunda bilgi sahibi idi, dolayısıyla iddia edilenlerin gerçek olduğuna inanıyordu.

Cihaner'in karşısında cemaate her türlü destek verilmeye başlandı, Jandarmadan gelecek taleplerin reddedilmesi ve polis mıntıkasına Jandarmanın girmesine müsaade edilmemesi yönünde il valisi uyarıldı. Burada Cihaner ve beraber çalıştığı kişilere karşı yapılacak operasyona destek vermek üzere diğer bürokrat atamalarında istenen kişiler ilgili görevlere atandı.

Cemaatin polisin desteğindeki Erzurum Özel Yetkili Mahkeme içerisinde zaten çok fazla taraftarı vardı ve cemaat onları hareket geçirdi. Bir yandan Cihaner, Gençoğlu ve 3. Ordu Komutanı Berk hakkında çalışma devam ederken, bir yanda da Cihaner'in yapacağı tahkikatların elinden alınması hesabı yapıldı. Savcı Cihaner'in takip ettiği tüm kişiler tespit edildi, dinlediği telefonlar öğrenildi. Bu gruplar silahsız örgüt olduklarından özel yetkili mahkemenin görev sahasına girmemesine rağmen bu durum umursanmayıp iş zorlandı, grupların silahlı örgüt olduğu iddia edilerek bu defa Erzurum Özel Yetkili Savcılığı tarafından dinlenmeye ve izlenmeye başlandı, hedef belliydi, bu tahkikatlar Cihaner'den alınacaktı.

Cihaner operasyona başlamadan, onu, Jandarmayı ve başka kişileri dinleyip izleyerek operasyonun ne zaman yapılacağını öğrenen Erzurum Özel Yetkili Savcılığı aynı hedeflere yönelik bir ihbarı bahane ederek operasyonu bir hafta önce başlattı. Hatta evler aranırken, evde arama yapan Polis Amiri ile Şube Müdürü arasında geçen konuşmada, ev aramalarının usulen yapıldığının söylenmesi dinlenen telefon kayıtlarına geçti. Bir hafta sonra savcı Cihaner Jandarma desteğinde kendi operasyonunu başlattı. Arkasından Erzurum Özel Yetkili Savcılığı aynı kişiler hakkında kendilerinin soruşturma başlattığını, bu örgütün silahlı örgüt olduğunu söyleyerek tüm dosyaların kendilerine devrini istedi. Cihaner bu örgütün silahsız ve cezalarının daha hafif olduğunu, Erzurum Özel Yetkili Mahkemesinde yargılanmamaları gerektiğini söylese de Erzurum savcıları "Hayır, bunlar silahlı örgüt, biz davayı soruşturacağız." dediler ve zorla dosyayı Cihaner'in elinden aldılar. Sonrası malum, 235 sanıklı dosya Erzurum'a gitti, önce sanık sayısı azaltıldı, sonrasında zaman içinde tahkikat etkisiz hale getirildi.

Şimdi sıra Cihaner ve arkadaşlarına gelmişti. Onların yapacakları o kadar abartılı şekilde anlatılıyordu ki hem cemaat yönetiminin hem de Ankara'nın çok telaşlanmış olduğu anlaşılıyordu, ne olursa olsun onların bertaraf edilmeleri gerekiyordu. Bunun için ciddi delil bulmaya zaman yoktu, iddiaları gösteren her şey kullanılmalıydı. Gölette lav, roket atar türü silahlar bulundu (nedense hep bu türden silahlar bulunuyor, nereden geldiği, nereye gittiği belli olacak seri numaralı silahlar aramalarda hiç bulunmuyordu. Halbuki her örgüte önce tabanca-tüfek gerekir, lav ve roket daha sonra gelir ama bizim Ergenekon ve benzeri yapılara ait olduğu söylenen yerlerde yapılan araştırmalarda hiç tabanca-tüfek gibi silahlar çıkmıyor). İşin tuhafı bu olay Jandarmaya veya polise ihbar edilmemiş, bir polis ajanı görüp istihbarat birimine bilgi vermişti. Bu makul değildir. Daha önemlisi böyle bir silah bulunması olayı Erzincan savcılığının görev alanına girer, Türkiye'nin her yerinde benzer olaylara o ilin savcısı el koyar. Hizbullah'ın bir kamyon dolusu silahı bulunduğu zaman da önce il savcıları olaya el koymuş, daha sonra olay Özel Yetkili Savcılığa aktarılmıştı. Erzincan'da bulunan silahlara Erzurum Özel Yetkili Savcısının el koyması, hatta olay yerine gelmesi bile benim için konunun normal seyrinde ilerleyen bir olay olmadığını göstermesi bakımından tek başına yeterlidir. Bu durum, ortada bir komplo olduğunu tek başına göstermektedir. Ben bunca yıl görev yaptım, özel yetkili mahkemelerin görev alanına giren çok büyük olaylara (Hizbullah'ın bir kamyon dolusu silahının yakalanması, Dev-Sol'a ait bir araç dolusu silahın yurtdışından ülkeye sokulmaya çalışılması, 500 kilodan fazla uyuşturucu yakalanması, yurtdışına toplu olarak gidip gelen örgüt mensuplarının yakalanması) şahit oldum, ama hiçbirinde özel yetkili savcıların olay yerine geldiğini görmedim, hatta davet etsek bile gelmezlerdi. O ildeki savcı gereğini yapar, bize evrakı gönderir derlerdi ve öyle de olurdu, doğrusu da oydu. O savcıların gelmesine gerek yoktu, hele Erzincan'daki olayda sadece silah bulunmuş, kaçakçılık mı, terör örgütü silahı mı olduğu bile tam belli değilken, gelmesini gerektirecek bir konu olmamasına rağmen özel yetkili savcı olay yerine hem de yine görülmemiş bir hızda geldi.

Sonrasındaki gelişmeler daha da ilginçti. Jandarmaya gelerek bilgi vereceğini söyleyip bu silahları polisin oraya koyduğunu ifade edenler daha sonra bu şekilde ifade vermeleri için Jandarmanın kendilerini zorladığını söylediler. Bu kişilerin bir kısmı gizli veya açık tanık durumundaydı, Jandarmanın bu kişilerle buluşmaları polis tarafından fotoğraflanıyordu. Aslında durum şöyleydi: Cemaat, polis içindeki yandaşları eliyle bazı kişileri Jandarmaya gönderip kendilerini bilgi vermek isteyen muhbirler olarak göstermelerini, ardından da silahları polislerin koyduğunu söylemeleri için Jandarmanın kendilerini zorladığı yönünde savcıya ifade vermelerini istiyor. Böylece Erzurum Özel Yetkili Savcısının gizli tanığı oluyorlar. Jandarma böyle bir şey yapmak istese niye zorla beyan alsın? Bunu, daha inandırıcı olacak şekilde eskiden beri kendisine bağlı tanıdıkları kişilere yaptırır. Ayrıca Anadolu'da, hele kırsal kesimdeki insanlar kendiliğinden devletin güçleri aleyhine tanıklık yapmaz. Bunun dışında silahı oraya koyanlar, orada bırakmazlar, tedbir olarak bunları ortadan kaldırırlardı. Sonuç itibarıyla nasıl bakılırsa bakılsın, Özel Yetkili Savcılığın anlatımları, hayatın olağan akışına uymuyordu.

Basit gözüken çok önemli bir ayrıntı daha dikkatimi çekmişti. Erzincan eski Jandarma Komutanı, Eskişehir'in yeni Jandarma Komutanı olan Recep Gençoğlu'nun evinde ve işyerinde arama yapılıp bulunacak bilgisayar, harici disk, CD vs. her türlü dijital veriye el konulması doğrultusunda Erzurum Özel Yetkili Mahkemenin kararı Savcı Osman Şanal'ın talimatı ekinde Eskişehir'e ulaşmış, Eskişehir Cumhuriyet Savcılığı merkez komutanlığı kanalı ile evde arama yapmıştı. 27.01.2010 tarih ve saat 18:17'de tutulan arama el koyma tutanağında şöyle bir paragraf vardı: Arama ve el koyma ve evde bulunan bilgisayarlara imaj alma[3] işlemi uygulanırken, aramada bulunan Eskişehir Savcısı Erdoğan Yıldırım'a cep telefonuyla ulaşan Erzurum Özel Yetkili Savcısı Osman Şanal, "El konulan bilgisayar ve hard disklere özel yöntemle inceleme yapılacağından imajlarının alınmaması, sadece ele geçen CD ve DVD'lerin kopyalarının alınıp asıllarının gönderilmesi, kopyalarının ise ev sahiplerine teslimi" yönündeki talimatın yerine getirilmesi isteminde bulundu. Bu talep doğrultusunda imaj alma işlemi durdurularak el konulan bilgisayar kasası, dizüstü bilgisayar, mini dizüstü bilgisayar ve harici disk ile flaş bellek gibi aygıtların mühürlenerek alındığı, orijinal hali ile Erzurum'a gönderilmek üzere hazırlandığı belirtiliyordu.

Ama 28.01.2010 tarih ve saat 05:05'te Eskişehir Cumhuriyet Savcısı Erdoğan Yıldırım ve diğer kişilerin imzaladığı ek inceleme tutanağında ise olayın İl Savcısı Ekrem Aydıner'e intikali ve tartışılması sonunda komple alınan bilgisayar ve diğer disklerin yeniden bilirkişi marifetiyle 2 suret yedeklerinin alınıp asıllarının ev sahibine verildiği, yedeklerin Erzurum Özel Yetkili Savcılığına gönderileceği yazıyordu. Evet, doğrusu da buydu. Yasa çok açık olarak evi aranan kişilere güvence sağlanması amacıyla arama yapılırken evde bulunan bilgisayarların evden çıkarılmadan kopyasının, yani imajının alınmasını gerektiriyordu. Bunların suretinin alınmadan orijinallerinin Erzurum'a istenmesi çok yanlış bir uygulamaydı, kanuna ve kanunun gerektirdiği güvenceye aykırı idi. Her an bilgisayarlar yolda bozulabilir, kırılabilir, içine bir şeyler fazladan konulabilirdi. Özel Yetkili Savcının böyle bir istekte bulunması hiçbir şekilde makul değildi. Bu tür işlemler her yerde standart olarak aynı programlarla yapılıyordu, Erzurum'da özel bir program ve yöntem olduğunu zannetmiyorum. Eskişehir'in bu incelemeyi nasıl yaptığını Savcı Şanal bilmiyordu, dolayısıyla bilmediği halde

3 İmaj almak: CD ya da DVD'nin resmini çeker gibi kopyasının alınması işlemi.

nasıl incelemeyi özel bir biçimde yapacaklarını belirtip orijinal bilgisayarları istiyordu. Bu işleri bilen bir kişi olarak ben açıkça özel yetkili savcı Şanal'ın istemini şüpheyle karşıladım. İyi niyetli bir istek olarak görmedim (İl Savcısını arayıp bu uygun davranışından dolayı kutladım). Bir süre sonra Alay Komutanlığına ve MİT'e baskın yapıldı, eski Alay Komutanı tutuklandı, bu da yetmedi İl Savcısı tutuklandı.

Ben savcı Cihaner'in dini cemaatler ve tarikatlar üzerine özel olarak yönelmesini yanlış buluyorum. Eğer bu konuda görevini kötüye kullanmış, aşırıya kaçmış ise bunun karşılığında bir ceza almalı. Ayrıca polis mıntıkasında Jandarmayı kullanması da doğru bir davranış değildi. Bunlara ilave olarak soruşturmaları doğrudan kendisinin yapması uygun değildi, yardımcılarına vermeli, kendisi çalışmaları yalnızca koordine etmeliydi. Başka illeri ilgilendiren konuları o illere devretmeli, kendisi takip etmemeliydi. Belli ki başka hataları da vardı. Ama tüm bu kabahatlerinin karşılığı asla bu değildi. Cihaner'e yapılan, hukukun katledilmesidir; devletin, adaletin tehlikeli bir mecraya yöneltilmesi, devletin ve hukukun bir cemaatin zan ve tehlike anlayışına kurban edilmesi ve komploya, iftiraya hizmet edilmesidir.

Mahkemeler de bu doğrultuda karar verdi denebilir, ama şu kesin ki özel yetkili mahkemeler son beş-altı yıldır her tayinde yavaş yavaş ve sistemli bir biçimde cemaatin kontrolüne geçmiş durumda, tüm emareler bunu açıkça ortaya koymaktadır. Yapılanların bir soruşturmayla uzaktan yakından ilgisi yok, hukukla zaten hiç ilgisi yok. Sistem cinnet geçiriyor. Cemaat, devlet kurumları arasındaki diyalog eksikliğinden yararlanarak birbirleri aleyhindeki olumsuz düşünce ve girişimleri çok abartılı olarak karşı tarafa aktarmak suretiyle bu kurumlarda oluşan panik havasını kendi çıkarına kullanıyor. Olaylar, alınan haberler ve belgeler akıl ve mantık süzgecinden geçirilerek incelenmeden, birkaç kötü örneğe bakılarak ve bu örnekler temelinde yorumlanarak bir felaket yaratılıyor.

Erzincan Savcısı İlhan Cihaner'i ve yöntemlerini doğru bulup bulmamak, hatasının olup olmadığı ayrı bir mesele. Bununla birlikte Cihaner'e yönelik iddiaların abartılmış olduğundan hiç şüphem yok, ayrıca Cihaner'e yapılanın hukukla ve kanunla bağlantısını kurmak da mümkün değil. İşlemleri savcılar, hâkimler ve mahkemeler yürütmektedir ama yapılanlar hukuki değildir. Eğer bir gün Erzurum'da yapılan işlemleri baştan tahkik etmek mümkün olursa, birçok kişi ve adliye mensubu cemaatin talimatları ile komplo kurmak, iftira atmaktan mahkum olacaklardır. Buna eminim.

İrtica ile Mücadele Eylem Planı (Ak Parti ve Fethullah Gülen cemaatine kurulacak komplonun yer aldığı söylenen plan) ile ilgili olarak Albay Dursun Çiçek'in, Erzincan'a gittiği, Konak Mazlum Otelde kaldığı, ordu evinde savcı Cihaner ve başka kişilerle görüştüğü iddia edildi. Üstelik Çiçek'i karşıladığını, kendi mekanına geldiğini söyleyen gizli bir tanık bulunuyordu (tanık Albay Dursun Çiçek için benim mekanıma geldi diyerek olayları ve ilişkileri kendi eşrafının kültür ve davranışına benzeterek anlatmaktadır, böyle bir göreve giden bir subayın esnafın işyerini ziyaret etmesinin absürt ve uydurma olduğu bellidir). Oysa daha sonra otelde kalan kişinin başka biri olduğu, ortada yalnızca bir isim benzerliğinin söz konusu olduğu belirlendi. Bu durum da aslında tüm iddiaların ne kadar dayanaksız olduğunu göstermektedir.

Kimlik bildirme kanunu gereği tüm oteller müşterilerinin kimliklerini bilgisayara kayıt ederler, Emniyet bu kayıtlar üzerinde her zaman sorgulama yapıp kimin nerede kaldığını tespit edebilir. Albay Dursun Çiçek hakkında araştırma yapan Emniyet birimleri, daha doğrusu Emniyetteki cemaat mensupları Dursun Çiçek'in nerelerde kaldığını sorgulayınca Erzincan'da Konak Mazlum Otelde kaldığını buldular (ama Dursun Çiçek'leri karıştırdılar, çünkü otelde kalan Dursun Çiçek adlı başka bir kişiydi). Bu bilgiyi gizlice kendi kanallarından Erzurum'a bildirdiler. Onlar da bunu biraz daha süsleyerek Albay Çiçek'i savcı Cihaner, 3. Ordu Komutanı ve başka birkaç kişiyle beraber toplantı yaparken gören Erzincan'daki ordu evinden bir tanık bile buldu. Halbuki bir subay başka bir şehre gittiğinde neden otelde kalsın, eğer gizli bir görev nedeniyle otelde kalmayı tercih ettiyse o zaman niye buluşma için ordu evini seçsin, buluşmayı ordu evinde yapmakta bir sakınca yoksa neden otelde kalsın?

Hükümeti ve cemaati dehşet senaryoları ile ürkütüp savcı Cihaner ve 3. Ordu Komutanı Berk'e karşı yöneltilen ve hakka hukuka uymayan tahkikatlar hükümet, cemaat ve polis açısından bakılınca doğruydu; maddi deliller, gerçek bir irtica eylem planını işaret ediyordu, varlığına yüzde yüz inanılıyor, gizli tanıklarla ve doğruluğu tartışmalı delilerle iddialar güçlendiriliyordu. İnandırıcı gözüken bu delillerin iyi bakıldığında göründüğü gibi olmadığı anlaşılacaktır. Bu davadaki gariplikler bir kitaba sığmayacak kadar karışık ve kapsamlıdır.

Yıllar önce (1985-86 yılları arasında) İstihbarat Daire Başkanlığı ile birlikte Kuzey Irak'taki örgütlerin ülkemiz üzerindeki faaliyetlerini takip ediyorduk. Daha doğrusu biz merkezin çalışmasına bölgede destek veriyorduk. Bu çalışmada Kuzey Irak'taki KDP örgütü ile bu örgüte üye olduğu söylenen Güneydoğu'daki birçok Kürt aşiret reisi arasında kurye kullanılıyordu. Bu kurye angaje edilmiş, her geliş gidişinde mektup ve örgüt dokümanlarını gizlice bize veriyor, biz fotokopisini çekip ona iade ediyor, o da tekrar aynı şekilde kapatıp vermesi gereken yere iletiyordu. O zaman bize göre çok sağlam ve inandırıcı deliller var gibiydi, elimizde Irak'ta Barzani'nin komutanlarından bazılarının (anımsadığım kadarı ile Cercis Paşa vs.) imzası olan ve partinin mührü ile mühürlenmiş Arapça örgütsel mektuplar vardı. İçerikleri de KDP'nin yazışma üslubuna benziyordu. Ayrıca mektupların muhatabı olan aşiret reislerinin bazılarının aile geçmişleri bunu doğruluyordu. Bu durum karşısında ülke güvenliği aleyhinde faaliyet gösteren, başka ülkedeki örgütlerle dayanışan ve onlara mensup olmuş hainler var gözüküyordu. Araştırdıkça bu iddiaları doğrulayan etmenlere rastlamak da mümkündü. Uzun hikâyesi bir kitaba ancak sığacak bu istihbarat faaliyetinin sonunda bizim kuryenin getirip götürdüğü mektupların sahte olduğu, mektupları kendisinin yazdığı/yazdırdığı, özel mühür kazdığı ortaya çıktı. Bizdeki bazı aşiret reislerinin davranışları mektuptaki konuları kısmen doğrulayınca biz belgelerin doğruluğuna kesin inanmıştık. O zaman bizde de aynı hataya düşüp bu kişileri hemen içeri tıkmak, onlar hakkında dava açmak için her türlü yöntemin kullanılmasını isteyenler çıkmıştı. Kendilerine göre haklılardı, belgeleri gören üst makamlar da buna inanıyordu. Fakat işte bazen görünenle gerçek aynı olmuyor. Bence Erzincan olayı da görünenlerin böylesi yanlış ve abartılı okunması neticesinde hukukun zorlanarak meydana getirilen bir davadır.

Alışılmadık Savcılar

Bugüne kadar görev yaptığım illerde en ufak bir organize operasyonda bile savcıların yardımlaşmak, çıkacak sorunlar hakkında önceden bilgi vermek için il savcıları ile olayı konuşup koordineli hareket ettiklerini gördüm. Hele olay geniş çaplı ve içerisinde kamu görevlilerinin adı geçiyorsa her safhada il savcılarına bilgi veriyorlardı. Bunun iki sebebi vardı. Birincisi il savcıları tüm tahkikatlardan sorumlu ve diğer savcıların amiri pozisyonundadır, isterse soruşturmayı doğrudan kendisi de yürütmek isteyebilir, savcılar arsındaki görev dağılımını il savcısı yapar, ayrıca adliyeyi temsil onun görevidir. İkincisi ise soruşturma yürütülürken savcılığın diğer imkânlarına ve diğer savcıların desteğine ihtiyaç olduğunda bunu il savcısı sağlayabilir, diğer savcılara görev verebilir. Ayrıca itiraz ve şikâyetler il savcısına gelir, bunları il savcısı inceler. İl savcısının kurumsal teamül gereği yapılan tüm soruşturmalardan haberdar edilmesi gelenektir, soruşturma bitince de iddianameyi inceleyip yeterli veya eksik olduğu yönünde görüş bildirmek ve iddianame hakkında karar vermek il savcısının yetkisindedir.

Hiçbir ilde il savcısından habersiz geniş çaplı gizli bir soruşturma yapılmamıştır, yapılamaz da. Bunu çeşitli şahsi sebeplerden dolayı yapmaya kalkan savcılar olmuş ise de bunun bedelini ödemiş, en azından bulundukları yerden tayin edilerek cezalandırılmış, terfisine mani olunmuştur. Zaten hukuka uygun işlem yapılıyorsa devlet kurumları koordineli çalışmalı, her şey kurala bağlandığından gizli hareket edilmesini gerektirecek durumlar da olamazdı, olursa da hâkim kararı ile oluyordu

Ben üç beş kişilik uyuşturucu satıcılarına karşı yapılan bir operasyondan üç-beş mahalle kabadayısına yönelik yürütülene, birçok ili ilgilendiren geniş çaplı olanlarına kadar her türlü operasyonda savcıların il savcısını bilgilendirdiklerini gördüm, tahkikata başlanırken savcılar arasında görev dağılımını il savcısı yaptığından zaten otomatikman operasyondan haberi oluyordu. Ama şimdi bakıyoruz yalnızca bir ili değil, ülkenin tamamını ilgilendiren, onlarca üst düzey devlet görevlisini, en kritik görevlerdeki askeri veya sivil görevlileri gözaltına alma kararı veriliyor ama il savcısının hatta özel yetkili mahkemenin savcı vekilinin bile bundan haberi olmuyor, üstelik İstanbul'da olduğu gibi il savcısının önceden savcı vekillerinin veya kendisinin haberi olmadan bu tür işlemlerin yapılmaması yönündeki talimatına rağmen. Bu durumu nasıl yorumlayacağız? Savcının görevi kamu adına soruşturma yürütmek ise soruşturma yürütme yetkisi il savcısına ait, neden il savcısına veya o mahkemenin savcı vekiline bilgi verilmiyor, üst savcıların bilgisi olmamasına rağmen birilerinin haberi oluyor, hatta yeni dalga bir operasyonun geleceğini cemaate yakın gazeteciler ve internet siteleri biliyor

Görülen o ki bazı savcılar amir olarak il savcısına bağlı değil, başka yerlerin talimatı ile hareket ediyor. Bu kadar açık bir durum hâlâ basit bir şey zannedilerek seyrediliyor. Hiçbir yerde bir savcı bu kadar pervasız davranamaz, davranır ise bedelini öder. Fakat şimdi görüyoruz ki bir-iki kez değil, pek çok defa kural ihlali yapılıyor. Bu sistemin ve bir yerde düzenin bozulması kalıcı etkiler yaratarak gelecek için de tehlikeli sinyaller vermektedir.

Hatırlanacağı üzere Emniyet Genel Müdür Yardımcısı Emin Aslan hakkında Ankara savcısının verdiği görevsizlik kararı sonrası savcı Mehmet Berk imkânsız bir iş yaparak iki saatte 7 klasör evrakı okumuş, binlerce telefon konuşmasını incelemiş gözüküyordu. Bunun olmasına imkân yokken hiç kimse çıkıp bu konuyu araştırmadı. Aynı savcı 90'dan fazla askeri rütbelinin gözaltına alınması kararını, İstanbul Başsavcısının tüm ulusal basına da yansıyan yazılı talimatına rağmen başsavcı ve özel yetkili savcı vekilinden gizli imzaladı. Neden? Nedense cemaatle sorunlu olan emniyetçilerin davası hep aynı savcıya denk geliyor. Cemaatle sorunlu olduğu bilinen, hakkında dava açılıp tutuklanan Sakarya Emniyet Müdürü Faruk Ünsal'ın davasında da aynı savcının, Mehmet Berk'in ismi var, iddianameyi aynı savcı hazırlıyor. Acaba bunlar hep tesadüf mü?

Şu özel harbe ait bomba yüklü kamyonu ihbar eden kişinin kullandığı yöntemlere bakıp bir bilgisayar uzmanının *Milliyet* gazetesine yaptığı açıklamayı okuyunca ihbarı aslında sistemin başında bulunanların yaptığını anlıyorsunuz. Ben bunca ihbar vakasına şahit oldum, böyle bir ihbar üzerine savcının ve hâkimin olay yerinde bulunmasına ilk defa rastladım. Bir savcı bu bomba yüklü kamyonu takip eden bir ekibin olup olmadığını araştırsa, kamyonla beraber aynı saatlerde aynı yerde bir polis ekibinin olduğunu tespit edeceğine eminim.

Diğer yandan yapanın her yaptığı yanına kâr kalıyor. Bazı ihbarcılar hiç araştırılmıyor, normalde tek bir kişide bulunması imkânsız, en az on kişilik bir ekibin birkaç ayda toplayacağı bilgileri içeren isimsiz, imzasız ihbar mektupları insanların suçlanması için kullanılıyor. Belli amaçlar için yazıldığı ortada olan ihbarlar kötü niyetlilerin silahına dönüşüyor. Kesin deliller üstüne kurulan hukuk sistemimiz imzasız, kimliksiz, kasıtlı amaçlar için yazıldığı belli olan ihbar mektuplar ile kim oldukları belli olmayan, söylediklerini her gün değiştiren, çoğu bulunup getirildiğinde yalan söylediği anlaşılan gizili tanıkların hayatın olağan akışına uygun olmayan beyanlarına emanet edilmiş durumdadır. Ergenekon davasının baş sanıklarından Ümit Sayın, bir süre sonra gizili tanık olarak karşımıza çıkıyor. Bu kişiyi tanıyanlar, ifade ve e-maillerini okuyanların şimdi onun gizli tanık olduğunu ve bunu birinci sınıf savcı ve hâkimlerin yaptığını duyunca bu kadar büyük garipliklerin yapıldığına inanamıyor. Bütün bu olanları adalet teşkilatının kendi işleyişiyle ilgili sorunlar olarak görmek mümkün değildir, bu olaylar adaleti öyle bir noktaya getirmektedir ki adaletsizlik organına dönüştürmektedir. Bu durum bir süre daha devam ederse olacakları akılla izah etmek mümkün olmaz.

Şu çok açık ve net: Bir örgüt, cemaat adalete sızmış, kendi kurallarını uyguluyor, kendi operasyonlarını yapıyor. Ortada hukuk yok, kimsenin numara yapmasının, bilmiyoruz demesinin manası yok. Bütün avukatlar, gazeteciler, polisler verilecek kararların ne olacağını merak dahi etmiyor zira kararı net olarak davaya hangi savcı ya da hâkimin baktığı belirliyor; Herkes bu durumun farkında ama hâlâ kralın ne kadar güzel bir elbisesi var diyoruz. Kral çıplak!!

Tarafsız hâkim ve savcılar hukuka göre davranırken, cemaat taraftarları örgütlü ve hukuka göre değil, cemaatin talimatına göre davranıyor. Cemaatin istemediği kişiler serbest bırakılınca bu defa cemaatin etkilediği medya o savcı ve hâkimi topa tutuyor, haksız itham ve suçlamalar, linç kampanyaları ile hâkim ve savcılar taciz ediliyor, çalıştırılamaz hale getiriliyor. Cemaatin tutuklanmasını istediği kişiler tutuklanınca bu kez bu savcı ve hâkimlere övgüler yağdırılıyor. Hukuk sistemindeki tarafsız hâkim ve savcılar korumasız, desteksiz ve zor durumda bırakılmıştır. Görülmekte olan bir dava hakkında TBMM'de bile görüşme yapılamaz şeklindeki Anayasanın, hâkimleri koruyan maddeleri neden işetilmiyor? Tüm dava dosyaları ve deliller belli gazetecilere alenen servis edilerek linç kampanyaları yürütülüyor, ama buna karşı hiçbir şey yapılmıyor.

Et kokarsa tuzlanır, tuz kokarsa ne yapılır? Kurumlar ve kişiler hatalı davranırsa hukuk onların yanlışlığını bulur ve düzeltir ama adalet bozulursa onu kim düzeltecek? Türkiye'de adalet çürüyor, gerçi zaten çürümüştü ama bu defa yok ediliyor. Bu durumdan herkes, en fazla da bugün bu duruma yol açanlar zarar görecek. Böyle giderse iş adaletten çıkacak ve insanlar silaha sarılacak. İnsanların hayatları, şerefleri ile bu kadar oynanırsa, onlara en yakışıksız isnatlarda bulunulursa, hayatta onurlarından başka kaybedecekleri olmayanlar, kendilerine atılan lekeyi temizlemek için her şeyi yaparlar. Bu duruma çok uzak değiliz artık.

Alışılmadık Polisler

Polis teşkilatı eskiden birbirini korur, kollar, birbiri aleyhine şahitlik yapmazdı. Biz bu durumdan şikâyetçiydik. Yanlış yapan kendi meslektaşımız da olsa bu konuda şahitlik yapılmasını, bilgi verilmesini isterdik. Ben teşkilat içerisinde rüşvet yiyen, irtikap yapan polislere karşı en çok tahkikat yürüten kişiyim. Her olayda delil ararız ama polisin karıştığı bir olayda daha ciddi, daha inandırıcı deliller bulmadan o polisi şüpheli yapmayız. Rüşvet alırken, suçüstü, fotoğraf ya da video görüntüleriyle yakalamamıza rağmen teşkilat içerisinde tahkikatın hissettirilmeden yapılması arzu edilir, keşke daha az ceza alsalar, görevden uzaklaştırılmasalar şeklinde umut edilirdi. Bu, zorlu görevlerde beraber çalışmanın verdiği dayanışma ve yakınlaşma duygularıdır.

Oysa şimdi işler değişti. Bir grup polis kritik noktaları ele geçirmiş, diğerlerine suç isnadını da aşan resmen iftira atmaktan geri durmuyor. İşlenmiş bir suçu aydınlatmak gibi bir amaçları yok, tahkikat sırasında dinleme ve izleme yaparken temiz ve dürüst olduklarını bildikleri, birlikte çalıştıkları kişilere iftira ediyorlar.

Ben aslında bu psikolojiyi tanıyorum. Bir örgüte, ideolojik bir gruba ya da bir cemaate bağlandın mı, kişisel iradeni ve özgürlüğünü kaybedip o grubun liderliğinin iradesine kendini teslim ediyorsun. Yanlış ya da doğru diye bir şey kalmıyor, grubun amaçları her şeyi belirliyor, hak da adalet de izafi hale geliyor. Tıpkı Simon'daki gibi ideoloji karşısında gördüğün ya da bildiğin değil sana anlatılan doğrudur, böyle bir ruh halinde haksızlığa uğradığını düşündüğün kardeşini bile korumazsın. Bugün de geçerli olan durum aslında bu. Ben içinde bulunduğum tarafın hak, adalet, iyilik, güzellik diyerek Simonlaşmayacağını zannediyordum, o yanlışa düşmek başkalarına mahsustu, bizde böyle bir şey söz konusu bile olmaz sanıyordum, maalesef yanılmışım. Şunu artık bilmeliyiz ki karşımızda arkadaşlarımız, meslektaşlarımız yok, bir ideolojiye, bir gruba bağlanmış, o grubun disiplinine tâbi olmuş örgüt mensupları var. Artık bunu kabullenmeliyiz.

Bir müddet sonra çok alışılmadık memurlar, uzmanlar göreceğiz, tuhaf raporlar verecekler. Normal insan davranışları ile bir örgüte ya da cemaate bağlı olan kişilerin davranışları asla birbirine benzemez ama normal insanlar bunu anlayamaz. Geçmişte örgüt idealleri uğruna ailesini terk eden, anne-babasını arayıp sormayan, onlarla ilgilenmeyen, hatta örgüt isterse onlara kötülük yapmayı göze almış pek çok militan gördüm. Bir kişi bir örgüte mensupsa tüm aile yakınlığını, aklına ve ruhuna hitap eden her şeyi örgüt bağlamında görür. Örgüte inandığı, ideallerine bağlandığı için verilen talimatlara isteyerek harfiyen uyar. Bunun yanında geçmişini ve geleceğini bağladığı, yaşama amacını onun üzerinden kurguladığı örgütten ayrılırsa tüm yakınlarını, dostlarını kaybedeceği, yalnız kalacağı korkusu duyar; bunun için de verilen her talimatı yerine getirir. Talimatlara, örgüte gönülden bağlılık ya da korku nedeniyle uyma bazen iç içe geçmiştir, ayırt edilemeyecek şekilde ikisi aynı anda hissedilir. Bundan dolayı bir kişi illegal bir yapıya, örgüte, cemaate bağlanmış ise o kişi artık devletin değil, kendi grubunun talimatlarına uyar. Ne kanun ne kural ne vicdan ne de bilim ölçü olmaz. Ben bu durumu yıllarca mücadele ettiğim tüm örgütlerde gördüm. O zamanlar o örgütlerin militanı olup bugün demokrasi ve özgürlük savunucusu olan arkadaşlarımla görüşüyorum, onlar da aynı kanaatteler. Örgüte mensup olmanın böyle bir durumu doğal olarak yarattığını, aksinin mümkün olmadığını, o gün yapılan yanlışları bugün artık anlıyorlar.

Bugün de şahit olduğumuz durum budur. Bu polisler, savcılar, hâkimler yasalara, kendi görevlerinin gereklerine göre değil, cemaatin isteğine göre davranıyorlar. İlerde aynı benzer davranışları her meslekte göreceğiz, hukukçu olup hukuka aykırı olarak toplanan delilleri, her türlü kısıtlayıcı tedbirleri ve tutuklamaları savunan, belgeleri değiştiren, sahte rapor veren uzmanlar ortaya çıkacak. Hukuk çiğnenmeye başlanınca bunun artık hiçbir sınırı olmaz.

İlk Yanlış İşlemler

Türkiye'de adli işlemlerde ilk anormallik Van rektörü Yücel Aşkın hakkındaki dava ve Şemdinli İddianamesi ile başladı ama o an durum pek fark edilemedi, temiz bir savcının yaptığı aşırılıklar gibi gözüktü. Aldığım bilgiler ve yaptığım değerlendirmeler ışığında bugün anlıyorum ki o olay sıradan bir savcının işi değildi. Cemaatin, adli sistemi kullandığı ilk operasyondu.

O tarihte Van'da bu tahkikatı her yönü ile bilmesi gereken görevli bir arkadaşıma bu olayların aslının ne olduğunu, rektörün yolsuzluk yaptığı yönündeki iddialarla ilgili olarak hangi delillerin bulunduğunu sormuştum. Bana "Bazı yolsuzluklar var ama biz fazla bir şey yapmadık, tahkikatı savcı yaptı," demişti. Bu söz bana çok garip gelmişti, zira bir polis tahkikatı olmadan bir savcı nasıl delil toplayıp bir dosya oluşturabilir. Şimdi anlıyorum ki savcıya başkaları yardım etmişti, arka planda destek almadan o savcı o iddianameyi hazırlayamazdı. Ayrıca iddianamede ciddi bir yolsuzluk suçu ispatlanamadığı gibi aslen baskı, cebir, şiddet uygulayan silahlı çete, mafya, terör örgütü, uyuşturucu kaçakçılığı davalarına bakan özel yetkili mahkemelerin görev alanına girmeyen üniversitede kadrolaşma gibi suç isnatları vardı. Belki rektör Yücel Aşkın'ın bu iddianamede yazılanlardan daha fazla ve büyük suçları da olabilir ama eldeki delillerle bu dava böyle açılamazdı, daha detaylı araştırmalar yapıldıktan sonra bu davanın açılması gerekirdi.

Cemaatin, özel yetkili mahkemelerin savcıları ve hâkimlerini kendi amacı doğrultusunda ayarlama yaklaşımının belli olgunluğa geldiğine karar verildikten sonra bu yönde girişimde bulunulan ilk dava olması açısından bu olay bence önemlidir. Van rektörü Yücel Aşkın neden cemaatin hedefi oldu bilmiyorum, rektörün evinin aranması, gözaltına alınması ve mahkeme safhası her şeyiyle hukukun zorlandığını o gün de gösteriyordu fakat belki dosyada önemli yolsuzluk vakaları vardır diye konuya ihtiyatlı yaklaşmıştım. O zaman da iddianame daha dava açılmadan basına sızdırılmıştı, aldığım bilgilere şimdi yeniden baktığımda aslında eldeki delillere göre o zamanki işlemler yapılamaz ve iddialar ortaya atılmazdı. Savcının bu olayda bir kastının bulanamayacağına ve cemaatin talimatı ile hareket edebileceğine o gün imkân vermediğimiz için olaydaki gariplikleri manalandıramamıştık.

İkinci olay Şemdinli İddianamesiydi. Aslında Şemdinli'de çok vahim bir olay gerçekleşmişti, sanki Susurluk yeniden canlandırılıyordu. İki astsubay ve bir itirafçı ilçede PKK taraftarı olarak bildikleri bir kitapçı dükkanına el bombası atmış ve olaydan sonra kızgın halk tarafından suçüstü yakalanmışlardı. Yakalan astsubaylar ve bir itirafçı ile bu kişileri bu işe gönderen üstlerindeki subaylar, hatta alay komutanına kadar pek çok kişiyi hukuken sorumlu tutacak deliller bulunuyordu. Fakat savcı Van'da bulunan Asayiş Kolordu Komutanını ve zamanın Kara Kuvvetleri Komutanı Orgeneral Yaşar Büyükanıt'ı sanık olarak iddianameye yazdı. Bu iki komutanın belki daha büyük suçları vardır, ama bu olayla alakalarını gösteren hiçbir delil yoktu. Geçmişte Diyarbakır'daki bazı askeri faaliyetlerde mağdur olmuş bir kişinin kendi yorumunu içeren ve söylediği şeyin ihtimal dahilinde olduğu yönündeki beyanına dayanılarak zanlı yapılmışlardı, akılla ve mantıkla, hele hukuken izah edilebilecek bir şey değildi. Olayın teferruatı bilinmediğinden, geçmişte askerlerin hukuk dışı davranış ve uygulamaları ve bunları gösteren deliller olmasına rağmen hukukun askerlere karşı çalıştırılmadığından bu olay, bu kez dürüst bir savcı çıkıp gereğini yaptı ama askerin baskısı ile Hâkimler ve Savcılar Yüksek Kurulu haksız bir işlem başlatarak savcıyı meslekten ihraç etti şeklinde yorumlanıyordu. Oysa şimdi iddianameyi tekrar incelediğimizde, olup bitene baktığımızda aslında meslekten ihraç etmekle kalınmaması, savcının cemaatle bağlantısı ve kimlerden yardım aldığı araştırılarak hakkında ceza soruşturması açılması gerektiğini düşünüyorum.

İddianame kendi amacından sapıp sanki Yaşar Büyükanıt'ın Genelkurmay Başkanı olmasını önlemeye yönelik bir fırsata dönüşmüştü. İddianameye hukuk değil, ideolojik bir dil hâkimdi ve dışarıdan ciddi destek alındığı aşikârdı. Bana göre savcı iddianamenin tamamını kendisi hazırlamamış, dışarıdan kesinlikle destek almıştı. O tarihlerde cemaatin Büyükanıt hakkında yaptığı olumsuz propagandalar, cemaat yanlısı sitelerde yer alan yayınlar, el altından dağıtılan notlar değerlendirildiğinde olayın arka planı daha iyi anlaşılmaktadır.

Aslında tehlike sinyalleri o gün verilmişti. Birileri polis ve özel yetkili hâkim ve savcılar içerisinde örgütlenmek suretiyle istemediği kişilere karşı adli sistemi kullanarak operasyon yapacak hale gelmiş, en güçlü olduğu Van'da operasyona başlamış ve Şemdinli'de çıkan bir fırsatı değerlendirip hemen operasyona dönüştürmüştü. Sistemin koruyucuları bu durumu fark edememişti. Sonrasında bugün de hâlâ devam eden ama ne kadarı haklı ne kadarında cemaatin suni müdahalesi olduğu tam bilinmeyen sıralı operasyonlar başladı.

Bulunan esrarengiz deliller, özellikle her kazıda el bombası ve roket atar bulunması dikkat çekici. Dünyadaki bilinen örgütlerin hepsi öncelikle tabanca ve tüfek, az miktarda da roket ve el bombası bulundurur ama nedense bizde her kazıda el bombası ve roket atarlar bulunuyor. Bunlar ürkütücü, kitleleri etkileyen silahlar ama daha önemlisi bu silahların seri numarası olmadığından nerede üretildiği, kime satıldığı, nereden geldiği gibi bilgileri araştırmak mümkün değildir. Halbuki bir tabanca veya tüfeğin hangi fabrikada üretildiği, kim tarafından satılıp alındığı tespit edilebilir. Silah satıcıları, her silah için son kullanıcı belgesi almak mecburiyetindedir. Susurluk'ta Çatlı'nın üzerinde bulunan küçük bir tabancanın bile kısa bir araştırma ile İtalya'da üretildiği, İsrail'e satıldığı, İsrail'in de Türk polisine sattığı tespit edilmiş, hangi tarihte hangi gümrükten girdiği, hangi görevlinin teslim aldığı tek tek belirlenmişti ama nedense Ergenekon operasyonlarında ele geçirilen silahlar içinde tabanca, tüfek çıkmıyordu.

Ergenekon, Balyoz vs. adlarla anılan operasyonların hazırlanış biçimi ve uygulanışı bazı suni katkıların olduğu gerçeğini gösteriyor. Ergenekon veya benzeri davaların tüm belgelerinin cemaat tarafından daha önceden temin ediliyor, hukuki bir nitelik kazanması için kasıtlı olarak çeşitli gazeteciler üzerinden servis edilip yayınlatılarak savcılara ulaştırılıyor. Hatta bana göre buna karar veren cemaat yapısı önce bu planı bazı savcı ve polislerle birlikte hazırlıyor, onların tavsiyesi ile dokümanlar basına veriliyor. Orijinal dokümanları olduğu gibi herhangi bir ekleme ve çıkarma yapmadan verseler bunda bir yanlış taraf olmaz, benim de elime böyle bilgiler geçse benzer şekilde bunların tarafsız savcılıklara veya basına ulaşmasını, halkın bilmesini sağlarım, ama araya fazla şeyler konularak, birbirine karıştırılarak olaylar çarptırılınca o zaman işin rengi değişiyor.

Bence olaylar tam olarak şu şekilde gelişiyor: Daha önceden temin edilmiş, muhtelif elemanları vasıtasıyla toplanmış askeri evraklar önce cemaatin imamları tarafından inceleniyor, sonra polisin ve hukukçuların imamları organizesinde bazı savcılar ve polislerin katıldığı toplantılarda plan yapılıyor, ardından dokümanda adı geçen kişi ve olaylar araştırılmaya başlanıyor. İstihbarat birimi bu olayı gizilice soruşturmaya, dinleme ve izleme faaliyetlerine başlıyor, toplanan bilgiler ışığında nasıl bir operasyon yapılacağı planlanıyor. Seçilen dokümanlar ya bir aramada nerde bulunması gerekiyorsa oraya konularak ya da meçhul bir kişi tarafından gönderilmiş gösterilerek sahte ihbarlarla ya da basında belli çevrelere verilip bu konuda haber yapılması sağlanarak meşru hale getiriliyor. En sonunda da bu kişiler belgeleri savcılıklara teslim edince hukuki hale gelmiş oluyor.

Ergenekon Örgütü

Ergenekon tahkikatları ile ilgili pek çok şey söylenebilir, hatta bu konuda birden fazla kitap bile yazılabilir. Bununla birlikte beni en çok ilgilendiren tarafı Türkiye'de uzun süreden beri faaliyet gösteren ve ideolojilerini, eylem ve faaliyetlerini çok iyi tanıdığım illegal sol ve sağ örgütlerle ilgili olayın polisiye kısmı olduğu için sürdürülen tahkikattaki bir iddiayı irdelemek isterim. Ergenekon örgütünün bilinenden çok daha fazla mensubu olabilir, bugün yargılanan kişiler bilinenden daha üst ve farklı konumda da bulunabilirler ancak bugün bu örgütle ilgili özellikle diğer terör örgütlerini yönettiği ve Türkiye'de bilinen bazı olayları bu örgütün gerçekleştirdiği ile ilgili iddialar o kadar zorlama, deliller o kadar muğlak ki, bu delillerle suçlama yapılıp yapılmayacağı ciddi anlamda tartışmalı bir konu haline gelmektedir.

Ergenekon davasında ortaya konan iki konu çok kesin ve net olarak yanlış ve mantıksızdır:

PKK, Dev-Sol, Hizbullah gibi örgütleri Ergenekon'un yönettiği iddiası yanlıştır. Böyle bir şeyin gerçek olamayacağını aklı ve mantığı olan herkese ben iki kere iki dört eder kesinliğinde ispatlayabilirim.

Danıştay 2. Dairesine yapılan silahlı saldırı, Hrant Dink'in öldürülmesi, Malatya'daki Zirve Yayınevi katliamı gibi olayların görünen bugünkü faillerinden başka Ergenekon veya benzeri gruplar tarafından yapılmış olacağına mevcut deliller ve olayların oluş biçimine bakarak kimse beni ve makul birini ikna edemez. Bu iddialar zorlamadır.

Davada Yanlış Olan Birinci Konu:

Ergenekon iddianamesinde savcılar ellerinde ciddi deliller varmış gibi ülkedeki PKK, Hizbullah ve Dev-Sol'u Ergenekon örgütünün idare ettiğini iddia etmektedir. Bunu iddia ederken de özetle söylemek gerekirse, Ergenekon operasyonları ve bulunan dokümanlar ile bu davadaki gizli tanıkların anlatımları kanıt olarak gösteriliyor. Fakat bunların hepsi akla ve mantığa, daha önce bulunmuş maddi delilere aykırı. Terör örgütleri konusunda biraz bilgisi olan kişilerin bile kahkaha ile güleceği nitelikte, basit ve uydurma olduğu her halinden belli olan iddialar ciddi birer delil denerek dosyaya konmuştur. Bunlar yazmak bir yana, gerçek olabilir mi diye en ufak bir şüphe etmeyi bile ayıp ve utanılacak kadar saçma bulacağım iddialardır. PKK'yı, DHKP-C'yi, Hizbullah'ı Ergenekon örgütünün yönettiği iddiaları, gizli tanık ifadeleri ile desteklenen yazılı deliller olarak dosyaya girmiş ve tüm basına verilerek haberleştirilmiştir. Tüm polis camiasının hem de yıllarca bu örgütlerle mücadele etmiş, bu örgütlerin binlerce sayfa dokümanını okumuş, operasyonlarını hazırlamış olan istihbarat terörle mücadele polisleri buna inanmışsa, herhangi bir itirazda bulunmuyorsa, İstihbarat Daire Başkanlığı personeli bu kadarı da olmaz demiyorsa, bunu akılla izah etmek mümkün değildir.

DHKP-C ve Dev-Sol örgütlerine ait yalnızca ülke içerisinde değil Fransa, Belçika, Hollanda ve İtalya başta olmak üzere farklı birçok ülkede ve örgüt evlerinde ele geçirilen binlerce sayfalık dokümanlarına, tüm eylemelerine, eylemlerde kullanılan silahlarına, sadece Türkiye'de değil birçok ülkede gerçekleştirilen takip ve izlemeye, içlerinden alınan istihbarata, 34 yıldır yapılan operasyonlara, tahkikatlara, mahkeme kararlarına rağmen tüm bunları bir kenara atıp bir ajandada bulunan nota, kim olduğu, ne bildiği belli olmayan ve anlatımlarına bakılırsa bir tane örgütsel yayın bile okumadığı anlaşılan bir gizli tanığın açık olarak bile ifade etmediği sözlerinden bu örgütün Ergenekon örgütünce yönetildiğini iddia etmeye cesaret etmek makul değildir. Dev-Sol'u nerede, ne zaman, kimlerin kurduğu, yöneticileri ve eylemleri her yönüyle güvenlik kuvvetlerince bilinmektedir. Bu örgütün geçmişte ihtilal yapmış, ihtilal hükümetlerinde görev almış, derin devlet denilen bugün Ergenekon yapısı içerisinde görev aldığı iddia edilebilecek başta Tümgeneral Memduh Ünlütürk, Orgeneral Kemal Kayacan ve Hulusi Sayın ile daha onlarca emekli asker ve diğer devlet yetkilisi, hatta bakan ve başbakanı öldürdüğü, bu tür kişi ve kurumlara karşı ciddi eylemler yaptığı ortadayken, bu kadar delil ve belgeye karşı Dev-Sol'un savaştığı anlayış tarafından yönetildiğini söylemek makul değildir.

Hizbullah örgütünün binlerce mensubunun yazdığı kendi özgeçmişleri, örgütün yaptığı tüm eylemlerin, en gizli faaliyetlerin dahi rapor edildiği 20 bin sayfadan fazla dokümanın örgüte yönelik operasyonlarda ele geçirilerek polis tarafından değerlendirildiği, bu dokümanlarda yazılı her silah, her sığınak ve her olayın doğrulandığı bir gerçek iken, yakalanmış binlerce militanın beyanlarına rağmen nerede ve nasıl bulunduğu bile akla uygun olmayan, ne anlama geldiği anlaşılmayan bir iki yazılı nota dayanarak bu örgütü Ergenekon veya başka birilerinin yönettiğini iddia etmek akılcı değildir.

PKK'nın yurtiçi ve yurtdışındaki bilinen eylemleri, militanları, faaliyetleri ve alenileşmiş örgüt dokümanları ile basına bile demeç veren yöneticilerine rağmen PKK Kongre-Gel örgütünü Ergenekon veya benzeri bir yapının idare ettiğini söylemek akıl dışıdır.

Yıllarca PKK, DHKP-C ve Hizbullah'a yönelik yapılan operasyonlarda elde edilen dokümanlar, alınan ifadeler ve edinilen istihbaratlara dayanarak Emniyet, MİT ve diğer güvenlik birimlerince yazılan kitaplar, hazırlanan broşürler ve yapılan analizler ortada duruyorken, hiçbir ciddi polis, MİT mensubu veya terörle mücadelede görev almış aklı başında tek bir görevli bile bu örgütleri Ergenekon veya benzeri bir yapının idare ettiğini söyleyemezken, bir savcının bunu sağlam bir delile dayandırmadan iddia etmesini anlamak mümkün değildir.

Ergenekon savcısının iddiasına göre, Tuncay Güney İstanbul Emniyet Müdürlüğü Organize Suçlarla Mücadele Şube Müdürlüğünde 2001 yılında gözaltındayken kendisiyle yapılan mülakatta konu ile ilgili olarak PKK ile DHKP/C'nin ittifak yaptığı dönemde Giresun'da görev yapan Veli Küçük'ün cezaevinde yatan Meral Kıdır'a " Dursun'a söyle, benim bölgemde PKK ile yapmış olduğu ittifakı bozsunlar" şeklinde haber gönderdiğini söylemiştir. Bu cümle tamamen yanlış ve dayanaktan yoksundur. Öncelikle Tuncay Güney kim ki bu kadar çok şeyi tek başına biliyor, tek kişilik MİT mi, CIA mi, KGB mi? Tek kişi bu kadar bilgiyi nasıl bilebilir? İkincisi böyle bir mülakatla ilgili yazılı bilgi ve ifade nerede? Üçüncüsü PKK ile DHKP-C ne zaman ve nerede ittifak yapmış? İkisi ayrı birer örgüt, devletin arşivinde birbirleri ile olan ilişkileri, birbirlerine nasıl baktıklarıyla ilgili yazılı ve sözlü yüzlerce doküman varken, üstelik bu konuda bizzat

Dursun Karataş'ın ve Öcalan'ın ağzından çıkan, militanlarına verdikleri talimatlarla ilgili bilgiler arşivlerde mevcutken bu iddia neye dayanıyor? Dördüncüsü Meral Kıdır Dev-Sol'un, yani Dursun Karataş'ın elemanı değil, PKK'nın, yani Öcalan'ın elamanı. Kıdır İstanbul'da İstihbarat Şube Müdürü olduğum dönemde yaptığımız bir operasyonda yakalandı. Dursun Karataş'a nasıl haber gönderecek, hem de cezaevinden? Beşincisi PKK ile Dev-Sol aralarında var olduğu iddia edilen ittifakı bozacaksa, bu böyle ilkokul çocuklarının arkadaşlık mantığı ile yapılabilecek bir şey değildir. Herhalde Veli Küçük feodal arkadaşlık hatırına Giresun benim bölgem burada ittifak yapmayın da başka yerde yapın mı diyecek? Bu iddia olsa olsa ideolojik örgütleri bilmeyen cahil birinin sözleri olabilir. Böyle bir ittifak yok, varsa ya her yerde uygulanır ya da her yerde bozular. Giresun'da bozun, başka yerde anlaşın gibi bir şey söz konusu olmaz.

Mülakatta ayrıca 12.000 adet silahın Barzani'ye, 12.000 adetin Talabani'ye, 6.000 adetin Kürdistan başkanı Kosret Resul'e, 6.000 tanesinin de Cemil Bayık'a 2 konteynırlı bir araçla Ali Balkan Metel'nin Gümrük Müdürü olduğu dönemde verildiği anlatılmaktadır. Ayrıca bazı gazetecilerin Kuzey Irak'a götürülerek Kürdistan Başkanı Kosret Resul ile görüştükleri ifade edilmektedir. Ali Balkan Metel ve Veli Küçük Güneydoğuda 1991 yılından önce görev yapmışlardı, yazıda adı geçen gazetecilerin Irak'a gidişi 1994 yılına, yani çok sonraki tarihe aittir. Bununla birlikte iddia edilen silah rakamlarını toplarsak gönderilen silah miktarının 30 binden fazla olduğu anlaşılmaktadır. Her silah kutusunun, şarjörü ile birlikte en az 10 kg olduğu hesaplanırsa, bu kadar silah toplam 300 ton eder ki bu da en az 10 tır dolusu silah demektir. Hatta bu kadar silahı ambalajı ile birlikte 10 tıra sığdırmak mümkün değildir. Bu kişi ise 2 konteynırla silahların taşındığını söylemektedir.

Yine başka bir iddiada Suriye'de 1993 yılında Hasan Bindal'ın kiraladığı ve Öcalan'ın bulunduğu evin üst katında askeri bir ataşenin kaldığı söylenmiştir. Böylece PKK lideri ile askeri ateşe arasında daha derin bir ilişkinin olduğu ima edilmiştir. Bu sözler de deli saçmasından öte bir şeydir, bu meseleleri iyi bilmeyen birinin uydurmasıdır. Çünkü Bindal Öcalan'ın köyden çocukluk arkadaşı, okur yazarlığı bile zayıf olan eski bir PKK militanıdır, ancak bu kişi PKK'nın Bekaa'daki kampında Öcalan'ın verdiği yetkiyle herkesi cezalandıran Şahin Baliç tarafından öldürülmüş ve olayla ilgili olarak eğitim esnasında kazaen vuruldu denmiştir. Zaten Şahin Baliç'e kızan Öcalan bu olayı bahane ederek Baliç'i kurşuna dizdirmiştir. Bununla ilgili Öcalan'ın yazdığı birkaç sayfa yazı *Serxwebun* adlı gazetede yayınlanmıştır. Hasan Bindal Suriye'de ev kiralayacak biri değildir. Bu işi yapacak Suriye'de örgüte katılan yüzlerce kişi vardır. Suriye'deki askeri ataşe Suriye İstihbarat Teşkilatı Muhaberat tarafından sürekli denetlendiğinden, böyle bir konuyla ilgili olarak sıradan bir Suriye vatandaşı ile bile görüşemez. Bizim ülke olarak PKK konusunda Suriye'yi suçlayarak savaşın eşiğine geldiğimiz bir dönemde böyle bir görüşme olması halinde Suriye "PKK ile görüşen sizsiniz, bizi neden suçluyorsunuz" demez mi? Aslında bu tip iddialar o kadar mantık dışıdır ki bu mesnetsiz iddialara cevap vermek bile yanlış. Fakat ne var ki savcı tarafından çok ciddi iddialar olarak önemli bir davanın içerisine konulunca cevap vermek gerekiyor.

Savcının iddiaları arasında "Jandarma A Tipi Özel Kuvvetler" ifadesi geçmektedir. Jandarmanın Özel Harekât Timleri iki tiptir. Biri sadece subaylardan müteşekkil olup A tipi olarak adlandırılmaktadır. Diğeri ise subay, astsubay ve erbaşlardan müteşekkildir, B tipi olarak ifade edilir. Savcının bu timleri iyi tanıyan ve yakınları bu timlerde görevli olduğunu söyleyen gizli tanığı, timin adını bile doğru söyleyememektedir. Bu timin tam adı Jandarma A Tipi Özel Harekât Timidir.

Ayrıca Abdullah Çatlı ile Dursun Karataş'ın Paşa Güven döneminden beri tanışıp görüştükleri iddiasına yer verilmektedir.

Bu iddiaya kargalar bile güler. Bu kadar saçma, absürt bir iddia olamaz. Çatlı'nın 1992 yılından ölümüne kadar yurtiçinde gizli olarak güvenlik kuvvetleri ile birlikte hareket ettiği, PKK ile irtibatlı bazı kişilerin infaz edilmesinde polislerle birlikte olduğu, hatta yurtdışında Dursun Karataş'ı bulmak için gayret gösterdiği Susurluk soruşturmaları sırasında ortaya çıkmıştır. Devletin bunca istihbaratı, soruşturması, tahkikatı bunun tersini söylerken kim olduğu belli olmayan bir kişinin deli saçması konuşmaları nasıl olur da bilgiye dönüşür.

Savcının iddiaları arasında (yine gizli tanığın beyanına dayanılarak) ülkücülerin ellerindeki silahlarla Dev-Sol'un elindekilerin seri numaralarının birbirini takip ettiği belirtilmektedir. "Silahlar aynı kaynaktan geliyordu. Bir gün randevular karışmış, Paşa Güven ile Çatlı karşılaşacaklar diye büyük panik olmuş. Çatlı ile Karataş yüz yüze görüşüyordu, B.'nin uyuşturucuları Karataş'ın aracılığıyla Fransa'ya satıldı." deniyor. Ülkücülerin ve Dev-Sol'un adının duyulduğu tarihten bu yana olaylarda kullanılan ve yakalanan tüm silahlarının markası, modeli, cinsi, seri numarası devlet arşivinde mevcuttur. Ülkücülerin, Dev-Sol'un veya başka sol, sağ ya da bölücü hiçbir grubun silahlarının seri numaralarının birbirini takip ettiğini, hatta aynı marka olduğunu duymadım, olması da imkânsızdır. Hâlâ da bu kontrol yapılabilir. Bu kadar ciddi iddiaların bu kadar basit bir ağız tarafından dile getirilmesi ve hiç incelemeden, kontrol edilmeden adli iddialar haline getirilmesinin akıl ve mantıkla izahı yoktur. Bu iddiaların ciddiyetinden bahsedilmeyeceği gibi asıl önemli olan, bugüne kadar toplanan ve devletin arşivlerinde mevcut bilgilere itibar etmeksizin kim olduğu belli olmayan sıradan bir kişinin akıl, mantık ve bu konudaki temel ölçülere uymayan, teyit bile edilmeyen beyanlarının kesin doğru olarak kabul edilmesidir. Bu durum, davayla ilgili olarak bir kasıt olduğu imasını akıllara getirmektedir.

Savcının iddiaları arasında tanık Bülent Orakoğlu'nun ifadesinde "Emniyet Genel Müdürlüğü İstihbarat Dairesi Başkanlığı görevinden önce Hatay İl Emniyet Müdürü iken Adana Jandarma Bölge Komutanı Tuğgeneral Temel Cingöz ve İl Jandarma Alay Komutanı Vicdan Başaran ile şehir kulübünde bir yemek yediklerini, bu yemekte bölge komutanının yanında bulunan ve önceleri emir eri olduğunu zannettiği sivil giyimli şahsın daha sonra İstanbul'da Hizbullah operasyonunda ölü ele geçirilen Hizbullah lideri Hüseyin Velioğlu olduğunu öğrendiğini..." söylediği belirtiliyor.

Orakoğlu'nun böyle bir şeyi söylediğini bugüne kadar hiç duymadık. Ayrıca Orakoğlu'nun Hatay Emniyet Müdürlüğü yaptığı 1989-1994 yılları arasında Hüseyin Velioğlu'nun nerelerde bulunduğu, bu tarihlerin bir kısmında arandığı, daha sonra yapılan operasyonlarda nerelerde kaldığı belirlenmiştir. İstanbul'da Velioğlu'nun ölü ele geçirildiği evde bulunan kendisine ait konuşma ve kişileri sorgulama filmleri ve yazılı belgeler arasında ya da Hizbullah'a ait 20 bin sayfalık dokümanlar içinde Velioğlu'na ait olanları okuyanlar onun söylendiği gibi biri olamayacağını çok iyi bilir. Savcı, Orakoğlu'nun sadece "Eskiden bir defa gördüm, ona benziyordu," cümlesinden hareket ederek Velioğlu ile askeri görevlilerin irtibatlı olduğunu iddia ediyordu. Fakat bu kişinin konuşma bantları, elle yazılı notları ile resmi görevlilerin yaptığı çalışmalar, devlet arşivinde bulunan birden çok ilin birbirinden bağımsız olarak elde ettikleri bilgileri dikkate almamak ne kadar akıllıca bir yaklaşımdır. Bununla birlikte ben Bülent Orakoğlu ile birlikte çalıştım, bana hiç böyle bir şey anlatmadı.

Davada Yanlış Olan İkinci Konu:

Ergenekon örgütünün varlığı konusunda yazılı belge, doküman, örgütsel faaliyet sayılabilecek bazı ilişkiler varsa da eylemleri konusunda hiçbir ciddi emare yoktur. Zorlamalarla birçok olay ve eylem Ergenekon örgütüne mal edilmek istenmektedir. Hizbullah, PKK, Dev-Sol gibi tüm örgütleri Ergenekon örgütünün yönettiğinin iddia edilmesi ne kadar akıldışıysa, aynı şekilde geçmişte olmuş bazı olay ve eylemleri de hiçbir ciddi delile dayandırmadan Ergenekon örgütü tarafından yapılmıştır demek akılla ve mantıkla izahı olmayacak bir durumdur. Ergenekon örgütünün eylemleri olarak söylenebilecek hiçbir şey yoktur, çünkü Türkiye'deki faili meçhul olayların Ergenekon veya başka örgütlerle irtibatını gösterecek delil ve emareler bulunmamaktadır.

Danıştay 2. Dairesine gerçekleştirilen silahlı saldırı olayının Ergenekon örgütünce yapıldığı yönündeki iddialara dair görüşlerimi Danıştay Olayı başlığında yazmıştım. Özetle bu olayın yakalanan faillerinin bazı Ergenekon sanıkları ile telefonla konuştuklarına dair HTS raporları, yani kimin kimi aradığı bilgileri haricinde hiçbir delil bulunmamaktadır. Ancak ben biliyorum ki başta Muzaffer Tekin olmak üzere bazı Ergenekon sanıkları Danıştay Olayından çok önce eskiden beri polis tarafından dinlcnip izleniyordu, eğer bağlantı olsa bu dinlemeler ortaya konulurdu.

Ayrıca Banker Yalçın lakaplı Yalçın Doğan'ı 1997 yılında Ankara'da öldürmekten sanık, mafya ve uyuşturucu işlerine karışmış olan Ertuğrul Yılmaz Almanya'da 23 Nisan 2003 tarihinde uyuşturucu ve PKK'yla bağlantılı kişilerce öldürülmüştü. Bu olayın faillerinden biri, olaydan sonra Türkiye'ye gelmiş, Diyarbakır'da yakalanarak tutuklanmıştı. KOM Daire Başkanı olduğum 2003 ila 2005 yılları arasında bu olayı aydınlatmak için Alman polisi ile birlikte uzun süreli bir çalışma yürütmüştük. Bu çalışma sırasında anımsadığım kadarı ile Ertuğrul Yılmaz'ın yakınlarından (Ayhan Parlak dahil) bazıları şüpheliydi ve bu nedenle Doğuş Faktöring, Doğuş Sigorta gibi Yılmaz'ın şirketlerini mahkeme kararı ile uzun süre dinlemiştik. Şimdi ortaya çıkmakta ki Ergenekon sanığı Muzaffer Tekin, Ertuğrul

Yılmaz'ın yakın arkadaşı ve Doğuş Faktöring gibi bir şirkette maaşlı olarak çalışıyor, hatta şirket ortağı gibi sürekli burada kalıyor ve görüşmelerini buradan yürütüyor. Hatta Danıştay sanığı Alparslan Arslan ile de burada görüşmüşler. Böyle bir irtibat ve ilişki varsa, o dönemde yapılan operasyonda, dinleme ve takiplerde de bu ilişkileri gösterir bilgilerin olması gerekirdi. Bu operasyonun evrakları, izleme ve dinleme bilgileri, mahkeme dosyalarında ve KOM Daire Başkanlığında hâlâ mevcuttur.

Cumhuriyet gazetesine bomba atılması ve Danıştay olaylarının failleri konusunda hiç tereddüt yok, yakalananların gerçek failler olduğu kesin olsa da olayın Ergenekon örgütünce yapıldığına dair ortaya konan iddiaların hiç inandırıcılığı yoktur, savcının zorlaması ile bu olaylar Ergenekon'a dahil edilmek istense de makul bir polisiye akılla bakıldığında hiçbir bağlantı kurulamamaktadır.

Sabancı Center'a saldırılması ve üç kişinin öldürülmesi olayı tüm yönleri ile aydınlatılmıştır, polis ve mahkeme dosyalarında olayla ilgili şüphe çeken, cevabı verilmemiş hiçbir konu bulunmamaktadır. Ancak psikolojik olarak sorunlu bir kişinin yazdığı hiçbir mesnede dayanmayan mektuplara sanki önemli bir delilmiş gibi itibar edilerek kafalar karıştırılmıştır. Oysa olay tüm maddi delilleri, kamera kayıtları ile hiçbir şüpheye meydan vermeyecek kadar açık ve nettir.

Hrant Dink cinayetini ele alırsak, bu olay da her yönüyle en ince teferruatına kadar araştırılmış, karanlıkta kalan hiçbir yanı bulunmayan bir olaydır. Failleri, bugün yargılananlar gibi önümüzdeki zamanda da her zaman milliyetçi dürtülerle bu tip eylemleri yapabilecek kişilerdir. Maalesef Türkiye'deki ortam bu tip olayları hazırlamıştır. Olayın faili Samsun'da yakalandığında yaşananlar iki iddiamı ispatlamaktadır. Birincisi, fail Ogün Samast yakalandığında güvenlik kuvvetlerinin ona "iyi ki yapmışsın, eline sağlık," der gibi yaklaşmaları, bir kahraman gibi beraber fotoğraf çektirmeleri failin içinde bulunduğu ortamın ve anlayışın onu, hain olarak gördüğü bir kişiyi öldürme yönünde teşvik ettiğini göstermektedir. İkincisi ise olayda kullandığı silah ve olay anında başında olan beyaz bere yakalandığı zaman cebindeydi ve yanında hiç parası yoktu. Otobüs arıza yapsa aç kalacak kadar parasızdı. Bütün bunlar olayın göründüğü gibi olduğu, arkasında hiçbir planlayıcının olmadığını göstermektedir. Eğer bu olay bir örgüt veya iki akıllı kişi tarafından planlanmış olsaydı, Ogün Samast yakalandığında olayda kullandığı tabanca ve giydiği bere üzerinde olmaz, cebinde de en az birkaç yüz lira parası bulunurdu.

Geçmişte Türkiye'de meydana gelen pek çok olayın (Malatya'daki Zirve Yayınevi Katliamı, Rahip Santoro Cinayeti) Ergenekon örgütü tarafından gerçekleştirildiği iddia edilerek epey bir süredir uydurma tanık vs. aranmaya başlandığı net olarak görülüyor. Amacın olayları aydınlatmak değil, Ergenekon'la irtibatlandırmak olduğu açıkça ortadadır.

Bazı Yerler Neden Aranmaz?

Kozmik odalarda birkaç gün süren aramalar yapıldı. Askeri karargâhlar, MİT Bölge Müdürlüğü, Jandarma Komutanlığı ile başka makamlar ve lojmanlar arandı. Elbette bir suç şüphesi var olduğunda arama yapılmalıdır ama burada hangi şüphe ve delil vardı, hangi iddialar üzerine buralar arandı?

Şimdi ben açıkça adres veriyorum, hukuksuz dinleme ve izlemeler var, bunları imzamı havi dilekçemde belirttim. Yasalar da bu türden dinlemelerin denetlenmesini emrediyor. İstihbarat dinlemelerinin her kurumun amirleri ve müfettişleri tarafından denetlenmesi gerektiği açıkça belirtiliyor. Peki, İstihbarat Daire Başkanlığının dinleme sistemleri ve evrakları neden denetlenmiyor; istihbarat kayıtları, TİB kayıtları, mahkemelerin bu konudaki kararları karşılaştırılarak kim hukuksuz olarak dinleme yapıyor diye neden araştırma ve soruşturma başlatılmıyor?

Savcılar ve hâkimler İstihbarat Dairesine giderek arama yapıp tespitlerde bulunamazlar mı? İstihbarat Dairesinde cemaatin özel cihazları, elde ettikleri her türlü kanunsuz dinleme materyalleri mevcuttur, buralar neden aranmaz? Kozmik bürodan daha mı gizli? Kozmik odanın aranmasında kimliği belli olmayan bir ihbarcı vardı, burada da ben açıkça ihbar ediyorum. Bulunacak yerleri de söylüyorum. İstanbul Emniyet Müdürlüğü İstihbarat Şubesi neden denetlenemez?

Ankara Emniyet Müdürleri Toplantısında İçişleri Bakanı'ndan Talebim

Her örgütün ya da sıradan bir ideolojik grubun faaliyet ve eylemleri konusunda sürekli kitap, broşür, tamim yayınlayan ve toplantılar düzenleyen Emniyet Genel Müdürlüğü Ergenekon konusunda hiçbir şey yapmıyordu. Emniyet Genel Müdürlüğünde görüştüğümüz genel müdür yardımcılarına, daire başkanlarına konuyu soruyorduk, Ergenekon tahkikatlarını kim yapıyorsa bize bilgi vermelerini istiyorduk. Tüm icracı daire başkanları "bizim de haberimizi yok, biz de sizin gibiyiz," diyorlardı. Bu tahkikatları en iyi bilmesi gereken Terörle Mücadele Daire Başkanı (TEM) konularla ilgili bir şey bilmiyor, hiçbir yorumda bulunmuyordu. Daha önce görüştüğüm İstanbul Emniyet Müdürü de bu konuda bilgi sahibi değildi.

Halbuki Emniyet Müdürleri illerinde yapılan tüm operasyonları ve adli tahkikatları çok iyi takip eder, her olayın teferruatını bilir. Bugün de hangi ili ararsanız arayın, o ildeki her olayı en ince detayı ile il emniyet müdürlerinden öğrenebilirsiniz. Yine aynı şekilde ülke genelinde meydana gelen önemli bir olayı, yapılan bir operasyonu merkezdeki ilgili daire başkanları tüm ayrıntılarıyla bilirler, çünkü sistemin çalışma biçimi gereği her olaya müdahale eden, operasyon yapacak olan tüm polis amirleri silsile yoluyla yukarıya doğru bilgi verirler. Böylece ilgili tüm amirler konu hakkında bilgi sahibi olur. Her olay hemen illerden merkeze hem Ana Komuta Kontrol Merkezi (AKKM) Dairesine hem de ilgili daire başkanlığına ildeki şube tarafından yazılı mesajla bildirilir. Ayrıca önemli olaylarda il emniyet müdürleri ilgili daire başkanına, genel müdür yardımcılarına ve gerekiyorsa Emniyet Genel Müdürüne telefonla bilgi verir, hatta zaman zaman geniş kapsamlı özel bilgi aktarımları yapılır. Böylece herkes konudan haberdar olur. Son dönem Ergenekon'la başlayan operasyonlar haricinde bu sistem hep böyle çalışmıştır.

Bazen emsal olaylar diğer illerde de gerçekleşebilir veya bir ilde yapılan operasyon dolayısıyla diğer iller de uyarılır, o ilde ortaya çıkarılan bir örgütün benzerleri ya da uzantıları başka illerde de olabilir diye onların çalışma biçimleri diğer illere de bildirilir. Fakat ortaya çıkan bu son olaylar sonrasında ben Emniyet Genel Müdürlüğünden bir tek tamim ya da bilgi veren bir tek yazı almadım.

Tüm basın asker ve polis arasındaki çekişmeden, polisin askere karşı operasyon yaptığından bahsetmesine rağmen Ankara'da toplanan emniyet müdürlerinin gündeminde bu konu yoktu, hiç kimse bir şey anlatmıyordu. Eğer bu tahkikatları Emniyet yapıyorsa, Emniyeti ülke genelinde İçişleri Bakanının emir ve direktifleri altında Emniyet Genel Müdürlüğü yönetiyorsa bu olaylarla ilgili söyleyecek çok şeyleri olmalıydı, ama tek kelime etmiyorlardı.

İçişleri Bakanının olduğu bir ortamda konuşmak isteyen her il emniyet müdürüne söz verildiği sırada söz alarak bakana, "Tüm basın olup bitenleri yazıyor. Ergenekon örgütüne yönelik operasyonlar yapılıyor, polis askere karşı operasyon gerçekleştiriyor, bunca olay meydana geliyor ama hiç kimse bize bilgi vermiyor. Ergenekon operasyonları, olup bitenler ve ortaya atılan iddialar hakkında bize bilgi verilsin." dedim Bakan öğleden sonra Genel Müdürün konu hakkında bilgi vereceğini söyledi fakat öğleden sonra hiç kimse bir şey anlatmadı. Ellerinde anlatacakları bir şey yoksa demek ki bunları Genel Müdürlük yapmıyordu. Bu daha da vahim bir duruma işaret ediyordu. O halde bu teşkilatı kim yönetiyordu? Bu büyük ve önemli bir soru idi. Daha önemlisi de ortada görünen yöneticilerin bu duruma nasıl ve neden müsaade ettiğiydi. Bu kamu gücünü kimler gasp etmiş kullanıyor, gücün sahibi olması gerekenler ellerindeki gücün gaspına neden ses çıkarmıyordu?

Bugüne Kadar Cemaat Tarafından Yapılan Operasyonlar ve Çalışmalar

2009 martında önce yurtdışından gelen ihbara dayanarak bir uyuşturucu kaçakçılığını takip eden narkotik polisi kuryeyi yakalamak için Ankara'da bir otel odasına baskın düzenlediğinde uyuşturucu kuryesi kadının otel odasında Eskişehir 1. Hava Kuvvet Komutan Yardımcısı Tümgeneral Levent Türkmen ile birlikte yakalandığı, generalin önce kimliğini saklayıp polis merkezine gelince açıklaması üzerine merkez komutanlığına teslim edildiği, geceyi burada geçiren generalin daha sonra görevinden istifa ettiği, kadının üzerinde 10 kg uyuşturucu yakalandığı basına kademeli olarak sızdırıldı. Ardından işin aslı anlaşıldı. Aslında ortada uyuşturucu kuryesi yoktu, Türkmen'in Adana'da görev yaparken tanıştığı bir kadınla yasak ilişkisi vardı, bu kadınla ara sıra Ankara'daki bir otelde buluşuyorlardı, bu buluşma tespit edilerek uyuşturucu ihbarı bahanesi ile otel basılmış ve generalin istifası sağlanmıştı.

Bana göre bu olay amacına ulaşmış bir operasyondur. Araştırılırsa görülecektir ki, kadının ve generalin cep telefonları IMEI numarası üzerinden veya başka isimlerle dinlenmiş, buluşma tespit edilmiş, sahte uyuşturucu ihbarı ile baskın yapılarak generalle kadını aynı odada yakalayarak generali zor durumda bırakmak amaçlanmış ve başarılmıştır. Cemaat operasyonudur.

Bugün için Balyoz Operasyonundan dolayı yargılanan ve bazı ses kasetleri yayınlanan Korgeneral Metin Yavuz Yalçın'ı

Edirne'deki askeri birliklerde, bağlı bulunduğu Çorlu'daki 5. Kolordu Komutanı olduğu 2005-06 yıllarında tanırım. Bir-iki defa Edirne'ye törenler için gelmişti. Komutanlığına fazla bürünmüş bir hali vardı. Bir bayram törenindeki müdahalesini, ilindeki vali ile bazı konulardaki sürtüşmelerini duymuştum. Daha sonraki yıllarda İzmit'teki Kolordu Komutanlığına atanmıştı. Bir gün Yalçın Paşa'nın alışılmadık bir biçimde zamansız kış ayında istifa ettiği duyuldu. Sonra paşanın bir kadınla aşk konuşmalarını içeren telefon kayıtları internette yayınlanmış, hatta rakibi bir komutanın santralden dinlettiği haberleri yayılmıştı. Daha sonra Balyoz Operasyonu nedeniyle Yalçın Paşa tutuklandı ve şu an yargılanması hâlâ devam ediyor. Şimdi tüm bunlar birleştirildiğinde anlaşılmakta ki, Balyoz Operasyonu belgelerini elinde bulunduran cemaat aslında Yalçın Paşayı hedefine koymuş, onun telefon detaylarını Emniyet İstihbarat Dairesindeki uzantılarını inceleyerek tüm bağlantılarını tespit etmiş, o telefon numaralarından bir kısmı için ya elindeki özel sistem ya da IMEI numarası üzerinden dinleme kararı almış, onun E.G isimli kadınla aşk içerikli konuşmalarını kayıt edip şantaj amaçlı kullanarak bertaraf edilmesini sağlamıştır. Bu olay hakkında hiçbir bilgiye sahip değilim ama bu şekilde olduğundan da hiç tereddüdüm yok, zira bunu gerçekleştirebilecek başka hiç kimse yoktur. Eğer ciddi olarak araştırılırsa iki telefondan bir tanesinin Emniyet tarafından dinlemeye alındığı ortay çıkacaktır.

Artık yöntem bulunmuştur. Hedef seçilen kişilerin önce telefon detayları analiz edilecek, gizli ve özel görüştüğü kişiler belirlenecek, gerekiyorsa eşleri, çocukları veya yakınlarının telefon görüşmeleri aynı şekilde analiz edilecek, özel ilişkileri belirlenecek. Daha sonra başka isimlerle veya IMEI numarası üzerinden dinleme yapılacak, buluşmaları vs. varsa fotoğraflanıp videoya alınacak, ardından elde edilen bu sesler veya fotoğraflar internet sitelerinde profesyonelce yayınlatılacak. Maalesef bütün internet sitelerinde yayınlanan sesler ve fotoğraflar aynı grup tarafından aynı yöntemler kullanılarak hazırlanmıştır. Eğer bu dinleme ve izlemelerde bir adli tahkikat, suç çıkarılacağına inanılıyorsa bu defa bu yöntemle elde edilen bilgiler bir ihbar mektubuna dönüştürülerek istenen şekilde adli tahkikat yapan yerde adli tahkikata dönüştürülecek. Bu bilinen ve sık uygulanan yöntem haricinde eğer hedef seçilen kişiler çok özel üst düzeyde yetkili kişiler ise o zaman çok daha özel, devletin istihbarat amacıyla aldığı alet ve sistemler kullanılacaktır. Bu yapılanların sınırının ne olduğunu tahmin bile etmek zordur.

Son soruşturma ve bulunan belgelerde adı geçen İzmir'deki bir albayın, eşi tarafından aldatıldığının fotoğraflarla basına servis edilmesi üzerine intihar ettiği yazılmıştı. Habere göre bir kadının bir eve giriş çıkışı görüntülenmiş ve bu evde başka bir erkekle buluştuğu ima edilmişti. Böyle bir olayı yapabilecek tek bir adres vardır, cemaatin polis içindeki uzantıları. Başka hiç kimse bunu yapamaz. Bu kişilerin telefonlarının istihbari olarak dinlenmiş, varsa buluşmaların tespit edilip izlenmiş, fotoğraflar çekilerek internette yayınlanıp sonra da basına ihbar edilmiş olduğu kayıtlara bakılırsa görülecektir.

Cemaatin, İstihbarat Dairesindeki teknik personelinin bir süre önce yurtdışına giderek gizli ses ve görüntü kayıt eden çok miktarda saat, kalem görünümünde teknik cihazlar aldığı, küçük dinleme sistemleri alıp askeri ve belli kurumlardaki adamlarına verdiği, bu yöntemle her yerde ortam dinlemesi, gizli kayıtlar yaparak bilgi topladığını duymuştum. Bugün sık sık kaynağı belirsiz şekilde internete düşen bu ses ve görüntülerin kaynağı çoğunlukla bu tür bilgilerdir. İstihbarat Daire Başkanlığında arama yapılsa, demirbaşa kayıtlı olmayan cemaatin kendine ait özel dinleme ve izleme aletleri bulunacağından hiç tereddüdüm yoktur.

Gazetelere ve mahkemeye intikal etmiş, basında yer aldığı kadarı ile bir işadamını karısı özel bir ekipmanla dinletmiş ve işadamı bu durumdan şüphelenerek Kadıköy Savcılığına dilekçe ile müracaat etmiş. Kadıköy Savcısı olayı Organize Suçlar Şubesine havale etmiş, orası da tahkikatı yaparak dinleme olayını yaptıran eş ile ona yardım eden bir Emniyet Amirini gözaltına almış. İşin enteresan tarafı, işadamının cemaate girmesi ve maddi varlığının bir kısmını buraya aktarması eşler arasında sorun olmuş ve eşi bundan dolayı işadamını dinletmeye başlamış. Bu olayın manidar olan tarafı şu; benzeri iddialarla pek çok kişi bugüne kadar Savcılığa ve Emniyete başvurmuştur ama başvurularla ilgili olarak karı-koca arasındaki meseleler hukuk mahkemesini ilgilendirdiğinden en fazla cumhuriyet savcıları tarafından ifade alınıp telefonları inceletme veya TİB'den detay alma şeklinde tahkikat yapılmıştır. Organize Şubelere havale edilerek örgüt tahkikatı yapılmamıştır. Fakat söz konusu olan cemaate yakın biri olunca arka plandaki birileri işi organize ederek tahkikatın mükemmel şekilde yapılmasını sağlamışlardır.

Askeri Belgeler Nasıl Değerlendirilmeli?

Bugünlerde askeri birliklerde ortaya çıkan plan ve projeler için askerler çok normal şeylermiş gibi bunları savunurken bunlara karşı sivillerden gelen tepkileri, aydınların isyanını anlayamıyor. Askerlerin, olağan görevleri olarak saydığı uygulamalar aslında sivil hayata korkunç bir müdahaledir, bunun askerlikle hiçbir ilgisi yoktur, askerlerin görev alanı içinde değildir. Askerlerin böyle planlar yapmasının demokratik bir ülkede yeri yoktur. Aynı şekilde aydınlar da askerin mantığını anlayamadığından askeri planları algılayamıyor ve bazı konuları birbirine karıştırıyorlar.

Türkiye'de Bazı Şeyler Birbirine Karışıyor:

EMASYA planları: Polis ve jandarmayla bastırılamayan olaylarda mülki makamların askeri birliklerden yardım istemesi yasalarda belirtilmiştir. İller idaresi kanununa göre İçişleri Bakanı veya Vali emrindeki polis ve jandarma ile bastırılamayan veya bastırılamayacağı anlaşılan olayların meydana gelmesi halinde o ildeki askeri birliklerden kuvvet talep edilebilir. İşte böyle bir ihtimale binaen askeri birliklerin olaylara nasıl müdahale edeceğinin önceden planlanmasına açık ifade ile Emniyet Asayiş Yardımlaşma Planı denir.

Askeri planlama seminerleri: Ülkeye yönelik muhtemel bir dış saldırı ve savaş ihtimallerini en anormalinden başlayarak her türlü ihtimalin değerlendirildiği, ona göre savunma planlarının tartışıldığı toplantı ve planların yapıldığı seminerler.

Darbe veya müdahale planları: Askerin, beğenmediği anlayışın hükümet olmasına karşı çıkması, onların ideolojilerine uygun olmayanın iktidar olamayacağı, olursa zorla değiştirmeye kendilerini yetkili görüp bu konuda hazırladıkları plan ve çalışmalardır.

Son zamanda bu üç konuyla ilgili ele geçen belgeler birbirine karıştırılıp basına verilince halkın kafası karışıyor. Bazen işin aslı bilinmediğinden, bazen askerin uygulamalarına itimatsızlıktan, bazen de militarist bir zihniyete sahip olan, beğenmedikleri sivil bir iktidar karşısında askeri bir yönetimi isteyecek kadar sivil iradeden yoksun sivillerin varlığı nedeniyle bu belgelerin tamamı askerin sivil hayata müdahalesi olarak algılanıyor. Ayrıca bu belgeleri ortaya çıkaranların iddialarını daha da güçlendirmek için belgelerin içine uydurma belgeler eklenmesi de devreye girince ortaya önemli bir bilgiye rağmen kargaşa, birbirine karışan bilgiler ve toz bulutu kalıyor. Bütün bu meselelerle ilgili olarak işin uzmanı kişiler tarafından bir ayıklama yapılıp konunun kirden, harici katkılardan arındırılarak sağlam bilgilerin ortaya konması ve akılcı bir anlayışla analiz edilmesi şarttır.

EMASYA Planları

EMASYA planları, Emniyet ve Jandarmanın mevcut gücüyle önlenmeyen büyük toplumsal olaylar meydana geldiğinde Vali veya İçişleri Bakanının askeri birliklerden yardım isteme ihtimaline binaen askeri birliklerin önceden yaptığı hazırlık planlarıdır. Olması muhtemel olaylar nelerdir, neler olabilir, tehdit ya da tehlike nedir, hangi gruplar tarafından nerede ve ne büyüklükte nasıl olaylar yaratılmak istenir, bu olayları bastırmak için ne kadar kuvvete ihtiyaç vardır, mevcut polis ve jandarmanın kapasitesi ve imkânları nelerdir? Tüm bu sorular veri kabul edilerek EMASYA planı yapılır.

Burada önemli sorun EMASYA'da beklenen tehdit ve tehlikenin ne olduğunu, neye ya da kime karşı hangi tedbirin alınacağını kimin belirleyeceğidir. Normalde olması gereken, yardımı isteyecek olan İçişleri Bakanlığı ve illerdeki valilerin polis, jandarma, MİT ve istihbarat birimlerinden alacakları bilgilerle muhtemel olayları ve tehlikeleri belirleyip askeri birliklere planlama safhasında veya belli dönemlerde bilgi vermesidir. Ancak onlar böyle bir çalışma yapmadığı için askerler beklenen tehlikenin ne olacağını, hangi gruplar tarafından gerçekleştirileceğini kendisi belirliyor, hatta yasal toplumsal faaliyetleri, bazı grupların sıradan demokratik taleplerini bile müdahale gerektirecek bir durum olarak değerlendiriyor. Toplumsal ve siyasal hareketleri devlet ve rejim için bir tehdit ve tehlike olarak tanımlıyor, hatta mevcut hükümetin tabanını bile tehlike olarak görüyor. Geçmişte sol grupları ve milliyetçi unsurları tehdit olarak algılarken, bugünse irtica adı altında tüm dini grup, cemaat ve tarikatları tehlikenin odağına yerleştiriyor. Daha sonra da bu gruplarla organik bağı olan herkesi bu tehdidin bir parçası haline getiriyor.

Sonuç olarak buradaki sorun, sivil yönetimin askerden yardım isteyeceği durumları istihbarat unsurlarıyla birlikte belirlemesi gerekirken askerin bizzat kendisinin tehdidi değerlendirmesidir. Durum böyle olunca da bugünkü manzara ortaya çıkıyor. Aslında asker her şeyi kendisi belirlemek istiyor. Sivillerin boş bıraktığı sahayı askerler dolduruyor. Ülke genelinde çoğunlukla sivillerin bakış ve algılama zafiyeti dolayısıyla güvenlik, politika, tedbir ve planlamalar otomatikman askere havale edilmiştir.

Bunun sonucunda ordunun geçmişteki uygulamaları, yaşanan müdahaleler, sıkıyönetimler ortaya çıkmıştır. Askerler de bu tür müdahaleleri gerçekleştirmeye kendilerini yetkili görüyorlar. Dolayısıyla temel sorun, Türkiye'deki bu askeri zihniyettir.

Tabii bu zihniyet ve planın sonucu olarak eğer tehdit olarak bazı ideolojik gruplar belirlenirse bu gruplara karşı alınacak uzun vadeli tedbirler de plana yansıyor. Geçmişte sol ve komünist örgütler hedefteyken, şimdi bölücülük ve irtica hedef kabul ediliyor. Bu unsurlara karşı önleme faaliyetleri, bu gruplar içindeki fraksiyonlar, gruplara destek verenler, gelir kaynakları, sahip oldukları medya organları ve ekonomik kuruluşlar belirleniyor ve bunları önlemek için imha operasyonlarından psikolojik harekâta kadar her türlü uygulama EMASYA'nın veya ordunun diğer plan, program ve dokümanlarına giriyor.

EMASYA planları genellikle askeri karargâh subayları, birliklerin komutan ve kurmay başkanları, s1 ve s2 olarak adlandırılan istihbarat subayları, emniyetin terör, istihbarat ve diğer birimlerinin müdürleri, jandarma subayları, MİT temsilcileri tarafından birlikte hazırlanır. Sonra askeri birliklerce tanzim edilerek valilikler üzerinden, Emniyet ve Jandarma birimlerine suretleri verilir, her yıl bir defa tatbikat yapılır. Gizli ama legal ve devlet sistematiği içerisinde arşivlenen belgelerdir.

Savaş Oyunları, Planları

Askerler özellikle birlik komutanları ve kurmay subaylar belli aralıklarla toplanıp olabilecek her türlü ihtimali hesap ederek ülke savunmasına yönelik hazırlık planları oluştururlar. Bu toplantılarda meydana gelebilecek en kötü senaryolar hesaplanır. Mesela Yunanistan bize saldırmış, aynı anda Suriye güneyden Hatay'ı işgale yeltenmiş, İran içimizdeki kendine yakın grupları isyana teşvik etmiş, diğer yandan Bulgaristan'daki soydaşlarımız olan Türkler baskıdan toplu iltica için Türkiye sınırlarına dayanmış, ayrıca Güneydoğuda PKK Herekol dağında açıkta bayrak açarak Besti bölgesinde bağımsızlığını ilan etmiştir. Bu türden uçuk ihtimaller ortaya atılarak bunlara karşı plan geliştirilir, bu toplantılarda konuşulanlar sıradan insanlar için incitici gelebilir.

Savaş oyunları plan ve toplantılarına da birliklerin üst komutanları, kurmay subaylar katılır, kalabalık gruplar halinde toplanılır ve toplantılar birkaç gün devam eder. Alınan notlar, ihtimal senaryoları yazılı çok gizli belgeler haline getirilir. Bunlar eğitim ve çalışmalarda kullanılır.

Siyasi Hayata Müdahale, Darbe Hazırlıkları

Türkiye, askeri müdahaleler, darbeler ve sıkıyönetimler gibi olağanüstü rejimler ve bunların hazırlık safhaları hakkında epey bir bilgi sahibi. 27 Mayıs, 12 Mart, 12 Eylül ve 28 Şubat müdahalelerinin nasıl hazırlandığı hakkında yazılan, çizilen çok fazla kitap, anı ve belge var.

Darbe hazırlıkları başlangıcında büyük bir gizlilik içerisinde, hatta hiçbir kayıt alınmayan ortamlarda birkaç kişiyi geçmeyen gruplar halinde yürütülür. Her türlü izleme, takip ya da içlerinde birilerinin ajanlık yapma ihtimaline karşı birbirlerinin üzerini arar, kontrol ederler. Ancak durum ilerleyip artık darbe geri döndürülemez bir aşamaya doğru gelirse bu defa darbe hazırlığına yine tedbiri elden bırakmadan sıradan bir kod isim verilerek belgelendirilmeye başlanır ve bu belgeler çoğu zaman imzasız veya kodlanmış olarak çok gizli, en az sayıda çoğaltılarak saklanır.

Uzun süreden beri asker içerisindeki Fethullah Gülen cemaati mensupları ordu içindeki her türlü gruplaşma, antidemokratik çalışmalar, yolsuzluk olayları ile ilgili olanlar başta olmak üzere her türlü dokümanı alıp biriktiriyor. Bu belgelerin dışarı çıkarılıp belli sorumluların denetiminde güvenli yerlerde saklandığı biliniyor, hatta tahmin edilenden daha fazla askeri evrak dışarıda arşivlenmiş durumdadır. Balyoz Darbe Planı denen planla ilgili evraklar da yukarıda belirtilen bu üç tip toplantının evrakları karıştırılarak oluşturulmuş, hatta bir iki ilave belge de eklenerek karma bir evrak çuvalı yapılarak bir gazetecinin önüne atılmıştır. İnsanların kafası karışıyor, yüz kişi bir odada toplanıp darbe konuşur mu? Eskiden bu çalışmalar bu kadar gizli saklı yapılırken, şimdi neden ses ve görüntü kaydı tutulan toplantılarda bu çalışmalar gerçekleştiriliyor? Evet, kayıt tutulan toplantılar darbe planları değil savaş oyunlarıdır.

Balyoz Darbe Planı ile ilgili olarak tutuklanan kişilere bakıldığında bu belgelerin en erken 2004 yılına ait olduğu anlaşılıyor, çünkü tutuklananlardan Tümgeneral Behzat Balta Edirne'de Tümen Komutanı iken 2004 ağustosunda emekli oldu, yine Tuğgeneral Halil Kalkanlı da Edirne'de Tugay Komutanı idi ve 2006 yılında emekli oldu. Hiç öyle darbeci, ideolojik yanı ağır basan biri değildi, klasik bir komutandı.

Ben 2005 yılı haziranında Edirne'ye Emniyet Müdürü olarak atandığımda eski arkadaşım Ali İhsan Gürcihan Tugay Komutanı idi, ondan önce Behzat Balta varmış, emekli olduğu söyleniyordu. Tutuklanan Behzat Balta'yı tanımadım ama anlatılanlara göre ideolojik yönü fazla olmayan, sıradan, biraz sosyal biriymiş. Halil Kalkanlı'yı tanıdım, o da sıradan biriydi, ideolojik yönü hiç yoktu. Fakat onlardan sonra gelen tanıdığım bazı komutanlar çok daha katı politik görüşlere sahip, hatta alenen siyasetçileri eleştiren kişilerdi. Eğer onlardan birinin adı bu darbe planlarında çıkmış olsa bana garip gelmezdi.

Bu iki komutan da Edirne'de görev yaparken çağrılmaları üzerine 1. Ordudaki seminere katılmışlar. Zaten savaş oyunlarında en fazla rol düşecek askeri birlikler hem Yunanistan, hem de Bulgaristan'la komşu olması nedeniyle Edirne'deki birlikler olacaktır. Dolayısıyla onların böyle bir savaş planlamasının yapıldığı bir toplantıya katılmaları makuldür. Oysaki bu komutanlar, Balyoz Darbe Planı iddiasıyla ve emekli olduktan seneler sonra tutuklandılar. Behzat Balta Paşa'yı simaen bile tanımam. Gümrük tahkikatım sırasında rüşvet suçlamasıyla görevden ihraç olan Başmüdürü için sevdiğim bir komutan olan Recep Paşa üzerinden tavassut etmeye kalkmıştı, bundan dolayı kendisini pek sevmem. Halil Kalkanlı Paşa ile 2 yıl çalıştım ama hiç samimi olmadım, resmi tören ve işler haricinde karşılaşmadım. Kendisi bana sempatik gelmedi ama bugün haksız yere yattıkları kanaatindeyim zira onlar bu işlerin adamı değiller.

Dışarıdan bakınca kimin darbeci olup kimin olmadığı anlaşılır mı diye sorulursa buna cevabım evet anlaşılır olacaktır. Veli Küçük suçlu mu, masum mu bilmiyorum ama adını her halde ilk kez ben Susurluk Olayı döneminde ortaya atmıştım. Jandarma Genel Komutanlığında Levent Ersöz ve Ali Esener paşaları daha 2003-04'te herkes farklı tavır ve tutumları nedeniyle biliyordu, yine Çetin Doğan Paşa gibi bazı komutanların keskinliği o zamanlardan biliniyordu.

Basın organlarının önüne getirilen her belgeyi hiçbir uzmana inceletmeksizin yazması, böyle bir ortamdan faydalanarak iftira atmak isteyen insanların işini kolaylaştırdığı gibi bu yöntemleri teşvik etmektedir. Halbuki iç güvenliğin bu kadar önemli olduğu, Ergenekon ve Balyoz gibi davaların devam ettiği bir ortamda, basın organlarının iç güvenlik konularında uzmanlara inceletmeden önüne gelen her evraka, belgeye emin olmadan yer vermemesi, savcıların ise kaynağı ve elde ediliş biçimi belli olmayan tomarla evrakın basının önüne atıldığı durumlarda önce gizlilik kararı alıp incelendikten sonra uzman raporları ile birlikte yayınlanmasına karar vermeleri gerekir. Aksi hale, bir örgüt bu üç toplantının evrakını karıştırıp bugün olduğu gibi işleri içinden çıkılamaz bir hale getirebilir.

Şu açık olarak görülmektedir ki özellikle ordu başta olmak üzere her kurumun bünyesindeki gizli oluşum (cuntalar, ihtilal hazırlığı toplantıları, anti demokratik tertipler) içinde cemaatin casusları vardır. Bu açıdan herkes bu tür yöntemlerden vazgeçmeli, bu işlerden uzak durmalıdır. Bu casuslar buralarda edindikleri her bilgiyi ve dokümanı taşıyorlar. Bu belgelerin kullanılmasını hukuki hale getirmek için cemaat elemanları tarafından bir yerlere konulup aramalarda bulunduğu süsü verildiğine dair çok ciddi emareler vardır. Kimi zaman da casuslar bilgiyi getirmelerine rağmen ellerinde bunu kanıtlayacak bir belge olmuyor. Bu durumda da amaca yönelik belge üretiliyor. Bazen de ele geçen belgeleri casuslar yanlış yorumluyor, o zaman da cami bombalama timi gibi saçma konularda uydurma belgeler ortaya çıkıyor ya da ilgili ilgisiz belgeler karıştırılıyor. Böylece adalet mekanizması yanlış yönlendiriliyor.

Başbakan ve diğer hükümet yetkilileri Deniz Kuvvetleri Komutanının tüm ordu içerisindeki müdahale çalışmalarını anlattığı günlükleri, Jandarma Genel Komutanı Şener Eruygur'un darbe hazırlık planlarının belgeleri, Sarıkız ve Ayışığı gibi darbe planları hakkında çok önceden bilgi sahibiydiler. Bu gizli tertiplere karşı tedbir alarak bu sayede ayakta kaldılar. Şimdi de bu belgeler gibi ordu içerisindeki cuntalaşma, müdahale hazırlığı gibi hususlarda bizim bilmediğimiz belki ilerde yayınlanacak birçok bilgiye sahip olabilirler ve ellerinde bu oluşumları kanıtlayan belgeler bulanabilir. Bu şekilde tedbir alıp bu badireleri atlatıyor olabilirler. Başbakan ve diğer yetkililerin okuyup bilgi sahibi olduğu ama daha yayınlanmayan ne kadar çok belge var acaba? Dolayısıyla ordu içerisinde cuntalar olduğu müddetçe mevcut veya gelecek Başbakanlar ve hükümetler belgeleri temin eden cemaate muhtaçtırlar ve onlara karşı tavır alamazlar. Belki biz de olsak mecburiyet duyarız. Yani cemaati ordudaki cuntalar, cuntaları ise orduya sızmak isteyen cemaat var ediyor.

Bu hükümete karşı oluşturulan cuntacı ve aşırı laik gözüken yapıların hepsinin içinde casuslar vardır ve olacaktır, bunu anlamanın ve buna karşı tedbir almanın imkânı da yoktur. Tek yol açık, şeffaf ve legal bir yapıya sahip olmaktır, herkes boş hayallerden vazgeçmelidir. Türkiye'nin bu açıdan huzura kavuşabilmesi için ordu demokrasiye karışmayı bırakıp Avrupa ülkelerindeki batı modeli ordu yapısına ve anlayışına sahip olmalıdır. O zaman ordu içindeki bu cuntacı unsurlar zayıflar. Aksi takdirde haddini aşan, zıddını yaratır felsefesi gereği herkes kendi karşıtını yarattığını fark etmelidir.

Nasıl Yönetiliyor, Kimler Yönetiyor?

Emniyet teşkilatındaki örgütlenme nasıldı, yani cemaat Emniyeti nasıl yönetiyor, görevleri nasıl etkiliyordu? Emniyet hiyerarşik bir teşkilattı, teşkilat içinde ikinci bir cemaat teşkilatı nasıl yapılanıyordu? Yıllarca amir ve müdürlük görevlerinde bulunan kişiler kendilerinin dışında birinden nasıl emir alıyor? İddialar doğru ise onlardan fırça bile yiyor, bir şey diyemiyorlardı?

Cemaatin geçmiş yıllardan başlayarak teşkilatta nasıl eleman temin ettiği, nasıl yapılandığı belki uzun araştırma ve incelemelerin konusu olsa da ben şu andaki örgütün nasıl yapılandığını, idare edildiğini bir nebze olsun göstermek istiyorum. Bunun için öncelikle bu konudaki belgelere bakmak gerekiyor. Maalesef bu konuda çok fazla belge yok ama yine de bulunan belgeler mevcut durumu belli oranda anlamamızı sağlıyor. Bunlardan bir tanesi Elazığ'ın Sivrice ilçesindeki bir camide 04.08.2002 tarihinde unutulan ve Ahmet Şahinalp isimli Maden Mühendisine ait olduğu anlaşılan çanta içerisindeki dokümanlardır. Bu belgelere göre bu kişi Elazığ, Bingöl, Tunceli ve Malatya gibi o bölgedeki emniyet teşkilatını yöneten, cemaatin imamı denen yöneticisidir. Maden mühendisidir ama bir eğitim kurumunda çalışıyor gözükmektedir.

Çantada ana hatlarıyla;

1- O yıl o bölgeye tayini çıkan ve o bölgeden batı illerine atanan polislerin 4 sayfalık listesi vardır, bu liste emniyetin bilgisayarlarından çıktığı belli olan tayinci personelin sicil numarası ve emniyetin kendi personelini tasnif ederken kullandığı harf kodlarını da taşımaktadır.

2- Bazı polislerin cep ve ev telefonları 2 sayfalık liste halinde bulunmaktadır.

3- 1 Ağustos 2002 ile 1 Kasım 2002 tarihleri arasında hedef şahısların tespiti ve listelerin çıkarılması, çalışma gruplarının oluşturulması ve işbölümü aşamasının gerçekleştirilmesi şeklindeki notlar; kurumsal açılım başlığı altında adliye, idari personel, avukatlar, hastaneler, bankalar ve diğer kurum isimleri ile yeni tanışılacak işadamları, toplum önderleri ve etkili nüfuz sahiplerine nasıl davranılacağıyla ilgili notlar.

4- Yapılacak işler, personelin sorunları gibi konularda 4 sayfalık not.

5- Elle yazılmış notlarda bazı polis amiri ve müdürlerinin tayin yerleri ve özel durumları hakkında notlar. En önemlisi İl Emniyet Müdürünün makam harcamaları ile yemek yediği yerler, makam araçlarının kullanımı hakkında notlar.

Ahmet Şahinalp yakalanır ama kapsamlı ifade vermez, yakalandığında üzerinde bulunan bilgisayarın diskinin pilinin çıkarılmasını ister. Belgelerde örgütsel bir çalışma, bazı görevlilerin belli yerlere getirilmesi, bazıları hakkında bilgi toplanması gibi konular vardır.

Aşağıda yer verdiğim ikinci belge ise çok yeni ve günceldir. Bana yeni ulaşan bu belgeye göre Emniyet teşkilatı içerisinde cemaate bağlı polisler, yöneticileri olan kişiden işlerini iyi yapmadığı için şikâyetçi olmuş, yanlışlarını madde madde bir rapora dönüştürerek muhtemelen Fethullah Hoca'ya göndermek istemişlerdi. Buradaki şikâyetlere bakıldığında örgütlenme hakkında ciddi bilgiler verilmektedir:

A. ÖMER BEY TARAFINDAN GÖREVLENDİRİLEN ŞAHISLARIN HEM KENDİLERİNİ HEM DE SORUMLULUKLARINI ÜSTLENDİKLERİ ARKADAŞLARI VE BİRİMLERİ DEŞİFRE ETMELERİ[4]

1- MİT Müsteşarlığı ve askeri istihbarat birimleri Ömer Beyi gerçek adı (Osman Hilmi Özdil) ile bilmekte ve takip etmektedir. Emniyet Teşkilatında görev yapan üst düzey yetkililerden olan Emin Aslan, Sabri Uzun, Hanefi Avcı, Hüseyin Özalp gibi devletin önemli merkezleriyle irtibatlı kişiler de Ömer Beyin teşkilatın sorumlusu olduğunu bilmektedirler. Yine adı geçen yetkililer Ömer Beyin hangi mekanlarda ve kimlerle görüştüğünü tespit ettiklerini ifade etmektedirler.

2- Başbakanın çok yakınında bulunan M.A. tarafından da Ömer Bey Teşkilatın imamı olarak bilinmekte ve adı geçen şahıs tarafından çeşitli mahfillerde bu durum ifade edilmektedir.

3- 2007 yılında Ömer Bey ve Yenimahalle ile ilgilenen Sinan Beyin (Murat Bey) ABD'ye giriş ve çıkışlarında FBI tarafından önce sorgulanmaları, sorgulanma sırasında üst ve bagaj aramaları yapılmış/ bu şüpheli duruma rağmen Ömer Beyin seyahat programını değiştirmeyerek ABD'de bulunan emniyetçi arkadaşlar tarafından havaalanında karşılanmış ve onlarlala görüşmüş daha sonra yine emniyetçi arkadaşların kullandığı araç ile HE'nin bulunduğu kamp yerine götürülmüş ve fiziki ve teknik takip ile bu süreç bütün teferruatıyla FBI tarafından kayıt altına alınmıştır.

ABD'den çıkış esnasında da tekrar sorgulanmış, bilgisayarı dahil üzerinde ve bagajında bulunan bütün bilgi ve belge niteliğindeki eşyanın kopyası alınmış, FBI sorgusunda ABD'de daha önceden defalarca ziyaret ettiği Emniyet Müdürü S. T. isimli kişiyi ziyaret maksadıyla bulunduğunu ifade etmiş, ifadelerinin birer sureti ile kendisinden alınan bilgi ve belgelerin birer kopyası Emniyet Genel Müdürlüğüne intikal ettirilmiştir. Emniyet Genel Müdürlüğüne intikal ettirilen bilgi ve belgeler arasında bazı üst düzey emniyet yetkililerinin ve eşlerinin bilgileri de tespit edilmiştir. Örnek, Emniyet Müdürü M. Y. T. Ankara İstihbarat Şube Müdür Yardımcısı Z. G.'nin eşinin isim ve telefon bilgileri, Emniyet teşkilatı mensuplarının da

4 Bu belge içinde geçen adlar gizlilik açısından yalnızca baş harfleriyle belirtilmiştir.

bulunduğu USAK isimli araştırma merkezinin danışmanı olduğuna ilişkin Ömer Beyin kendi adına düzenlenmiş kartvizit vb.)

Yukarıda özetlenen olayın akabinde Emniyet Müdürü S. T.'nin ABD vizesi iptal edilmiştir. Yine bu olayın akabinde iki FBI ajanı New Jersey'de ikamet eden ve New York Bölgesindeki emniyetçilerin manevi sorumlusu olan Emniyet Müdürü A. Ç.'nin evinde ziyaret ederek Ömer Beyi kampa götüren araç hakkında bilgi istemişler, aracın başkası adına kayıtlı olmasının gerekçesini soruşturmuşlardır.

Yapılan tüm çalışmalara rağmen FBI tarafından kopyalanan Ömer Beyin bilgisayarında bulunan bilgilerin içeriği hakkında ne FBI yetkililerinden ne de Ömer Beyden tatminkar bir cevap alınamamıştır.

Konu olağanüstü hassasiyeti nedeniyle Büyüğümüze genel hatlarıyla arz edilmiştir. Büyüğümüz, Ömer Beyle görüşülerek bilgisayarında bulunan bilgilerin muhtevasının ne olduğunun sorulması talimatını vermiş ve olaydan büyük üzüntü duyduğunu ifade etmişlerdir. Büyüğümüzün talimatı üzerine ilgili Daire Başkanı R. G. Ömer Beyle görüşmüş ve kendisinden ABD'de yaşanan olayla ilgili bilgi talep etmiştir. Ancak Ömer Bey böyle bir olayın vuku bulmadığını, kendisinin sadece pasaportuna bakılarak uçağa bindiğini ifade ederek, hilaf-ı vaki beyanda bulunmuştur. Bilahare önüne bilgi ve belgeler konulduğunda kabullenmek zorunda kalmıştır. Ancak bu esnada bile bilgisayarında bulunan bilgilerle ilgili malumat vermek istememiştir. Bu süreçte Ömer Beyin ABD vizesi ABD hükümeti tarafından iptal edilmiştir. Benzer bir sıkıntının Yenimahalle ile ilgilenen arkadaş (Sinan Bey) için de söz konusu olabileceği değerlendirilmektedir.

Ömer Bey ABD vizesini geri alabilmek için İstihbarat Dairesi Başkanlığındaki arkadaşları riske atarak kendisinin Polis Sandığının sahibi olduğu Ankara Sigortanın temsilcisi olduğunu, Emniyet Genel Müdürlüğünün araçlarının kendisi tarafından sigortalandığını ifade ettirmiş, ancak bu durum FBI yetkilisinde daha büyük bir şüphe uyandırmış ve Ömer Beye vize verilmesi talebi reddedilmiştir.

Daire Başkanı R. G. ve emsali teşkilat büyüklerinin katılımıyla oluşturulan istişare heyetlerinde Ömer Beyin müteaddit defalar verdiği sözleri tutmaması, hilafı vaki beyanları ve heyetlerin sembolik misyonu nedeniyle bu teşkilat büyüklerimiz nezdinde Ömer Beye karşı büyük bir güven kaybı söz konusu olmuştur. Yıllarca hizmetimizin yükünü çekmiş ve teşkilatın önemli mevkilerinde görev yapan bu büyüklerimizde fikir ve önerilerine kıymet verilmediği teşkilatın önemli hiç bir meselesinin görüşülmediği bu heyetlerde büyüklerimizde idare edildikleri kanaati oluşturulmuştur. Netice olarak Ömer Beyle görüşmekte bir maslahat olmadığı düşüncesi hâkim olmuştur.

4- Görevlendirilen şahıslar izah edilemeyecek müesseselerde görev yapmaktadır. Örneğin bütün masrafları Başbakanlık örtülü ödeneğinden karşılanan ve İçişleri Bakanlığı Dernekler Dairesi Başkanlığının kontrolünde kurdurulan Uluslararası Sivil Toplum Kuruluşlarını Destekleme Derneğinin il temsilcileri ve merkez koordinatörleri Ömer Beyin emniyet teşkilatına bakan ekibi tarafından oluşmaktadır. Teşkilat mensuplarıyla yapılan ikili görüşmeler ve istişareler zaman, zaman bu dernek merkezi ve temsilciliklerinde yapılmaktadır. Yine teşkilatla ilgilenen sivillerin bir kısmı ve eşleri Samanyolu Koleji, Turgut Özal Derneği, Maltepe Dershaneleri veya illerdeki özel okullarımızda görev yapmaktadır.

Ayrıca, arkadaşlardan sorumlu siviller bürokraside ve değişik birimlerde istihdam edilmektedir.

5- Müstakil olarak hizmet müesseseleri ve görevli sivil şahıslar adına tutulan evleri farklı devrelerin bazen aynı anda kullanmaları neticesinde tedbire muhalif durumlar yaşanmaktadır. Düzenli bir aile ve yaşantı görüntüsü olmayan bu evler apartman sakinleri tarafından dikkatle izlenmekte ve şüpheyle bakılmasına neden olmaktadır.

6- İlgili sivil şahısların eşleri, beylerine paralel olarak resmi arkadaşların eşlerinden sorumlu olarak vazife yapmaktalar. Bunun neticesinde bir sivil bayan bir ildeki veya yapıdaki arkadaşların her türlü bilgisine vakıf olmaktadır. Ayrıca görevlendirilen sivil şahıslar sık sık değişime tabi tutulmaktadır. 20 yıldır birbirini tanıyan, dostluğu olan insanlara birbirinizle görüşmeyin, gidip-gelmeyin denilmekte, fakat 15 ay içerisinde bir arkadaş ailesiyle birlikte 3 farklı sivil aile ile muhatap edilmektedir.

7- Görevli sivil şahısların bütün resmi arkadaşları tanımaları, lojmanlara ve işyerlerine giderek görüşme yapmaları, cenaze merasimlerine katılmaları, toplu yerlerde özel teveccühe mazhar olmaları neticesinde yapılan fiziki veya teknik takip ile kendileri deşifre olmuşlardır. (Van ve Diyarbakır'da görevlendirilen şahısların özel arabaları ile Emn. Müd. Lojmanlarına sık sık gelip gitmesi İl Emniyet Müdürünün dikkatini çekmiş ve şahıslarla ilgili ciddi bir araştırma yapılmıştır.)

Ayrıca, görevlendirilen şahısların kendi evleri baylar ve bayanlar tarafından sık sık kullanılıyor.

Yıllarca aynı yatakhaneyi, yemekhaneyi ve sıraları paylaşmış ve birbirini tanıyan arkadaşların bir araya gelmelerinin dışarıdaki insanlara izah edilemeyecek hiçbir tarafı yokken mevcut yerleşik sistemler değiştirilmiş, sivil hayatta tanınan ve hizmet müesseselerinde görev yapan sivil insanlar lojmanlara, işyerlerine ve bir takım hususi ortamlara rahatlıkla girip çıkmakta hiç bir sakınca görmemektedir.

Bir taraftan," aman evinizde bir kitap, bir cd, bir Kuran ve bir cevşen olsun, dersleriniz 4 kişiyi geçmesin, hiçbir büyüğünüzle-küçüğünüzle görüşmeyin, irtibatınız olmasın" diye tahşidat yapılırken diğer yanda ağabeylerin tedbire aykırı her türlü davranışları, akıllarda soru işareti oluşturmakta ve vicdanlarda kabul görmemektedir.

8- Çok mahrem olan operasyon ve telefon detay bilgileri ilgisiz kişilerle paylaşılmakta ve bu husus uluorta konuşulmaktadır. Resmi arkadaşlardan alınan operasyon bilgileri doğrudan "bilgi notu" formatında kaynak gösterilmeksizin hizmetle irtibatı olduğu bilinen yerlerde yayınlatılmaktadır. Daha İl Emniyet Müdürünün bile bilgisi olmadan aktif haber isimli internet haber sitesinde gizli konuların yayınlanması ve yine çok önemli stratejik / mahrem konuların savcılığa intikal ettirilmeden bize ait internet sitelerinde veya gazetelerde yayınlatılması nedeniyle arkadaşlarımız ve hizmet hedef haline getirilmiştir.

9- Ömer Bey ve görevlendirdiği sivil arkadaşların konumları dolayısıyla sahip oldukları bilgileri eskiden irtibatlı oldukları şahıslara aktarmaları nedeniyle teşkilat kemmiyet ve keyfiyet bakımından deşifre edilmektedir. Örneğin Nuh Mete Yüksel ve ÇEV vb. olaylar resmi arkadaşlarla ilişkilendirilerek anlatılmaktadır. [Savcı Yüksel'in kasetini kendilerinin yaptığını övünerek çevresinde anlattığını duymuştum. Demek ki Nuh Mete Yüksel'in kaset olayı tereddütsüz cemaat tarafında yapılmıştır- Yazar Notu]

10- Çok mahrem mevzular her ortamda neye hizmet edeceği bilinmeksizin konuşulmakta, reklam konusu haline getirilmektedir. (YAŞ, MGK, Ergenekon, parti kapatılması, L. E., N. V., vb.) HE'nin davası için rüşvet verildiği, telefonların dinlenildiği, bir Yargıtay üyesinin evinin tefrişatının yapıldığı gibi konular Ömer Bey ve ekibi tarafından herkesle rahatlıkla paylaşılmaktadır. Planlama aşamasında olan operasyonlar önceden duyurulmakta, Ergenekon dalgaları olmadan haber verilmektedir. Atabeyler ve Danıştay operasyonlarında, Y. Büyükanıt, İ. Başbuğ hadisesinde yaşanan sıkıntılar.

11- Teşkilat mensupları ile alakalı listelerin ve bilgilerin flash belleklere ve disklere kaydedilmesi ve bunların taşınması ile ilgili sıkıntılar büyüğümüzün defaatle yaptığı ikazlara rağmen aşılamamıştır. Ömer Bey ve ekibi rahatlıkla bu tür resmi arkadaşların bilgilerinin bulunduğu flash disk ve laptoplarla yurt içinde ve yurtdışında seyahat etmektedirler. Elazığ ve Burdur'da yaşanan üzücü hadiselerden ders alınamamıştır.

B- REHBERLİK HİZMETLERİNDE VE HİZMET ETME ADABINDA YAŞANAN SIKINTILAR

1- Ömer Bey ve ekibinin büyük çoğunluğunda Kur'an-ı Kerim, Sünnet ve eserlere ilişkin müktesebat resmi arkadaşlarımızı tatmin etmekten uzaktır. Ekibin zaman zaman ABD'ye Büyüğümüzü ziyaret dışında herhangi bir beslenme mekanizması bulunmamaktadır. Kendilerini kabul ettirme büyük ölçüde çok mahrem bilgilerin uluorta arkadaşlarla paylaşılması ile sağlanmaya çalışılmaktadır. Hatta bazı arkadaşlarımız manevi boşluklarını telafi etme adına çeşitli dini gruplar ile Emniyet Hizmeti dışındaki birimler ile irtibata geçmiştir.

2- .....

3- .....

4- Tayin, terfi ve atamalarda hizmetin rolü arkadaşlar üzerinde bir baskı ve korku aracı olarak kullanılmaktadır. Arkadaşlara adil davranılmamakta ve teşkilat teamüllerine aykırı tayinler yapılmaktadır.

5- Resmi arkadaşların maaşlarından toplanan himmetlerin kullanımında gerekli özen gösterilmemektedir. Örneğin Ömer Bey ve ekibinin Makedonya ve Almanya programlarında yapılan harcamalar, kullanılan lüks telefon ve laptoplar.

6- Büyüğümüzün büyük ağabeylerle ilgili tasarruflarının "... ilgili operasyon tamamlandı, işleri bitirildi gibi." ifadeler ile anlatılması ve bu durumun arkadaşlar nezdinde ağabeylerle ilgili su-i zanna sebebiyet vermesi (H. T., M. Ö. , A. K. gibi)

7- Çeşitli dönemlerde teşkilatta vazife yapmış ve önemli hizmetleri olmuş kişilerle düşmanca uğraşılmakta ve haklarında iftiralar atılarak sürekli yıpratılmakta ve bu hususlar en alt seviyedeki gruplara kadar konuşulmaktadır.

8- .....

9- .....

10- .....

11- Ömer Bey ve üst ekibi kendilerini Büyüğümüzün vekili olarak görmekte ancak Büyüğümüzün üslubunu, mülayemetini, hadise ve meseleleri değerlendirmesi hususunda aynı hassasiyeti göstermemektedirler. Arkadaşlarımız kaba davranışları kabullenmeme istikametinde bir tavır sergilediklerinde pervasızca; *'Biz sizin Daire Başkanlarınızı bile fırçalıyoruz, niye alınıyorsunuz.'* demektedirler. Ömer Bey bir olaya kızıp kontrolden çıktığında; ***'İmam benim, her türlü tasarrufta bulunurum, Hoca Efendiye sormak zorunda da değilim.'*** deme cüretkarlığında bulunabilmektedir.

Yukarıda kısaca arz edilen üslup ve uygulamalardaki yakışıksız davranışlar sebebiyle bazı arkadaşlarımız meslekten istifa ederek başka kurumlara geçmiş ve emekliliklerini istemişlerdir. Arkadaşlarımız bu haliyle teşkilatta görev yapmanın hizmet olmadığı ve nifak/fitne uygulamaları sebebiyle geri durma noktasına gelmişlerdir.

12- .....

13- .....

14- Beklenen metafizik yenilenmenin yerine, meseleler idari, mülk cihetiyle ele alındı. Hizmetin Türkiye ve dünyada denge unsuru olduğu, ülkeyi yönetecek insanların / dünyayı yönetenlerin bunu göz önünde bulundurmaları gerektiği vb. hususlar sık sık dile getirildi.

Yapılan operasyonlar, atamalar vb. işlerde yoğun bir değerlendirme yapılıp, sürekli bir güç, çakma vb. bir literatür kullanılması içerde ve dışarıda idareye talip olma gibi algılanıyor. Yine bu cümleden hareketle bize yakın olan ılımlı insanlar hizmete düşman oldular. Bu yöndeki içe yönelik muhasebe / murakabe talepleri "bir kara propaganda" olarak değerlendirilmektedir. Şu an bizim dışımızdaki her kesim hizmete düşman konumuna gelmiştir. Ömer Bey ve ekibi de bu durumu olması gereken bir durum olarak görmektedir.

15- .....

16- Arkadaşların / ağabeylerin meselelerini, sıkıntılarını arz edecekleri güvenecekleri istişare heyetleri ve şahıslar yok. Gelen konulardaki tenakuzlar nedeniyle, insanların istişareye ve istişare heyetlerine güvenleri gün geçtikçe azalıyor.

17- Ömer Bey arkadaşlarımızın bir kısmına kin beslediğini, beddua ettiğini hatta aynı arkadaşlarımız için yerin altının üstünden daha hayırlı olacağını ifade ederek onları uluorta konuşarak hedef haline getirmekte ve hizmet dışına çıkmaları için özel çaba sarf etmektedir. Bu arkadaşların açıklarını bulup sıkıntıya düşürebilmek için her türlü teknik imkânları seferber etmekte ve iftira atmakta beis görmemektedir.

18- Hizmetteki büyük ağabeylerimiz ile çeşitli kurumlardaki arkadaşlarımızın telefonları Ömer Beyin talimatı ile dinlenmiştir. İrtibat bilgilerine bakılmıştır. [hedef kişilerin değil, cemaatin elemanlarının bile belli açılardan denetlemek için dinlenmiş olduğu anlaşılmaktadır, cemaatin Emniyet içerisindeki gücü ve eylemlerinin durumunu göstermesi açısında enteresan]

19- Astlar amirlerinin değil. Ömer Bey tarafından görevlendirilen sivil şahısların inisiyatifi ile devlet işlerini idare etmeye, ast üstü yönetmeye çalışmaktadır.

20- Görevlendirilen şahısların tenakuzları ve çelişkili tavırları sebebiyle Büyüğümüzden geldiği söylenen hususlara karşı tereddüt hasıl olması; özellikle bir mesele üzerinde uzlaşma sağlanamadığında ya da farklı bir görüş ortaya çıktığında otoritenin sağlanması için " HE böyle istiyor, bu HE'nin emri" şeklinde beyanda bulunulmaktadır.

Bu belgeler ve dışarıdan aldığım bilgilere göre her birimdeki temsilciler kanalı ile herkes Ömer kod adlı kişinin denetiminde çalışmaktadır. Amirler mezuniyet dönemlerine göre dönem dönem örgütlendirilmiştir. Herkes gördüğü, bildiği her konuyu temsilcilere aktarmakta, onlar da silsile ile Ömer'e ulaştırmaktadır. Aynı şekilde istenen her hususta Ömer'den talimat olarak teşkilatın en alt birimlerine kadar ulaştırılmaktadır.

Her kritik birimde cemaatin irtibatı ve sorumlusu yer almış, özellikle İstihbarat, KOM ve diğer birimlerin bilgi işlem birimleri büyük oranda cemaat taraftarlarından oluşmuştur. Bu birimlerde başlangıçta farklı kişiler var ise de onlar da çeşitli yöntemlerle buralardan uzaklaştırılmıştır. Emniyete ait tüm arşiv ve bilgiler cemaatin arşivine taşınmış, mevcutlar da istendiği an cemaatin isteklerine uygun olarak kullanılmaktadır. Emniyetin İstihbarat ve KOM birimlerinde teknik ve amir kadrosu büyük oranda cemaatin elamanı konumunda veya bilerek cemaatten gelen talimatlara uymaktadır.

Aslında bu örgütlülük yalnızca Emniyet içinde mevcut değildir, cemaat hemen hemen tüm kurumlarda az veya çok örgütlü haldedir. Öğrendiğim kadarıyla MİT, ordu, yargı ve milletvekilleri içinde imam konumunda kişiler bulunmaktadır.

Cemaat hakkında herhangi bir ihbar geldiğinde, daha araştırmaya başlanmadan o birimdeki cemaat mensuplarınca haber verilip tedbir alınmaktadır. Yakın zamanda birkaç defa MİT ve Emniyete cemaatin faaliyetleri, hatta en üstteki imam Ömer kod adlı kişi hakkında bilgi gitmiş, MİT araştırmaya başladığı an haberdar olunmuş ve gerekli tedbirler alınmıştır.

Genelde her kurumun imamı işleri yönetmektedir. Emniyet, ordu, MİT, basın ve medya, yargı, maliye gibi tüm büyük kurumlardan sorumlu olan bir imam vardır. Her imamın altında o kurumun her biriminde sorumlular mevuttur, bu en yukarıdan başlayıp alta kadar yoğun örgütlü olarak devam eder. Ağırlıklı olarak merkez ve büyük illerde olmak üzere tüm illerde örgütlülük söz konusudur. Her hafta toplanılarak o kurum/birimdeki genel durumlar değerlendirilir ve yukarıya arz edilecek konular çıkarılır. Alt birim imamları kendi aralarında toplanırlar. En yukarıda o kurum için istişare heyeti denebilecek üst sorumlulardan oluşan komitevari bir birim olup, onun üstünde o kurumun imamı bulunur. Daha üstte kurum imamları bir araya gelip ülke genelindeki işleri ve kurumlar arası çalışmaları değerlendirirler. Bir kurumun yapacağı işlere diğerlerinin desteği, oralardaki bilgiler istenir. Bununla birlikte her kurum imamı ayrıca doğrudan yurtdışında bulunan Fethullah Hoca'ya bilgi verip ondan talimat alır, yani olup biten her şey hocanın bilgi ve kontrolünde gerçekleşir, dolayısıyla meydana gelen olaylar asla sıradan bir cemaat mensubunun kendi kafasına göre yaptığı şeyler değildir.

Eğer bu insanlar sadece yardımlaşma, dayanışma, birbirleriyle aile ve arkadaşlık ilişkisi kurma gibi faaliyetler içinde olsalardı elbette buna itiraz edilmezdi ama şimdi görüldüğü kadarı ile devleti idare eden Bakanlık ve Genel Müdürlüklere, hatta hükümete alternatif bir yapı kurularak tüm kurumlar yönetilmektedir. Her şey olmasa da hayati konular, önemli tayin ve atamalar, önemli operasyonlar bu yapı tarafından planlanıp uygulanmaktadır. Operasyonlara bu yapı karar verip devletin sistemlerini kendi amaçları doğrultusunda çalıştırmakta, aynı anda kendi taraftarları ve kendilerinin denetiminde olan basın yayın organları ve internet siteleri vasıtasıyla linç kampanyaları yapılmakta, doğru yanlış her türlü bilgi çarpıtılarak servis edilmekte, kamuoyu yanlı ve yanlış bilgilerle yanlış kanaat sahibi olmaktadır.

Hukuka uygun veya farklı yöntemle elde edilen bilgiler ve her türlü yöntem kullanılarak hedef seçilen kişiler linç edilmek istenmektedir. Zaman zaman bu bilgiler tahrif edilerek, ekleme ve çıkarmalar yapılarak kullanıldığı gibi çoğunlukla da her yerde bulunan gizli elemanları özellikle ordu içerisindeki faaliyet ve çalışmaları rapor etmektedir. Daha sonra bu haberleri belgelemek için delil bulmaya çalışılmakta, bulunan veya yaratılan belge, evrak veya materyaller aranan mahallere konarak, aramada ele geçti işlemi yapılmaktadır.

Failleri bulunmuş birçok olay, başlatılan ve yeterli delil bulunamayan başta Ergenekon olmak üzere pek çok başka davalarla irtibatlandırılmaya çalışılmakta, hukuk ve mantık zorlanmaktadır.

Cemaatin Propaganda Araçları

Bugün bilenen gazete, televizyon ve dergiler haricinde *Aktifhaber, Derindüsünce, Roothaber, Habertime, Habervaktim, Sonsayfa, recepa.blogspot* gibi onlarca internet sitesi cemaat mensuplarınca kurulmuştur. Tek merkezden yönetilen haberler buradan verilerek kamuoyu istenilen doğrultuda yönlendirilmektedir. Başta polis olmak üzere tüm kurumlardaki cemaat taraftarlarından gelen bilgiler bu haber sitelerine servis edilmekte, kendilerine karşı olan tüm kişilere ise buralardan saldırılmaktadır.

Cemaattin gizli imamları bu sitelerde gerçek ve farklı adlarla köşe yazıları yazmakta ve geniş cemaat sempatizanı kitleleri yönlendirmektedir. Yusuf Gezgin, Y. Derinsoy gibi sahte isimler altında makaleler ve *Derin Yapı ve Türkiye* gibi kitaplar yazılmaktadır.

Sanki birbirinden ayrı kaynaklarmış gibi gözüken şeyler aslında tek bir kaynaktan yönlendirilmekte, hatta zamanla resmi bilgiye dönüşmektedir. Bir kısmı polis kaynaklarından alınan ancak çarpıtılarak cemaat propagandası haline dönüştürülen akıl dışı iddialar, farklı internet siteleri ve yayın organlarında yayımlanarak halkın zihninde gerçek bilgi haline dönüştürülmektedir.

Garip Bir Kaset Olayı

Deniz Baykal'ın gizli kamerayla çekilen görüntülerini içeren kaset olayını kim yaptı, niçin yaptı? Bunları bir an unutalım ve düşünelim.

Baykal bu ülkede muhtemel Başbakan adaylarından biriydi, ülkenin ikinci büyük partisinin genel başkanı olarak konjonktürün değişimine göre her zaman başbakan olması ihtimal dahilindeydi. Bu video görüntüleri daha önce çekilmiş. Baykal başbakan olsaydı ve ülke için kritik bir karar arifesinde birileri çıkıp elimizde bu görüntüler var, eğer şöyle davranmazsanız bunları kamuoyuyla paylaşacağız deseydi acaba durum ne olurdu?

İnternette yayınlanan görüntülere bakılırsa bu işi yapanlar ellerindeki görüntülerden en az incitici olacak bir klip hazırlamışlar, ellerinde bu görüntülerin çok daha incitici ve rahatsız edici olanlarının da olduğu kanaatine varılıyor. Sadece Baykal'ın mı böyle görüntüler var? Acaba kaç bakan, kaç genel müdür, kaç komutan veya onların eşleri ve çocukları hakkında da bu veya benzeri görüntüler mevcuttur? Bunlar yakalanmadığı müddetçe de böyle görüntüleri çekmeye devam edileceğinden tereddüt var mı? Acaba geçmişte bu görüntüler kullanılarak kimlere şantaj yapıldı, kimler istifa ettirildi veya gayri meşru menfaat temin edildi. Bu ve benzeri soruların daha fazlasını sormak mümkün ve bu soruların çoğuna da evet cevabı verilecektir.

Şimdi kim yaptı sorusuna cevap ararsak:

Bu olayın ilk benzeri Ankara DGM Savcısı Nuh Mete Yüksel'e yönelik hazırlanmıştı, bugün bu olayı cemaatin yaptığından en ufak şüphem yok. 1999 yılında bazı kişilerin Savcı Yüksel hakkında ellerinde önemli bilgiler olduğunu, belli bir miktar ücret karşılığında vereceklerini söylemeleri üzerine buluşma yerine bugün cemaat mensubu olduğu bilinen polislerle birlikte giden kişiye bir zarf verilir, bu zarf o sırada Ankara'daki Ayrancı semtinde bulunan Savcı'ya iletilir. Zarfta daha sonra CD'si de bulunan Savcı Yüksel'in bir kadınla ilişkisini gösteren fotoğraflar vardır. Bugün için bu buluşmanın uydurma, maksadın savcıya gözdağı vermek olduğundan hiç şüphe yoktur. Bir süre sonra İstanbul'da postaya verilmiş bir kargo paketi Savcı Yüksel'e gönderilir, içerisinde uygunsuz görüntülerin olduğu CD çıkar. Zaten daha sonra CD görüntüleri bulunduğunda Nuh Mete Yüksel de cemaate mensup polislerin bunu yaptığını söylemiştir. Daha sonra bu CD'nin bir örneği, Çağdaş Eğitim Vakfı'nda biraz zorlama ile yapılan aramada bulunur, soruşturma sırasında Emniyet Güvenlik Şubesinde çalışan Bayram isimli bir komiserin dernek yöneticileri tarafından Emniyetten bilgi almak için ajan gibi kullanıldığı veya cemaatin Bayram'ı derneğe ajan olarak soktuğu iddiaları tartışılır. O dönem derneğin polisin içine ajan olarak sokup bilgi almak için kullandığı yönündeki iddialarda adı geçen ve alevi, sol görüşlü olduğu söylenen Bayram'ın cemaat mensubu olduğunu öğrendim. Ne alevi ne de solcu olduğu,

İmam Hatip Lisesinde okuduğu, son bulduğum cemaatin kendisinin hazırladığı belgede bu olaydan kapalı olarak bahsedilmesi Nuh Mete Yüksel olayının cemaatin Emniyet içerisindeki polisleri tarafından yapıldığı kanaatini güçlendirmektedir.

Yanlış tahminlerine dayanarak aynı olayın bir benzerini bana karşı da uygulamayı denediler. Benim özel ve gizli tutulan telefonlarımı sahte isim ve IMEI üzerinden İstanbul İstihbarat Şubesi tarafından İstanbul 250. madde ile yetkili hâkimden aldıkları 07.11.2009 tarihli kararla dinlediler. Basın mensuplarına bile alenen beni kast ederek toplumdaki saygınlığımı sarsacaklarını söylediler. Arkadaşımla buluştuğum bir evin sahibinin telefonunu aynı şekilde dinlediler. Bu eve bir süre sonra hırsız girdi, evdeki bilgisayarı aldı ama eve ne koyduklarını bilmiyoruz. Bu, maddi delilleriyle ispatlı bir olaydır.

Korgeneral Metin Yavuz Yalçın'ın bir kadınla olan telefon konuşmalarının basına sızdırılması, Tümgeneral Levent Türkmen'in otelde bir kadınla uyuşturucu ihbarı iddiası ile basılması ve istifası, İzmir'de bir albayın, eşinin kendisini aldattığı iddiaları ile fotoğraflarının basına sızdırılması, Ergenekon vb. adlarla yapılan tahkikatlarda bulunan özel hayata ait bilgiler, üst düzey yönetici, hâkim ve savcılar hakkında uygunsuz görüntü ve resim iddialarının yayılması ve daha pek çok benzer olay aslında hep aynı adresi göstermektedir.

Ayrıca bu tür bir teknolojiyi uygulayıp eve kamera yerleştirmek için o yeri tespit etmek gerekir, o yeri tespit için de telefon analiz sistemi ile görüşmelerin ve hedeflerin bulundukları, buluştukları yerlerin belirlenmesi ve telefonların gizlice dinlenmesi şarttır, aksi takdirde bu bilgiler edinilmeden nereye kamera yerleştirileceği bilinemez.

Tüm bunları bir araya getirirseniz bu işleri yapabilecek yegane grubun cemaatin Emniyet İstihbarat birimi içerisindeki unsurları olduğu ortaya çıkar. Bu işi profesyonelce yapabilecek tek grup cemaattir.

Bir defa cemaat haricindeki herkes bu görüntüleri internete yayarken iz bırakır ve kesin yakalanır, bir tek onlar bu sistemin başında olduklarından iz bırakmadan bilgileri yayabilirler. Hatırlanacağı üzere Sakarya Emniyet Müdürünün tutuklanması olayında başka bir şehirden e-posta ile ihbarda bulunan bir kişi kısa sürede hemen ortaya çıkarılmıştı. Ama cemaatin amaçlarına uygun olarak ihbarda bulunan onlarca ihbarcının kim olduğu araştırılmadı veya araştırılan hiç kimse yakalanmadı, bu durum da işleri yapanların aslında bu işleri yapanları yakalaması gerekenler olduğunu gösteriyor. Daha yüzlerce husus dikkate alındığında başkalarının böyle görüntüleri hazırlama, çekme, montajlama ve yayma yeteneğinin olmadığı, ortada yalnızca tek bir faalin olacağı sonucuna varırız.

Güncel İttihat ve Terakki

Türk sağ aydını Osmanlının yıkılışını İttihat ve Terakki ile Jön Türk hareketinin, zaten kendisi bir hiyerarşik örgüt olan devlet kurumları ve özellikle ordu içerisinde örgüt kurması, bu suretle ordunun ve devletin sistemini bozmasına bağlarlar.

Bugün için cemaatin yaptığının bundan farkı yoktur; polis, ordu, MİT, jandarma, yargı ve diğer devlet kurumları içerisinde ayrı bir hiyerarşik örgütleme kurarak ve bu teşkilatların sistemlerini bozarak çalışmalarını engelliyorlar. Üstüne üstlük bu teşkilatların personeli arasında ayrım, güvensizlik ve düşmanlık yaratarak kurumları içerden ve tamir olunmaz biçimde yaralıyorlar.

Bu Bölümü Niye Yazdım?

Bu kitabın ikinci bölümüne yazdıklarımın ne manaya geldiğini, çok az insan bilir. Bunların hayatımın bundan sonrasını zehir, zindan edeceğini biliyorum, geçmişte birçok örgütün hedefi oldum. Ama bu defakinin başka bir şey olduğunun da farkındayım.

Kimseye karışmadan sakin, üç maymunu oynayıp belki de yükselerek hayatıma rahatlıkla devam edebilirdim. Şimdi görev yaptığım Eskişehir gibi çok güzel ve sakin bir şehirde çok iyi bir görevim, sevdiğim meslektaşlarım, iyi bir çevrem var, daha da güzel bir çevre oluşturabilirim, iyi bir düzen kurup burada 5 yıl 10 dönüm bahçe içerisindeki 200 metre kare evimde hayatımı rahat ve huzur içerisinde geçirebilirim. Ama o zaman insanlığımdan, inançlarımdan, onurumdan utanırım, herkesi kandırsam da kendimi kandıramam. Tehlike büyüyünce haksızlığa ve yanlışlığa karşı koyamadığımı ve korktuğumu, kendi tarafım gördüklerimin suçlarına karşı duramadığımı düşünür ve vicdanımda kendimi yargılarım.

Eski dostlarım ve birçok iyi niyetli insan bu yazdıklarıma kızacak, "nasıl yaparsın, yapmamalıydın," diyecekler. Ama eski dostlarım, (sizin için düşman kabul ettiğiniz beni) şimdi değil ama bir gün mutlaka anlayacaksınız, hatta olup bitenleri çok iyi düşünüp tartarsanız bugün de bana hak verirsiniz. Aslında şu anki haliniz bir anda kendini savaşın içinde bulan bir insanınkine benziyor. Böyle bir insanın tek yapacağı yaşamak için karşısındakilere ateş etmektir, ateş etmezse kendisinin de ölme ihtimali vardır. Bu durum da ona kendini yüzde yüz haklı hissetmesine, yanlışı bilerek yapmasını haklı görmesine sebebiyet verir. Fakat bu adam bir ara durup düşünmeli ve ben ne yapıyorum, niye karşıdaki insanları öldürüyorum, niye bu savaş var, niye bu savaşın içindeyim, ben savaşı değil barışı istiyorum, karşıda ateş ettiklerimle eskiden dostluk içinde yaşıyorduk, bu gün niye karşıma geçtiler gibi soruları kendine sormalı.

Bugün kendi tarafınızın yaptığı haksızlıkların size karşı yapılmasını ister misiniz? "Onların da kusuru var, bize zarar veriyorlardı," diyebilirsiniz fakat suçlarının karşılığı bunlar olmamalıydı, sizin yaptıklarınız çok vahim. Susurluk olayında örgüte ekmek veren, yardım eden kişileri infaz edenlerin mi, yoksa örgüte yardım edenlerin mi suçu büyüktü? Bunu düşününce sizin Susurluk'taki çeteden ne farkınız kalır ki? Sizi çok iyi tanıyan bir dostum, sizin için "Aile kavgasında mitralyöz kullananlara benziyorlar," demişti. Haklıydı.

Bu kitabı yazmaktaki amacım, içinizdeki çok iyi niyetli ve dürüst insanlara belki bir dakikalığına "Biz ne yapıyoruz" diye düşündürebilmekti. Bu meseleyle ilgili olarak en fazla üzüldüğüm konu çok temiz, düzgün, çalışkan ve saygılı insanların üstlerine iftira atan, bilerek vicdansızlık yapan, vefasız insanlara dönüştürülmesidir.

Aslında herkes biliyor ama kimse dillendirmiyor. Ben bu kitapla birlikte açıkça ifade ediyorum ki tüm bu işleri cemaat yapıyor, bunu artık herkes bilsin. Son zamanlarda gündemi meşgul eden tüm iddiaları yayan cemaattir, onlardan bilgi alan da, onlar adına konuşan da cemaatin adamlarıdır. Tarafsız basın mensubu, devletin polisi, savcısı numarasını artık kimse yutmasın, bu işler Emniyet ya da hukuk adına yapılmıyor, cemaatin planı ve programı doğrultusunda cemaatin talimatı ile gerçekleştiriliyor. Bu işlere karşı koyması gerekenler, sızdırılan bilgileri kullananlar da bilsinler ki bu yöntemle cemaate hizmet ediyorlar. Bazı internet siteleri, basın ve medya hizmeti değil, cemaatin propagandasını yapıyorlar. Cemaatin plan ve programına uymayıp görevini yapan hâkim, savcı ve diğer görevlilere yönelik saldırılar cemaatin talimatı ve planı gereği yürütülüyor. Büyük illerin Emniyet Müdürleri ve Valileri bilsinler ki emirlerindeki polislerin bir kısmı kendilerini değil, cemaat imamını amir olarak kabul ediyor, hatta etrafları cemaat mensubu müdür ve amirlerce sarılmış durumdadır. Gerçeği göremiyorlar, bu durumun farkındalar ve kısmen biliyorlar ama bilmiyor gibi davranıyorlar. Bazı operasyonları kendileri değil, cemaat yanlısı polislerle cemaat yanlısı savcılar cemaat imamlarının talimatı ile yürütüyorlar, bunu artık biliyoruz.

İnsanın sahip olduğu en önemli şeyi özgürlüğüdür. Hiç kimsenin emrinde, izninde olmadan özgürce düşünmek, karar vermek ve davranmak insanı insan yapan unsurdur. Başkalarının emrinde olanlar ne yaparsa yapsın hayattan yeterince tat alamayacaklardır.

Dışarıdan bakınca üstüme çok da vazife değilmiş gibi gözüken bu şeyleri niye yazdım? Allah'ın varlığını her yerde ve her zaman hissediyorum, bu yanlışları gördüğüm ve bildiğim halde susmanın hesabını veremem. Yanlış bildiğim, başkalarına zarar veren kişilere karşı koymazsam, yeminimi ve bunca yıllık geçmişimi nasıl izah edeceğim? Ayrıca doğru ve dürüst olmak, insanlara yardım etmek, ülkeye, insanlığa, halka ve hakka hizmet etmek gibi yüce idealleri olan ve böyle bir inanç ve düşünce sistemini savunanlar eski dostlarına, kendilerine yardım etmiş, ellerinden tutmuş büyüklerine iftira ediyorsa onların da inanç ve ideallerini sorgulamaları lazım.

Bu devlet uğruna bugüne kadar çok can verildi, zaten çok fazla sorunu olan bu devleti ve sistemi daha da bozmak, devlet içinde devlet kurmaya kalkmak akılla izah edilemez. Bu devletin polisi, askeri, medyası oluşturulmak istenen bu sistem içerisinde çalıştırılamaz, bugün yapıldığı gibi cemaatin hedefleri uğruna hukuksuzluklar, komplo, şantaj ve iftira yöntemleri ile çalıştırılırsa da gelecekte bu ülke herkes için adeta bir cehenneme dönüşür.

Bugün "çeşitli konularda kusurları da bulunan bazı kişilere iftira atıldı, haksız yere tutuklandılarsa ne olmuş," denemez. Bu anlayış ve yöntem her gün artarak devam edecek. Kısa süre sonra ticari şirket, ortaklık, ihale vs. işlere de bu anlayış ve yöntemlerle yaklaşılmaya başlandığında ülkede her şey çok daha kötüye gidecektir. Devletin polisinin, istihbaratının ve diğer kurumlarının imkânları cemaatin talimatı ile istenmeyen, beğenilmeyen, rakip şirket aleyhine kullanılırsa (ki çok yakında bu olacaktır, belki de halihazırda uygulamaya konmuştur) bunu tespit etmek o kadar kolay da olmayacağından tüm sistem bir kaosa doğru sürüklenecektir. Bu yöne doğru gidildiğini görmek için kahin olmaya gerek yok.

Cemaati Yönetenlere...

Size karşı olanların, sizlere haksızlık yapanların suçlarını ve yanlışlarını bulup çıkarmanız, bunlarla ilgili olarak adli ve idari mekanizmalar çerçevesinde tahkikat yaptırmanız tabii ki hakkınız. Onların suçlarını ortaya çıkarıp kamuoyuna ve basına vermeniz de hakkınız. Bu yanlışlarla yasalar çerçevesinde mücadele etmek de elbette hakkınız. Fakat komplo kurmak, suç uydurmak, iftira atmak, tuzağa düşürmek vicdana sığar mı? Bunları yapmıyoruz diyemezsiniz. Birçok kişi hatta en güvenilir olanlar size bunları yazdılar, anlattılar, kendi mensuplarınız alenen iftira edildiğini söylüyorlar. Söylenenin on katı fazla şey olduğunu ben biliyorum, siz benden de fazlasını biliyorsunuz. Ayrıca insanların yanlışı da olsa onları gizlice dinleyip gizli kameraya kaydederek utandırmak, açığını bulmak, hayatının tamamını değil, bir anını, tek bir cümlesini çıkarıp ona saldırmak ne ölçüde insanlığa ve adalete sığar.

Bilinenler haricinde açığa çıkmayan tehditle ve şantajla kimlere neler yaptırıldı? Dahası ilerde kullanılmak üzere ne kadar şantaj malzemesi, bant, kaset hazırlandı? Bu kadar kirli malzeme, taşıyanı, eli değeni de kirletir.

Bugün iftira edilen ve lekelenen insanlar geçmişte size zarar veren insanlar değildi, hatta onlar taraftarlarınızın haksız yere zarar görmelerine mani oldular. Fakat o gün haksızlığa karşı korunan kişiler şimdi kendileri haksızlık yapıyor. Sizin savaş dediğiniz militarizme karşı savaştı, şimdi ise bu mücadele apayrı mecralara kaymış durumda. Kusurları örtmede gece gibi ol diyen anlayış nerede? Bu durumu sizlerden başkası durduramaz, aslında sizin de durdurmayacağınızdan eminim. Ancak hiç olmazsa son bir daha düşünün, öbür tarafta bunun hesabını veremezsiniz. Bilerek ve isteyerek hiç kimseye zülüm yapamazsınız, yaparsanız sizin ilkelerinize göre değil ama Allahın ilkelerine göre bu suçtur ve cezası da vardır.

Bir âlim, "küfürle yönetim (inançsızların yönetimi) mümkün ama zulümle (adaletsiz) yönetim mümkün değil," demişti. Her şeyi bildiğinizden şüphem yok. Ben ve benim gibi olan pek çok kişi, eskiden yetişen nesiller ve yapılan faaliyetlere bakarak ülkenin, hatta bölgenin, Müslüman ülkelerin geleceği için çok önemli bir hareket başlattığınıza inanıyordu. Fakat bugün aynı kişiler eğer bu polislik anlayışına, gizli dinleme, iftira, delil uydurma faaliyetlerine devam ederseniz ülkenin felaketi olacağınıza samimi olarak inanıyorlar.

Ben cemaatin kendi mecrasında faaliyet yürütmesine karşı değilim. Hatta bir yandan akla ve bilime, diğer yandan da inanç ve manevi değerlere bağlı yeni bir nesil yetiştirmek adına yurtiçi ve yurtdışında yapılan eğitim faaliyetlerini çok değerli buluyorum. Bugünkü toplumsal yapımız içerisinde yalnızlaşan insanlarımız arasında yapılmaya çalışılan yardımlaşma, dayanışma faaliyetlerinin çok önemli olduğunu düşünüyor ve kültürel faaliyetler, kültürler ve dinler arası diyalog için yaptıklarınızı destekliyorum. Hatta bu faaliyetlerinizin artarak devamının çok önemli olduğuna inanıyorum. Ancak casus polislik, iftira, hukuka müdahale, hâkimleri etkileme ve şantaj faaliyetlerine karışmanız kabul edilemez; bu yöntemler devleti yok eder, nizam intizam ve kural namına her şeyi alt üst eder. Bundan dolayı da bu uygulamalara kesinlikle karşı çıkılması gerektiğine inanıyorum. Askeri, polisiye, casusluk faaliyetlerine harcanan enerjinin diğer toplumsal dayanışma ve eğitim faaliyetlerine harcanması gerekirdi.

Ergenekon, Balyoz vb. adlarla açıklanan soruşturmalara karşı değilim. Bu ülkede demokrasinin tüm kurum ve kuralları ile uygulanmasını, özgürlüklerin başkalarının özgürlük sınırına kadar sınırsızca kullanılmasını, devletin özgürlüklere sınır koymamasını savunuyorum. Bu ülkenin geleceği açısından, ülkenin sosyal ve siyasal olarak kalkınmadan ekonomik, teknik ve diğer açılardan kalkınamayacağına inanıyorum. Sosyal olarak kalkınmanın da iki temel aracının demokrasi ve özgürlük ortamının tesis edilmesi olduğunu düşünüyorum. Demokrasi ve özgürlüklerin sağlanmasında çok sorunlar olmakla birlikte bu konuda ülkenin önünde duran en önemli sorunun ordunun batıdaki gibi kendi asıl sahasına çekilmemesi ve her zaman demokratik hayata müdahaleyi kendince haklı görmesi olduğu kanaatindeyim. Bundan dolayı da Deniz Kuvvetleri Komutanının günlükleri, Jandarma Genel Komutanlığının darbe planları, Ergenekon, Balyoz gibi soruşturmaların hukuka uygun olarak yapılmasının çok önemli olduğuna inanıyorum.

Bugün bu tahkikatların, arka planda cemaatin talimatı ile Emniyet İstihbarat Şubesindeki unsurları ve cemaate bağlı savcılar desteği ve zorlaması ile yürütüldüğüne, yürütülürken hukuksuz işlemlerin yapıldığına dair ciddi emareler vardır. Bu soruşturmaların hukuka uygun şekilde yürütüldüğü müddetçe sonuna kadar gitmesi gerektiği kanaatindeyim, hatta benim inancım ve samimiyetim cemaatin bugünkü iddiasından daha fazladır. İlerde cemaat fikir değiştirir ve askerlik peygamber ocağıdır, ordu kutsaldır derse bile ben ülkedeki demokratik ortamın muhafazası için ordunun kendi sınırları içerisinde kalması, toplumsal hayata hiçbir kayıt ve şatta karışmaması gerektiğini, Genelkurmayın ayrıcalıklı makam olmaktan çıkarılmasını, ordunun da diğer devlet kurumları hizasına gelmesini savunurum. Ülkede bugüne kadar güven ve huzurun olmamasında en büyük rolün ordunun her şeye müdahil olup toplumsal ve siyasal hayatı doğrudan veya dolaylı olarak tanzim etmeye kalkmasından kaynaklandığını ifade ederim.

Bugün Yaşananları Nasıl Yorumlamalı?

Bugün ülkedeki mevcut durum "Dün rüzgar ekenler, bugün fırtına biçer" sözünü ispatlıyor. Bu ülkede, özellikle de ordu içerisinde inancını yaşamak isteyenlere haksız ve hukuksuz davranıldı. İnançları gereği aile fertleri başörtülü, İslami kesimlerle diyalogu var diye çok basit sebeplerden insanlar mesleklerinden edildi, horlandı, aşağılandı. İşlerinden atılmaları yetmedi hayatlarını idame ettirmek için başka işlerde, belediyelerde çalışmalarına, serbest meslek icra etmelerine karşı çıkıldı, ordudan atılan ve bir işe ihtiyaç duyan bu kişilere yardım edenler suçlandı. Okuduğu şiirden dolayı siyasetçiler tutuklandı ve mahkum oldu. Meslekten atılma kararlarının hukuki denetime tâbi olmasına karşı çıkıldı, ortakları veya yöneticilerinin dini hassasiyetleri nedeniyle çeşitli şirketlere ambargo uygulandı, kredileri kesildi, devletten iş almalarına mani olundu. Kimi özel şirketler üzerine devlet kurumları, polisler, savcılar gönderildi, maliye özel denetimlere tâbi tuttu.

Bir dönem yapılan haksız ve hukuksuz uygulamaları saymakla bitirmek mümkün değildir. Bazıları o gün yapılanları doğru bulurken, bazıları geri adım atarken ben o gün de yapılanların yanlış olduğunu söyledim, bunlara karşı çıktım, bu yüzden tutuklandım, ağır ceza tehdidi ile yargılandım. 28 Şubat döneminde Deniz Kuvvetleri mahkemesindeki bir başka davada da yüzde yüz mahkum olacağımı düşünmeme rağmen yine de doğruları söylemekten çekinmedim. O gün mağdur olanlar, bugün hâkim oldular. Bugün de onlar eskiden kendilerine yaşam hakkı tanımayan çevreleri yaşatmamaya çalışıyorlar, aynı şekilde gerekirse hukuku ihlal ederek, gerekirse sahte delillerle savaşta her şey mubahtır anlayışı ile her türlü hileye başvurarak hedeflerine ulaşmaya çalışıyorlar.

Yine ben bugün de yapılan yanlışlara karşı çıkıyorum. Yargılananlar eskiden yanlış yapmış, hukuksuz davranmış olabilirler, hatta cani bile olabilirler ama bu, onlara hukuksuz davranmayı gerektirmez. Aynı şekilde davranılırsa onlardan farklı olunduğu iddia edilebilir mi? Bu şekilde sadece zalimlerle mazlumlar yer değiştirmiş olacak, üstelik kimin suçlu kimin masum olduğunu bu toz bulutu içerisinde ayıklamak mümkün olmayacak.

Hukuksuz davranışlar asıl zararı mağdura değil, yapana verir. Nasıl bir vicdan, nasıl bir anlayış ya da ideal yanlışa, hukuksuzluğa başvurmayı uygun görür? Mazlum, yapılanın haksız olduğunu bilir, bu yüzden tesiri kalıcı olmaz ama haksızlık yapan ve hukuksuz davranan bunu isteyerek yaptığı için vicdanen kirlenir ve sürekli aynı yöntemlere başvurma alışkanlığı kazanır. Bu ülkede gücü eline geçiren herkes devletin imkânlarını da kullanarak rakibine haksız, hukuksuz saldırılar yapmaya kalkarsa, bu ülkede huzur ve güvenlik olamaz. Saldıranlar suçluysa, bilmelerine rağmen ikbal uğruna bu yanlışlığa karşı koymayanlar iki kat suçludur.

Bu ülkede herkesin günlünce yaşayacağı bir ortamı sağlamak mecburiyetindeyiz, bunu ancak hukuk, demokrasi, özgürlük ve insan hakları gibi değerlere sahip çıkarak sağlarız. Güçlü olanın değil, hukukun hâkim olduğu bir sisteme ihtiyacımız var. Cemaatin ya da militarizmin hukuku değil, evrensel hukukun uygulanması gerekir. En kötü kanun bile keyfilikten çok daha iyidir, o açıdan cemaatin uygulamalarının asla fayda getirmeyeceğine herkes inanmalıdır. Herkesin hukuku kullanarak birbirine pusu kurduğu bir ülke yaşanmaz olacaktır. Dolayısıyla militarist kesimler, kendi ideolojilerine göre hukuku yorumlayanlar, Yargıtay ve Danıştay, hâkim ve savcılar ile gizli kumpas kurup, kendi saray entrikaları çerçevesinde hukuku kullanmak isteyenler aynı entrikanın benzerinin kendilerine ve yandaşlarına uygulandığını görünce gerçek hukuka her zaman ve herkesin ihtiyacı olduğunu öğrenmiş olmalılar.

Ülkenin düzelmesi, huzur ve güven ortamının sağlanması herkesin fedakâr davranmasıyla gerçekleşir. Herkes şahsi olarak gerekli fedakârlığı yapmalı, hukuka saygılı olmalı, yanlışlıklara karşı koymalı, yoksa bu gidişin geleceği hiç aydınlık değildir. Bu ülke çok badireler atlattı, bu olayların benzerlerini çok yaşadık, bir şey olmaz diyenlere yanıtım, daha önce bu türden tehlikelerin atlatılmasının mevcut sorunların da kolayca atlatılacağı anlamına gelmediği olacaktır.

Bütün Kurumlar ve Kişiler Kof mu?

Bu kitabın birinci bölümünde devlet kurumlarının kof olduğunu, basit sorunları bile çözme yeteneğine sahip olmadığını anlatmaya çalıştım. Bu bölümde ise bir cemaatin birkaç adamının çalışması sonucu her şeyin yerle bir olduğunu, koca devletin içten içe eridiğini, adalet ve güvenlik kurumlarının adaletsiz ve güvensiz hale dönüştüğünü, bu durumun farkında olan devlet görevlilerinin buna karşı durmadığını anlattım. Bir grup koca bir devleti teslim aldı. Devlet içten içe çatırdıyor, birileri yönetimi ele aldı ve kimse devlet gücünü kullanan bu kişilere dur diyemiyor. Birkaç cemaat imamı devlet yetkilerini gasp etti. Bu, nasıl bir devlet geleneğidir?

Kanunsuz Dinlemeler

Bu kadar hâkim ve savcının, hele il savcılarının sudan bahanelerle dinlenmesi, Ergenekon örgütü iddiaları ile dinledik, adalet müfettişleri istedi vs denerek öyle kolayca geçiştirilecek bir şey değildir. Hiç kimse de bu konuyu böyle kabul etmemelidir. Aynı şekilde emniyetin yönetici kadrolarının bakan ve genel müdürden habersiz istihbari amaçla dinlenmesi, sayısı belli olmayacak kadar devlet yöneticisi ve sivil şahısların kanunsuz şekilde isimsiz ve başka adlarla dinlenmesi aslında çok ciddi bir suçtur. En azından suç işlemek için örgüt kurmak suçunu teşkil eder ki baskı, tehdit, şantaj yöntemlerinin kullanıldığı da dikkate alındığında gerçek manada bu işi gerçekleştiren polisler ve buna karar veren adalet müfettişleri ile karara iğfal edilmeksizin bilinçli katkı sunan savcı ve hâkimler hakkında ciddi davalar açılması gerekir. Bence böyle bir dava açılırsa da hepsi mahkum olurlar AHİM'e itiraz da etseler bu karar tasdik olur.

Bir dava açacak savcılık çıkarsa kanunsuz dinlemelerle ilgili yeterinden fazla delil bulunacağına inanıyorum

Dünyanın hiçbir ülkesinde bu kadar hâkim ve savcı sudan sebeplerle bu şekilde dinlenemez, izlenemez, bu fiiller kabul edilemez ve bunu yapanlar da hesabını mutlaka verir.

Hiç kimse bu olayları bazı müfettişler ve hâkimler yanlış karar vermiş, münferit olaylar diyerek geçiştiremez, bunlar hukuki işlem değil, cemaattin faaliyetleridir.

Hukuka aykırı olarak ne kadar kişinin dinlenip izlendiği tam olarak bilinmemektedir. Aldığım duyumlara göre tahminlerin ötesinde birkaç bin kişi bu şekilde dinlenmiştir. Hâlâ da bu hukuksuzluk devam etmektedir.

Devleti Kim Yönetiyor?

Gördüğüm manzara korkunç; kadrolu devlet adamları devleti yönetmiyor, Emniyet Genel Müdürü, hatta İçişleri Bakanı haklı olduğunu bildiği bir kişiyi, doğruluğundan emin olduğu bir olayı ya da davayı savunamıyor, güvendiği ve inandığı adamları tuzağa düşürülüyor, hasiyetleri ile oynanıyor ama onlar bu kişilere sahip çıkamıyor.

Kozanlı Ömer kod adlı Osman Hilmi Özdil mi yoksa Emniyet Genel Müdürü, Daire Başkanları mı polis teşkilatını yönetiyor? Son zamanlarda meydana gelen operasyon ve faaliyetleri Genel Müdürlük yapmıyordu, bu durum daha vahimdi. O zaman bu teşkilatı kim yönetiyor? İşte en büyük soru bu. Bundan daha önemlisi de ortada görünen yöneticilerin bu duruma nasıl ve neden müsaade ettiğiydi. Bu kamu gücünü kimler gasp etmiş kullanıyor, gücün sahibi olması gerekenler ellerindeki gücün gaspına neden ses çıkarmıyor, güçlerini geri almak için çabalamıyorlar? Bu nasıl bir anlayış ve nasıl bir devlet adamlığı? Bu duruma bakıp da zihinsel ve ruhsal dengeyi kaybetmemek mümkün değildi. Galiba kendi taraflarının suçunu ve kusurunu görmeden sadece yanlış olduğu öğretilen olaylara karşı mücadele etme, yani Simonlaşma anlayışını biz de yaşıyorduk ama farkında değildik. Kendimize göre mazeretler üretiyorduk, sokaktaki hırsızı, gaspçıyı, polisin adını ve hüviyetini kullananı yakalıyorduk ama tüm teşkilatın, hatta devlet yöneticilerinin yetkilerini gasp eden kişilere karşı kılımız kıpırdamıyordu.

Bu işe karşı çıktığımda bunun bedelinin ne demek olduğunu biliyorum, kimsenin anlayamayacağı kadar ağır olacağının, hayatımın zorlaşacağının, cehennemin bu dünyada tattırılmaya kalkılacağının farkındayım. Bu daha önce bilinenlere benzemeyecek, onu da biliyorum. Fakat bedeli ne olursa olsun buna karşı çıkacağım, ikiyüzlü olmayacağım, yanlışı kim yapıyorsa yapsın yanlıştır anlayışıyla tüm bu yapılanların karşısında duracağım.

Ne Yapılabilir?

Maalesef bu gruba karşı çıkmak çok kolay değil. Bir anlamda Fethullah Hoca'nın insafına kalınmıştır. Çok abartıyorsun, bir iki cemaat mensubu kamudaki görevlerinden alınır ve sorun çok kolay halledilir diye düşünenler, cemaati tanımadıklarından, cemaatin elindeki bilgilerin mahiyetini bilmediklerinden ve en gizli yerlere kadar sızmış cemaat mensuplarının neler yapacağını anlayamadıklarından durumun ciddiyetini tahayyül edemiyorlar. Bugün adları duyulan, cemaatin hedeflerine uygun hareket eden kamudaki polis, hâkim ve diğer yöneticilerin aslında cemaat açısından hiç önemli olmadığı, hepsinin bir anda değişmesinin hiçbir şey ifade etmeyeceği, asıl gizli kalmış, en mahrem yerlere sızmış hatta ters düşünce ve fikirde olduğu zannedilen cemaat elemanlarının ne olacağı önemlidir. Şuan bu kişilerin zararlı faaliyetlerinin önlenmesi için asgari düzeyde şunların yapılması gerekir:

Öncelikle istihbari dinlemeler ciddi olarak araştırılmalı, kişileri tehdit ve şantaj amaçlı kanunsuz olarak dinleyenler tespit edilmeli. Bunun için sahte isimle, kimliği bilindiği halde IMEI numarası ile yapılan dinlemeler belirlenerek kimi takip etmek için yapıldığı ortaya çıkarılmalı, böylece kimlere tuzak kurulduğu veya kurulmak istendiği belirlenmelidir. Bu kontroller yapılır ve bu konu araştırılırsa, dinleme kararı almak için tanzim edilen sahte raporlar ortaya çıkarılacaktır. Bugün tahminlerin üzerinde pervasızca insanlar dinleniyor ve bu dinlemeler tamamen cemaatin kontrolünde kullanılıyor.

Bir yandan bu zamana kadar kime tuzak kurulduğu, kimlerin şantaja hedef olduğu, kimlere sahte ihbarlar ile leke atıldığı, iftira edildiği anlaşılabilir. Böylece bugün başta Ergenekon, Balyoz, Erzincan davası, vb. ile Emniyet Genel Müdür Yardımcıları aleyhinde açılan şaibe altındaki benzeri bütün davalar ve delilleri hem şaibeden arınarak ortaya çıkar, hem de uydurma olanlar ayıklanır, doğru olanlar da netlik kazanır. Diğer yandan da hukuksuz dinleme yapanlar, iftira atanlar, insanların özel hayatlarına nüfuz edenler, gizli çekilen fotoğraf ve vidoları, telefon konuşmalarını internette yayanlar ortaya çıkarılarak hesap sorulabilir.

Bu suretle başta Emniyet olmak üzere bazı kurumlara sızan cemaat yapıları ve onların devlet imkânlarını, görevlerini kötüye kullanması ortaya çıkarılabilir, sahte yazılan raporlar, tutanaklar ve sorumluları tespit edilebilir. Bunun için tüm özel yetkili mahkeme hâkimlerinin verdiği önleme (istihbari) dinleme kararları, bu konudaki TİB kayıtları ve İstihbarat merkezlerinde (polis-jandarma ve MİT) yasal olarak bu konuda tutmak zorunda oldukları tutanaklar birbirini teyit edecek şekilde kontrole tâbi tutulduktan sonra haksız ve şantaj amaçlı dinlemelerin tespit edilmesi gerekir.

Sistemin bu kadar bozulması, başta cemaat ve hükümet dahil kimseye fayda getirmeyecektir; güven ve ciddiyeti yok ederek sistemi bozacaktır. Bozulan bir devlet sisteminden kimse fayda ummamalıdır.

Polis, Jandarma ve MİT teşkilatının vatandaşlara yönelik dinleme işlemleri mutlaka denetlenmelidir, bir defaya mahsus denetim değil, sürekli bir denetim mekanizması kurulmalıdır. Bugün için adli dinlemelerde, dinleme sonucunda ya kişiler için dava açılmakta ya da belli bir süre dinlendikleri fakat suç unsuru bulunamadığı yönünde kişilere savcılıklarca tebligat yapılmaktadır. Bu durum az da olsa bir güvencedir. Ama önleme/istihbari dinlemelerinde denetimin her kurumun müfettişlerince yürütüleceği belirtilmiş ise de bugüne kadar hiç denetlenmediği gibi dinleme yapan birimler her türlü hukuksuzluğa başvursa da bunları ortaya çıkaracak bir mekanizma yoktur.

Özel yetkili mahkemelerin tüm hâkim ve savcıları emsali hâkim ve savcılarla değiştirilmelidir, bu sağlanmadan cemaate muhalif olan hiç kimsenin özgürlüğü ve hayatı güvencede olamaz. Uzun süreden beri cemaat, sistemin hassasiyetini kullanıp son 5-6 yıl içerisinde tavassutla her hâkim ve savcı kararnamesinde özel yetkili mahkemelere belli oranda cemaate mensup hâkim ve savcıları yerleştirmiştir. Bugün bu mahkemelerin savcı ve hâkimleri her olayda görüldüğü gibi hukuku hiçe sayarak insanların hürriyetini tehdit ediyor. Bu mahkemelerin bazı üyeleri cemaat taraftarı iken bazılarının da cemaatin dinleme ve izlemelerinde tespit edilen görüntü ve ses kayıtları nedeniyle, yani şantajla cemaate buyun eğmek mecburiyetinde kalmış oldukları çokça iddia edilmektedir.

Ergenekon davasında hazırlanan 51 nolu CD'deki hâkim, savcı ve üst düzey yöneticiler hakkındaki gizli görüntülerin kimileri Ergenekoncular, (benim de dahil olduğum) kimileri ise cemaat taraftarı polisler tarafından oluşturulmuş olduğunu iddia etmektedir. Ortaya çıkarılan şantaj ve tehdit görüntüleri, içindeki kişiler açısından değil, bu görüntüleri çekenler açısından araştırılmalı ve failleri bulunmalı. Peki, bulunabilir mi? Eğer ciddi araştırılır ve araştırmacılar desteklenirse, yapanlar kesin olarak bulunur. Her iki iddia da (bence birincisi zaten iyice araştırıldı) tarafsız ve her türlü imkânla desteklenmiş bir araştırma grubu tarafından incelenirse, gerçek ortaya çıkarılacaktır. Bunu, Emniyet İstihbarat Dairesinin imkânlarıyla kesin olarak tespit etmek mümkündür. Fakat korkarım araştırma yaptırılmaz veya yasak sağma kabilinde olur.

Özel yetkili mahkemelere son 6-7 yıl içinde atanan tüm savcı ve yargıçlar hemen değiştirilmelidir, mevcut kadro ile adalet mümkün değildir. Hatta olaylar çok tehlikeli boyutlara gitmekte olup, mağdur edilmiş bazı kişilerin silaha sarılarak kendilerine haksızlık yaptığını düşündükleri cemaat yanlısı kişilere yönelme ihtimali çok uzak değildir, devletin vatandaşına iftira atması kabul edilemez. Bu mahkemelerin verdiği kararlar ve Emniyet içerisindeki cemaat yanlısı polislerin kullandığı dinleme ve izleme imkânları denetlenmezse, ülkedeki tüm muhalifler, hatta şimdiden sonra özel şirket ve holdingler için tehlike çok yakın hale gelmiştir. Bunun hoş görülecek tarafı da kalmamıştır.

Adalet bakanlığında cemaat taraftarı olduğu herkesçe bilinen Teftiş Kurulu Başkan Yardımcısı ve başta il savcılarını ve diğer savcı ve hâkimleri hiçbir hukuki şüpheye dayanmadan dinlettiren cemaat yanlısı müfettişler bu görevlerden uzaklaştırılmalıdır. İllerde bir dinleme kararı almak için onca delil, bilgi ve rapor bile yeterli kabul edilmezken, hâkim ve savcıların neye dayanarak dinlendiğini bilmeye hakkımız olsa gerek. Mesele hâkimlerin özel hayatlarından öteye geçmiş, tüm kamuoyunu ilgilendirir hale gelmiştir.

Cemaatin istediği gibi karar vermeyen her hâkim ve savcı aleyhinde oluşturulan kampanyalar utanç verici halde devam etmektedir. Ergenekon davasına bakan İstanbul Özel Yetkili Ağır Ceza Mahkemesi Başkanı Köksal Şengün hakkında basına servis edilen dinleme tapeleri, bazı sanıkları tahliye etti diye hâkimin yıllar önce gözaltına alınıp beraat ettiği bilgilerini bile basına sızdıran yapı daha neler yapıyordur, kimleri tehdit ve şantajla neye mecbur ediyordur?

Cemaat adına yapılan, Emniyet Genel Müdür Yardımcıları Emin Aslan, Mustafa Gülcü, Celal Uzunkaya ve Sakarya Emniyet Müdürü Faruk Ünsal'ın haklarındaki davaların, Savcı Cihaner ve arkadaşları hakkındaki tahkikatların yapılış biçimleri tarafsız savcılar tarafından tahkik edilmeli, bu olayda iftira eden polis, savcı ve hâkimler yargılanmalı, kurdukları tuzakların, uydurulan delillerin hesabını vermeleri sağlanmalıdır. Sonrasında ise özel yetkili mahkemelerin bugünkü gibi bir yetki kullanmalarına hukuken mani olunacak düzenlemeler yapılmalıdır. Erzincan savcısının tutuklanması, İstanbul ve Ankara savcılarının dinlenmesi gibi yetkilerin kullanılmasına müsaade edilmemelidir.

Karşı karşıya olduğumuz durum, hukuken yanlış yapılan birkaç işlemden ibaret değildir ya da birkaç polisin hatası veya birkaç hâkim ve savcının hukuku yanlış uygulaması veya taraflı davranışı değildir. Olay bir örgütün, cemaatin devlet içerisindeki elemanları vasıtasıyla yürüttüğü örgütsel bir faaliyettir, karşımızdaki kişiler polis, hâkim ve savcı değil, örgütün/cemaatin elemanlarıdır. Devletin hukukunu değil, cemaatin talimatlarını yerine getirmektedirler. İçinde bulunulan durum bu şekilde bilinip algılanmaz ise hatalı değerlendirme yapılmış olur.

İstanbul, Ankara, Erzurum ve İzmir'deki bazı özel yetkili savcılar ile bu iller dışındaki bazı polis birimleri arasında illegal bir ilişkinin varlığı açıkça gözükmektedir. Özel yetkili savcılar tarafından bu iller dışında gözaltına alınan ya da aranan kişiler hakkında karar çıkarmadan önce kimlik, iş ve ev adresleri gibi bilgilere ihtiyaç vardır. Normalde bu bilgiler o illerin savcıları veya çok uygun olmasa da Emniyet Müdürlükleri üzerinden resmi yazışma yoluyla temin edilmesi gerekirken, bugüne kadar hiçbir yazışma yapılmamıştır. O halde bu bilgiler nasıl temin edilmiştir?

Devletin terör ve illegal örgütlerle mücadele etmek için kurduğu (zamanında kuruluşunda benim de bulunduğum) elektronik sistem ve yöntemler sıradan vatandaşlara karşı kullanılamaz. Eğer bugün olduğu gibi kullanılırsa, bu insanların özel hayatı diye bir şey kalmaz, bunların önünde kimsenin saklanma ve kurtulma imkânı olamaz, buna asla müsaade edilmemelidir. Bu duruma bir an önce mani olunmalıdır.

Yasalarımız ancak belli ağır suçlarda kamunun menfaatini korumak için dinleme, izleme gibi özel bilgi toplama yöntemlerini öngörmüş, diğer kişisel suçlarda bu yöntemlerin kullanılmasını yasaklamıştır. Dolayısıyla en ağır suçları işleyen ve denetimden kurtulmak için çok özel yöntemler kullanan teröristlere karşı devletin kullandığı en sofistike yöntem ve usullerin sıradan insanları takip ve izleme için kullanılması ve elde edilen bilgilerin el altından internet sitelerine, basına sızdırılması, insanların özel hayatlarının en ince noktalarına kadar girilmesi hukuka aykırıdır.

Demokrasilerde objektif ve tarafsız olmayan kaynaklarca belli amaçlar doğrultusunda kamuoyunun yönlendirilmesi için çalışılması, bu amaçla yalan haberlerin yayılması, kitlelerin psikolojik harekâta tâbi tutulması ve hatta bunun devlet tarafından yapılması bile kabul edilmezken bugün ülkemizde cemaat tarafından kendi ideolojileri istikametinde halkın olaylar ve kişiler konusunda yanlış kanaat sahibi olmasına, halkın kendi kurum ve yöneticileri hakkında kara propagandaya maruz kalmasına devlet müsaade etmemelidir.

Basına el altından sızdırılan bilgilerle ve fısıltı halinde yayılan dedikodularla bir kamuoyu oluşmaktadır. Cemaatin dört koldan başlattığı propaganda karşısında hedef olan hâkim, savcı, polis müdürü, muvazzaf veya emekli askerlerin tek tek kendilerini koruma ve savunma imkânları yoktur. Devlet bu kişileri korumalı, kendilerini savunmaları için imkân vermelidir. Kamu görevlilerinin basına açıklama yapması hukuken yasaktır ama cemaatin hedefi olan kişiler hakkında her türlü olumsuz haberin yayılmasına mani olacak bir mekanizma bulunmamakta veya 657 sayılı kanundaki memurları koruyan hususlar çalıştırılamamaktadır.

Aslında basına el altından özellikle belli polisler tarafından bilgi sızdırıldığı herkesçe bilinen bir husustur ama bunu önlemeye yönelik işlem yapılmamaktadır.

Bugün bu olaylara mani olma makamında olmasına rağmen yeterince müdahil olmayanlar şunu bilmelidirler ki kendileri hakkında da şuan cemaat tarafından arşivlenen bilgiler bir gün aynı şekilde basına servis edilecektir.

Ankara Emniyet Müdürünün Tutuklanması

Bu kitabın baskı hazırlıklarının sürdüğü sırada Ankara Emniyet Müdürü Orhan Özdemir hakkında Ankara Özel Yetkili Savcılığın soruşturma açtığı ve Özdemir'in bilahare tutuklandığı haberleri basında yer aldı. Kitabı bitirirken son olarak bu olaya değinmek istiyorum.

Olayın ne olduğu ve teferruatı konusunda bilgi sahibi değilim, ama bir yıldır Orhan Özdemir'e karşı cemaatin bir tertip içinde olduğunu, onun en olumsuz hal ve durumlarda fotoğraflarının çekilerek yaptığı harcama ve işlemlerin araştırılıp hakkında olumsuz manada kullanılacak materyal hazırlanmaya çalışıldığını emniyet teşkilatı içerisinde herkes bilmektedir. Ayrıca Orhan'ın astlarınca veya onların işbirliği ile daire başkanlığınca uzun süredir dinlendiğinden de eminim. Orhan'ın cemaate olumlu bakmadığı, onun Ankara'ya atanmasında Mustafa Gülcü'nün rolü olduğu gibi konuları herkes bilmektedir.

Bir süre önce Orhan'ın çok lüks makam yaptırdığı, bu kadar da olmaz türünden fısıltıların yayılmaya çalışıldığı duyuluyordu. Orhan bazı yardımcıları ve şube müdürlerinin kendisi hakkında olumsuz çalışmalar yürüttüğünü biliyordu. Onları değiştirmek için ne kadar girişimde bulunduysa da başarılı olamadığını, hatta hükümetten etkin kişilerden bu kişileri görevden alamayacağı yönünde uyarıldığını duymuştum.

Bununla birlikte daha önce hep cemaat operasyonu olarak değerlendirdiğim olay ve soruşturmalarda rol alan kişilerin yine bu davada da rol alması acaba tesadüf müdür?

Orhan hakkında iddianame hazırlayan Ankara Özel Yetkili Savcısı Cemil Tuğtekin daha önce Emin Aslan hakkında da soruşturma yapan özel yetkili savcıdır, bu davanın usule uygun olarak yürütülmediğinden daha önce bahsetmiştim. Aynı şekilde Orhan'ı tutuklayan hâkim de kozmik odada arama yapan, son zamanlarda istihbarat birimlerince özel korunan hâkimdir.

Orhan'ın tutuklanmasından kısa süre önce görevinden aldığı şube müdürü Z.G.'nin adı önceki sayfalarda sunduğum cemaate ait çok önemli belgede Ömer kod adlı cemaat imamının ABD havaalanında yakalanması olayında üzerinden çıkan notlarda geçmesi, hem kendisinin hem de (adliye mensubu olan) eşinin telefon bilgilerinin bulunması tesadüf müdür?

Biz emniyet yöneticileri hepimiz birbirimizi tanırız, kimin ne yaptığı ne yapabileceğini üç aşağı beş yukarı biliriz. Orhan Özdemir suçlandığı olayların faili olamaz, zaten tahkikatın başlaması ile basına el altından bilgi sızdırılması, Orhan'ın gizli sicil dosyasındaki bilgilerin basına servis edilmesi de bunu doğruluyor. Biz emniyet teşkilatı yöneticileri olarak bunun bir cemaat operasyonu olduğunu, olayı cemaate yakın veya cemaat mensuplarının dolaylı etkilediği kişilerin buralara taşıdığına inanıyoruz.

Olay hakkındaki genel kanaat şudur: Cemaat kendilerine engel gördüğü bir kişiyi daha bertaraf etmiştir.

Kitabın ikinci bölümü boyunca ortaya koyduğum, bilgi, belge ve değerlendirmeler ışığında son söz olarak şunu ifade etmek istiyorum. Burada yazılmayan cemaatin yönetici imamları hakkındaki gizli bilgileri Ankara ve İstanbul Cumhuriyet Başsavcılarına ve bazı başka makamlara yazılı şikâyet/ihbar dilekçesi olarak vereceğim. Herhangi bir tahkikat yapılabileceğine ihtimal vermiyorum zira böyle bir durumda Polis, Jandarma ve MİT içerisindeki örgütlü yapı anında haber alacak, soruşturmaya mani olacaktır. Zaten savcılar da yapacakları her işlemin engelleneceği, hatta araştırma için yazdıkları yazının muhatabı olacak bazı görevlilerin aslında cemaat mensubu olduğu kaygısını taşıyacaklardır. Tıpkı bu kitabı yazmaktaki amacımda olduğu gibi dilekçe vermekte ısrar etmemin sebebi, ülkeme karşı sorumluluğumu yerine getirmiş olma duygusundan başka bir şey değildir.

DİZİN

B

C-Ç

D

G

H

I-İ

M-N

O-Ö

P

T

U-Ü

V-Y

Z